AF761627

श्रीराम कथामृत

प्रो. जसकरण सिंह

श्रीराम कथामृत

प्रो. जसकरण सिंह

Anybook

Published By

Anybook

Cell : ९९७१६९८९३०

E-mail : contactanybook@gmail, com

Website : www, anybook, org

Price in India : ७९९/- INR

First published by Anybook in २०२१

Printed and bound in India

Cover Design & Typesetting by Anybook

ISBN : ९७८-९३-८६६१९-८०-८

श्रीश्री १००८ परमेश्वर दास जी महात्यागी को समर्पित

अनुक्रम

मंगल ज्ञान सोपान

दोहा ॥ मदद कीन्ह ऋषि व्यास की । महाभारत लिखवाय॥
करो मदद मेरी ज्ञाननिधि । श्रीरामकथा बतलाय॥ १

छंद॥श्री गणपति माँगूँ तुम्हरी मदद, नहि तुम बिन कुछ मैं चाहूँगा॥
हे शिव नंदन करूँ तुम्हरा भजन, तभी कुछ करके दिख लाऊँगा॥
गौरी के सुमन प्रिये उनके ललन, मोदक का भोग लगाऊँगा॥
बाधाएँ दिखन कृपा तुम्हरी मिलन, फिर पूरा काम कर पाऊँगा॥

छंद॥ सुमिरुँ गजानन ज्ञान निधि, जो बुद्धि के भण्डार हैं॥
सभी काम में करते मदद, विघ्नों को वे ही मिटात हैं॥
पूजन मैं उनका करत हूँ, कहीं गलती न हमसे बने॥
श्रीराम कथा लिख रहा, भक्ति का रस इसमें भरे॥

चौ ॥मदद तुम्हारी गणपति माँगूँ । जिस से राम कथा मैं बखानूँ॥
याग्वालिक यही कथा बखानी । भारुद्वाज निज हृदय विठानी॥
वही कथा काग भुशुण्डि सुनाई । जिसे सुन गरुण ने मुक्ति पाई॥
आनन्दित इसे सुन उमा होई । रहे सुनावत शिव उन्हें जोई॥
राम कथा इन सब जो बखानी । मै भी चाहता वही बतानी॥
जिसके लिए वंदो गुरु अपने । जिनकी कृपा से कलुष है मिटने॥
गुरु मेरे थे शिव अवतारा । सब भक्तो के बने वे सहारा॥
एक साथ कई जगह उन्हें देखा । की भक्तो की मदद विशेखा॥
सुमिरन करूँ आपका सादर । हृदय में देता हूँ तुम्हें आदर॥
मेरी लेखनी आय बिराजो । और मेरा लेखन स्वयं सम्हारो॥
हुरेह पर्वत है बास तुम्हारा । जो सुमिरैं पाता है किनारा॥
बिन गुरु कृपा न भक्ति मिलती । खूब लगा ले अपनी शक्ति॥
थोड़े सुमिरैं खुस हो जाते । मनो कामना पूर्ण कराते॥

दोहा ॥चाहे जितने पाप हों । माया फँस मजधार॥
तुम्हें सुमिरैं यदि एक पल । हो जाता हैं पार! ॥ २

चौ ॥तुम्हरी कृपा अगर हे मिलती । हृदय में भक्ति ज्योति जलती॥
कलियुग में भक्ति यदि मिलती । फिर कलिकाल की नहीं कुछ चलती॥
राजा कलि इस युग का रहता । पाप कर्म से जो मन भरता॥
भक्ति पर कलि की नहीं चलती । और ये गुरु से केवल मिलती॥
अतः गुरु की जाऊ सरना । और कथा का करूँ मैं वरना॥
जिसको गुरु सरण है मिलती । ईश्वर से डोरी है जुड़ती॥
गुरु कृपा सुमिरैं हनुमाना । हर एक जीव इन्हें है माना॥
जलचर नभचर थलचर होई । बिनु कृपा इनकी सुखीं न सोई॥
हनुमत अजर अमर कहलाते । सारे सुख ये ही हैं दिलाते॥
इनकी एक चाह है रहती । अगर आत्मा राम सुमिरती॥
चरनन इनके सीस झुकाऊँ । आशीष कथा के लिखन का पाऊँ॥
राम कथा को चाहते लिखना । प्रभु आकरके मदद है करना॥

दोहा ॥सुमिरैं अब निज पितर को । सीस झुका धर ध्यान॥
राम कथा के लिखन में । मदद करो भगवान॥ ३

चौ ॥शुभ शक्तियों को शीश झुकाऊँ । कर पूजन उनको भी मनाऊँ॥
नभ विचरण में ये हे करती । शुभ आचरण का व्यक्ति ढूँढ़ती॥
मोका पड़ने मदद को आती । नहीं देखती जाति पाती॥
अदृश्य मदद व्यक्ति को मिलती । जीवन नौका उसकी बढ़ती॥
अब सुमिरैं सब संत समाजू । जिन दर्शन बनते सब काजू॥
चलते फिरते तीर्थ समाना । इनके दर्शन पाप मिटाना॥
राम नाम की महिमा भारी । जो हिय धरते वही सम्हारी॥
सुमिरैं राम नाम मन लाई । प्रकट हे दिखती जिसकी बडाई॥
स्वयं न राम, राम गुण गाई । जो जपता हे, स्वाद वही पाई॥
शिव जी राम नाम हे जपते । और जग का कल्याण है करते॥
राम नाम महादेव जगाया । सारे जगत ने यही है गाया॥७
हनुमत राम नाम रस पीते । और भक्तो के कष्ट है हरते॥
यही नाम काग भुशुण्डि जी गाया । श्री गरुण का मोह हटाया॥
गुरु ने राम मन्त्र मुझे दीन्हा । तब इन ने भी कृपा थी कीन्हा॥
दे दर्शन मुझे कीन्ह तैयारा । हृदय में राम नाम बैठारा॥
फिर श्री हनुमत कृपा थी मिलती । राम जपन की डोर थी बनती॥

दोहा ॥जपने से श्री राम को । मुझमे बुद्धि आय॥
लिखी भागवत ध्यान धर । इसी लय में बतलाय॥ ४

चौ ॥लिखी भागवत महापुराना । दोहा, चौपाई, छंद दिखाना॥
राम नाम का हे ये प्रतापा । राम कथा लिख रहा उतापा॥८
गुण जो राम नाम में दिखते । नही शक्ति वर्णन कर सकते॥
राम नाम जपते चतुरानन । रचते श्रष्टि उसी शक्ति तन॥
पूजा आराधन इस कलि काला । नहि संभव दिखता केहि हाला॥
मदद सदा हनुमत की मिलती । क्योंकि राम नाम उन शक्ति॥
श्री राम हनुमत नहि भेदा । दोनों एक न कुछ सन्देहा॥
जब कोहि धर्म कर्म हैं सोचता । कलि प्रताप बाधा हैं बनता॥
हनुमत तुरंत बीच में आते । अनुष्ठान पूरा करवाते॥
जब इस धरा से राम पधारे । दुखी हुए बजरंग थे बिचारे॥

दोहा ॥श्री राम उनसे कहे । धीर धरो हनुमान॥
मेरा नाम जो जपेंगे । उनका रखना ध्यान॥ ५

चौ ॥क्योंकि आगे कलियुग दिखता । सत्पुरुषो को बह हैं कसता॥
अजर अमर तुम्हें मिला वरदाना । इसका लाभ हे तुमको उठाना॥
सदा तत्पर कलिकाल में रहना । जो जपे राम मदद उन करना॥
यह कह राम गये सुरधामा । कलि में कण-कण बसे हनुमाना॥
राम नाम की चादर ओढ़त । भक्त की मदद करत हे डोलत॥
रामकथा का महात्म्य बताता । थोड़े में इसको समझाता॥
आयोजन इस कथा जहाँ होता । दिव्य प्रभाव वहा पे सोहता॥
राम कथा वहा हनुमत आते । भक्तो को सदमार्ग दिखाते॥
तुलसीदास की कथा सुनाता । हनुमत किमि मिलि तुम्हें बताता॥

दोहा ॥द्वापर युग के बीतते । कृष्ण गये निज धाम॥
कलियुग पृथ्वी आ गया । कालिमा रही दिखान॥ ६

चौ ॥प्रभु के भक्त भये परेसाना । कलियुग ने उत्पात मचाना॥
राम सिया जब गये निज लोका । हनुमत को संग जाने रोका॥
कहा कलियुग जब दिखे संसारा । उनकी मदद करना हे उदारा॥
अतः हनुमत अति शोक दिखाई । तब शिव जी ने उन्हें बतायी॥
बाल्मीक जो ब्रह्म लोक जाई । वहाँ जाकर उनको समझाई॥
पृथ्वी आकर लें अवतारा । राम नाम फैलाये सम्हारा॥
राजापुर चित्रकूट के पासा । आत्माराम दुबे करें निवासा॥
उनकी पत्नी हुलसी होई । पुत्रवती बने वर मैं देई॥
मदद करो तुम उनकी जाई । राम का नाम जगत फैलाई॥
हुआ पुत्र उन्हें तुलसी कहाया । राम चरित मानस वे रचाया॥
जन्म होत माता थी सिधाई । कुछ दिन बाद पिता मृत्यु आयी॥
बहिन थी पालन पोषण करती । पर वह भी थी स्वर्ग को चलती॥

दोहा ॥प्रौढ़ होत शादी हुई । रतना देवी के साथ॥
पत्नी प्रेम में खो गये । उसी में रमें दिन रात॥ ७

चौ ॥स्वप्न में हनुमत दिए दिखाई । रतना को वे रहे बतलाई॥
अनुरक्त है तुलसी तुम में भारी । क्यों जग आये है वे बिसारी॥
तुम उनमें विरक्ति उपजाओ । और जग का कल्याण कराओ॥
जग हित करो तुम पति से वियोगा । जगत ऋणी तुम्हरा ये होगा॥
तुम भ्राता संग पीहर जाना । श्री राम में ध्यान लगाना॥
जब वियोग तुलसी को होई । राम चरित वे लिखेंगे सोई॥
जिसको पढ़कर के संसारा । कलियुग कष्ट मिटेंगे अपारा॥
एक दिवस थी घटना घटती । पितर कृपा तुलसी पर बनती॥
पितर को तुलसी इछा जताते । दरश वे श्रीराम का चाहते॥
वे असमर्थता इसमें बताते । पर एक उपाय तुलसी को सुझाते॥
पास में कथा आयोजन कहते । बजरंगबली वहा कथा को सुनते॥
कुछ छण पहले कथा आरम्भा । हनुमत बैठते निकट ए खम्भा॥
वे ही तुम्हें श्रीराम मिलाये । और तुम पर उपकार कराये॥
कुष्ट रोगी का रूप वे बनाते । पंडाल कथा पीछे बैठ जाते॥
कथा समाप्ति हैं जब हो जाती । और भीड़ श्रोता न दिखाती॥

दोहा ॥श्रोता जाते निकल जब । पंडाल में शांति होय॥
फिर हनुमत प्रस्थान कर । भेद बताऊँ तोय॥ ८

चौ ॥बजरंग की पहिचान बताई । पितर देव तुलसी समझाई॥
तुलसी हनुमत दर्शन चाही । कथा पंडाल सदौसे आही॥
फिर देखा एक कोढ़ी आबा । कथा पंडाल पीछे बैठ जाबा॥
राम कथा अब हुई आरम्भा । तुलसी भी सुनी बड़े अचम्भा॥

दोहा ॥कोढ़ी ये दिखता घृणित । हनुमत कैसे ये होय॥
पितर देव पर यही कह । शंका न इस पर सोय॥ ९

चौ ॥तुलसी मन से कथा थे सुनते । पर पूरा कोढ़ी पर ध्यान वे रखते॥
जब ये कथा समाप्त थी होती । ओर कुछ घड़ी थी जेसे बीतती॥
अब उस कोढ़ी रूप हनुमंता । चलने हुए तैयार तुरंता॥
चरण पकड़ते तुलसी बाबा । दूर हटाते केशरी लाला॥
हाथ जोर तुलसी थे कहते । आप तो पवन पुत्र हो रहते॥
हनुमत अपने भेष में आते । तुलसी दास जी दर्शन पाते॥
क्या चाहते हो हनुमत पूछा । कह श्री राम की दर्शन इच्छा॥

दोहा ॥राम-दरश की लालसा । कह तुलसी कर जोर॥
आप बिना सम्भव नहीं । बारं बार निहोर॥ १०

चौ ॥तुलसीदास की देखी भक्ति । राम कथा की यही हैं शक्ति॥
अपनी इच्छा जो ले आता । राम दया से उसे मिल जाता॥
आश्वासन तुलसी को दीन्हा । चित्रकूट तुम पहुचो प्रवीणा॥
वहाँ पर राम दरश हो सबेरे । पर सचेत तुम रहना घनेरे॥
ले आश्वासन बाबा चलते । दरश हेतु चित्रकूट पहुँचते॥
मन्दाकिनी किया स्नाना । रामघाट फिर वैठे सयाना॥
संत जुड़े वहाँ भीड़ अपारा । तुलसी चंदन घिसे करारा॥
घिसते-घिसते आलस आया । देखा चन्दन कोई लगाया॥
हनुमत तोता रूप बनाया । बैठ वृक्ष तुलसी चेताया॥

पर तुलसी की प्यास न बुझती । इच्छा तीव्र दर्शन की रहती॥
हनुमत से वे निवेदन कीन्हा । मैने नहि श्रीराम को चीन्हा॥
पुनः दरशन हमको करवाओ । तीव्र लालसा मेरी मिटाओ॥

दोहा ॥पुनः दर्शन तुम्हें मिलेंगे । आश्वासन हनुमत दीन्ह॥
पहुचो अयोध्या शीघ्र ही । लेना उन्हें तुम चीन्ह॥ ११

चौ ॥अब श्री तुलसी अयोध्या जाते । राम दरश की रटन लगाते॥
एक समय संध्या की बेला । तुलसी सरयू तट पे अकेला॥
देखा दो है राजकुमारा । तट सरयू के अश्व सबारा॥
कलियुग नहि हैं ऐसे कुमारा । ये तो मेरे प्रभु ये विचारा॥
कुछ छण में वे गायब होते । और हनुमत जी दरश थे देते॥

दोहा ॥हनुमत तब तुलसी कहे । राम कथा लिखो आप॥
पढ़ सुन जिसे कलि काल में । मिट जाएँ संताप॥ १२

चौ ॥आपके गुरु नर हरि ने सुनायी । रामायण कथा तुम्हें समझाई॥
वह संस्कृत भाषा में मिलती । आम लोग पल्ले नहि पड़ती॥
राम कथा वही तुमको है लिखना । अवधी बोली में पड़े दिखना॥
जो हर व्यक्ति को समझ में आये । पढ़ सुन सभी जन कष्ट मिटाए॥
हनुमान की ये सब बातें । तुलसी हृदय में दिखी समातें॥
किया तुलसी कथा लिखना आरम्भा । काशी पंडितों को था अचम्भा॥
इन पंडितो के मत अनुसारा । देव बाणी संस्कृत ही सहारा॥
राम कथा अन्य भाषा में लिखना । देवों का अपमान है दिखना॥

दोहा ॥तुलसी कहा मैं लिख रहा । प्रेरणा श्री हनुमान॥
काशी में यहीं लिखूँगा । शिव की यही इच्छा जान॥ १३

चौ ॥काशी पंडितों किया विरोधा । पर लिखते वे बिना अवरोधा॥
राम चरित मानस के नामा । लिखें तुलसी बिना किये बिश्रामा॥
बाधाएँ जो आती दिखाती । हनुमत कृपा से सब मिट जाती॥

पंडितों ने षड्यंत बनाया । भेजा चोर वह पोथी चुराया॥
लिखी कथा वह चोर ले लीन्ही । और तालाब में उसे फेंक दीन्ही॥
प्रातः न तुलसी को पोथी दिखाई । हो व्याकुल रहे अति घबराई॥
कथा किशिकंधा काण्ड तक रहती । गयी चुराई मिल नहीं सकती॥
करे विलाप सुमिर हनुमाना । चालीस पंक्ति कपि स्तुति गाना॥
वही हनुमान चालीसा कहाया । जो तुलसी ने इस छण गाया॥

दोहा॥होके प्रसन्न हनुमान ने । निज कर कथा लिख दीन्ह॥
किशिकंधा काण्ड तक लिखी । उसी जगह रख दीन्ह॥ १४

चौ॥देख के तुलसी हुए प्रसन्ना । की प्रारम्भ फिर आगे लिखना॥
एक दिन बाँह में पीड़ा सताई । कपि को सुमिर वे कविता गाई॥
हनुमान बाहुक वह कहाती । बदन बेदना में पढ़ी जाती॥
राम चरित तुलसी किया पूरा । प्रयास पंडितों रहा अधूरा॥
सभी लोग उसे पढ़ते सुनाते । और निज जीवन कष्ट मिटाते॥
काशी ब्राम्हणों ईर्ष्या होई । किम मानस हटे योजना जोई॥
कहा तुलसी से मानस लाओ । उसकी प्रमाणिकता दिखलाओ॥
रखना विश्वनाथ के पासा । पुराण आदि भी रख यही आशा॥

दोहा ॥सबसे ऊपर ग्रन्थ जो । प्रात होय दिखलाय॥
वही प्रमाणिक होयेगा । मंदिर बंद दो करवाय॥ १४

चौ॥कर मंदिर बंद ताला दीन्हा । सुबह होने इंतजार थे कीन्हा॥
तुलसी रात सुमिरैं हनुमाना । आठ छंद उनने थे गाना॥
हनुमान अष्टक वह कहाई । पढ़के लोग निज काम बनाई॥
प्रात द्वार खुला पड़ा ये दिखायी । मानस पर प्रमाण शिव आयी॥
सत्यम शिवम सुन्दरम दिखाई । लिखा मानस पर सब पढ़ पाई॥
सब ग्रंथन ऊपर यही होई । पंडित देख के चकित थे सोयी॥
तुलसी चरणों पड़े सब कोई । मानस पढ़ता जन जन जोई॥
हनुमत कृपा है जब हो जाती । राम मिलन की घड़ी है दिखाती॥
राम कृपा से मिले हनुमंता । रखना ध्यान ये सुनो सब संता॥

लौकिक लीला राम थे करते । सीता हरन पे बैठ दुःख करते॥
नारद ऋषि इसी दौराना । वहाँ प्रकटते कहते सुजाना॥
आप दुखी कारण मम श्रापा । राम कहा मम इच्छा प्रतापा॥
ऋषि वर राम से लिया वरदाना । राम नाम बने अति बलवाना॥

दोहा ॥अवतार बहुत तुम धारते । एक से एक महान॥
पर अवतारणपति बने । ये राम का नाम सुजान॥ १६

चौ ॥ले वरदान देव ऋषि जाते । कलियुग इसका प्रभाऊ दिखाते॥
राम कथा कही पड़ती सुनाई । समझो वहा अमरावत आयी॥
भरद्वाज ऋषि एक महाना । बसे प्रयाग लोग सब जाना॥
प्रयागराज महिमा अति भारी । इस वर्णन नहि शक्ति हमारी॥
फिर भी गाऊ मति अनुसारा । सुमिर के गणपति पवनकुमारा॥
सरस्वती, गंग, यमुन की धारा । यहाँ मिलती दिखे दृश्य नियारा॥
बारह वर्ष बाद समय है आता । कुम्भ आयोजन यहाँ दिखाता॥
अमृत लाभ लेने सब आते । साधू संत सब डेरा लगाते॥
भरद्वाज तप कीन्ह प्रयागा । जिससे यहाँ का कण-कण जागा॥
एक बार कल्प बास था आया । ऋषि जागबलिक था डेरा लगाया॥
भरद्वाज ऋषि उन्हें ठहराते । निज आश्रम में ख़ुशी न समाते॥
मकर नहाय सब साधू जाते । स्नान दान का पुण्य कमाते॥

दोहा ॥जागबलिक भी चलन चाह । भरद्वाज से पूछ॥
भरद्वाज कह जोर कर । अभी करो न कूच॥ १७

चौ ॥हाथ जोर भरद्वाज बताते । निज व्याकुलता ऋषि समझाते॥
कहते ऋषि यक चिंता सताती । यदि नहि पूछो पाप जुड़ाती॥
जानन चहत हूँ मैं एक बाता । कितने अवतार लिये राम ताता॥
एक राम दशरथ के लाला । धर्म हेतु अवतरेहु भुआला॥
ये सब गूढ़ तत्व समझाओ । करके कृपा सब मुझे बतलाओ॥
सुनके भरद्वाज का प्रश्ना । जागबलिक समझे उन तृष्णा॥
कहते ऋषि तृष्णा तुम्हें भारी । राम कथा सुनु इच्छा तुम्हारी॥

ग्रहण चाहते राम कथा रस । इससे प्रश्न किया यह परबस॥
राम कथा सुनो मैं हूँ सुनाता । जो भ्रम मोह को तुरंत छुड़ाता॥
त्रेता युग के सुनो दौराना । परम ब्रह्म अवतार में आना॥
दशरथ हुए अयोध्या राजा । सदा तत्पर थे धर्म के काजा॥
नृप दशरथ के चार कुमारा । जेठे राम भुवन भय हारा॥

दोहा ॥पृथ्वी धेनु और विप्र हित । तथा देव कल्याण॥
लिया अवतार ब्रह्म ने । भक्त के भय को मिटान॥ १८

चौ ॥श्री राम पितु आज्ञा मानी । आये बन ऋषि खुशी न समानी॥
अर्धांग्नी सिय लखन समेता । बन रमते श्री रमा निकेता॥
यहा रावण बैदेही चुराई । दुःख लीला करते रघुराई॥
अगस्त ऋषि से कथा को सुनकर । हुए वापिस शिव सती को लेकर॥
देख राम को शिव ने प्रणामा । यह देख सती थी अचरज माना॥
शिवजी तीन लोक के स्वामी । पर इन कुँअर को करते नमामी॥
सती जी कारण शिव से पूछती । शिव कहते तुम जो हो देखती॥
इस्ट देव ये सदा हमारे । पृथ्वी हित को तन हे धारे॥
मनुज की लीला करते दिखाई । लिये चीन्ह हम शीश झुकाई॥
सती कहती हमे बड़ा सन्देहा । ईश न रोवे पत्नी नेहा॥
नहि विश्वास हैं हम पर तुमको । शिव कह जाओ परीछो उनको॥

दोहा ॥यहाँ बट वृक्ष की छाँव में । मैं जपता हरि नाम॥
वहाँ परीक्षा करो तुम । और संदेह मिटान॥ १९

चौ ॥शिव जी विराजे बट की छाया । जपते राम न सुध थी काया॥
यहाँ सती जी राम पे आती । सीता का वह रूप बनाती॥
एक दृश्य यहाँ सती देखती । राम संग सीता थी चलती॥
संसार चराचर सती ने देखा । अगनित रूप अगनित उन भेषा॥
रघुपति दिखे विभिन्न प्रकारा । वह प्रभु महिमा न जाय उचारा॥
देवता विभिन्न प्रकार थे दिखते । राम लखन सीता को पूजते॥
राम लखन खोजत सिय जाते । आगे रूप सिय सती का पाते॥

लक्ष्मण एक छण भ्रमित दिखाई । पर प्रभु राम भेद सब पाई॥
राम जी सती के पास थे आते । श्रद्धा सहित वे शीश नमाते॥
पूछते कहाँ गए वृषकेतु । अकेल विचरती बन केहि हेतू॥
राम को सुन सती बहुत लजाई । क्षमा माँग निज रूप में आई॥
फिर कैलाश पति पे आती । कर प्रणाम फिर शीश नमाती॥
शिव पूछे क्या परीक्षा लीन्ही । सती कहा नहि हम कुछ कीन्ही॥
आप तरह में कीह प्रणामा । लौट के आ गई कृपानिधाना॥

दोहा दोहा॥शिव देखे तब ध्यान धर । जान गय सती कर्म॥
सीता रूप था दिख गया । समझ गये सब मर्म॥ २०

चौ ॥सीता मेरी है अधिष्ठाती । पर सती उनका रूप बनाती॥
पत्नी अब सती नहि रह सकती । हमको सीता रूप में दिखती॥
शिवजी प्रितिज्ञा उसी छण कीन्हा । सती न इस तन पत्नी प्रवीणा॥
ऐसा प्रण तीन लोक न देखा । जो शिव का उस छण था विशेखा॥
आज भी किसी धर्म नहि दिखता । जो सुनता वह मौन ही रखता॥
जिस पर कृपा करे त्रिपुरारी । समझेगा वह रहस्य ये भारी॥
हम भी कथा को आगे बढ़ाते । श्रद्धा सहित सिर शिव को नमाते॥

छंद॥शिव की महिमा, समझ न सकना, खूब लगा ले जोर॥
उन्ही पे चलना, शरण में पड़ना, कर भक्ति घनघोर॥
कल्याण हो जावे, आनंद आवे, मिटता भ्रम जब मोर॥
सदगति पावे, सब सुख आबे, जब हिय मूरत तोर॥

चौ ॥शिव ने सती को प्रण न बताया । पर देव बानी ने चेताया॥
सती के मन में अति पछतावा । शिव के संग कैलाश पे आबा॥
परित्याग शिव मेरा कीन्हा । मैने निज पाप का फल हे लीन्हा॥
कहती प्रभु से मृत्यु मुझे दीझे । प्रभु इच्छा मेरी पूरन कीजे॥
यहा बट वृक्ष के नीचे महेशा । बैठ समाधि लगाई सुरेशा॥

दोहा ॥समाधि अवस्था में रहे । हजारो वर्ष महाकाल॥
फिर एक दिन थे जागते । बोले राम तत्काल॥ २१

चौ ॥देखा सती ने शिवजी जागे । राम नाम हे जपने लागे॥
सती देख आसन शिव दीन्हा । उसपे बैठ सती ज्ञान प्रवीणा॥
शिवजी उन्हें हरि कथा सुनाई । क्लेश फसी सती समझ न पाई॥
उसी समय एक घटना घटती । ब्रह्मा सुत दच्छ उपाधि मिलती॥
दच्छ बनाये गये लोकपाला । हुआ अभिमान व सोच निराला॥
ब्रह्मा सभा एक दिवस दौराना । जुड़े देव लोकपाल भी आना॥
इसी सभा में शिव थे पधारे । बैठे गहन समाधि लागे॥
तभी दच्छ वहा कीन्ह प्रवेशा । उठे देव पर नहीं महेशा॥

दोहा ॥शिवजी समाधि लीन थे । पर माना दच्छ अपमान॥
बदला लेने सोचता । यद्यपि शिव थे दामाद॥ २२

चौ ॥यज्ञ करन योजना बनाई । सभी देवो को निमन्त्रण जाई॥
पर शिव को नहि नेवता दीन्हा । उनसे चहत वह बदला लीन्हा॥
आकाश मार्ग में सती देखती । देव कहाँ जा रहे यह थी सोचती॥
सुर किन्नर गन्धर्व थे जाते । बाहन निज निज पत्निया लाते॥
कहाँ सब जाते सती पूछती । दच्छ यज्ञ तैयारी चलती॥
तुम्हरे पिता का यज्ञ आयोजन । पर तुम क्यों नही कैसा प्रयोजन॥
तुरत सती थी शिव को बताती । यज्ञ चलन आज्ञा थी माँगती॥
शिव बोले नहि न्योता आबा । हमरे बैर तुम्हें भी बिसराबा॥
कितना कोय नजदीकी होता । पर यदि बैर मान हैं लेता॥
बिना बुलाये नहि वहाँ जावे । चाहे पिता गुरु मातु कहावे॥
पर सती जाने की जिद ठानी । शिव की सीख एक नहि मानी॥

दोहा ॥शिव सोचे होनी प्रवल हैं । मेट न सकता कोय॥
ज्ञान विज्ञान न कुछ करे । होकर मिटती सोय॥ २३

चौ ॥जब सती पिता पे चलन तैयारी । शिव गण भेजे सती पिछारी॥
बोले शिव संग गण ले जाओ । कह नंदी से सुरच्छित लाओ॥
नंदी आदि गण सती के संगा । यज्ञ स्थल पर पहुँचे तरंगा॥
नहि कोहि सती से मिलने आया । केवल माता हृदय लगाया॥

यज्ञस्थल जब सती थी जाती । शिव का भाग कही नहि पाती॥
सोचती यह तो शिव अपमाना । पूंछ पिता वह भरा अभिमाना॥
कहता शिव पाखण्डी रहता । कैसे यज्ञ भाग उसे मिल सकता॥
शिव गण इस पर क्रोध था कीन्हा । तब भृगु गणों को शाप थे दीन्हा॥
नंदी भी तब शाप थे देते । पुनः बदले में शाप ही लेते॥
तब थी सती क्रोथ में आती । और पिता को थी बतलाती॥
शिव अपमान न मैं सह सकती । तुम्हारा दिया न तन रख सकती॥
योग माया का आवाहन कीन्हा । प्रकटी अग्नि आदेश यह दीन्हा॥
सती थी हवन कुण्ड में समाई । हवन अग्नि उन्हें दीन्ह जलाई॥

दोहा ॥आत्मदाह सती का निरख । मची उहाँ हाहाकार॥
शिवगण हुए तैयार थे । लेने को प्रतिकार॥ २४

चौ ॥गणों ने मारा मार मचाई । भृगु ने तप बलसेना बनाई॥
नारायण ब्रम्हा भी जाते । पर पहले वे दच्छ समझाते॥
दच्छ जो भरा हुआ अभिमाना । उसने सीख न किसी की माना॥
घायल शिवगण भागत दिखते । और वे आकर शिव पे पहुँचते॥
शिव जी ध्यान में सब थे देखते । और थे अब नंदी से सुनते॥
क्रोध में शिव एक जटा उखारी । वीरभद्र प्रकटे थे अगारी॥
वीरभद्र शिव का ही रूपा । आदेश माँगते शिव से निरूपा॥
शिव कहा तुरंत दच्छ पे जाओ । कर्म फल सबको उहाँ चुकाओ॥
वीरभद्र करते प्रस्थाना । फिर शिव प्रकटी काली महाना॥
कहा वीरभद्र संग जाओ । उचित दंड उहाँ सबको दिलाओ॥

दोहा ॥वीरभद्र उहाँ पहुँचते । दच्छ सेना दी मार॥
फिर वह सुमिरता विष्णु को । प्रकट उहाँ वे सम्हार॥ २५

चौ ॥श्री विष्णु थे वचन आधीना । जो पहले ही दच्छ को दीन्हा॥
अगर मुसीबत याद करेगा । नारायण से मदद पायेगा॥
बेबस हो वहाँ विष्णु प्रकटते । नागपाश वीरभद्र बाँधते॥
पर महाकाली तुरंत वहाँ आती । वीरभद्र को मुक्त कराती॥

तुरंत वीरभद्र आग समाना । झपटे दच्छ तरफ बलवाना॥
धड़ से अलग सिर उसका कीन्हा । यज्ञ की अग्नि होम वे दीन्हा॥
हाहाकार मचा वहाँ भारी । दच्छ की सेना सभी गयी मारी॥
विप्र ऋषि वहाँ थे जो विराजे । सब गये उचित दंड से नवाजे॥
महादेव अब वहाँ प्रकटते । सतीदाह से रोते दिखते॥
सती का मृत सरीर ले लीना । ले आकाश में रुदन वे कीन्हा॥

दोहा ॥ वातावरण था बिगड़ता । जब मृतक सती शिव साथ॥
आकाश दिशा धूमिल भईं । नारायण तब आत॥ २६

चौ ॥सुदर्शन चक्र विष्णु बुलाया । मृतक सती टुकड़े वे कराया॥
भूमि पे जहाँ-जहाँ टुकड़ा गिरता । शक्ति पीठ वहाँ शिव कृपा बनता॥
शक्ति पीठ स्वरक्षा कारण । प्रकटे काल भैरव शिव पावन॥
प्राण त्याग थी जब सती करती । हर एक जन्म में शिव मिले कहती॥
अंत समय सती शिव को ध्याती । हर एक जन्म शिव मिलें यह चाहती॥
दच्छ था निज करनी फल पाया । बकरे का सिर उसको लगाया॥
शिव आलोचना जो भी करेगा । वह सब सुखों से हीन रहेगा॥
सुख सभी देवता देते रहते । पर शिव को महादेव हैं कहते॥
सभी गुरुओं के गुरु कहलाते । धर्म नीति व भक्ति बताते॥
दच्छ कहा शिव यज्ञ से बाहर । पर यज्ञ अधूरा जो शिव नही आदर॥
किसी भी धर्म से जुड़ी कोई भक्ति । उसमे सदा शिव की ही शक्ति॥

दोहा ॥एक बार दच्छ तप किया । माँगा था वरदान॥
शिव शक्ति कन्या रूप में । जन्मे मेरे आन॥ २७

चौ ॥वही शिव शक्ति सती के रूपा । जन्म लिया था कन्या अनूपा॥
उसी कारण यह विभूती पाई । पर वह दम्भ से गया बोराई॥
पर बकरे मुँह शिव को जपता । सब अपराध क्षमाँ उसे मिलता॥
शिवजी आदि अनादि अनंता । सभी धर्मों के वही हे कन्ता॥
हमें न कोइ ऐसा धर्म दिखाता । जहाँ शिव लक्ष्मण नहीं समाता॥
सभी धर्मों के वही अधीश्वर । अतः धर्म पर बाँट न ईश्वर॥

अब कथा सती की आगे सुनाते । लिख जसकरन का मन हर्षाते॥
सती के अंतिम मन अनुसारा । जन्मी जाय हिमांचल द्वारा॥
राजा हिमांचल पुत्री के रूपा । नाम पार्वती बड़ी स्वरूपा॥
जब से पार्वती यहाँ थी जन्मी । लोग बने यहाँ बड़े सुकर्मी॥
सारी संपदा यहाँ थी छाई । बिन ऋतु फल और फूल सुहाई॥

दोहा ॥उपजे फसल सब ओर से । लोग भये धनवान॥
क्यों न बने ऐसी घड़ी । जन्मी शक्ति भाग्यवान॥ २८

चौ ॥चारो तरफ आनद था छाया । घर घर खुसियाँ पर्व मनाया॥
आदि शक्ति यहाँ प्रकटी आकर । महल हिमांचल खुशियाँ छाकर॥
दिखती गौर वर्ण सुकुमारी । कीर्ति फैलती चों दिश भारी॥

दोहा ॥एक दिवस नारद ऋषि । घूमत हुए वहाँ आय॥
महल हिमांचल प्रविश भये । नृप आशन बैठाये॥ २९

चौ ॥रानी मैना पुत्रि ले आती । नारद को दर्शन करवाती॥
दोनों सम्मुख ऋषि के बैठते । और भविष्य पुत्री का पूछते॥
कहते गुण और दोष बताओ । ब्रह्मा जो लिखा हमे समझाओ॥
तीनों लोक हैं आप घूमते । अद्भुत ज्ञान आप हैं रखते॥
कहते नारद सुनो नरेशा । भाग्य आपकी पुत्री विशेखा॥
तीनों लोक पूजी यह जावे । अपना लोहा सभी से मनावे॥
जहाँ रहे सम्पति वहाँ छाई । जो इसे सुमरै भाग्य खुल जाई॥
नारद भी कछु समझ न पाई । कौन ये पुत्री कहाँ से आयी॥
बरेगी जिसे न जीत कोई सकता । रहेगी जहाँ सम्पति बढ़े चुकता॥
अब नारद आगे बतलाया । हस्त पड़ी एक रेखा दिखाया॥
कहते इस रेखा अनुसारा । मिले इसे वर मैं ऐसा बिचारा॥
अकामी औघड़ रमता योगी । भस्म रमाये सिद्ध कोइ जोगी॥
यह सुन पारबती पिता माता । भये उदास सुलगते गाता॥

दोहा ॥भविष्यवाणी नारद कही । लिखी जो पुत्री ललाट॥
मात पिता चिंतित भये । नारद थे आगे बतात॥ ३०

चौ ॥पुत्री के वर गुण जो बताया । शिव में रहते गये दिखाया॥
शिव यदि पार्वती को विवाहते । तो यह दुर्गुण सगुण दिखाते॥
सामर्थवान में दोष न दिखते । खाद्य अखाद्य भस्म अग्नि रहते॥
पार्वती तप अगर करेगी । कर प्रसन्न शिव उन्हें बरेगी॥
माता मैना बातें सुनती । निज पुत्री सुकुमार देखती॥
यह सुकुमार न तप के योगू । ढूँढूँगी वर इसके जोगू॥
नहि कदापि ऐसा वर लाऊँ । जैसा नारद अभी सुझाऊँ॥
पुत्री और पिता हिमवाना । कहते नारद हे विद्वाना॥
इनकी वाणी मृषा न होई । अबस घटेगी दुमति न कोइ॥
अतः पार्वती करे तपस्या । समाधान हो सारी समस्या॥
पार्वती को मातु पिता ने । दी आज्ञा तप हेतु के जाने॥
गौरी तप करने को चलती । जया विजया थी सहेली रहती॥

दोहा ॥घोर तपस्या बैठती । शिव में हुई वे लीन्ह॥
सहस्र वर्ष तक फूल फल । और शाक भोग कीन्ह॥ ३१

चौ ॥शत वर्षों तक बारि बताशा । क्योंकि लगी शिव मिलन की आशा॥
सूखे पत्ते अब वे खाती । तीन सहस्र अब वर्ष बिताती॥
फिर आकाशवाणी थी सुनायी । पार्वती तप पूर्ण हो जाई॥
पिता आ रहे संग घर जाना । मिलेंगे शिव अब सत्य ये माना॥
अब शिव की हूँ कथा बताता । लिख जसकरन का मन हर्षाता॥
सती देह त्यागन उपरान्ता । करन लगे तप शिव बड़े शांता॥
शिव की अखण्ड समाधि लगती । राम जी आ करते उन विनती॥
कहते पार्वती तप कीन्हा । उन्हें शिव मिलन का आशीष दीन्हा॥
अतः अब आप पार्वती संगा । करो विवाह होय जग चंगा॥
राम की आज्ञा शिव सिर धारी । वे शप्त ऋषियों वचन उचारी॥

दोहा ॥शप्त ऋषियों से शिव कहा । पार्वती पर जाऊ॥
लेउ परीक्षा उन उहाँ । और फिर हमें बताऊ॥ ३२

चौ ॥पार्वती की लेना परीक्षा । दिखती थी यह शिव की इच्छा॥
ऋषिगण को शिव ने भिजवाया । उन्हें पार्वती पर पहुँचाया॥
बोले देवि तुम तप में सूखती । क्या ऐसा तुम शिव में देखती॥
करते वे मरघट में बासा । कतई न समझो सुखों की आशा॥
जग में ऐसे राजकुमारा । स्वर्ग के सुख तम्हे दें संसारा॥
शिव के संग शादी मन त्यागो । अभी समय के रहते जागो॥
पार्वती सुन ऋषियों बाता । कह यह बातें प्राण की घाता॥
यदि नहि शिव ने हमें अपनाया । तो मैं हूँ तप को बैठ जाया॥
शिव के आलावा नहि कोई भाता । अतः यहाँ से पधारो ताता॥
पार्वती की सुनी यह बानी । कहा ऋषि तुम हो धन्य मैं जानी॥
आप समान न जग में दूजा । जिसने शिव की करी ऐसी पूजा॥

दोहा ॥अवसि मिले शम्भू तुम्हें । मेरा ये आशीष॥
उन्ही ने हमें भेजा यहाँ । हे प्रसन्न जगदीश॥ ३३

चौ ॥हो प्रसन्न फिर ऋषिवर जाते । शिव को समाचार बतलाते॥
शिव का अब आदेश पायकर । ऋषि हिमांचल पहुँचे आयकर॥
कन्या हाथ माँगने आये । भेजे शिव हिम को ये बताये॥
बड़ी प्रसन्नता हिममहलों में । दी स्वीकृत कन्या देने में॥
अब शादी करते तैयारी । उभय पछ हे खुशियाँ भारी॥
शिवगण बड़ी खुशियाँ थे मनाते । भाति भाति कैलाश सजाते॥
देव किन्नर गन्धर्व समेता । कैलाश भेजता सबको नेवता॥
भूत, प्रेत, पिसाच व देवा । खुशी बारात चलन शिव लेवा॥
करते सब बड़ी बड़ी तैयारी । चन्दन पुष्प से देह सवारी॥
दूल्हा रूप में शिव को सजाते । बाँध जटाएँ सर्प लपटाते॥
सर्प लपेट के जुड़ा सम्हारा । काजल नैनों में शोभा नियारा॥

दोहा ॥बारात चलन तैयार हैं । ब्रह्मा, विष्णु, शुरेश॥
निज निज वाहन आ गये । शोभा बढ़ाते विशेष॥ ३४

चौ ॥बारात चलन की भई तैयारी । शिव जी बैल पर करी सवारी॥
सबसे आगे शिव की सवारी । पीछे बारात थी दिखती सारी॥
नन्दी पर शिव उलटे बैठते । जिस से उन्हें बाराती दिखते॥
शिव बरातियों महिमा न्यारी । भूत पिशाच दिखें भय कारी॥
कोइ कोइ दिखता दो सिर बाला । कोइ दिखे बिनु सिर के निराला॥
किसी के एक भी हाथ न दिखता । कोई अनेकों हाथ था रखता॥
कई पेरों से कोई दिखावे । कोई बिनु पैर घसीटता जावे॥
कोई दिखता बिनु मुह के जाता । और कोइ कोइ मुख कई हे लाता॥
दिखते कोइ बिनु पैर बाराती । कोइ कई पैर से जाते दिखाती॥
शिव की ऐसी बारात थी चलती । आय हिमांचल नगर पहुँचती॥

दोहा ॥स्वागत करने नगर जन । हुए इकट्ठे आय॥
देख बाराती डर गए । परिजन सों बतराय॥ ३५

चौ ॥कबहू न देखी ऐसी बाराता । देख के जिसको डरे घराता॥
बच्चे निज-निज मातु पे आते । भूत परीत आये ये बताते॥
मातु पूछ दूल्हा की बताओ । कह तुम भी देखत डर जाओ॥
साँप अनेको दूल्हा लपेटे । और राख तन पर हे चपेटे॥
वे सब बातें महल पहुँचती । सुन मैना वेसुध हो गिरती॥
पंखा ढल उसे होश दिलाया । पति हिमांचल रहे समझाया॥
होस आते माँ मैना कहती । नहीं विवाहु मैं पुत्री चहेती॥
इस से अच्छा मैं हूँ सोचती । लेकर पुत्री कूप में गिरती॥
नारद ऋषि उसी छण थे आते । सब आगे मेंना समझाते॥
कहते नारद सुनो मैना रानी । पार्वती शिव कहूँ कहानी॥
पार्वती पूर्व जनम सती थी । और दच्छ की कन्या बनी थी॥

दोहा ॥दच्छ ने किया अपमान था । शिव का सती के अगार॥
पति अपमान न सह सकी । यज्ञ में तन किया छार॥ ३६

चौ ॥मरते समय थी सती माँगती । अगले जन्म पति शिव ही चाहती॥
अतः इस जनम पार्वती रूपा । होता विवाह ये शिव से अनूपा॥
नारद की ये बातें थी चलती । हवा तरह घर घर में फेलती॥
अब सब लोग बड़े हर्षाई । मैना हिमांचल खुशी न समाई॥
उमा अब शिव पे सूचना भेजति । शिव उस सूचना को रहे बांचति॥
लिखा था पत्री सुनहु महेशा । धारो रूप तुम भेष नरेशा॥
शिव ने तुरंत रूप नया धारा । सभी सराहते बारंबारा॥
अब जनमासा बारात को दीन्हा । कन्या दान की ऋषि घड़ी चीन्हा॥
इसके लिए नारायण बढ़ते । ज्येष्ठ भ्रात गौरी के बनते॥
अब जेव नार की बारी आयी । पूरी बारात थी नृप बिठाई॥
नाना भांति के व्यंजन दिखते । नगरबासी बड़ी खुशी से परसते॥
अब दूल्हा मण्डप में आना । शिव के रूप मैना पहिचाना॥

दोहा ॥बड़े आदर थी कर रही । मैना रानी दुलार॥
तथा निवेदन वह किया । रखना पुत्री सम्हार॥ ३७

चौ ॥सातों भाँवर के उपरान्ता । सब देवों को बड़ी विश्रामता॥
विदा बारात की बेला आई । हिमांचल दिखते बड़े हर्षाई॥
नयनन नीर मैना के बहते । पुत्री वियोग कठिन हे दिखते॥
हिमांचल विदा बाराती करते । यथा उचित सम्मान वर्तते॥
उमा संग पहुँचे शिव कैलाशा । सभी गण दिखते बड़े उल्लाषा॥
नाना भोग करन शिव लागे । भाग्य सभी जीव जंतु के जागे॥
शिव जी उमा को बताते बाता । तारक असुर बहुत विख्याता॥
ब्रह्मा से वह वर हैं पाया । जिस से उसने जग हैं हराया॥
उसके डर से देव थे भागत । और सभी ब्रह्मा पर आवत॥
ब्रह्मा थे उनको ये बताया । केवल सिव सुत सके हराया॥

दोहा ॥मैं था बड़ी समाधि में । उस दौरान एकांत॥
इंद्र सहित सभी देवगण । सोचे मन विश्रान्त॥ ३८

चौ ॥कामदेव के पास पहुँचते । तोड़ने शिव की समाधि सोचते॥
कामदेव को था पहुँचाया । जहाँ थी मेने समाधि लगाया॥
कामदेव माया फैलाई । कण-कण काम मय दिया दिखाई॥
जीव जन्तु सब काम आधीना । दिखे काम रत सभी प्रवीणा॥
चारों तरफ वसंत था छाया । बयार चल रही ठंडी माया॥
काम देव ऐसे तीर चलाते । ऋषि मुनियों की समाधि तुड़ाते॥
शिव कहते मुझ पे भी प्रहारा । टूट समाधि नेत्र तीसरा उघारा॥
तीसरा नेत्र मेरा था खुलता । कामदेव क्रोधाग्नि में जलता॥
काम का अंत क्रोधाग्नि के द्वारा । कारण इंद्र वह भस्म बिचारा॥
कामदेव पत्नी रति सुनती । रोती बिलखती शिव पर पहुँचती॥
कहती नहि गलती मेरे पति की । रही योजना देवराज की॥

दोहा ॥शिवजी सांत्वना दे रहे । जो हुआ उसे बिसार॥
बिना देह अब काम रह । ब्यापे सबे संसार॥ ३९

चौ ॥आगे द्वापुर युग दौराना । होगा अवतार कृष्ण के नामा॥
उनका सुत प्रद्युम्न जो होयी । पति तुम्हारा बनेगा सोयी॥
यह वरदान रति थी पाई । जाती वहाँ से मन हर्षाई॥
आगे पार्वती थी पूछती । अवतार हेतु जानना चाहती॥
क्यों श्री राम रूप नर धारा । हमे समझाओ प्राणन प्यारा॥
खुश हो तब शिव सती से कहते । कथा प्यास तुम्हें हम हे देखते॥
प्रभु अवतार अनेकों करण । प्रमुख हैं समझो जगत सम्हारन॥
जब जब बढ़ते असुर अधर्मी । हानि पहुँचाते विप्र धेनु धरनी॥
तब प्रभु धरते विविध सरीरा । धरम बैठाते होके गंभीरा॥
प्रभु से मिलन गये सनक कुमारा । आये बैकुंठ को दरश विचारा॥
जय और विजय थे वहाँ द्वारपाला । रोका उन्हें हुआ क्रोध कराला॥
ऋषि थे उनको शाप था दीन्हा । बनो निशाचर वे सिर लीन्हा॥
विनती ऋषि से थे वे करते । हो प्रसन्न तब ऋषिवर कहते॥
शाप न झूठा होय हमारा । पर मैं इसमें करूँ सुधारा॥
निशाचर रूप में जब जन्मोगे । मुक्ति प्रभु जी से पाओगे॥
ऐसा तीन जन्मों में होगा । फिर पुनः विष्णुलोक हे मिलेगा॥
हिरण्यकश्यप हिरनाछ के रूपा । पहला जन्म धरा था अनूपा॥
तब बाराह नरसिंह बन आये । उनको थे निज धाम पठाये॥

दोहा ॥कुम्भकर्ण रावण बने । दुसरे जन्म वे आय॥
रूप धरे श्री राम प्रभु । उनको स्वर्ग पहुँचाय॥ ४०

चौ ॥शिशुपाल दन्तवक्र तीसरा जन्मा । प्रभु बनें थे तब श्री कृष्णा॥
उन्हें मार निज धाम पठाया । देखो सभी ये प्रभु की माया॥
पृथ्वी भार जालंधर बनता । महादेव से युद्ध था करता॥
पत्नी उसकी बृंदा रहती । पतिव्रता वह शक्ति रखती॥
जिस कारण शिव मार न पाये । श्री विष्णु तब बने सहाए॥
छल करके पति व्रत धर्म नाशा । शिव नेजालंधर किया विनाशा॥
प्रभु को पतिव्रता शाप था दीन्हा । श्री विष्णु उसे सिर धर लीन्हा॥
फिर एक शाप नारद के कारण । बन में भटकते थे प्रभु पावन॥
वही रूप तुमने था देखा । संसय तुम्हें भई थी विशेखा॥
अबहु रूप तुम्हरा वह सताता । जब कभी ध्यान मुझे वह आता॥
पार्वती अब जानना चाहा । क्यों ऋषि नारद शाप उचाहा॥
नारद तपी ज्ञानी में जाना । उनके इष्ट रहे थे भगवाना॥
फिर क्यों शाप वे प्रभु को देते । जिस से कष्ट प्रभु पे थे पहुँचते॥

दोहा ॥उत्तर शिवजी दे रहे । नहि कोहि ज्ञानी मूढ॥
प्रभु इच्छा सब हात हे । कह रहा मैं बड़ी सूझ॥ ४१

चौ ॥कहते शिव उमा सुनो धर ध्याना । नारद कथा चाहूँ समझाना॥
एक दिवस नारद तप कीन्हा । बन एकांत में ज्ञानी प्रवीणा॥
घोर तपस्या नारद चलती । जिससे इंद्र को चिंता लगती॥
कहीं इन्द्र पद चला न जाये । सोचा ऋषि के तप को डिगाए॥
इंद्र ने कामदेव को बताया । जहाँ नारद थे वहाँ भिजाया॥
कामदेव माया फैलाई । दिया बसंत वहाँ दिखलाई॥
वहाँ के जीव जन्तु भये कामी । बचे वही जिनके प्रभु स्वामी॥
नही नारद पर काम की चलती । अभिमान ब्रद्धि नारद में दिखती॥
जब नारद तप पूरन कीन्हा । तुरत महादेव पर चल दीन्हा॥

दोहा ॥नारद भरे अभिमान से । शिव को रहे बताये॥
कामदेव जीता मैंने । जैसे तुमने हराये॥ ४२

चौ ॥उमा सुनो मैं ऋषि समझाना । जो कुछ कहा वह प्रभु न बताना॥
अतः मैं रोके करन बयाना । नहि सुभेछ मेरे यह जाना॥
अब नारद बैकुंठ पहुँचते । बैकुंठपति स्वागत थे करते॥
तुरत थे नारद प्रभु को बताया । कामदेव हमने है हराया॥
कामदेव की एक न चलती । जब तप शक्ति मेरी फैलती॥
बोले प्रभु तप तुम्हरे द्वारा । अन्य के काम सधे जो लाचारा॥
नारद सुनकर अपनी बढ़ाई । चलते वहाँ से बड़े हर्षाई॥
अब नारायण करते विचारा । नारद परम भक्त हे हमारा॥
दंभ का पौधा ऋषि हिय उगता । हमको वह अच्छा नहि लगता॥
उसे उखाड़ना मुझको चाहिए । करूँ उपाय तुरंत कुछ चाहिए॥

दोहा ॥नारद थे जब जा रहे । प्रभु माया फैलाय॥
मायापुरी निर्मित करी । उनके रास्ते आय॥ ४३

चौ ॥नगर भव्यता नारद देखी । शोभा बरन न जाय विशेखी॥
भव्य पताका तोरन दिखती । फुलबारी उस शोभा रचती॥
सोचा अलकापुरी ये समाना । देखी पहली बार ये जाना॥
उसमे प्रवेश हेतु वे बढ़ते । वहां के नृप अगवानी करते॥
पत्नी सहित नृप ऋषि को वैठाया । पुत्री मोहिनी ली थी बुलाया॥
नारद से कहते कर जोरा । पुत्री भविष्य जानन मन मोरा॥
इसका भविष्य बताओ नारद । आपसे बिनती करूँ मैं सादर॥
पुत्री की हस्तरेख थी देखा । नारद अचरज हुआ विशेखा॥
देखा पति जो इसका बनेगा । विश्व ये पूजा इसकी करेगा॥
कोई न इसको जीत सकेगा । तीनो लोक का स्वामी बनेगा॥
पुत्री ये लक्ष्मी के स्वरूपा । पुजेगी विश्व में होके अनूपा॥
थोडा बहुत ऋषि नृप को बताते । नृप उन्हें उत्सव बात सुनाते॥
कहते नृप सुनो ज्ञान प्रवीणा । पुत्री स्वयंवर करूँ मन लीन्हा॥

दोहा ॥पुत्री स्वयंवर बात सुन । नारद मन में विचार॥
किसी तरह बरूं मोहिनी । खुलेंगे भाग्य हमार॥ ४४

चौ ॥नारद मोह में फसते दिखाया । माया प्रभु की समझ न पाया॥
कह जसकरन माया जब झपटे । कोई नहि बचे तीछ्ण रहें लपटें॥
वही फसाते वही बचाते । फिर क्यों नहीं शरण हो जाते॥
सोचे नारद प्रभु पर जाऊँ । उनका सुंदर रूप मैं पाऊँ॥
यदि सौन्दर्य प्रभु मिल जावे । तो मोहिनी अबस हम पावे॥
एसा सोच ऋषि प्रभु पे पहुँचते । अपना रूप देउ उनसे कहते॥
प्रभु कहते तुम भक्त हमारे । अबस ही दूँ जो लाभ तुम्हारे॥
ले आश्वाशन नारद चलते । और स्वम्बर आ के पहुँचते॥
राजकुमारों बीच ऋषि वैठ्त । पर बरमाला कुँअरि न भेटत॥
जय और विजय प्रभु के दासा । वे थे बैठे नारद पासा॥
नारद देख बहुत वे हँसते । नहि नारद थे समझ कुछ सकते॥
फिर नारद को उनने बताया । हे ऋषि कहाँ रूप कपि पाया॥

दोहा ॥नारद वहाँ से चल दिए । जल में रूप निज देख॥
उसी समय जय विजय भी । नारद देख विशेष॥ ४५

चौ ॥अति क्रोधित नारद वहाँ दिखते । क्रोध वचन प्रभु दूतों सुनाते॥
उनको शाप देते हुए कहते । हमें देख तुम थे वहाँ हँसते॥
तुम्हरा पतन शीघ्र होयेगा । राक्षस-योनी जन्म मिलेगा॥
अब संग मोहिनी प्रभु वहाँ आते । कंठ में निज वरमाला दिखाते॥
उसे देख ऋषि क्रोध बढ़ाया । तुरंत ही उनको शाप सुनाया॥
जैसे पत्नी वियोग मैं सहता । तुम भी सहोगे शाप मैं कहता॥
आगे त्रेतायुग दौराना । तुम्हें पृथ्वी पर होगा जाना॥
पित्ता दिए बनवास के कारण । पत्नी हरन होगा मैं विचारण॥
भटकोगे बन पत्नी वियोगा । मेरे शाप ये बनेगा संयोगा॥
तुम मरकट मेरा रूप बनाया । यही बनेंगे तेरा सहाया॥

दोहा ॥नारद जी के शाप को । अंगीकार प्रभु कीन्ह॥
अब निज रूप वे प्रकटते । शंख चक्र गदा लीन्ह॥ ४६

चौ ॥न कहीं मायापुरी न राजा । न कहीं मोहिनी अथबा समाजा॥
देख दृश्य नारद थे सहमते । हुए व्याकुल व् छले से दिखते ।
प्रभु चरण में पड़े दिखाई । वे उठाई निज हृदय से लगाई॥
करो माफ़ मुझे हे भगवाना । फँसा था माया हो अज्ञाना॥
कहते प्रभु जो घटता दिखाई । उस सब में मेरी इच्छा समाई॥
जाओ जपो शंकर का नामा । हुई हे तुम्हें तुरंत विश्रामा॥
शाप के कारण दूत भय भीता । चरण पड़े नारद के पुनीता॥
कह नारद राक्षस जब बनोगे । तीन लोक भय भीत करोगे॥
देव किन्नर गन्धर्व समेता । तुम्हें झुकेंगे मान प्रडेता॥
फिर प्रभु आयें ले अवतारा । और उद्धार करेंगे तुम्हारा॥
इस प्रकार पुनः स्वर्ग में आना । पाओगे अनंत विश्रामा॥
फिर नारद को शीश झुकाया । करते नमन प्रभु शीश नमाया॥

दोहा ॥आदेश पाय नारद चले । शिव सुमरैं जो महान॥
जब तक कृपा न वे करे । मिल न सके भगवान॥ ४७

चौ ॥शिव बिन भक्ति रहती अधूरी । वे ही दिला सकते है सबूरी॥
छोड़ के जो शिव भजे नारायण । वे उनकी न पाते कृपायन॥
याज्ञबालिक कह सुनो भरद्वाजा । भजिये शिव को छोड़ सब काजा॥
शिव अब राम कथा को बढ़ाते । पार्वती का चरित्र सुनाते॥
काग भुशुण्डि भी कथा में लीन्हा । जिसको सुनते गरुण प्रवीणा॥
उमा सुनहु में आगे बताता । अवतार हेतु दूसरा सुनाता॥
स्वयंभू मनु और सतुरूपा । उत्तानपाद सुन उनके विभूता॥
उनके सुत थे ध्रुव जग जाना । जो नारायण भक्त महाना॥
पांच वर्ष जब आयु थी इनकी । घोर तपस्या कीन्ह विष्णु की॥
उत्तानपाद के प्रियव्रत भ्राता । वेद, पुराण जिन्हें हे गाता॥

दोहा ॥मनुपुत्री देवहूति थी । बनी थी कर्दम नार॥
कपिल रूप अवतरे प्रभु । इस दम्पति के विचार॥ ४८

चौ ॥कपिल ने सांख्य शास्त्र विस्तारा । जो कर गया था जग से किनारा॥
इनने बहाई ज्ञान की गंगा । और देवहूति भई उमंगा॥
सांख्य शास्त्र से ज्ञान फैलाया । और माता को मोक्ष दिलाया॥
मनु महाराज धर्मात्मा राजा । सेवा करते दिल से समाजा॥
चौथापन जब नृप को आता । रानी सह नृप बन को जाता॥
नैमिषारण्य में पहुँचे जाई । जहाँ ऋषि मुनियों भेट थी पायी॥
मुनि भेष वे धारण कीन्हा । सब तीर्थों में घूमें प्रवीणा॥
धेनुमती के आये तीरा । लगी समाधि थी गंभीरा॥
द्वादस बैठ मन्त्र जप करते । बासुदेव के ध्यान में रमते॥
जपन लगे ओउम नमो बासुदेवा । दो दर्शन मुझे देवो के देवा॥

दोहा ॥कंद मूल फल ग्रहनते । बीते वर्ष दो हजार॥
फिर केवल वायु ग्रहण की । हजार शप्त ऋतु बार॥ ४९

चौ ॥फिर आगे वे सब कुछ त्यागा । केवल प्रभु में ध्यान था लागा॥
खड़े होकरके फिर तप करते । दस हजार थे वर्ष वीतते॥
उनकी पुकार प्रभु पे पहुँचती । पूर्ण तपस्या उनकी दिखती॥
प्रकटे श्री विष्णु भगवाना । सम्मुख नृप के थे वे आना॥
अस्थि पंजर भये तप दौराना । अतः नेत्र सके खोल न पाना॥
प्रभु की दृष्टि उन पर थी पड़ती । तुरत दशा नृप की थी सम्हरती॥
हृष्ट पुष्ट भय वे तत्काला । मानों अभी आये महिपाला॥
नारायण के दर्शन करते । अश्रु नेत्र गालों पर वहते॥
चतुर्भुजों में आयुध धारे । संख चक्र पदम गदा थे सम्हारे॥
दशों दिशाएँ दिखती चमकती । मानों चाँदनी वहाँ थी फैलती॥
खिलते पुष्प दिखाई मानों । जैसे सेज थी बिछती जानों॥

दोहा ॥स्मरण प्रभु का करत ही । प्रफुल्लित दिल हो जात॥
जसकरन कहें जब प्रभु दिखें । स्थिति यही दिखात॥ ५०

चौ ॥प्रकृति के पाँचों तत्व के स्वामी । वे जहाँ दिखते स्वर्ग दिखानी॥
परमानन्द हे उनका नामा । जहाँ प्रकटे आनंद समाना॥

छंद॥हमें मिले आनंदा, सब है चुनिन्दा॥
पर जग में, वह दिखें न कंदा॥
जगत में फंदा, न इसमें मिलिंदा॥
इसी में बसों, पर जपो श्री कंदा॥

छंद॥ओउम नारायणं, दिन रात भजनं॥
होबे कल्याणं, हेतु उसी गमनं॥
मत जसकरनं, चरण उसी नमनं॥
मन वही रमनं, रहो उन्हीं ध्यानं॥

चौ ॥श्री नारायण उन्हें उचारा । माँगो जो तुमने है बिचारा॥
नृप कहते कछु चाह न बचती । जब प्रभु मूरत आपकी दिखती॥
फिर भी एक इच्छा मन माहीं । आप सामान पुत्र मैं पाई॥
यबमस्तु प्रभु कहा तत्काला । अबस होय बीते कुछ काला॥
स्वर्ग लोक अभी करो निवासा । सारे सुख भोगो कर वासा॥
फिर होगे तुम अबाध भुआला । और मैं बनूँगा तुम्हरा लाला॥
अपने समान मैं कहीं न पाऊँ । अतः सुत बनकर स्वयं मैं आऊँ॥
अब प्रभु रानी तरफ देखते । बर माँगन को उन्हें भी नेवते॥
कहा रानी ने पति जो माँगा । वही चाहन इच्छा मम जागा॥
कहा प्रभु मैं लूँगा अवतारा । अनशन सहित जनम को विचारा॥

दोहा ॥इच्छित वर को पायकर । नृप लोटे राजधानी॥
कुछ समय के बीतने । स्वर्ग जाते नृप रानी॥ ५१

चौ ॥स्वर्ग में कछु काल विश्रामा । अवध में जन्मे राजघराना॥
रघुवंश में नृप अज भये महाना । उनके पुत्र दशरथ यही जाना॥
प्रभु अवतार हुआ घर इनके । पृथ्वी आये राम थे बनकर॥
अंशों सहित बने चारों भ्राता । सीता रूप आयीं लक्ष्मी माता॥
उमा कहूँ अब कथा अगारी । सावधान सुनो मन को सम्हारी॥
यही कथा याग्यबलिग़ जी कहते । भरद्वाज सावधान हो सुनते॥
यही रस कागभुशुण्डि बहाया । सावधान कर गरुण पिलाया॥

कैकेय देश था एक महाना । सत्यकेतु राजा सब जाना ॥
नीतवान धर्मज्ञ नरेसू । प्रजा पालन करते सत्यकेतु ॥
नहीं दरिद्रता अथवा रोगी । दिखती प्रजा सुखों की भोगी ॥
वर्षा सदा समय पर होती । उस से फसल कृषक करे जोती ॥
धर्म परायण जो नृप रहता । ईश कृपा उस प्रजा पर करता ॥
सत्यकेतु के दो सुत जाना । प्रतापभान अहिमर्दन माना ॥

दोहा ॥प्रतापभान ज्येष्ठ पुत्र थे । अहिमर्दन लघु थे भ्रात ॥
सत्यकेतु बूढ़े भये । तप करने बन जात ॥ ५२

चौ ॥प्रतापभानु को राज्य था दीन्हा । धर्मशील नीतज्ञ प्रवीणा ॥
पिता समान धर्म बैठाते । नीति से राज पाठ थे चलाते ॥
बड़े पराक्रमी योधा जानत । शत्रु जो इनके नाम से काँपत ॥
अहिमर्दन जो लघु इन भ्राता । उनका बल जो कहा न जाता ॥
सारे राजाओं को हराया । चक्रवर्ती था नाम ये पाया ॥
सचिव था धर्म रुचि के नामा । जैसा नाम वैसा ही कामा ॥
धर्म और नीति अनुसारा । चले राज्य सदा यही विचारा ॥
जिसके कारण प्रजा सुखारी । नहि दिखे यहाँ कोइ लाचारी ।
प्रतापभान थे अश्व असबारा । चले एक दिन करन शिकारा ॥
मृगया करने बन में प्रविशते । थे यक सूअर का पीछा करते ॥
खतरनाक वह सूअर दिखाता । तक तक तीर राजा था चलाता ॥

दोहा ॥अब था अँधेरा हो गया । नृप नहि छोड़न चाह ।
धुंध रात थी हो चली । कहीं न दिखती राह ॥ ५३

चौ ॥अब शिकार न नृप को दिखाता । क्रोध से आगे बढ़ता जाता ॥
प्यास से अब वह रहा घबराई । कुटिया एक मुनी की दिखाई ॥
तब देखा एक मुनि के भेशा । सरबर निकट बैठ तपी भेखा ॥
उतर के अश्व वह मुनि पर आवा । लगी प्यास इच्छा था जताया ॥
यह एक राजा साधू के रूपा । बैठा दिखता तपी अनूपा ॥
प्रतापभानु था इसको हराया । जिसके कारण ये था लजाया ॥

शर्म से नहीं राजधानी लौटता । साधू भेष रख बन में बैठता॥
देख प्रतापभानु को सँभला । मौका यही लेने का बदला॥
कपटी साधू रूप बनाया । प्रतापभानु कछु समझ न पाया॥
नृप पीने को जल था माँगता । पीने हेतु जल साधू लाता॥
कपटी साधू नृप पहिचाना । प्रतापभानु ये नृप बलवाना॥

दोहा ॥फिर भी नृप से पूछता । हमें बताओ नाम॥
अपना नाम छिपाय नृप । बोले हो सावधान॥ ५४

चौ ॥प्रतापभानु निज नाम छिपाया । खुद को उनका मंत्री बताया॥
ढोंगी साधू अब ये बताया । योग शक्ति मेरी सच है जताया॥
कैकई देश के सत्यकेतु राजा । जो सदा करते नीति के काजा॥
तुम हो प्रतापभानु सुत उनके । और अहिमर्दन लघु सुत जिनके॥
धर्म रुचि उन सचिव बनाया । प्रतापभानु का यश फैलाया॥
तपबल से यह सब मुझे दिखता । हमसे कुछ है कभी न छिपता॥
जब ब्रह्मा ने यह सृष्टि बनायी । तभी से मैं इस जग में दिखाई॥
मरना जीना हुआ न मेरा । ब्रह्मा सुत में रहा घनेरा॥
अपने जनम के मैं उपरान्ता । रहा समाधि में बड़ी शांता॥
संभव सब तप द्वारा रहता । सृष्टि सृजन ब्रह्म तप से करता॥
भगवान विष्णु तप द्वारा करते । भरन पोषण सब सृष्टि रखते॥

दोहा ॥शिव जी करते सृष्टि का । तप द्वारा संघार॥
मै भी तप से जानता । तुम्हारा नाम व्यवहार॥ ५५

चौ ॥प्रताप भानु यह सुनके सोचता । किया अपराध न सत्य बोलता॥
हाथ जोड़कर माफी माँगता । नाम छिपाया गलती मानता॥
ढोंगी साधू तब था कहता । सुरक्षा हेतु यह कहना पड़ता॥
चक्रवर्ती जो लच्छन रहते । वे मस्तक पर तुम्हरे दिखते॥
ढोंगी साधू किया आधीना । निज बातों से नृप को प्रवीणा॥
नकली तपस्वी अब था कहता । कहो हमसे जो इच्छा रखता॥
अपने गुरु की शक्ति प्रतापा । चाहोगे वह सब तुम पाता॥

प्रतापभानु निज इच्छा बताते । करूँ राज्य निर्विघ्न चाहते॥
कोई न रण हमको जीत पाये । सुख सम्पति मेरी प्रजा दिलाये॥
एसा ही मैं करूँगा राजन । ठहरो आज रात निज काजन॥
क्योंकि रात बहुत हे होती । अतः ठहरनें की तुम्हें सोची॥

दोहा ॥मुझे अब चलना चाहिये । अपनी गुफा गंभीर॥
सुबह यहीं तुमसे मिलू । दूसरा धर के सरीर॥ ५६

चौ ॥सुबह सभी तुम्हें बतलाऊँगा । परिवार योग से मिलवाऊँगा॥
फिर जो कार्य तुम्हें बतलाऊँ । करो उन्हें तुम्हें सब समझाऊँ॥
राक्षस कालकेतु एक नामा । रखे मायावी शक्ति नाना॥
मित्र था इस ढोंगी बाबा का । घटनाक्रम सब उसी बुद्धि का॥
अगले दिन बड़े सुबह की बाता । साधू भेष यही राक्षस आता॥
माया इसने थी फैलाई । नृप की रानी वहाँ पड़ी दिखाई॥
अरिमर्दन लघु भ्रात भी दिखते । संग सचिव धर्म रुचि पहुँचते॥
राक्षस रूप साधू बतलाता । प्रतापभानु को यों समझाता॥
ब्राम्हण होते है तपधारी । इनकी शक्ति से दुनिया है हारी॥
अतः प्रसन्न उन्हें है करना । करो निमंत्रण रहो उन सरना॥
इच्छानुसार वे भोज करेंगे । आशीर्वाद से तुमको भरेंगे॥
रसोई मैं तैयार करूँगा । तुम्हें केवल परसने को कहूँगा॥
परिवार सहित तुम उन्हें परसोगे । उन्हें खुश करके आशिष लोगे॥

दोहा ॥योग शक्ति से बनाऊँगा । व्यंजन नाना प्रकार॥
परिवार संग उन्हें परसना । कामना हो साकार॥ ५७

चौ ॥ब्राम्हणों को है यदि खुश करना । भोज कराओ नाना व्यंजना॥
केवल भोजन से खुश होते । और मनवांछित वर हैं देते॥
प्रताप भानु फँसे ढोंगियों बीचा । समय ने उनका ज्ञान उलीचा॥
होनी उन्हें वहाँ थी ले जाती । और बुद्धि थी उनकी विसराती॥
नृप ने ब्राह्मण निवते लाखा । आसपास नहि कोई द्विज राखा॥
परिवार सहित नृप बैठे बैठका । अंदर ढोंगी दोस्त संग एका॥

नाना जीवों हत्या कीन्हां । ब्राम्हण मार माँस था लीन्हा॥
व्यंजन उन माँसों से बनाये । भोजन हेतु थे विप्र बुलाये॥
नृप से कहा परोसो जाई । संग में सब परिवार लगाई॥
ब्राह्मणों के जब भोजन आगे । देर न करते भोग लगावे॥

दोहा ॥जैसे ही भोग लगन को । विप्र हुए तैयार॥
आकाशवाणी उसी क्षण भई । बचन सुनो ये हमार॥ ५८

चौ ॥नहीं करो ये भोजन ब्राह्मण । इसमे माँस रंधा है सज्जन॥
आकाशवाणी जब विप्र थे सुनते । भोजन छोड़ खड़े हो दिखते॥
कहते प्रभु तुम धर्म बचाया । नहि तो नृप ने नरक डराया॥
हें नृप तुमको शाप मैं देता । परिवार सहित राक्षस बनो खेता॥
आकाशबाणी फिर पुनः थी होती । विप्रो शाप दिया हैं अनदेखी॥
प्रतापभान ये नृप है महाना । राक्षसों के धोखे में आना॥
ये वरदान के थे यहाँ लायक । पर बना दिया शाप के सायक॥
दौड़े नृप पहुँचे थे रसोई । पाते नहीं वहाँ साधू कोई॥
दुखी होकर राजधानी लौटते । परिवार सहित प्रायश्चित थे करते॥
इसी बीच हारे जो नरेशा । किया आक्रमण इनके देशा॥
प्रतापभान सब सेन समेता । मारे गये युद्ध के खेता॥
दूसरा जन्म लिया था आकर । राक्षस बने थे शाप को पाकर॥

दोहा ॥प्रतापभान रावण बने । जो थे बड़े बलवान॥
अरिमर्दन कुम्भकर्ण थे । धर्म रुचि विभीषण जान॥ ५९

चौ ॥परिवारजनों के सभी सदस्या । राक्षस बने थे शाप समस्या॥
यदपि ऋषि पुलस्त परिवारा । आय के जन्मे कर्मों द्वारा॥
पुलस्त्य के पुत्र विश्रवा जाना । इनके दो पत्नी शास्त्र बखाना॥
एडिविडा पहली कुबेर को जनती । दूसरी कैकसी राक्षस रहती॥
माली सुमाली छल के द्वारा । ऋषि ब्याही कैकसी गंवारा ।
रावण कुम्भकर्ण बलवाना । कैकसी जन्मे जगत ये जाना ।
स्वभाव राच्छसी कैकसी दीन्हा । सद्गुण इनके मिटा थे दीन्हा॥

विभीषण सदा प्रभु का अनुरागी । राक्षस होकर फिर भी बैरागी॥
रावन ज्येष्ठ पुत्र मेघनादा । नाम सुनत देवता सब भागा॥
कुम्भकर्ण ऐसा बलवाना । कुछ ही दिनों में सृष्टि खा जाना॥
रावण जब पृथ्वी पर चलता । डोले धरती अम्बर कँपता॥

दोहा ॥तीनो बन्धु तप किया था । डोल गया ब्रह्मलोक॥
कहा ब्रह्मा तब प्रकट हो । क्या चाहते वह बोल॥ ६०

चौ ॥कहता जीत न सके हमें कोई । देव किन्नर या वानर होई॥
एवमस्तु ब्रह्मा जी कहते । अब वे कुम्भ करण से पूछते॥
ब्रह्मा अपने मन में विचारा । यदि जागा तो खायं संसारा॥
अतः सरस्वती देवी सुमिरते । बुद्धि पलटने इसकी कहते॥
अब वह मॉस छे निंद्रा माँगता । एक दिवस जागने को कहता॥
ब्रह्मा से वेसा ही पाया । निकल के ऐसा मुख उस आया॥
अब थी विभीषण बारी आयी । प्रभु के चरण भक्ति वह पाई॥
वरदान पाय रावण खुश होता । रहने हेतु था जगह खोजता॥
गिरि त्रिकूट था सिन्धु मझारे । मय दानव वहाँ किला सम्हारे॥
ब्रह्मा हेतु वह किला बनाया । रतन जटित सोने का दिखाया॥
यही तो लंका नगरी कहाया । कुबेर ने ब्रह्मा से था पाया॥

दोहा ॥कीन्ह चढ़ाई कुबेर पर । रावण लंका हथियाय॥
अपने अधीन उसे ले लिया । ली राजधानी बनाय॥ ६१अ

दोहा ॥मय दानव था जानता । रावन रख दस शीश॥
अजेय होने वर पायकर । बनेगा राक्षस धीश॥ ६१ब

चौ ॥पुत्री मंदोदरी उसके होती । थी अति सुन्दर उसकी चहेती॥
उसका विवाह रावन से कीन्हा । और लंका में वसा उसे दीन्हा॥
लंका पुरीं जो अति सुहावन । रावण बसा कृपा चतुरानन॥
अमरावत सम भोग बिलासा । परिवार सहित रावन का निवासा॥
सारे राक्षस मित्र बुलाये । सबको लंका में थे बसाये॥

अकंपन दुर्मुख और बज्रहन्ता । धूमकेतु अतिकाय भनंता ॥
सेनापति वह इनको बनाया । सारी श्रष्टि को धमकाया ॥
मेघनाथ से कहता जाओ । सभी देवों को बांध के लाओ ॥
सूर्य चन्द्र वायु वरुण कुबेरा । अग्नि काल और यम को घेरा ॥
बस में सभी को रावण कीन्हा । दिग्पालों को बंद कर दीन्हा ॥
यज्ञ हवन जप तप पावंदी । बाँधे ऋषि मुनि उनके संगी ॥
देवता सब जाकर छिप जाते । शुभ आचरण कहीं न दिखाते ॥
राक्षसों के ये सदा आचारा । दें सज्जनों को कष्ट अपारा ॥

दोहा ॥हर युग में दिखते सदा । आचरण के ऐसे लोग ॥
सत्पुरुषों को सतात वे । सदा रहते रत भोग ॥ ६२

चौ ॥आज भी ऐसे लोग दिखाई । उग्रवादी जिनको है बताई ॥
सत्पुरुषों की जगह खोजते । मौका पाय आक्रमण करते ॥
कहते अमुक धर्म है मेरा । पर नहि किसी धर्म से घनेरा ॥
केवल भय आक्रांत फैलाना । यही उदेश्य है उनका जाना ॥
भछन माँस और मदिरापाना । और पर स्त्री को है चुराना ॥
ईश्वर प्रकृति की करें अवहेलना । श्रष्टि को पड़ते है झेलना ॥
फिर कोई महापुरुष हैं आते । और इनको औकात दिखाते ॥
इनका नेता राजा समाना । इन्हें बस में रखता है महाना ॥
रावण भी राक्षसों का राजा । राक्षसो को बस में निज काजा ॥
कुबेर सौतेला रावन भ्राता । एक दिवस रावण उस जाता ॥
पुष्पक विमान कुबेर से छीना । और उस चढ़ लंका चल दीन्हा ॥

दोहा ॥दिया रावण आदेश था । निशचर जाओ चारो ओर ॥
देव किन्नर व विप्र ऋषि । बाँधो व मारो जोर ॥ ६३

चौ ॥हाहाकार सुनायी देती । जय जय कार रावण की होती ॥
दुर्दशा ऋषि मुनि जन की दिखती । धेनु भेष धरती थी रखती ॥
देवों के वह पास थी जाती । फिर वह ब्रह्मा पर रही आती ॥
ब्रह्मा भी असमर्थ दिखाई । आफत चारों ओर थी छाई ॥

मौका ऐसा जब आ जाता । कह जसकरन याद प्रभु आता॥
उमा सुनहु मैं भी देव संगा । बातें सुन रहा बहुविधि रंगा॥
कोई कह रहा प्रभु स्वर्ग में रहते । कोई कहा छीर सागर में बसते ।
विष्णु लोक रहें कुछ अनुसारा । बैकुंठ बसे कुछ रखे विचारा॥
मैने कहा कण कण में बसते । याद करो हर जगह प्रकटते॥
प्रेम सहित जब भक्त पुकारे । उसी जगह प्रभु तुरंत पधारे॥

दोहा ॥सभी देवों ने एक मत । कीन्ह प्रभु को पुकार॥
भक्त तेरे संकट फसे । बिगड़ी मेरी सम्हार॥ ६४

छंद॥हे प्रभु दाता भाग्य विधाता । करता तुम्हें पुकार॥
सबको बचाते लाज रखाते । प्राण बचाओ हम्हार॥
विश्व रचयता उसको बचयता । तुम न बिना आधार॥
मै हूँ पुकारू कैसे सम्हारू । नाव फँसी मजधार॥

छंद॥सबके बचैया नाव खिवैया । तुमको रहा पुकार॥
मेरी सुन आवो तुरंत पधारो । करो करुणा साकार॥
भक्त विपति में और आफत में । शरण आपकी आत॥
कृपा हो करते लाज रखते । अबस पहुँच हो जात॥

छंद॥आदि न अंता हे भगवंता । तीनों लोक रखवाले॥
कष्ट में संता दुष्ट हे हन्ता । बचाओ उन्हें इस हाले॥
छीर सागर बसना बैकुंठ रहना । कहलाते कामलायन॥
रहते अविनासी सर्ब हियबासी । रहे जसकरन बुलायन॥

दोहा ॥ऐसी पुकार देवो करी । प्रकटे श्री भगवान॥
बोले पहले ही दिया । कश्यप अदिति वरदान॥ ६५

चौ ॥पावन सूर्य वंश है घराना । नगरी अयोध्या जो है महाना॥
ऋषि कश्यप बने दशरथ राजा । अदिति होय कौशल्या साजा॥
अंशो सहित अवतरों जाई । राम चन्द्र वहाँ नाम धराई॥

अनुज तीन संग लूं अवतारा । भार हरूंगा तब संसारा॥
नारद वचन करूँगा पूरा । कैसे रह सकता वह अधूरा॥
सुन प्रभु वचन देवगन चलते । बड़े आनंदित होते दिखते॥
तब ब्रह्मा ने सबको सुझाया । सभी देव पृथ्वी पर जाया
विभिन्न रूप वानरों का धरिये । पृथ्वी पहुँच बनवासी बनिए॥

दोहा ॥पहुँचो पृथ्वी देव गण । धरकर वानर रूप॥
बाहु बली बनो जायके । दिखना विभिन्न स्वरूप॥ ६६

चौ ॥करना प्रतीक्षा प्रभु की बन में । अबस मिलेंगे अनुज के संग में॥
ना ना भांति है सेवा करना । मर्यादाओ ध्यान है रखना॥
अब आगे की कथा सुनाता । सुनो ध्यान जसकरन सुझाता॥
हमको गुरु जो शिक्षा दीन्ही । उस अनुरूप है हम लिख दीन्ही॥
अबध पुरी जो नगर महाना । नृप दशरथ जिन्हें सब जग जाना॥
सूर्य वंश छत्रिय दिगपाला । बड़े धार्मिक नीति भुआला॥
अर्ध सिंहासन इंद्र थे देते । जब वे पहुँचते प्रेम से लेते॥
देवता रहे इस वंश आभारी । दी असुरों को हार करारी॥
रानी तीन दशरथ सब जाना । ज्येष्ठ कौशल्या नीति सुजाना॥
कैकेयी सुमित्रा यह भी महाना । ये तीनो पतिव्रता कहाना॥
दशरथ के नहि सुत उस काला । बड़े चिंतित दिखते थे भुआला॥
एक पुत्री थी लेख में मिलता । शांता नाम था उसका रहता॥

दोहा ॥दशरथ को दी सलाह मुनि । ऋषि को पुत्री देय॥
उनकी सेवा ये करे । अबस पुत्र तुम्हें होय॥ ६७

चौ ॥शृंगी ऋषि को पुत्री ब्याही । कथा ये शास्त्रों ने है बताई॥
एक दिवस दशरथ थे सोचते । अब तक क्यों न पुत्र हमें मिलते॥
इसी सोच वशिष्ठ पे आये । अपनी करुण कहानी सुनाये॥
कहा वशिष्ठ धरहु मन धीरा । चार पुत्र होंगे बलवीरा॥
धरम धुरंधर नैतिक चारी । विप्र धेनु महि के रखवारी॥
हें नृप शृंगी ऋषि बुलवाओ । पुत्र हेतु एक यज्ञ कराओ॥

राजा दशरथ स्वयं थे जाते । आदर सहित ऋषि शृंगी लाते॥
पुत्रेष्ठ यज्ञ ऋषि शृंगी कीन्हा । वशिष्ठ संग नृप आहुति दीन्हा॥
अग्नि देव ले हबिश प्रकटते । रानियों मध्य बाटन को कहते॥
हबिश को दशरथ ने स्वीकारा । रानियों मध्य बाटन को विचारा॥

दोहा ॥मध्य कौशल्या केकई । आधा आधा कीन्ह॥
फिर दोनों रानियों ने । सुमित्रा को भी दीन्ह॥ ६८

चौ ॥तीनो रानियाँ खुश हो जाती । और कालान्तर गर्भ धारती॥
जब प्रभु माँ के गर्भ पधारे । देवों की नहीं खुशियाँ सम्हारे॥
देवगन सब आकाश में आते । स्तुति प्रभु की करते दिखाते॥
कर स्तुति देव गण चल दीन्हा । स्वर्ग पहुँच संतोष था कीन्हा॥
प्रभु के कारण ऋतुएँ प्रसन्ना । जाहिर करती खुशियाँ अपना॥
चारों तरफ बसंत फैलती । मन मोहक चारो दिशा में लगती॥
नदियाँ सरोवर जल परिपूर्णा । जो अभी दिखते रहे अपूर्णा॥
तिथि लगन अनुकूल दिखाया । तब प्रभु प्रकट का समय था आया॥
नोमी तिथि मधुमास जो पावन । मध्य दिवस जब उसमे आवन॥
तब प्रकटे प्रभु दीनदयाला । हरण भार पृथ्वी का कृपाला॥
इसवी पूर्व इक्यावन चौदह । मध्य दिबस बारह बज दोपरह॥
प्रभु रेवती नक्षत्र पधारा । हरन को पृथ्वी का अघ भारा॥
सुंदर मौसम शीत न घामा । जन्में प्रभु अखिल बिश्रामा॥
मां कौशल्या सुत जब जाया । तुरंत बाद कैकेयी सुत पाया॥

छंद॥धरा प्रभु आते सबको जनाते । खुशियाँ फैल गयीं॥
देवगण गाते आनद मनाते । सुगन्धित वायु चली॥
फैली हरयाली बड़ी खुशयाली । नहि जो पहले दिखी॥
पछी हर डाली बड़े भोले भाली । नयी ऋतु सबने लखी॥

छंद॥दिखें सब खुशियाँ भींगी भींगी अँखियाँ । मानों प्रभु को प्रणाम॥
घूमें सब बगियाँ चले मंद अन्धियाँ । वृक्षों का भी नमामि॥
गिरती बुंदियाँ मंद फुलझरियां । बन की शोभा बढ़ात॥
कूदती हिरनियाँ करे अठ खेलियाँ । जसकरन भी मौज मनात॥

छंद॥प्रभु अवतारा शंख चक्र धारा, सबने प्रणाम किया॥
हुआ उजियारा मानों टूटे तारा, चराचर जान लिया॥
देव विनती करते आकाश में दिखते, धरती सराह रहे॥
हम भी जन्मते यदि ऐसा बनते, सदा प्रभु सेव रहे॥
न देह है धरते सब जगह बसते, व्यापक कण-कण सोय॥
भक्त हेरते तब चल देते, उन्हें न देखत रोय॥
वे है अजन्मा ले लिया जन्मा, सुनी है भक्त पुकार॥
बढ़े अधर्मा भक्त तड़पना, हो जाते साकार॥

छंद॥चतुर भुज रूपा दिखे स्वरूपा, माँ को निहार रहे॥
देख विभूता माता के सपूता, वे याद दिलाय रहे॥
तप तुम कीन्हा वर हम दीन्हा, बनूँगा सुत मैं तुम्हार॥
जन्म मैं लीन्हा लेवो मुझे चीन्हा, वही रूप हैं हमार॥

दोहा ॥देवता विनती कर रहे । वर्षा पुष्प आकाश॥
विप्र धेनु सुर संत को । दिखेगा जग मैं प्रकाश॥ ६९

चौ ॥शान्ता पुत्रि दशरथ की जाया । राम जनम जो मार्ग बनाया॥
यदि शृंगी ऋषि वह न सेवती । तो प्रभु जनम घड़ी न बनती॥
धन्य बाद अतः उसे मैं देता । उसी कारण मैं कृपा प्रभु लेता॥
अब कौशल्या मन अनुसारा । शिशु रूप प्रभु रुदन उचारा॥
शिशु रुदन सुन दासियाँ आतीं । समाचार दे भेंट थी पाती॥
समाचार गुरु पर पहुँचाया । बड़े आदर से उन्हें बुलवाया॥
देखत कहा ये अनुपम बालक । सारे जगत का यह है पालक॥
सुन दशरथ प्रसन्न हो जाते । और निज मुख से वचन सुनाते॥

दोहा ॥ऋषि मुनियों के ध्यान में । देते निज प्रितिविम्ब॥
आ वहीं मेरे सुत बने । करो स्वागत अविलम्ब॥ ७०

चौ ॥सुंदर बालक नृप हैं जाए । घर घर होने लागे वधाये॥
बंदनबार पताका लगाये । नगर वासियों नगर सजाये॥
गुरु नंदीमुख श्राद्ध कराया । स्त्रियों मंगल गीत सुनाया॥
जाति कर्म फिर गुरु थे कीन्हा । और विप्रों को दान था दीन्हा ।
दान में दशरथ धन थे लुटाये । सभी थे स्वर्ण आभूषण पाये ।
भर पूर दान विप्रो को दीन्हा । और सब तरह खुशी था कीन्हा॥
राम जन्म में दान जो पाये । बड़ी खुशी होते थे दिखाय॥
वे भी खुशी में दान थे देते । जो कुछ वे थे नृप से लेते॥
ना ना भाति नगर था सजाया । मंगल गीत हर जगह सुनाया॥
स्त्रियाँ सज धज कर थी चलती । और नृप के दरवाजे पहुँचती॥
मंगल गीत गा शोभा बढ़ाती । अवध को अमरावत थी बनाती ।

दोहा ॥खुशियाँ मनाते बीतता । एक मास का काल॥
मानो सूर्य रथ रुक गया । कोई न जाना हाल॥ ७१

चौ ॥यह रहस्य जाने कोई-कोई । जिस पर कृपा शंभू की होई॥
उमा सुनहु मैं भी उस काला । रहा अवध धर भेष निराला॥
काग भुशुण्डि थे मेरे साथा । दोनों पर रहता प्रभु हाथा॥
मनुज रूप में हम दोउ दिखते । नगरवासियों संग बिचरते॥
अतः किसी ने नहि पहिचाना । पर हमरे प्रभु सब कुछ जाना॥
इसी तरह कुछ समय बीतता । नामकरण अब समय दीखता॥
नृप दशरथ ने वशिष्ठ बुलाये । कर आदर आसन बैठाये॥
स्तुति कर थे निवेदन कीन्हा । नामकरण करो गुरु प्रवीणा॥
गुरुवर राम के दर्शन करते । मन ही मन थे शीश उन झुकते॥
कहते अनेकों नाम है इनके । फिर भी कुछ बतलाऊँ सँभल के॥

दोहा ॥जगत के आनंद धाम है । और सदा सुख राशि॥
रामचन्द्र के नाम से । पुजेंगे ये हम भाखि॥ ७२

चौ ॥जग का भरण पोषण जो करता । वही अंश हमें सम्मुख दिखता॥
उसका नाम भरत मैं धरता । जो उच्चारे भक्ति करता॥
शुभलक्षणों के जो हैं धामा । जगत आधार देते विश्रामा॥
राम चरण जिन्ह प्रीति है भारी । नाम लक्ष्मण रखते सम्हारी॥
जिनका सुनकर शत्रु नासा । नाम शत्रुघन जगत प्रकाशा॥
चारों पुत्र बेद तत्व के स्वरूपा । दिये नाम उनके अनुरूपा॥
सभी विप्र मुनि आयुष देते । चिर जीवें ये कुँअर चहेते॥
मन जसकरन भी अति हर्षाता । मिले दर्शन इन कुँअर विधाता॥
बचपन से ही लक्ष्मण करें प्रीति । चरण राम प्रतिबिम्ब जो नीति॥
श्याम गौर दिखते जो स्वरूपा । धरा शरीर धरन पे अनूपा ।
भरत, शत्रुघन पे दोउ भाई । है अति प्रीति बरन नहि जाई ।
श्याम गौर ये भी है जोड़ी । असीम प्रेम न दिखता थोड़ी ।

दोहा ॥चारों भाई सुख धाम है । पर जो राम स्वरूप॥
देता नेत्र विश्राम वह । अति सुन्दर व अनूप॥ ७३

चौ ॥कौशल्या एक दिन अन्हवाए । काजल नेत्र व तिलक लगाये॥
गूँथ बाल करधनी पहिराई । देख के छवि वह बलि-बलि जाये॥

छंद॥बाल घुँघराले दिखते निराले, माथे टीका लगाये॥
झंगुलिया डाले नेत्र है काले, कामदेव भी लजाये॥
धुल मुल चाले करधनी हाले, नूपर ध्वनि है सुनाये॥
गिरते सँभाले मानों रूआले, फिर हँस पड़ते दिखाये॥

छंद॥पैरों में पेजनियाँ हाथों में पिहुनिया, छुम-छुम बाज रही॥
कमर करधनियाँ गले में हसुनियाँ, टम-टम ठुमक रही॥
पहने है कुर्तियाँ छबीली सुर्तियाँ, देख के बलि-बलि जाऊँ॥
जसकरन हुलासियाँ ढूँढ़े सब बगियाँ, दर्शन कैसे पाऊँ॥

दोहा ॥गभुआरे प्रभु बाल है । तथा कुंचित दिखलाय॥
देख भगत सब रीझते । आपस में बतलाय॥ ७४

चौ ॥वर्णन रूप का नहीं हो सकता । जो देखे उस भाग्य चमकता॥
तोतर बोल से सखा बुलाते । लघु भ्राताओं प्रेम जताते॥
अवध बासियों भाग्य महाना । प्रिय दर्शन जिन्हें दे भगवाना॥
बंधनमुक्त सदा जो रहते । मात पिता उन्हें पकड़ के रखते॥
इस दम्पति तप कीन्ह अति भारी । उनकी गोद बंधते है खरारी॥
जो माया सब जगत नचाती । पर वह प्रभु आधीन दिखाती॥
कौशल्या सदा शिशु दुलारय । समझ न सुबह शाम कब जावय॥
कभी अन्हवाती पालना पोढ़ाती । फिर थी झुलावे और सुआती॥
आनंद मगन कौशल्या रहती । आनंद धाम की माँ जो बनाती॥
शिशु आनंद में डूबी दिखाती । तोतरे शब्द से भी बतराती॥

दोहा ॥एक दिवस अन्हवाह् के । प्रभु शृंगार वह कीन्ह॥
पलने शिशु पोंणाय फिर । स्नान करन चल दीन्ह॥ ७५

चौ ॥कर स्नान थी मंदिर जाती । नैवेद्य फूल वह इष्ट चढ़ाती॥
फिर वह रसोई पाक बनाई । देखा सुत था वहाँ चल आयी॥
नेवेध फूल जो इष्ट चढ़ाये । वह थे प्रभु के हाथ दिखाये॥
तुरत दौड़ पलना पे आती । पर प्रभु सोते यहाँ थी पाती॥
बहुर दौड़ फिर आयी रसोई । देखा शिशु फिर यहाँ भी होई॥
बड़ी अकुलानी दो सुत देखे । पर प्रभु माया समझ न लेखे॥
खींची जब प्रभु अपनी माया । सोची माँ यह भ्रम था दिखाया॥
देखा प्रभु माता है डिराई । इतने पर ने दिए मुस्काई॥
प्रभु मुँह खुला हुआ था अचम्भा । कैसे कहना करूँ अरम्भा॥
अखण्ड रूप प्रभु माँ को दिखाए । जिसमें बहुत ब्रह्माण्ड समाये॥
पर्वत सागर नदी अनेका । कानन पर्वत झील भी देखा॥

दोहा ॥जिनको सुना न मात ने । जीवन के दौरान॥
माता वह सब देखती । और हुई हैरान॥ ७६

चौ ॥देख नजारा माता डराई, हाथ जोड़ बोले रघुराई॥
पुनः शिशु रूप प्रभु ने धारा, फिर माता से यह था उचारा॥
माता अभी जो आप देखती, नहीं किसी से यह कह सकती॥
फिर प्रभु लीला ऐसी बनती, जो देखा सब मातु भूलती॥

छंद॥माता निवेदन अति संवेदन, आप त्रिलोक के हो स्वामी॥
हुई मे कम्पन देख बड़प्पन, कोटि कोटि मेरा है नमामी॥
न माया डरावे अब न सतावे, एसा वर मुझे दीजेगा॥
पास न आवे दूर हट जावे, जसकरन को भी यह चाहियेगा॥

चौ ॥कहा माता अपराध मैं कीन्हा । जो प्रभु को सुत रूप में लीन्हा॥
माता ये अधिकार तुम्हारा । पूर्व जो तुम्हें दिया विचारा॥
बाल चरित बहु भांति दिखाया । मात पिता परिजन सुख पाया॥
अब कुछ उम्र बढ़ी प्रभु आयी । चूड़ा करन लग्न थी दिखाई॥
गुरु विप्र जन लिए बुलाई । करके क्रिया दान बहु पाई॥
बाल सखा सब खेलन जाते । नहि आते प्रभु घर के बुलाते॥
माता बुलाने तब थी जाती । धूल लपेटे शोभा दिखाती ।
सने धूल में जब प्रभु आते । दशरथ गोद बैठ थे जाते॥
गिरत उठत सम्हरत प्रभु चलते । सोभा वर्णन नहि कर सकते॥
निगमा निगम नेति ऋषि सिद्धि । ध्यान न धर पाते निज बुधी॥
वही प्रभु धूल लपेटे आते । और निज मातु की गोद समाते॥
मै यह बाल चरित प्रभु गाया । जो भी सुने वह माया हटाया॥

दोहा ॥कौमारावस्था भई । चारों भ्राता आय
संस्कार हो जनेऊ का । मातु पिता थे कराय॥ ७७

चौ ॥अब शिक्षा की अवस्था आयी । विद्या ग्रहण करें रघुराई॥
दशरथ चारों भ्राताओं को । विद्या हेतु सौंपते गुरु को॥
जो सब विद्याओं के स्वरूपा । पढ़ने गये जग के अनुरूपा॥
गुरु वशिष्ठ आश्रम थे पहुँचते । भ्राताओं संग अध्ययन करते॥
प्रभु वशिष्ठ पर थे जब जाते । दशरथ पर गुरु शर्त लगाते॥

जब तक राज कुमार पढ़ेंगे । मातु पिता वहाँ नहीं आयेंगे॥
बिना राम दशरथ अकुलाते । शर्त के कारण नहि वहाँ जाते॥
एक दिन कैकेई को बताया । राम बिना है प्राण घबराया॥
मन ही मन उन्हें शाप डराता । पर शंकोच न किशी बताता॥
शाप था मरोगे पुत्र वियोगा । यद्यपि अभी न उसका योगा॥

दोहा ॥कैकई गयी थी समझ सब । नृप दशरथ का शोक॥
उनको रही समझात है । मत गम रखो रोक॥ ७८

चौ ॥राम दरश की तुमको प्यासा । मिलने की दिखती हे हुलासा॥
अतः प्राण प्रिये गुरु पे जाओ । ले गुरु आज्ञा उन मिल आओ॥
रानी की सलाह वे मानी । मिलूँगा उन्हें यही है बुद्धिमानी॥
तुरत तैयारी दशरथ कीन्हा । चलन हेतु रथ मँगवा लीन्हा॥
बैठ के रथ दशरथ थे जाते । और वशिष्ठ आश्रम पर आते॥
देख गुरु को किया प्रणामा । समझ गये गुरु नृप का आना॥
बोले गुरु नृप सही हो आये । आज कुमारों परीक्षा कराये॥
परीक्षा होगी धनुर्विद्या की । परखूँ स्तर निज शिक्षा की॥
आप भी देखें अपने कुमारा । क्या है सीखा मेरे द्वारा॥
लक्ष्य जो दिए गये गुरु द्वारा । किये सिद्ध सब राजकुमारा॥
राम ने कौशल वहाँ जो दिखाया । स्यम प्रसन्नता गुरु ने जताया॥

दोहा ॥बड़ा संतोष हुआ राम पर । नृप मन में हर्षाय॥
रघुवंशियों की शान तुम । निज पितरों को मनाये॥ ७९

चौ ॥होके प्रसन्नचित महल लौटते । खुशियों रानी संग बाँटते॥
विद्याएँ सब ग्रहण कुमारा । महल लौटाने गुरु था विचारा॥
अवध में थी सूचना फैलती । राम आ रहे खुशियाँ दिखती॥
गुरु संग चारों राजकुमारा । चलते अवध को खुशी अपारा॥
अवधवासियों द्वार सजाये । तोरन बन्दनवार लगाये॥
हर चौराहे चौक पुरवाये । राम से प्रेम देख सब पाये॥
गुरु वशिष्ठ सौंपे सुत चारों । नृप की खुशियाँ बढ़ी हजारों॥

सौंप कुमार वशिष्ठ विदाई । मणि रत्नों की भेंट गुरु पाई॥
अब प्रभु राम प्रात नित उठते । मात पिता चरनन में परते॥
लेत आशीष संग भ्राताओ । और बुलाते सभी सखाओं॥

दोहा ॥क्रीडा नित करते प्रभु । निज भ्राताओं के साथ॥
जितवाते भ्राताओं को । खुद थे खाते मात॥ ८०

चौ ॥नगरी में दुःख कहीं दिखाता । सीधे वह प्रभु राम पर आता॥
बिना किसी बाधा के मिलता । मिलते ही दुःख उसका मिटता॥
अयोध्या वासी इसी प्रकारा । मिलके राम से दुख था हकारा॥

छंद॥राम के दर्शन, नित करे सज्जन, आनन्दित थे होत॥
न कोई अड़चन न ही बड़प्पन, प्रभु से मिलते रोज॥
राजकुमार थे अति सुकुमार थे, मारें अधरमी खोज॥
सोते थे या जागते थे, पर सुन पुकार सब छोड़॥

छंद॥संग संग खेलत बन बन डोलत, दें सबको आनंदा॥
सब से बोलत दुःख को बटोरत, मानों देते कंदा॥
हम भी रहते हमें भी मिलते, खुलते भाग्य हमार॥
जसकरन है कहते ईश मेरे रहते, हृदय में उन्हें बैठार॥

चौ ॥इसी भांति प्रभु जनता लुभाई । सबने राम को हृदय बैठाई॥
विश्वामित्र ऋषि एक जाना । कीन्ह तपस्या इन ने महाना॥
चक्रवर्ती नृप पहले कहाते । एक दिन थे वशिष्ठ पर आते॥
कामधेनु उनसे थे माँगत । ऋषि वशिष्ठ इंकार ये बोलत॥
बल प्रयोग विश्वामित्र थे कीन्हा । वशिष्ठ ने धेनु को आदेश दीन्हा॥
कामधेनु थी योधा प्रकटती । विश्वामित्र की सेन से लडती॥
सेना नृप की पल में हारी । विश्वामित्र को अचरज भारी॥
सोचा छत्रिय मैं एक राजा । जो बड़ी सैन्य शक्ति से साजा॥
पर छत्रिय बल हार दिखाई । वशिष्ठ की ब्रह्म शक्ति बड़ी पाई॥
राजपाठ थे तुरंत त्यागते । करने तपस्या बन को जाते॥

दोहा ॥हजारों वर्ष का तप किया । अर्जित शक्ति अपार॥
कहा वशिष्ठ से दीजिये । पद ब्रह्मर्षि का बिचार॥ ८१

चौ ॥पर वशिष्ठ ब्रह्मर्षि न माना । विशामित्र तब क्रोध महाना॥
वशिष्ठ ऋषि के पुत्र मारते । फिर भी वशिष्ठ न क्रोध ब्यापते॥
देख ये ग्लानि विश्वामित्र को होती । प्रायश्चित हेतु आत्मा रोती॥
करके प्रायश्चित पाप थे धुलते । फिर वे भयंकर तप थे करते॥
हजारों वर्ष थे तप में जाया । तब वशिष्ठ ब्रह्मर्ष बनाया॥
ब्रह्म ऋषि विश्वामित्र महाना । शंकल्प अहिंसा का वे बनाना॥
ऋषि ने आश्रम जहाँ था बनाया । बिहार जिला बक्सर में बताया॥
घोर तपस्या वे यहाँ कीन्हा । सहस्रों साधू वहाँ शरण थे लीन्हा॥
उनकी तपस्या देव प्रसन्ना । विभिन्न प्रकार दिव्यास्त्र भेटना॥
इन ने बड़े तप यज्ञ थे कीन्हे । अन्य ऋषियों की मदद भी कीन्हे॥
राक्षस आश्रम इन का घिराते । विश्वामित्र तप बल से भगाते॥
ताड़का पुत्र सुबाहु के साथा । और मारीच संग थी आता॥

दोहा ॥बड़े वेग आक्रमण कर । विश्वामित्र पर आय॥
तप बल से वे हांकते । ढूँढ़ती अन्य उपाय॥ ८२

चौ ॥ऋषि आश्रम अन्यत्र बनाया । शिष्यों सहित वे वहाँ थे आया॥
पर राक्षसों ने पाता लगाया । और ऋषि शिष्यों को था सताया॥
दिव्यास्त्र यदि ऋषि करते प्रयोगा । तुरत निशाचर मरते संयोगा॥
पर शंकल्प अहिन्षा उनका । राक्षस चाहते फायदा उसका॥
दिव्यास्त्र ऋषि उसे देना चाहते । यदि कोई दिव्यपुरुष उन्हें दिखते॥
एक दिवस ऋषि ध्यान लगाया । ध्यान में ऋषि देख ये पाया॥
नारायण निज अंश समेता । लिया जन्म रघुवंश सुचेता॥
सोचे ऋषि रघुवंश कुमारा । वशिष्ठ पे शिक्षा को थे पधारा॥
अतः वशिष्ठ पे मुझे है जाना । दिव्य पुरुष का पाता है लगाना॥
विश्वामित्र तुरंत चल दीन्हा । वशिष्ठ को आके प्रणाम वे कीन्हा॥
पूछत रघुवंसियों कुमारा । क्या वे दिव्य गुणों को सम्हारा॥

दोहा ॥कहा वशिष्ठ श्री राम हैं । नारायण अवतार॥
ऐसा मैंने परख कर । दी उन्हें शिक्षा बिचार॥ ८३अ

दोहा ॥विश्वामित्र ने तब कहा । जो दिव्यास्त्र हमार॥
दिव्यगुणों का व्यक्ति ही । उन्हें कर सके सचार॥ ८३ब

चौ ॥चिंता नहि मुझे केवल अपनी । समाज स्वरक्षा की है उतनी॥
मेरी तप अग्नि के कारण । निशचर भाग जाते है अपावन॥
पर भोले भालों को सताते । जिस कारण दुःख दिल में समाते॥
सच्चा तपस्वी वही कहलाता । जो समाज सुख बुद्धि कराता॥१
जाति, कौम व धर्म आधारा । लेकर कुछ लोग शांति बिगारा॥
ऐसे में ऋषि मुनि कर्तव्या । करें प्रयास न छोड़े होतब्या॥
जितनी जैसी हो सामर्थी । करें उपाय शांति के अर्थी॥
यह विचार ऋषि अवध को चलते । माँगूँ राम नृप से यह सोचते॥
चलके सुबह सरयू स्नाना । फिरश्री दशरथ द्वार थे आना॥
द्वारपाल दशरथ पर आता । विश्वामित्र आये ये बताता॥
ऋषि का नाम सुना जब राजा । कहा आदर से बुलाओ साजा॥

दोहा ॥दशरथ जी ने जब सुना । विश्वामित्र हैं आय॥
सोचत ब्रह्म ऋषि आये हैं । दौड़ के मिलूँ मैं जाय॥ ८४

चौ ॥नृप दशरथ थे स्वागत कीन्हा । चरण धोय चरणोदक लीन्हा॥
कहते नृप यदि आदेश मिलता । स्वंय ही मैं आश्रम में पहुचता॥
हे ऋषि आदेश दीजे मुझको । क्या सेवा करना है हमको॥
कहते ऋषि जब यज्ञ मैं करता । बिघ्न डालन निशचर दल चलता॥
बाहू सुबाहु मारीच है आते । विघ्न हमारे यज्ञ डालते॥
अतः राम मैं तुमसे माँगता । और यज्ञ पूरण मैं चाहता॥
राम की माँग सुनी जब राजा । उड़े होश दुःख तन में बिराजा॥
कहा हे मुनि निशचर हैं सताये । तथा यज्ञ बाधा पहुँचाए॥
एक टुकड़ी मैं सेना भेजता । रक्षा यज्ञ की सुनिश्चित करता॥
राम तो अभी बालक नादाना । युद्ध कला है नहि अभी जाना॥

दोहा ॥मुनि कहते निशचर बिकट । बाहु सुबाहु मारीच॥
ताड़का भी संग इन रहे । ये न मरे बिनु ईश॥ ८५

चौ ॥साधारण नहि राम को जानो । राम के रूप में ब्रह्म है मानों॥
तब दशरथ कहा स्वयं मैं चलता । राम देत नहि मुझसे बनता॥
यह सुन कौसिक हुए निराशा । हे नृप लौटूँ तोड़ के आशा॥
उसी समय वहाँ वशिष्ठ पधारे । दशरथ उनके चरण पखारे॥
कहा वशिष्ठ हमने यह बिचारा । दे दो राम को हित हैं तुम्हारा॥
राम अगर विश्वामित्र संग जाई । तो ये राम राम बन जाई॥
इसके अलावा मुझे जो दिखाई । वधुएँ चार आपके आई॥
किसी तरह नृप को समझाया । देगे राम यह उनको मनाया॥
लक्ष्मण के जब कान में आई । भ्राता राम ऋषि संग जाई॥
तुरंत ही आकर वे थे कहते । बिना राम हम नहि रह सकते॥

दोहा ॥पिता से आज्ञा माँगते । मैं भी राम संग जाऊँ॥
उनके बिना नहि रह सकूँ । कैसे पीड़ा बताऊँ॥ ८६

चौ ॥राम लखन जब ऋषि निहारे । खुशी के हृदय में छूटे फुआरे॥
दोनों भ्रात कर ऋषि प्रणामा । विश्वामित्र राम पहिचाना॥
है नारायण ऋषि थे जाना । और ये अखिल लोक विश्रामा॥
कहा नृप मैंने वृद्ध अवस्था । पाई ये निधि गुरु की व्यवस्था॥
सुत नहीं हमको देते बनाई । चाहे राज कोष ले जाई॥
पुनः वशिष्ठ थे धीर धराया । सुत देने को नृप थे मनाया॥
हो तैयार कुँअर दोउ आते । दोनों शावक सिंह दिखाते॥
विश्वामित्र खुशी न समाई । मानो महानिधि दान में पाई॥
धनुषबाण साजे दोउ भ्राता । मानो वीर रस स्वयं हैं आता॥
छोटा सुगम रास्ता रहता । जो ऋषि आश्रम तक था पहुँचता॥

दोहा ॥रास्ता पहले सुगम था । ताड़का पड़ती बीच॥
खा जाती राहगीर को । देखत ही वह खींच॥ ८७

चौ ॥अब नहीं कोई वहाँ से निकलता । पूरा मार्ग वह सूना दिखता॥
विश्वामित्र थे ऐसा बिचारा । यही रास्ता रहे हमारा॥
राम है नारायण अवतारा । करेंगे ताड़का का संघारा॥
प्रभु अवतार की पुष्टि होई । हरि बिनु मार सके न कोई॥
यदि कोई कारण नहि मर पाई । तो मैं तप बल दूंगा भगाई॥
एसा बिचार किया ऋषि ज्ञानी । यही रास्ता चलने ठानी॥
उसी रस्ते पड़ी दिखाई । ताड़का क्रुद्ध होय के धाई॥
पूछत राम कौन यह होई । और क्रोधित क्यों दिखती सोई॥

दोहा ॥विश्वामित्र गुरु ने कहा । ताड़का राच्छसी आय॥
हजार हाथियों बल रखे । ऋषि मुनियों को सताय॥ ८८

चौ ॥ऋषिबर उसकी कहानी सुनाना । ये थी यच्छ पुत्री बलवाना॥
राक्षस सुंग नाम एक होई । ताड़का उसी से शादी जोई॥
गर्भवती जब वह हो जाती । बसूँ महल में इच्छा जताती॥
फिर दोउ ऋषि अगस्त पर आबा । कहा मुझे सिद्धि से महल दिलाबा॥
मुनि कहा नहि यह सम्भव होई । तुरंत यहाँ से निकल जाउ सोई॥
इसपर दोउ क्रोधित हो जाई । गाली मुनिवर को वे सुनायी॥
ऋषि ने शाप से सुंग भस्म कीन्हा । ताड़का गर्भवती माफ वे दीन्हा॥
पर उसको मुनि शाप ये दयही । यक्ष से राक्षसी तुरंत वह बनही॥
तभी से यह ऋषियों को सताती । पति का बदला लेन वह आती॥

दोहा ॥बाहु सुबाहु मारीच भये । इसके सुत बलवान॥
सदा सताती ऋषिजनों । सुतों के संग वह आन॥ ८९

सोचे प्रभु नारी को मारना । नीति युक्त नहि ऐसा दिखना॥
पर यदि इसको छोड़ के जाई । कितने ही लोगों खा जाई॥
फिर भी प्रभु आघात बचाते । जगह छोड़ जा थे समझाते॥
पर वह घात प्रतिघात थी करती । अट्टहास करके थी हँसती॥

दोहा ॥विश्वामित्र कहते भये । सुनह राम धर ध्यान॥
यदि सूर्यास्त है हो गया । होगी दुगुन बलवान॥ ९०

चौ ॥अतः राम इसे शीघ्र ही मारो । इस पर दया कहीं न बिचारो॥
गुरु आज्ञा शिरोधार्य वे कीन्हा । एक ही बाण प्राण हर लीन्हा॥
बाहू सुबाहु मारीच भागते । ताड़का बध थे सुन छिप जाते॥
अब शांति उस मारग दिखती । सब लोगों को खुशी थी मिलती॥
विश्वामित्र लक्ष्मण और रामा । मिथला ओर थे चले महाना॥
अब आगे बढ़ते वे जाना । विश्वामित्र संग भगवाना॥
आश्रम गौतम ऋषि का दिखाना । बिहार के दरभंगा में बताना॥
यह आश्रम अद्भुत था दिखाया । सूनसान निरजन था पाया॥
पूछत राम गुरु से कारण । आश्रम क्यों दिखता हैं अपावन॥
कह गुरु गौतम आश्रम दिखता । एक समय था पावन रहता॥
पत्नी अहिल्या संग ऋषि रहते । करके तपस्या शक्ति अर्जते॥
भरद्वाज पुत्री यह अहिल्या । पतिव्रता सदा पति की सेव्या॥

दोहा ॥एक दिवस इन्द्र सोचते । पतिव्रत को करूँ भंग॥
साथ चंद्रमा ले लिया । विषय करूँ इस संग॥ ९१

चौ ॥चंद्रमा को मुर्गा वे बनाया । खुद गौतम ऋषि रूप धराया॥
अर्धरात्रि आश्रम पर आते । मुर्गा बाँग दी सुबह जताते॥
मुर्गा बाँग सूनी ऋषि गौतम । हो गयी सुबह उठे थे एक दम॥
कुछ न बिचार नियम को चलते । स्नान हेतु नदी तट पे पहुँचते॥
इधर ऋषि रूप इंद्र प्रवेशा । कुटी में अहिल्या नींद विशेषा॥
चुपके अहिल्या संग वह लेटता । किया स्पर्श था पर वह देखता॥
क्रोधित गौतम ऋषि थे दिखाए । क्योंकि गंगा उन्हें थे चेताये॥
सुनी चेतावनी गंगाजी की । नहीं हुआ समय नियम पालन की॥
तुरत ऋषि कुटिया थे लौटते । पर अंदर निज रूप देखते॥
क्रोधित ऋषि निज रूप से कहते । असली रूप तुम क्यों न प्रकटते॥
अपना कमण्डल जल ले लीन्हा । छिड़क दिया निज रूप पे दीन्हा॥

दोहा ॥असली रूप इंद्र आ गाया । चन्द्र भी हुआ बेनकाब॥
हाथ में जल ले दिया था । शाप का इंद्र को घाव॥ ९२

चौ ॥कहा हजारों योनियाँ होंगी । जो तुम्हरी पूरी देह में दिखेंगी॥
कहा चन्द्र तुम्हरा भी दोषा । अतः सहो तुम भी मम रोषा॥
काला धब्बा मुख में दिखेगा । तेरे पाप की कहानी कहेगा॥
अब थी अहिल्या सामने आती । निज को थी निर्दोष बताती॥
कहा तुम हो ऋषि पत्नी गौतम । क्यों नहीं पहचानी निज प्रियतम॥
हुआ स्पर्श था तब तुम जाना । ये तो पाप ऐसा मैं माना॥
पाषण सामान रहीं थी लेटती । अतः पाषाण बनो तुम तुरती॥
पर जब ऋषि का क्रोध था जाया । अहिल्या को निर्दोष था पाया॥
अब नहि शाप झूठा हो सकता । पर वरदान अबस्य मिल सकता॥
गौतम ऋषि वरदान था दीन्हा । रघुकुल जब अवतार प्रवीणा॥
ले अवतार प्रभु यहाँ पधारें । आकर निज चरणों तुम्हें उद्धारे॥

दोहा ॥विश्वामित्र आगे कहा । अहिल्या रूप पाषाण॥
निर्जन आश्रम हो गया । आज तलक हैं दिखान॥ ९३

चौ ॥अहिल्या जो पाषाण समाना । बाट जोहती तुम्हरी रामा॥
कर स्पर्श मुक्ति उसे दीजे । और स्त्री के रूप उसे कीजे॥
सुना राम नैनन जल छाये । बढ़ा कदम पतिव्रता पे आये॥
कर स्पर्श चरण प्रभु पड़ते । माता रूप में अहिल्या देखते॥
सुंदर रूप अहिल्या दिखाई । हाथ जोड़ प्रभु सम्मुख आयी॥
बोली मैं पापिन थी भारी । आज प्रभु तुमने है उबारी॥

छंद॥विनती करती हाथ जोड़ती, धन्य धन्य प्रभु आत॥
पाप जो दिखती छण में मिटती, दरश आपके पात॥
यहाँ थी पड़ती राह जोहती, कब दर्शन प्रभु होय॥
प्रभु बड़ी शक्ति सब कर शक्ति, सब कुछ प्रभु को सोय॥

छंद॥मिले दरश तुम्हारे, जागे भाग्य हमारे, कैसे प्रभु गुण गाँउ॥
हूँ तुम्हरे सहारे, दिख रहता विचारे, ढूँढ़त तुमको जाऊँ॥
सब जगह फिरता, नहि कुछ दिखता, नहि कहूँ पड़ते दिखाऊँ॥
दिल है तड़पता, दरश न मिलता, कहाँ जसकरन हूँ जाऊँ॥

छंद॥ऋषि पत्नी तारी, पाषाण बिचारी, था तुम पर विश्वास॥
सुनो बिनती हमारी, पड़ा तुम्हरे अगारी, लगी हुई हैं आस॥
अबस आओगे, निज का जताओगे, तब ही बुझेगी प्यास॥
न देर लगाओगे, चरण दिखाओगे, हैं जसकरन हुलास॥

दोहा ॥उद्धार अहिल्या का हुआ । गौतम ऋषि भी दिखायें॥
दिखे ग्लानि उनके मुखन । रघुकुलमणि को सरायें॥ ९४

चौ ॥हुए एकत्रित ऋषि बहुतेरे । प्रभु दर्शन को आये घनेरे
गौतम ऋषि को वे बतलाया । बिनु अपराध था दोष लगाया॥
दुष्ट अगर छल बल के सहारे । चरित्र अगर किसी स्त्री बिगारे॥
नहि पवित्रता उसकी जाती । नहीं कही दोष है उसका दिखाती॥
कौशिक अब निज आश्रम आते । राम लर्खन सब शिक्षा पाते॥
युद्ध कौशल सब शिक्षा दीन्ही । सभी दिव्यास्त्र समर्पित कीन्ही॥
सभी विद्याएँ राम हैं जानत । फिर भी गुरु सीख सब मानत॥
भूख प्यास मिटे विद्या सिखायी । रहे तेज बल योग दिखाई॥

दोहा ॥अस्त्र-सस्त्र सब भेंट कर । विश्वामित्र आजाद॥
चिंता थी मेरे बाद ये । कहीं जड़ न बने ये फसाद॥ ९५

चौ ॥अब प्रभु गुरु को था बतलाया । करो यज्ञ निश्चित हो जाया॥
जिसके यज्ञ को राम रखायें । बाधा कैसे फटक वहाँ पावे॥
लक्ष्मण धनुष बाण के साथा । लीन्ह स्वरक्षा अपने हाथा॥
जेसेहि यज्ञ हुआ था आरम्भा । आये निसिचर करने भंगा॥
राम ने अग्नि बाण चलाया । बाहू सुबाहु को था जलाया॥
बिनु फर बाण राम थे मारत । जो मारीच को लंक भिजावत॥
चाहते प्रभु तो बध उस करते । पर नर लीला आगे सोचते॥
लक्ष्मण निसिचर सेन थी मारी । और आश्रम मैं शांति पसारी॥
यज्ञ निर्विघ्न विश्वामित्र कीन्हा । रघुकुल वंश को आशिष दीन्हा॥
अब प्रभु राम को गुरु बताया । धनुष यज्ञ नेवता हैं आया॥
राज ऋषि श्री जनक विदेहा । धनुष यज्ञ उनके है गेहा॥
इसी यज्ञ पुत्री का स्वयंवर । चलो बढ़ाओ शोभा अम्बर॥

दोहा ॥विश्वामित्र श्री राम संग । मिथला को चल देत॥
मिथला पति श्री जनक की । पुत्री स्वयंवर देख॥ ९६

चौ ॥गंगाजी के दर्शन होते । कर स्नान थे स्तुति करते॥
ऋषि गंगा अवतरण सुनाते । दोनों भ्रात सुनकर हर्षाते॥
कहा ऋषि बावन हुआ अवतारा । जब देवता स्वर्ग थे हारा॥
बलि राजा राक्षसों के रहते । वाबन रूप धर विष्णु पहुँचते॥
बलि से ढाई पग पृथ्वी माँगी । बलि ने देने हाम्मी भर दी॥
एक पग से सब पृथ्वी नापते । दूसरा पग आकाश रखते॥
गंगा चरण स्पर्श थी करती । और धार छू चरण निकलती॥
ब्रह्मा उसे कमण्डल लेते । विश्वामित्र थे आगे कहते॥
सूर्य वंश में सगर थे राजा । जो समुद्र खोदे जन काजा॥
अश्वमेघ यज्ञ वे थे करते । जिसके लिए थे अश्व छोड़ते॥

दोहा ॥अश्व न पकड़ा कोई नृप । युद्ध को उनसे डरायें॥
इंद्र भी हिम्मत न करी । सम्मुख युद्ध को आयें॥ ९७

चौ ॥एक उपाय इंद्र था कीन्हा । अश्व को वे पकड़ा थे लीन्हा॥
कपिल के आश्रम चुपके जाते । और अश्व वहाँ बांध के आते॥
दो पत्नी नृप सगर के रहती । साठ हजार सुत एक थी जनती॥
दुसरे के असमंजस रहते । जो सदा ईश्वर लीन थे रहते॥
साठ हजार ये सुत थे जाते । अश्व ढूँढ़ने पर न पाते॥
अब था अश्व निशान दिखाया । कपिल के आश्रम उन्हें पहुँचाया॥
साठों हजार पुत्र अभिमानी । कपिल को चोर कहा बिनु जानी॥
कब था अश्व इंद्र वहाँ लाया । कपिल समाधि नहि जान पाया॥
पर ये कपिल को गारियाँ देते । नेत्र खुले तब कपिल देखते॥
नेत्रों से क्रोधाग्नि निकलती । साठ हजार सेना ये जलती॥
सगर सोचते कहाँ हैं कुमारा । बिना अश्व यज्ञ विघ्न हमारा॥

दोहा ॥असमंजस से नृप कहा । वे असमर्थता जतायें॥
क्योंकि ईश्वर लीन रहें । व्यर्थ है सब वे बतायें॥ ९८

चौ ॥अंशुमान सुत उनका जाना । बड़ा पराक्रमी था बुधिमाना॥
दादा की आज्ञा वह लेता । अश्व ढूँढ़ने वह चल देता॥
अपने चाचाओं को खोजता । और कपिल आश्रम पे पहुँचता॥
पहले कपिल को कीन्ह प्रणामा । कहा तुम दर्शन दिए महाना॥
अब वह बंधा अश्व देखता । फिर वह मुनि से चाचा पूछता ।
मुनि कहा चाचा गाली दीन्हा । हमको चोर समझ वे लीन्हा॥
मेरी क्रोधाग्नी ने जलाया । राख का ढेर लगा वह दिखाया॥
इन्हें किम मुक्ति मिले बताये । अंशुमान को प्रभु समझाये॥
कपिल कहा गंगाजी लाओ । स्पर्श करा मुक्ति को दिलाओ॥
अंशुमान अश्व लेकर चलते । पितामह यज्ञ को पूरा करते॥
गंगा हेतु चलते थे कुमारा । अंशुमान तप करते करारा॥
पूरा जीवन तप में विताया । पर गागा की सुध न पाया॥
हुए दिलीप सुत इनके महाना । उनने भी तप किया जग जाना॥
फिर भी गंगाजी नहि आयीं । भागीरथ सुत फिर इनके दिखाई॥
अब गंगाजी खुश हो जाती । पृथ्वी पर आने को बताती॥

दोहा ॥भगीरथ से गंगा कहा । मैं आने को तैयार॥
शिव को मनाना हैं तुम्हें । सँभाल सके मेरी धार॥ ९९

चौ ॥भगीरथ अब शिव का तप कीन्हा । गंगा सँभाले मना उन्हें लीन्हा॥
गंगा अब थीं स्वर्ग से चलती । हिमालय शिव के जटा पहुँचती॥
शिव ने एक जटा थी उखारी । और गंगा को पृथ्वी उतारी॥
भगीरथ आगे चलते दिखाई । पीछे गंगा चलती जाईं॥
स्पर्श सगर पुत्रों को कराया । और मोक्ष दे स्वर्ग पहुँचाया॥
कहा विश्वामित्र कथा जो बताई । तुम्हरे वंश की हैं मैं गाई॥
भगीरथ जो गंगाजी लाये । परदादा हैं तुम्हरे बताये॥
सीता स्वयंवर देखन जाऊँ । राम लखन मन बड़ा उछाऊ॥
मारग विश्वामित्र बताते । सीता जनम की कहानी सुनाते॥
कहते एक समय की बाता । पड़ा अकाल मिथला संतापा॥
पूरे राज्य न बारिश होती । मिथला की जनता थी रोती॥

दोहा ॥दशरथ भी पहुँचाये थे । अन्न मदद उस काल॥
जनता वहाँ की खुश भई । पाय खाद्य तत्काल॥ १००

चौ ॥गुरु सतानंद जनक बताया । बर्षा हेतु उपाय सुझाया॥
हें नृप हल सोने का बनाओ । और रानी संग उसे चलाओ॥
अबस ही वर्षा राज्य में होगी । यदि ऐसा बन जाय संयोगी॥
राजा रानी हल थे चलाये । बादल नभ में घुमड़ के आये॥
भूमि में हल की फाल टकराई । नृप खोदे एक बक्सा दिखाई॥
बक्सा खोल कन्या थी दिखती । बड़ी सुंदर नवजात थी रहती॥
खूबसूरत मानो लक्ष्मी आयीं । नृप दम्पति पुत्री थी पाई॥
बैशाख शुक्ल नौमी तिथि प्यारी । मंगलवार सीता प्रकट बिचारी॥
संतानहीन नृप दुखी थे रहते । मिली कन्या प्रसन्न अति दिखते॥
शिवजी का पिनाक धनु ऐका । रखा था नृप जनक के टेका॥
अति भारी वह धनुष था रहता । नहि कोई पुरुष हिला उसे सकता॥
परशुराम जो विष्णु अवतारा । शिव के शिष्य जाने जग सारा॥

दोहा ॥परशुराम एक दिवस को । आये जनक के पास॥
धनुष प्रत्यंचा खोल दी । जनक को दे विश्वास॥ १०१

चौ ॥कहा जनक सुनो मेरी बाता । यदि कोई यह प्रत्यंचा चढ़ाता॥
पति तुम्हरी पुत्री का होगा । और एक दिन यह दिखे संयोगा॥
एक दिवस यह घटना घटती । पुत्री जनक जो सीता रहती॥
खेल-खेल वह धनुष उठाया । सुनकर जनक थे अचरज पाया॥
कोई पुरुष जिसे हिला न सकता । कैसे सीता से धनु उठता॥
अतः प्रतिज्ञा जनक थे कीन्हा । धनुष भंग जो करे प्रवीणा॥
वही सीता से विवाह करेगा । जग में कोई अबस दिखेगा॥
धनुष यज्ञ उसी हेतु आयोजन । सीता विवाह है उसका प्रयोजन॥
राम लखन संग विश्वामित्रा । और ऋषि जन शिष्य व मित्रा॥
जनकपुरी अब थी नियराई । देख थी बनती सुन्दरताई॥
राम लखन देखी सुन्दरता । जल्द पहुँचते दिखी आतुरता॥
बाग, तालाब, वाटिका दिखती । जिसकी रम्यता मन को मोहती॥

दोहा ॥सुंदर पुष्प पे गूँजती । बहुरंग तितली भ्रंग॥
जिस से गूँजे वाटिका । कोलाहल था विहंग॥ १०२

चौ ॥ठंडी सुगन्धित वायु थी चलती । मनो आयी बसंत थी दिखती॥
हाट बाजार में दिखे भव्यता । धनिक बनिक थी कुबेर सभ्यता॥
मंदिर मंगलमय थे दिखते । पुर नर नारि थे मन को मोहते॥

छंद॥ज्ञान फैलाते, ज्ञानी दिखाते । जहाँ-तहाँ दें उपदेश॥
राह दिखाते, सबें बताते । प्रभु का जो संदेश॥
धनिक बैठते, वस्तुएँ रखत । दिखते मालामाल॥
सबसे पूछते, क्या वे चाहते । सब में प्रेम कमाल॥

चौ ॥जनक महल मणि मोती चमकता । जैसे पूर्णिमा चंद्रमा दिखता॥
उनके भवन की शोभा दिखाती । आने जाने बालों लुभाती॥
सीता निवास सुरुचि व सुहावन । मणि मुक्ताओ युक्त हे पावन॥
सुंदर धवल है पट बहु भाति । मणि पूरित जो वरन न जाती॥
राज द्वार शोभा किम बरनू । एक आत एक जात विवरनू॥
दिखती सुभग अश्व गज शाला । और है दिखती सेन विशाला॥
नृप के सैनिक नगर घेरते । आने जाने बालों हेरते॥
नगर समीप है आम्र बगीचा । मुनि सोचा यही डेरा समीचा॥
जहा तहा नृप के डेरा दिखाई । धनुष यज्ञ जो देखन आयी॥
विदेह सेवकों से सुन पाये । मुनियों संग विश्वामित्र है आये॥
जनक तुरंत उन्हें लेने चलते । संग सुभट कुछ सैनिक रहते॥
पहुँच महामुनि को वे प्रणामा । यथा युक्त दीन्हा सममाना॥
विश्वामित्र आशिष उन्हें दीन्ही । फिर सभी मुनिन को नमन वे कीन्ही॥
उसी समय प्रभु लखन समेता । आये गुरु के पास सचेता॥

दोहा ॥तड़ाग घूमने गये थे । आ गये दोनों भ्रात॥
जनक के जन सब उठ पड़े । सिंह बदन वे दिखात॥ १०३

चौ ॥विश्वमित्र उन्हें पास बैठाया । पूछत जनक ये किसके जाया॥
क्या कोई मुनि के है ये जाये । इनके दरश मन पुलक दिखाए॥
अथवा कोई नृप हैं संताना । जिन्हें नेत्र देखे ने अघाना॥
लगता ब्रह्म जो अगम अनूपा । आये जगत में धर नर रूपा॥
मैं विदेह इन्हें देख सुहागा । इनमे लग मन विवस हे भागा॥
कहा विश्वामित्र सत्य बिचारा । कबहूँ असत नहि मत हो तुम्हारा॥
तीनो लोक यदि हे कोई प्राणी । रामको देख देत मुस्कानी॥
राम लखन ये दोनों भ्राता । मेरे यज्ञ पूरण को आता॥

दोहा ॥राम लखन इन नाम है । दशरथ सुत रघुवंश॥
इनमे परस्पर प्रीति अति । मानो विष्णु के अंश॥ १०४

चौ । विदेह ने उनके चरण निहारा । बदन खुशी नहि जाय सम्हारा॥
हें मुनिवर मैं भाग्य सराहूँ । धन्य धन्य जो दर्शन पाऊँ॥
मेरा मन नहीं अब बस मेरे । जबसे इनके दरश घनेरे॥
बड़ा अहसान आप है कीन्हा । इनके दरश करवा जो दीन्हा॥
माने जसकरन भी अहसाना । यदि कोई मेरे प्रभु को मिलाना॥
अभी जो मेरा मन है भटकता । क्यों सदा नहि उन चरणों में रमता॥
जनक राज ऋषि और विदेहा । सदा ब्रह्म रमते उन देहा॥
फिर भी विदेह विदेह हो जाते । प्रभु सममुख जब वे थे आते॥
जनक निवेदन अब मुनि कीन्हा । नगर पधारो ऋषि प्रवीणा॥
मुनि की प्रशंसा बारंबारा । दरश राम के खुशी अपारा॥
नगर प्रवेश थे अब वे कीन्हा । सुन्दर सुरुचि महल उन्हें दीन्हा॥

दोहा ॥ऐसा महल सब ऋतु में । देता था आनंद॥
ठहराये ऋषि सहित वहाँ । रघुकुल आनंद कंद॥ १०५

चौ ॥कर स्वागत सबे भोज कराया । फिर ली विदा जनकपुर राया॥
भोजन कर विश्राम थे करते । फिर देखा अब दिवस थे ढलते॥
अब लक्ष्मण मन लालसा जगती । देखूँ भव्य जनकपुरी लगती॥
वे शंकोच से प्रभु को छिपाया । पर रघु कुल मणि समझ थे जाया॥

सबके हृदय जो करते निवासा । तुरत समझते मन की आसा॥
गुरु से निवेदन थे वे कीन्हा । मैं लक्ष्मण इच्छा हु चीन्हा॥।
नगर भ्रमण करना वे चाहते । पर शंकोच से हमें न बताते॥
हें गुरु आयुष आपका पाँऊ । तो लक्ष्मण को नगर दिखाऊ॥
विश्वामित्र गुरु आयुष दीन्ही । नगर भी तुम्हें देख हे लीन्ही॥
दोनों भ्राता स्वरूप दिखाओ । नैनों का फल जग को दिलाओ॥
चरण नाय चलते दोउ भ्राता । शोभा जिनकी बरन न जाता॥

छंद॥श्याम शरीरा, दिखते गंभीरा, देखत नैन नहि थकते॥
सभी अधीरा, दिखती भीरा, दर्शन को आगे बढ़ते॥
अनुज समेता, जग के निकेता, मानो वीर रस था जाया॥
पीत लपेटा, धनु बाण समेता, गौर श्याम दिखती काया॥

छंद॥लोचन सुख देते, मन हर लेते । अद्भुत दिखती है शोभा॥
गलियों चलते, सबे खुश करतें । लगती लोचन मनु लोभा॥
बाहू विशाला डाले माला । जिनकी सुगन्ध फैल दिखती॥
नैन रशाला भ्रकुटी कराला । दर्शन को है भीड़ जुड़ती॥
दोहा॥सुंदर चितवन कुँअर की । सुंदरियों मन मोह॥
बाहू विशाल केहर चलन । स्वर्ण मुकुट उन सोह॥ १०६

चौ ॥माथे चंदन तिलक सोहता । चितवन उनकी मन को मोहता॥
बालक वृंद भीड़ थी जुड़ती । मानो रंक निधि लूटन चलती॥
विश्वामित्र संग राजकुमारा । जिन ने बाहू सुबाहु को मारा॥
इन्ही ने ताड़का राक्षसी मारी । कीन्ह विश्वामित्र यज्ञ रखबारी॥
वही कुँअर ये मिथला पधारे । विश्वामित्र इन्हें लाये बिचारे॥
नगर घूमना इन ने चाहा । हम लोगों को खुशी उचाहा॥
एक सखी कहती थी दिखाई । हमने ऐसा है सुन पाई॥
दशरथ कौशलेश के कुमारा । राम लक्ष्मण नाम बिचारा॥
कुमार जो श्यामल बदन दिखाई । रानी कौशल्या इन्हें हैं जाई॥
गोरे बदन है इन लघु भ्राता । सुमित्रा रानी इनकी माता॥
मघ देखन गुरु इन्हें है लाये । हम लोगों के भाग्य हैं बढ़ाये॥
गठीले सुन्दर श्यामल गाता । देखत जिनको जी न अघाता॥

दोहा ॥जानकी जनक दुलारी के । पति लायक ये राम॥
पर विवाह उसका जुड़ा । धनुष चाप संधान॥ १०७

चौ ॥दूसरी सखी भरोसा दिलायी । सुकुमार बदन इनका है दिखायी॥
पर ये वीर पराक्रम भारी । तभी तो तड़का इन ने मारी॥
अबस धनुष संधान करेंगे । जानकी जी से ब्याह रचेंगे॥
सीता संग यदि इनका विवाहा । तो हम अपने भाग्य सराहा॥
फिर ये आते-जाते रहेंगे । दर्शन हमको मिलते बनेंगे॥
एक सखी यह भी थी बताती । एक बात हम भी सुन पाती॥
गौतम ऋषि अहिल्या रहती । पति के शाप पत्थर थी बनती॥
राम चरण स्पर्श थी करती । तुरंत वह नारी रूप थी धरती॥
अतः दिव्य शक्तियाँ जो रहतीं । श्री राम में वे हैं दिखतीं॥
तो शिव धनु नहीं इनको कठोरा । ऐसा दिल कहता है मोरा॥
सीय राम जोड़ी है दिखाई । समझो अबस ब्रह्म हे बनाई॥
इस सखी बानी सब मन भाई । हे प्रभु ऐसा सत्य हो जाई॥

दोहा ॥राम लखन जहाँ घूमते । वर्ष अट्टाराह पुष्प॥
जिन्हें दर्शन खुश होत वे । करत भये मन तुष्प॥ १०८

चौ ॥पूरव दिशा को बढ़े दोउ भ्राता । धनुष यज्ञ जहाँ चौक दिखाता॥
वेदानुसार यह जगह बनाई । स्वर्ण जटित जहाँ मंच दिखाई॥
सभी महिपालों के सिंघासन । गये बनाये बड़े अनुशाशन॥
कुछ दूरी पर जगह सजाई । बैठ नगर के लोग लुगाई॥
बालक वृंद दौड़ते आई । नगर की सूचना प्रभु सुनाई॥
बहाने प्रभु को बताने वावत । उनके निकट दौड़ते आवत॥
उन्हें देखकर पुलकित होते । कर स्पर्श परम सुख लेते॥
सबके प्रेम को प्रभु पहिचाना । दोनों भ्रात उन्हें मिलते जाना॥
राम अनुज को था समझाया । नगर की रचना हेतु बताया॥
जिनकी माया पल में करती । सारे ब्रह्माण्ड को हैं रचती॥
वह प्रभु नगर की रचना बताते । लक्ष्मण को रहे थे समझाते॥

दोहा ॥दीनो पर करते दया । भक्तों के सुख हेतु॥
होके चकित सब देखते । लौटते गुरु पे निकेत॥ १०९

चौ ॥लौटने विलम्ब गुरु से डरते । जिससे सुयम काल भय करते॥
सकुचि आय गुरु पर दोउ भ्राता । नाय चरण गुरु बैठेउ आता॥
हुई रात्रि गुरु आयुष देते । फिर प्रभु संध्या बंदन करते॥
अनुज को कथा पुराण सुनायी । अब गुरु शयन को करने जाई॥
दोनों भ्रात प्रभु चरण दबाया । फिर प्रभु कहा शयन करो जाया॥
अब लक्ष्मण प्रभु चरण पलोटे । पाय के आज्ञा वे थे सोते॥
बीती रात शुबह हो आयी । सबसे पहले लखन जग जाई॥
गुरु से पहले प्रभु भी जागत । नित्य क्रिया कर मुनि को नावत॥
कर स्नान गुरु सिर नावा । पूजन हेतु पुष्प को जाबा॥
चरण नाय गुरु को दोउ भ्राता । पुष्प हेतु थे बाग में आता॥
यहाँ बसंत दिखे चाऊ ओरा । टिप मनोहर भ्रंग करें सोरा॥
यह उपवन मिथला का महाना । आज है दरभंगा में बताना॥

चौ ॥दिश सुमन सुगन्ध सुहाई । नाना भांति के पुष्प दिखाई॥
ऐसी सुन्दरता चौं छाती । देख के अलकापुरी भी लजाती॥
पँछियों का गुंजन था सुनाई । कोकिल चातक गीत थे गाई॥
वाटिका मध्य सरोवर सोहा । मणि सोपान थे मन को मोहा॥
स्वच्छ सलिल पड़े जिसमे दिखायी । भ्रंग का गुंजन पड़े सुनाई॥

दोहा ॥उपवन बाग तड़ाग जो । मिथला में दिखलात॥
जिनको राम सराहते । वे रमणीक बतात॥ ११०

चौ ॥फूले पुष्प प्रभु को थे दिखाई । आज्ञा माली गणों से पाई॥
फिर प्रभु पुष्प चुनन थे लागे । इन पुष्पों के भाग्य थे जागे॥
कन्या जनक की सीता आती । देवी पूजन मातु पठाती॥
सुंदर सखियाँ संग दिखायीं । सुंदर मधुर गीत थी गायीं॥
पार्वती मंदिर था सुहावा । तड़ाग पास जो गया बनावा॥
इसकी शोभा बरन न जाई । जिसको पूजने कुँअरि थी आई॥

सहेलियाँ संग थी सीता आती । मधुर ध्वनि संगीत सुनाती॥
सुंदर सर में आचमन करती । होके प्रसन्नचित्त मंदिर चलती॥
सखियाँ समेत थी पूजा करती । माता गौरी को थी सुमिरती॥
निज अनुरूप वे वर थी माँगती । माता के सम्मुख वे बैठती॥
तभी आती एक सखी सयानी । सीता जी से रह बतरानी॥

दोहा ॥हाँफती हुई यह कह रही । सुनो सखी मेरी बात॥
वही कुँअर घूमत दिखे । विश्वामित्र जिन्हें लात॥ १११

चौ ॥श्याम गौर वय जिनका शरीरा । जिनसे मिलन को सभी अधीरा॥
जो मोहे पुर की नर नारी । और सभी के होस विगारी॥
सिंह चलन चितवन है मोहती । देखते हुए आँख नहि थकती॥
इसी बाग घूमत वे कुमारा । चुनत पुष्प चलते है सम्हारा॥
बात कुमारों की सुन पाई । सहेली संग सीता हर्षाई॥
दर्शन हेतु लालसा थी जागी । चलो दर्शन करें बनें बड़ भागी॥
उसी सखी को आगे करती । सीय सखिन संग पीछे चलती॥

दोहा ॥कंकण नूपुर ध्वनि करे । चलती सिय उस ओर॥
लक्ष्मण के कानों पड़त । राम से कहा बहोर॥ ११२

चौ ॥तात मधुर ध्वनि अति सुहावन । मनो अप्सरा इंद्र भिजवा वन॥
मधुर ध्वनि की तरफ निहारी । जैसे चाँद किरण है उघारी॥
सिय के नयन चकोर समाना । मानो चकोर के तरफ है आना॥
देख मधुरता विह्वल नैना । सुन्दरता थी जाय न बरना॥
मनोहर भी जाय लजायी । यदि मुख सीता का देख पायी॥
सोचा ब्रह्म अनूठी रचना । जो केवल दिखती हे कल्पना॥
चलती दीप शिखा के मानों । चमक जाए जो सम्मुख आनों॥
जनक नंदिनी राम निहारी । मन विचलित फिर स्वयं सम्हारी॥
अनुज से कहा ये जनककुमारी । धनुष यज्ञ यहि हेतु बिचारी॥

दोहा ॥सुनो लखन यह कुमारि हैं । सीता इसका नाम॥
धनुष यज्ञ इसी हेतु है । गिरजा पूजन को आन॥ ११३

चौ ॥इस वाटिका में ऐसे दिखाई । प्रकाश पुंज जिम घूमत जाई॥
इसकी अलौकिक शोभा निहारी । जैसे हृदय मेरे दीप उजारी॥
मैं हुआ हूँ जब इनके आगे । अंग दाहिना फरकन लागे॥
समझ न पाऊँ विधाता करनी । मर्यादा रघुवंशन रखनी॥
रघुवंशी न कुपथ पे चलते । सदा ही सहज स्वभाव हैं रखते॥
पर नारी की तरफ न हेरहि । स्त्रियों को सदा इज्जत देबहि॥
लखन से बतकही होती चलती । प्रभु सुन्दरता फैलत दिखती॥
सीता मधुप पान थी करती । चितवत चौ दिश आगे बढ़ती॥
एक झरोंका लता का आया । एक छण को प्रबु उसने छिपाया॥
पर पहिलेहि सीता थी कीन्हा । अपने नयन प्रभु छवि धर लीन्हा॥
जैसे सुबह होत है दिखती । नयन चकोर की छवि है रखती॥
क्योंकि सूर्य किरण जब दिखती । चकोर चकोरी बिलग है रहती॥
फिर वे मिलन इन्तजार हैं करते । सीता राम वही दसा में है दिखते॥

दोहा ॥लता गुच्छ यही पल हटा । दर्शन हुए दोउ भ्रात॥
जैसे घटाओ के छिपे । बादल अब हट जात॥ ११४

छंद॥दिए प्रभु जी दिखाई, लता हटाई । सुन्दरता बढ़ जात॥
मेघ हटाई, वायु चलायी । अम्बर धवल दिखात॥
पीताम्बर धारे, नयन कजरारे । नील पीत है शरीर॥
तिलक सम्हारे, केश घुँघरारे । शील वीर व सुधीर॥

चौ ॥फिर एक सखी थी सिय को बताती । सम्मुख राम की छवि दिखाती॥
तब सीता भी देती ध्याना । यह कह सखी थी उनको जगाना॥
सम्मुख सीता जी थी देखती । दोनों भाइयों दर्शन करती॥
अनुपम शोभा राम निहारी । फिर निज पिता का प्रण थी विचारी॥
सीता दुःख सखी देख सयानी । कहती समय हुआ घर जानी॥
कल फिर आयेंगी इसी काला । यह सुन सबको हंसी निराला ।
मूरत राम सीय हिय धारी । पितु अधीन हूँ चली यह विचारी॥
मुड मुड राम को रही निहारी । राम की छवि में प्रीति रही भारी॥
सोचती शिव का धनुष कठोरा । कैसे टूट वय राम किशोरा॥
कोमल श्यामल राम शरीरा । पर धनु तो अति गुरु व गंभीरा॥
पर प्रभु स्मृति हृदय धारती । और राम ऐश्वर्य बिचारती॥

दोहा ॥जिन ने ताड़का मार दी । निशचर हन छन माहि॥
गौतम नारी तार दी । क्यों न चाप चढा पाहि॥ ११५

चौ ॥यह बिचार सीता विश्वासा । बढ़ता गया मिटी थी निराशा॥
श्यामली सूरत मन में बसाई । स्मृतियाँ सब हृदय थी बिठाई॥
मंदिर पुनः गिरजा के आती । गिरि कुमारी को थी मनाती॥
हे हिम नंदनी गौरी माता । शिव की भवानी जगत है ज्ञाता॥
सबकी कामना पूरन करती । यही सोच हम आश है रखती॥
श्रीगणेश कार्तिके की माता । शिव गौरी के नाम विख्याता॥
आप का आदि अंत न दिखाना । हने निशाचर देव कल्याना॥
उत्पन्न पालन जगत का करती । कल्याण हेतु फिर उसको मोहिती॥
पतिव्रता हो श्रेष्ठ कहलाती । नारियों के पतिव्रत को रखाती॥
जिस से पूजत तुमको सारे । अपने सराहत भाग्य बिचारे॥
मेरी भी जो मनोकामना । और जानत हो सबकी भावना॥

छंद॥नारद का बचन, जो वे थे कहन । मन में जिसको बिठात॥
श्यामल है बदन, सुन्दर है नयन । शीतल सदा दिखात॥
वर वही होगा, बनेगा संयोगा । माता आशिष देत॥
हृदय में रमेगा, तुम्हरा बनेगा । सीता हुई सचेत॥

दोहा ॥गौरी माँ खुश हुई थी । सिय को दिया वरदान॥
हृदय बसाया है जिसे । अबस मिलेगा आन॥ ११६

छंद॥हृदय बसाया, मिलेगा वही वर । मेरा यह वरदान॥
तुम्हें मैं मनाया, तब शिव पाया । तुम भी आज यहाँ आन॥
रूप लक्ष्मी, विष्णु संगनी । तब तुम्हें थी मैं बुलान॥
शिव मम बसते, तुम्हें मैं सुमिरते । तुम थी सब यह जान॥

चौ ॥माँ गौरी से आशिष लेती । फिर अपने घर को चल देती॥
राम लखन भी दोनों भ्राता । विश्वामित्र गुरु पे आता॥
गुरु को राम ने सब था बताया । देखा सुना जो उन्हें जताया॥

शरल स्वभाव कपट छल हीना । लक्ष्मण राम चन्द्र के प्रवीणा॥
पुष्प जो बाग से साथ में लाये । गुरुवर को वह भेंट कराये॥
लेके पुष्प गुरु पूजन कीन्हा । राम लखन को आशिष दीन्हा॥
हों पूरी सब मनोकामना । सुनकर खुश भई उनकी भावना॥
विश्वामित्र न केवल ज्ञानी । उनको समझिये बड़ा विज्ञानी॥
राम को जब थे शस्त्र सौंपते । कई स्वयं वे निर्मित करते॥
यहाँ भी राम को थे समझाते । बारीकी शिव धनु की बताते॥
सांध्य काल का समय था आया । कर भोजन गुरु कथा सुनाया॥
राम हृदय सीता छवि बसती । सोचते-सोचते रात थी बढ़ती॥

दोहा ॥रात का बढ़ना जब हुआ । उगते चन्द्र देव आन॥
तुलना सिय मुख चन्द्र से । करते नहीं अघान॥ ११७

चौ ॥फिर रुक कर करते थे बिचारा । चन्द्र न सिय तुल्य मत ये हमारा॥
चन्द्र पे कलंक सदा है दिखता । अतः न सिय मुख सम हो सकता॥
काला धब्बा मलिन बनाता । फिर कैसे सिय संग तुल पाता॥
इसके अलावा सोचत रामा । चन्द्र जन्म समुंद्र से माना॥
इस तरह विष है भाई इसका । आकार भी घटता बढ़ता उसका॥
सिय मुख सदा ही खिलता दिखता । पंच तत्व मानो उसी में समिटता॥
इसके अलावा राहू केतु । आते चन्द्र को डसने हेतु॥
बार-बार सिय मुख वे बखाना । फिर दोउ भ्राता गुरु पे आना॥
चरण प्रणाम गुरु को करते । विश्राम करन को गुरु उन्हें कहते॥
शयन थे करते दोनों भ्राता । प्रातः होत लक्ष्मण जग जाता॥
कहते प्रभु से अनुज मुस्काई । देखो भानु शोभा अति पाई॥

दोहा ॥भानु उदय होते समय । ये जग खुश हो जात॥
खिल जाता है कमल पर । तारागण न दिखात॥ ११८

चौ ॥वैसेहि प्रभु आगमन आपका । चेहरा गया मुरझाय त्रपों का॥
मधुकर और खग नाना प्रकारा । सूर्य आगमन खुशी अपारा॥
आपके प्रभु जो भगत दिखाई । अति खुश दिखते सोचत जाई॥

प्रभु के करकमलों धनु भंगा । देखूँगा सिय प्रभु के संगा॥
जैसे सूर्य उदय हो जाता । तुरत अँधेरा नाश दिखाता॥
बैसिही प्रभु यहाँ आपका आना । बिनु प्रयास दुःख जाय बिहाना॥
प्रभु द्वारा धनु टूट है जाई । महिमा आपकी प्रकट के आयी॥
अनुज वचन सुन प्रभु मुस्काई । भ्रात प्रेम यहाँ पड़ा दिखाई॥
कर स्नान नित्य क्रिया करते । फिर आ गुरु के चरणों नमते॥
गुरु सतानंद जनक बुलाये । विश्वामित्र लेने दूत पठाए॥
संदेसा वे जनक सुनाया । जनक निवेदन वे थे बताया

दोहा ॥विश्वामित्र बुलाये तब । राम लखन दोउ भ्रात॥
धनुष यज्ञ देखन चलो । जनक हे दूत पठात॥ ११९

चौ ॥सीता स्वयंवर चलके देखना । ओर बड़-भागी निज को समझना॥
कहा लक्ष्मण यह योग उसे मिलता । जो गुरु कृपा पात्र है बनता॥
सभी हँसते सुन लक्ष्मण बाता । दीन्ह आशीष गुरु सुख पाता॥
मुनियों संग चले रघुकुल केतु । धनुष यज्ञ शाला केहि हेतु॥
जनकपुरी जनता सुन पाई । रंग भूमि आये दोउ भाई॥
बड़ी भीड़ वहाँ पड़ी दिखाई । सेवक सब नृप लिए बुलाई॥
बूढ़े-वृद्ध, जवान थे चलते । रंग भूमि ये सभी पहुँचते॥
यथा उचित सबे आसन मिलता । जो कोई आय था वहाँ पहुँचता॥
जनक लोग स्वागत थे करते । बैठने सबको निवेदन करते॥
जब वहाँ पधारे अवधकुमारा । जैसे प्रगटे भानु मंझारा॥

छंद॥सब सुख सागर, सब गुण नागर, नख नख सुन्दरता छाई॥
भानु उजागर, भागे तम सागर, कमल खिला जिम पड़ा दिखाई॥
जो थे देखते, होस थे उड़ते, और स्वाश उनकी रुँध जाई॥
दिल थे खिलते मन थे भरते, कभी न देखे ऐसे आयी॥

दोहा ॥प्रभु की शोभा देखते । निज निज मन अनुसार॥
योध्दा जन उन्हें देखते । वीरता का अवतार॥ १२०

चौ ॥दुष्ट जो राजा वहाँ थे आये । राम देख वे डरत दिखाए॥
असुर जो नृप का रूप था धारा । राम को उन ने काल बिचारा॥
नगर वासियों राम दिखाई । पुरुष रूप कोई देव है आयी॥
नगर की नारियाँ रुचि अनुसारा । वैसेही राम का रूप निहारा॥
श्रगार स्वम रूप धर आता । परम अनूप है मन न अघाता॥
विराट रूप है ज्ञानियों ने देखा । मुख पग लोचन शीश अनेका॥
जनक वंश देखहि दोउ भाई । रिश्तेदार हे सगे दिखाई॥
दम्पति जनक शिशु सम देखा । एसा प्रेम जो जाय न लेखा॥
प्रभु भक्तन को ऐसे दिखाई । मानो ईश्वर उनके आयी॥
सीता चितय राम की ओरा । एसा प्रेम जो नहि था थोरा॥
कोई न वर्णन उस कर सकता । पञ्च महाभूतों जो बनता॥
मन जसकरण का है हर्षाई । पर इस वर्णन शक्ति न आयी॥

दोहा ॥राजाओं के बीच में । दिखते रघुकुल चन्द॥
श्यामल गौर जो बदन के । सबके हरे मन कंद॥ १२१

॥साधारण मेहु शोभा जिनकी । कोट काम नहीं तुल सकने की॥
शरद पूर्णिमा चन्द्र समाना । मुख मण्डल था नयना भिरामा॥
चितबन हिरण समान दिखाई । भक्तों के हिय में बस जाई॥
लाल कपोल कानों में कुण्डल । मन को मोहत आभामण्डल॥
पीली चन्दन मस्तक रेखा । पीत सुमन माला भी विशेखा॥
तीन रेखाएँ गर्दन बनती । त्रिभुवन की उपमा थी बनती॥
हाथ मणि कंठा थे धारे । तुलसी माला गले में डाले॥
ठहर व् चलन था सिंह समाना । और चौड़े कँधे थे दिखाना॥
भोयें श्याम और नेत्र रसाला । गठित देह में बाहू विशाला॥

छंद॥विशाल बाहें दिखत है, तूडीर धनु जिन सोहई॥
सिंह की ठहरन चितन, उपवीत काँधे मोहई॥
भ्रगुटी विकट झलकाय तिलक, और अधर मृदु हे बोलहीं॥
वे हे हसत पुष्पों खिलत, तब काम भी था लाजही॥

दोहा ॥प्रभु शोभा जो दिख रही । सभी लोग सुख़ पात॥
एक टक लोचन लखत सब । उसी तरफ सब आत॥ १२२

चौ ॥दोनों भ्रात को जनक निहारे । विश्वामित्र के चरण पखारे॥
विनती कर सब बात बताई । रंग भूमि मुनि को वे दिखाई॥
मुनि के साथ कुँअर जहाँ जाई । भीड़ एकत्रित थी हो जाई॥
भूर बडाई आपस कीन्हा । प्रभु रहस्य काहू नहि चीन्हा॥ १
यज्ञस्थल की रचना सुहाई । मुनि ने नृप की कीन्ही बडाई॥
मंच जो त्रपों को वहाँ दिखावा । सुन्दर विसद एक मंच बनाबा॥
उसमें बैठाये मुनिराया । राम लखन संग शोभा पाया
प्रभु को देख सब गये लजाई । जिम दिन मध्य थे तारा दिखाई॥
कहते नृप शिव धनु हे भारी । राम उठाने हों लाचारी॥
पर विदेह जोड़ी हे बिचारी । अपने प्रण को जायं बिसारी॥
अतः चलो निज निज सब गेहा । विश्वास नहीं हे नियत विदेहा॥
तब कुछ बोल उठे महिपाला । धनुष यज्ञ होगा हर हाला॥

दोहा॥यदि कोई धनुष न तोड़ सक । तो युद्ध होय नृप माहि॥
युद्ध में जो नृप जीतता । सीता को वही पाये॥ १२३

चौ ॥एक अभिमानी नृप था बोलता । भलेही यहाँ कोय धनुष तोड़ता॥
सीता नहीं ले जा कोई सकता । मै जब तक तलवार रखता॥
काल भी यदि सम्मुख मेरे आये । सीय प्राप्त करूँ उसको हराये॥
धरम शील नृप जो वहाँ बिराजे । बातें सुन हसने थे लागे॥
कहते अवध नरेश कुमारा । जिनको विश्वामित्र सम्हारा॥
अबस ही वे शिव धनु तोड़ेंगे । और सीता से विवाह करेंगे॥
जिन ने ताड़का आदि संघारा । बाहु सुबाहु को भी मारा॥
जो तुम अपनीं डींग बढ़ावा । युद्ध में कभी उन्हें जीत न पाबा ।
नारायण हे राम के रूपा । जगदम्बा हे सीता स्वरूपा॥
छोड़ विवाद दरश इन कीजे । अपने जनम के पुण्य भर लीजे॥

दोहा ॥लोचन सबके पात सुख । दरश जो इनके पात॥
शिव भी सदा भजते इन्हें । देव सुमन बरसात॥ १२४

चौ ॥अमृत पास है चलकर आया । तुम्हरा भाग्य चाहत बिसराया॥
करो वही जो इच्छा तुम्हारी । किया दरश मैं धन्य हूँ भारी॥
देव दरश करते आकाशा । बरसे फूल मिलन की आशा॥
शुभ अवसर अब जनक दिखाया । जनक नन्दिनी को बुलवाया ।
सीता की शोभा जो दिखाई । कौन सके वर्णन कर पाई॥
राम स्वरूप की खान दिखाती । सब उपमा थी दिखती लजाती॥
उपमा किसी प्राक्रत से करना । वे तो स्वयं प्रकृति हे दिखना॥

छंद॥छवि अति सुन्दर, बसे मन मंदिर, अतुलनीय सिय दिखलाती
सब प्रकृति से निर्मित, पकृत के अंदर, प्रकृति परे सीता आती॥
चन्द मुख नहीं तुलना, न लक्ष्मी दिखना, उत्पन्न समुद्र ये कहलाते॥
कालिख चाँद रखता, विष की बहना, तुलना किम फिर कर पाते ।

दोहा ॥सीता जगदम्बिका हे । तुलना इनकी न होय॥
देव पत्नियाँ भी नहीं । तुल सकती सिय सोय॥ १२५

चौ ॥सरस्वती माँ नहीं तुल सकती । क्योंकि सदा बोलती दिखती॥
पार्वती सुन्दरता रखती । पर वे अर्ध नारीश्वर रहती॥
रति जो कामदेव की पत्नी । पति वियोग से हंस नहि सकती॥
अमृत भी सुन्दरता पाता । पर मंथन समुद्र से आता॥
कछप जो कठोर हे रहता । मदिराचल कठोर लिया जाता॥
वह बासुक विषधर से बंधता । इन्हें प्रयोग मंथन किया रहता॥
तब अमृत पड़ता है दिखाई । कैसे तुल सिय सुन्दरताई॥
और पयोनिध रहता खारी । उस से अमृत गया निकारी॥
सिय सुन्दरता किम वह पाई । अतः तुलना शुभ नही दिखाई॥
रह अपमेय सीय सुन्दरता । जसकरन है वर्णन नहीं कर सकता॥

दोहा ॥सुन्दर सखियाँ संग ले । गाती सुन्दर गीत॥
सिय सुन्दरता शोभती । अतुलित सखियों बीच॥ १२६

चौ ॥सिय को वस्त्र सखियाँ पहराई । बढ़ी सुन्दरता और दिखाई ॥
आभूषण इस तरह पहराये । अंग अंग जो शोभा बढ़ाये ॥
दामिन दमिक सी सीता आयी । बैठे समाज सब होश उडाई ॥
सिय सुन्दरता देव देखते । दिखे आकाश से पुष्प वर्षते ॥
जय माला कर कमल सोहती । सभी न्रपों के मन को मोहती ॥
नजर थी सीता राम पे जाती । राजाओं में ईर्ष्या दिखाती ॥
राम भी नजर ऊपर ले जाते । और महानिधि लोचन पाते ॥
दोनों की नजरें थी मिलती । सिय मर्यादा गुरु देखती ॥
सकुच के निज लोचन को घुमाती । अपनी सहेलियन ओर ले जाती ॥
सीय राम छवि ऐसे दिखती । श्याम गौर जिम बगिया खिलती ॥

दोहा ॥सुंदर जोड़ी देख कर । सभी ईश्वर को मनाएँ ॥
पर बिचार प्रण जनक का । मन ही मन सकुचाएँ ॥ १२७

चौ ॥कहते हे प्रभु सुनो हमारी । शिव के धनुष की गरुता भारी ॥
राम सुकोमल राजकुमारा । अतः बदलो नृप मत अनुसारा ॥
सीता राम विवाह का होना । प्रकृति बनाये ये दो छोना ॥
वही संसार के हित में दिखाता । जनक का दृढ़ दुःख याद दिलाता ॥
जनक लोग उसी समय थे आये । राज प्रसंसा करते दिखाए ॥
नृप कहा मेरे प्रण को सुनाओ । यहाँ वैठे सब न्रपों को बताओ ॥
हर्षित हो प्रण जनक सुनाया । हाथ उठा महिपालों बताया ॥
भारी शिव धनु जगत ए जाना । बाणासुर दशकंध महाना ॥
ये योद्धा सब दूर ही रहते । शिव धनु का जब नाम हे सुनते ॥
वही शिव धनुष यज्ञ आयोजन । सीता विवाह का रखा प्रयोजन ॥
जो नृप यह धनुव तोड़ेगा । त्रिभुवन का वह विजयी बनेगा ॥
जनक नंदिनी बिना बिचारा । बरेगी उसको जनक उचारा ॥

दोहा ॥सुनके प्रतिज्ञा जनक की । भूप दिखे अकुलाय ॥
बड़े योध्दा अभिमान से । थे रहे निज को बताय ॥ १२८

चौ ॥अपनी-अपनी कमर बाँधते । और थे इष्ट देव को सुमिरते॥
बड़े ताव से खड़े दिखाई । पहुँच धनुष और जोर लगाई॥
नाना भांति बल अपना लगाया । टस से मस धनु नहीं कर पाया॥
बुद्धिमान कुछ नृप थे दिखाई । वे धनुवा के तरफ न जाई॥
पर कुछ सठ नृप ऐसे आयी । किटकिटाय भुज बल थे लगाई॥
नहीं हिलता पीछे हो जावा । मानों पाय बल धनु गरु आबा॥
फिर सब योद्धा साथ में आबा । धनुष उठाये नहीं उठ पावा॥
शम्भु धनुष पर योद्धा न टिकता । जिम सती न आगेकामी रुकता॥
नृप उपहास थे अपना कराते । और निज कीरत यश थे गँवाते॥
अपनी हार स्वयं वे मानी । और थे निज-निज जगह पर आनी॥
हारते न्रपों को जनक ने देखा । दुःख से बोले वचन विशेखा॥
देश-देश के भूप यहाँ आना । सुनकर हम थे प्रण जो ठाना॥

दोहा ॥असुर देवता मनुज सब । धर आये नृप भेष॥
निज को भट थे समझते । नहि अब रहा कुछ शेष॥ १२९

चौ ॥धनुष तोड़ नहीं सका हे कोई । राजकुमारी किसी न होई॥
लगता ब्रह्मा इच्छा जताई । जोड़ी नहि कोई उसकी बनाई॥
नहि कोई नृप यहाँ ऐसा दिखता । जिस से तिल भर धनु था हिलता॥
उठाय और तोरन बड़ी बाता । जरा भी उसे डिगा नहीं पाता॥
अब कोई स्वयं न योद्धा बताना । योद्धा विहीन यह पृथ्वी महाना॥
शादी सिय संग आस जो लाये । लौटो बिरंच न योग बनाये॥
मैं यदि अपना प्रण हूँ त्यागता । सारे पुण्य तब मिट्टी मिलाता॥
इस से कुँआरी पुत्री रहेगी । नहि कुछ इस पर मेरी चलेगी॥
यदि मैं जानता भू भट हीना । तो प्रण कर हँसाई क्यों कीन्हा॥
जनक की दुःख भरी बातें सुनाई । सीता हृदय भी दुःख भर आयी॥
विदेह कही यहाँ अति कटु बानी । लक्ष्मण भोयें भई रिशानी॥

दोहा ॥ज्येष्ठ भ्रात का डर लगे । बचन जनक गंभीर॥
लगे हृदय जिम शूल सम । मौजूद जहाँ रघुवीर॥ १३०

चौ ॥चरण नाय पद कमल राम के । बचन कहे देके प्रमाण के॥
रघुवंशियों अगर कोई होई । ऐसा वचन न वहाँ कह कोई॥
जनक न कहा कुछ सोच सँभल के । रघुकुल मणि यहाँ बैठे स्वयं के॥
रघुकुल भूषण हे रघुनाथा । नहि मैं कहूँ अभिमान के साथा॥
आपकी अगर इजाजत पाऊँ । गेंद समान ब्रह्माण्ड उठाऊँ॥
फोड़ूँ कच्चे घड़े समाना । अथवा तोड़ दूँ मूली जाना॥
ये करूँ कृपा आप भगवाना । कहाँ लगता शिव धनुष पुराना॥
हें प्रभु यदि हो आज्ञा आपकी । करूँ अलौकिक सम्मुख सबकी॥
बिनु प्रयास मैं पिनाक चढ़ाऊँ । सौ योजन तक इसे ले जाऊँ॥

दोहा ॥कमल दंड सम तोड़ दूँ । आपकी कृपा के साथ॥
और यदि ऐसा नहि किया । धनुष न साधूँ हाथ॥ १३१

चौ ॥जब क्रोधित लक्ष्मण थे दिखाई । मानों पृथ्वी धुरी डग माई॥
क्रोध देख सब डरे महिपाला । सकुचि विदेह सीय सुख काला॥
विश्वामित्र मुनी संग रामा । दिखे हर्ष मन खुशी न समाना॥
संकेत किये प्रभु लखन बुलाबा । अति सप्रेम फिर निकट बैठाबा॥
शुभ घड़ी विश्वामित्र दिखानी । बोले राम से मधुर ये बानी॥
जाऊ राम शिव धनु को तोड़ो । हरहु जनक के हृदय ये रोड़ों॥
गुरु आदेश नाइ सिर माथा । नहि कुछ सुख दुःख उन पर आता ।
सहज रूप प्रभु खड़े दिखाई । मानो सिंह दहाडन चाही॥
मंच पे उदयांचल के समाना । बाल सूर्य सम दिखे भगवाना॥
संत लोग खुश हुए दिखाई । लोचन उनके जल भर आयी॥

दोहा ॥आस न्रपों की नष्ट भई । बचन तारे सम टूट॥
गर्व कुमुद सम टूटता । कपट छिपा जिम उलूक॥ १३२

चौ ॥देव और मुनि चकवा समाना । शोक रहित जिम सूर्य उगाना॥
वर्षा पुष्प से करते सेवा । खुशी अपार दिखी उन देवा॥
गुरु चरणों की बन्दना कीन्ही । और मुनिन से आशिष लीन्ही॥
सहज रूप उठ विश्वाधारा । जिम गज अपनी मस्ती सम्हारा॥

मस्त हो कुंजर चलता दिखाता । नर नारी सब खुशी दिखाता॥
सुमिरैं पिता देवता पुण्या । होबे हल्का धनु इस यज्ञा॥
तोड़े राम इसे कमल समाना । नर नारी गणपति को मनाना॥
सीता मातु वात्सल्य दिखाती । सीय समेत सखियन को बताती॥
यहाँ हितेषी दिखे जो हमारे । देखे तमाशा मौन को धारे॥
नहि कोय इनमें गुरु बताता । राम हे कोमल धनु गरु आता॥

दोहा ॥रावण बाणासुर रहे । शिव धन्वा के दूर॥
सारे राजा हारकर । खोते निज का गुरूर॥ १३३

चौ ॥राज कुँअर है हठ नहि लायक । विश्वामित्र चाहिए सम्झायक॥
मंदराचल शिशु हँस उठावे । ये मजाक सबको है दिखाये॥
राजा जनक हे चतुर सयाने । करें चेष्टा गुरु को मनाने॥
पर नृप की बुद्धि है हिरानी । बोली वचन है सखी जो सयानी॥
एक सयानी सखी जो हुलासी । अगस्त्य शोषि थे सिन्धु जल राशि ।
भानु उदत लघु रूप दिखाते । पर त्रिभुवन का तम हे भगाते॥
मन्त्र भी अति लघु रूप दिखाता । पर त्रिदेव को बस कर जाता ।
अंकुश भी मामूली रहता । मत्त गज्ज उसके बस दिखता॥
कुसुम धनुष कामदेव है साधा । मनुज जाति उस से हे बाँधा॥
रानी को सखी रही समझाई । तजो संशय धनु राम तुड़ाई॥

दोहा ॥सखी वचन सुन रानि को । राम पे हुआ विश्वास॥
और प्रीति उन पर बड़ी । मिटा था विशद हताश॥ १३४

चौ ॥अब सीता रामहि थी बिलोकी । भय से युक्त साँस जिम रोकी ।
कर विनती शिव गौरी मनाती । हो प्रसन्न निज इच्छा जताती॥
उनकी यदि कभी सेवा कीन्ही । हरो धनु गरु यह वर मोहि दीन्ही॥
हें गणेश हे सभी देवता । अब तक सभी को मैं थी सेविता॥
नमन सहित विनती हूँ करती । क्यों न चाप गरुआई हरती॥
अति कोमल रघुवीर दिखाई । अतः देव धर धीर मनाई॥
प्रेम का जल नैनों में छलकता । पुलकाबली शरीर हो दिखता॥

कमल नयन रघुबीर निहारी । फिर पितु प्रण सुध दुःख बिचारी॥
परम पूज्य पितु प्रण हे महाना । क्यों किया क्या लाभ दिखाना॥
भय बस मंत्री सीख न दीन्हा । सभ्य समाज को हानी कीन्हा॥

दोहा॥धनुष कुलिश व् कठोर अति । रघुपति कोमल गात॥
किस प्रकार मैं धीर धरुं । नहीं बनता हे बतात॥ १३४

चौ ॥सकल सभा मति गयी बौराई । अब शिव धनु पर आस लगाई ।
भूप छूअत तुम गये गरुआये । पर गरु हरो देख प्रभु आये ।
सीता का दुःख बढ़ता दिखाया । निमिष एक युग सम सा बिताया ।
प्रभु पे चितय लोचन जल सीता । चन्द्र मण्डल दो मौन सभीता ।
सीता नहि थी कुछ भी बोलती । दिखती लाज मन अपना रोकती ।
जैसे भ्रमर कमल बंद रहता । भानु अस्तांचल जब हे दिखता॥
सिय आँखों में आँसू रुकते । जैसे कृपण का धन न निकलते॥
सीता की व्याकुलता बढ़ती । उस विश्वास से धीरज धरती॥
कहा तन मन और वचन से प्रेमा । तो प्रभु दासी बना मुझे लेना॥
सच्चा प्रेम जो मिलन को करता । सो उसे मिले संदेह न दिखता॥

दोहा ॥देख प्रभु की ओर सिय । उनसे प्रेम लिया ठान॥
अन्तर्यामी प्रभु सदा । अबस मिलेंगे आन॥ १३६

चौ ॥इधर लखन देखे रघुनाथा । शिव के धनुष को वे रहे तांका॥
निज चरणों ब्रह्माण्ड दबाया । हो पुलकित ये वचन सुनाया॥
हैं बारह कच्छप दस कुंजर । राम चाहत शिव धनु को भंजर॥
अतः धरण धारो हो धीरा । सुनो आयुष ये मेरा गंभीरा॥
शेषनाग लक्ष्मण अवतारा । जो निज फन पर पृथ्वी धारा॥
अतः सहायकों वे चेताया । धनुष टूट कही महि न डिगाया॥
जैसे ही प्रभु चाप समीपा । सुमिर देव नर नारी महीपा॥
देखा राम सब लोग दिखाई । चित्र सामान दीवार टँगाई॥
फिर सिय तरफ निहारे रामा । दिखी विशेष व्याकुल सब जाना॥
बिकल विपुल बैदेही जाना । निमिष हे जिनको कलप समाना॥

तृषा के कारण कोई मर जाता । कछू न लाभ कोय अमृत लाता॥
अनाब्रिष्टि से फसल सुखानी । लाभ न दिखे फिर वर्षा आनी॥
दशा जानकी ऐसी दिखाई । पुलक राम अति प्रीति बढ़ाई॥
गुरु प्रणाम मन ही मन कीन्हा । बड़ी फुरते धनु उठा वे लीन्हा॥
जैसे ही धनु प्रभु हाथ में आया । विद्युत सम वह चमक दिखाया॥
फिर वह मण्डलाकार आकाशा । और चमका बड़े वेग प्रकाशा॥
कब प्रभु पकडे खींच चढ़ाये । नहीं कोय देख सब खड़े दिखाए॥
जब शिव धनुष भंज भगवाना । बड़े जोर ध्वनि पड़ी सुनाना॥

छंद॥शिव धनु था टूट, जो रह अटूट, अश्व भानु थे जो बिचलही॥
दस दिग्ग्जे, जो महि धरें, निज मार्ग से थे टर् रही॥
सब देवता, ऋषि मुनि यथा, सुर असुर शुभ नहि सोचही॥
जो धनु हे भंज, जग का निकंज, जसकरन हे शीश झुकाबही॥

दोहा ॥शिव धनु एक जहाज सम । सागर प्रभु के हाथ॥
मोह ग्रसित होकर चढे । बूढ़े होय अनाथ॥ १३७

चौ ॥प्रभु धनु तोड़ खंड दो कीन्हा । और जमी पे डाल उन्हें दीन्हा॥
उसको देख सब खुश थे दिखाया । गद गद विश्वामित्र हो जाया॥
बाजे बाजन लागे आकाशा । नाचहि सुर पत्नियाँ हुलाषा॥
बड़े सिद्ध मुनि और त्रिदेवा । आशीर्वाद श्री राम को देवा॥
सुमन वृष्टि आकाश दिखाई । गाबहि सुंदर गीत सुहाई॥
भरे भुवन भई जय जय कारा । खुशियाँ मनाई निज अनुसारा॥
हुए प्रसन्न थे सब नर नारी । राम भंज धनु खबर प्रसारी॥
छोटे बड़े सब करते न्योछावर । विश्वामित्र को देते आदर॥
ना ना भांति बजे बाजे सुहायी । शंख मरदंग व् ढोल सुहाई॥
रानी सुनेना खुशी मनाई । जिम सूखत थी फसल उगाई॥

दोहा ॥जनक प्रसन्नता अति भई । धनुष टोर जब राम॥
जैसे बूढ़त व्यक्ति को । देती थाह विश्राम॥ १३८

चौ ॥भये उत्साह हीन वे नरेशा । जिम तारागन उदत दिनेशा॥
सीता खुशी न बरने पारा । जिम चातक को स्वाती अपारा॥
लक्ष्मण देखत राम की ओरा । चन्द्र को जिम चातक का किशोरा॥
गुरु सतानद कहते बुलाई । राम पे सीता को ले जाई॥
चार सखी सुंदर व् सयानी । गावहिं मधुर मनोहर बानी॥
सुंदर सखिन मध्य सिय जैसे । छवि के मध्य महाछवि वेसे॥
कर कमलों जय माल दिखाई । विश्व विजय का प्रमाण बताई॥
सकुचि दीख उत्साह अपारा । हृदय प्रेम करता जयकारा॥
निकट देख प्रभु सुन्दरताई । सीता चितवत मानों दिखाई॥
चतुर सखी सिय याद दिलाती । पहरावों जय माला बताती॥
करकमलों जय माला उठाई । अति प्रेम पहराय न पाई॥

दोहा ॥चतुर सहेली गा रही । अति मनमोहक गान॥
शीश प्रभु थे झुकाय अब । सीता माल पहिरान॥ १३९

चौ ॥राम के उर जय माल सोहती । सुमन वृष्टि आकाश से होती॥
सकुचे सब नृप दिए दिखाई । जिम रबि उदय कुमुद मुरझाई॥
नभ से बाजे बाजने लागे । भये उदास खल नृप जो बिराजे॥
सुर मुनि नर सब खुशियाँ मनाई । आशिष देते प्रभु को दिखाई॥
नयी वधुएँ अन्य स्त्रियाँ संगा । नाचती गाती दिखी बहुरंगा॥
तीनों लोक एक ध्वनि थी सुनाई । राम भंज धनु सीय विवाही॥
सीता राम जोड़ी थी दिखती । तीनो लोकों को रही मोहती॥

छंद॥सीय राम सोहत, मन को मोहत, शोभा अपरमपार॥
काम भी लाजत, रति संग आवत, प्रभु सुंदरता निहार॥
आकाश दिखाई, देव गण आयी, करते पुष्प वर्षात॥
सिय माल पहराई, गले में दिखाई, त्रिभुंवन होत प्रकाश॥

दोहा ॥कहती सखिया सीय को । स्पर्श चरण प्रभु लेउ॥
गौतम पत्नी याद कर । सिय कर चरण न देउ॥ १४०

चौ ॥सिय सोचत इन चरण है तारी । पाहन बनी जो गौतम नारी॥
इसके उलट घटना घट सकती । अगर चरण स्पर्श हूँ करती॥
सीता मन को प्रभु थे जाना । गूढ़ प्रेम थे प्रभु पहिचाना॥
न्रपों ने जब सीता को निहारा । कब्जे में रख मन थे बिचारा ।
कहते ओठाओ निज हथियारा । ओर मूढ़ मत ऐसे उचारा॥
भलेहू धनुष नहि हम तोड़ पाये । पर सीता को अबस ले जाए॥
तुरत बांध दोउ राजकुमारा । बांध जनक यदि वे दें सहारा॥
कुछ भूपति वहाँ साधू समाना । कहते क्यों तुम्हें लाज न आना॥
वीरता तुमने तुरंत गमाई । जब नहि धनुष तोड़ थे पाई॥
अब ये कहाँ से वीरता आयी । जो अब रहे तुम गाल बजाई॥

दोहा ॥करहु दरश श्री राम के । तज ईर्ष्या मद कोप॥
लक्ष्मण क्रोध की अग्नि में । जलोगे तुम सब लोग॥ १४१

चौ ॥सीता योग्य तुम नहीं नरेशा । जिम उडगन मुय उदय दिनेशा॥
नृप कोलाहल पड़े सुनायी । सीय को सखी ले गयी बुलाई॥ १
निज स्वभाव में राम थे चलते । विश्वामित्र गुरु पे पहुँचते॥
सुनेंना मातु संग सीता सोचत । खल नृप बातें उचित न बोलत॥
अट पटी चर्चा राजाओं की । भ्रकुटी तान दी अनुज लखन की॥
नहीं कुछ बोलत राम के कारण । लाल नेत्र चितवन संघारन॥
लक्ष्मण नृपों को ऐसे देखा । जिम शावक गज झुण्ड को लेखा॥
नारियाँ नृप कोलाहल सुनती । स्यार झुण्ड उनको थी कहतीं॥

दोहा ॥उसी बीच वहाँ प्रकट भये । परशुराम भ्रगु वंश॥
बैठे नृप थे छिप गये । जो बन रहे बल वन्त॥ १४२

चौ ॥टूट धनुष आवाज थी भारी । परशुराम तप टूट मझारी॥
जनकपुरी सीधे वे पधारे । यहाँ देख बहु भूप बिराजे॥
परशुराम भ्रगुवंशी महाना । इन्हें देख सब भूप डराना॥
गोर बदन भभूती लगाया । मस्तक पर है त्रिकुंड दिखाया॥
शीश जटाएँ शोभित दिखती । क्रोध से नयन लालमा रहती॥

तनी हुईं भ्रकुटी सदा रहती । सहज में भी हे क्रोध प्रकट ती॥
बाहु विशाल जनेऊ धारे । और हाथ में परशु सम्हारे॥
दिखते वे तपसी के भेषा । प्रकट क्रोध तन मानों शेषा॥
राम को विश्वामित्र समझाया । परशु राम की कथा बताया॥
नारायण अवतार ये रूपा । जन्में भ्रगवंशियों स्वरूपा॥

दोहा ॥जमदग्नी के पुत्र ये । इनका नाम भी राम॥
शिव जी परशु इन्हें भेट कर । परशुराम पड़ा नाम॥ १४३

चौ ॥छत्रिय बिगड़ते थे उस काला । उन्हें दण्डित करना हर हाला॥
हैहय छत्रिय वंश एक रहता । अर्जुन नाम इन राजा बनता॥
दतात्रेय का तप ये कीन्हा । सहस्त्र भुजाएँ वर में दीन्हा॥
जामदग्न आश्रम वे आते । कामधेनु ऋषि से वे माँगते॥
ऋषि देने से मना था कीन्हा । नृप ने हत्या उन कर दीन्हा॥
रेणुका पत्नी जमदग्नी की । माता जो थी परशु राम की॥
परशु राम तप लीन्ह दिखाना । जब ये घटना घटी महाना॥
रेणुका माता थी चिल्लाई । परशुराम को वह थी बुलाई॥
एक्कीश बार आवाज लगाई । परशुराम तब थे सुन पाई॥
आये आश्रम मृत पिता देखा । परशुराम को क्रोध विशेषा॥

दोहा ॥ऋषियों बुलाया तुरंत वे । जीवित पिता को कीन्ह॥
सह्श्रा अर्जुन बध किया । भये प्रतिज्ञा लीन्ह॥ १४४

चौ ॥एक्कीश बार मेरी माता बुलाई । सहश्रा अर्जुन कीन्ह चढ़ाई॥
मै इस हैहय छत्रिय वंशा । एक्कीश पीढ़ी तक नासूं अंशा॥
सुनहु राम एक बात बताऊँ । परशुराम जुड़ी तुम्हें समझाऊँ॥
रेणुका माँ जो इनकी कहाई । एक दिन जल लेने पिता पठाई॥
नदी में जल जब रही वह लेती । गन्धर्व युगल वासना में देखी ।
दूषित वृत्ति इनकी थी होती । सम्हरी फिर जल ले चल देती॥
आश्रम पर जब वे थी आयी । पूछ पिता क्यों विलम्ब हो जायी॥
नहि कुछ उत्तर थी दे पाया । योग ने सब जमदग्नि बताया॥

जाम्दग्नी क्रोधित हुए भारी । आज्ञा परशुराम को जारी॥
अपनी मातु की हत्या कीजै । और पिता को खुश कर दीजै॥
परशुराम सिर माता काटते । उनकी आज्ञा शीश धारते॥
खुश हो पिता वर माँगन कहते । कहा माँ का जीवन वे चाहते॥
जीवित रेणुका ऋषिवर कीन्हा । परशुराम भये खुशी प्रवीणा॥

दोहा ॥विश्वामित्र आगे कहा । यह धनु जो तुम भंग॥
परशुराम को शिव दिए । इनके गुरु वे संग॥ १४५

चौ ॥जनक पास वे धनुष रखते । और तपस्या हेतु थे चलते॥
वही धनु आज भंग तुम कीन्हा । जनक प्रतिज्ञा पूरी कीन्हा॥
धनुष भंग सुन भृगुपति आये । लोचन लाल क्रोध तन छाये॥
उन्हें देख नृप गये डिराई । पिता सहित निज नाम बतायी॥
सहज में भी किसी नृप को निहारें । डरता सोच वह अभी ये मारें॥
आये जनक थे कीन्ह प्रणामा । सीय बुलाये आशीष दिलाना॥
विश्वामित्र मिले अब आया । राम लखन से नमन कराया॥
ये हे राम लखन दोउ भ्राता । नृप दशरथ के ये हे जाता॥
परशुराम श्री राम निहारा । एक पल को थे क्रोध वे जारा॥
देखत राम का रूप सुहाना । एक टक नयन देख थक जाना॥

दोहा ॥अब विदेह से पूछते । जुड़ी भीड़ क्यों आज॥
यद्यपि सब थे जानते । आये नृप क्या काज॥ १४६

चौ ॥जनक ने सारी बात बताई । धनुष यज्ञ केहि हेतु कराई॥
ऋषि अब देखत भूमि की ओरा । पड़ा धनुष दो खंड बहोरा॥
धनुष टूट तन क्रोध था छाया । हें जड़ जनक न तुमने बताया॥
किसने धनुष भंग ये कीन्हा । अपना काल बुला हे लीन्हा॥
जनक बताओ उसका नामा । धनुष तोड़ने किया जो कामा॥
नाम अगर नहीं तुमने बताया । पूरा राज्य मैं उल्ट दिखाया॥
परशुराम का क्रोध दिखाया । बोलन हिम्मत कोई न पाया॥
भूप कुटिल जो वहाँ बैठते । यह सब देख थे मन में हर्षते॥

देव मनुज व् मुनि दुखाई । देख परिस्थिति जो बन आयी॥
मातु सिया की दुखी दिखायी । सोचत बना काम बिगरायी॥

दोहा ॥भृगुपति क्रोध स्वभाव को । जानत सिय सुकुमार॥
निमिष बीत उन्हें कलप सम । मन में प्रश्न हजार॥ १४७

चौ ॥नृप थे सब भय भीत दिखाए । अश्रु नयन सीता के छाये॥
राम कहा धनु तोरन हारा । अबस होयेगा दास तुम्हारा॥
मैं तोरा मुझे आयुष दीजै । सुन यह परशुराम अति खीजे॥
कहा जो धनुष हैं तोड़ दिखाई । सहस्त्रबाहु सम शत्रु बनाई॥
शिव का धनुष तोड़ हे दीन्हा । अपमान हमारे गुरु का कीन्हा॥
परशुराम की सुन यह बाता । विहशे लखन बोले सुनो ताता॥
बचपन बहु धनुहीं मैं तोडी । एसी शत्रुता कबहू न जोड़ी॥
केहि कारण यह धनुष पियारा । यह सुन भृगु कुल क्रोध अपारा॥
हें सठ बालक कैसे बोलता । शम्भु धनुष को धनुही सोचता॥
सारे विश्व में था विख्याता । अचरज मूर्ख न तुझको ज्ञाता॥
कहते लखन न भेद दिखाना । मेरा मत सब धनुष समाना॥
टूटा धनुष जो रहा पुराना । हानि लाभ कुछ हमें न दिखाना॥

दोहा ॥भोरे राम स्वभाव से । छुअत वे धनु था टूट॥
बिन कारण तुम क्रोध कर । और दिखाते रूठ॥ १४८

चौ ॥फिर अपने फरसे को दिखाया । और भृगुपति थे स्वभाव जताया॥
कहते तुझे बालक मैं समझता । अतः तेरा बध उचित न दिखता
भुजबल छत्रियों को संघारा । और ब्रह्माण्डों को हे सम्हारा॥
इस फरसे से काट गिराई । हजार बाहु अर्जुन जो पाई॥
परशु ये मैं शिव से हूँ पाया । क्यों सठ बालक काल बुलाया॥
मातु पिता संतापित होंगे । यदि कटु वचन न तेरे रुकेंगे॥
इस फरसे का घोर संतापा । स्त्रियों के भी गर्भ गिराता॥
लक्ष्मण यह सुन थे मुस्काया । अरे मुनि तुम तो योद्धा जाया॥
बार बार मुझे फरसा दिखाते । जैसे पहाड़ को फूँक उड़ाते॥
पर यहाँ कोई डरपोक न होई । भय तुम्हरे से भागे जोई॥
आप गुणी मोहि एक दिखाते । जिस से अपना क्रोध सह पाते॥

दोहा ॥देव विप्र व् भक्त पर । मेरे वंश नहीं बैर॥
क्योंकि बध इनका करें । नहि उस लोक में खैर॥ १४९

चौ ॥हे मुनि वचन तुम्हारे कठोरा । व्यर्थ हो धरते परशु ये घोरा॥
यदि अनुचित मैं तुमसे कहयू । करहु क्षमा और धीर को धरुहू॥
लखन के वचन लगे सम भाला । बोले भृगुपति कोप कराला॥
विश्वामित्र सुनहु एक बाता । यह बालक निज काल बुलाता॥
होकरके यह काल अधीना । बोल रहा कटु भय के विहीना॥
मेरे क्रोध का ग्रास बनेगा । नहि कोय दोष मुझे अब देगा॥
यदि तुम इसको बचाना चाहत । मेरा नाम इसे क्यों न बताबत॥
कहा लखन तुम खुद ही बताया । यदि कुछ रहा तो क्यों न जताया ।
भूर प्रशंसा स्वयं ही कीन्हा । बल और सुयस बता खुद दीन्हा॥
फिर भी यदि कुछ रहा बताना । मन ही मन क्यों उसे छिपाना॥
वीरता और व्रत जो हे धारत । गाली देत न शोभा पावत॥

दोहा ॥वीरपुरुष नहीं बोलते । कर्म से देते प्रमाण॥
युद्ध स्थल में रिपु खड़ा । कायर करनी बखान॥ १५०

चौ ॥मानों काल तुम्हारे हाथा । मेरे लिए बाँध रख साथा॥
अति कटु वचन लखन के सुनते । अपना कुठार सँभल के पकड़ते॥
अब कोई दोष न हमको देना । छोड़ के इसे अपयश नहि लेना॥
बालक समझ बहुत सुन लीन्हा । बचने को कई मौके दीन्हा॥
कटुबादी बध योग्य यह बालक । अपने वंश का दिखे कुल घालक॥
बोले विश्वामित्र महाना । छमहु महामुनि तुम्हें जग जाना॥
बालक गुण और दोष न ध्याना । बुद्धिमान टालते है जाना॥
कहा भृगुपति मैं क्रोधी महाना । हाथ परशु यह देख जहांना॥
गुरु द्रोही प्रत्यक्ष हमारे । नहीं मारें कारण ये तुम्हारे॥
प्रति उत्तर यह देता जाता । तुम्हरे शील पे यह बच पाता॥
नहीं तो अब तक बध कर देता । और गुरु से उरिन हो लेता॥

दोहा ॥विश्वामित्र मन में हसे । असलियत न भृगुपति देख॥
अपनी पुरानी विजय ही । अपने दीमक में शेक॥ १५१

चौ ॥ऊख की खांड यहाँ न दिखाई । पर यहाँ असली खांड बिठाई॥
बैठे यहाँ पर कौशलाधीशा । क्रोध से भृगुपति को नहि दीखा॥
शीलवान मुनि लक्ष्मण कहते । विज्ञ सभी इस तथ्य से रहते॥
मातु पिता से उरिन मुनीशा । सोच मुनी को गुरु ऋण शीशा॥
हमरे ऊपर यह है निकाला । क्योंकि शिव धनु तोड़ हे डाला॥
अब तक ब्याज बढ़ा ही होगा । किसी गड़क को बुलाना होगा॥
शीघ्र बुलाओ करो हिसाबा । कर भुगतान तभी हम जाबा॥
कटुक वचन ये लखन सुनावा । परशुराम तब फरसा उठावा॥
देख ये प्रजा गयी थी डराई । हाय हाय ध्वनि पड़ी सुनाई॥
लखन कहा फरसा हो दिखाते । विप्र हो अतः हमसे बच जाते॥

दोहा ॥योद्धा अब तक मिले नहीं । हम सामान जग माहि॥
रहे योद्धा निज घरहि के । दिमाग हे नभ में जाहि॥ १५२

चौ ॥यह अनुचित हे सबने पुकारा । संकेत से राम ने लखन बैठारा॥
आहुति सम ये लखन के बचना । बढ़ी अग्नि भृगुपति में दिखना॥
शीतल वचन थे राम उचारा । क्रोध से भृगुपति को वे उबारा॥
बालक समझ क्षमहु मम भ्राता । इन पर क्रोध किया नहीं जाता॥
स्वभाव आपका यदि ये जानता । तो मर्यादा आप मानता॥
बालक अचरज कार्य हे करते । गुरु पितु मातु प्रसन्न ही दिखते॥
अतः कृपा करो बालक जाना । धर्मशील मुनि तुम हो सुजाना॥
राम की सुनि कुछ मुनि ठंडाया । लखन की हंशी ने फिर गरमाया॥
कहा लघु भ्रात घोर है पापी । माफी योग्य न ये है काफी॥
बदन गौर मन काला इसका । जैसे दूध भर विष मुख मटका॥

दोहा ॥भ्रात स्वभाव टेढ़ हैं । नही सीख हैं तोर॥
ये न जानता हे मुझे । स्वभाव काल सम मोर॥ १५३

चौ ॥हँसकर लक्ष्मण कहा ये बाता । हें मुनि क्रोध हे पाप बढ़ाता॥
जब हो जीव क्रोध आधीना । करे अनुचित सदा काम प्रवीणा॥
हें मुनि मैं हूँ दास तुम्हारा । करो वही जो हित हो हमारा॥

क्रोध करे धनु नहि जुड़ सकता । देर से खड़े हो शरीर हे थकता॥
बैठ जाऊँ कुछ करो उपाई । जोड़ धनु कोई गुणी बुलाई॥
लखन की बातें जनक सुन पायीं । सुनके विदेह थे गये डराई॥
कहत "लखन अब चुप हो जाओ । अनुचित बात न ऋषिय सुनाओ॥
नगरवासियों लखन की बाता । सुनकर के थे बहुत डराता॥
कहते राम का ये लघु भ्राता । बड़ा ही खोटा पड़ता दिखाता॥
बिना किसी भय लक्ष्मण बानी । परशुराम का क्रोध बढ़ानी॥
क्रोध कारण शक्ति छय होती । और शरीर नष्ट हो दिखती॥
मुनि अहसान राम पे दिखाया । तेरे कारण ये बच पाया॥
मन इसका बड़ा कुटिल बनाई । बदन हे सुंदर पड़ता दिखाई॥

दोहा ॥जैसे स्वर्ण के घड़े में । विष भर देता कोय॥
इतना ही मुनि कहे थे । हँसते लक्ष्मण जॉय॥ १५४

चौ ॥पर प्रभु नयन इशारा कीन्हा । सहम लखन गुरु ढिंग चल दीन्हा॥
हाथ जोड़ प्रभु कहे मधुरता । मै मुनि जानों तुम्हरी सहजता॥
आप तपस्वी ज्ञानी मुनिवर । बालक वचन न कान ऋषि बर॥
बर्र और बालक का स्वभावा । नहीं दोष इन्हें प्रकृति बनावा॥
मेरा अनुज न दोषी दिखाता । आपका अपराधी मैं कहाता॥
हे ऋष दंड या कृपा जो बिचारा । दीजे हमें मैं दोषी तुम्हारा॥
जेहि विधि क्रोध आपका जाई । हें ऋषि कीजे वही उपाई॥
कह ऋषि क्रोध मैं कैसे भुलाऊँ । अनुज की हँसी अभी भी दिखाऊँ॥
जब तक परशु न इसपे चलाया । फिर मम क्रोध न अर्थ दिखाया॥
गर्भ गिरह मम परशु के घोरा । सम्मुख परशु वही मम ओरा॥
वही मेरे हे हाथ में दिखता । फिर भी रिपु कुमार यह बचता॥

दोहा ॥हाथ न चल छाती जले । कुण्ठित हुआ कुठार॥
पहले नृप कितने हनन । दिखता आज लाचार॥ १५५

चौ ॥मेरा विधि विपरीत दिखाया । मम स्वभाव जिससे बदलाया॥
दयाभाव न मुझमे दिखाता । आज यह भाव है दुःख दिलाता॥
अब फिर लखन दीन्ह मुस्काई । बयार दया की तुम ने चलायी॥
मुनि ये वचन जब फूल समाना । क्रोध में तो जलते हो दिखाना॥
हें विदेह बालक की जड़ता । यमपुर जाता हुआ है दिखता॥
मन ही मन थे लखन मुस्काया । मूँदो आँख न कोई दिखाया॥
राम पे भृगुपति अब थे रिशाता । शम्भु धनुष तुम तोड़ दिखाता॥
तुम प्रवचन हमें देते दिखाई । लक्ष्मण को तुम हो उकसाई ।
करो संतोष तुम हमें संग्रामा । नहि तो हटाओ नाम ये रामा॥
अब शिवद्रोही युद्ध कीजिये । युद्ध में दोनों मृत्यु लीजिये॥
परशुराम फरसा को उठाया । हँस के राम निज शीश नामाया॥
गलती लखन की हम पर क्रोधा । सीधापन भी दुःख सम्बोधा॥

दोहा ॥वंदन दुष्ट की सब करह । सीध न पूछ्य कोय॥
बक्र चंद्रमा जब दिखे । ग्रस्त राहू नहीं होय॥ १५६

चौ ॥कहा राम तजो क्रोध मुनीशा । परशु के आगे नम मैं शीशा॥
जेहि विधि क्रोध आपका जावा । दो आज्ञा करूँ वही मैं बनावा॥
हम सेवक और आप हैं स्वामी । दोनों बीच न युद्ध समानी॥
आपका मुनिवर भेष दिखाई । योद्धा समझ लखन बतरायी॥
देख कुठार धनुष और बाना । जिस से अनुज समझ न पाना॥
केवल आपका नाम वह जाना । बंश स्वभाव से बह था बताना॥
आपका यदि मुनि भेष दिखाता । निश्चय आपको सिर वह नामाता॥
उसकी चूक मुनि क्षमा कर दीजे । विप्र स्वभाव कृपा उस कीजे॥
मेरा नाम नहीं आप समाना । कहाँ चरण कहाँ माथ दिखाना॥
केवल राम हमारा नामा । परशुराम नाम तुम पाना॥
मेरे पास धनुष गुण एका । आप में नव गुण दिखते विवेका॥

दोहा ॥शम दम तप व शौच गुण । क्षमा शरल व ज्ञान॥
आस्तिकता है आठवाँ । नवाँ गुण हैं विज्ञान॥ १५७

चौ ॥नव गुण आप ये रखते सम्हारे । अतः मुनि हम हे आप से हारे॥
बार बार मुनि विप्र पुकारा । राम पर भृगुपति क्रोध अपारा॥
कहा तू भी निज अनुज समाना । केवल मुझको द्विज हे जाना॥
स्रुबा सम मेरा धनु हे दिखता । और बान आहुति सम लगता॥
क्रोध मेरा अग्नि सम मानो । लकड़ी यज्ञ की सेना जानो॥
सम्मुख भूप हे पशु दिखाई । युद्ध यज्ञ में बलि हो जाई॥
धनुष तोड़ अभिमान हो जावा । मनो विश्व जीत हो लावा॥
कहा राम नहीं बोल बिचारी । गलती लघु मेरी क्रोध करारी॥
मै पिनाक बस हाथ लगाया । और टूट ये पुराना दिखाया॥
फिर अभिमान करूँ किस हेतु । सत्य सुनहु मम भ्रगुकुल केतु ।
निन्दरें यदि रघुवंशी विप्रा । कौन करे फिर ब्राम्हण कद्रा ।

दोहा ॥प्रेम से यदि हम नहि झुके । सम्मुख ब्राह्मण पाय॥
तो जग में भट कौन है । जिसके भय शीश नमाय॥ १५८

चौ ॥देवता राक्षस या भट कोई । रखे सम बल अधिक या होई॥
युद्ध चुनौती देता दिखाई । अबस लड़ूं चाहे काल ही आयी॥
छत्रिय यदि कोई युद्ध डराना । अपने वंश में कलंक लगाना॥
कुल की प्रशंसा यदि मैं करता । नहीं रघुवंशी काल से डरता॥
विप्रवंश का प्रभाऊ दिखाता । आपसे डरे अभय हो जाता ।
भृगुपति सुने गूढ़ प्रभु बचना । ईश उपस्थिति उनको दिखना॥
कहा लक्ष्मीपति धनु मेरा लीजे । चाप खींच संदेह हर लीजे॥
उठाय चाप मुनि स्वयं वह जाता । आश्चर्य परशुराम हो जाता॥
अब मुनि राम प्रभाऊ को जाना । हृदय प्रफुल्लित था हो जाना॥
हाथ जोड़ वे बिनती कीन्हा । उतरे प्रेम में डुबकी लीन्हा॥

छंद॥रघुपति सुरत्राता, आनद दाता, दनुज वंश कुल नाश वाना॥
दुःख निपाता, जीव हर्षाता, विप्र धेनु कल्याना॥
मोह छुड़ाता, मद को हटाता, करुणारूप दिखाया॥
भ्रम को नसता, गति प्रदानता, जसकरन मार्ग पकराया॥

दोहा ॥भानु आप रघुवंश के । अग्नि हो राक्षस जाति॥
हितकारी विप्रधेनु के । भय और मोह मिटात॥ १५९

चौ ॥विनय और करुणा के रूपा । जय हो आपकी वचन निरूपा॥
अंग अंग शुभ और सुखदाई । कोटि काम दिखते है समाई॥
एक मुख से नहीं होय प्रशंसा । शिव के इष्ट मन उनके हंशा॥
अज्ञानी भाति बहु अनुचित कहहूँ । क्षमा शील मम अवगुण छमहूँ॥
भृगुपति विनय अनेक प्रकारा । फिर तप हेतु वे बन पग धारा॥
अधरमी भूप जो वहाँ बिराजे । धनुष टूट उपरांत थे गाजे॥
भय अज्ञात था उनको दिखाना । जिसने उनको वहाँ से भगाना॥
सुरगण ने धुन्धुबी बजाई । सियाराम पे फूल वर्षाई॥
नगर के नर नारी हर्षाये । जैसे गरीबी में निधि पाये॥
बाजे बजने दिए सुनाई । सब रहे मंगल गीत हे गाई॥
झुण्ड झुण्ड में युवती दिखाती । मधुर गान कोयल सम गाती॥
जनक की सुख सीमा न दिखाई । जैसे दरिद्र महानिधि पाई॥

दोहा ॥सीय त्रास हुआ समन अब । जिम उग चन्द्र चकोर॥
प्रणाम जनक विश्वामित्र को । कहा राम धनु तोर॥ १६०

चौ ॥आपकी कृपा राम धनु तोरा । खुशी समाते हृदय नहीं मोरा॥
मुझे कृत्य कृत्य भाइयों कीन्हा । आगे आयुष दीजे प्रवीणा॥
कहते मुनि राजन हे विदेहा । धनुष टूट कछु नहीं संदेहां॥
विवाह राम सिय धनु आधीना । हुआ विवाह टूटत ही प्रवीणा॥
अब कुल रीत से करो विवाहू । करो वही जो कुल गुरु बताहू॥
हें नृप दूत को देउ भिजाई । अयोध्या दशरथ लेउ बुलाई॥
खुश हो दूत भिजाये नरेशा । और अबध में भेज संदेशा॥
नगर के खास जनक बुलवाया । शहर्ष आय वे शीश नमाया॥
कहा नगर के हाट बाजारा । जाओ सम्हारो चारो द्वारा॥
अब कुछ सेवक जनक बुलाये । उनसे मण्डप थे सजवाये॥

दोहा ॥बहु प्रकार कारीगरों । बुलवाया था नरेश॥
निपुण थे मण्डप सृजन में । शुरू किया सुमिर गणेश॥ १६१

चौ ॥सुमिर के श्री ब्रह्मा भगवाना । स्वर्ण के केले खम्ब लगाना॥
पत्ते हरे मणियों रच दीन्हा । मानिक फूल लगाकर कीन्हा॥
मण्डप रचना ब्रह्मा बनाई । और निज मन को भूल थे जाई॥
बॉस हरे मणियों के दिखाई । गाँठ युक्त सीधे थे बनाई॥
पान लता सोने की बनाई । पत्तों युक्त जो पड़ती दिखाई॥
इतनी भली सटीक दिखाई । नहि पहिचान कोय कर पाई॥
रस्सी नाग बेल से बनाई । पञ्च बेध कारीगरी दिखाई॥
बिच बिच झालर मोती लगाई । माणिक आदि से कमल बनाई॥
रचे भ्रमर पछी बहु रंगा । कूजहि मधुर मनोहर ढंगा॥
प्रतिमा देवों खम्ब निकारी । शुभ दृश्यों से गयी सम्हारी॥
मणिमय चौके थे दिखे मनोहर । सिन्दूर युक्त मानों वे धरोहर॥

दोहा ॥पत्ते आम मणियों रचित । स्वर्ण बोर दिखलाय॥
रेशम डोरी बधे फल । पन्ने से बनवाय॥ १६२

चौ ॥बदनबारे सुघर दिखाते । कामदेव जिम उन्हें बनाते॥
शुभ शूचक थे कलश दिखाया । पताका सुन्दर ध्वज भी बनाया॥
मणी युक्त दीपक बहु ना ना । शोभा जिन नहीं जाय बखाना॥
जिस मण्डप में दुल्हन सीता । को वर्णन की रखे सुबीता॥
राम रूप और गुण भंडारा । मण्डप उनका विदित जग सारा॥
मिथला घर घर शोभा दिखाई । जनक महल वही शोभा बनाई॥
शोभा सबसे कम जेहि घर की । अलकापुरी से वह भी बढ़की॥
सामान्य नारि जहाँ लक्ष्मी बासा । वर्णन में असफल यह दासा॥
जनक के दूत अवध थे आबा । सुन्दरता लख खुशी मनाबा॥
महल द्वार वे खबर भिजाई । दशरथ पास में लिए बुलाई॥
दिया खत दशरथ करके प्रणामा । उठ के गहें नृप खुशी मनाना॥
नयनन आँसू भर के बांचते । और पुलकायवान हो जाते॥

दोहा ॥राम लखन के पत्र को । बांचत दशरथ भूप॥
कह न परत दशा स्वयं की । दिखे सम्मुख दोउ रूप॥ १६३

चौ ॥दशरथ दशा न कुछ कहने की । खुशी या दुखी हो सुत जाने की॥
रख के धीर ख़त आगे पढ़ते । सुनी बात सब खुश हो पड़ते॥
भरत शत्रुघन पास दिखाई । दौड़े कहाँ से चिट्ठी आयी॥
जानके राम लखन सन्देशा । पूछत कुशल वे है किस देशा॥
सुनके कुशल छेम दोउभ्राता । प्रेम हृदय न उनको समाता॥
प्रीति भरत की सभा देखती । भायन प्रेम प्रशंसा करती॥
दशरथ दूतों निकट बैठाया । कह मृदु वचन से प्रेम जताया॥
पूछत क्या तुम सुत हो निहारे । उत्तर दूतों ने ये उचारे॥
गौर श्याम दोउ सुतं मन मोहक । धनुष बाण काँधे पे सोहत॥
दोनों युवा अवस्था पाई । विश्वामित्र मुनि संग वे आयी॥
मुनि के संग जब से प्रस्थाना । कोई संदेश न हमतक आना॥
कैसे जनक उन्हें पहिचाना । बचन ये सुनकर दूत मुस्काना॥

दोहा ॥दूत कहा चक्रवर्ती नृप । तुम बड़भागी होय॥
पुत्र राम व लखन से । जग आभूषण दोय॥ १६४

चौ ॥पुत्र आपके सिंह समाना । तीनो लोक जिन्हें हैं जाना॥
जिनका यश चौ ओर फैलता । सूर्य चन्द्र फीके है दिखता॥
उनको पूछ कैसे पहिचाना । सूर्य देखन क्या दिया ले जाना॥
जनक ने सीता स्वयंवर कीन्हा । एक से एक भूप जुड़ लीन्हा॥
शिव का चाप न कोई सके टारा । विश्व के सब योद्धा गये हारा॥
तीनो लोक के योद्धा आना । बस अभिमान का करे दिखाना॥
शिव का धनु तिल टार न पाये । गये बाणासुर शीश नमाए॥
रावण जो कैलाश उठाया । वह भी धनु को हिला न पाया॥
हें नृप गये योद्धा सब हारा । दुःख ने जनक को उस छन मारा॥
तब रघुवंश मणी श्री रामा । तोड़ा धनुष कमल के समाना॥

दोहा ॥टूट धनुष तब प्रकटते । परशुराम कर क्रोध॥
देख पराक्रम राम का । उनको हुआ सब बोध॥ १६५

चौ ॥फिर वे विनय राम की कीन्हा । और तप करने बन चल दीन्हा॥
हें नृप जैसे राम महाना । वैसेहि लखन बुद्धिबल जाना॥
उन्हें देख गये भूप डराना । जैसे शावक गज को दिखाना॥
हमने कुँअर दोउ जब से निहारे । फिर कोऊ देखन नहीं बिचारे॥
प्रेम सने दूतों के बचना । हुए प्रफुल्लित वहाँ जो दिखना॥
दशरथ सभा सहित अनुरागा । न्योछावर दूत को करने लागा॥
दूत कहा अनुचित यह दिखता । अतः आँख बंद करने लगता॥
कीन्ह दूत धर्मानुसारा । सबने वहाँ पर यही बिचारा॥
अब नृप दशरथ गुरु पे जायी । जनक पत्रिका उन्हें बताई॥
गुरु को नृप ने सब था बताया । तुरत ही दूतन को मिलवाया॥
सुनके गुरु अति खुशी मनाई । पुण्य पुरुष पर सदा सुख जाई॥
सागर में नदिया जा मिलती । यद्यपि सिन्धु न कामना दिखती॥

दोहा ॥धरम शील पुण्यात्मा । सुख सम्पत्ति से छाय॥
जिम बिन कहे समुद्र में । नदियाँ मिलती जाय॥ १६६

चौ ॥तुम सेवत ब्राह्मण व् देवता । उसी तरह रानी भी सेवता॥
पुण्यात्मा न तुम्हरे समाना । राम सामान पुत्र जो पाना॥
धर्म का पालन करते दिखाते । चार पुत्र पुण्यों से पाते॥
कल्याण सदा नृप होवे तुम्हारा । करो तैयार बारात सम्हारा॥
सुन गुरु वचन भूप चले महलों । खुशी से चलते होकर ब्याबहलो॥
तीनों रानियों बात बताई । जनक की पत्रिका पढ़के सुनायी॥
सुनकर माताएँ हर्षायीं । नृप ने पूरी कथा बताई॥
रानी प्रफुल्लित ऐसे दिखती । जैसे मेघ ध्वनि मोरनी नाचती॥
गुरु पत्नियाँ आशीष थी देती । सुतों की बलैया मातु हे लेती॥
पाती जनक की थी सभी बांचती । हृदय लगा खुशियाँ थी मनाती॥

दोहा ॥राम लखन जो भी किये । भूप जनक दरबार॥
दशरथ रहे बताय सब । खुशी से बारंबार॥ १६७

चौ ॥फिर दशरथ दरबार को जाना । रानियों ने विप्रों को बुलाना॥
आनंद सहित दान उन्हें देती । कर प्रसन्न आशिष उन लेती॥
जाचकों को भी उनने बुलाया । दीन्ह न्योछावर बहु बिध आया॥
चिरंजीव सुत आशिष पाई । खुश रहें चारों कुँअर सुनाई॥
नवीन वस्त्र उन्हें पहरा दीन्हा । बाजे बजा खुशी प्रकट वे कीन्हा॥
समाचार सुना अवध के वासी । बाजे बधाई बढ़ी खुश राशी॥
चौदह भुवन खुशी रही छाई । विवाह राम सिय चर्चा सुनायी॥
शुभ यह समाचार फैलाया । पूरे नगर को रहे सजाया॥
स्वर्णिम तोरण कलश सजाया । दूध दही हल्दी से बनाया॥

दोहा ॥नगरवासी निज भवन को । मंगलमय सजवाय॥
गली चबूतरे रंग बहु । और रंगोली दिखाय॥ १६८

चौ ॥युवती यहाँ वहाँ सजी-धजी दिखती । जैसे दामिन दुति नभ करती॥
लोचन उनके हिरणी समाना । गावति दिखती मंगल गाना॥
सुंदर ध्वनि उनकी थी सुनाई । जिसे सुन कोकिल रही लजाई॥
दशरथ आंगन मण्डप साजा । इन्द्रपुरी भी देखके लाजा॥
बंदीजन बिरदाबली गाई । वेद उच्चरही द्विज थे सुनाई॥
मंगल गीत रहे वे सुनाना । ले ले सीताराम का नामा॥
बड़ी उमंगता लोगों दिखाई । दशरथ भवन भी शकरा पाई॥
कैसे वर्णन कर कोई पाना । विष्णु जहाँ मनुज बन आना॥
अब नृप दशरथ भरत बुलावा । कहा रथ हाथी घोड़े सजावा॥

दोहा ॥चलो बारात ले राम की । सुनत हर्ष दोउ भ्रात॥
आदेश दिए घुड़साल को । और स्वयं सज जात॥ १६९

चौ ॥तुरग सम्हारे रुचि अनुसारा । विभिन्न किस्म भिन्न रंग बिचारा॥
सुन्दर और चंचलता उनकी । टाप लगे न जमीन पे जिनकी॥
वेग न उनका जाय बखाना । स्वयं पवन भी दिख सर्माना॥
छैल-छबीले भरत समाना । हुय असवार जो वय थे दिखाना॥
नाना भांति आभूषण धारे । धनुष बाण निज हाथ सम्हारे॥

फुर्तीले व छबीले दिखाई । ऐसे युवक थे चले बनाई॥
घुड़सवार लिए प्रति दो पदचर । जो तलवार बाज उन सहचर॥
वीरता गुण लिए ये रनधीरा । आये नगर से बाहर बीरा॥
तरह तरह से अश्व फिरावाही । बाजे तरह तरह के बाजही॥
सारथी भाति भाति रथ साजी । ध्वज व पताका उन पर लागी॥
रथ में चमर और घंटी शोभती । मानों भानु से शोभा छीन्नती॥
श्याम वर्ण अश्व रथ में लगाया । होके अलंकृत मन को लुभाया॥

दोहा ॥जल में चलें ऐसे अश्व वे । थल की भांति ही जाए॥
उनकी टाप न बूढ़ती । ऐसा वेग वे दिखाए॥ १७०

चौ ॥अश्त्र सश्त्र से रथ वे सम्हारा । सारथियों ने रथी बैठारा॥
रथ सारथियों जुड़ी बराता । होते सगुन शुभ सबको दिखाता॥
हाथियों पर आशन सुखदाई । जिनकी शोभा बरन न जाई॥
मतबाले हाथियों बजायी । घंटियाँ जिम सावन थी आयी॥
इसके अलावा विविध बाहना । जिनपे बैठ सब सुख थे चाहना॥
उन पर ब्राह्मण गये बैठाया । मानों वेद बैठे थे दिखाया॥
जो जिस योग्य था वैसी सवारी । खच्चर ऊँट बैल चले थे सारी॥
कावरे चलती पड़ी दिखाई । ना ना वस्तु उनमें ले जाई॥
सेवकों का समूह चला भारी । अपने अपने सामान सम्हारी॥

दोहा ॥लिए प्रफुल्लित हृदय सब । खुशी न मन में समात॥
होगें दरश श्री राम के । जानकी जी के साथ॥ १७१

चौ ॥चली बारात घंट ध्वनि बाजी । रथ हाथी और बाज से साजी॥
घर घराहट रथ पहियों सुनाई । घोड़े हिनहिनाहट थे कराई॥
साथ में घंटा ध्वनि चौ ओरा । दे न सुनायी मचा बड़ा शोरा॥
दशरथ भूप भीड़ जुड़ी द्वारे । राम के दर्शन सभी सहारे॥
छत पे चढी नारियाँ दिखाई । थालियाँ आरती हेतु सजाई॥
मंगल गीत मनोहर गाती । बड़ी आनदित खुशी न समाती॥
अब सुमंत्र दो रथ थे सजाया । अश्व दैदिव्यवान थे लगाया॥

ये दोउ रथ थे भूप पे आबा । शोभा जिनकी बरन न जाबा॥
एक रथ दशरथ हेतु सजाया । दूसर तेज पुंज जो दिखाया॥
उस पर गुरु वशिष्ठ आसीना । फिर सुमिरैं निज इष्ट प्रवीणा॥
दोनों रथ शोभा अति पाया । जैसे इंद्र निज गुरु संग जाया॥
कर पूजा कुल रीति अनुसारा । और सुमिर श्री राम सहारा॥
फिर गुर आज्ञा नृप ने लीन्ही । और निज रथ पर थे चढ़ दीन्ही॥
शंख बजाया दशरथ राजा । हुआ शोर बड़ा ब्योम था गाजा॥
देव पत्नियाँ मंगल गाती । सरस राग बहु भाति बजाती॥
घंटा ध्वनि थी सरस सुनाई । और पताका रही फहराई॥

दोहा ॥नृत्य थे घोड़े कर रहे । ध्वनि म्रदंग के साथ॥
सभी बाराती नाचते । खुशियाँ खूब मनात॥ १७२

चौ ॥जो बारात की शोभा दिखाई । जसकरन न वर्णन कर सक पाई॥
मंगल मय थे सगुन दिखाया । नीलकंठ चारा बायें लाया॥
काग दाहिने खेत शोभाया । नेवला दर्शन सबने पाया॥
बायु सुगन्धित मंद शीतलता । सुहागिन स्त्रियाँ बालक दिखता॥
लोमड़ी फिर फिर दर्श कराती । गाय सामने बछ पिवाती॥
बायें से दायें जाये मृग टोली । मानहु सभी मंगल दिखे झोली॥
चील सफेद थी दिखती विशेषी । बायीं ओर श्यामा थी देखी॥
दूध दही सम्मुख थे दिखाई । हाथ में पुस्तक विप्र ले जाते॥
सगुन जो इच्छित फल है दिलाते । और मंगल कल्याण कराते॥
बारात सामने आते जाई । जिम मन वाँछित फल को दिलाई॥
क्यों नहि मंगल सगुन बनायी । परम ब्रह्म सुत बन यहाँ आयी॥
दुल्हन दूल्हा सीता रामा । समधी दशरथ जनक सुजाना॥

दोहा ॥ऐसे विवाह में सगुन भी । खुशी से नाचत आय॥
मानों ब्रह्म अवसर दिया । सच मुच होके दिखाएँ॥ १७३

चौ ॥रघुकुल मणि दशरथ जी पधारत । यह सुन जनक हुए थे कृतारथ॥
नदियाँ ऊपर पुल वे बंधाबा । बीच बीच निवास बनाबा॥
उनमें संपदा दी रखवाई । भोजन बिस्तर वस्त्र सुहाई॥

सुख सबके थे मन अनुकूला । देख बाराती घर गये भूला॥
आयी बारात बजाये बाजा । चले अगवान लें हो साजा॥
स्वर्णिम कलश वे भरकर लावा । जिनका वर्णन कर नहि पावा॥
भरे हुय वे अमिय समाना । ना ना भाति से गये सजाना॥
फल व् वस्तुएँ नाना प्रकारा । भूप ने भेजे भेटन कारा॥
कपडे मणि आभूषण ना ना । पशु पछी अश्व गज ले जाना॥
सगुन हेतु मंगल द्रव्य साजे । भाति अनेक भिजाये राजे॥

दोहा ॥चिउरा दूध व दही के । मगल द्रव्य अपार॥
कावर भर भर ले चले । खुश होकरके कहार॥ १७४

चौ ॥बारात आत जब देखी घराता । थे पुलकायमान वे दिखाता॥
सजी धजी अगवानी दिखाई । बरातिन बाले खुशी न समाई॥
दोनों तरफ कुछ लोग दिखाई । भाग के मिलते सरपट जाई॥
जिम दो सागर आनंद उमड़ा । और समुद्र मर्यादा बिगड़ा॥
देव पत्नियाँ पुष्प वर्षाती । गाती और दुन्धुवी बजाती॥
अगवानी के उपहार मंगाई । नृप दशरथ के आगे रखाई॥
जनक थे विनती नृप से करते । दशरथ प्रेम सहित स्वीकारते॥
जाचको कोभी लिया बुलाई । वे बक्शीश मगन हो पाई॥
प्रेम सहित फिर पूजी बाराता । औरजनमासे चलते दिखाता॥
पावड़े कीमती वस्त्र बिछाई । कुबेर भी जिन्हें देख सर्मायी॥
सुंदरजनमासा था दिखाया । सभी बारातियों को मन भाया॥
सुनी सीता जब आयी बाराती । कुछ निज महिमा प्रगट दिखाती॥
सुमिर सिद्धियाँ प्रगट वे करती । सेवा में दशरथ के पहुँचती॥

दोहा ॥आयुष सीता पायकर । सिद्धियाँ गयी जनमास॥
सुख संपदा बिखेर वहाँ । किया स्वर्ग एहसास॥ १७५

चौ ॥सभी बाराती देख जनवासा । सुभिधा युक्त सब भोग बिलासा॥
नहि कोई मर्म जान था पाया । सभी सोच ये जनक कराया॥
रघुकुलमनी राम सब जानी । सीता हृदय प्रेम पहिचानी॥

राम लखन का सुना आगमन । उमड़ा प्रेम न सकता बतावन॥\
गुरु शंकोच न कुछ कह पाई । लालसा पितु दर्शन बढ़ जाई॥
विश्वामित्र गुरु सब जानी । विनम्रता राम लखन पहिचानी॥
दोउ बन्धु गुरु हृदय चिपकाया । पुलक शरीर लोचन जल छाया॥
विश्वामित्र लिए दोनों भ्राता । आते जहाँ दशरथ जनमाशा॥
पुत्रों संग मुनि दिए दिखाई । उनकी तरफ वे रहे थे आयी॥
दिखे नृप दशरथ हर्ष विशेषा । खुशी वर्णन नहि कर सके शेषा॥
सुख समुद्र में थाह समाना । लेते दिखे जब वे रहे आना॥

दोहा ॥नृप प्रणाम मुनि को किया । चरनन शीश नमाहि॥
विश्वामित्र आशीष दे । हृदय से नृप को लगाहि॥ १७६

चौ ॥अब गुरु पूछी थी कुसलाता । रुँध गया गला न नृप थे बताता॥
दोउ भ्रात पितु दण्डवत कीन्हा । नृप ने हृदय लगा उन्हें लीन्हा ।
अब दोउ भ्रात वशिष्ठ प्रणामा । मुनिवर हृदय न प्रेम समाना॥
विप्र वंदना करें दोउ भ्राता । मन भावन आशिष थे पाता॥
भरत शत्रुघन कीन्ह प्रणामा । राम ने प्रेम से उन्हें उठाना॥
हसके लखन मिले दोनों भ्राता । प्रेम वहाँ नहि दिखता समाता॥
राम चन्द्र अब मिले सप्रेमा । निज कुटुम्बियों भर कर नैना॥
भेंट यथा योग्य पुरबासी । थीं वे अँखियाँ दर्शन प्यासी॥
अबधवासी जो आये बाराता । उमड़े राम दरश को आता॥
चारों सुत संग दशरथ राजा । धर्म अर्थ काम मोक्ष बिराजा॥
नगरवासियों को ये दिखाई । बड़े आनन्दित खुशी मनाई॥
देवता सुमन वृष्टि थे कीन्ही । आनंद अलौकिक वासियों दीन्ही॥
सचिव सतानंद संग जो आता । दिया जनवासा राम बाराता॥
करके बारात का वे सम्माना । और चाहत अब लौट वे जाना॥
लगन पूर्ब ही बारात थी आयी । पुरबासियों को खुशी थी दिखाई॥

दोहा ॥परमानन्द में लीन्ह सब । पुरवासी दिखलायें॥
बढ़े अवधि दिन रात की । विधि से दुआ मनायें॥ १७७

चौ ॥सीमा रहित सुंदर सिय रामा । पुण्य नरेश सारा जग जाना॥
करते पुरबासी ये बाता । हृदय प्रेम नहि उनके समाता॥
जनक सुकृत्य सीता अवतरही । जहाँ तहां लोग बात ये करई॥
बात सतानंद थी ये बताई । कैसे लक्ष्मी मिथला आयीं॥
लंकापति रावण जो कहाया । एक दिवस आदेश कराया॥
मुनि जो दंडक बन में दिखाई । उनसे भी था कर लिया जाई॥
नहि यदि धन तो रक्त वे देंगे । एकत्रित उसे एक घड़े में करेगे॥
अनुचर ऐसा ही थे कीन्हा । मुनियों रक्त एक घड़ा भर लीन्हा॥
रावण का आदेश था पाया । अनुचर घड़ा जमी में दबाया॥
था परिणाम लंका में अकाला । रावन चिंतित क्रोध कराला॥
वह आवाहन ब्रह्मा कीन्हा । प्रकट हो ब्राह्मा बता उसे दीन्हा॥

दोहा ॥उससे ब्रह्मा ने कहा । मुनियों रक्त घड़ा सोय॥
तुमने दबाया लंक में । उसी परिणाम यह होय॥ १७८

चौ ॥रावण अंदर जनक से जलता । कैसे विदेह ये शक्तियाँ रखता॥
इसके अलावा वह था जानता । जनक पुत्रि उसे काल है दिखता॥
जनक के राज्य में संकट लाना । और घड़े से साधा निशाना॥
चुपके मिथला में वह आया । राज्य जनक के घड़ा दबाया॥
मिथला में अकाल था आया । पानी बरश न कहीं दिखाया॥
ऋषियों रक्त जो घड़े में रहता । वह कन्या के रूप बदलता॥
लक्ष्मी जी के अंश के रूपा । प्रकटी मिथला सीता स्वरूपा॥
राम के रूप विष्णु अवतारा । लिया अवतार जगत भय हारा॥
पूजे दशरथ जनक महेशा । जिनका वर्णन कर नहि शेषा॥
नहि कोई दिखता इनके समाना । नहि कोई इनके दरश अघाना॥
बड़े बड़भागी मिथला बाशी । जो दर्शन करे बड़े हुलाशी॥

दोहा ॥देखन को जिनकी छवि । देवता नहीं अघात॥
वही जोड़ी सिय-राम की । सम्मुख हमें दिखात॥ १७९

चौ ॥अब देखूँगा राम विवाहू । जिसे देख लोचन न अघाहू॥
सुंदर महिलायें बतराती । जैसे कोयल वचन सुनाती॥
यह विवाह लोचन हितकारी । अतिथि बनेंगे राम हमारी॥
होगा मिथला आना जाना । हमें दर्शन देगें भगवाना॥
मिलेगी नयनन को शीतलता । पायें दर्शन इन कमनीयता॥
भाति अनेक होय सेवकाई । रखेंगे ये आयी जाई॥
नगरवासियों खुशी अपारा । राम-लखन को जब वे निहारा॥
चतुर लोग ये देख है पाई । नृप दशरथ संग और दो भाई॥
वे भी श्यामल गौर दिखाना । भरत शत्रुघन उन है नामा॥
भरत जो श्यामल दिखे शरीरा । मेल वह खाता राम रघुवीरा॥
दूसर लखन शत्रुघन रूपा । मिलता त्रि भुवन मोहे स्वरूपा॥

छंद॥कैसे कहूँ किम मुख कहूँ, लावण्यता श्री राम की॥
न शब्द है न शक्ति है, वर्णन न कर भगवान की॥
कमनीय है दर्शनीय है, लोचन मिळत बड़ी शांति है॥
दयावान है गुणवान है, फैलात सब जगह कान्ति है॥

दोहा ॥नहि उपमा जिनकी बने । जब संसार यह देख॥
ये बल विद्या बुध निधि । स्वयं तुल्य के रेख॥ १८०

छंद॥वर्णन न कोई कर इन सके, सामर्थ न दिखता किसी॥
लावण्यता शोभाय दिख, बड़ी वीरता इनकी दिखी॥
श्री राम हे करुणा निधान, दर्शन को मिथला उमड़ती॥
किये पुण्य हे माता पिता, जो पुत्र इन सम प्राप्त की॥

चौ ॥भूप स्वयंवर जो थे पधारे । चारों पुत्र देख हुए सुखारे॥
करते प्रशंसा गये निज देशा । राम दरश सुख उन्हें बिशेखा॥
कुछ दिन बीते आयी बाराता । जनकपुरी था पर्व मनाता॥
बारातियों सेवा पाय बहु भाती । सेबित हो कब गय दिन राती॥
अगहन महीना अब था आया । मंगल लगन था अब जो दिखाया॥
ऋतु हेमंत दिखी थी सुहावन । ग्रह नक्षत्र अति लगन था पावन॥

शोध के ब्रह्मा लगन बनायी । नारद द्वारा दी भिजवाई॥
गोधूल बेला बड़ी निर्मल होई । लगन हेतु अनुकूल थी सोई॥
ये अनुकूल समय था दिखावा । राजा जनक विप्रन को बुलावा॥

दोहा ॥सतानंद गुरु ने कहा । अब विलम्ब न कीन्ह॥
तुरत बुलाये सचिव वे । सब सामग्री लीन्ह॥ १८१

चौ ॥मंगल साज सामग्री मगाई । ढोल नगारे दी बजवाई॥
मंगल शुभ वस्तुएँ सजाई । सुहागिन गीत था पड़ा सुनायी॥
वेद ध्वनि विप्रों ने गाई । समझे देव बेला शुभ आयी॥
विप्र सहित चले लेन बाराता । और थे सब जनमासे आता॥
बड़ा ही वैभव वहाँ दिखाई । इंद्र पुरी छोटा पड़ जाई॥
आया शुभ अवसर जब जाना । ढोल नगाड़ आवाज लगाना॥
आज्ञा कुलगुरु दशरथ दीन्ही । और बारात तुरंत चल लीन्ही॥
साधू और विप्रों के साथा । वशिष्ठ संग चल रघुकुल नाथा॥
बड़ा भाग्य दशरथ का दिखाई । ब्रह्मादि देव सब लघु पड़ जाई॥
आकाश से सुमन देव वर्शाया । दशरथ भाग्य सराह जताया॥
हृदय प्रफुल्लित देव दिखाई । सीता राम विवाह है आयी॥

दोहा ॥जनकपुरी शोभा अधिक । देव पुरी भी लजाय॥
रचना अलौकिक दिख रही । सब नर नारी सजाय॥१८२

चौ ॥देव देवांगना दिखी सर्मायी । उदय चन्द्र तारा गुम जाई॥
ब्रह्मा भी निज आश्चर्य पाया । अपनी करनी जान न पाया॥
तब शिवजी समझाते देवा । राम विवाह का आनंद लेबा॥
जिनका नाम सुनत भय जाता । आज विवाह उन्ही का आता॥
अतः आश्चर्य न करना कोई । हृदय धीर धर आनंद जोई॥
जिनका नाम अमंगल नाशा । देवों को जो बँधाया आशा॥
धर्म अर्थ मोक्ष व कामा । हाथ में जिसके करे विश्रामा॥
सीता राम के रूप वह आवा । जनकपुरी में विवाह रचावा॥
कहते शिव आश्चर्य सब त्यागो । उत्सव उनके विवाह मनावो॥

बारात संग सब देव दिखाता । नर नारी के रूप बनाता ॥
साधू ब्राह्मण बने बाराती । मनो सब सुख रूप में आती ॥
चारों सुत दशरथ के सुहाई । मानो चारों मोक्ष दिखाई ॥
सायुज्य सारुप्य सामीप्य सालोक्या । चार मोक्ष ये चार सुत लेख्या ॥

दोहा ॥जोड़ी देख सिय राम की । मणि और स्वर्ण दिखाय ॥
देवों की बढ़ी प्रीत थी । नृप को रहे सराह ॥ १८३

चौ ॥अपने इष्ट सिय राम सुहाई । गौरी संग शिव उमंग दिखाई ॥
श्याम शरीर पीताम्बर धारी । विद्युत सम करते वे उजारी ॥
शरद पूर्णिमा चन्द्र लजाता । इस जोड़ी का रूप बताता ॥
दिखती अलौकिक सुन्दरताई । स्वयं ने स्वयं की जोड़ी बनायी ॥
साथ में भ्राता अश्व सबारा । जैसे चार चाँद उजियारा ॥
अश्व जो श्री राम का होई । गरुण की भी तुलना नहीं होई ॥
बड़ा मनोहर अश्व दिखाता । कामदेव मनो रूप बनाता ॥

छंद ॥जनु काम स्वयं हे आयकर, धर रूप अश्व वे मोहई ॥
सब चौंकते हैं देखकर, अपलक रहे वे निहारही ॥
मणि मोतियों है जटित वे, और कान्ति जिनकी फैलही ॥
लगाम है जिन मोतियों, जो हाथ प्रभु के शोभही ॥

चौ ॥राम स्वरूप न बरनै जाई । अश्व समेत लोचन सुखदाई ॥
देख इष्ट निज शिव थे मोहा । बहु निज नेत्र सराहत सोहा ॥
राम दरश से विष्णु हर्षाते । लक्ष्मी सहित लोचन सुख पाते ॥
करके दरश ब्रह्मा सुख पाया । आठ नेत्र का लाभ उठाया ॥
श्री कार्तिकेय दरश ये पाई । बारह नेत्र का लाभ उठाई ॥
इंद्र भी दर्शन कर न अघाया । गौतम शाप का सुख था पाया ॥
देव ने इंद्र को धन्य बताया । कहा तुम्हरा भाग्य दिखाया ॥
दिखते दोनों नृप थे समाना । सभी देव कहते ये जाना ॥

छंद॥अति खुश दिखे दोउ राज है, नहि भाग्य की सीमा कही॥
सुर आत हे नए रूप धर, तुलना में वे रुकते नहीं॥
वर्षात हे वे पुष्प वहाँ, और स्वर नगारे कर रहे॥
रानी सुनैयना आय वहाँ, परछन सुहागिन संग करे॥

दोहा ॥रानी सजाई आरती । सब विधि मंगल रूप॥
संग नारियाँ दिख रही । उनके ही अनुरूप॥ १८४

चौ ॥बड़ी खुशी हो परछन करती । सजी धजी मृग्लोचन दिखती॥
पहरे ना ना भाति आभूषण । दिखती जो मिथला कीं विभूषण॥
हर आभूषर्ण अंग अनुसारा । पहरा उनने करके बिचारा॥
पायल चूड़ी ध्वनि जो सुनाया । कामदेव भी गया लजाया॥
मंगल बाजे गये बजायी । नभ और थल पर गूँज सुनायी॥
पावन भूमि बनी है मिथला । आना चाहती स्वर्ग की अबला॥
शची सरस्वती गौरी माता । संग रमा के पधारी आता॥
धरा इन्होंने नारियों रूपा । मेली महल रानी के स्वरूपा॥
संग सुहागिन मंगल गाती । रही अपने परिचय को दिखाती॥

छंद॥सब डूब है आनद में, न पूछता कोई किसी॥
मानो पिया हे घूँट अमृत, होय बेसुध दिख रही॥
गाय मंगल गान वे, मधुर बाणी सोहई॥
आनद सागर दूल्ह है, आनद मणी दुल्हन बनी॥

चौ ॥दूल्हा रूप राम का देखा । रानी सुनयना खुशी बिशेशा॥
वर्णन उस स्वरूप न होऊ । चाहे शेष शारदा कोऊ॥
रानी सुनयना परछन करती । आनद नीर लोचन में भरती॥
कुल आचार वेद अनुसारा । विधियाँ सब अपनाई सम्हारा॥
तांत्रि झांझ ताल तुरही नगारा । पञ्च शब्द हुआ वहाँ अपारा॥
वेद बन्दी उलु जय शंख ध्वनि । ये हे पञ्च ध्वनि जो सबने सुनी॥
दिया अर्घ फिर आरती कीन्हा । मण्डप में फिर राम को लीन्हा॥
बन्धु सहित दशरथ को बुलाया । आदर सहित उन्हें बैठाया॥
वैभव जो मण्डप में दिखाया । सकल लोकपालों को लजाया॥

देवता पुष्प वृष्टि तब कीन्हा । ब्राह्मण स्वास्त वचन बोल दीन्हा॥
बाजे चारों तरफ बाजते । कुछ भी नहीं वहाँ थे सुन पाते॥
हुआ सगुन प्रभु मण्डप आवा । देकर अर्घ आसन बैठावा॥

छंद॥बैठाय आसन राम को, फिर बार बार निहारही॥
कर आरती मंगल सहित, सब लोग थे निज भूलही॥
मणियों सजे मन मोहिते, ब्रह्मादि भेष निहारही॥
अबलोक सब रघुवंश मणि, जीवन हे सुफल बनाबही॥

दोहा ॥मण्डप आरति भाति बहु । कीन्ही बारंबार॥
सज धज कर दिखतीं सभी । बड़ी मुदित सब नारि॥ १८५

चौ ॥सुंदर नारियाँ चन्द्र समाना । हिरणी नयन समान दिखाना॥
छवि अति सुंदर कही न जाई । देखो मानो रती भी लजाई॥
बरन-बरन आभूषण धारे । अंग अंग शोभित है न्यारे॥
न्योछावर श्री राम की होती । नाऊ भाट लिए लौकिक रीती ।
होती खुशी देते आशीषा । जनक और दशरथ को मुनीशा॥
दोउ नृप वैदिक लोकाचारा । रीति निभाते संग आचारा॥
दिखते दोउ नृप शोभा महाना । उपमा जिसकी कही न जाना॥
समधी देख देव हर्षाये । और पुष्प वृष्टि थे वे कराये॥
देवता सोचत निज मन माही । बहुत शादियाँ समधी दिखाई॥
समधी शब्द यहाँ हुआ सकारा । जब से श्रष्टि हे ब्रह्म सम्हारा॥

दोहा ॥दोनों समधियो में दिखे । एक अलौकिक प्रीति॥
देव सभी यही कह रहे । दोउ सदा रहते नीति॥ १८६

चौ ॥जनक पावड़े दिए बिछाई । समधी को मण्डप बैठाई॥

छंद॥रचना हे मण्डप इस करी, वर्णन न कोई कर सके॥
विदेह ने निज हाथ से, सबके हे आसन खुद रखे॥
पूजन किया निज इष्ट का, फिर पूजते वशिष्ठ को॥
लोचन में वे जल भर लिए, धन्य मानते हे स्वयं को॥

चौ ॥कुल के देवता जनक पुजाया । वामदेव आदि सबको मनाया॥
विश्वामित्र पूजत बहु भाति । विदेह प्रीति बढ़ी हृदय न समाती॥
फिर वे सभी बाराती पूजते । समधी समान आदर सबै देते॥
आसन सब काहू को दीन्हा । यथा उचित सम्मान वे कीन्हा॥
ब्रह्मादिक दिक्पाल महेशा । आये भेष बदल इस देशा॥
विभिन्न रूप में बने बाराती । राम चन्द्र पहिचान ये जाती॥
राम स्वभाव सूर्य चन्द्र जाने । रूप बदलकर वे भी आने॥
जनक ने पूजे मान बाराती । क्योंकि बारात में वे थे समाती॥

छंद॥श्री राम जी पहिचान उन, आसन दिए मन से उन्हें॥
और जनक पूजी बारात सम, पहिचानते थे नहि जिन्हें॥
दूल्हा जो आनद कंद है, आनंद देते है सबै॥
लेते हे आशिष मुदित हो, नजरे है मिलती इन जबै॥

दोहा ॥समय जान मुनि वशिष्ठ ने । सतानंद बुलवाय॥
खबर भेज रनिबास में । जानकी यहाँ ले आये॥ १८७

चौ ॥यह सुन जनक हर्ष हो जाई । खबर यह रानी को भिजबाई॥
जानकी मण्डप में ले आओ । वधुएँ कुलविप्र वधुएँ बुलाओ॥
सुर पत्नियाँ नारि के भेषा । आयी वहाँ आनंद विशेषा॥
सत्कार किया रानी ने उनका । आसन यथा उचित था सबका॥
रमा शारदा और भवानी । बदले भेष रानी सनमानी॥
बन्धु युवतियां सीता सजाई । होके प्रफुल्लित मण्डप लाई॥

छंद॥सज धज के सीय पधारती, शोभा न वर्णन हो सके॥
संग दिख रही जो सहेलियां, देखत जो नयनन न रुके॥
चलती वे सीता संग ले, गज गामिनी ज्यों दिख रही॥
गाती हे मंगल गीत वे, समता न कोकिल उन सही॥

छंद॥मण्डप को सीता चल रही । कौटिक है काम लजाय के॥
हर अंग उनके सज रहे । सखियाँ है लाई सजाय के॥
वे भी हे ऐसे दिख रही । मुनियों के ध्यान डिगाय के॥
करधन व् नूपुर बज रही । मानो हे ताल मिलायके॥

दोहा ॥सुंदर सहज ही जानकी । कौटिक काम लजात॥
मनो कुसुम के झुण्ड में । फूल कमल खिल जात॥ १८८

चौ ॥सुन्दरता सिय वर्णन करना । तुच्छ बुद्धि मेरी किम हे सकना॥
सीता आवत देखी बाराता । जैसे पुंज सुन्दरता जाता॥
लक्ष्मी जाती हुई दिखाई । जैसे रमा रमा पति जाई॥
बाराती मन में कीन्ह प्रणामा । कर दर्शन निज धन्य बताना॥
श्रीराम दिखे उन्हें भगवाना । समझ कोई नहि उनके समाना॥
चारों सुत दशरथ को दिखाई । मानो महानिधि वे हे पाई॥
मुनी शब्द आशीष सुनाई । मंगल ध्वनि श्लोकों छाई॥
सुमन वृष्टि भई दिखी आकाशा । देवगणों को बंधी थी आशा॥
नारायण अब लक्ष्मी संगा । त्रिभुवन सुख हे बहेगी गंगा॥
शांति पाठ विप्र मुदित हो करते । सिय को वे मण्डप में देखते॥
दोनों पछ कुलगुरुओ मनाई । कुल की रीतियाँ थी अपनाई॥

छंद॥व्यवहार कुलगुरु कर रहे, वे मनाए के गणपति देवा॥
गौरी रमा को पूज कर, फिर कर रहे ब्राह्मण सेवा॥
हो प्रकट देव आकाश में, स्वीकार करते है पूजा॥
आशीष दे बहुभाति वे, और दे रहे सबको दुआ॥

छंद॥श्री भानु हे कुलदेव इनके, देत वे आदेश जो॥
सब मानकर इनके गुरु, करबात पालन जात वो॥
श्रीराम का जो प्रेम सिय, नहि जान कोई है सका॥
एक दूजे को वे देखकर, जो घटित नहीं वह कोऊ लखा॥

दोहा ॥सीताराम के प्रेम को । जान सका नहि कोय॥
इष्टदेव जसकरन के । जानन बुद्धि न होय॥ १८९

चौ ॥हवन हे मण्डप होता दिखाई । स्वयं अग्निदेव ग्रहण कराई॥
चारों वेद रख विप्र के रूपा । विवाह बिधी समझाते भूपा॥
सुनैना माता सीता दिखाई । रच रच सुंदर ब्रह्मा बनाई॥

जनक साथ शोभा वे पाई । जैसे हिमांचल मैना दिखाई॥
माणिक कनक थे कलश सुहाई । ना ना भाति सुगन्ध थी आयी॥
लगन पड़ी शुभ मुनिन दिखाई । रानी सुनैना लिए बिठाई॥
वे मणियों बनी लिए पाराता । पायं पखारन हेतु वह लाता॥
उसको राम के आगे रखती । और वे सम्मुख उनके बैठती॥
वेद उच्चारण मुनि जब कीन्हा । पुष्प वृष्टि देवं थे दीन्हा॥
चरण पखारन रानी नृप कीन्हा । दुल्हन दूल्ह देख खुशी लीन्हा॥

छंद॥पखार पंकज चरण को, आनद की सीमा नहीं॥
आवाज ढोल नगार की, आकाश में हे छा रही॥
मनात खुशियाँ देवगन, जयकार ध्वनि थी गूजती॥
वर्षात वे कर सुमन की, चारों दिशा वह फैलती॥

छंद॥जो पद सदा शिव मन बसे, और हृदय में हे बिराजते॥
जिनको सुमिर मन एक पल, निर्मल हो जाता शोभने॥
वही चरण आज पखारते, श्री जनक निज कर कमल से॥
सब तरसते जिन दरश को, मन मे बैठाते ध्यान से॥

छंद॥जिन चरण ने थी तार दी, पत्नी ऋषि पाषाण को॥
गंगा हे जिन चरणों से बह, और शोभती हे जटाओ को॥
मुनि योगी जिनको मानते, आधार पाने निज् गति॥
पूजा हे करते देव सब, सीमा हे वे अंतिम सूचि॥

छंद॥दूल्ह दुल्हन बैठ मण्डप, अंजुली आगे किये॥
गुरबर हे दोनों पछ के, मंगल हे ध्वनि शंखो दिए॥
देवता हे सब आनंद में, देखे हुआ पाणिग्रहण॥
फिर जनक कन्या दान कर, कीन्ही हे पुत्री वर सरन॥

छंद॥हिमवान् गौरी शिव दई, सागर दई श्री विष्णु को॥
सीता को दिया श्री जनक ने, रघुकुलमणी श्रीराम को॥
जिस से थी फैली कीर्ति जग, विनती करें हर भात्ति वे॥
फिर जोर कर गांठे दोउ, प्रारम्भ भांबर कीन्ह वे॥

दोहा ॥देवता वर्षा सुमन कर । मंगल ध्वनि को बजात॥
लाये पुष्प कल्प वृक्ष के । करते यहाँ वर्षात ॥ १९०

चौ ॥दूल्हा दुल्हन रूप अनूपा । आनंद देत अद्भुत ये स्वरूपा॥
इस स्वरूप तुलना न दिखाती । कहाँ शक्ति जसकरण पे आती॥
जग मगात रोशनी है छाई । सीय राम प्रितिबिम्ब दिखाई॥
मणि खंबन पर ऐसे दिखाया । मानो काम बहु रूप बनाया॥
जैसे प्रभु दर्शन वे चाहत । सकुच के बस वे प्रकट न आबत॥
देख के ये सब बड़े हर्षाई । निज सुध बुध सब दिए भुलाई॥
मुनिवर भावरें पूरी कीन्ही । रीति रिवाज यथा उच्चित लीन्ही॥
शोभा उस छन बरन न जाई । सिय सिन्दूर है राम लगाई॥
दूल्ह दुल्हन एक आसन आये । जब वशिष्ठ आदेश वे पाये॥

छंद॥श्री राम के बामाँग बन, शोभाय दिखती जानकी॥
दशरथ है देखत युगल को, कह कृपा यह भगवान की॥
सब लोग अति खुश हो रहे, चर्चा हे कर इस पर्व की॥
वर्णन न कोई कर सके, बाहर है ये सामर्थ की॥

दोहा ॥पुत्र राम संग पुत्रवधू । दशरथ बड़े हर्षात॥
सीता संग उनकी बहिन । रहती तीन दिखात॥ १९१

चौ ॥बड़ी सुंदर सीता ही समाना । पुनि पुनि दशरथ देखते जाना॥
ये भी बने मेरी वधुएँ बिचारा । भरत शत्रुघन लक्ष्मण जो कुँआरा॥
दशरथ मन वशिष्ठ थे जाना । कहा नृप से हे सुनो सुजाना॥
अभी तुम्हरे मन में जो आया । क्यों रहे हमसे उसे छिपाया॥
मिथला निवासियों की भी चाहना । सुत तुम्हरे चारों पुत्रि ब्याहना॥
नृप अवधेश वशिष्ठ से पूछा । गुरु बताओ हमें जो सांचा॥
हमने सुना जनक के कन्या । एक मात्र सीता ही रहना॥
पर अभी आपके कथना अनुसारा । जनक के हे ये पुत्रियाँ चारा॥
तब वशिष्ठ दशरथ को बताया । जनक को पुत्री एक दिखाया॥
उसका नाम सीता है कहाया । जनक भ्रात तीन पुत्रियाँ जाया॥

नृप कुशकेतु है भ्राता जनक के । जो थे राजा सूरजपुर के॥
कहा दशरथ वहाँ अन्य नरेशा । तब एक घटना सुनायी मुनेषा॥
एक दिवस वह राजा चलता । जनकपुरी पर आक्रमण करता॥

दोहा ॥जनक ने भ्राता भेजकर । किया समझाने प्रयास॥
पर अभिमान से चूर वह । करता दिखा बकबास॥ १९२

चौ ॥जनक भ्रात एक योद्धा महाना । युध्ध हेतु उस सम्मुख आना॥
हुए कुशकेतु युद्ध में विजयी । और उस देश के राजा बनई॥
उनकी पुत्रियाँ तीन दिखाईं । जो तुम्हें पुत्रों हेतु मन भाई॥
उर्मिला मांडवी व् श्रुतिकीर्ति । है उन नाम फैलाई जो कीर्ति॥
पहले ही कुश्केतु बिचारा । राम भ्रात संग ब्याहूँ सम्हारा॥
पर उनकी पत्नी का विरोधा । यद्यपि उचित न रानी शोधा॥
रानी सोच अन्य जगह विवाहूँ । सीता संग न विवाह कराहूँ॥
क्योंकि सीता पृथ्वी निकलती । अतः राज कन्यां नहि रहती॥
निश्चय भेद अबध में खुलेगा । तब परिणाम अशुभ ही दिखेगा॥
जब विदेह थे बात ये जानी । आकर के थे वे समझानी॥
कहा राम हे विष्णु अवतारा । अनुज है उनके अंश सम्हारा॥

दोहा ॥बोले विष्णु जिस अंश से । पालनजगत का कीन्ह॥
वही अंश अवतरित हो । नाम भरत हे दीन्ह॥ १९३

चौ ॥शेष नाग जो छीर सागर में । कहे जाते वे विष्णु अंश में॥
आये है लक्ष्मण धर रूपा । करेंगे सेवा राम स्वरूपा॥
शत्रुओं को जिस अंश नासते । नाम शत्रुघन उनका पड़ते॥
सीता रूप में लक्ष्मी आती । तुम्हरी पुत्रियाँ अंश ले आती॥
अतः साधारण नहीं ये पुत्रियाँ । रानी भुलावों सभी भ्रांतियाँ॥
अनुज वधु को विदेह बतायी । सारी बात समझ वे जाई॥
शादी हेतु वे हुई तैयारा । राम अनुज संग करूँगा बिचारा॥
गुरु वशिष्ठ पे बात पहुँचाई । वही नृप को गुरु रहे बतायी॥
दशरथ तरफ भी स्वीकृति पाई । शादी हेतु मुनि पुत्रियाँ बुलाई॥

छंद॥आदेश जब विदेह का, बुलाई तीनो पुत्रियाँ ।
सामान सब जुटाय कर, सुमिर के अपनी शक्तियाँ॥
ज्येष्ठ पुत्री मांडवी का, कीन्ह विवाह भरत से॥
सब रीति थी अपनायकर, थे सौंप कन्यां प्रेम से॥

छंद॥लघु पुत्रि जो कुश्केतु की । थी उर्मिला शोभायमयी॥
दशरथ लघु सुत लखन को । होकरके हर्षित नृप दई॥
श्रतिकीर्ति जो तनया रही । वह शत्रुघन को ब्याह दी॥
बड़े प्रेम व सम्मान से । तीनों कुमारी सौंप दी॥

छंद॥जोड़े बने अनुरूप थे । सब देखकर हर्षित भये ।
दूल्ह दुल्हन एक दूजे । देखकर शर्मा गये॥।
हर्षित हे मन उनका दिखा । और रूप की जिम खान वे॥
आकाश से बरसे सुमन । दिखते हे सब हर्षा गये॥

छंद॥शोभते जोड़े चारों, वे उगते मानों भानु हैं॥
दिख रही अद्भुत चमक, देख जो चौघात हैं॥
कर रहे प्रशंसा सब, अपने ही मन खुश होत हैं॥
सराहते हैं निज भाग्य को, जो जनम मिथला लेत हैं॥

दोहा ॥राजा दशरथ खुश दिखे । पुनि पुनि जोड़े निहार॥
जैसे महानिधि पाय के । हुआ दरिद्र निहाल॥ १९४

चौ ॥शोभा विवाह न जाए बखानी । सुर गंधर्व मुनि हर्षानी॥
सियाराम जिस तरह विवाहू । वैसेहि तीनों भ्रात कराहू॥
सब कुल रीत गयी अपनाई । जो रघुवीर विवाह बताही॥
उपहार जनक दिए बड़े उलासा । पूर्ण कीन्ह जिस रही जो आशा॥
भूषण वस्त्र मणि और सोना । उपहार जनक दिए भर भर छोना॥
वस्तुएँ भांति भाति उपहारा । हाथी रथ घोड़ा धन सारा॥
देख के लोकपाल हरषाने । कर स्वीकार समधी सुख माने॥
जो माँगा जाचक वही पावा । अब जाचक नही रहा दिखावा॥
सब को सब कुछ दिया नरेशा । जिम प्रकाश हे लुटाये दिनेशा॥
कर जोड़े बारात सम्मानी । दिया आदर विदेह संग रानी॥

छंद॥सम्मान जनक देत सबै, दे रहे आदर उन्हें॥
दिख रहे मुनि वृंद खुश, और आशिष दे इन्हें॥
सिर नाय कर विदेह जी, भेंट देते मुनिन को॥
वे तो सिर्फ भाव भूखे, जैसे दीप सूर्य को॥

छंद॥दोउ हाथ हे वे जोरकर, विनती करे अवधेश सौं॥
हो गये कृतार्थ अब हम, ये जोर नाता आप सौं॥
ऐसे वचन विदेह जी, कहते है कौशल नाथ सौं॥
अवधेश भी हे प्रेम भर, उन नीर बहते नयन सौं॥

छंद॥पूरा ये राज काज मम, आपकी सेवा करे॥
अबोध मेरी पुत्रियाँ, करना क्षमा गलती करें॥
यही भांति हे बिनती करत, श्री जनक जी थे बार बार॥
प्रेम नहि सीमा दिखत, नहि आँसू हैं दिखते सम्हार॥

छंद॥जनमासे को अवधेश चल, है देव वृष्टि कर सुमन॥
हुई दुन्धवी नगारे ध्वनि, नहि कुछ भी पड़ता है सुनन॥
अब गा रही सखियाँ मधुर, आज्ञा है दीन्ही मुनिन ने॥
और दूल्ह दलहन ले चली, कुलदेवता को पूजने॥

दोहा ॥सकुचाती थी जानकी । चितए जब श्री राम॥
पर मन सकुचाता नहीं । प्यासी मीन जिम पान॥ १९५

चौ ॥कैसे सुन्दरता को बखानू । सीय गौर और राम जी श्यामू॥
चाहे करोड़ों काम सज आवे । महावर लागे सिय चरण लजावै॥
स्याम सरीर पे पीत हे धोती । चमके सुबह जिम रबि की ज्योति॥
कमर में फेटा शोभा पाता । लम्बी भुजाय बरन न जाता॥
पीला जनेऊ मुद्रिका हाथा । दिखे रघुकुल मणी सिय के साथा॥
ब्याह आभूषण प्रभु पर साजा । चौड़ी छाती हृदय बिराजा॥
पीत दुपट्टा राम जी धारा । दोउ तरफ मणि मोतियों साजा॥
प्रभु के लोचन कमल समाना । कुण्डल कानन रूप खजाना॥
भोयं नासिका मन को लुभाते । माथे तिलक प्रभु ऋषि मन भाते॥

छंद ॥मौर प्रभु माथे रखे । जिसमें हैं मणियाँ सोभती॥
और अंग प्रति अंगो सजे । वहाँ नारियाँ सब मोहती॥।
सज रहे आभूषणों वे । शोभते मन भाय के॥
नारि लेती हे बलैया । गीत मंगल गाय के॥

छंद ॥देव वर्षत पुष्प सब । और वेद ध्वनि थे उच्चरें॥
लाई सुहागिने है उन्हें । निज देवता कुल पूजने॥
माता सरस्वती और गौरी । नारियों के रूप में॥
दूल्ह दुल्हन से कहें । वे प्रीत के गुर प्रेम में॥

छंद ॥बताती किस तरह धर । कौर एक दूसर के मुँह॥
हसती हे सब प्रेम में । लूटती जग के वे सुख॥
सोचती जीवन सफल हम । साछि बनी इस पर्व के॥
आरती करती हे सब । ध्वनि मधुर गा गीत के॥

छंद ॥राम की परछाईं देख । कंगनों में जानकी॥
चमकते मणियों बने वे । छवि दिखती रूप निधान की॥
न हिलते सीता हाथ हे । वे देखती मन लाय के॥
बैठती सखि साथ जो । हस पड़ती हे ये देख के॥

छंद ॥ले चल सखी सिय राम को । जनमासे में खुश होयकर॥
करती हे मंगल गान वे । बिच बीच उनको रोककर॥
छाया हुआ आनंद वहा । जहाँ दूल्ह दुल्हन चल रहे॥
सब देव और मुनिवृंद है । आशीष देते दिख रहे॥

दोहा ॥दुल्हन संग दूल्हा आ गये । जनमासे खुश होय॥
पिता देख सुत बधुन संग । हृदय प्रफुल्लित सोय॥ १९६

चौ ॥भोजन अब करेंगे ये बाराती । जनक बोलाए अपने साथी॥
पथ में पावड़े दिए बिछाई । जिनकी शोभा बरन न जाई॥
चले अवधिपति सुतन समेता । करते स्वागत मिथला निकेता॥

जनक पखारे चरण बाराती । यथा योग्य आसन दिए जाती॥
दशरथ चरण थे जनक पखारे । शोभा जिसकी बने न सम्हारे॥
धोये अब श्री राम के चरना । जो सदा शिव के हृदय में बसना॥
चारों भाइयों एक समाना । चरण धोये श्री जनक महाना॥
दे आशन सबको बैठाया । हृदय से जनक प्रेम वर्षाया॥
नृप ने परसने बाले बुलाई । पत्तले सबको दी डलवाई॥
मणियों पत्तलें गयी बनवाई । उसमें कील सोने की लगाई॥

दोहा ॥पावन धेनु के दुग्ध से । बने हुए पकवान॥
जो थे सुरुचि सुस्वाद मय । परसत चतुर सुजान॥ १९७

चौ ॥लगे भोग हुआ भोज आरम्भा । नारियों गीत मिठास आचम्भा॥
भाति अनेक पकवान दिखाई । एक एक परसे बरन न जाई॥
परसने बाले चतुर सुजाना । भाति भाति परसें पकवाना॥
व्यंजन कई स्वादों के बनाई । नहि किसी शक्ति जो गिन पाई॥
रस छै विभिन्न प्रकार बताया । भोजन उसी अनुसार दिखाया॥
जब शुरू हुई जेवनार दिखाई । बूढ़ी बड़ी नारियाँ जुड़ आयीं॥
ढोलक दे दे थाप बजायी । गारियों का संगीत सुनायी॥
सभी बारातियों के ले नामा । गारी विभिन्न प्रकार सुनाना॥
आज के दिन लगे गारी सुहाना । दशरथ मंद-मंद मुस्काना॥
एही भांति पूरी हुई जेबनारी । और आचमन आयी बारी॥
आदर से आचमन कराया । भेट पान पूरन था दिखाया॥

दोहा ॥पान सुपारी भेंट कर । पूर्ण हुई जेवनार॥
पूज के दशरथ के चरण । जनक जन्म लिए सार॥ १९८

चौ ॥जनकपुरी मंगलमयी दिखती । दिन और रात निमिष सम बितती ।
हुआ भोर जगे कौशलाधीशा । हाथ जोड़ सम्मुख वे मुनीशा॥
अम्रत मय उन्हें वचन सुनायी । तुम्हरी कृपा आज सब पाई॥
देखत सुत निज बधुन समेता । बार बार मुनि को वे प्रणेता॥
मंगल गीत जाचक थे गाई । नाना भांति भेट वे पाई॥

अब नृप दशरथ विप्र बुलाये । सबको सुसज्जित धेनु दिलाये॥
सभी परिजन थे आशिष दीन्हा । फिर नृप मुनियों बुला थे लीन्हा॥
वामदेव देवर्षि नारद । बाल्मीक जावालिक सादर ।
तपसी मुनि विश्वामित्र पधारे । संग में वे मुनिवृंद सम्हारे॥
दशरथ सबको शीश नमाया । आदर युक्त आसन बैठाया॥
कामधेनु सम गायें मगाई । गिनती चार लछ जो आयी॥
गहनों कपड़ों द्वारा सजायीं । खुश हो दशरथ दान दिलाईं॥

दोहा ॥गायें मणि गहनों सजीं । विप्रों को भेट नृप कीन्ह॥
आनन्दित हो ग्रहनते । वे आशिष नृप दीन्ह॥ १९९

चौ ॥बिनती नृप भू भांति थे कीन्हा । कह जीवन मैं सफल कर लीन्हा॥
भेट दिए नृप उन अनुकूला । मिटी इच्छाएँ उनकी समूला॥
रघुकुल की जयकार वे गाई । और चलते बने बड़े हर्षाई॥
राम विवाह हुआ इस भाति । शेष सारदा बरन न पाती॥
दशरथ बार-बार सिर नाया । आभारी विश्वामित्र बताया॥
कहा ये सुख मुनि आप दिलाया । तुम्हरी कृपा कुल पूरन पाया॥
जनक की प्रेम सहित पहुनाई । दशरथ दिल से करते बढ़ाई॥
हुआ प्रातः विदा दशरथ माँगी । जनक प्रेम से लेत रुकानी॥
हर दिन नए आदर सत्कारा । हजारों तरह मेहमानी सकारा॥
आदर प्रतिदिन बढ़ता दिखाई । विदा हिम्मत दशरथ न जुताई॥
नगर में दिखता बड़ा आनन्दा । भेजन चाहत न रघुकुल कंदा॥

दोहा ॥बीते दिन बहु भाति यही । प्रेम रस्सी बन्ध जाये॥
विश्वामित्र सतानंद को । भेजत जनक पे आय॥ २००

चौ ॥गुरु सतानद जनक बताया । दशरथ विदा की इच्छा जताया॥
बिन इच्छा नृप सचिव बुलाई । हाजिर हुए तुरंत सिर नाई॥
कहा नृप दशरथ जाना चाहत । अतः रानिबास में जाऊ बतावत॥
पुरबासी जब सूनी ये बाता । चाहत विदा रघुकुलमणि ताता॥
दिखते बिकल बहुत बिलखाना । जैसे कमल संध्या मुरझाना॥
जहाँ जहाँ आते रुकी बाराता । नृप तहां सामग्री पहुँचाता॥

व्यंजन वहाँ बहु भांति पहुचाये । उन वर्णन हम नहीं कर पाये॥
बैल कहार लाद बहुताती । भोज्य सामग्री सभी वहाँ आती॥
पचीसों लाख अश्व भिजवाई । हजारों रथ भी थे पहुँचाई॥
दस हजार गज दीन्ह सुसज्जित । दस दिशाओं कुंजर जिन्हें लज्जित॥
गाड़ियों में मणि सोना भरकर । ना ना वस्तु और गायें भेजकर॥

दोहा ॥दीन्ह दहेज जो अपरिमित । फिर भी जनक पछतात॥
वह न दीन्ह अवधेश को । जितने वे सरताज॥ २०१

चौ ॥सब सामान जनक लदवायी । और अबधपुर को पठवायी॥
रानियाँ जब सुनि चली बाराता । जिम बिनु नीर मीन घबराता॥
मातु सुनैना गोद सिय लीन्ही । बहुत भाति उसे शिक्षा दीन्ही॥
आशिष दिया रहो पति प्यारी । रहें सुहाग गंग जिम बारी॥
करना सेव ससुर व सासू । हृदय सदा पति रुख को राखू॥
सीय सहेली भी समझाती । स्त्री धर्म रही सिय को बताती॥
माताएँ समझाई कुमारी । बार बार निज गोद बैठारी॥
पुनि पुनि माता पुत्री भेटती । क्यों रचि स्त्री ब्रह्म कोसती॥
तभी वहाँ आये चारों कुमारा । दिखते प्रफुल्लित खुशी अपारा॥
विदा करावन पिता पठाया । जनक महल चारों दूल्ह थे आया॥

दोहा ॥सहज ही सुंदर दिख रहे । सह भ्रातन श्री राम॥
नगर नारि नर जुड़ गये । दरश विदेह के धाम॥ २०२

चौ ॥आपस बातें करते दिखाई । जनक विदा तैयारी कराई॥
सोचत रखूँ इन्हें नयन सम्हारी । किसी पुण्य ये नगर हमारी॥
मरणासन्न को अमिय दिखावे । कल्प वृक्ष भूखे को लुभावे॥
परम गती पापी को सुहाबा । वेसेहि इनका दरश मोय भावा॥
मूरत हृदय धरें सिय रामा । नित दर्शन हों पाय विश्रामा॥
इसी तरह वे दरश दे सबको । विदा हेतु गये जनक के घर को॥
रानियाँ दरश को रूप निधाना । करें न्योछावर खुसी मनाना॥
राम की छवि लख भई सुखारी । प्रेम मगन सुधि निज की बिसारी॥
इक टक लखे लाज नहि आयी । गहरा प्रेम था बरन न जाई॥
कर उपटन अन्हवाहे भ्राता । छः रस भोजन फिर करवाता॥

दोहा ॥जान सुअवसर राम जी । मधुर वचन थे सुनात॥
आयुष दिए अवधेश मोय । विदा हेतु मैं आत॥ २०३

चौ ॥हे माँ प्रेम से विदा मुझे कीजे । स्नेह आपका रहे वर दीजे॥
सुन के वचन दुखियाती रानी । बचन आप नहि प्रेम समानी॥
पुत्रियाँ अपने हृदय लगाईं । दीन्ह सौंप पतियों को दिखाईं॥
छंद॥रानी सुनैना सोचती । श्री राम को प्राणन प्रिय ।
कर जोर के बिनती करे । यह लाड़ली टुकड़ा हिय॥
मन जानते हे आप सब । सिय लाड़ली पितु मात की॥
रखना बसा इसे स्वय में । अब दूर मुझसे जानकी॥

दोहा ॥हे रघुवर परिपूर्ण तुम । जानत भाव कुभाव॥
भक्त के भाव को ग्रहनते । कुभाव न देख स्वभाव॥ २०४

चौ ॥यह कह रानी प्रेम समानी । रघुवर चरनन गिरी सयानी॥
बहुत किया सनमान सास का । स्नेह युक्त कह वचन पिता का॥
विदा हेतु मुझे पठए ताता । वही विनती करूँ चारों भ्राता॥
सुनैना उनको देती आशीषा । जिनके आशीष को तरसे मुनीशा॥
चले राम फिर भाई समेता । पहुँचे बारात में कृपा निकेता॥
राम की छवि हिय रानी बसानी । चारों कुँअर फिर लीन्ह बुलानी॥
भेटती माता बारंबारा । प्रेम विह्वल नहि जाती सम्हारा॥
फिर विनती सखियों से कुमारी । और हटती जिम बछ लबारी॥
प्रेम बिबस नर नारी दिखाई । प्रेम सहित रानियाँ दुखाई॥
करुणा विरह जनकपुर छाया । नैनों नीर पुरवासी बहाय॥
तोता मैना सीता पालती । और उन्हें सोने पिंजरे राखती॥
व्याकुल सिय बिनु वे भी दिखाई । देख दृश्य यह धीर न आय॥

दोहा ॥पशु पँछी व्याकुल दिखें । मनुज दशा कहे कौन॥
आये भ्रात सह जनक तब । प्रेम भरे दिखे मौन॥ २०५

चौ ॥सीता विदा देख डोल धीरज । प्रेम से लोचन बहता नीरज॥
जनक ने हृदय से पुत्री लगाई । वैराग्य भागता उनका दिखाई॥
सचिव आदि समझाते विदेहा । नहि अवसर ये बिलखने नेहा॥
तब नृप ने पालकी बुलाई । पुनि पुनि सीता हृदय लगाई॥
प्रेम मगन परिवार हो जाई । तभी विदेह मुहूर्त दिखाई॥
श्री गणेश का सुमिरैं कीन्हा । पुत्रियों पालकी बिठा वे दीन्हा॥
भांति अनेक पुत्री समझावा । कुल की रीति नारी धर्म बतावा॥
अनुचर जो सीता प्रिय रहती । वे सब सीता के संग चलती॥
सिया चली भये दुखी पुरवासी । सगुन भये मंगल सुख राशि॥
संग विप्र पत्नियों समेता । पहुँचावन नृप चले निकेता॥

दोहा ॥बाजे बजते तेहि समय । सजे बाराती सम्हार॥
हाथी रथ घोड़े सजे । मगल शुभ समय बिचार॥ २०६

चौ ॥विप्रों को दशरथ बुलवाया । दीन्ह दान आशीष उन पाया ।
चरण नाय विप्र पूजे गजानन । दिखा समय मंगल मन भावन॥
पुष्प वृष्टि देव करते दिखाई । स्वर्ग अप्सरा गान सुहाई॥
चले अबध को कौशल राजा । भई आवाज बजाये बाजा॥
विनती कर लौटाए घराती । मागन बाले भये अघाती॥
भूषण अश्व द्रव्य गज दीन्हा । दे आशीष उमंग होय लीन्हा॥
दशरथ कुल की कीर्ति वे गाया । राम की छवि हृदय बैठाया॥
जनक से विनय अवधिपति करते । प्रेम बूढ़ न जनक लौटते॥
बार बार अवधेश विनयते । लौटो जनक बहुत आये चलते॥
उतरे रथ से कौशल राजू । नैनों से जल दिखा प्रबाहू॥

दोहा ॥स्नेह युक्त कहते जनक । जिम अमृत कर घोल॥
विनय हेतु न शब्द दिख । आप नाम अनमोल॥ २०७

चौ ॥आपके नाम से जुड़ा मैं पाता । बड़ी बढ़ाई हूँ मैं दिखाता॥
सम्मान अबधपति जनक का कीन्हा । दोनों मिले नहीं प्रेम की सीमा॥
प्रणाम जनक मुनियों को करते । आशीर्वाद फिर सभी से लेते॥

फिर दामाद चारों मिल पाई । जो निधि रूप शील हे दिखाई॥
हाथ जोड़ कह मिथला नरेशा । दिखा प्रेम जो वरन न शेषा॥
करूँ केहि भाति प्रशंसा राम की । शोभा सिंधु आप तिभुवन की॥
बसते मुनियों हृदय सरोवर । और दरश शिव करते जी भर॥
काम क्रोध मद लोभ त्यागते । फिर योगी जन ध्यान लगाते॥
आप ब्रह्म सर्व व्यापक रामा । आपका मर्म काहू नहि जाना
किसी की वाणी न आपको जानी । वर्णन केवल कर अनुमानी॥
आगम निगम वेद बहु गाना । आपको सच्चिदानंद बखाना॥
सदा एक रस निर्विकार बताया । आप हो सब सुख मूल कहाया॥

दोहा ॥जीव को सब सुख मिलत है । तुम जब हो अनुकूल॥
हानि न उसको छू सके । क्योंकि आप सुख मूल॥ २०८

चौ ॥कहा जनक हमें दीन्ह बढ़ाई । हमको अपना जान अपनाई॥
मम सौभाग्य आप गुण गणना । शारद शेष भी नहि कर सकना॥
चाहे करोड़ों कलप बिताये । फिर भी गणना नहि कर पाये॥
जो कुछ मैं कह रहा दिखाता । है अनुकूल आप मैं पाता॥
हाथ जोड़ माँगू बारंबारा । चरण आपके मन रम हमारा॥
जनक के प्रेम पगे सुन वचना । सदा परिपूर्ण राम लगे हसना॥
ससुर का राम किया सम्माना । उन्हें निज पिता गुरु सम माना॥
जनक भरत से बिनती बहोरी । दे आशीष कछु प्रीति न थोरी॥
मिलते लखन शत्रुघन जाता । प्रेम सहित उन्हें सिर वे नमाता॥
प्रशंसा करते चारों भ्राता । फिर प्रस्थान अबध को दिखाता॥
विश्वामित्र पद गहें विदेहा । पकड़ चरण वे दिखाई नेहा॥

दोहा ॥दरश आपके हे मुनि । फिर नहि बचे कुछ शेष॥
लोकपाल जो सुख लहें । पर इन चरण विशेष॥ २०९

चौ ॥सो सुख आपके चरण दिखाया । आपके दरश सिद्ध सब पाया॥
विनती करत जनक सिर नावा । पाय आशीष वे चलते आवा॥
अब बारात चली बाजे बाजावा । छोटे बड़े थे सब सुख पावा॥
नरनारी दर्शन करे रामा । मिले बड़ा सुख और विश्रामा॥

बीच-बीच में डेरा डाला । दर्शन कर सब सुख ये निराला॥
अब शुभ लगन थी पड़ती दिखाई । बारात अबध नजदीक थी आयी॥
बजे नगाड़े ढोल सुनायी । बजे शंख व राग सहनाई॥
पुरजन आत बारात थी देखी । बड़े प्रफुल्लित खुशियाँ बिशेखी॥
नगर बासी निज भवन सजाया । गली बाजार द्वार पुतवाया॥
गली सजाई चौक पुरवाया । तोरन बार दरवाजे लगाया॥
पेड़ आम केला कदम्ब लगाया । मणियों झाल बीच बीच लटकाया॥

दोहा ॥शोभायमान दशरथ महल । मंगल कलश रचाय॥
ब्रह्मादि देव होते प्रसन्न । अयोध्या जब थी दिखाय॥ २१०

चौ ॥शोभा दशरथ महल दिखाई । कामदेव भी मन ललचाई॥
रिद्धि-सिद्धि उत्साह दिखाया । मनो रूप धर ये सब आया॥
दर्शन राम लखन का करना । लेके लालसा ये थे चलना॥
कोई न ऐसा मौका छोड़ता । जिसमें राम सिय दरश न मिलता॥
सुहागिन स्त्रियाँ जूथ में आती । रति पत्नी कामदेव लजाती॥
सज धज मंगल करती आरती । रूप बदल जिम सरस्वती आती॥
गूँजती खुशियाँ महल में छायीं । सुख शोभा कोई बरन न पाई॥
कौशल्या कैकेई सुमित्रा । खुश हो बुलाती राम की मित्रा॥
खुशी में निज को गयी भुलाई । दरिद्रों पर वे धन थी लुटाई॥
पूजे विप्र गणेश महेशा । दिए दान विप्रों को विशेषा॥
आनंद खुशियाँ डूबी माता । भई शिथिल उन चला न जाता॥

दोहा ॥दरश हेतु बढ़ी लालसा । माताएँ सज जाएँ॥
न्योछावर करने सजी । सब सामान जुटाय॥ २११

चौ ॥लगे बाजने ना ना बाजा । मंगल साज सुमित्रा साजा॥
दूध दही फल पत्ते फूला । दूव पान सब मंगल मूला॥
चावल अखुये गोरोचन लावा । सुंदर मंजरी तुलसी सुहावा॥
स्वर्ण कलश रंगीन लगावा । मनो घोसला पछी बनावा॥
सगुन हेतु वस्तुएँ जो आयी । उनकी सुगन्ध बने न बताई॥
रानियाँ सजी सब मंगल साजा । मंगल आरती हेतु बिराजा॥

हो प्रसन्न मंगल ध्वनि गाती । सोने थाल वस्तुये लाती ॥
निज कर कमलों उसे पकड़ती । आनन्दित हो परछिन करती ॥
धुप दीप से दिखे आकाशा । जिम घटा सावन दबे प्रकाशा ॥
पुष्प कल्प वृक्ष देव वर्षाई । जिम क़तार बगुलों की दिखाई ॥
मणियों वंदन बारे सुहावा । इन्द्र धनुष जिम नभ उग आवा ॥
छिपती प्रकटी नारियाँ शोभती । जिम रुक-रुककर बिजली चमकती ॥
नगाड़े ध्वनि जिम मेघ गर्जना । मागन वाले मेंढक बनना ॥
बारिश देव सुगन्ध कराई । सुखी नारि नर वर्षा पाई ॥

दोहा ॥शुभ मुहुर्त मुनि जानकर । अनुमति दशरथ को देत ॥
सुमिर गणेश शिव पार्वती । नगर प्रवेश करो हेतु ॥ २१२

चौ ॥सगुन देख देव बाजे बजावा । और पुष्प नभ से बरसाया ॥
देव वधुएँ नाचती दिखाई । हो आनन्दित गीत वे गाई ॥
नट नागर कीर्ति उन गावहि । देवता भे जिन्हें सक न पावहि ॥
मंगल गान दस दिशों सुनाई । जय ध्वनि वेद बानी भी गाई ॥
बाजे नर नारियाँ बजायीं । संग प्रफुल्लित देव दिखायीं ॥
सजे धजे दिखते थे बाराती । जिनकी खुशियाँ हृदय न समाती ॥
राजा को सब कीन्ह प्रणामा । राम दरश कर फिर सुख माना ॥
न्योछावर मणि वस्त्रो कीन्ही । खुशी से नेत्रों जल भर लीन्ही ।
पुर नर नारी आरती करते । कुअरों के दर्शन कर नमते ।
पालकी परदे देत उघारी । दुल्हन दर्शन सुख न सम्हारी ॥

दोहा ॥इसी भांति सबै देत सुख । दरवाजे आये कुमार ॥
माताएँ हों प्रसन्न चित । करें परछन वे सम्हार ॥ २१३

चौ ॥न्योछावर करी वधुएँ समेता । और फिर आरत कीन्ह बिनेता ॥
पुत्र वधुओं संग जोड़ी दिखाई । परमानन्द सुख माता पाई ॥
सीय राम छवि जो देख पाई । हिय आनंद सागर उमड़ाई ॥
कौन हे जग में जो न चाही । एक क्षण दरश राम मिल जाई ॥
सिय मुख भगनी देखती जाई । बार-बार निज पुण्य सराहीं ॥

देव बरसाते मगन होय फूला । और सोचते समय अनुकूला॥
मन मोहे चारों जोड़ी दिखाई । त्रिदेव पत्नी भी तुली न जाई॥
खोजती उपमा सरस्वती माता । सीय राम संग कोई न दिखाता॥
नहि कोई इस सम जोड़ी होई । अतः त्रिलोक इन्हें ही जोही॥
वैदिक और कुलरीत निभ्हायी । अरघ देय गृह प्रवेश कराई॥
बधुन सहित पुत्र घर में प्रवेशा । चार सिंघासन सजे विशेखा॥
सिंघासन शोभते दिखाई । काम देव मानों स्वयं बनायी॥

दोहा ॥वधुओं सहित वैठे कुँअर । धोये चरण पुनीत॥
धुप दीप नैवेद्य से । पूजत मंगल गीत॥ २१४

चौ ॥आरत कीन्ही बारंबारा । चमर ढले वधुओं ने सम्हारा॥
न्योछावर करें मुदित हो माता । जिम कोई योगी परम तत्व पाता॥
रोग ग्रस्त जिम अमिय सोहना । और गरीव हो पारस पाना॥
लोचन अंधे को सुखदाई । गूंगे को जवान मिल जाई॥
युद्ध में योद्धा विजयी दिखाई । यही सुख माताएँ हे पाई॥
इन सब सुखों से कौटिक आगे । माताएँ सुख पावत जावे॥
क्योंकि रघुकुल ब्याह घर आये । दुल्हन भ्रातन सहित हे लाये ।
कुल की रीति अपनाती माता । दूल्हा-दुल्हन रहीं सकुचाता॥
मोद प्रमोद रहा वहाँ दिखाई । देव पितर भली भाति पुजाई॥
माता निज कामना जताती । कल्याण भ्रात संग राम चाहती॥
देवगन आशिष देते दिखाई । हो प्रसन्न माँ खुशी मनाई॥
अब अवधेश बाराती बुलावा । मणि आभूषण सबको दिलाया॥
फिर अनुमति ले वे चल दीन्हा । छवि राम की मन बसा लीन्हा ।
घर घर भूषण नगर बटाई । लागे बजन बधाये सुनायी॥
जो जस माँगा सो तस पावा । कीन्ह भूप सन्तुष्ट सुहावा॥

दोहा ॥विप्र पधारे महल में । रानियाँ उठी खुश होय॥
अपने भाग्य सराहती । बैठाई चरनन धोय॥ २१५

चौ ॥आज्ञा गुरु वशिष्ठ उपरान्ता । वेद सम्मत क्रिया कर नर कांता।

स्नान करा पूजा विप्रन की । और व्यवस्था कर भोजन की ।
फिर नृप दान ब्राह्मणों दीन्हा । आभूषण आदि सन्तुष्ट थे कीन्हा॥
हो सन्तुष्ट दीन्ह आशीषा । पूजे फिर विश्वामित्र मुनीशा॥
कहा रघुकुल पर कृपा आपकी । नहीं भूलेंगी पीढियां इसकी॥
मो सम धन्य नहीं कोय दूजा । बहुत भाति नृप की उन पूजा॥
मुनि चरनन की धुल नृप लीन्हा । सहित रानियों दंडवत कीन्हा॥
विश्वामित्र को भवन ठहराया । रानिबास सहित नृप पूजा कराया॥
गुरु वशिष्ठ के धोये चरना । जिनसे प्रीति दिखी सदा बढ़ना॥
वधुओं समेत बुलाये कुमारा । गुरु चरनन में डाल सम्हारा॥
रानियों संग करते वे प्रणामा । देत आशीष मुनि बिग्याना॥
सकल संपदा रखी चरणों में । प्रेम से अश्रु बहे नैनों में॥
केवल नेग गुरु थे लीन्हा । आशिष मुनि बहु भाति थे दीन्हा॥

दोहा ॥सिया राम छवि हृदय रख । गुरु वशिष्ठ चल दीन्ह॥
फिर नृप विप्र वधुएँ बुला । उनका सम्मान भी कीन्ह॥ २१६

चौ ॥वस्त्राभूषन उन्हें पहराया । उन सबसे आशीष भी पाया॥
सौभाग्यबती फिर लीन्ह बुलाई । उन्हें इच्छा भर दान दिलाई॥
फिर मान्यनीय अथिति पुजवाये । भली-भांति आदर थे कराये॥
आकाश देवगन जब ये निहारी । पुष्प वृष्टि नभ से रही जारी॥
चले देव फिर बाजे बजायी । राम विवाह से बड़े सुख पाई॥\
यश गाथा प्रभु राम की करते । हृदय में उनकी छवि वे रखते॥
कर सम्मान सभी का राजा । उनके हृदय उत्साह रहा छाजा॥
फिर रनिवास प्रविश नृप कीन्हा । बधुन सहित सुत देखे प्रवीणा॥
सुतों को नृप ने हृदय लगाया । वर्णन नहि हो जो सुख पाया॥
वधुओं को सिर हाथ फेरते । हर्षित हो आशिष उन्हें देते॥

दोहा ॥राम विवाह उत्सव किया । सबके उर आनंद॥
घटनाक्रम सबे कह रहे । दशरथ रघुकुल कंद॥ २१७

चौ ॥शील बड़प्पन जनक सुहाई । रहे दशरथ ये सबको बतायी॥
विदेह राज की कीन्ह बड़ाई । सुन रानियाँ बहुत हर्षाई॥
पुत्रों सहित नृप करें स्नाना । कुटुम्ब सहित किये भोजन नाना॥
बातों बात रात बहु बीती । करते प्रशंसा जनक की नीति॥
युवतियाँ मंगल गान सुनायी । जिस से रात्री अति शोभा पाई॥
ले पितु आयुष नाय सिर रामा । चले भवन निज करूँ विश्रामा॥
जो आनंद रहा वहाँ छाई । सारद शेष सके न गाई॥
कैसे जसकरन करे उस बरना । जिसको महेश भी नहीं कर सकना॥
फिर दशरथ करें सबै सम्माना । प्रेम सहित रानियाँ बुलाना॥
दुसरे की कन्या घर आयी । रखना ध्यान जिम रहे परछाई॥
जैसे पौध कोई ले के आता । और घर निज गमले में लगाता॥
पानी आदि से करता सिचाई । तब पौधा है जड़ पकड़ाई॥
फिर वह पौधा फैलता जाता । योगदान वही वधुओं दिखाता॥

दोहा ॥थके कुमार हैं दिख रहे । नैनों नींद दिखाय॥
जाय करावों शयन इन्हें । रानी खुशी न समाय॥ २१८

चौ ॥नृप भी चले करन विश्रामा । कुमारों को रानी पलंग लगवाना॥
दुग्ध फेन सम कोमल चादर । बिछती मणि पलंगो पर सादर॥
पलंग लगे तकिया थे सुहाना । मणि मंदिर बने जिनमें दिखाना॥
झालर पलंग लटकती भाती । सुंदर फूल सुगन्ध थी छाती॥
रत्न दीप मालाएँ बनायीं । सजी सेज सुंदर दिखलाई॥
सुन्दरता नही जाय बखानी । जिसने देखा वही कह जानी॥
माता ने फिर राम उठाया । पलंग सजा उस पर लेटाया॥
आज्ञा राम भाइयों को दीन्हा । निज निज पलंग पे सयन वे कीन्हा॥
राम का कोमल बदन देखती । प्रेम सहित माँ ये थीं पूछती॥
शरीर है कोमल राम तुम्हारा । कैसे क्रूर ताड़का मारा॥
राक्षस घोर मारग में दिखाई । बाहू सुबाहु मारीच भी आयी॥
क्रूर ताड़का इन संग धाती । बड़े-बड़े योद्धा थी खा जाती॥
कैसे कोमल हाथों द्वारा । तुमने राम ताड़का को मारा॥

दोहा ॥लेती बलैया राम की । गुरु कृपा मातु को दीख॥
रखवारी उन यज्ञ करी । विश्वामित्र की सीख॥ २१९

चौ ॥आगे राम से कह महतारी । अहिल्या तुम निज चरनन तारी॥
तुम्हरी कीर्ति सारे जग में छाई । बार-बार बलि मैं हूँ जाई॥
जग में विदित शिव धनुष कठोरा । बड़े बड़े नृप उसे सक नहि तोरा॥
भरे समाज विदेह अकुलाया । तोड़ धनुष तुम धैर्य बँधाया॥
विश्वविजयी भय शिव धनु तोड़ा । और जानकी नाता जोड़ा॥
हे सुत नहि कोई तुम्हरे समाना । करते कार्य हो देख ये जाना॥
विश्वामित्र की कृपा हे पाई । और निज जीवन सफल बनाई॥
अपने साथ मुझे धन्य कराया । क्योंकि जनम हमसे हे पाया॥
गया समय जो बिनु तुम्हें देखे । हें प्रभु नहि उसे जीवन लेखे॥
सुनी मातु की कोमल बानी । अधिक प्रेम व भाउबस जानी॥
प्रेम से ही संतोष दिलाया । कहा आपकी कृपा सब पाया॥

दोहा ॥करके स्मरण शम्भु का । और गुरु का ध्यान॥
श्री राम निज को किया । नींद हवाले जान॥ २२०

चौ ॥नींद में राम जी ऐसे दिखाया । जैसे शाम को कमल हो जाया॥
घर घर अवध जागरण दिखता । सभी जन मंगल चर्चा करता॥
आपस में रानियाँ बतराती । शोभा रात्रि की रही दिखाती॥
प्रातः हुई मुर्गा आवाजा । मंगल ध्वनि दरवाजे बाजा॥
पुनीत काल हुआ पड़ता दिखाई । प्रभु राम निज नींद भगाई॥
जागे प्रभु के संग सब भ्राता । गुरु विप्र पितु नाबे माथा॥
सुतों के मुख माताएँ देखी । दिया आशीष खुशी थी बिशेखी॥
अब उठते भये चारों भ्राता । कर नित क्रिया निबटते ताता॥
सुचिता के हे सहज ही मूला । फिर भी करे सब बन अनुकूला॥
देख के नृप सुत हृदय लगाई । दे आशीष निकट बैठाई॥
सभासद राम के दर्शन कीन्हा । हुआ लाभ लोचन सुख लीन्हा॥
जीवन की यही सीमा दिखाती । सभी सोच शीतल भई छाती॥
पधारे अब विश्वामित्र वशिष्ठ । बैठाये गये आसन शिष्ठा॥
पुत्रों संग नृप पूजे महाना । दरश राम से मुग्ध हो जाना॥
इतिहास धरम थे वशिष्ठ बखाना । रानी पुत्र संग नृप सुन पाना॥

दोहा ॥विश्वामित्र इतिहास को । वशिष्ठ गुरु थे बतात॥
जो मुनियों को भी अगम्य । सुत संग नृप सुन पात॥ २२१

चौ ॥जिसने सुना हुआ बड़ा उत्साहू । राम लखन की बढ़ी उछाहू॥
यही विधि मंगल दिवस बीतते । नित आनंद उतसव से दीखते ।
आनंद पूरी अयोध्या छाया । जिसकी अधिकता बढ़ती दिखाया॥
जब शुभ घड़ी थी पड़ती दिखाई । दूल्ह दुल्हन कंगन छुरवायी॥
आनंद और प्रमोद अधिकाई । अयोध्या खुशियाँ दिखती छाई॥
देख देवता मन हर्षाई । क्यों न अयोध्या जनम मेरा आयी॥
विश्वामित्र जिस दिन चल चाही । राम प्रेम वह नही कर पाई॥
देख के नित नया प्रेम उछाहू । जाना हे मुनि कहत न पाऊ॥
जैसे ही मुनि चलने तैयारा । नृप संग सुत आ जाते अगारा॥
कहते सब कुछ आपका होई । नौकर तरह समझियो मोई॥
पत्नी पुत्र संपदा आपकी । समझो सेवक मुझे मात्र की॥
स्नेह सदा पुत्रों पर रखना । दर्शन यदा कदा देते रहना॥

दोहा ॥यह कह नृप चरणों पड़े । सह रानी पुत्रादि॥
बचन न मुख से निकल सके । विश्वामित्र थे उठात॥ २२२

चौ ॥मुनि देते बहु भाति अशीशा । प्रेम रुधित चल पड़े मुनीशा॥
आये राम संग तीनों भ्राता । पाय आशीष लौट चले आता॥
मुनिवर मारग सोचत जाई । राम विवाह मेरे मन भाई॥
दशरथ प्रेम बहुत दिखलाया । बार-बार मुनि याद दिलाया॥
यहाँ वशिष्ठ नृप को थे बतायी । विश्वामित्र कथा आगे सुनायी॥
पूरी कथा सूनी रघुराया । नृप पुत्रों संग बड़ा सुख पाया॥
फिर निज निज घर गये सब लोगा । बड़े सुख का यह बना था योगा॥
घर घर राम विवाह की चर्चा । करते सब निज समय था खर्चा॥
राम विवाह त्रिलोक उछाहू । करें वर्णन निज पुण्य प्रभाऊ॥
यह विवाह जो व्यक्ति गायेगा । सकल संपदा जग में पायेगा॥

दोहा ॥राम विवाह आनंद जो । फैला अबध दिखाय॥
जसकरन करें वर्णन कैसे । शेष भी नहीं कर पाये॥ २२३

छंद॥हम ने लिखा है विवाह को, गुरुवर के आशीर्वाद से॥
जिसका न वर्णन हो सके, देवों के लाखों प्रयास से॥
जो गायेगा बड़े प्रेम से, श्री राम का पावन विवाह॥
सब संपदा वह पायके, जाएगा मनुजों में सराह॥

गृहस्थ सोपान

छंद॥सिर शोभती है गंग जिसके । अंक में माँ शक्ति है॥
कंठ में है विष हलाहल । शेष जी अनुरक्त है॥
मस्तक पे चन्द्र बिराजते । और भस्म का उबटन किये॥
है देवों के भी देव वे । निज गोद में गणपति लिये॥

छंद॥रघुकुल के जो श्री कंद हैं । शोभा है जिनके मुखन की॥
जो दिखते सदा सौम्य ही । घड़ियाँ हों सुख या विपत्ति भी॥
हैं अंग जिनके मोहते । मिथला की नर और नारियाँ॥
जो धारते धनुबाण, तरकश । उनको हूँ मैं हिय धारियाँ॥

दोहा ॥सुमिर के निज गुरु कोटि शः । राम कथा को बढ़ाऊँ॥
करूँ गृहस्थ सोपान शुरू । रघुवर शीश झुकाऊँ॥ १

चौ ॥सीता राम हुआ था विवाहा । घर-घर मंगल दिखें उत्साहा॥
चौदह लोक खुशहाली छाई । सब जगह वर्षा होती दिखाई॥
सकल संपदा रिद्धि-सिद्धि लाई । अबध रूप सागर में मिलाई॥
स्त्री पुरुष यहाँ मणियों समाना । पावन मूल्य वे इनके जाना॥
वैभव अवध न जात बतायी । मानों ब्रह्मा यहीं है बनायी॥
लोग यहाँ के दिखें संतुष्टा । श्री राम मुख कर सबे तुष्टा॥
माता सभी सहेलिओं साथा । दिखे सन्तुष्ट कृपा रघुनाथा॥
सबके मनोरथ पूरे दिखाई । जिनकी बेल फैलती सुहाई॥
श्री राम गुणशील स्वभाव । है आनन्दित देख के राऊ॥
सबकी इच्छा रही दिखाई । राजा रूप श्री राम सुहाई॥

दोहा ॥सभी मनाते महेश को । राम होय युवराज॥
नृप दशरथ निज जीते जी । देवें राम को राज॥ २

चौ ॥राम शीघ्र होंगे युवराजा । खबर कैकैया राज्य में आजा॥
राजा अस्वपति क्रोध दिखाई । सोचा नृप दशरथ शर्त तुड़ाई॥
घटना उस दिन की सुध आयी । कुँअरि कैकेई जब शादी कराई॥
एक दिवस दशरथ थे आये । कुँअरि वीरता वे सुन पाये॥

कैकेई कुँअरि थी बिनु महतारी । राजा अस्वपति पाल सम्हारी॥
नृप ने राजद्रोह के कारण । कैकेई की माँ निष्कासन॥
मन्थरा पालन पोषण कीन्हा । रहती सदा संग नृप के प्रवीणा॥
युद्ध में पिता संग थी जाती । रण के क्षेत्र कौशल दिखलाती॥
गुण इसके यही दशरथ जानी । हाथ माँगने की वे ठानी॥
यद्यपि थी कौशल्या रानी । पर नहीं पुत्र तब उन्हें दिखानी॥
अतः कैकेई से शादी प्रयोजन । दशरथ ने अस्वपति से निवेदन॥

दोहा ॥नृप अस्वपति ने रख दी । अपनी शर्त महान॥
कुँअरि कैकेई का पुत्र ही । अबध का राजा जान॥ ३

चौ ॥तब कौशल्या सुत न दिखाई । जिससे शर्त दशरथ को सुहाई॥
दशरथ शर्त स्वीकार थे कीन्ही । कैकेई कुँअरि को रानी बना लीन्ही॥
पर अब सूनी अवध की बाता । राज अयोध्या राम पे जाता॥
उनका पुत्र अयोध्या आता । दशरथ को वही शर्त बताता॥
कहा भरत को राजा बनाओ । शर्त कही उसी पर नृप आओ॥
कहा दशरथ तब सुत था नहि मेरे । अतः शर्त मानी थी घनेरे॥
पर अब ज्येष्ठ पुत्र मेरे रामा । उसको राज्य दे करूँ विश्रामा॥
फिर भी जब वह किया विरोधा । नृप दशरथ को आया क्रोधा॥
कहा ज्येष्ठ सुत सदा अधिकारी । रघुकुल सदा रीति ये सम्हारी॥
आप जो बातें करते दिखाई । हस्तछेप मेरी नीति में आयी॥

दोहा ॥सुत अश्वपति तब कहा । पिता का ये फरवान॥
नहि देखा मैं भरत को । संग में लेकर आन॥ ४

चौ ॥ये सब घटनाएँ मैं बतायी । चारों कुँअर थे जान न पाई॥
भरत को भेजन नृप तैयारा । मिलि आये नाना से बिचारा॥
हुए तैयार करन प्रस्थाना । तेही समय शत्रुघन थे आना॥
कहा बिनु भरत न मैं रह सकता । सदा संग दोनों रहें ये बनता॥
कैकेयी को बात ये भाई । दोनों चलन तैयारी कराई॥
भरत, शत्रुघन दोनों भ्राता । मामा संग कैकेया आता॥

इधर अबध बड़ी खुशी मनाता । नृप एक मत सभी बताता॥
महाराज आपके सुत श्री रामा । हैं सम्पन्न सभी गुण जाना॥
एक दिवस नृप सभा में जाई । राम कीर्ति सब रहे थे गाई॥
हैं नृप नहीं कोई आप समाना । श्री राम सम सुत जो पाना॥

दोहा ॥अवधेश पुण्य की मूर्ति है । राम कीर्ति थी सुहाय॥
सुनकर के अति खुश भये । बढ़ा उत्साह दिखाय॥ ५

चौ ॥अवधेश का सभी नृप करें सम्माना । लोकपाल भी इनसे डराना॥
दशरथ के सम नहि कोई जाना । तीनों काल तीनों लोक दिखाना॥
जिनके सुत हैं राम समाना । उनका बड़प्पन कैसे बखाना॥
अनायास नृप दर्पण लीन्हा । उसमें देख मुकुट सीधा कीन्हा॥
केश कान पर दिखत सफेदा । समझे जरठ पन का संकेता॥
श्वेत केश मनो नृप को बताया । राज्य सौंप तप जाने चेताया॥
शास्त्र सभी देते उपदेशा । बढ़ती आयु त्यागो ग्रह लेशा॥
सुत को सौंप सब जिम्मेदारी । तप के हेतु चलने तैयारी॥
जीवन सफल हो एहि करना । दशरथ को संकेत ये मिलना॥
नृप अपने हिय किया बिचारा । बनाऊँ राम युवराज सम्हारा॥

दोहा ॥शुभ दिन शुभ घड़ी सोच नृप । गुरु पे पहुँचते आय॥
हृदय भरा आनंद से । उनको रहे बताय॥ ६

चौ ॥कहा दशरथ हे गुरु मुनिराया । भये राम योग्य सबकी राया॥
शत्रु मित्र या हों पुरवासी । सबको राम प्रिय बड़े हुलासी॥
आशिष आपका मूर्ति ले रूपा । श्री राम का दिखता स्वरूपा॥
जिम हमको प्रिय दिखते रामा । उसी तरह सब प्रेम दिखाना॥
विप्र समाज आपकी नायी । प्रेम राम से करता सुहाईं॥
जो गुरु आज्ञा सिरों धारता । यश वैभव सुख उसको मानता॥
अभी-अभी अनुभव हम कीन्हा । मेरे सिवा नहि कोई इसे चीन्हा॥
मेरे मन कामना जो आयी । हे गुरु मैंने तुमको बतायी॥
आपकी कृपा यह होगी पूरी । बिनु गुरु कृपा दिखेगी अधूरी॥
यह सुन गुरु वशिष्ठ सुख लययू । खो नृप कौन कामना गहयू॥

दोहा ॥हे नृप आपके पुण्य अति ।करते कामना पूर्ण॥
इच्छा मात्र कर लेन से ।नहि रहती वह अपूर्ण॥ ७

चौ ॥प्रसन्न गुरु को जाना नरेशा ।हँसकर मधुर बोल अवधेशा॥
नाथ राम होवें युवराजा ।दें गुरु आज्ञा हेतु समाजा॥
आपके रुख को यदि मैं पाऊँ ।तैयारी हेतु आदेश सुनाऊँ॥
यह उत्सव मेरे जीते होबे ।लोचन लाभ मिले सब लोगें॥
आपकी कृपा शिव सब कुछ दीन्हा ।रहा शेष आनंद यही चीन्हा॥
पूर्ण अगर ये कामना होई ।फिर कुछ मृत्यु का भय नहि सोई॥
मुनि वशिष्ठ सुनी दशरथ बाता ।भरा आनंद न हृदय समाता॥
कहा नृप जिसे भजना सब चाहत ।वही पुत्र बना आप का आवत॥
मुनि वशिष्ठ है त्रिकाल के दर्शा ।सुन यह अंदर वे नहीं हर्षा॥

दोहा ॥मुनि भविष्य को जानते ।अब आगे क्या होय॥
युवराज राम नहीं बन सकें ।बन में जाना सोय॥ ८

चौ ॥और राम बिनु नृप नहीं जीना ।घटेंगी ये सब घटना प्रवीणा॥
मन ही मन ये मुनि बिचारा ।पर वही होगा जो ईश सम्हारा॥
नृप से कहा मुनि सुनिए बाता ।राज तिलक का मुहूर्त दिखाता॥
तुरत कीजिये सब तैयारी ।राज तिलक कल दिन ये बिचारी॥
शुभ दिन और शुभ घड़ी वह आयी ।राम का राज तिलक कर पायी॥
सूनी गुरु की मंगल बानी ।नृप दरबार पहुँचते आनी॥
सचिव सुमंत्र जब ये बतायी ।सुनकर सभी हर्षित हो जायी॥
मंत्रीगण जब सूनी ये बाता ।राम का राज तिलक होने जाता॥
सभी सेवक जन खुशी मनाई ।मानो तृषित कोई जल है पाई॥
बार-बार नृप को वे जुहारी ।होवे उमर लाख नृप हे तुम्हारी॥
सभी कहते जग सुख फैलेगा ।राम का राजतिलक है दिखेगा॥

दोहा ॥मंत्रियों की देखी खुशी ।योजना बलवती होय॥
कहते शीघ्र सब वह करो ।आयुष गुरु का सोय॥ ९

चौ ॥दिया आदेश मुनी विज्ञानी । लाओ सभी तीर्थों का पानी॥
विविध फूल और फल औषधियाँ । शीघ्र जुटाओ सब जल नदियाँ॥
फल वस्तुएँ विभिन्न प्रकारा । होती माँगलिक घड़ी ये सकारा॥
दूत भेज मुनि सब मँगवाया । हर्ष युक्त अनुचर चले जाया॥
विभिन्न वस्त्र मणि औषधि नाना । मुनि भिजवाये इनको लाना॥
मण्डप नगर चौराहों लगाओ । वेदानुसार कहा मुनि बनवाओ॥
केला, आम, सुपारी पौधा । रोपो जगह-जगह करके शौधा॥
मणियों युक्त चौक पुरवाओ । न ना प्रकार बाजार सजाओ॥
पूज गणेश तथा कुलदेवा । और विप्रजन की कर सेवा॥

दोहा ॥पताका तोरन ध्वज कलश । रथ गज घोड़े सजाओ॥
गुरु वशिष्ठ आदेश यह । शीघ्र ही सब यह कराओ॥ १०

चौ ॥आज्ञा गुरु दीन्हा जिन जिनको । पालन करन न देर थी उनको॥
राम के हित करें मगल काजा । ब्राम्हण संत पूजते राजा॥
राम तिलक की खबर फैलती । नगर बधावे ध्वनि थी बजती॥
सगुन राम सिय भये सरीरा । फरकन लगे अंग शुभ बीरा॥
आपस में करते ये बाता । भरत आगमन लगता दिखाता॥
भरत गये बीते बहु काला । पुलक शरीर याद किया हाला॥
सोच करत श्री राम भरत का । जैसे कच्छप करें अंडन का॥
दिन और रात भरत की यादा । शीघ्र मिलन का किये थे वादा॥
सोचत नहीं कोई भरत समाना । सगुन का यही मतलब हे दिखाना॥
समाचार मंगल सुन पाना । खुशी में दिखा रनबास समाना॥

दोहा ॥जैसे पूर्णिमा चाँद दिख । हिलोले सागर लेत॥
अभिषेक राम की सूचना । सबको मन खुशी देत॥ ११

चौ ॥पहले सूचना जिन पहुँचाई । मन वांछित उपहार थे पाई॥
सुनके रानियाँ पुलकित दिखती । मंगल कलश सजाने लगती॥
पूरे सुमित्रा चौक मणि रत्नों । दान कौशल्या विप्रन कितनों॥
ग्राम देव देवियाँ पूजती । और नाग पूजन को घूमती॥

आगे बलि पूजा का वादा । करेंगी होय सफल सब काजा॥
हे प्रभु राम का हो कल्याना । करके दया दीजे वरदाना॥
स्त्री पुरुष जो सुने अभिषेका । खुशी न समात बढ़ी थी बिशेखा॥
कहें विधाता हे अनुकूला । मंगल साज सजाये मूला॥
दशरथ फिर थे वशिष्ठ बुलावा । नीति सिखाने राम भिजावा॥
सुनी राम थे वशिष्ठ पधारा । पहुँच द्वार चरणों को सम्हारा॥

दोहा ॥अरघ गुरु के चरण में । षोडश पूजा कीन्ह॥
सीय सहित गिर चरण फिर । पग की धुल थे लीन्ह॥ १२

चौ ॥दोनों हाथ जोर कहें रामा । गुरु दरश देते विश्रामा॥
आयुष कर हमें लेते बुलाई । दास की इसी में दिखे अधिकाई॥
पर गुरु ने निज त्याग महानता । शिष्य के घर की बढ़ाई पवित्रता॥
हे प्रभु आयुष दीजै हमको । मेरा हित पालन करूँ जिसको॥
कीन्ही प्रशंसा गुरु ने राम की । प्रेम सनी बानी सुन उनकी॥
गुरु कहा राम हो भूषण वंशा । बानी बताती भानुकुल हंशा॥
राम के गुण और शील बखाना । पुलक प्रेम गुरु बरन न जाना॥
कही राम से नृप तैयारी । अभिषेक आपका कारण बिचारी॥
संयम नियम व व्रत है करना । जिस से सारे काज हैं बनना॥
गुरु बात सुन राम उदासी । भरत की अनुपस्थित हैं रुदासी॥
चारों भ्रात जनम लिया साथा । खेलत खाए हाथ धर हाथा॥

दोहा ॥सभी उत्सवों में साथ रहे । उपवीत करनबेध ब्याह॥
बिलग न कभी केहि काज में । सदा संग उत्साह॥ १३

चौ ॥सूर्य वंश यह विमल दिखाता । पर अनुचित राजा ज्येष्ठ बनाता॥
पछतात राम निज कुल की रीता । है अन्यों को सीख पुनीता॥
लक्ष्मण तेही समय पधारा । प्रेम उमंग नहीं जाय सम्हारा॥
कर सम्मान राम बैठारा । रघुकुलमणि को अनुज है प्यारा॥
नगर में बाजे विविध सुनाना । फैली खुशियाँ बरन न जाना॥
सभी लोग यह सोचे दिखाई । क्यों नहीं भरत है अब तक आयी॥

गली चौराहों बात सुन पाई । अभिषेक लगन कल शुभ है बताई॥
पूजे देवता लोग लुगाई । बिन बाधा सब काम बनाई॥
मिलेगी नैनन को शीतलता । देखूँ सिघासन राम व सीता॥
कब कल होगा सभी बैचेना । पर देवों के कुचक्र पर नैना॥
चोरों न सुहाती रात उजियारी । अबध की खुशी देव नहीं पियारी॥
माता सरस्वती को बुलवाया । कर आदर आसन बैठाया॥
बार-बार विनय थे कीन्हा । चरण में उनके शीश रख दीन्हा॥

दोहा ॥करते विनय सब देवता । मातु मदद मिले आज॥
कल न राम राजा बनें । बन को जाये मेरे काज॥ १४

चौ ॥देवन विनती सूनी थी माता । सुख में विघ्न सुन रही पछताता॥
पुनि थे देवता कहकर जोरी । आपको कोई नहीं दे सके खोरी॥
हरष विषाद न राम के पासा । मातु करो इस पर विश्वासा॥
सुख दुःख जीव करम से भोगता । अयोध्या जाओ आप हित में देवता॥
विनती बार-बार देव कीन्ही । शंकोच में मातु डाल वे दीन्ही॥
सोचती चलती देव सोच नीची । पर दिखते ये निवास में ऊँची॥
ऊँच निवास ये करते दिखाई । पर करनी बड़ी नीच कराई॥
मातु सोच आगे जो दिखाता । राम जाएँ बन सुख हे लाता॥
बन में राक्षसों छाय आतंका । राम बधें उन्हें मिटे सब शंका॥
आगे प्रशंसा करेंगे मेरी । शारद फिर थी अयोध्या हेरी॥

दोहा ॥रानी कैकेई की सेविका । नाम मंथरा सोय॥
मायके से संग लाई थी । शादी थी जब होय॥ १५

चौ ॥नीच बुद्धि उसकी थी दिखाई । निशाना शारद इसे ही बनायी॥
अनुकूल धरम जो जीव है चलता । बुद्धि न कोई उसकी हर सकता॥
मंथरा की बुद्धि थी बिगारी । उसके सर अपयश दी डारी॥
देखा मंथरा नगर सजाया । पूछन पर सब लोग बताया॥
राम का कल है राज अभिषेका । बजती बधाइयाँ सब रहे देखा॥
कुचाली और मंद बुद्धि दासी । चाहती आग देन खुश राशी॥

जैसे भील तोड़ मधु पत्ता । वैसेहि घेरी रघुकुल सत्ता॥
हो उदास कैकेई पर आती । रानी पूछ क्या बात सताती॥
दासी आँसू रही बहाई । त्रिया चरित निज रही दिखाई॥
हँसकर रानी कहती जाई । सदा ही तू बोलती पडाई॥

दोहा ॥आज दिखे गमनीन क्यों । क्या लक्ष्मण हैं कुछ बोल॥
फिर भी नहीं वह बोलती । उसाँसे लेत मुह खोल॥ १६

चौ ॥दूर करके कैकेई पूछती । क्या नहीं तुमको कुशलता दिखती॥
कुशल से हे मेरे चारों कुमारा । और कुशल हे अबध रखवारा॥
यह सुन मंथरा और रिशायी । बड़बोली मैं क्यों हूँ दिखाई॥
करे क्यों लक्ष्मण हमसे डिटायी । और न नृप को कछू हो जायी॥
सबकी कुशल जो पूछी रानी । केवल कुशल राम की दिखानी॥
राजतिलक उनकी तैयारी । और कौशल्या खुशी न सम्हारी॥
देखो केहि बिध नगर सजाया । सब यह देख क्षोभ गहराया॥
नही अबध में कुमार तुम्हारा । और नृप बस तुम्हरे ये बिचारा॥
पलंग लेट तुम्हें नींद पियारी । कपट भूप की तुम बिसरारी॥
बचन मंथरा के सुन काना । रानी थी फटकार लगाना॥
अब यदि कहा घर तोरन बाता । तुम्हरी जीभ तुड़वाऊँ ताता॥

दोहा ॥कुमारग गामी रहें कुटिल । रहता इनका स्वभाव॥
कुबड़े लगड़े और भी । रखते सदा दुराव॥ १७

चौ ॥तुम हो दासी इन्ही में आना । कह इतना रानी मुस्काना।॥
कहा हे मंथरा प्रिय हो बोलती । सिखावन हेतु तुम्हें मैं हूँ कोसती॥
तुम पर क्रोध मैं नहीं कभी कीन्हा । मातु का दर्जा सदा तुम्हें दीन्हा॥
जो तुम कहा यदि वही दिन आया । शुभ दिन और मंगल हे दिखाया॥
रघुकुल रीति न तुमको दिखाई । राजतिलक ज्येष्ठ पुत्र ही कराई॥
अनुज भ्रात सदा करते सहाई । रीति यही जो सदा से चल आयी॥
यदि कल राम का राज्याभिषेका । तो मैं खुश तू माँग जो चाहेका॥
सहज स्वभाव राम सब जाना । तीनों रानियों मातु समाना॥

दोहा ॥जहाँ तक मेरी बात है । राम का प्रेम विशेष॥
उसकी परीक्षा मैं लिया । प्रेम न नपे महेश॥ १८

चौ ॥यदि मेरा जनम दुबारा हौऊ । राम सिया मिलें पुत्र पुत्रोहू॥
प्राणन से प्रिय सीता रामा । उनका तिलक तुझे दुःख कराना॥
तुझको कसम भरत कह साँची । कपट छोड़ तू सच दे भांखी॥
पहली बार तुम्हें जो बताया । बदले में तुमसे सब पाया॥
अब कुछ कहने को नहीं शेषा । दूसरी बात कहूँ क्या विशेखा॥
मेरा कुभाग्य कहूँ भले मीठा । पर तुमें लगता कड़ुआ सीठा॥
जो झूठी कहे करके बनायी । रानी तुम्हें वही बातें सुहाई॥
मीठी चुपड़ी मैं भी कहूँगी । अथबा चुपके मौन बैठूगी॥
विधाता मुझको कुरूप बनाया । पूर्व जनम करनी फल पाया॥

दोहा ॥चाहे कोई नृप बने । हानि लाभ नहि मोय॥
मै तो दासी सदा रही । आगे भी दासी सोय॥ १९

चौ ॥पर मेरा स्वभाव सदा सांचा । आपके हित न देख सकूँ आंचा॥
निंदा योग्य ये स्वभाव हे मेरा । चाहूँ तुम्हारा भला घनेरा॥
इसी हेतु एह सलाह तुम्हें दीन्ही । तुमने अन्यथा हे ले लीन्ही॥
मन्थरा वचन कपट मय गूढा । रानी मत हो दिखी बिमूढ़ा॥
इस पर भी देव माया प्रभाव । कैकेई को विश्वास दिखाऊ॥
मन्थरा पर उसे हुआ विश्वासा । पूछे उस से लगा कर आशा॥
दासी की शिकार हुई रानी । भीलनी फंद थी हिरणी फसानी॥
होनी बस मत फिरी कैकेई । मंथरा को निज समझी सनेही॥

दोहा ॥मन्थरा कह तुम पूछती । बतानेहु मुझे डर लाग॥
पहलेहि मुझे घर फोर कहा । क्यों मैं लगाऊँ आग॥ २०

चौ ॥दासी बात बनाती जाती । और रानी को उसमें फँसाती॥
अब वह कैकेई को बतायी । शनि से अयोध्या घिरी थी दिखाई॥
तुमको राम प्रिय रामहि तुम प्यारी । ये बातें अब देव बिसरारी॥

अब वह समय न रहा दिखाई । समय बीत शुभ अशुभ हो जाई॥
जो सिय राम तुम्हें प्राण समाना । अब वे दिखेंगे जिम रिपु आना॥
सूरज कमल को पोषित करता । पानी बिना वह सूर्य से जलता॥
तुमको कौशल्या चाहत उखारन । करो घेरा जो सके न बिगारन॥
अपने पति बल तुम निश्चिन्ता । पर उनको न तुम्हारी चिन्ता॥
तुम सोचति नृप बस मम होई । पर मन से मैले वे जोई॥
आपका सीधा शारल स्वभावा । कपट चतुरता जान न पावा॥

दोहा ॥चतुर गंभीर हे राम माँ । अपना काम सम्हार॥
नृप से भिजाया भरत को । जो सक काम बिगार॥ २१

चौ ॥अनुसरण सुमित्रा करती दिखाई । संग नृप कैकेई अतः न सुहाई॥
यही कपट कौशल्या दिखाया । चतुराई बस समझ न पाया॥
तुम पर नृप का प्रेम विशेषा । सौत स्वभाव से वह रही देखा॥
जाल बिछा नृप को बस कीन्हा । राज्याभिषेक राम दिन चीन्हा॥
हाँ युवराज राम कुलरीति । कोई कह नहीं सकता ये अनीति ।
पर आगे दिख जो होनहारा । सोचत ही मम हृदय बिदारा॥
माफ़ न प्रभु कौशल्या करना । कपट का फल उसे पड़े भुगतना ।
मंथरा रच रच कुटिल पढ़ाती । कैकेई को प्रपंच में फँसाती॥
कहानियाँ बहु सौतन की सुनायी । रानियों मध्य विरोध कराईं॥

दोहा ॥होनी बड़ी बलवान होय । कैकेई कर विश्वास॥
फिर भी शपथ दे पूछती । कहीं होना पड़े न निराश॥ २२

चौ ॥कह दासी तुम्हें अभी न विश्वासा । पूछती बार बार ले उशासा॥
अपना हित सब जीव पहिचाना । पर तुम अभी न निज हित जाना॥
साजते नगर बीता पखबारा । खबर तुम्हें आज हमरे द्वारा॥
रानी मैं नमक हूँ तुम्हरा खाती । अतः सत्य कहूँ कुछ न दुराती॥
यदि सत्य मैं तुमसे बखानूँ । तो विधि दे सजा दोषी मानूँ॥
राम का कल यदि हो अभिषेका । अबस विपत्ति आय तुम्हें टेका॥
हाथ ठोंक मैं सत्य बताती । मक्खी दूध सम तुम हो दिखाती॥

करोगी सुत संग नृप सेवकाई । नगर रहोगी नहीं तो विदाई॥
नागों की माँ कदरू बतायी । विनिता सौत को सजा दिलाई॥
कदरू थी पुत्रों को मिलाया । मिलकर सौतन दासी बनाया॥

दोहा ॥करेगी कौशल्या वही । तुमको दासी बनाय॥
भरत को कैद में डालकर । लखन राम संग आय॥ २३

चौ ॥मंथरा नें कटु बातें बनायी । सुनकर कैकेई सहम थी जायी॥
कांपन लगी वह केला समाना । हृदय मंथरा डग मग जाना॥
सोचा हम जो रानी सुनाया । कहीं वह काल बन रानी डसाया॥
मेरी चाल फिर उल्टी पड़ेगी । नृप क्रोधाग्नि फिर मुझको जलेगी॥
दासी कहानियाँ बहुत सुनाती । रखो धैर्य यह रही बताती॥
कैकेई भाग्य था दिखा बदलता । दासी सिखावन उचित था लगता॥
कुचाली मन्थरा प्रिय थी दिखाई । जैसे बगुला हंस बन जाई॥
हो प्रभाऊ रानी थी बताती । हे दासी तुम सत्य दिखाती॥
नित्य फरकत दाहिनी मेरी आँखी । और कुसपने रात में देखी॥

दोहा ॥इन अपशकुन की कीन्ह नहीं । चर्चा तुम्हरे साथ॥
क्योंकि हुई थी मोहवस । बँधे हुए थे हाथ॥ २४

चौ ॥मेरा सीधा सरल स्वभाऊ । कपट चाल कोई जान न पाऊ॥
अपने बस नहि बुरा किसी कीन्हा । फिर दारुण दुःख विधि क्यों दीन्हा॥
देव बस जो जिए शत्रु आधीना । मरना श्रेष्ठ उसे रहता प्रवीणा॥
दुःख भरे वचन कैकेई सुनायी । लिया चरित्र फिर दासी फैलाई॥
कहा शीघ्र तजो मन की ग्लानि । रहो सुहागिन सुखी सदा रानी॥
तुमको दुःख जो देना चाहेगा । स्वयं ही वह फल उसका पायेगा॥
जब से सुनी मैं कपट ये बाता । भूख नींद सब दिखी बिस्राता॥
ज्योत्सियों संपर्क मैं कीन्हा । राजा हों भरत बता वे दीन्हा॥
रानी कुछ करना हे उपाया । राजा तुम्हरे बस में दिखाया॥

दोहा ॥मन्थरा तुम्हरे कहन पर । कूप में भी गिर जाऊँ॥
पति और निज पुत्र को । त्यागूँ रुख तेरा पाऊँ॥ २५

चौ ॥तुम दुःख मेरा देख कुछ कहतीं । फिर मैं क्यों नहि उस चल सकती॥
सब कुछ करण की हामीं भराई । बलि बकरा कैकेई बन जाई॥
मन्थरा कपट छुरी तैयारा । पत्थर हृदय से धार निकारा॥
पास के दुःख को न रानी निहारी । हरित घास बलि बकरा बिसारी॥
मन्थरा वचन में दिखती मिठासा । परिणाम कठोर नहीं था दिखाता॥
शहद घोर कोई विष दे बनायी । मन्थरा वचन वैसेहि दिखाई॥
मन्थरा कहा तुम्हें याद दिलाऊँ । तुम्हरी कही एक कथा सुनाऊँ॥
शम्बरासुर राक्षस बलवाना । देवासुर संग्राम दौराना॥
सभी देवों को बंदी बनाया । वरदान के बल वह सबको हराया॥
दशरथ भी थे उस संग्रामा । तुम उनकी थी सारथी दिखाना॥

दोहा ॥देवासुर संग्राम में । रघुकुल मणि थे सदा जाय॥
संग्राम करें देव पछ में । उनको विजय दिलाय॥ २६

चौ ॥पर यहाँ शम्बरासुर वरदानी । दशरथ घायल हुए दिखानी॥
कैकेई सारथी जब देख पाई । अचेत पड़े दशरथ को बचाई॥
युद्ध क्षेत्र से बचाकर लाई । और दशरथ जब मूर्छा भगाई॥
तब नृप तुम पर खुश अधिकाई । कहा दो वरदान माँगो जो सुहाई॥
तुम वर नहीं माँगे ततकाला । बोला समय पर माँगूँ भुआला॥
वही दो वर रख भूपति पासा । उन्हें माँग आज मैटो पिपासा॥
एक वरदान से भरत हों राजा । राम जाये बन तज के समाजा॥
दूसरा यह वरदान तुम्हारा । सौत की खुशियों मेटनहारा॥
राम कसम दशरथ को खिलाना । तब वरदान ये दोनों बताना॥
खाय कसम जब हामीं भरेगे । फिर नृप नही पीछे को हटेंगे॥
रघुकुल यही रीति चल आयी । प्राणों से बड़े वचन दिखाई॥

दोहा ॥पापिन दासी मन्थरा । निर्दयी हो घात लगाय॥
जिम झाड़ियों के ओट में । बाघिन शिकार को आय॥ २७

चौ ॥मन्थरा रानी को समझाया । कोप भवन जाने को बताया॥
कहा सजग होय रहना रानी । नृप समझा यस कतई न मानी॥
प्रानन प्रिय कुबरी थी दिखाई । रानी प्रशंसा करती जाई॥
नहीं कोई तुम समान हितकारी । डूबत मेरी नाव सम्हारी॥
यदि कल मैंने सफलता पाई । तो तुम आँख की पुतली दिखाई॥
सम्मान मन्थरा किया बहु भाति । कैकेई कोप भवन को जाती॥
वर्षा ऋतु मन्थरा दिखाई । बीज रूप तहाँ कलह बोबायी॥
कैकेई कुमति जमीन सोहाई । कपट का जल पा अंकुर आयी॥
अंकुर पत्तियाँ दिखे दो बारदाना । दुःख जिसका फल सदा दिखाना॥

दोहा ॥कोपभवन कैकेई गयी । कोपित स्वांग रचाय॥
महारानी जो अवध की । स्वयं को नष्ट कराय॥ २८

चौ ॥पूरे नगर आनंद था छाया । यह कुचक्र कोई जान न पाया॥
मंगलाचार नर नारी करावाहिं । प्रविश महल कोई बाहरआबहिं॥
महल के बाहर भीड़ दिखाई । राम मित्र सब बड़े हर्षाई॥
राम पे आते पूछ कुशलाई । प्रभु आदर से उन्हें बैठाई॥
फिर ले आज्ञा चलते बनायी । करते आपस राम बढ़ाई॥
राम समान न शील सनेहू । नहि कहीं देखा न ही मिलेहू॥
कर्म के बस जिस योनी में जाऊँ । स्वामी सिया राम को बनाऊँ॥
सभी ये याचना करते दिखाई । हे प्रभु मेरे संग ये निभाई॥
सबके हृदय निर्मल थे दिखाना । दारुण दुःख कैकेई मन आना॥
कुसंगत सबको देत मिटाई । अनुसरण नीच नहीं काहू भलाई॥

दोहा ॥शाम हुई नृप खुशी अति । कैकेई महल को जात॥
स्नेह धरा मनो रूप एक । निष्ठुर एक रूप में आत॥ २९

चौ ॥सुना जब कैकेई का कोप भवना । ठिठके पैर दशरथ नहि उठना॥
चरण न उठ भय नृप को सताया । आगे पग न बढ़ाते जाया॥
जिसके बाहुबल इंद्र जीतते । नाम जो सुन राक्षस थे खीजते॥
सभी नृप देखते रुख दशरथ का । स्वर्ग सुरच्छित देवराज का॥

वही रघुकुल मणि रानी के क्रोधा । डरे हुए नहीं तन के बोधा॥
जो नृप बज्र त्रिशूल की मारा । सहते दिखते इनमें अगारा॥
वही राजा घायल है दिखाई । काम के पुष्प बाण चल जाई॥
पास कैकेई के पहुँचे नरेशा । भय उनके मन दिखा विशेषा॥
मोटे पुराने रानी वस्त्र पहिरती । केश खोल के जमीन लेटती॥

दोहा ॥दशा देख कैकेई की । नृप दुःख दारुण होय॥
आभूषण बिखरे भूमि पर । रानी को नहीं यह सोय॥ ३०

चौ ॥अभागिन कैकेई दशा बिगारी । मानों सूचना विधवा पसारी॥
नृप दशरथ कहें मीठी बानी । प्राणन प्रिय क्यों रानी रिशानी॥

छंद॥क्यों क्रोध भई रानी बता, निज हाथ उन पर रखते॥
रानी हटाया हाथ वह, अचरज से रहे नृप देखते॥
क्रोधित हो रानी काँपती, नागिन-सी रही फुफकारती॥
वरदान दोउ जिव्हा है उसकी, डसने को रही सोचती॥

चौ ॥नृप दशरथ होनी आधीना । क्रीडा कामदेव ये प्रवीणा॥
दशरथ कोमल वचन पुकारा । सुमुख सुलोचन कहते नजारा॥
हे गज गामिनी कोकिल रानी । कहो कारण क्यों हम पर रिशानी॥
क्या कोई अनहित तुम्हरा कीन्हा । जिसने मौत निज बुला हे लीन्हा॥
रानी हो आदेश आपका । छीन लूँ राज्य किसी राजा का॥
अथवा करूँ किसी देश निकाला । या कोई नृप को करूँ कंगाला॥
रानी बताओ शत्रु का नामा । भलेही अगर जग से दूँ मिटाना॥
साधारण नर नारी जाना । सबको कीट पतंग सम माना॥
जानउ तुम स्वभाव सब मोरा । आपका मुख लखुं मानो चकोरा॥

दोहा ॥हे प्रिय परिजन प्रजासुत । जो कुछ भी हमारा होय॥
यहाँ तक मेरे प्राण भी । आधीन तेरे हैं सोय॥ ३१

चौ ॥राम की शपथ लेउ शत बारा । किया कपट नहीं संग तुम्हारा॥
खुश होकर मन वांछित माँगो । आभूषण निज धारो अंगो॥।
सज-धज रहने घड़ी यह दिखाती । पर कुभेश सुघड़ी में बनाती॥
अतः प्रिये तुरंत भेष यह त्यागो । राज तिलक खुशी हृदय से मनावो॥
माँगन बात सूनी महारानी । बिचार राम सौगंध मुस्कानी॥
मंद बुद्धि कैकेई बिचारा । किस तरह शपथ दूँ फंदा डारा॥
हँसकर रही गहनों को सम्हारी । जिम करे भीलनी हिरण शिकारी॥
नृप समझे रानी अनुकूला । मृदुल वचन कहें हृदय रहा फूला॥
हे रानी जो तुम्हें था सुहाई । होने जा रहा वही दिखाई॥
नगर में उसी का बजता बढ़ावा । सब नर नारी खुशी दिखावा॥

दोहा ॥राम बने युवराज कल । भामिन साजो साज॥
यह सुन रानी धधकती । मानो मार कुठार॥ ३२

चौ ॥पर यह इस पीड़ा को छिपाई । जिम चोर पत्नी रोय न पाई॥
नृप दशरथ कुछ समझ न पाना । कपटी कुटिल दासी जो पढ़ाना॥
नीति निपुण दशरथ है महाना । अथाह समुद् त्रिया चरित दिखाना॥
झूठा प्रेम दिखाय के कहती । बिहस नयन नृप तरफ थी करती॥
माँगन को कहा नृप कई बारा । पर देने को कभी न बिचारा॥
दोय वरदान देने का बादा । बचन एक दिन नृप था साधा॥
फिर आज माँगन कहा एक बारा । पर मिलने संदेह बिचारा॥
कह हँस राजा जानूँ स्वभाऊ । अच्छा तुम्हें लागे मैं बढ़ाऊ॥
तुम्हरे दो वर रखे मेरे पासा । मेरा स्वभाव बात बिसरासा॥
नहि माँगे न याद दिलाई । सहज स्वभाव भूल मैं जाई॥

दोहा ॥दोषारोपण झूठ का । रानी हमें न देऊ॥
दो की जगह पर चार वर । आज माँग तुम्ह लेउ॥ ३३

चौ ॥रघुकुल की यह बड़ी अधिकाई । प्राण से पियारे वचन दिखाई॥
असत्य समान है पाप न कोई । अन्य पाप पुंज तुलें न सोई॥
सत्य सामान न पुण्य दिखाया । मनु ने वेद पुराणन गाया॥

फिर भी शपथ राम की दिलाई । रघुकुल पुण्य जो सीमा बतायी॥
अपनी शर्त नृप से दृढ़ कीन्ही । फिर कुबुद्धि थी बात रख दीन्ही॥
जैसे कोई बाज पालता । और आँखों उस पट्टी डालता॥
समय पाय पट्टी को हटाता । बाज टूट सम्मुख जो पाता॥
राजा मनोरथ एक बन के समाना । जिन समाज शुभ पँछियों जाना॥
कैकेयी एक भीलनी माना । वरदान बाज सम छोड़ दिखाना॥

दोहा ॥कहा कैकेई सुन प्राण प्रिय । पहला वर देऊ मोय॥
राज्याभिषेक हो भरत का । बर दूसर यह होय॥ ३४

चौ ॥चौदह वर्ष को राम बनवासा । तपसी भेष विरक्त उदासा॥
कैकेई कोयल वचन सुनायी । दशरथ हृदय शोक गया छाई॥
जैसे चंद्रमा किरने उगाई । स्पर्श से चकवा बिलग हो जाई॥
सहमें नृप कुछ नहीं कह पाया । मानों बाज बटेर झपटाया॥
पीला रंग पड़ गया नर नाहा । जिम गिर बिजली ताल सूख जाहा॥
हाथ दोनों माथे ले जाई । दोऊ आँख बंद करते दिखाई॥
सोचन थे ऐसे वे लागे । मनो सोच रूप धर आगे॥
कल्प वृक्ष सम मोर मनोरथ । फूल देख खुशी चढ़ा था निज रथ॥
फलंन से पूर्व रौद उसे दीन्हा । हथनी रूप कैकेई कर दीन्हा॥
रानी अबध उजाड़ कराई । इसकी करनी विपत्ति न्योंतायी॥

दोहा ॥राज तिलक अवसर रहा । दिया कैकेई मिटाय॥
जिस पर बड़ा विश्वास था । उसी ने तोड़ दिखाय॥ ३५

चौ ॥जैसे योगी सिद्ध तक पहुँचा । अज्ञान के धक्का मिटा समूचा॥
मन ही मन नृप रहे बिचारी । कुबुद्ध कैकेई भांप हंकारी॥
हे नृप भरत न सुत क्या तुम्हारा । क्या तुम हमें क्रय किया बिचारा॥
जिस से वचन मेरा शूल समाना । क्यों न ज्ञान से बोल तुम पाना॥
भरिये हामी या कीजै नाही । सत्य बादी कुल तुमको जायी॥
देन कहे जो दो बारदाना । अब उनसे तुम मुकर हो जाना॥
सत्य वादी हो सत्य को त्यागो । और अपयश इस जग में बुलाबो॥

सत्य साक्षी कर वर तुम दीन्हा । शायद सोच चबेना लीन्हा ॥
शिवि दधीचि जन्में इसी वंशा । जिन पीढ़ी दर पीढ़ी प्रशंसा ॥
सत्य हेतु इन तन धन त्यागा । निज के वचन पर दिखा अनुरागा ॥

दोहा ॥बड़े कटु वचन थी बोलती । कैकेई नृप को सुनाय ॥
जैसे जले हुए घाऊ पर । कोई नमक लगाय ॥ ३६

चौ ॥नृप दशरथ धुरी धर्म समाना । धर के धैर्य निज नेत्र उघाना ॥

चौ ॥सिर को पकड़ बड़ी लीन्ही उसासा । मानो दिखत न जियन की आशा ॥
जिम कुठार कोई उन पर चलाया । मरणासन्न है उनको पहुँचाया ॥
क्रोधाग्नि में रानी खड़ी दिखाई । क्रोध रूप जिम खड़क उठायी ॥
इसकी कुबुद्धि मूंठ तलवारा । और क्रोध मानों खड़क की धारा ॥
तलवार धार कूबरी लगाई । दशरथ को जो चाल है दिखाई ॥
कर कठोर सीना नृप कहते । विनम्रता भरी बानी वे बोलते ॥
प्राण प्रिये कस बोलत बानी । करके प्रेम विश्वास की हानी ॥
दो आँखें मेरी राम व् भरता । शिव को साक्षी बनाकर कहता ॥
होत सुबह मैं पठाबहु दूता । वेगि बुलाबहु दोउ मैं सपूता ॥

दोहा ॥अच्छा मुहूर्त दिखवायकर । सब तैयारी कराऊ ॥
गाजे बाजे के सहित । भरत को राजा बनाऊ ॥ ३७

चौ ॥राम की शपथ पुनः नृप लेई । नहि कुछ कहा कौशल्या केही ॥
मैं सब किया तुम्हें बिनु पूँछी । अतः सब इछाएँ रहीं छूँछी ॥
हे रानी अब तजो निज क्रोधा । अभिषेक भरत को कोई न विरोधा ॥
साजो मंगल गहनें आभूषण । दिखो नित भाति महल की विभूषण ॥
एक बात मोहि बड़ी दुखदायी । जो दूसरा वरदान बतायी ॥
अभी भी मेरा दिल जलता जाई । क्रोध, हँसी या सत्य सुनायी ॥
रिश को त्याग राम का दोषा । जन-जन को उन पर है भरोसा ॥
रानी तुमने स्वयं सराहा । राम के प्रति स्नेह उछाहा ॥
पर दूसरा वरदान बताता । स्नेह राम संदेह दिखाता ॥
जिसके स्वभाव को शत्रु सराहा । मातु के प्रीत वह कैसे दुराहा ॥

दोहा ॥हे रानी तज क्रोध सब । बुद्धि से माँग वरदान॥
जिस से निज नैनों लखू । भरत का तिलक महान॥ ३८

चौ ॥मछली बिनु पानी सक जीना । नाग भी बिना मणि रह लीन्हा॥
पर ऐसा है मेरा स्वभाव । राम बिना नहि जी सक पाऊ॥
कोमल नृप के वचन सुन रानी । जिम आहुति घी पड़ी दिखानी॥
कहती कितने बनाओ बहाना । एक न तुम्हरी है चल पाना॥
दीजे हमें यही दो बारदाना । या इनकार से अपयश पाना॥
मोहि प्रपंच कतई नहि भावा । उत्तर हाँ या न में सुहावा॥
भले राम और आप भलाई । तीसरी कौशल्या भली आयी॥
राम मातु जैसे हमें भला कीन्हा । वैसेही भला फल उनको दीन्हा॥
प्रात होत मुनि भेष में रामा । यदि बन को नहीं किया प्रस्थाना॥
तो मैं अबस तजूगी प्राना । हो अपयश नृप सत्य ये माना॥

दोहा ॥अस कह कैकेई उठ खड़ी । मानों क्रोध नदी बाढ़॥
पाप के पर्वत प्रकट बह । कोप रूप जल गाढ़॥ ३९

चौ ॥नदी किनारे दोउ बारदाना । कैकेई हाथ धारा के समाना॥
उसके भवर ज्यों मन्थरा बचना । जिसमें भूप रूप वृक्ष ढहना॥
नृप रूपी तरु जड़ से बहाई । बिपति रूप सागर में मिलाई॥
अब नरेश को दिखी सच्चाई । मेरी मौत पत्नी हे बुलाई॥
चरण पड़े नृप विनय थे कीन्हा । क्यों रघुकुल तरु काट प्रवीणा॥
माँगो जान मैं दूँ तुझे प्राणा । पर मुझे राम बिरह न सुहाना॥
जेहि पकार बने राखो रामा । नहि तो पूरे जन्म पछताना॥
बन गयी तू निज मातु समाना । तेरे पिता जिसे घर से भगाना॥
देखा नृप यह रोग असाधा । हुए व्याकुल दिखी जीवन बाधा॥
गिरे भूमि धुनि कहते रामा । पीटते सिर को जमी बिश्रामा॥
व्याकुल भूप हो शिथिल शरीरा । कल्प वृक्ष को गज मानो मीरा॥

दोहा ॥गया सूख कंठ भूप का । बात न मुख पर आय॥
जैसे पानी सूख तब । पहिना मत्स्य तरपाय॥ ४०

चौ ॥कैकेई पुनः कही कटु बानी । मानहु घाव पर जहर उड़ानी॥
कहा यदि आपको यही था भाता । तो वर मागन क्यों कहा ताता॥
दोनों काम एक साथ न होई । हँस या गाल फुलाव न जोई॥
बनें दानी और करें कंजूसी । कुशल चाह और दिखें राजपूती॥
बचन त्याग या धीरज धारो । अबला सम रोकर न बिगारो॥
जो सत्यवादी पुरुष कहाता । इन छः वस्तुएँ मोह न लगाता॥
स्त्री, पुत्र, तनु, धन और धरती । छटवाँ महल तिनका सम दिखती॥
मरम वचन बोलत कैकेई । नृप कहा तुझे नहीं दोष हूँ देई॥
काल मेरा आ पिसाच समाना । तेरे शरीर प्रविश हो जाना॥
भरत राजपद भूख न होई । होनहार बस कुमति तू जेई॥

दोहा ॥यह सब मेरे पाप सों । जो तेरी मत खोय॥
आया सम्मुख सुख मेरे । बाम विधाता होय॥ ४१

चौ ॥अबध होएगी फिर से खुशाला । रघुकुल राम बनेंगे भुआला॥
सेवा करेंगे तीनो भाई । गुण धाम राम की होगी बढ़ाई॥
केवल दिखेगा कलंक तुम्हारा । पछतावा मेरा प्राण निकारा॥
अब वही कर जो तुझको भावे । मुझसे ओट शीघ्र हो जावे॥
आज से नहीं तुम पत्नी हमारी । तेरा नाता तोड़ मैं डारी॥
अभागिन तू पछताय अगारी । दांत हेतु तू गाय है मारी॥
जब तक जीवन मेरा शेषा । कभी न बोलना तुम इस भेषा॥
नृप ने कहा करोड़ों बारा । तू क्यों सर्वनास है पुकारा॥
गिरे भूप कह जमी यही बाता । केकैयी चुप मनो प्रेत जगाता॥
भूबिकल जप राम के नामा । जैसे बिहग कोई बिनु पर जाना॥
सोचत मन नहि होय सबेरा । राम को कोय नहीं बताय घनेरा॥
रघुकुल गुरु आप प्रभु भानू । यदि भये उदय पीड़ा होय जानू॥

दोहा ॥कैकेई की कुटिलता । और दशरथ का प्यार॥
दोनों की सीमा रची । विधि ने करके बिचार॥ ४२

चौ ॥बिलख-बिलखकर बीती राता । सबेरा होत शंख ध्वनि आता॥
बीना बाँसुरी द्वार सुनायी । नगर भाट विरुदावली गायी॥
आयी आवाज थी नृप के काना । भूप को आज ये तीर समाना॥
मंगल गान न नृप को सुहाई । आभूषण सती व्रता न भाई॥
नींद न उस रात काहु को आयी । दरश राम उत्साह दिखाई॥
सचिव आदि आये नृप द्वारा । सूर्योदय हुआ भीड़ अपारा॥
अवधपति अभी उठे न दिखाई । नहीं कोई कारण समझ था पाई॥
पहले पहर नृप सदा थे जागत । आज बड़ा ही अचरज लागत॥
हे सुमंत्र तुम नृप को जगाओ । ले उन आज्ञा हमको सुनाओ॥

दोहा ॥राजमहल में सुमंत्र जी । कीन्हा जब था प्रवेश॥
दृश्य देख देते भये । जिम आपदा विशेष॥ ४३

चौ ॥लगता महल मानो खा जाई । बिपति बिसात डेरा था दिखाई॥
पूछत कोई नहीं उत्तर दीन्हा । कैकेयी महल प्रविश फिर कीन्हा॥
कर वंदना बैठ सर नाई । देख भूप दशा सूख थे जाई॥
व्याकुल दशरथ भूमि पराई । मानो कमल उखार गिराई॥
सुमंत्र सभय कुछ पूछन पाई । अशुभ रूप कैकेई थी बतायी॥
नृप को नींद न रात को आयी । कारण केवल प्रभु ही बतायी॥
राम राम वे रात भर रटना । पर किसी को भेद वे नहीं कहना॥
लेउ राम को तुरंत बुलाई । तब सब बातें पूछेउ आयी॥
नृप रुख रख सुमंत्र चल दीन्हा । साजिश कैकेई समझ वे लीन्हा॥
चिंता गहन चला नहि जाई । राम बुलाय नृप क्या कह चाही॥

दोहा ॥धर धीरज थे सुमंत्र जी । आयुय चलकर द्वार॥
सकल लोग उन्हें घेरते । दिखते मन वे मार॥ ४४

चौ ॥समझा बुझा सबे चले सुमंता । आये जहाँ थे रघुकुल कंता॥
देखा राम सुमंत्र पधारा । दे आसन पिता सम बैठारा॥
दरश बाद नृप आज्ञा बतायी । चले रघुकुल मणि साथ लिबायी॥
जाते सचिव संग रघुराई । जो देखे सबे चिंता सताई॥

राम को दृश्य वहाँ था दिखाई । घायल हो मनो भूप गिराई॥
जैसे सिंघनी सामने पाई । कोई गज बृद्ध जमी गिर जाई॥
ओंठ सूख नृप अंग था जलता । मानों मणि बिना सर्प बिकलता॥
क्रोधित पास में कैकेई दिखती । जैसे मौत घड़ी रही थी गिनती॥
सरल स्वभाव राम करुणामय । अंग अंग जिन दिखते दयामय॥
सहज स्वभाव सदा मृदु बचना । दीन दुखियों को हृदय में रखना॥

दोहा॥राम की जगह यदि अन्य कोय । देखता दृश्य ये आय॥
करता क्रोध कैकेई पर । ताड़न करता उपाय॥४५

चौ ॥पर प्रभु सहज से दीन दयाला । रोम-रोम आनंद निराला॥
आनंद सागर राम सुभाया । प्रथम बार यह दुःख दिखाया॥
वे धीरज मूर्ती साछाता । पूछी बात मातु क्या ताता॥
पिता के दुःख कारण को बताओ । जेहि विधि जाय उपाय सुझाबो॥
अधिक प्रेम नृप तुमसे होई । कारण उनकी दुर्दशा सोई ।॥
दोय वर मुझे आश्वाशन दीन्हा । मुझे जो भाया माँग सो लीन्हा॥
वह सुन भूप शोकाकुल भयऊ । छोड़न तुमको नहीं वे चहयू॥
इधर पुत्र का प्रेम सताया । बचन टूट उत धरम गवाया॥
शंकट भूप के अम्मुख आना । तुम केवल कर सकते निदाना॥
आज्ञा नृप की सर पर धारो । और उनको संकट से उबारो॥

दोहा ॥बिना झिझक कटु बोलती । कटुता स्वयं लजाय॥
जीभ बानी मानों धनुष थी । बचन बाण से चलाय॥ ४६

चौ ॥बचन बान दशरथ पे चलाती । कोमल नृप को शिकार बनाती॥
सारी घटना राम को बतायी । कठोरता रानी रूप धर आयी॥
धनु सायक यह रूप सम्हारा । होके निठुर नृप को संघारा॥
रघुकुल श्रेष्ठ को रही सुनायी । बैठी मानो निठुरता दिखाई॥
श्री राम जो मूर्ति आनंदा । सहज मुस्कान भानुकुल कंदा॥
जिनमें नहीं कोई दोष दिखाता । आभूषण मृदुभाषी कहाता॥
कहा कैकेई से मृदु मुस्काई । यह तो मातु छोटी बात दिखाई॥
मातु वह भाग्यवान सुत रहता । बचन मातु पितु पालन करता॥
जो पितु मातु को दे संतोशा । देव भी उस पर करते भरोसा॥

दोहा ॥ऋषि मुनियों से मिलन होय । बन में हित ये दिखाय॥
आज्ञा पिता की धार कर । सहमति मातु बनाय॥ ४७

चौ ॥इस से होय सब भांति भलाई । पालन कुछ न दिखे कठिनाई॥
भरत प्राण प्रिय मेरे भ्राता । बने राजा सब विधि सुख दाता॥
फिर भी अगर नहीं बन जाऊ । तो यह रघुकुल वंश लजाऊ॥
त्याग कल्प तरु पूज अडूसा । और अमिय तज विष को सहूजा॥
यदि ऐसे मूरख भी दिखाई । मातु वे भी छन ये न गमाई॥
मातु ये केवल चिंता सताई । क्यों पिता दुखी समझ नहीं पाई॥
छोटी बात क्यों पिता दुखारी । विश्वास न इस पर होय महतारी॥
धीर वीर गुण निधि हे नरेशु । कोय अन्य अपराध मैं किये विशेशु॥
जिस से नृप दिखते हे रिशाना । नहीं बोलते पड़त दिखाना॥
मातु मैं अपनी शपथ दिलाता । सत्य बताओ होय जो बाता॥

दोहा ॥सीधी सहज रघुवर कहत । रानी को टेढ़ दिखात॥
जैसे जोंक जल में सदा । टेढ़ी चलती जाय॥ ४८

चौ ॥पर सुने रामचन्द्र के बचना । जो थे सहज रूप सुख लगना॥
भावना श्री राम पहिचानी । कैकेई कपट स्नेह दिखानी॥
शपथ भरत की और तुम्हारी । राम से कहा भरत महतारी॥
अन्य न कारण नृप दुःख होई । जहाँ तक समझ मेरी यही सोई॥
राम न तुम अपराधी दिखाई । मातु पिता बन्धु सुख हो दिलाई॥
सत्य राम वही तुम जो बताया । बचन मातु पितु तुम अपनाया॥
हमें जो कहा वही पिता समझाओ । चौथेपन अपयश न कमाओ॥
बलि जाऊ तुम सम सुत पाये । नृप के पूर्व पुण्य हे दिखाए॥
उन पुण्यों न निरादर करना । झूठ के अपयश से उन्हें बचना॥

दोहा ॥कैकेई मुख से शुभ वचन । ऐसे पड़ते दिखाय॥
तीर्थों में गया शुभ सदा । मगध में पड़ता आय॥ ४९

चौ ॥कैकेई वचन राम को सुहाई । जिम सभी जल गंगा मिल जाई॥
इसी समय नृप मूर्छा भगाई । पलती करवट पड़े दिखाई॥
राम आगबन सचिव बताया । अनुकूल समय सिर उनको झुकाया॥
सुना नृप ने जब राम है आया । धैर्य धार वे नैन खोल पाया॥
मंत्री सँभाल के उन्हें बैठारा । चरण परत थे राम को निहारा॥
होके बिकल हिय राम लगाई । जिम खोयी मणि साँप हे पाई॥
चितबत दशरथ राम की ओरा । नैनों बहत जल प्रेम बिभोरा॥
अति शोकाकुल कहत न पाई । बार-बार सुत हृदय लगाई॥

दोहा ॥नृप हैं मनाते ईश को । जाय न बन को राम॥
फिर शिवजी को ध्यान कर । कहते हे भगवान॥ ५०

चौ ॥शीघ्र प्रसन्न आप हो जाया । जिसने जो माँगा वही पाया॥
हमको अपना दास समझना । और मेरे सब दुखों को हरना॥
सबक हृदय बस करते प्रेरणा । बसी के राम हिय उसको बदलना॥
तज दें वचन मेरा घर नहि त्यागे । शील स्नेह न ध्यान लगावे॥
मिले सुयश या यश को मिटाऊँ । देव लोक या नरक में जाऊँ॥
कठिन हो दुःख सबको समझाऊँ । पर श्री राम ओट सदा पाऊँ॥
यही सब मन में बिचारत राजा । राम से प्रेम दिखाय समाजा॥
एसा सोच मन डोलत नृप का । जैसे हिलता पातु पीपर का॥
पिता को राम प्रेमबस जाना । मातु कहन कुछ ये अनुमाना॥
अगर मातु वही बात दोहराई । पिता हृदय में वह चुभ जाई॥
ऐसी परिस्थिति राम बिचारा । पितु से प्रेम वचन ये उचारा॥
देखो राम स्वभाव ऊँचाई । अहित चाहते उन्हें भी बचाई॥
छमऊ मेरी गलती हे माता । यदि कुछ कहूँ जान लरिकाता॥

दोहा ॥बात बहुत लघु दीखती । पर तुम्हें दुःख अपार॥
मुझे बताया नहि किसी । आपके दुःख का सार॥ ५१

चौ ॥देख दुखी पितु पूछ माता सो । सुन घटना प्रसन्नता दिल सो॥
जान सुसमय प्रसन्नता छाई । मंगलमय अवसर है आयी॥
कौन है इतना सहज संसारा । राज तिलक तज बन जो सम्हारा॥

हे पितु आयुष दीजै बन को । हुए पुल्कायवान उस क्षण को॥
भाग्यवान वह सुत संसारा । जिसके चरित सुन पिता सुखारा॥
धर्म अर्थ मोक्ष व कामा । उसी के हाथ करें बिश्रामा॥
जिसको मात पितु प्राण समाना । चारों पदारथ भी है कमाना॥

दोहा ॥मातु से आज्ञा माँग लूँ । फिर आऊ आपके पास॥
चरनन शीश नमायकर । चलूँ वन ले संन्यास॥ ५२

चौ ॥यह कह राम मातु पे गमना । भूप शोक बस नहीं कुछ कहना॥
खबर यह पूरी नगर फैलाई । छुअत डंक बीछी चढ़ जाई॥
जिसने सुना वह विकल हो भारी । जिम दावानल बिटप उजारी॥
जिसने जहाँ भी थी सुन पाई । पीटत सर धीरज न दिखाई॥
सूखे मुँह लोचन झर पानी । हृदय दर्द न जाय समानी॥
मानो करुणा रस गया छाई । और आक्रमण अबध कराई॥

दोहा ॥अनुकूल परिस्थिति सबै थी । राम बनेगे भुआल॥
पर विधि को मंजूर नहीं । कैकेई मेटी तत्काल॥ ५३

चौ ॥सभी कैकेई को देते दोषा । दिखते देवता सदा अदोषा॥
देव स्वार्थ यहाँ चल आयी । अबधवासी जिसे देख न पाई॥
पापिन सभी कैकेई को बताया । काहु न देव दोष लगाया॥
कहते सभी क्या सूझती रानी । छय भवन को आग लगानी॥
आँख निकार जो देखन चाहत । अमिय फेंक विष को है चाहत॥

दोहा ॥बैठी रानी पेड़ जिस । उसी को रही वह काट॥
फैली खुशी चौ ओर थी । दुःख का बनाया ठाठ॥ ५४

चौ ॥राम को सदा प्राण सम माना । कारण कौन कुटिलता आना॥
सत्य बात स्त्री ये स्वभाऊ । अपना भेद बतात न काऊ॥
हैं परिवार सदस्य अनेका । रखती प्रेम एक से एका॥
नहि अहिसान किसी को जताती । और नहीं उपकार दिखाती॥
अगर क्लेश है उस पर आयी । बिना जताए उसे पी जाई॥

लाख गल्तियाँ पति यदि करता । और एक छन प्रेम प्रकटता ॥
तो सब गल्तियाँ देत भुलाई । हृदय खोल पति संग हो जाई ॥
अतः इस जग को नहीं दिखाना । स्त्री का रहस्य जो जाना ॥
निज प्रीतिबिम्ब मध्य दिन आयी । पैरों तले पकड़ता दिखाई ॥
किन्तु स्त्री के प्रेम गहराई । नहीं किसी छण थाह लिया जाई ॥

दोहा ॥स्त्री संग कोई गल्तियाँ । करता बारंबार ॥
जहाँ तक भी संभव बने । वह उलट न कर व्यवहार ॥ ५५

चौ ॥क्योंकि बह सदा सोच ये रखती । करूँ प्रतिक्रिया नाव हे रुकती ॥
अतः बिसार गलतियाँ सबकी । मार्ग पर आगे बढ़ती दिखती ॥
आग में ज्वलनशीलता दिखाई । जो उस आबे भस्म कर जाई ॥
स्त्री रख इस से बड़ी ज्वाला । सबकी कुदृष्टि भस्म कर डाला ॥
सड़क पर जब वह बढ़ती जाती । कितनी कुदृष्टियाँ उस तक आती ॥
सबको भस्म वह करती दिखाई । और निज लक्ष्य पे पहुँच ही जाई ॥
सागर के नहि नपे गहराई । जो उस जाता तुरंत समाई ॥
स्त्री भाव दिखे बड़ा गहराया । नहीं कोई इसको समझ हे पाया ॥
पति में कोई कुचाल दिखाई । समझाए तो बात बिगड़ायी ॥
चुपके करत वह उपाय अनेका । उठाती कदम बह बड़े विवेका ॥

दोहा ॥सही मार्ग पति आय जब । शान्ति श्वास तब लेत ॥
पति के भूलती दोष सब । निज की गहराई में सेत ॥ ५६

चौ ॥काल के गाल में सभी हैं समाई । कोई न इस से बच है पाई ॥
स्त्री संग कटु बहु व्यवहारा । देखे जात हे कई परिवारा ॥
पर जब समय बीतता दिखाई । दुर्व्यवहार मिटात बह जाई ॥
बदला लेना स्त्री न सोचत । मौका पाय पुरुष है दबोचत ॥

दोहा ॥अबधवासी यह सोचते । क्या में सुना था काल ॥
विधि ने दिखाया और कुछ । रखा बह जो सम्हाल ॥ ५७

चौ ॥कुछ कहें भूप है गलती कीन्हा । दो वरदान कुपात्र को दीन्हा॥
बचन को पूरा कारण हठ ठानी । शंकट निज को लिए बुलानी॥
स्त्री के बस नृप हो जाना । और निज के गूढ़ ज्ञान भुलाना॥
कोई पुरुष जो धरम पहिचाना । दोष न वे राजा को लगाना॥
कहते शिवि दधीचि की कहानी । बचन राख जो स्वयं मिटानी॥
पर जो पर्दा पीछे होई । नहीं देख सकता था कोई॥
अंधे देवता स्वार्थी दिखाई । कैकेई को रहे दोष लगाई॥
भरत की सहमति कुछ ने बताई । उदासीन कुछ पड़ते दिखाई॥

दोहा ॥भरत को दोषी इक कहा । कोई विश्वास न कीन्ह॥
मूँद आँख उसे कोसते । दाँतों जीभ दबा लीन्ह॥ ५८

चौ ॥निर्दोष भरत को दोषी बताया । तो उसने सब पुण्य नसाया॥
राम को भरत हे प्राण पियारा । भरत भी राम को हृदय बैठारा॥
चंद्रमा अग्नि प्रकट कर सकता । अमृत चाहे विष के गुण दिखता॥
पर सपनेहु न भरत प्रतिकूला । अतःअसत्य दोष यह समूला॥
एक विधाता दोष बताया । अमृत दिखा के जहर दिलाया॥
खलबली पूरे नगर दिखाई । सभी को गहरा सोच हो जाई॥
हृदय में पीड़ा जलन मचाई । उत्साह और आनद मिट जाई॥
ब्राम्हण वधुएँ कुल की जिठानी । नजदीक रही कैकेई की बतानी॥

दोहा ॥कैकेई को समझाय ये । सराह के उसका शील॥
पर रानी नहि समझ कुछ । ये वचन तीर मनो भील॥ ५९

चौ ॥कैकेई को रही याद दिलाई । एक दिन तुम रही हमको बतायी॥
राम हे तुमको भरत समाना । कई बार तुम कहा जग जाना॥
सहज प्रेम तुम राम से करती । उनमें आज कौन दोष हो देखती॥
सौत स्वभाव न तुम में दिखाई । तुम्हरी प्रीति सब देख हैं पाई॥
आपका क्या कौशल्या बिगारी । बज्र सामान तुम नगर पे डारी॥
सीता पिय बिनु अबध न रहई । और राम बिनु लखन न रुकई॥
भरत न राज भोग बिनु रामा । दशरथ प्राण राम बिनु जाना॥

ये सब किया कैकेई रानी । छोडो शोक कलंक् निशानी॥
भलेहि भरत को बनाओ राजा । क्यों बनवास राम के काजा॥
राज सिघासन राम न प्यारा । धर्म धुरीन विरक्त संसारा॥

दोहा ॥रानी यदि शंका तुम्हें । भरत राज दौरान॥
बिघ्न राम जी डार है । नृप से माँग वरदान॥ ६०

चौ ॥राम गुरु ग्रह करेंगे निबासा । चौदह बरश जो राम बनवासा॥
रानी माँ यदि ये न सुझाबा । कुछ भी हाथ तुम्हारे न आबा॥
यदि ये सब करती परिहासा । शीघ्र प्रकट कर मतों निराशा॥
राम सामान पुत्र बनवासा । जो भी सुने वह होय निराशा॥
रानी उठो वेग वही कीजै । जेहि विधि चिंता कलंक नसीजे॥

छंद॥जेहि भाति ये अन्याय मिटि । रानी उपाय वह कीजिये॥
जिद छोड़ के बनवास की । वरदान दूसर लीजिये॥
सूरज बिना क्या दिन दिखे । और प्राण बिनु क्या देह है॥
चंदा बिना शुभ रात नहीं । और राम बिनु नहि देश है॥

छंद॥जिस घर में बास न राम कर । कैसे वह घर कहिलायेगा॥
जिस देह में बसता न वह । पाषाण सम दिखलायेगा॥
रखता में जो हिय में राम को । वह पुष्प सम खिलता दिखे॥
भजता हो उसका नाम जो । सुख जग के सारे वह चखे॥

दोहा ॥जो भजता श्री राम को । सहज सुभाऊ बन जात॥
क्योंकि सहजता मूर्ति वे । जसकरन भी वही पथ आत॥ ६१

दोहा ॥कैकेई दोष न दीजिये । उस पर करो न बहस॥
बनवास राम जो माँगती । दिखता उसमें रहस्य॥ ६२

चौ ॥कैकेई राम से प्रेम अपारा । बात ये जानत सब संसारा॥
प्रेम राम में कोई लगाता । सारे दोष उसके मिट जाता॥
फिर न दोष कैकेई लगाऊँ । घटित हुआ उसे खोज बताऊँ॥

पहले देवता हुए थे साजा । कैसे कैकेई बुद्धि करे काजा॥
पर वह प्रीति राम से करती । फिर नहि किसी की उस पर चलती॥
तब मन्थरा शिकार बनायी । देवों की उस पर चल जाई॥
क्योंकि कपट कूट जो रखता । नकारात्मक कृत्य है करता॥
मन्थरा में ये सदा गुण पाई । मत देवों निज स्वार्थ कराई॥
कुबरी करे प्रयास अपारा । बहुत देर तक पार न पारा॥
कैकेई पिता बीज था बोया । जब दशरथ से शादी संजोया॥
अयोध्यराज सुत कैकेई का बनना । इसी शर्त शादी थी करना॥

दोहा ॥इसी बीज को मन्थरा । सींचत कपट बिचार॥
देवों ने भी मदद की । स्वार्थ वृक्ष तैयार॥ ६३

चौ ॥इसके अलावा यह सूनी जाई । क्यों कैकेई बनवास भिजाई॥
बचपन राम कौशल्या दिखाया । अपना विराट रूप बतलाया॥
वैसे हि कैकेई को भी बताई । मातु देव हित तुम्हीं कर पाई॥
देव धर्म हित अपयश धारों । मेरे अवतार का लक्ष्य संहारों॥
राजतिलक जब हो तैयारी । करके मदद मेरा काम सम्हारी॥
माँगना नृप से निज वरदाना । और हमें बनवास भिजाना॥
देंगे अपयश जग बुद्धिहीना । फिर सब समझ सकेंगे प्रवीणा॥

दोहा ॥कुछ ही दिनों उपरांत सब । समझेंगे लक्ष्य अवतार॥
फिर तुम्हें दे सम्मान वे । हृदय से करके बिचार॥ ६४

चौ ॥देवो धर्म हित रानी बिचारा । लेने अपयश हुई तैयारा॥
वरदान का नाटक सब वह रचाई । विधवा होंन तैयार हो जाई॥
अतः नही कैकई का दोशा । राम पे करना होगा भरोसा॥
कैकेई सखियाँ बहुत समझाया । सोचा शायद समझ वह जाया॥
अंदर बात न कोई जानी । क्यों कैकेई गयी थी रिसानी॥
बनवास राम का जो परिणामा । कैकेई पहलेहि लिया अनुमाना॥
सखियों दीन्ह उसे जब समझाई । नहीं वह समझ क्रोध थी दिखाई॥
सोचे सखी कुटिल भई रानी । कारण क्रोध समझ न पानी॥

दोहा॥जो सखी उसे समझात थी । बाघिन सम उनको टेक॥
चितवन ऐसे लग रही । मृग को शेरनी चपेट॥ ६५

चौ ॥असाध्य रोग ग्रस रानी दिखाई । छोड़ आस सब वहाँ से जाई॥
सोचती कैकेई भई अभागिन । राज करत सब सुख रही त्यागिन॥
जो कैकेई कर नहीं कोय कीन्हा । बिलपत नर नारी थे प्रवीणा॥
प्रजा जन सब गालियाँ सुनाबहि । क्रोध से जर ले रहे उसासहिं॥
सोचे राम बिनु नहीं जी पाँऊ । रघुकुलमणि बिना मरत दिखाऊँ॥
बिना राम प्रजा बिकल हो जाई । जैसे मत्स्य बिनु जल अकुलाई॥
नगर निवासी दुखी हो जावा । कौशल्या पे राम थे आवा॥
राम प्रसन्न उत्साह अपारा । बन मारग हो गया उजारा॥
जब उन्हें राज तिलक था दिखाया । चिंता में थे राम सताया॥

दोहा ॥राम रहे यह सोचते । चारों भ्रात सदा साथ॥
अभिषेक हो केवल ज्येष्ठ का । उनको नहि था भात॥ ६६

चौ ॥अब आदेश कैकेई का होना । मौन सहमति है पिता भी दीन्हा॥
जाओ चौदह बरस बनवासा । भरत को राजा बनाने आशा॥
इस कारण दिखें राम प्रसन्ना । जब कि दुखी नर नारी विभिन्ना॥
राज तिलक सुन बेड़ियाँ दिखती । जैसे कैद नए हाथी पड़ती॥
और बनवास सुना जब काना । बंधन मनो टूट सब जाना॥
आनन्दित हैं पड़ते दिखाये । आज्ञा बन की लेन प्रभु आये॥
दोनों हाथ जोड़ पद माथा । आये मातु पर रघुकुल नाथा॥
मातु आशीष दीन्ह बहु भाती । हृदय लगाय न प्रेम समाती॥
किये न्योछावर वस्त्राभूषण । शोभा जाय न सकती निरूपण॥

दोहा ॥कौशल्या माँ चूमती । मुख श्री राम बहोर॥
पुलकायमान तनु मातु का । नयनन जल से सबोर॥ ६७

चौ ॥गोद बैठा उन्हें हृदय लगाया । स्तन प्रेम दूध भर आया॥
प्रेम प्रमोद मातु बढ़ जाई । जिम कुबेर पद रंक ने पाई॥
राम का मुख मण्डल थी निहारी । सुत से मधुर वचन थी उचारी॥
कब है पुण्य लग्न सुखदाई । मै बलि जाऊँ मुझे भी बतायी॥
पुण्य न शील की समा दिखाई । जीवन सफल जो मेरा कराई॥
नगर बासी जिसे सुन के सिहाई । हो व्याकुल सब आस लगाई॥
जैसे चटक चातकि रटना । आशा स्वाति नक्षत्र की करना॥
जाऊ बलि सुत करो स्नाना । फिर जो भाय मिष्ठान को खाना॥

दोहा ॥तब समीप पितु जाओ सुत । बैसेहि विलम्ब दिखात॥
अनुकूल वचन माता कहत । प्रेम न हृदय समात॥ ६८

चौ ॥पुष्प कल्प तरु वचन सुहाना । जिनमें शहद सुख रूपी समाना॥
लक्ष्मी रस वचनों में भराई । भँवर रूप मन राम न भाई॥
फिर पितु पास जाऊ सुन रामा । जिससे नहीं विलम्ब हो जाना॥
धरम धार गति धर्म पहिचानी । कही राम तब मधुर ये बानी॥
वन का राज मुझे पिता हे दीन्हा । शुभ हमको यह हमने चीन्हा॥
आप भी मुझको दीजै आज्ञा । कानन हमको बने सुकाज्या॥

दोहा ॥मुद मंगल कानन बने । दीजे मातु ये आशीष॥
पुत्र प्रेम बस मत डरे । विनय राम धरें शीश॥ ६९

चौ ॥चौदह बरस काट बनवासा । आज्ञा पिता की पाल सुपासा॥
इसके बाद करूँ दर्शन माता । धारो धैर्य मलीनता जाता॥
मधुरवाणी सुन सहमी दिखाई । जिम जवास वर्षा जल पाई॥
हृदय शोक माँ कही न जाई । जिन नाहर सुन हिरणी डिराई॥
नयन सजल होय कांपन लागी । जल बिनु मत्स्य प्राण जिम त्यागी॥
धैर्य धार माँ सुत को देखी । बचन कहत गद गद हो बिशेखी॥
तुमसे प्रेम पिता को अपारा । तुम्हरे काज से जात सम्हारा॥
शुभ घड़ी राज तिलक दिखबायी । केहि कारण बाधा यह आयी॥

दोहा ॥पुत्र हमें बतलाएये । किसने बिघ्न ये डार॥
रहा कौन बन भानु कुल । मंगल सब दिए बिगार॥ ७०

चौ ॥सचिव पुत्र तेहि समय था आया । संकेत राम के बह था बताया॥
सुनी कौशल्या पूरा प्रसंगा । होके मूक वह हो गयी दंगा॥
रोक राखि या आयुष देई । बिगड़त दोउ भाति बनेयी॥
मिलन था अमृत विष मिल जाई । ईश्वर निर्णय जान को पाई॥
एक तरफ है धरम दिखाता । स्नेह परंतु अलग बताता॥
किधर जाऊँ रास्ता धुंधलाई । छछूंदर जैसे साँप मुख आयी॥
सुत न भेज यदि नृप को बताऊँ । धर्म जाय अपयश को पाऊ॥

दोहा ॥यदि कहुँ मैं भी जाऊँगी । वन में राम के साथ॥
दिखती इसमें हानि बहु । संकट रानी को दिखात॥ ७१

चौ ॥पतिव्रत धर्म कौशल्या भाया । राम भ्रात दोउ सम है दिखाया॥
मातु सरल है स्वभाव दिखाई । पितु आज्ञा सर्वोच्च बताई॥
सौत से द्वेष स्वभाविक होई । कौशल्या मिथ्या कर देई॥
राम या भरत कोई बने राजा । नहि दिखता हमें कोई अकाजा॥
भारत भूमि ऐसी स्त्रियाँ जायी । स्वभाविक दोष जिनमें न दिखाई॥
लेश मात्र दुःख मातु न होई । राज्य जगह बनवास जो देई॥
मुझे क्लेश है इसमें दिखई । भरत व नृप बिनु राम न रहई॥
सरल स्वभाव मातु कौशल्या । बड़ी ऊँचाई दिखती दिव्या॥
सत्ता सुख किसे नहीं है भाता । देवी देव या मनुज हो आता॥
बड़ा क्लेश ये सुख है कराया । इतिहास उठा मैं देख ये पाया॥
बड़ा बलिदान राम माँ कीन्हा । स्त्री सिर ऊँचा कर दीन्हा॥

दोहा ॥तीनों लोक में नहीं दिखा । जो कर ये बलिदान॥
राम की माता जो किया । स्त्रियों का दिखा उत्थान॥ ७२

चौ ॥आगे मातु कौशल्या बताया । यदि आदेश पिता से पाया॥
तो नहि बन को जाओ हे ताता । क्योंकि बड़ा पद होता माता॥
अगर मातु पितु दोनों कहयू । तो बन कोटि अबध सम लहयू॥
बन देवा हों पिता समाना । बन देवी माता सों दिखाना॥
खग मृग जीव आदि जो होई । सब सेवकायी करेंगे तोई॥
हर नृप अंत समय बनवासा । पर किशोर को बनता हताशा॥
बन को भाग्यशाली मैं बताऊँ । अबध अभागा हुआ दिखाऊँ॥
जिसे नृप मिलना राम समाना । राज तिलक नहीं उसे हो पाना॥

दोहा ॥हे पुत्र राम यदि मैं कहू । मुझे भी ले चलो साथ॥
होगा तुम्हें संदेह तब । भेजन में माँ है दुखात॥ ७३

चौ ॥पुत्र हो तुम सबके बड़े प्यारे । प्राणों से भी प्रिय हिय धारे॥
तब कैसे कहूँ बन को पधारो । फिर पछताय बैठ के बिचारो॥
यह बिचार हठ शीघ्र छुडाऊँ । झूठे स्नेह न तुमको दिखाऊँ॥
मातु का नाता सदा निभाना । सूरत मेरी भूल मत जाना॥
पितर व् देव करेंगे हिफाजत । पलक नयन रखे ये दिखावत॥
चौदह बरस अबध जिम पानी । बन्धु मित्र मत्स्य जिम जानी॥
ऐसा बिचार के हृदय में रखना । जिससे सबै जीवित सक दिखना॥
सुख से वन को पुत्र तुम जाओ । अबधवासियों अनाथ बनाओ॥

दोहा ॥आज सभी के पुण्य है । कल है काल समान॥
बिकल होय सब रोयेंगे । हुआ विधाता बाम॥ ७४

चौ ॥करती विलाप कौशल्या रानी । राम के चरण में थी लपटानी॥
अभागिन स्वयं को रानी माना । करें विलाप दुसहः दुख आना॥
मातु उठाय राम हिय लाबा । मृदुल वचन कह बहु सम्झाबा॥
यह सब समाचार सिय पाई । सुनके प्रसंग बहुत अकुलाई॥
मातु कौशल्या पर बह आती । शीश झुका चरनन बैठ जाती॥
मीठे स्वर से सासु आशीषा । सुकुमार देख चिंता हो बिशेशा॥
सिर को झुका सिय सोच बिचारी । पति का प्रेम व् रूप सुखारी॥
पति के साथ बन चलना चाहूँ । कौन से पुण्य साथ मैं पाऊँ॥

दोहा ॥सदेह प्राण संग जायंगे । या संग केवल प्राण॥
ईश्वर लीला नहीं दिखे । क्या चाहत भगवान्॥ ७५

चौ ॥नख चरणों से करोड़े धरती । नूपुर से मधु ध्वनि थी निकलती॥
मानो प्रेम ध्वनि बिनति दिखाई । मातु सीय पग नहीं बिसराई॥
नीर स्रवत नैनों से दिखाई । बोली मधुर राम की माई॥
सुनहु राम सिय अति सुकुमारी । सास ससुर परिवार पियारी॥
राज सिरोमणि जनक महाना । ससुर भानुकुल भूषण जाना॥
पति रघुकुल कैरव सब जाना । जो गुण रूप के शील निधाना॥
सीता सम पुत्रवधू मैं पाना । यह भी राम सम गुणों दिखाना॥
पुतली नयन सम हमें ये पियारी । प्राणन सम ये जानकी दुलारी॥

दोहा ॥कल्प लता की बेलि सम । बहु विधि लाड़ से राख॥
स्नेह रूप जल सींचकर । पौढ़ाया निज शाख॥ ७६

चौ ॥फूलत फलत समय है दिखाया । विधि तेहि समय बाम हो जाया॥
किस परिणाम समय ये आया । प्रभु इच्छा कोई जान न पाया॥
सदा पलंग तथा गोद हिंडोरा । तज के कदम नहीं जमी कठोरा॥
संजीवनी जड़ सम मैं रखाया । दीप बाति भी नहीं बदलाया॥
वही सीता बन चलन को कहहू । रघुकुल नाथ का आयुष चहहू॥
चंद्र की अमिय किरण जो सम्हारी । सूर्य किरण वह चाह निहारी॥
दुष्ट जंतु जैसे शेर व हाथी । बन बिचरे निशचर निज साथी॥
विष वाटिका जहाँ पर होई । वहाँ किम मूर संजीवनी सोई॥

दोहा ॥बन में कोल किरात बसि । जो नहीं विषयों भोग॥
संजीवनी क्या रह सके । विष वाटिका के जोग॥ ७७

चौ ॥इनका सहज कठोर स्वभाव । इन्हें न कानन दुःख हे सताहू॥
कानन बसती ऋषि पत्नियाँ । करती तप पति संग बड़ी खुशियाँ॥
आयीं बन में त्याग सब भोगा । अतः न सताए बन के रोगा॥
बंदर चित्र भी सिय को डराता । बनवास सिया सम्भव न दिखाता॥

मानसरोवर हंस बसाई । नहीं तालाव में वह रह पाई॥
तुरत बिचारों सारी बाता । फिर बतलाओ हमें जो भाता॥
वैसेहि सीख मैं सिया को देई । होय कल्याण कठिन दिन जेई॥
महल में अगर सीय रह जाती । कह माँ हमें सहारा दिखाती॥
मातु वचन सुन कह रघुबीरा । शील स्नेह सुधा धर धीरा॥

दोहा ॥विवेक सहित प्रिय वचन कह । संतोष दिलाया मातु॥
फिर सिय को समझात वे । कानन कष्ट सुनातु॥ ७८

चौ ॥मातु सामने सिय समझाई । लाज लागे पर समय दिखाई॥
मै जो कहूँ ध्यान सुनो सीता । अन्यथा अर्थ न लेना प्रणीता॥
हित मेरा और दिखता तुम्हारा । बचन मान तुम घर को सम्हारा॥
आयुष मेरा सास करो सेवा । दिखे भलाई पाओ जग मेवा॥
धरम न दुजा बड़ा दिखाना । सास ससुर सेवा कर पाना॥
मातु याद जब मेरी करेगी । प्रेम बिबस मत भोरी बनेगी॥
तब उन्हें बीती बात सुनाना । हें प्रिय धेर्य हे उनको बधाना॥
शपथ मैं अपनी खाऊँ शत बारा । मातु पास सदा हित ये तुम्हारा

दोहा ॥धर्म सम्मत यह सीख तुम्हें । क्लेश सभी मिट जाय॥
गालव नहुष थे हट किये । शकट बहुत वे पाय॥ ७९

चौ ॥नहुष ने देव राज पद पाया । पालकी शप्त ऋषियों को जुताया॥
हठ इंद्राणी प्राप्त को कीन्हा । शप्त ऋषियों जुत पालकी लीन्हा॥
शीघ्र चलन शप्त ऋषियों कहता । निज हठ आगे उनकी न सुनता ।
तब ऋषियों ने शाप दे दीन्हा । बना सर्प पृथ्वी भेज दीन्हा॥
हठ करने फल नहुष था पाया । उसमें भलाई किसी न दिखाया॥
पूरा करके पिता का वचना । हे प्रिये शीघ्र वापिस मैं लौटना॥

दोहा ॥चौदह वर्ष की अवधि को । बीत न लागे देर॥
मोर सिखाब हृदय धर । बन को चलूँ मैं सबेर॥ ८०

चौ ॥यदि प्रेम बस सीख न मानी । तो परिणाम भयंकर आनी॥
घोर धूप, बारिश, हिम पानी । धूल घाम व भयंकर आँधी॥
काँटे कांकर मारग होई । उपाहने पैर चलना पड़े सोई॥
कमल समान कोमल पग सिय के । दुर्गम राह घिरे पर्वत से॥
खोह गुफाएँ नदियाँ उफना । जिनकी तरफ देख न सकता॥
रीछ, शेर, हाथी व भेड़िया । सुन दहाड़ उन धैर्य भगिया॥
पृथ्वी पर पड़ना है लेटना । बल्कल वस्त्रों को है पहिरना॥
भोजन कंद मूल फल मिलना । वह भी उपलब्ध सदा न रहना॥
भयानक निसिचर घूमें दिखाई । जो जीवित मानव खा जाई॥

दोहा ॥कपट भेष निशचर फिरें । रूप बनात अनेक॥
जल पहाड़ गिरता दिखे । खोता हुआ विवेक॥ ८१

चौ ॥वर्षा सर्दी ग्रीष्म कराला । कानन संकट पड़े निराला॥
भयानक सर्प व पंछी उड़ाई । निसिचर नर नारी को चुराई॥
धैर्यवान भी देख डिराया । पर प्रिय भीरु तुम्हार स्वभाया॥
हंस गामिनी तुम सिय होई । नहीं बनवास योग्य तुम सोई॥
बन में चलत तुम्हें जो भी देखा । होय अपयश मुझे दोष वे लेखा॥
मान सरोवर अमिय हंसिनी । समुद्र खार न बने संगिनी॥
आम वृक्ष नव कोकिल बासा । कैसे करील पे करे निबासा॥
हृदय बिचार माँ सिय बाता । कानन कष्ट गिने नहीं जाता॥
परिजन गुरु स्वामी की सलहा । जो न मान पछताय उछाहा॥
और सहज जो ये हम देई । नहीं मान तो हानि ही लेही॥

दोहा ॥सुने मधुर पति के वचन । सीता भर आये नैन॥
सुनने में शीतल दिखें । दाहक सम किया बेचैन॥ ८२

चौ ॥सुन सीता भई बड़ी बेचैना । चकई शरद चन्द्र जिम रैना॥
उत्तर देत बनत नहीं सीता । पति स्नेह त्यागी से सभीता॥
बरबस आँसू रोकती नैना । हृदय धीर धारती सुनैना॥
चरण सास गहि जोरे हाथा । छमहूँ धिटाई मोर हे माता॥

स्वामी अभी मुझे सिख देही । हित मेरा उसमें ही होई॥
सब कुछ सुन मन में ये बिचारा । पिय वियोग सम दुख न उचारा॥
करुणासागर प्राण पियारे । ज्ञान बान सुंदर सुख चारे॥
रघुकुल कमल स्वर्ग के समाना । पर बिनु आप ये नरक समाना॥

दोहा ॥भगिनी बन्धु और मातु पितु । परिजन मित्र समुदाय॥
साास सासुर और गुरु भी । होते सब सुखदाय॥ ८३

चौ ॥नेह्जन तथा सब रिश्तेदारी । पति बिना तपते दिखते भारी॥
शरीर संपदा राज पुर धामा । बिना पति सब हे शोक दिलाना॥
बिनु स्वामी सब रोग हे भोगा । आभूषण सब दिखे कुजोगा॥
सारे सुख रहते जग माही । पर बिनु पति सुख कतहूँ नाहीं॥
बिनु आत्मा शरीर न रहई । और बिना जल नदी न कहई॥
बैसेहि नारी बिनु नर जिययी । कोई न उसको पूर्ण है कहई॥
स्वामी सब सुख तुम्हरे साथा । शरद चन्द्र सम दर्शन पाता॥
बन के खग मृग परिजन मानूं । और कानन हो नगर समानू॥
वृक्षों के बल्कल वस्त्र बनाई । पर्णकुटी पत्तों से सजाई॥

दोहा ॥संग आपके वहाँ बसूँ । महल समान वह सोय॥
स्वर्ग के सारे सुख दिखें । दर्शन जहाँ आपके होय॥ ८४

चौ ॥बन देवा बन देवी हमारी । सास ससुर सम साज सम्हारी॥
पत्तों द्वारा बिछोना सजाई । प्रभु संग कामदेव भी लजाई॥
भोजन कंद मूल फल करई । प्रभु के भोग अमृत सम लगई॥
अबध महल बन पर्वत होई । हर छण प्रभु दर्शन कर जोई॥
चरण कमल हर समय निहारी । रहूँ प्रसन्न दिन चकवी जिम न्यारी॥
बन के दुःख प्रभु कहे अनेका । भये संताप बताये विवेका॥
पर वियोग प्रभु दुःख जो होई । बन के दुःख लेशमात्र न जोई॥
प्रभु आप बड़े ज्ञान सुजाना । सारी बात को रखते ध्याना॥
बन में अपने साथ कर लीजै । छोड़ यहाँ परिताप न दीजै॥
बार बार विनती भगवाना । करुणासागर हिय सम जाना॥

दोहा ॥दीनबंधु सुंदर सुखद । शील प्रेम भण्डार॥
बनवास अवधि मुझे साथ ले । छोड़न पर देह न सम्हार॥ ८५

चौ ॥मारग चरण दरश प्रभु होई । मुझे थकावट आन न सोई॥
दरश चरण प्रभु हर छन करही । कैसे थकन देह में रहई॥
हर प्रकार सेवा प्रभु करना । चरण कमल की थकावट हरना॥
धोय चरण तरु छाय बैठाई । करके प्रसन्न प्रभु पंख झलाई॥
मुख मण्डल श्रम स्वेद दिखाना । दर्शन कर मन जाय अघाना॥
फिर निज दुःख न याद कभी आयी । पूरा समय पति सेवा लगाई॥
करके समतल भूमि बनाबा । पत्ते घास फिर उसपे बिछाबा॥
उसपर दासी प्रभु चरण पलोटे । स्वर्ग सामान सभी सुख लूटे॥
प्रभु मूरत पुनः पुनः मैं निहारी । नहि लागे बन गरम बयारी॥
कुदृष्टि न कोई कर प्रभु साथा । सिंह पत्नी खरगोश न हाथा॥

दोहा ॥मै सुकुमारी भोग करूँ । आप जाय तप हेतु॥
कैसे उचित ये बन सके । सुन के टूट सिय सेतु॥ ८६

चौ ॥सीता सुने वचन ये कठोरा । मधुर वचन कहे दुःख में सबोरा॥
मैं वियोग दुःख नहीं सह पाँऊ । इस भीषण दुःख प्राण गमाऊ॥
दशा देख सिय प्रभु ये बिचारा । हठ से छोड़ सिय उसे न गवारां॥
बिरह के दुःख यह प्राण गमाई । फिर उत्तम ये साथ ले जाई॥
रघुकुल मणि कृपाल रघुनाथा । कहा सोच तज चलो बन साथा॥
नहि दुःख करने समय दिखायी । बन को चलन तैयार हो जाई॥
मीठे वचन कह सीय समझाया । मातु चरण छुये आशिष पाया॥
कह माँ बन से शीघ्र ही लौटना । और प्रजा के दुःख को मेटना॥
मै निर्दयी माँ मत बिसराना । बनवास दौरान ध्यान में लाना॥
क्या प्रभु मेरी दशा पलटेगी । सीय राम जोड़ी पुनः दिखेगी॥

दोहा ॥वह घड़ी कब यहाँ आयेगी । जब पूरी हो आस॥
तब सिय सुंदर राम मुख । दर्शन से मिटाऊँ प्यास॥ ८७

चौ ॥इंतजार करूँ उन शुभ घड़ियाँ । जीते जी जब तुम पुनः मिलियाँ॥
आगे समय कब हमें वह दिखाई । बच्छ लाल रघुपति से मिल पायी॥
चाँद सा मुख फिर कब ये दिखेगा । विधि जाने कब छन वह मिलेगा॥
स्नेह मातु का राम निहारी । प्रेम अधीर शब्द न उचारी॥
बहु प्रकार रघुपति समझाया । वर्णन जसकरन न उस कर पाया॥
चरण सास सीता थी झुकाई । अभागिन खुद को रही बतायी॥
सेवा सास ससुर छण आया । देव योग मैं उसको गमाया॥
त्याग के दुःख माँ कृपा सदा करना । कठिन गतीविधि दोष न धरना॥
सीय वचन सुन व्याकुल माता । उनकी दशा बखान न जाता॥

दोहा ॥हृदय लगाया सास ने । सिय को बारं बार॥
धर धीरज सिख दीन्ह तब । आशिष दे गोद बिठार॥ ८८

चौ ॥होबे अचल सौभाग्य तुम्हारा । गंग जमुन जब लग बह धारा॥
आशीर्वाद दिया बहु नाना । चरण कमल पद शीश नमाना॥
सासू दीन्ह शिक्षाएँ अनेका । सीता चली फिर सिर धर टेका॥
जब प्रसंग लक्ष्मण सुन पाया । आये भाग बिकल हो दिखाबा॥
कम्पित तन नैनो बह नीरा । राम चरण गिरे होके अधीरा॥
कह न पातु कुछ खड़े दिखाई । चितबत राम चरण सिर नाई॥
बिनु जल मत्स्य दशा जो होई । लक्ष्मण पड़ते दिखते सोयी॥
सोचते विधि सब काम ये कीन्हा । हमरे पुण्य बिसरा सब दीन्हा॥
क्या आदेश हमें प्रभु देई । यहाँ छोड़ या संग में लेई॥
हाथ जोड़ खड़े लक्ष्मण दिखते । घर व देह से रिश्ते तोड़ते॥

दोहा ॥देखत लखन की ये दशा । बोले राम सुजान॥
शील स्नेह व सरलता । बाणी उनकी में दिखान॥ ८९

चौ ॥प्रेम में तात न होउ अधीरा । हृदय समझ परिणाम गंभीरा॥
जो पितु मातु करें सेवकायी । स्वामी गुरु शिक्षा सिर धाई॥
अपने स्वभाव में जो ये बसाई । जीवन लाभ उन्ही ने पाई॥
तर्क बितर्क जो इनमें करते । जग में जीवन व्यर्थ हे धरते॥

यह सब जान सीख मेरी लीजै । मात पिता की सेवा कीजै॥
भरत शत्रुघन गये ननिहाला । पिता बृध्ध ये मन में मराला॥
अपने संग तुम्हें बन ले जाऊँ । अपनी अबध को अनाथ बनाऊ॥
मातु पिता गुरु प्रजा परिवारा । सबको दुसह दुःख जाय न सम्हारा॥
यहीं रह सबै कीजे आन्तोषा । अन्यथा प्रजा लगाए दोषा॥
बचन ये शीतल राम सुनाबा । सुन लक्ष्मण ठंडे पड़ जाबा॥
पान पात जिम पड़े तुषारा । लखन दशा भई बरफ ने जारा॥

दोहा ॥प्रेम डूब उत्तर नहीं । राम चरण गिर जात॥
मै तो आपका दास हूँ । स्वामी सब कह पात॥ ९०

चौ ॥स्वामी आप तज सकते मोही । बस न हमारे दिखता कोई॥
हे प्रभु आप सीख भली दीन्हा । कायरता बस पाल न चीन्हा॥
धरम धार धीरज प्रभु धारी । नीति व शास्त्र को आज्ञा चारी॥
शिशु सम आप किया मेरा पालन । अतः मैं आपमें सबको जानन॥
मदरांचल सुमेरू गिरि होई । क्या इन्हें हंश उठा सक जोई॥
अपना सहज स्वभाव बताऊ । आप ही गुरु पितु मातु दिखाऊँ॥
जहाँ तक प्रेम सम्बन्ध संसारा । विश्वास पे निर्भर शास्त्र उचारा॥
केवल आप ही मेरे स्वामी । सब मेरे हृदय बात प्रभु जानी॥

दोहा ॥नीति देश व धरम उन्हें । ऐश्वर्य कीर्ति जिन्हें भात॥
जो मन क्रम बच चरण रत । क्या उसको भी है छुटात॥ ९१

चौ ॥बचन अनुज के मृदुल बिनीता । प्रेम बिबस दिखते थे सभीता॥
करुणासिंधु प्रभु रहे समझाई । प्रेम से लखन को हिय से लगाई॥
कहा बन्धु जाओ माता सन । आयुष लेके चलो बनवासन॥
यह सुन लखन आनन्दित भारी । मानों लाभ बढ़ा हानि बिसारी॥
बड़े आनन्दित मातु पे गयऊ । जिम अँधा कोय नेत्र हे पावऊ॥
मातु पूछ क्यों दुखी दिखाई । घटना पूरी लखन सुनायी॥
सुनके सुमित्रा रानी डिराई । जिम दाबानल मृगी दिखाई॥
देख लखन ये अनर्थ हो जाई । स्नेह में मातु काम बिगड़ायी॥
किम विदा माँगूँ लखन सकुचाई । जाने दे या रोक सकाई॥
नहीं पता आज्ञा वह देई । अथवा प्रेम बस रोक सनेही॥

दोहा ॥रानी सुमित्रा समझती । सीय राम का स्वभाव॥
सुशील और रूपबान वे । नृप का प्रेम सद्भाव॥ ९२

चौ ॥पीटत सिर वह सोचत भययी । कैकई पापिन दुःख हे दययी॥
कुसमय जान धीर धर रानी । सहज स्वभाव कही हित रानी॥
सुनहु पुत्र सीता माँ समाना । सभी भाति पिता राम को जाना॥
श्री राम करें जहाँ निबासा । अयोध्या सम वहाँ दिखे प्रकाशा॥
जहाँ भानु का उदय दिखाई । वही दिवस सब जानत जाई॥
सीय राम जाएँ बनवासा । फिर नहीं अबध में तुमको सुबासा॥
मातु पिता गुरु देव व स्वामी । सेवा इनकी प्राण सम जानी॥
प्राणों के भी प्राण हे रामा । स्वारथ रहित सखा सबै माना॥
पुरुष जो पूज्यनीय प्रिय होई । राम के नाते मन्यनीय सोई॥
सबके हृदय में ऐसा बिचारा । जाओ संग बन उनके सहारा॥

दोहा ॥बन में जाओ संग राम के । जीवन का लाभ उठाउ॥
मन के सारे त्याग छल । राम चरण पद पाऊ॥ ९३

चौ ॥पुत्रवती माँ वही कहलाती । सुत जो रघुपति भक्त जनाती॥
राम विमुख जो पुत्र जनाई । उससे भली बाँझ रह जाई॥
उसकी स्थिति पशु वह समाना । प्रशव सहा वह व्यर्थ ही जाना॥
हे सुत राम जहाँ बनवासा । हित तुम्हरा दूसर नहीं आशा॥
जनम जनम के पुण्य फल एही । राम सीय पद सेय सनेही॥

छंद॥लिया जगत में जिसने जनम, यदि राम की भक्ति मिले॥
समझो है फल उस पुन्य के, जो पुर्व में उसने किये॥
आये हे जग में जनम ले, और राम से नहीं प्रेम कर॥
तो व्यर्थ ही वह जनम हें, फिर भार बनता धरनि पर॥

छंद॥लिया जनम अच्छे वंश में, माता पिता धनवान मिलि॥
चलते न प्रभु के मार्ग पे, नहीं धर्म की कभी ली हे सुधि॥
मारग भी न गहा राम का, स्वारथ में सदा रहे लिप्त जो॥
धन तो कमाया खूब जग, अंतिम समय अतृप्त वो॥

चौ ॥मातु सुमित्रा पुण्य बहूता । सुत जिसने जनें ऐसे विभूता॥
कौन पुण्य से भाव वह पाया । जो ऋषियों भी कठिन दिखाया॥
कहा सुत से रख एक ही आशा । राम चरण सेवा का प्रयासा॥
बड़े पुण्य हे तुम्हारे दिखाई । जो बनवास राम सिय जाई॥
जग नहीं माता ऐसी बनायी । सुत दूसरे हित बन में भिजाई॥
धन्य सुमित्रा तुम सुत जाई । जो नहि राम बिना जी पाई॥
महलों के सब भोग वह त्यागा । अद्वितीय राम चरण अनुरागा॥
सब कुछ छोड़ राम सेवा भाया । धन्य धन्य माँ सुत ऐसा जाया॥
सुत को शिक्षा दीन्ही सुमित्रा । सेवा राम नहीं जग अन्यत्रा॥
कहा पुत्र से अबध वहीं होई । राम सिया का बास जहाँ सोई॥

दोहा ॥सुमित्रा सीख लक्ष्मण दिया । मानो उसको दिखाय॥
त्रिलोक पति श्री राम है । लक्ष्मी सीता बन आय॥ ९४

चौ ॥लखन की माता रही बतायी । काम क्रोध मद मोह भगाई॥
इनके बास सपनेहु नहीं आना । ज्ञान शस्त्र से इन्हें भगाना॥
मन के सभी बिकार मिटाना । मन क्रम वचन होय श्री रामा॥
सारे सुख उस जगह दिखाया । जहाँ सिय राम बसहि कर दाया॥
तुम्हें बन में कुछ दिखें न कलेशू । संग राम सिय तुम्हरे हेतू॥
सुत तुमको मैं यहि उपदेशा । बन में राम को होय न कलेशा॥

छंद॥तुमको हूँ देती सीख मैं, वही कार्य हे तुमको करन॥
मिलें सारे सुख ये अबध के, श्री राम को तुम्हरे यतन॥
पितु मातु की न याद कर, सुध भी न आये अबध की॥
सब सीख लक्ष्मण को दई, आज्ञा हे दी बन गमन की॥

दोहा ॥आशीष सहित आयुष दिया । राम संग बन जाउ॥
सीय राम रत होउ सुत । अविरल भक्ति तुम पाउ॥ ९५

चौ ॥लक्ष्मण खुशी न जाय बखाना । आयुष मातु से जब वे पाना॥
अविरल भक्ति का मिले वरदाना । कौन जगत जो खुशी न मनाना॥
यदि जसकरन को भी मिल जाई । मानो जगत सब संपदा पाई॥
लक्ष्मण मातु चरण सिर नाया । तुरत चले शंका हे दिखाया॥
कहीं ओई बाधा पड़े न दिखाई । जो श्री राम की सेवा छुटाई॥
फंद से छूट जिम मृग हे भागता । और पीछे को नहीं ताकता॥
बैसेहि लखन चले थे तुरंता । आये जहाँ श्री रघुकुल कंता॥
पाय के खुद को राम सिय पासा । हुए मुदित मन बड़ा हुलाषा॥
सीय राम को शीश नमाया । और शीघ्र नृप सदन थे आया॥
अयोध्या नर नारी बतरायी । बना काम प्रभु दिया मिटाई॥

दोहा ॥अति दुर्बल व अधीर नृप । मन मलीन दिखलात॥
बिकल होय पड़े जमीन पर । माखी जिम शहद छुड़ात॥ ९६

चौ ॥हाथ मींज गहि सिर पछतावा । कटे पंख जिम खग अकुलावा॥
नृप के द्वार बड़ी भीर हो जाबा । बड़े दुखी वर्णन न हो पाया॥
देके सहारा सचिव बैठाया । मधुर वचन कह नृप को बताया॥
कहा रामचन्द्र यहाँ पधारे । दरश हेतु नृप नयन उघारे॥
सामने दोउ सुत सीय समेता । देख के व्याकुल अवध निकेता॥
दोनों पुत्र सीय संग निहारा । नृप दशरथ निज होश बिसारा॥
बार बार हिय उनको लगाया । स्नेह सहित निज गोद बैठाया॥
बोल न सक अति बिकल हो जाबा । शोक अधिक दुःख दारुण आबा॥
उठ के नाय सिर बड़े अनुरागा । राम चन्द्र विदा पिता से माँगा॥
हे पितु आयुष दीजे मोही । समय खुशी क्यों दुःख कर जोई॥

दोहा ॥सुनहु तात कही प्रेम बस । कोई त्रुटि न हो जाय॥
उससे अपयश ही मिले । निंदा जग कर पाय॥ ९७

चौ ॥यह सुनकर नृप उठे सम्हारी । प्रेम से राम को बाँह बैठारी॥
राम तुम्हें मुनिजन यह बतायी । जगत चराचर स्वामी कहाई॥
निज कर्मों का फल सभी पाते । निगमा निगम सदा एह गाते॥

पर यह नियम यहाँ न दिखाता । कोई अपराधी अन्य फल पाता॥
यह अजीव गति कोई न जाना । लीला दिख विचित्र भगवाना॥
राम जाहि नहीं जेहि बनवासा । छल अतरिक्त बहुत कर आशा॥
दशरथ राम का रुख पहिचाना । नहीं रुकेगे कोटि समझाना॥
रघुकुल वंश सिरोमन भूषण । धीरवान और धर्म विभूषण॥
अडिग वचन पर वचन सम्हारी । आज्ञा मातु पितु सिर वे धारी॥
अतः नृप ने सिय हृदय लगाई । बहुत प्रकार सीख समझाई॥

दोहा ॥बन के कठिन दुःख नृप कहे । सास ससुर संग लाभ॥
समझाए नृप सीय को । मात पिता के विलाप॥ ९८

चौ ॥सीता पति के चरण अनुरागी । बन के दुःख उन्हें सुगम ही लागी॥
घर न सुगम सीता को दिखाया । जहाँ राम तहां सब सुख पाया॥
अन्य लोग भी सीख सीय देते । एक एक नाम कानन दुःख लेते॥
पत्नियाँ सचिव गुरु सम्झाबा । मीठे वचन प्रेम से बताबा॥
सीता तुम्हें न दिया बनवासा । अतः अबध ही तुमको सुबासा॥
नगर की बृद्ध स्त्रियाँ सयानी । रोकन सिया को बहु समझानी॥
इनके शीख शीतल व सुहानी । पर सीता नहीं एक की मानी॥
यह उपदेश व्याकुल सिय करही । चकई जिम चाँदनी से डरही॥
संकोच से सिय नहीं उत्तर दीन्हा । कैकेई देख क्रोध था कीन्हा॥
मुनियों वस्त्र माला आदि लाई । रख आगे मृदु वचन सुनायी॥
सुनहु राम तुम्हें भूप का प्रेमा । और प्रेम बस तुम्हें तजें ना॥
परलोक पुण्य यश भले ही नसाही । पर नृप तुम्हें छोड़ न पाई॥

दोहा ॥ये बिचार तुम करो वही । उचित जो तुमको दिखात॥
आदेश मातु का पायकर । रघुवर खुशी मनात॥ ९९

चौ ॥कैकेई वचन न भूप सुहाई । मानो रिपु थे तीर चलाई॥
अपने मन सोचन लगे राजा । क्यों न प्राण निकल क्या काजा॥
मूर्छित हो गिर पड़े नर नाहा । व्याकुल नर नारी करें काहा॥
किसी को कुछ समझ नहि आबा । नृप को किस विधि शांति दिलाबा॥

अब रघुवर मुनि भेष थे धारा । नृप अचेत नहीं शब्द उचारा॥
मातु पिता को नाबहि शीशा । चले बनवास कौशलाधीशा॥
पिता अचेत छोड़ चले रामा । उनकी मौन स्वीकृति धर ध्याना॥
बचन पिता का भंग न होई । अतः भाबुकता ध्यान न देई॥
मातु कैकेई आदेश हे दीन्हा । फिर बन गमन विलम्ब न कीन्हा॥
पहले ही कौशल्या बताई । मातु का दर्जा ऊँचा दिखाई॥

दोहा ॥सहज रूप ये राम का । बचन मातु पितु ध्यान॥
यद्यपि पिता न कुछ कहे । मौन स्वीकृति ही मान॥ १००

चौ ॥कैकेई वचन थे नृप को दुखाये । पर प्रभु राम सहज ही दिखाए॥
क्रोध न कैकेई मातु पर आयी । जिसने खड़क सम वचन चलाई॥
नृप सचेत हों नहि इन्तजारा । बचन कैकेई को दिया ये बिचारा॥
बचन पालन हो ये धर्म बताया । रघुकुल की यही रीति दिखाया॥
अतः तर्क न राम मन भाई । स्वीकृति मौन ही नृप से पाई॥
फिर बिना देर किये रघुराई । बन प्रस्थान तैयार हो जाई॥
राम को पुरुषोत्तम जो बतायी । वह सटीक यहाँ गया दिखाई॥
पञ्च तत्वों ने शरीर बनाया । स्वभाविक पञ्च दोष दिखलाया॥
ईर्ष्या काम क्रोध मद लोभा । शरीर के पांच दोष सब लोगा॥
मनुज करें बस में इन्हें जितना । बने श्रेष्ठ संसार में उतना॥

दोहा ॥पाँचों तत्व ये दिख रहे । आधीन किये श्री राम॥
इन्हें नियन्त्रित जो करे । कहते उसे भगवान॥ १०१

चौ ॥कैकेई दिया न सिर्फ बनवासा । तापस भेष विशेष उदासा॥
तपसी रूप वह उदासी होई । दाम्पत्य सुखों से दूर कर जोई॥
कैकेई शर्त राम सिर धारी । चले बन को सब त्याग बिचारी॥
यद्यपि लखन को क्रोध था आया । दण्ड देने हेतु मन वे बनाया॥
कहा जिसने बाधा पहुचाई । या जिसे राम न राजा सुहाई॥
अबस दण्ड का वह अधिकारी । पर श्री राम ने बात सम्हारी॥
राम ने लक्ष्मण को समझाया । भ्रात भरत सम कहीं न दिखाया॥
यह सब घटना उसे नहि ज्ञाता । राजा योग्य बह पूर्ण दिखाता॥

दोहा ॥समझाया था लखन को । राम ने बहुत प्रकार॥
किये शांत बतलाय यह । बन में है मेरी पुकार॥ १०२

चौ ॥बन जाने को राम तैयारा । लक्ष्मण सीता संग सम्हारा॥
गुरु विप्र चरनन सिर नाबा । देख के सब अचेत हो जाबा॥
हुए वशिष्ठ द्वार पर ठाढ़े । देखे लोग बिरह में गाढ़े॥
मधुर वचन कह गुरु समझाया । विप्र जनों को राम बुलवाया॥
गुरु द्वारा उन्हें दान दिलाया । आदर दे उन्हें बस में कराया॥
दान मान याचकों को दीन्हा । प्रेम वचन कह तुष्टि कीन्हा॥
फिर प्रभु दास दासियाँ बुलाईं । सौंप गुरु को बात ये बताईं॥
हाथ जोड़ बोले रघुराई । रखना ध्यान पितु मात की नाईं॥
हो करबद्ध राम बतलाया । सबके सम्मुख विनय सुनाया॥
कहा वही है मेरा हितकारी । जो पितु भूप को रखे सम्हारी॥

दोहा ॥वियोग मेरा न सताय नृप । दुखी न मातु हो पाय॥
हें पुरजन सब करो वही । कुशल वे हमें मिल जाय॥ १०३

चौ ॥अब श्री राम लक्ष्मण को बतायी । पूछ उर्मिला से तुम आयी॥
वह अर्धांगिनी तुम्हारी होई । तुम पर अधिकार रखती सोई॥
अतः उससे भी आज्ञा लेउ । फिर मेरे साथ बन को चल देऊ॥
यह सुन लखन सकुचि हो जाबा । लगता राम सेवा बिघ्न हे आबा॥
यदि उर्मिला रोकती मुझको । और मैं ध्यान न देता उसको॥
अबस राम यह जान है पाई । फिर मुझे छोड़ चले वे जाई॥
यही सब सोचत लक्ष्मण जाई । उर्मिला उधर जान सब पाई॥
जो घटना यहाँ कैकेई करूऊ । उर्मिला सभी जान थी गयऊ॥
अंश लक्ष्मी वह भी अवतारा । सीता राम सेवा वह बिचारा॥
हुई बड़ी खुशी जान वह पाई । सेवा हेतु पति सग है जाई॥

दोहा ॥सोचती भेजेगे अबस । प्रभु स्वामी को मेरे पास॥
बिना मिले नहीं जायेगे । बैठू कर पति की आस॥ १०४

चौ ॥मर्यादा पुरषोत्तम रामा । है अवतार विष्णु जग जाना॥
देवी सीता लक्ष्मी होई । हुई अवतरित जगत हित सोई॥
बन को जाय जगत हित लागा । स्वामी के बड़े भाग्य है जागा॥
जो प्रभु संग उन्हें ले जाई । सेवा करन बड़ा मौका पाई॥
करू उपाय वही धर ध्याना । जिससे सेवा में विघ्न न आना॥
हमसे मिलन उन्हें राम भिजाई । सेवारत हों उपाय ये बनाई॥
हमसे ध्यान उनका हट जाई । फिर वे ध्यान पूरा सेवा लगाई॥
स्वामी आगमन यदि मैं कलेशा । तो प्रभु सेवा बने न बिशेशा॥
और अगर संग चलने कहती । स्वामी की भक्ति टूटत दिखती॥
तीसरा मार्ग हे यही दिखाई । स्वयं के प्रति मैं रोष उपजाई॥

दोहा ॥यदि मैं अपने प्रति उन्हें । रोष प्रकट कर पाय॥
फिर स्वामी पूरी लगन से । प्रभु सेवा ध्यान लगाय॥ १०५

चौ ॥उर्मिला सोचती यही सब बाता । उसी समय लक्ष्मण आ जाता॥
देख पति वह शृंगार आरम्भा । लक्ष्मण देख के कीन्ह अचम्भा॥
कहा लक्ष्मण पूरा नगर दुखाई । पर प्रसन्न तुम पड़ती दिखाई॥
उर्मिला कहा क्यों मैं दुखयाऊ । मैं शादी कर महल हूँ आऊ॥
राजमहल के भोग चाहती । विधि की कृपा यहाँ विवाह कर आती॥
यह सुन लक्ष्मण क्रोध अपारा । सफल उर्मिला यही था बिचारा॥
लक्ष्मण तुरंत वापिस हो लीन्हा । राम तरफ वे थे चल दीन्हा॥
उर्मिला इधर आभूषण त्यागी । उसके हृदय पति मूर्ति थी जागी॥

दोहा ॥महल के पीछे भाग में । पर्ण कुटी बनबाय॥
सारे सुखों ओ त्याग के । पति मूर्ति ध्यान लगाय॥ १०६

चौ ॥मन मंदिर पति मूर्ति बैठाई । आठों पहर वहीं ध्यान लगाई॥
त्याग अन्न और आभूषण । बल्कल वस्त्र धार लिए निज तन॥
निंद्रा अन्न त्याग सब दीन्हा । पूरा ध्यान पति मूर्ति में लीन्हा॥
अखण्ड ज्योति सम्मुख थी बैठती । पति मूर्ति नैनों में रखती॥
यह वैष्णव शंस्कृति दिखाई । जहाँ स्त्री पति में खो जाई॥

लक्ष्मण इधर राम पर आबा । निकल राम संग बन को जाबा॥
सुमिर गणेश व गौरी महेशा । चले बन को सुत अबध नरेशा॥
इसबी पूर्व पचास नबासी । शोधा राम जब भये बनवासी॥
पूरनमासी तिथि थी सुहाई । बनवास को प्रभु इसी तिथि में जाई॥
गये राम दुःख छाय समाजा । आर्तनाद सब जगह बिराजा॥
असगुन लंका होत दिखाए । अबध शोक बादल थे छाये॥
अबध के दुःख सुरलोक दुखाई । मरेगे राक्षस सुख हो जाई॥
मुरक्षा दशरथ इधर थी जायी । सुमन्त्र बुलाय वचन ये सुनायी॥

दोहा ॥गमन राम बन को करत । नहीं मेरे प्राण है जात॥
कौन सा दुःख अभी शेष है । जेहि को प्राण अटकात॥ १०७

चौ ॥इससे बड़ा दुःख कौन सा होई । प्राण मेरे इंतजार को सोई॥
फिर धीरज धर कह नरकन्ता । लेके संग रथ जाओ सुमन्ता॥
रथ बैठाय बन उनको दिखाई । और घुमाय वहाँ ले लौटाई॥
नहीं लौटे सतवंत दोउ भ्राता । लौटा लेना जनक सुजाता॥
बन देखत डर जाय जानकी । देना सीख तब उसको ये ज्ञान की॥
सास ससुर तुम्हें दिए संदेसा । लौट चलो पुत्रि बन में कलेशा॥
कभी पिता घर कभी अयोध्या । रहो जहाँ इच्छा मेरी निवेदया॥
इस प्रकार बह भाति समझाई । लौट आय मेरे प्राण समाई॥
नहीं तो दिखे इसका परिनामा । अबस होय मेरे प्राण का जाना॥
बस नहीं चले जो विधि है रचाता । हुआ विधाता बाम ये दिखाता॥

दोहा ॥भूप लगाये रटन ये । राम लखन सिय लाऊ॥
मूर्छित हो फिर गिर पड़े । कहा कोई इन्हें दिखाऊ॥ १०८

दोहा ॥सुमंत्र ने आज्ञा धार सिर । रथ किया तुरंत तैयार॥
राम सीय और लखन जहाँ । उधर ही रथ को सम्हार॥ १०९

चौ ॥राम को नृप के वचन सुनावा । कर बिनती रथ तीनों चढ़ावा॥
सीय संग प्रभु लखन समेता । अबध नाय सिर चले निकेता॥
चले राम बन अबध अनाथू । निकल लोग चले पीछे साथू॥

रघुपति बार-बार समझाई । डूबे प्रेम नहीं होते फिराई॥
अबध भयानक पड़ता दिखाई । मानो कालरात्रि है आयी॥
नर नारी सब नगर के डरते । मानो घोर ध्वनि जंतु की सुनते॥
शमशान रूप सब घर हे दिखाना । भूत रूप परिजन है डराना॥
पुत्र मित्र यमदूत समाना । संबंधी जिम मृत्यु दिखाना॥
बन उपवन में बेल मुरझाई । नदी तालाब न सुन्दरताई॥

दोहा ॥करोड़ों अश्व, गज, हिरण सब । पालतू पशु व मोर॥
कोयल चकबा हंस शुक । सारस और चकोर॥ ११०

चौ ॥हुए दुखी सब राम वियोग । चित्र लिखे से खड़े सयोग॥
अबधपुरी मानों बन था सुहाई । नगर बासी जीव जंतु दिखाई॥
ना ना भाति सब फल थे भोगत । धर्म अर्थ काम मोक्ष जिम लोगत॥
भई कैकेई भीलनी समाना । दाबागिनी दस दिशा लगाना॥
रघुबीर बिरह अग्नि फैलाई । व्याकुल नगर बासियों भगाई॥
नगर बासी है बिचार ये कीन्हा । राम लखन सिय बिनु नहि जीना॥
जहाँ राम बसें वहीं समाजा । बिनु रघुनन्दन अबध क्या काजा॥
यही सोच सब मीजे हाथा । हो लिए सब पीछे रघुनाथा॥
सब कुछ छोड़ भजो श्री रमा । यह शंक्ल्प मुशिकिल हे पाना॥
अबधवासियों भाग्य बड़े पाई । छोड़ के सब पीछे चले रघुराई॥

दोहा ॥स्वर्ग समान सब सुख रहें । अबध में सब थे पात॥
फिर भी लोग उसे त्याग कर । बन में राम संग आत॥ १११

चौ ॥राम से प्रीति जिन्हें हो जाई । विषय भोग नहि उनको सुहाई॥
दोनों एक संग नहि हो पाता । यदि कोय करे तो ढोंग दिखाता॥
बालक बृद्ध या होय जबाना । सब कुछ छोड़ राम संग आना॥
प्रथम दिवस तमसा तट आबा । बिश्राम राम संग सबने बनाबा॥
अयोध्या से दक्षिण की ओरा । सात कोस पे जगह ये शोधा॥
तमसा आज मधार कहलाती । नदी पवित्र यह मानी जाती॥
प्रजा प्रेम रघुपति ने देखा । दयावान वे दुखी बिशेखा॥

करुणानाथ प्रभु सदा कहाते । पीर परायी देख न पाते॥
कोमल वचन प्रभु उदगारे । बहु प्रकार निज लोग सम्हारे॥
दिए उपदेश अनेक प्रकारा । फिरऊ न वापिस होत सकारा॥
शील प्रेम तज किम बिसराई । प्रभु बड़े असमंजस में दिखाई॥
श्रम व शोक से लोग गये सोई । कुछ उसमें देव माया भी होई॥
जब दो पहर रात थी बीती । सुमन्त्र से राम कहा एक नीती॥
रथ चिन्हों को खोय रथ हांको । और उपाय न दीखत राखो॥

दोहा ॥शिव के चरण सिर नायकर । राम लखन सिय साथ॥
रथ सबार हुए छोड़ जन । रथ को सुमन्त्र दौड़ात॥ ११२

दोहा ॥सुमन्त्र ने रथ इस भाति से । दौड़ाया निज सूझ॥
पहियों चिन्ह नहीं दिख सकें । सभी रहें सुबह अबूझ॥ ११३

चौ ॥सुबह होत जागे सब लोगा । राम लखन सिय दिखें न योगा॥
बड़ा दुःख हुआ सब शोर मचाई । कहाँ प्रभु राम खोज नहि पाई॥
रथ पहियों चिन्ह उन्हें न दिखाई । इत उत ढूँढ़त शोर मचायी॥
जैसे समुद्र में डूब जहाजा । विकल ब्यापारी सहित समाजा॥
एक दूजे को देत उपदेशा । त्यागा हमें प्रभु जान कलेशा॥
निज को सभी धिक्कारते जाई । मछलियों ने है भाग्य बड़े पाई॥
यदि वियोग प्रभु को था करना । तो हमको क्यों दिया नहीं मरना॥
इसी भांति विलाप वे करते । होके दुखी थे अयोध्या पहुँचते॥
भारी वियोग है इनको सताना । चौदह बरस इन्तजार कराना॥
होगे दरश राम के सबकों । ले यही आशा करते व्रत को॥
दुखी कमल चक चकवी समाना । जैसे सूर्य इनको न दिखाना॥

दोहा ॥राम लखन सिय सचिव संग । श्रंगवेरपुर आय॥
गंगाजी के दरश कर । प्रणाम किया हर्षाय॥ ११४

चौ ॥मंगल आनंद गंगा देती । देकर सुख कष्टों को हरती॥
प्रभु बहु कथा गंगा की सुनाते । गंग तरंग देख हर्षाते॥

लखन सचिव सिय को समझाई । गंगाजी की महिमा बतायी॥
कर स्नान थकान मिटाई । और जल पीकर खुश हो जाई॥
जिन्हें सुमिरत श्रम जनम के गयऊ । उन्हें कहाँ श्रम, यह लीला करुऊ॥
ईश सच्चिदानंद भगवाना । भानुबंश के ध्वजा समाना॥
करते चरित एक मनुज समाना । तारन मनुज को पुल बन आना॥
अयोध्या से दक्षिण की ओरा । श्रंगवेर पुर प्रभु का डेरा॥
पचास कोस लगभग यह दूरी । सचिव साथ प्रभु कीन्ही पूरी॥
इलाहाबाद से उत्तर ओरा । लगभग सात कोस का जोरा॥
यह पावन है जगह कहाई । राम लखन सिय डेरा दिखाई॥
आज ये जगह सिगरौर कहाया । कुरईपुर कोइ कोई है बताया॥
श्रंगवेरपुर राज्य था जोई । गुहूराज नृप यहाँ का होई॥

दोहा ॥निषादराज गुहु खबर मिलि । आनन्दित वह दिखात॥
बोल लिए निज बन्धु सब । फल फूल भेंट करात॥ ११५

चौ ॥प्रभु से मिलन को हर्ष अपारा । परिवार सहित आ गंग किनारा॥
भेंट प्रभु आगे रख दीन्हा । और फिर प्रभु को दण्डवत कीन्हा॥
रामचंद्र सदा सहज दिखाई । कुशल पूंछ निज पास बैठाई॥
गुहू कहा कुशल हे कृपा आपकी । भाग्यवान हुआ दरश प्रभु की॥
घर परिवार व धन हे तुम्हारा । मैं केवल सेवक हूँ बिचारा॥
हे प्रभु कर कृपा घर पे पधारो । और मेरी यश कीर्ति बिस्तारो॥
प्रभु ने कहा सुनो मित्र महाना । मै तुम्हें पितु आयुष हूँ बताना॥
चौदह बरश बन करूँ बनवासा । रखूँ मुनि व्रत भेष सुबासा॥
तब तक किसी नगर नहीं जाऊ । मुनि योग्य आहार मैं पाऊ॥
राम लखन सिय रूप कों देखें । नगर बासी मातु पिता को भेखें॥
सुंदर बालक बन में भिजाई । मात पिता कैसे हो जाई॥
कुछ कहा मेरे भाग्य खुल जाना । मेरे नयन दर्शन न अघाना॥
फिर गुहू ने मन किया बिचारा । अशोक वृक्ष नीचे जगह सम्हारा॥

दोहा ॥प्रभु को जगह दिखात गुहू । निबास प्रभु यह बनाऊ॥
देख राम बोले तुरंत । बड़ा सुंदर ठहराऊ॥ ११६

चौ ॥कर प्रणाम पुरबासी पधारे । संध्या बन्दन प्रभु थे सिधारे॥
कुश कोमल पत्तों से बनाया । बिछौना गुह्न ने प्रभु का सजाया॥
फिर फल फूल मृदुल सुचि लाये । मीठा शीतल जल ले आये॥
सुमन्त्र सहित सिय बन्धु फल खाये । उनके प्रेम बस प्रभु हो जाये॥
प्रभु सोये जब लखन थे जाना । सचिव को भी सोने को बताना॥
लक्ष्मण खुद धनु बाण सजाये । वीरासन कुछ दूरी लगाये॥
बैठ के रात्रि में पहरा लगाया । चौदह बर्ष हर रात्रि दोहराया॥
रात्रि आराम नींद वे त्यागा । लक्ष्मण यह तप कीन्ह सुहागा॥
कुश पत्तों पर सोबत रामा । निषाद देख पुलकित हो जाना॥

दोहा दोहा॥प्रेम में दुखी निषाद तब । लक्ष्मण से बतियात॥
जिनका महल बढ़ इंद्र से । सोबत जमी पे दिखात॥ ११७

चौ ॥दशरथ महल मणियों से सम्हारे । कामदेव ने स्वयं सचारे॥
है पवित्र अद्वितीय सोपाना । दूध फेन सम वस्त्र बिछाना॥
कोमल गद्दे तकिये सजाई । जिन्हें देख रति भी हे लजाई॥
उन पर सोन बाले सिय रामा । यहाँ कान्थरी रात्रि बिश्रामा॥
महल में दास दासियाँ रहती । थकित राम सिय श्रम को हरती॥
आज वे थकित श्रमित हे दिखते । बिना वस्त्र पत्तों पर लेटते॥
सिय के पिता जगत सब जाना । सो सिय भूमि करे बिश्रामा॥
जिनके पति त्रिलोक के स्वामी । ससुर अबध पति लोक नमामी॥
सो आज पति संग जमी पे सोई । हुआ विधाता बाम गति होई॥
करम का फल सब जन है भोगत । इन्हें देख कुछ कह रहे लोगत॥

दोहा ॥कैकेई बुद्धि हिरात दिख । निर्दयी निर्णय लीन्ह॥
राम जानकी कोमलाहि । क्यों बनवास है दीन्ह॥ ११८

चौ ॥भानुवंश से शत्रुता कीन्ही । निर्दयी ने जग दुखी कर दीन्ही॥
राम सीय जमीं सोते देखा । निषाद राज दुखी भयऊ विशेखा॥
कहत लखन सों ज्ञान की बानी । भक्ति बैराग्य ज्ञानरस सानी॥

कोइ नहीं किसी को सुख दुःख देता । व्यक्ति निज कर्मों फल लेता॥
संयोग वियोग और भले बुरे लोगा । शत्रु मित्र उदासीन सब भोगा॥
ये यथार्थ नहीं बिल्कुल होई । जग के ये सभी फन्दे सोई॥
जन्म मृत्यु सम्पत्ति व विपत्ती । है जंजाल काल उत्पत्ती॥
प्रथ्वी घर सम्पत्ति परिवारा । स्वर्ग नरक और सब व्यवहारा॥
यदि इन्हें देखो गुनो मन माही । नहि परमार्थ ये मोह जड़ ठाहीं॥
सपना जब कोइ व्यक्ति देखता । सपने नृप या रंक है बनता॥
जागन पर सब कुछ मिट जाई । सपना था वह प्रपंच दिखाई॥

दोहा ॥गुह्न को लखन समझात भये । नहीं दुःख करने बात॥
दोष किसी को न दीजिये । सुख दुःख अपने काज॥ ११९

चौ ॥इस जग सभी मोह निशा सोई । सोबत में सपने सब जोई॥
केवल योगी जाग दिखाई । वे परमार्थी स्वप्न भगाई॥
जगत में जीव तभी है जागता । जब वह विषय भोग है त्यागता॥
जब विवेक किसी में जग जाता । तब प्रभु चरण में प्रेम उगाता॥
सुनो गुह्न बड़ा परमारथ एही । जब श्री राम चरण का स्नेही ।
परम ब्रह्म श्री राम स्वरूपा । आदि अनंत अनादि अनूपा॥
महि सुर देव विप्र भक्त लागी । धरेहु शरीर मनुज का बैरागी॥
ना ना भातिं लीलाएँ करते । जो सुने कहें माया से हटते॥
निशाद मित्र सब छोडो मोहा । चरणों श्री राम के जोहा॥
यही चर्चा भई हुआ सबेरा । उगे भानु और गया अँधेरा॥
होत प्रभात जगत पति जागे । जो सारे जग सुख उजियारे॥

दोहा ॥सौच क्रिया से निबट प्रभु । किया गंग स्नान॥
फिर बट दूध मगायकर । अनुज संग जटा बनान॥ १२०

चौ ॥यह सब करत सुमन्त्र दिखाया । देख के नैनन जल भर आया॥
दुखी हृदय था मलीनी काया । हाथ जोर कह हे प्रभु दाया॥
नृप दशरथ मोय आदेश दीन्हा । रथ पे राम ले घुमा बन लीन्हा॥
बन घुमाय गंगा स्नाना । वापिस तीनो अयोध्या लाना॥

जो नृप आयुष हमें था दीन्हा । जाऊँ बलि मैं उसे है कीन्हा॥
अब प्रभु आयुष हमें जो होई । वही मैं करू यह कह रो देई॥
बाल समान रोय गिरें चरणों । दृश्य न जात ये मेरे बरनों॥
कहा सुमन्त्र करो ऐसा उपाई । अबध अनाथ न होने पाई॥
उठाय सुमंत्र प्रभु रहे समझाया । धरम ज्ञान सब तात हो पाया॥

दोहा ॥हरिशचंद्र व दधीच शिवि । धरम पे अडिग दिखाय॥
रंति देव बलि आदि नृप । सहे दुःख धरम पे आय॥ १२१

चौ ॥तात सत्य सम धरम न दूजा । वेद पुराणों में यही सूझा॥
सोई धरम हित मैं बन आबा । तजें जिसे अपयश जग पाबा॥
एक यशवान को अपयश होई । कई करोड़ों मृत्यु सम जोई॥
तात आप मम पिता समाना । प्रतिउत्तर से पाप मुझे आना॥
सुमन्त्र से राम कहें कर जोरे । पिता के चरण प्रीति नहीं थोरे॥
चरण नमन के साथ उन्हें कहना । मेरी चिंता कतई न करना॥
हे सुमन्त्र आप पिता समाना । हाथ जोड़ तुम्हें चाहूँ बताना॥
हर प्रकार वही कर्तव्य कीजै । जिससे पिता मेरा दुःख तज दीजै॥
राम व मंत्री सुन संवादा । परिवार सहित गुहु हुआ विषादा॥
लखन ने रोष में कुछ था कहहू । अनुचित समझ राम रोक दयहू॥

दोहा ॥शपथ दिलाई सुमन्त्र को । बड़े शंकोच के साथ॥
हे सुमंत्र कुछ न कहयु । अभी लक्ष्मण जो बतात॥ १२२

चौ ॥नृप संदेश सुमंत्र बताया । सिय को बन में कलेश दिखाया॥
अतः बन से सीता लौटाना । करो उपाय राम को बताना॥
नहीं तो मैं हौऊ बेसहारा । जी नहीं सकूँगा ये मैं बिचारा॥
जैसे नीर बिन मत्स्य तड़पती । मेरी दशा भी वही है दिखती॥
मायका या ससुराल जो भाई । दोनों जगह सीता रह जाई॥
सुखपूर्वक सीता यहाँ रहेगी । जब तक यह सब विपत्ति दिखेगी॥
बिनति ये भूप की प्रेम समानी । दींन होय कह सकू न बखानी॥
राम ने पिता का सुना संदेशा । सिय को बहुत भाति उपदेशा॥

हे सिय अगर लौट तुम जाई । मातु पिता नहीं चिन्ता सताई॥
सुने वचन पति बोली सीता । सुनहु प्राण प्रिय कहूँ सभीता॥

दोहा ॥प्रभु विवेकि करुणाअयन । मुझे एक बात बताय॥
क्या परछाईं रह सके । यदि शरीर चला जाय॥ १२३

चौ ॥तज प्रकाश रवि नहीं रह पाई । छोड़ चाँदनी चन्द्र न जाई॥
बात ये प्रेम से पति को बतायी । मीठे वचन फिर सचिव सुनायी॥
तुम पितु ससुर भाति मुझे होई । दिए उत्तर तुम्हें अनुचित मोई॥
सुनकर दुःख हुआ था मुझे भारी । इसीलिए मैं वचन उचारी॥
बिनु पति जो सम्बन्धी दिखाई । सती के लिए सब व्यर्थ हो जाई॥
ऐश्वर्य मेरे पितु का है महाना । ससुर के घर सब सुख का खजाना॥
पति बिना मुझे कुछ न सुहाता । पति विहीन सब नरक दिखाता॥
ससुर मेरे चक्रवर्ती नृप होई । चौदह भुँवन प्रभाव है सोईं॥
जिनका इंद्र स्वागत सदा करते । अर्द्धं सिंघासन उठकर देते॥
ऐसे ससुर का महल निवासा । परिवार जनों का व्यवहार मिठासा॥
पर बिनु पति चरण से बिकायी । सपनेहु में कोइ सुख न सुहायी॥
बन के दुर्गम पथ व पहारू । हाथी, सिंह नदियाँ है जुझारू॥
जंगल हिरण भील कोल पतंगा । दुखद न लगें हमें यदि पति संगा॥

दोहा ॥कहना विनति मेरी तरफ से । सास ससुर सन मांहि॥
बन में मैं अति हूँ सुखी । चिंता जरूरत नाहि॥ १२४

दोहा ॥वीर धीर पति संग है । प्रिय देवर भी साथ॥
योद्धाओं में अग्रणी । धनुष बाण उन हाथ॥ १२५

चौ ॥मारग के श्रम भय नही होई । अतः मेरे दिए दुःख नहि जोई॥
सिय की बात सूनी थी सुमन्ता । हृदय में दुःख हुआ उन्हें अत्यन्ता॥
जैसे मणि बिना नाग तड़पाई । वही गति भई सुमंत्र दिखाई॥
नैन न दिखे कान न सुनायी । कह नहीं पाय कुछ अति अकुलाई॥
राम ने बहुत भाति समझाया । उनका हृदय दुःख फिरहु न जाया॥

लौटे प्रभु किये जतन अनेका । उत्तर दिए प्रभु बड़े विवेका॥
राम की आज्ञा मति न जाई । विपरीति समय कुछ बस न दिखाई॥
चरण नाय के लखन सिय रामा । लौटे सुमंत्र जिम सब लुट जाना॥
हाँके रथ घोड़े हिनहिनाई । राम को छोड़ न जानन चाही॥
देख निषाद ये हुआ विषादा । सिर को पकड़ वह रोबन लागा॥

दोहा ॥मन में निषाद है सोचते । जिसके वियोग पशु रोय॥
उनके मातु पितु प्रजा सब । किस हालत में होय॥ १२६

चौ ॥बे मन से सुमन्त्र लौटाये । प्रभु राम गंगा तट आये॥
केवट से प्रभु नाव मँगाई । वह कहा रहस्य जान मैं पाई॥
यह कह केवट आगे बताता । आपके चरण रहस्य दिखाता॥
एसा लोगों का हैं मानना । चरण स्पर्श से मनुज बन जाना॥
आपके चरन जो धूल लग जाई । उसमें कुछ जादू है दिखाई॥
चरण धूल छुय शिला भई नारी । लकड़ी भी हो सके ये बिचारी॥
नाव यें यदि ऋषि पत्नी होई । और नारी बन उड़ती सोई॥
मेरी जीविका सब मिट जाई । किस विधि फिर परिवार चलाई॥
जीविका का यही मेरा आधारा । दूसरा कुछ जानत न संवारा॥
प्रभु यदि पार हो जाना चाहत । तो मैं चरण धो लेना माँगत॥

छंद॥धौऊ चरण, फिर नाव चढ़ । उतराई नहीं मैं माँगता॥
मुझे कसम हैं, अवधेश की । झूठी न बोलन जानता॥
यदि बाण से, लक्ष्मण हमें । हैं मृत्यु देना चाहते॥
तो भी हम, बिनु चरण धो । गंगा न पार उतारते॥

दोहा ॥प्रेम भरे केवट वचन । थे सुनने में कठोर॥
भाव भरा हिय केवटहि । हुए जसकरन विभोर॥ १२७

चौ ॥सीय लखन सों देख रघुराई । करुणायुक्त प्रभु हँसी आ जाई॥
कृपा युक्त ह्स कह रघुबीरा । नाव रहें बही करों धर धीरा॥
शीघ्र ही जल ले पैर पखारों । देर हुई मुझे पार उतारों॥

जिसका नाम लेत एक बारा । उतरत भव् सागर ये अपारा॥
जो पग तीन त्रिलोक नापते । वही केवट से नाव माँगते॥
सुन ये वचन राम के गंगा । मोह ग्रस्त उन्हें हुआ अचम्भा॥
कैसे प्रभु जो करते निंहोरा । पर देखा चरनन की ओरा॥
प्रभु चरणन से निकल के आनी । तुरतै चरनन को पहिचानी॥
सोची प्रभु नर लीला करते । आज मेरे बड़े भाग्य है जगते॥
राम का केवट लिया आदेशा । लकड़ी पात्र जल लिया उद्देशा॥

दोहा ॥कठौता जल भर ले लिया । प्रभु चरण रहस्य को जान॥
वास्तव नाटक कर रहा । वह अन्य उद्देश्य है लान॥ १२८

चौ ॥केवट प्रीति धन्य है भाई । एसी ऋषि मुनियों नहीं पाई॥
विष्णु अवतार राम बह जाना । बड़े बड़े तपसी भी समझ न पाना॥
चरण पखारू उद्देश्य बनायी । परिवार सहित तरना बह चाही॥
बड़ी खुशी व उमंग हो जाई । चरण पखारन आज्ञा पाई॥
बार बार निज भाग्य सराहत । प्रभु के चरण पखारन लागत॥
पुष्प वृष्टि देव नभ से करते । उस सामान नहीं कोइ उन्हें दिखते॥
चरण धोय जल पान बह कीन्हा । परिवार सहित सबै धन्य कर दीन्हा॥
अपने साथ पितरों को उबारा । फिर प्रभु राम को गंगा उतारा॥
उतर नाव खड़े गंगा किनारे । राम सीय लक्ष्मण गुहू ठाड़े॥
सकुचे प्रभु क्या दूँ इसे उतराई । सिय पति हिय को समझ थी जाई॥
मणि मुंदरी उतार वह लीन्ही । पति के हाथ तुरंत रख दीन्ही॥
कहा केवट लेउ निज मजदूरी । केवट कहयू सब इच्छा पूरी॥
वह कह सब है आज मिल जाया । दुःख दारुण सब प्रभु ने मिटाया॥
पूरा जीवन नाव चलाया । आज दिया प्रभु समा नहीं पाया॥
अब कोई इच्छा शेष न रहती । प्रभु की कृपा पूर्ण तुष्टि मिलती॥
लौटत समय हमें दीजै जों । प्रसाद मान स्वीकार करूँ वो॥

दोहा ॥राम लक्ष्मण सिय बहुत । केवट को थे बोल॥
पर बह शीश झुकात कह । मुझे आज मिला अनमोल॥ १२९

दोहा ॥रघुपति को विदा कर रहा । भक्ति विमल बह लेत॥
माया कभी नहि फँसोगे । ऐसा वर प्रभु थे देत॥ १३०

चौ ॥रघुकुल भूषण किया स्नाना । पूजि के शिव उन्हें शीश नमाना॥
फिर सीता गँगा को पूजती । इच्छा पूर्ति हो वर थी माँगती॥
कुशल लौट पति देवर संगा । लौटत समय पूजूँगी गंगा॥
प्रेम डूब सीता की बानी । आवाज थी गंगाजी से आनी॥
राम प्रिया सुनो मेरी बाता । किसे न तुम्हार प्रभाव हे ज्ञाता॥
कृपा दृष्टि जब तुम्हरी होई । लोकपाल बन जाता सोई॥
रिद्धि-सिद्धि सब तुम्हरे संगा । फिर भी सहज सभी होता अचम्भा॥
हमको पूजि व बिनती कीन्ही । मान बढ़ाई मुझको दीन्ही॥
फिर भी दूं आशिष देवि तुमको । जिससे पवित्रता बानी मिले हमको॥
पति देबर संग कुशल लौटोगी । इसी जगह तुम्ह मुझे मिलोगी॥

दोहा ॥मनोकामना पूर्ण हों । यश तुम्हरा छा जाय॥
यह आशिष मेरा आपको । सब तरह से विजय दिलाय॥ १३१

चौ ॥गँगा वचन सुने सुखदाई । अनुकूल देव नदी सीय हो जाई॥
अब प्रभु कहत गुहू घर जाऊ । सुनत ये बात वह दुखी दिखाऊ॥
प्रेम से हाथ जोड़ गुहू कहता । सुनहु प्रभु मैं प्रार्थना करता॥
संग आप चलूँ राह बतायी । कुछ दिन सेवा मौका मिल जाई॥
जेहि बन आप करे बनवासू । पत्तों कुटिया बनाऊँ सुबासू॥
फिर मुझे जो आयुष प्रभु दीजे । शपथ प्रभु मैं सिर धर लीजे॥
गुहू का सहज प्रेम दिखलाई । हो प्रसन्न उसे संग लगाई॥
परिवार जाति के गुहू ने बुलाये । करवा दर्शन सन्तोष दिलाये॥
गणेश व शिव का सुमिरैं कीन्हा । धन्यवाद गँगा को दीन्हा॥

दोहा ॥अनुज व सीय को साथ ले । प्रभु बन को चल देत॥
किया निवास वे बिटप तरु । लक्ष्मण गुहु व्यवस्था करेत॥ १३२

चौ ॥प्रातकाल नितक्रिया निपटाए । तीरथराज प्रयाग वे आये ॥
श्रृंगवेर से यह स्थाना । है दस कोस की दूरी बताना ॥
आज हुआ चौथा दिन प्रभु को । आये प्रयाग ले लखन व सिय को ॥
गंगा यमुना सरस्वती सन्गम । दिखता बनता यहाँ का बिहंगम ॥
तीरथराज है ये कहलाते । सत्य को ये है सचिव बनाते ॥
श्रद्धा इनकी पत्नी कहाती । त्रिवेणी मित्रता इनसे बनाती ॥
धर्म अर्थ काम मोक्ष पदारथ । इनके राज्य नहि होते नदारथ ॥
सुंदर क्षेत्र दुर्गम गढ़ सोई । प्रवेश न पाप शत्रु का होई ॥
तीर्थ यहाँ के योद्धा समाना । पाप सेन को मार दिखाना ॥
सन्गम है सिंघासन जोई । मुकुट अछ्यबट मुनि मन मोही ॥
तरंगें गंगा यमुन की दिखाई । स्वेत स्याम वे चमर डुलायी ॥
जो है दुःख दरिद्र को भगाई । दर्शन उनके यदि कर पायीं ॥

दोहा ॥सूचि साधू व संत सब । सेवत उन्हें दिन रात ॥
हृदय में उनके बिराजती । कामना पूरी करात ॥ १३३

चौ ॥वेद पुराण बंदीजन माना । करते रहत गुण गान बखाना ॥
कलुष जो पापी हाथी समाना । सिंह समान ये प्रयाग भगाना ॥
प्रयाग के ऐसे प्रभाव का वर्णन । जसकरन न कर सकें लगा के तन मन ॥
ऐसे तीर्थ दर्शन मन भावा । राम बढ़ाई वे करते जावा ॥
तीर्थ की महिमा प्रभु थे सुनायी । लखन सीय गुहु सुनते जाई ॥
कर प्रणाम बन बाग दिखावा । महात्तम प्रभु बड़े प्रेम सुनावा ॥
त्रिवेणी दर्शन किये सब आवा । जिसे सुमिरत सब मंगल पावा ॥
कर स्नान कीन्ह शिव पूजा । जिन समान देवता न दूजा ॥

दोहा ॥भरद्वाज ऋषि यहाँ बसे । आये प्रभु इन पास ॥
किया दण्डवत मुनि को । मुनि उन्हें हृदय सुपास ॥ १३४

चौ ॥मुनि प्रसन्नत्ता बरन न जाई । महा आनन्द मानों वे पाई ॥
दिया मुनि अशीष बारंबारा । अति आनन्द खुशी न सम्हारा ॥
सोचत विधि मुझे पुण्य दिलाई । राम लखन सिय दरश कराई ॥

पूछ कुशल उन्हें आसन दीन्हा । पूजि चरण सन्तुष्ट कर दीन्हा॥
फिर मुनि कन्द मूल फल लाये । प्रेम सहित प्रभु भैंट कराये॥
राम लखन सिय गुहु के साथा । रुचि पूर्वक फल भोग लगाता॥
फलाहार कर श्रम को भगाया । मीठे वचन भरद्वाज सुनाया॥
हें प्रभु हुआ सफल तप मेरा । तीरथ सेवा किया घनेरा॥
यह भी आज सफल हो जाई । जब प्रभु दरश आपके पाई॥
तप वैराग्य मेरा हुआ सनाथा । आपके चरण दरश मैं पाता॥

दोहा ॥साधन सकल सब शुभ भये । प्रभु दरश आपके पात॥
आश्रम शिष्यों के सहित । कृतार्थ जीव हो जात॥ १३५

चौ ॥इससे बड़ा लाभ सुख नाहीं । आपके दर्शन यदि मिल जाईं॥
अब प्रभु माँगूँ एक वरदाना । आपके चरण की भक्ति सुहाना॥
छोड़ कपट छल भक्ति जो करता । आपके चरण प्रीति रति रहता॥
सारे सुख प्रभु चरण आपके । करे उपाय अन्य कौटिक करकें॥
मुनि द्वारा जब सुनी बढ़ाई । श्री राम गये थे सकुचाई॥
सोचा मुनिवर भाव विभोरा । हृदय प्रेम नहि उनके थोरा॥
मुनि का सुयश प्रभु स्वयं बताये । बहुत भांति सबै रहे सुनाये॥
वह बड़ा भाग्यशाली है होई । जिसको आप मुनि आदर देई॥
दोनों परस्पर करते बढ़ाई । हो विनम्र अनुपम सुख पाई॥
प्रयाग निवासी सुनी प्रभु आये । विप्र सिद्ध मुनि तपसी सिधाये॥
भरद्वाज आश्रम सब आये । रघुकुल नन्दन दरश वे पाये॥
श्रीराम किया सबको प्रणामा । प्रभु दरश से सुख न अघाना॥

दोहा ॥परमानन्द मिला दरश सों । राम को दें वे आशीष॥
सभी सुख थे वे पायकर । लौटे सराह मुनीश॥ १३६

चौ ॥राम ने रात्रि किया बिश्रामा । प्रात होत वे प्रयाग नहाना॥
प्रभु लखन सिय चलना चाही । प्रसन्न सहित मुनि को सिर नाई॥
प्रेम सहित मुनि से प्रभु पूछा । बताओ मारग सुगम व अच्छा॥
मुनि ने सलाह दीन्ह श्री रामा । करो निवास चित्रकूट भगवाना॥
संगम से दूरी दस कोसा । चित्रकूट गिरि शुचि भरोसा॥

पैंतीस कोस आज लगभग होई । बड़ा रमणीक ये पर्वत सोई॥
राम साथ हेतु शिष्य बोलाए । होके प्रसन्न चित बहुत से आये॥
सबको राम चरण में प्रीती । कहत सबै हम मारग दीखी॥
चार ब्रह्मचारी मुनि चीन्हा । जिनने जनम जनम पुण्य कीन्हा॥
कर प्रणाम ऋषि आशिष लीन्हा । हो आनन्दित प्रभु चल दीन्हा॥

दोहा ॥ग्रामों पास प्रभु निकलते । दरश करत नर नारि॥
सनाथ भये प्रभु मिलन सों । नैनों में मूरत धारि॥ १३७

चौ ॥प्रभु आगे थे जब बढ़ जाई । मन सभी लोग थे संग पठाई॥
भारद्वाज शिष्य संग जो आये । विनय से प्रभु वापिस थे कराये॥
हो प्रसन्न लौटत वे जाई । अनन्य भक्ति प्रभु की वे पाई॥
यमुना पार किये श्री रामा । सीय लखन संग कर स्नाना॥
प्रभु श्याम यमुना भी श्यामा । शोभा बरन न हम कर पाना॥
यमुना किनारे लोग लुगाई । काम छोड़ दर्शन को धाई॥
राम लखन सिय सुंदर मूरत । दरश करे भूले निज सूरत॥
परिचय जानन बढ़ी हुलाषा । बात करन की उनमें लालसा॥
बड़े बूढ़े जो उनमें दिखाई । श्री राम को जान वे जाई॥
राम कथा उन सबको बतायी । पितु आज्ञा से वे बन आयी॥
घटना सुन सब दुखी हो जाया । बहुत बुरा किया रानी राया॥

दोहा ॥एक तपसी उसी समय वहाँ । तेजस्वी जो दिखाय॥
बयस आयु का वह रहें । उसी जगह था आय॥ १३८

चौ ॥ये कौन जान नहीं कोई पाया । परिचय खुद भी उसने छिपाया॥
बैरागी के भेष दिखाया । राम चरण मन क्रम से बसाया॥
कुछ ने हनुमान अनुमाना । तुलसी सिद्ध को कुछ है माना॥
नेत्रों में जल उनके दिखाना । राम को इष्ट मान वह प्रणामा॥
गिरा दण्ड सम प्रभु के चरना । दशा न जाय थी उसकी बरना॥
पुलक राम उसे हृदय लगाया । जैसे रंक कोई निधि है पाया॥
मिलत दोनों इस भांति दिखाई । प्रेम और ब्रह्म तत्व मिल जाई॥
फिर वह लखन के चरणों आया । अनुज उठाय हृदय से लगाया॥

दोहा ॥चरण राम सिय धूर ले । मस्तक लीन्ही धार॥
सिय उसे निज शिशु मान कर । दिया आशीष सम्हार॥ १३९

चौ ॥निषाद भक्त उसे करत प्रणामा । वह मिलता प्रभु सेवक जाना॥
तपसी निज टक टकी लगायी । प्रभु सुन्दरता हृदय बसाई॥
नगर बधूटी रहीं बतयाई । कैसे इनके पिता और माई॥
जिन पठये बन को ये बालक । निश्चय दिखें वे निज कुल घालक॥
राम लखन सिय रूप निहारा । भये सनेह से रोवनहारा॥
अब श्री राम निषाद बतायी । सखा लौट तुम घर को जाई॥
आज्ञा राम की वह सिर धारी । अपने घर को चलना बिचारी॥
सीय राम को प्रणाम बहोरी । यमुना जी से प्रेम न थोरी॥

दोहा ॥चर्चा करत सूर्य पुत्रि की । आगे चले दोउ भाई॥
मन में प्रसन्नता दिख रही । करते ऋषि की बढ़ाई॥ १४०

चौ ॥मिलते मारग पुरुष अनेका । देख राम कहें प्रेम विवेका॥
निसान राजसी दिखें शरीरा । सोच हृदय हमें होत गंभीरा॥
राज चिन्ह है चरणों दिखाई । पर पैदल बन चलते जाई॥
इससे ज्योतिष शास्त्र झुटलाता । हमको बड़ा आश्चर्य दिखाता॥
दुर्गम गिरि कानन पग होई । साथ में है सुकुमारी जोई॥
वन में हाथी, सिंह दिखाई । भयानक जिनको देख डर जाई॥
आयुष हो यदि राजकुमारा । कानन साथ हम देंगे तुम्हारा॥
गंतव्य तुम्हारे हम ले जाई । फिर हम लौट के वापिस आयी॥
प्रेम से पूछे ग्राम बाशिन्दा । उनके नयन जल दिखे जिम गंगा॥
प्रेंम से रघुपति उनको फिराते । विनती कर मीठे वचन सुनाते॥

दोहा ॥मारग राम के ग्राम जो । जहाँ से निकल प्रभु जाये॥
ईर्ष्या करें सुर नाग लोक । धन्य व पुण्य बताये॥ १४१

चौ ॥सोचत किस मुहूर्त बसे ग्रामा । बड़े पुनीत भाग्यवान दिखाना॥
जिस मारग प्रभु चरण पड़ाई । स्वर्गलोक भी तुल नहीं पाई॥

पुण्यवान यहाँ निवासी दिखाई । स्वर्ग लोक सब करें बडाई॥
भरके नयन जो दरश प्रभु पाबहि । राम लखन संग सिय को निहारहि
जिस सर नदी में राम स्नाना । देवगण उसकी करते सराहना॥
बैठे जिस प्रभु नीचे वृक्षा । कल्प वृक्ष से भी वह अच्छा॥
चरण कमल जहाँ पड़े प्रभु धरती । भाग्यवान देवलोक से रहती॥
प्रेम के भूखे दिखे नर नारी । कर दर्शन भये थकित बिचारी॥
सुन्दरता नहीं देख अघाते । हिरणी हिरण जिम दिय देख पाते॥

दोहा ॥ग्राम स्त्रियाँ सीय तन । आती है बड़े प्रेम॥
पूछन हैं कुछ चाहती । सकुचि लागि स्नेह॥ १४२

चौ ॥सिय के चरण प्रेम से छूतीं । मधुर वचन कह वे रही पूछीं॥
सरल स्वभाव से बिनती करती । राजकुमारि मैं पूछत डरती॥
हे स्वामिनी मेरी छमउ गवारी । विनती से पूछों मैं सम्हारी॥
सहज लावण्य ये राजकुमारा । सुन्दरता नख नख ये सम्हारा॥
चमक जो पन्ने हीरे दिखाती । मानों वह इनसे ही पाती॥
श्याम और गोरे ये सुजाना । बर सुंदर सुषमा के खजाना॥
सरद पूर्णिमा सम मुख होई । नैन शिशिर ऋतु कमल के जोई॥
करोड़ों कामदेव को लजाते । वे देवि क्या रिश्ते आते॥

दोहा ॥स्नेह युक्त बानी सुनी । सकुचि के सिया मुसकात॥
बिलोक उन्हें भूमि देखती । दोऊ भांति सरमात॥ १४३

चौ ॥सोचत सिय यदि नहीं बताऊँ । इन स्त्रियों को दुःख हो जाऊँ॥
और यदि मैं इनको हूँ बताती । तो मुझे बड़ी लाज है आती॥
प्रेम से मृगी नयन सम सकुची । बचन कोयल सम कहती हिचकी॥
साथ जो सुंदर गौर शरीरा । सहज स्वभाव लक्ष्मण बीरा॥
देवर लगते है ये हमारे । फिर सिय बदन आंचल को सम्हारे॥
चितई पति तन भोंह लजाईं । खंजन नयन सो पड़ती दिखाईं॥
तिरछे नयन राम तन कीन्ही । इसारे में ही बता पति दीन्ही॥
ग्राम बधुटियाँ खुशी न समायीं । जिम गरीव निधि लूटन पायीं॥
बड़े प्रेम सिय चरण को छूतीं । अनेकानेक आशीष थी देतीं॥

दोहा ॥सौभाग्यवान सदा तुम रहो । जब तक धरती धरें शेष॥
पारबती सम पतिव्रता । पति का प्रेम ज्यों महेश॥ १४४

चौ ॥देवि कृपा सदा हम पे बनाना । कभी न हमको तुम बिसराना॥
बार बार बिनती कर जोरी । लौट के दरश मिलेंगे तोरी॥
दासी समझ दर्शन मुझे देना । प्रेम पियासे देख सिय नैना॥
मधुर वचन उन्हें सीता कहती । प्रेम भूख सिय उनकी सींचती॥
जिम चाँदनी से कुमुदनी खिलती । बैसेहि सुन सिय खुश वे दिखती॥
तभी लक्ष्मण रुख राम का पाया । आगे का रास्ता वे बताया॥
ग्राम वासियों हुआ दुःख भारी । पुलकित तनु लोचन जल जारी॥
वियोग से खुशियाँ जातीं दिखाईं । मिला कोष जिम दिखता गबायीं॥
जैसे विधाता दीन्ह खजाना । छन भर में दिखता लुट जाना॥
समय चाल सब उनने जानी । सुगम रास्ता उन्हें बतानी॥

दोहा ॥राम लखन सिय चल दिए । लेके विदा तत्काल॥
मधुर वचन कह छोड़ उन्हें । पर मन छूट न हाल॥ १४५

चौ ॥मन तो सबका प्रभु संग जाई । केवल तन है वहाँ दिखाई॥
ग्रामवासियों दुःख था सताई । देवंन को वे दोष लगाई॥
सभी जन करते परस्पर बाता । विधि निर्णय सब उल्टा दिखाता॥
निर्दयी निडर निरंकुश ईश्वर । चन्द्र कलंकित किया परमेश्वर॥
घटता बढ़ता रोगी बनाया । टीका कलंक का मुख पे दिखाया॥
क्ल्पवृक्ष जड़ पेड़ दिखाया । सागर खारा जल हो जाया॥
सुंदर कुँअर इन्हें बन में भिजाया । विधि ने सब उल्टा है बनाया॥
सुघर कुमार ऐसे बन जाई । फिर क्यों भोग विलास बनाई॥

दोहा ॥राज कुँअर यदि बन बिचर । उपाहने पैदल जाये॥
फिर बाहन क्यों रच दिए । उचित न देव ठहराये॥ १४६

चौ ॥पत्ते घास सोये राजकुमारा । फिर क्यों पलंग बिछोने सचारा॥
पेड़ के नीचे इनको सुआयी । बड़े महल फिर क्यों है बनायी॥
सुकुमार कुँअर मुनिभेश बनायी । बल्कल वस्त्र उनको पहराई॥

फिर क्यों भूषण विविध प्रकारा । प्रभु तुमने इस जग में सचारा॥
कुँअर ये कंद मूल फल खाई । फिर क्यों छप्पन बोग बनायी॥
कोइ कहे सहज ये सुंदर होई । स्वयं प्रकट नहि प्रभु इन्हें जोई॥
वेद पुराण में वर्णन जोई । उन अनुसार न ऐसा कोई॥
तुल जो सके इन राजकुमारा । खोज के देखे भुबन दस चारा॥
सुना न देखा श्रष्टि दौराना । ऐसे कुँअर नहि कहीं भी दिखाना॥
इन्हें देख ईश्वर मन जागा । इन्हें तुल मनुज बनावन लागा॥
पर न बना कोइ इनके समाना । ईर्ष्या उसे इनसे हो जाना॥

दोहा ॥ईर्ष्यावश प्रभु ने किया । बन भिजये ये कुमार॥
क्योंकि ईश श्रम किया बहु । श्रम गया व्यर्थ सुमार॥ १४७

चौ ॥कोइ कहता मैं तर्क न जाना । हम तो दरश कर धन्य दिखाना॥
वे भी धन्य हुए है लोगा । हुए दर्शन या जो करेंगे संयोगा॥
इस प्रकार बातन सब करते । बात करत अँखियन जल भरते॥
सोचते मारग कठिन दिखाना । ये सुकुमार पार कैसे पाना॥
स्नेह युक्त नारियाँ बेचैना । हुआ वियोग चकई जिम रैना॥
दुखित हृदय से वे बतरायी । कोमल चरण मार्ग कठिनायी॥
कमल समान चरण लालिमा दिखती । स्पर्श होत हिय पृथ्वी दुखती॥
ईश्वर ने इन्हें बनवास हैं दीन्हा । क्यों नहि पुष्टि मार्ग फिर कीन्हा॥

दोहा ॥ब्रह्मा यदि हमसे कहे । माँग लेउ वरदान॥
तो इन कुअरो को सदा । निज आँखों बैठान॥ १४८

चौ ॥नर और नारि जो नहीं आ पाये । राम दरश बंचित वे दिखाए॥
उस स्वरूप चर्चा सुन पाई । पूछे कहाँ तक पहुँचे जाई॥
है समर्थ तो भागत दीखे । कर दर्शन फल जनम के लीखे॥
बालक बृद्ध या अबला होई । दरश न मिलि पछतात वह सोई॥
मारग जहाँ से राम सिय जाते । प्रेम पियासे लोग वहाँ दिखाते॥
निकले जिस गाँव होय आनंदा । दें आनंद भानुकुल चन्दा॥
जो बनवास घटना सुन पाई । वे राजा रानी दोष लगाई॥

कुछ कहें भला नृप दशरथ कीन्हा । कर दर्शन लोचन सुख लीन्हा ॥
ये सब नगर वासियों बातें । जिनमें प्रेम स्नेह समाते ॥
धन्य धन्य वे पिता व माता । जो ऐसे सुंदर सुत जाता ॥

दोहा ॥धन्यवाद उस नगर को । आये जहाँ से ये कुमार ॥
धन्य सदा वह देश भी । जहाँ मिलें ऐसे संस्कार ॥ १४९

चौ ॥धन्य वह पर्वत बन और ठाऊ । रुके राम जहाँ कर विश्राऊ ॥
इनके चरण प्रेम जो करता । सृष्टि रचयता भी उन्हें नमता ॥
राम लखन सिय पथ की कहानी । सभी मारग जंगल में छानी ॥
रविकुल भूषण राम सनेही । जात मार्ग सबको सुख देई ॥
देखत चले जात बन बिपना । सीता साथ व सुमित्रा नंदना ॥
आगे आगे राम हे चलते । पीछे वीर सौमित्र हे दिखते ॥
तापस भेष दोऊ हे धारे । जनक नंदिनी मध्य सम्हारे ॥
दोनों बीच में ऐसे दिखती । ईश्वर जीव बीच माया रहती ॥
या जो छवि लई मन में बसाई । राम लखन छवि बैसे दिखाई ॥
कोई कोई उपमा यह भी कीन्ही । बुध व चन्द्र बीच रोहणी चीन्ही ॥
राम चरण चिन्ह सीता बचाती । चरण चिन्ह पैर पड़े न डिराती ॥
मर्यादा चिन्ह लखन बचाते । उनको दाहिने कर के जाते ॥
राम लखन सीय प्रीति जो होई । नहीं कर सकता वर्णन कोई ॥
लौकिक प्रीति न उन में दिखाई । जसकरन समर्थ न वर्णन पाई ॥

दोहा ॥पशु पंछी मुग्ध मार्ग के । देख के छवि रघुनाथ ॥
प्रसन्न दरश से हो रहे । आज बने वे सनाथ ॥ १५०

चौ ॥पथिक राम सिय दरश जो करई । बिनु प्रयास भब सागर तरई ॥
राम लखन सिय वह जो स्वरूपा । मारग जाते बन का अनूपा ॥
सपनेहु में यदि किसी को दिखाई । अथबा कोई निज हृदय में बसाई ॥
जन्म मृत्यु से मुक्ति वह पाता । बिना श्रम जग से पार हो जाता ॥
राम धाम का मार्ग वह पाई । जो ऋषि मुनि दुर्लभ है दिखाई ॥
राम ने सिय को थका हुआ जाना । वहीं पीपल तरू किया विश्रामा ॥

सुंदर छाया शीतल पानी । रात बिश्राम करन यहाँ ठानी॥
कंद मूल फल भोजन कीन्हा । प्रात नहाय तुरंत चल दीन्हा॥
सर नदी पर्वत देखत जाई । बाल्मीक आश्रम था आयी॥
देख आश्रम सुन्दर श्री रामा । पर्वत नदी बन बड़े सुहाना॥
कमल फूल सर वृक्ष फल सोहा । भोंरे गूँजत मधु रस मोहा॥
पंछी हिरण बन घूमत फिरई । बिना बैर सब खुश हो दिखई॥

दोहा ॥देख सुहावन आश्रम । खुशी भये रघुबीर॥
प्रकृति सुन्दरता छा रही । तुले न स्वर्ग गंभीर॥ १५१

दोहा ॥श्री राम प्रभु आये है । जब मुनि सुना सन्देश॥
हो प्रसन्न लेने चले । शिष्यों सहित मुनेश॥ १५२

चौ ॥मुनि को दण्डवत कीन्ह श्री रामा । संग अनुज सिय आशिष पाना॥
राम लखन सीय छवि सुहानी । मुनिवर एक टक देख जुड़ानी॥
तीनो का मुनि किया सम्माना । प्रेम सहित आश्रम ले आना॥
मुनि को अतिथि ये प्राण पिय लगते । कन्द मूल फल उनको भेटते॥
फल खाते सिय लक्ष्मण रामा । आश्रम मुनि के अखिल विश्रामा॥
फिर मुनि उन्हें विश्राम कराई । कौटिक जन्म पुण्य है दिखाई॥
राम लखन सिय उन के अगारी । मुनी खुशी नहीं जाहि सम्हारी॥
मुनि ने मूर्ति को हृदय बैठाया । ओर निज भाग्य को जात सराया॥

दोहा ॥श्रीराम कर जोड़ के । मुनि से विनत प्रेम बोर॥
है त्रिकाल मुनि ज्ञात तुम्हें । जगत गेंद सम तोर॥ १५३

चौ ॥मुनि को राम सब कथा बतायी । क्यों बनवास को वे है आयी॥
हें मुनि मेरे ये पुण्य दिखाई । पितु आज्ञा पालन कर पाई॥
मातु की इच्छा पूरी कीन्ही । भाग्य मेरे ने मदद कर दीन्ही॥
महात्मा भरत सा मेरा भाई । अबध का राजा वह बन पाई॥
आज आपके दरश हो जाई । आपका आशिष सब में दिखाई॥
चरण आपके दर्शन पाया । पुण्य सफल मेरे हे मुनि राया॥

मुनिवर अब जहाँ आयुष होई । और किसी सन्त कष्ट न जोई॥
मुनि सन्त यदि दुःख कहीं सहते । नृप के पुण्य भस्म सब दिखते॥
विप्र जनों की मंगलतायी । पूरे राज्य दिखती सुखदाई॥
बुद्धिमान किसी देश कलेशा । राज्य भष्म उन रोष बिशेशा॥
यह बिचार मुझे जगह बताओ । बसूँ सीय संग लखन सुझाओ॥
उस जगह त्रण पत्तों से सजाऊँ । एक रुचिर कुटिया मैं बनाऊँ॥
जिसमें बास करूँ कुछ काला । दें आज्ञा मुझे मुनि हे कृपाला॥

दोहा ॥बाणी सरल सुनी राम की । गद गद भये मुनीश॥
परम ज्ञानी ये मुनीबर । जानत थे राम है ईश॥ १५४

चौ ॥कहा रघुपति का ये सहज स्वभाव । केवल जगतपति ही कर पाऊ॥
आप वेदों के पालनहारे । वेद मर्यादा तुम्ही सम्हारे॥

छंद॥वेद की मर्याद रख । हो जगत के पालक सदा॥
श्री राम तुम जगदीश हो । माया है सीता ये पता॥
है सहृश्र शीश धरनी धरें । सर्पों के स्वामी लक्ष्मण॥
देवों के हित यह रूप धर । करना है खल जन का दमन॥

चौ ॥रूप अगोचर आपका रामा । अकथनीय बुद्धि परे दिखाना॥
है अव्यक्त अपार ये रूपा । वेद कहें नेति-नेति स्वरूपा॥
जगत दृश्य प्रभु आपको होई । आप है देखन बाले सोई॥
हरि व शिव को नचावनहारे । मर्म न जान कोशिश कर हारे॥
फिर कोई कैसे जान तुम्हें सकता । अथक परिश्रम कर सब थकता॥
जान सका वह जिसे तुम जनाई । जो तुम्हें जाना तुम्ही में समाई॥
तुम्हें जो जान्हे कृपा रघुराई । जानत हिय शीतलता पाई॥
भक्तन हेतु मनुज तन धारा । एक मनुष्य सम करते व्यवहारा॥
पंचभूतों की देह हो धारे । पर शरीर दोषों से न्यारे॥
काम क्रोध मद लोभ न होई । विशिष्ट दिखाते न स्वयं को जोई॥
श्री राम आचरण तुम्हारा । मूर्ख भ्रमित हो जात संसारा॥

दोहा ॥आप जो कहत या करत है । सत्यता उसमें दिखात॥
क्योंकि जैसा भेष धर । अनुरूप कर्म है सुहात॥ १५५

चौ ॥नाटक में जो पात्र दिखाई । उस अनुसार वे करम कराई॥
आप मनुज की लीला रचाई । खुद चलकर रहे जग को बतायी॥

छंद॥आप जग लीला करत । बतलाते हो संसार को॥
स्वभाविक है कठिनाइयाँ । साथ ले लो धर्म को॥
धर्म न छोड़ा अगर । सब मुश्किलें मिट जायगी॥
जब छोड़ोगे इस दुनिया को । प्रभु की शरण दिख लायगी॥

चौ ॥बाल्मीक अब प्रभु को बताया । राम लखन कहाँ बसते दिखाया॥
जिनके कान सागर बन जाना । राम कथा नदी सम हो दिखाना॥
नदियाँ सभी समुद्र समायीं । कभी न समुद्र पूरा भर पायीं॥
उनके हृदय प्रभु करो निबासा । तुमसे मिलन वे रहत उपासा॥
जिनके कान चातक बन जाई । आस मेघ में तुम्हरी लगाई॥
नदियाँ समुद्र न उन्हें सुख देती । आपकी कृपा बूँद को सेयती॥
ऐसे पुरुष का हिय सुखदाई । करो वास वहाँ श्री रघुराई॥
आपका यश जिसे मानसरोवर । जीभ हंस रूप मोती तरोबर॥
यशगान आपके लीन्ह दिखाई । ऐसे मनुज हिय बसों सुखदायी॥
जिसकी नासिका सुगन्ध सदा लेती । जो आपकी प्रसादी है देती॥
तुमको सुमिर सदा भोजन गृहनते । वस्त्र प्रसाद मान है पहनते॥

दोहा ॥विप्र देव गुरु देख जो । सदा नमाते शीश॥
प्रेम सहित बिनती करें । पूजते सदा जगदीश॥ १५६

चौ ॥राम चरण के जो अनुरागी । उन्हीं भरोसे और सब त्यागी॥
जिनके पैर तीरथ ओर उठते । राम चरण सदा हृदय में रखते॥
जो जपें राम मन्त्र दिन राती । परिवार सहित पूज खुशी न समाती॥
करते होम तर्पण बहु भांती । देते दान विप्रों को जिबाती॥
आपसे अधिक गुरु सम्माना । तथा सदा चित सेवा में लगाना॥

पुण्यों का फल यही उन्हें चाहिए । राम चरण में मन सदा रमिये॥
ऐसे भगत के मन में निबासा । करें सदा प्रभु आप सुबासा॥
काम क्रोध मद लोभ न मोहा । क्षोभ द्रोह जिनमें न सोहा॥
अभिमान कपट माया नहीं जिनमें । बास करो श्री राम जी उनमें॥
सभी से प्रेम सबका हित जोई । मान अपमान सुख दुःख सम होई॥

दोहा ॥सत्य व प्रिय सदा बोलते । जागत सोबत प्रभु ध्यान॥
हरि को छोड़ कुछ न चहें । बसों उन हिय भगवान्॥ १५७

चौ ॥पर नारी जिन्हें मातु समाना । धन जो पराया विष है जाना॥
सम्पति पर घर देख सुखाई । बिपति दुसरे देख दुःख पाई॥
जिनको प्राण प्रिय हो तुम रामा । उनके हृदय करो विश्रामा॥
जिनके तुम्हीं हो गुरु पितु माता । स्वामी सखा भी तुम्ही हो दिखाता॥
उनके मन बसों सिय संग भ्राता । जो तुमको नहीं कभी तज पाता॥
जिन्हें न किसी में अवगुन है दिखाई । गुण जो सबके ग्रहण कर जाई॥
विद्वान व गाय हेतु दुःख लहई । मौका पाय उन सेवा करई॥
नीति निपुण व है बुद्धिमाना । उनके मन तुम करो ठिकाना॥

दोहा ॥निज गुणों को कहे प्रभु कृपा । दोषों को खुद का बताय॥
प्रभु के भरोशे सदा जो । नहीं दिखे अन्य सहाय॥ १५८

चौ ॥राम भगत प्रिय जिसको दिखाई । उसके हृदय बसों रघुराई॥
सम्मान धर्म व जाति परिवारा । सबको त्याग बस आस तुम्हारा॥
जिसके मन तुम सदा हो समाई । लखन सीय संग बसिये जाई॥
स्वर्ग नर्क मोक्ष जो नहीं जाना । धनुष बाण संग राम को माना॥
मन क्रम वचन दास प्रभु जोई । राम बास तिनके हिय सोई॥
जिसकी नहीं कोई भी चाहत । सहज सनेह आप तन राखत॥
उसके मन सदा करिए निवासा । बैठ लगाये आपकी आसा॥

दोहा ॥बाल्मीक इस भांति से । निवास राम के बातात॥
भरा प्रेम उन दिख रहा । हँसते राम दिखात॥ १५९

चौ ॥मुनिवर कहें प्रभु रघुराई । अब सुनो आश्रम एक सुखदाई॥
पर्वत चित्रकूट है सुहावन । करों निवास वहाँ प्रभु पावन॥
गिरि जंगल जहाँ दिखते सुहाई । हाथी हिरण सिंह पच्छी उडाई॥
चित्रकूट अब जहाँ दिखाई । बांदा सतना जिला में आई॥
उत्तर प्रदेश व मध्यप्रदेशा । दोनों जिला वहाँ सीमा बिशेषा॥
दोनों जिलों की सीमा जो होई । पावन चित्रकूट वहाँ सोई॥
नदी मंदाकिनी पावन बहती । लेख पुराणों में भी दिखती॥
उत्तराखंड मंदाकिनी गंगा । निकली हिमालय से हरि संगा॥

दोहा ॥चित्रकूट मंदाकिनी । उत्पति कथा मुनि है बतात॥
किस प्रकार ये प्रकट भई । बाल्मीक समझात॥ १६०

चौ ॥आश्रम अत्रि अनुसुइया पावन । चित्रकूट से दक्षिण आबन॥
दस किलोमीटर दूरी होई । घने जंगल में दिखता सोई॥
तप दोउ पति पत्नी यहाँ कीन्हा । पतिव्रता अनुसुइया चीन्हा॥
बात पुराणों में दिखलाई । जब शिशु त्रिदेवों को बनायी॥
घटना बाल्मीक बतलाते । मंदाकिनी अबतरण सुनाते॥
एक दिवस अत्रि तप लीन्हा । इन्द्र ने अनावृष्टि कर दीन्हा॥
जल संकट चारों ओर दिखाई । त्रण पत्ते भी थे जल जाई॥
अत्रि मुनि तभी समाधि से उठते । लगी प्यास व्याकुल थे दिखते॥
अनुसुइया से जल वे माँगा । नहीं जल ऋषि पत्नी दुःख लागा॥
खाली कमण्डल लेकर आती । पति को अकाल की बात बताती॥
प्यास लगी ऋषि मूर्छा आयी । अनुसुइया पतिव्रता घबराई॥

दोहा ॥पाताल निवासिनी का किया । आवाहन पतिव्रता नार॥
हे माँ जल मुझे चाहिए । जल बिन पति न सम्हार॥ १६१

चौ ॥प्यास से पति की जान हे जाती । जिससे माँ मैं तुझको बुलाती॥
पातालनिबासिनी सुनी पुकारा । सती के सम्मुख तुरंत पधारा॥
सती अनुसुइया पीड़ा बतायी । माता तुरंत समझ थी जाई॥
सती से कहा माँ गंगा बुलावो । सारी व्यथा उन्हें समझावो॥

माँ गंगा को लगाई पुकारा । हुआ अद्भुत तब एक नजारा॥
पाताल से हो गंगाजी चलती । सती के हवनकुण्ड में प्रकटती॥
कुण्ड से सती कमण्डल भरती । लेकर उसे पति पास पहुँचती॥
पति को वह जल पान कराई । पीकर जल ऋषि थे उठ जाई॥

दोहा ॥उस दिन से है आज तक । निकले कुण्ड जल धार॥
नदी रूप वह ले लिया । बहती उस क्षेत्र मझार॥ १६२

चौ ॥मंदाकिनी नाम उन होई । बहती चित्रकूट में सोई॥
पावन गंगा सुरसरि बहती । पापों को डाकिनि सम डसती॥
मुनिवर अत्रि तपस्वी रहई । जप तप योग सदा वे करई॥
उनके तप को सफल करो रामा । देउ गौरव चित्रकूट सुजाना॥
चित्रकूट महिमा मुनि गाई । लिख जसकरन भी धन्य हो जाई॥
लेकर विदा सिय अनुज के साथा । आये चित्रकूट रघुनाथा॥
रघुवर सीय अनुज के संगा । आय नहाये मंदाकिनी गंगा॥
राम ने लक्ष्मण को समझाया । निवास हेतु शुभ जगह बताया॥
कहा सुन्दर है घाट दिखाई । बास करन लेउ कुटिया बनाई॥

दोहा ॥मन्दाकिनी उत्तर तरफ । झुकती धनुष समान॥
वहीं ऊँचे एक शिखर पर । निवास हेतु शुभ जान॥ १६३

चौ ॥कामदगिरी यह जगह कहाई । नदी स्वरचित इसे बनाई॥
धनुष प्रत्यंचा मंदाकिनी धारा । कलयुग के पापों को संघारा॥
चित्र कूट एक दिखता शिकारी । मंदाकिनी धनुष से पाप को मारी॥
लक्ष्मण जगह प्रभु को दिखाई । स्थान देख रघुवर सुख पाई॥
जगह राम को थी मन भाई । देवगण थे ये जान जब पाई॥
शिल्पी विश्वकर्मा को बुलाया । पत्ता घास युक्त घर बनवाया॥
कोल भील के रूप में देवा । श्रीराम की करते सेवा॥
दो सुंदर कुटियाँ थी बनायीं । एक बड़ी एक छोटी दिखायी॥

दोहा ॥बड़ा रमणीक निवास प्रभु । शोभा बरन न जाय॥
रूप बदल सब देवगण । सेबा करते आय॥ १६४

चौ ॥लखन जानकी संग प्रभु बासा । घास पत्तों बना घर था सुबासा॥
मुनि भेष प्रभु शोभित ऐसे । कामदेव रति संग हों जैसे॥
किन्नर नाग सुर और दिगपाला । प्रभु से मिले रख भेष निराला॥
श्री राम करें सबको प्रणामा । नेत्र लाभ लें खुशी न समाना॥
सुमन वृष्टि थे देवता कीन्हा । राम सनाथ बना उन्हें दीन्हा॥
राक्षस दुःख दें प्रभु को बताया । फिर हर्षित निज निज ग्रह जाया॥
चित्रकूट आये श्री रामा । समाचार सुन मुनि सब आना॥
देखा प्रभु मुनि मिलन है आयी । उठके दण्डवत किया रघुराई॥
उठा राम मुनि हृदय लगाई । होऊ सफल आशिष मुनिराई॥
राम लखन सिय की छवि देखी । हुए धन्य मुनि खुशी बिशेखी॥
यथा उचित प्रभु किया सम्माना । फिर विदा किये मुनि खुशी न समाना॥
निज निज आश्रम गये मुनिराया । जप तप यज्ञ करते वे दिखाया॥

दोहा ॥चित्रकूट प्रभु वास कर । आज भी मिलते प्रमाण॥
रामघाट कामदगिरी । सीता कुण्ड है निशान॥ १६५

चौ ॥अनुसुइया आश्रम भी दिखाई । निकल मंदाकिनी जहाँ से आयी॥
आज भी लक्ष्मण शिला वह दिखती । कामदगिरि पर्वत पर रहती॥
जिसपे बैठ वे दिन और राता । सियाराम की स्वरक्षा बनाता॥
सैया राम शिला अभी भी दिखाना । किया राम सिय जहाँ विश्रामा॥
ये प्रमाण सब आज भी मिलते । जो कहें राम यहाँ थे बसते॥
चित्रकूट बसे कौशल राऊ । कोल किरातन सुन जब पाऊँ॥
हुई खुशी मानो पाया खजाना । कंद मूल फल भरकर लाना॥
प्रभु की करें तन मन सेविकायी । खुशी दिखें मानो निधि लूट पाई॥

दोहा ॥जिन दर्शन प्रभु कर लिये । उनसे पूछें वे लोग॥
जो दर्शन को जा रहे । लिए हाथ में भोग॥ १६६

चौ ॥उनसे सुनी प्रभु सुन्दरताई । दौड़े दरश को खुशी न समाई॥
प्रभु को भेंट रख करते प्रणामा । प्रेम से दर्शन करते जाना॥
एक चित्र सम खड़े दिखाई । नैनों में जल बहता जाई॥
प्रभु देखा सब प्रेम डुबाई । कह प्रिय वचन सम्मान दिखाई॥
प्रभु को प्रणामा बारंबारा । वचन में प्रीति न जाय सम्हारा॥
कहा प्रभु आज सनाथ मैं होई । हुए दरश मुझे आपके जोई॥
हमारे भाग्य से आप पधारे । हुआ आगमन हमरे द्वारे॥
धन्य पन्थ बन मार्ग पहारू । जहां जहाँ चरण प्रभु तुम धारू॥
धन्य है पंछी हिरण बन जीवा । जिनको दरश भये प्रभु सीवा॥
हम परिवार सहित धन्य होई । लोचन भर प्रभु दरश है सोई॥

दोहा ॥ठहरने हेतु जो जगह प्रभु । आप बिचारी ठीक॥
कीजै निवास सिय लखन सह । सभी ऋतुओं में नीक॥ १६७

चौ ॥मै परिवार संग सेवा करहीं । हाथी सिंह सर्प बाघ से बचहीं॥
यहाँ के गिरि कंदर खोह कानन । एक एक इंच जगह हम आनन॥
तुम्हें हर जगह शिकार खिलाऊँ । झरनें झील तालाब दिखाऊँ॥
परिवार सहित मैं करूँ सेविकाई । संकोच त्याग आयुष यदि पाई॥
मुनियों के मन बेद के बचना । पहुँच न सकते राम के धमना॥
वही राम सुने भील किराता । जैसे पिता सुन बालक बाता॥
सच्चा प्रेम राम को भाता । गूढ़ बात ये जान जो जाता॥
प्रेम भरे फिर राम के बचना । बनवासी सन्तुष्ट थे दिखना॥

दोहा ॥बिदा कीन्ह उनको प्रभु । शीश नाय वे जात॥
सराहत राम के गुणों को । निज निज घर थे आत॥ १६८

चौ ॥इस प्रकार लक्ष्मण सिय रामा । बन में बसत मुनियों सुखधामा॥
जब से राम किया बनवासा । मंगल छाय रहा यहाँ सुपासा॥
ना ना भाति फल फूलहिं वृक्षा । ऋतु विपरीति भी फल फूल गुच्छा॥
वृक्ष भूल निज ऋतु को जाई । देख राम फल दिए लगाई॥
लिपटी वृक्ष पर बेल सुहाना । जिम मण्डप प्रभु हेतु बनाना॥

कल्प वृक्ष सम बिटप दिखाई । मानो स्वर्ग त्याग यहाँ आयी॥
भौरे पंक्तियाँ गुन्जन करई । शीतल पवन बसन्त की चलई॥
कोयल नीलकंठ सुक चातक । चकवे चकोर मधु ध्वनि उच्चारत॥
भांति भांति निज स्वर ये निकारें । दे सुख कानों चित चुरावें॥

दोहा ॥जीवों मध्य नहीं दुश्मनी । सभी में प्रेम दिखात॥
हाथी हिरन सिंह कपि सूअर । निज का बैर बिसरात॥ १६९

चौ ॥यद्यपि वे शिकार को चलयीं । राम की छवि से प्रेम उन उगयीं॥
जहाँ भी देव बन पड़ते दिखाई । चित्रकूट बन से वे लजाई॥
गंगा सरस्वती यमुना नर्बदा । और गोदावरी पावन सर्बदा॥
सभी तालाब समुद्र व नदियाँ । प्रसंशे मंदाकिनी वे सब विधियाँ॥
उदयांचल अस्तांचल कैलाशा । मंदरांचल सुमेरु देव बासा॥
तथा हिमालय सब ये पहारू । चित्रकूट गुण गाय जुहारू॥
विंध्याचल मन खुशी न समाई । बिनु कुछ किये महानता पाई॥
क्योंकि चित्रकूट गिरि जोई । विंध्याचल का हिस्सा होई॥
पशु पंछी चिरकूट के बासी । बिटप पेड़ पौधे है हुलासी॥
पुण्य सभी के देव सराही । करते प्रशंसा वे न अघाही॥

दोहा ॥जिन जीवों के नेत्र है । दरश राम वे पाय॥
जनम सफल निज मानते । जीवन धन्य दिखाय॥ १७०

चौ ॥अचर जो पर्वत भूमि नदी आदि । चरण राम रज से वे सुखादि॥
कोई भी राम चरण रज पाई । परम गति पद उसने पाई॥
आनंद सागर जहाँ हो निबासा । बन पर्वत वहाँ बने सुपासा॥
महिमा वहाँ न वर्णन होई । वातावरण मंगलमय सोई॥
तजे अबध छीरसागर रामा । बन में लखन सिय संग आना॥
कोई न कह सके वहाँ की महिमा । चाहे सेकड़ों शेष भी रहना॥
तो वर्णन जसकरन न होई । पच पच हार जाये कर सोई॥
मंदिराचल पर्वत जो महाना । पोखर कच्छप उठा न पाना॥

दोहा ॥लक्ष्मण मन क्रम वचन से । सेवत सीता राम ॥
उनके शील सनेह का । वर्णन कोइ नहिकर पान ॥ १७१

चौ ॥हर क्षण चरण राम वे बिलोकी । उनकी कृपा दृष्टि निज पर देखी ॥
जिससे बन्धु कभी याद न आती । मातु पिता घर ध्यान न जाती ॥
चरण राम सिय सब सुख पाया । परिवार नगर ग्रह सब बिसराया ॥
पिय के चरण सीय अबलोकहि । चन्द्र समान देख मुख हर्षहि ॥
बड़ी खुशी वे पड़ती दिखाई । जिम चकोरि देख चन्द्र हर्षाई ॥
पिय का प्रेम बढ़ सिय जब देखी । भई सुखी चक्वी दिन में विशेखी ॥
राम चरण सिय अति अनुरागी । अबध से लाख प्रिय बन उन्हें लागी ॥
पति के साथ कुटिया मन भाती । पंछी हिरण परिवार बनाती ॥

दोहा ॥मुनि है ससुर के तुल्य सब । पत्नियाँ उन सास समान ॥
भोजन है कन्द मूल फल । रस उनका अमिय दिखान ॥ १७२

चौ ॥कुश पत्तों से सेज बनायी । पति संग वह कामदेव लजाई ॥
कृपा दृष्टि जिस पर प्रभु करते । छण में लोकपाल वे बनते ।
भोग बिलास न प्रभु को सुहाता । केवल प्रेम भाव उन्हें भाता ॥
भक्त जो सुमिरत राम का नामा । तजते भोग वे तिनका जाना ॥
उनकी प्रिया लक्ष्मी जग माता । तजें भोग आश्चर्य न दिखाता ॥
सीय लखन जिसमें सुख पाई । करते कहते राम वही जाई ॥
पौराणिक कथा राम सुनाते । लखन सीय उसे सुनते जाते ॥
अबध याद जब राम को आती । लोचन जल भर आय दिखाती ॥
याद मात पितु बन्धु सताई । भरत के प्रेम शील सुखदाई ॥

दोहा ॥होते दुखी प्रभु याद कर । फिर वे धरते धीर ॥
कुसमय जान वे बिसारते । और हो जाते गम्भीर ॥ १७३

चौ ॥प्रभु को देख सिय लखन दुखाई । जिम कोई पुरुष की हो परछाईं ॥
देखा लखन सिय होत दुखायी । तब आनंद सागर रघुराई ॥
कहते कथा पुराण सुनायी । जिसे सुन लखन सीय हर्षाई ॥

पर्ण कुटी में लखन सीय रामा । दिखें जैसे इंद्र शची विश्रामा॥
सम्हाल के रख सिय लखन को रामा । जिम पुतली रख पलक दिखाना॥
लखन सीय सेवहि रघुराई । करे मूर्ख जिम तनु सेबिकायी॥
इस प्रकार सुखी बन में रामा । पशु पछी संग देव सुख माना॥
कथा राम वन गमन सुनायी । सुनो अब इधर सुमंत्र पे आई॥
राम पहुँचाय निषाद था आया । रथ समेत वहाँ सुमन्त्र को पाया॥
प्रभु के विरह में विकल थे सुमन्ता । देख दशा ये निषाद को चिंता॥
राम लखन सिय को वे पुकारा । भूमि पड़े जाते न सम्हारा॥
रथ के अश्व दक्षिण दिश देखी । हिनहिनाय व्याकुल थे विशेखी॥
सभी जीवों में अंश भगवाना । फिर क्यों नहीं अंश को बुलाना॥

दोहा ॥सभी जीव आतुर दिखें । मिलन हेतु भगवान॥
क्योंकि वे सब अंश है । परम ब्रह्म शक्तिवान॥ १७४

दोहा ॥इसीलिए रथ अश्व ये । व्याकुल प्रभु के हेतु॥
बिलग होय दक्षिण गये । सीय लखन रघुकेतु॥ १७५

चौ ॥विरही अश्व थे त्रण नहीं चरहीं । निज लोचन में जल वे भरहीं॥
देख ये व्याकुल भये निषादा । अश्व ने जब मुँह प्रभु दिश साधा॥
धर धीरज निषाद समझाई । हें सुमंत्र दुःख देऊ बिसराई॥
तुम परमार्थी शास्त्र के ज्ञानी । बाम विधाता गति पहिचानी॥
बहुत भांति उन्हें कथा सुनायी । कोशिश कर रथ पर बैठाई॥
शोक ग्रस्त रथ हांक न जाई । राम बिरह दुःख शह नहीं पाई॥
बिचलह घोड़े मार्ग तज देही । मानों जंगली पशु रथ सेही॥
बिरह में ठोकर खा गिर जाते । उठकर राम तरफ हिनहिनाते॥

दोहा ॥प्रभु वियोग में अश्व ये । बिकल दुखी है दिखात॥
राम लखन सिय सुनत ही । वही तरफ मुड़ जात॥ १७६

चौ ॥अश्व विरह में बिकल हो जाई । जैसे मणि बिन नाग हो जाई॥
दशा जो अश्व सुमंत्र की होई । निषाद राज को चिंता जोई॥
शुचि सेवक वह चार बुलाया । मंत्री संग वह उन्हें भिजवाया॥
अयोध्या तक इन्हें देव पहुँचाई । फिर तुम लौट निज घर को आयी॥
सुमन्त्र दशा से वे भी दुखाई । बिरह का यह दुःख बरन न जाई॥
दुःख में सुमंत्र हैं बिकल प्रवीणा । है धिक्कार राम बिनु जीना॥
नश्वर ये शरीर छूट जाई । क्यों न आज छूट धन्य हो जाई॥
भये प्राण पाप अपयश भागी । राम विरह ये देह संग लागी॥
अवसर आज प्राण ये जाया । क्यों न हृदय टूट हो दिखाया॥

दोहा ॥मलते हाथ सिर रखकर । सुमन्त्र रहे पछताय॥
जैसे लोभी पुरुष कोइ । दुखी हो धन लुट जाय॥ १७७

चौ ॥सुमन्त्र लौट ऐसे योद्धा समाना । बीर होकर युद्ध से भाग जाना॥
जैसे विवेकी वेद का ज्ञाता । अथवा कोई सिद्ध साधु कहाता॥
धोके से करें मदिरापाना । सुमन्त्र भी उसी तरह पछताना॥
जिम कुलीन कोई साध्वी होई । पति को ईश्वर माने जोई॥
पर वह कर्म बस पति से बिछोहू । सचिव दशा भी वही सम होहू॥
नैनों बहत अश्रु की धारा । बहरे कान मत गयी बिगारा॥
सूखे होंठ और मुँह लग लाटी । मृत्यु के लक्ष्मण ये है दिखाती॥
फिर भी प्राण न शरीर से जाई । जैसे कोई कपाट लगाई॥
चौदह वर्ष का हो इन्तजारा । राम के दरश पुनः ये बिचारा॥
यही आस है कपाट समाना । देह से प्राण नहीं देत है जाना॥
सोच से मुख सुमंत का सुखाई । जिम पितु मात की मृत्यु कराई॥
राम वियोग की हानि से ग्लानी । जिम पापी यमपुर पछतानी॥
मुँह से वचन न अति पछतावा । अबध में कैसे मुख मैं दिखावा॥

छंद॥सुमन्त्र तुम अति धन्य हो । जो रोत हो सिया राम को॥
किये पुण्य है तुमने अधिक । हिय बैठ तुम्हरे स्वयं वो॥
बिनु राम के तुम तड़पते । जीना न चाहत उन बिना॥
यही चाह है जसकरन की । आशिष हमें तुन यही देना॥

दोहा ॥राम बिना रथ देख सब । देखेगा नहि हमें कोय॥
किस मुख से चलूँ अबध को । हृदय में मन्त्री रोय॥ १७८

चौ ॥सुनेगे नगर बासी हम आये । बिकल होय हमें पूछन धाये॥
करूँगा तब निज हिय को कठोरा । दूंगा उत्तर दुःख मे सबोरा॥
दीन दुखी माता धायेंगी । राम बिना रथ देख रोयेंगी॥
रानी सुमित्रा आय पूछेंगी । क्या मैं कहूँगा क्या वह सुनेगी॥
राम मातु कौशल्या आयेंगी । बच्छ बिना जिम धेनु रम्हायेंगी॥
तब कहूँ निज हिय करके कठोरा । राम लखन सिय गये बन ओरा॥
जो कोइ आय पूछेगा उनको । यही उत्तर से दुःख दूं सबको॥
अबध भुआल दीं‍न दुःख लीन्हा । जीवन जिनका राम आधीना॥

दोहा ॥उनके पूछन क्या कहूँ । किस मुख से उन तक जाऊँ॥
कुँअर तुम्हारे भेज बन । मैं वापिस हूँ आऊ॥ १७९

चौ ॥सुनेगें उत्तर हमसे राजा । तुरत प्राण त्यागेंगे समाजा॥
राम नीर सम सहा मैं वियोगा । पर कीचड़ सम फटा न संयोगा॥
क्योंकि यातना अभी मुझे सहनी । इसी से कठोर शरीर है मिलनी॥
पछतात सुमन्त्र ऐसे ही जाता । तमसा निकट पहुँच रथ जाता॥
चारों निषाद विदा वे कीन्हा । व्याकुल वे भी दुःख में लीन्हा॥
सुमन्त्र के दुःख से वे भी दुखारी । लौटत उनके चरण जुहारी॥
अवध प्रवेश को रथ जब आया । शंकोच बहुत मंत्री को सताया॥
सकुच सुमन्त्र को ऐसे होई । गुरु ब्राह्मण गाय हत्या जोई॥

दोहा ॥पेड़ के नीचे बैठकर । इन्तजार सांझ का कीन्ह॥
देख अँधेरा होत ही । प्रविश नगर कर दीन्ह॥ १८०

चौ ॥महल द्वार रथ रोक सुमंन्ता । देखन को सब धाये तुरंता॥
रथ घोड़े उन लिये पहिचानी । अस्व थे व्याकुल पड़े दिखानी॥
वे हिनहिनाते ऐसे दिखाई । धूप में ओले जिम गिर जाई॥
नगरवासी व्याकुल भये भारी । तड़पें मीन जिम सूखत बारी॥

सुमन्त्र लौट आये है अकेले । समाचार रनिवास में मेले ॥
शोक महल में छाय दिखाया । जैसे प्रेत आवास बनाया ॥
अत्यन्त दुखी हो पूछत रानी । मन्त्री बिकल जीभ लपटानी ॥
नहि कुछ दिखता न पड़ता सुनायी । नृप हैं कहाँ सबै पूछत जायी ॥
दासियाँ देख बिकल हैं सुमन्ता । महल कौशल्या वे लाईं तुरन्ता ॥
अब सुमन्त्र को नृप थे दिखाई । जैसे चन्द्र अमृत सूख जाई ॥

दोहा ॥पलँग आभूषण त्याग नृप । पड़े जमीं पे दिखात ॥
भरते उसाँसे इस तरह । जिम स्वर्ग से गिरे ययात ॥१८१

चौ ॥उसाँस भरत छाती फूल जाई । सम्पाति गिद्ध जिम भूमि गिराई ॥
राम राम कह बारंबारा । पुनः राम सिय लखन पुकारा ॥
दण्ड प्रणाम सुमन्त्र ने कीन्हा । आवाज सुनत थे नृप उठ लींना ॥
हो व्याकुल पूछत वे सुमन्ता । कहाँ राम सिया कहो तुरन्ता ॥
नृप ने सुमन्त्र को हृदय लगाया । जिम बूढ़त को अधार मिल जाया ॥
स्नेह सहित निज पास बैठाया । नयन अश्रु भर पूछत राया ॥
कुशल राम मुझे सखा बताओ । राम अखन सिय कहाँ है सुनाओ ॥
लौटे या बन को गये तीनों । सुनत सुमन्त्र भरे जल नैनों ॥

दोहा ॥पूछत नृप शोक ग्रस्त हो । सन्देश राम का सुनाऊ ॥
सोचत वे सब याद कर । रघुनाथ के गुण व स्वभाऊ ॥ १८२

चौ ॥दूँगा राज्य उन्हें दिया बनवासा । यह सुन भी मुझे हुआ न हताशा ॥
इसपर भी मेरे निकल न प्राना । नहीं कोई पापी मेरे समाना ॥
सुनहु जहाँ सिय लखन व रामा । तुरत हमें वहाँ देऊ पहुँचाना ॥
नहीं तो चलन चहत मेरे प्राना । कहता सत्य मेरी बात को माना ॥
नृप सुमन्त्र से पूछत जाई । सन्देश मेरे पुत्रों का सुनायी ॥
सखा सुनो कोई करो उपाई । राम लखन सीय देऊ दिखाई ॥
धर धीरज सुमन्त्र बतलाया । महाराज तुम ज्ञानी कहाया ॥
शूर वीर धैर्यवान कहाते । साधुन सेवारत हो दिखाते ॥

दोहा ॥जनम मरण सुख दुःख सभी । वियोग मिलन हानि लाभ॥
देखे आप नजदीक से । अतः करो न विलाप॥ १८३

चौ ॥ये सब काल करम परिनामा । जैसे रात दिवस है दिखाना॥
अज्ञानी सुख पाय हर्षाया । देखत कष्ट जात वह दुखाया॥
धीर पुरुष सदा एक समाना । जब सुख दुःख उन सामने आना॥
विवेकशील नृप धीरज धारो । हो हितकारी सोच को त्यागो ।
राम लखन सिय गये मेरे संगा । पथम बास तमसा के तरंगा॥
पड़ाव दूसरा गंगा किनारे । जाग गये सुबह बड़े भुरारे॥
कर स्नान गंगा जल पाना । श्रंगवेरपुर किया बिश्रामा॥
केवट कीन्ह यहाँ सेविकायी । रात सभी ने यहीं बिताई॥
प्रात होत बट दूध मँगाया । राम लखन जटा जूट बनाया॥

दोहा ॥राम के मित्र निषाद ने । नाव लीन्ह मँगवाय॥
सिय चढ़ाई प्रथम वे । फिर उस चढ़े रघुराय॥ १८४

चौ ॥लक्ष्मण धनुष बाण के साथा । नाव चढ़ आयुष रघुनाथा॥
बिकल मुझे देखा रघुराई । मीठे वचन रहे मुझे सुनाई॥
कहना पिता से दण्ड प्रणामा । बार बार शीश उनको झुकाना॥
हे तात चरण बिनती मेरी कहना । उनके चरण कमल मैं पड़ना॥
पुनः मैं शीश धरू उन चरना । मेरी चिंता कतई न करना॥
आपकी कृपा व पुण्य परिणामा । बन में हमें सदा कुशल दिखाना॥
सहज स्वभाव ये राम संदेशा । जो दुर्लभ मुनि मनुज मुनेशा॥

छंद॥पितु आपके आशीश से । बन में मुझे सब सुख मिलें॥
आज्ञा का पालन करन में । चौदह बरस न कुछ दिखें॥
पूर्ण कर इस अवधि को । मैं लौटकर दर्शन करूँ॥
करना यतन तुमको वही । जो मातु पितु मेरे चहूँ॥

छंद॥ऐसा बड़प्पन राम का । जिनको है चिन्ता पितृ की॥
जिसने दिया बनवास हैं । और खयाल भी उस मातु की॥
जिस मातु ने दुर्वचन कह । भेजा पिता को काल में॥
संदेश वे हैं भेजते । रखना उन्हें खुशहाल मैं॥

दोहा ॥धन्य स्वभाव प्रभु राम तुम । उनकी भी कुशलता चाह॥
राज गद्दी स्थान पर । जिसने बन में भिजवाह॥ १८५

चौ ॥गुरु के चरण पकड़कर कहना । बार-बार मैं शीश हूँ नमना॥
कहना उन्हें उपदेश दें पितु को । जिससे नहीं याद करे मुझको॥
परिवार जनों पुरवासी निहोरा । सबसे कहूँ हाथ मैं जोरा॥
वही मेरा नजदीकी होई । सुखी रखे पितु नृप को जोई॥
भरत आयें संदेश सुनाना । राज पाय नहीं नीति भुलाना॥
मन क्रम वचन प्रजा को पालना । एक समान माताओं मानना॥
मात पिता स्वजनों सेविकाई । करके भाईपन को निभाई॥
पितु सेवा में प्रेम दिखाना । मेरी याद उन्हें जिससे न आना॥

दोहा ॥लखन कहे कुछ कटु वचन । कहना नहीं राम बिनीति॥
शपथ दिलाई कई दफा । कहा बचपन ये पुनीति॥ १८६

चौ ॥कुछ कहना चाही थी जानकी । प्रेम से सिथिल बानी रुक उनकी॥
कहा प्रणाम लोचन जल उनके । भई पुलकित नहीं कह पाईं मनके॥
फिर रघुनाथ का रुख था पाया । केवट ने थी नाव चलाया॥
इस प्रकार रघुवर चल दीन्हा । देखत रहा मैं बज्र धर सीना॥
निज कलेश मैं कैसे बखानूँ । जीवित हूँ संदेश ले आनूँ॥
इतना कह सुमन्त्र रुक बानी । बढ़ा सोच मन उनके ग्लानी॥
सुमन्त्र वचन सुन जब निज काना । नृप दुःख से जमीन गिर जाना॥
महा मोह से तड़पत राजा । जैसे प्रथम बारिश मीन साजा॥

दोहा ॥विलाप करें सब रानियाँ । पड़ी बिपति थी दिखात॥
दुःख भी उनके विलाप से । महा दुखी हो जात॥ १८७

चौ ॥बिपति देख धीरज नहीं काहू । धीरज का भी धैर्य भाग जाहू॥
सुनि रनिबास में शोक संतापा । हुआ कोलाहल अबध विलापा॥
जैसे बन में बिहग तड़पाई । रात्रि में जब वहाँ बज्र गिर जाई॥
नृप के प्राण कण्ठ तक आया । जैसे सर्प बिनु मणी तड़पाया॥

इंद्रियाँ उनकी बिकल दिखाईं । मानो कमल बिनु जल मुरझाईं॥
कौशल्या देख नृप शोक विशादा । समझ गयी अब होत अकाजा॥
रविकुल का रवि अस्त को जाता । धारण धैर्य का समय दिखाता॥
हृदय धीर धर कहती माता । उस अनुरूप समय जो दिखाता॥

दोहा ॥राम वियोग एक सिन्धु है । अबध जहाज समान॥
पुरवासी उस पर चढ़े । खेवत आप महान॥ १८८

चौ ॥हे स्वामी धीरज को धारों । अबध जहाज को पार लगावों॥
धीरज धरन से मिले किनारा । नहि परिवार डूब मजधारा॥
धीर धरो तन राखो स्वामी । राम लखन फिर मिलि है आनी॥
मधुर वचन कौशल्या बोली । चितये नृप निज आँख थी खोली॥
जैसे मीन बिनु जल तड़पायी । और कोई शीतल जल छिड़कायी॥
धैर्य धार उठ बैठ नरेशा । पूंछ सुमन्त्र कहाँ राम दिनेशा॥
कहाँ लखन कहाँ प्रिय रघुनन्दन । कहाँ जानकी जनक सुनंदन॥
बिलखत दशरथ रहे इस भांती । युग समान भई रात न जाती॥
याद श्रबन मातु पिता की आयी । शाप दिया कौशल्या बतायी॥

दोहा ॥कौशल्या को कह रहे । शाप की घटना सुनाय॥
नृप ने कहा एक दिवस को । वे शिकार पर जाय॥ १८९

चौ ॥एक हिरण का पीछा कीन्हा । सरयू तट जंगल चल दीन्हा॥
घोर अँधेरा रात का होई । हिरण न दिख पड़ता था सोई॥
एक युवक पितु मातु को लाय । अपनी कांवर मैं बैठाया॥
तीर्थ कराने उन्हें ले जाया । युवक ये श्रवण कुमार बताया॥
लगी प्यास पिता मातु दिखाया । एक जगह वह उनको बैठाया॥
जल लेनं सरयू तट आता । और कमण्डल जल में डुबाता॥
आवाज थी उसकी पड़ी सुनायी । मै समझा वही हिरण है आयी॥
शब्द भेद था बाण चलाया । श्रवणकुमार में वह लग जाया॥

दोहा ॥आ नजदीक मैं देखता । मरणासन श्रवण कुमार॥
मुझको था उसने कहा । प्यासे पितु मातु हमार॥ १९०

चौ ॥कहा हमसे जल लेकर जाओ । बिना कुछ बोले जल को पिलाओ॥
अंधे मातु पिता मेरे होई । आपसे जल वे पियें न जोई॥
अतः कुछ बोले जल को पिलाना । पिला के जल सब घटना बताना॥
इतना कह वह प्राण त्यागता । मैं जल ले अंधों पर आता॥
जल लेकर उन सम्मुख कीन्हा । पर पदचाप से उनने चीन्हा॥
मैंने कहा धोखा हो जाई । हिरण समझ मैं बाण चलायी॥
श्रवण कुमार को वह लग जाया । जिसमें उसने प्राण गमाया॥
आज से तुम पिता मातु समाना । जिम्मेदारी अबध हो जाना॥
पुत्र मरण सुन दोनों दुखाई । और हमको यह शाप सुनायी॥

दोहा ॥पुत्र वियोग हम मर रहे । तुमको देता शाप॥
तड़पोगे यहि भांति तुम । वियोग पुत्र संताप॥ १९१

चौ ॥उसी वियोग तजोगे प्राना । जिस प्रकार मैं हूँ तज जाना॥
घटना बताय बिकल नृप होई । बिना राम नहीं जीवन सोई॥
है धिक्कार जीवन जो ऐसा । पाय के राम न रख पाय वैसा॥
ऐसी देह को क्या है सजाना । जिसमें राम है दूर हो जाना॥

छंद॥दशरथ के जैसा नहि कोई । जो रखता शुचि भावना॥
जीवन तो केवल, राम संग । नहि मृत्यु की रख कामना॥
जिसनें भी रखा, राम को । निज हृदय में व सामने॥
यदि हटते है, वे नयन से । जीवन न रहा कोई मायने॥

दोहा ॥कर विलाप दशरथ कहा । राम है प्राण समान॥
कई दिन तुम बिनु जी लिया । अब नहीं देह रख पान॥ १९२

चौ ॥हाय राम हाय लखन जानकी । तुम रखवारे मेरे प्राण की॥
राम-राम कह बारंबारा । पुनः राम पुनः राम पुकारा॥
राम वियोग में तनु नहीं प्यारा । उसे त्याग प्राण स्वर्ग सिधारा॥
जीवन फल दशरथ ने पाया । उनका यश ब्रह्माण्डाँ छाया॥
राम दरश निज जीवन कीन्हा । हुआ वियोग स्वर्ग चल दीन्हा॥

विकल शोक से रोवहि रानी । नृप का तेज बल शील बखानी॥
भाति अनेक विलाप वे करतीं । बार बार थीं भूमि गिर पड़तीं॥
दास दासियाँ नृप की बिलखती । पूरे नगर रुदन सुन पड़तीं॥

दोहा ॥सूर्य वंश का सूर्य अब । अस्त हुआ था दिखाय॥
धर्म धुरीन गुण रूप निधि । थे नृप स्वर्ग सिधाय॥ १९३

चौ ॥सब बुरा भला कैकेई को कहते । जग अंधियारा हुआ उन्हें दिखते॥
बिलखत तड़पत रात बिताई । प्रात रानी मुनि ज्ञानी बुलाई॥
वशिष्ठ आय बहु भांति प्रबोधा । पुराण आदि का ज्ञान सम्बोधा॥
ज्ञान प्रकाश से शोक भगाया । स्वरक्षा मृत शरीर करवाया॥
एक नाव तेल से भर दीन्हा । उसमें मृत शरीर रख दीन्हा॥
फिर वशिष्ठ बुलवाये दूता । समझाए उन्हें मुनि बिभूता॥
वेग गति से भरत पें जाई । नृप की मृत्यु नहीं किसी को बतायी॥
भरत को केवल इतना बताना । गुरु वशिष्ठ दोउ भ्राता बुलाना॥

दोहा ॥आयुष गुरु का पायकर । कीन्हा धावक प्रस्थान॥
बड़े वेग से वे चले । अश्व भी उनको लजान॥ १९४

चौ ॥जब से अकाज अयोध्या छाई । असगुन प्रतिदिन भरत दिखाई॥
रात्रि में सपने भयंकर दिखते । कल्पना सुबह होत बहु करते॥
विप्र भोज प्रतिदिन वे कराई । पूजे शिव जो बरन न जाई॥
शिवजी से वे मनौती माँगा । कुशल मात पितु भाई समाजा॥
भरत सोच नित करें यही भांती । तभी अयोध्या दूत दिखलाती॥
गुरु आज्ञा जब वे सुन पाई । सुमिर गणेश चले दोउ भाई॥
चला भरत रथ पवन समाना । भ्राता शत्रुघन संग में आना॥

दोहा ॥हांकेउ रथ बड़े वेग से । लाँघत नदियाँ बन सैल॥
हृदय सोच ब्यापा अधिक । शीघ्र पार करूँ गैल॥ १९५

चौ ॥सोचत उड़ के पहुँच मैं जाऊँ । मन में नहीं कुछ और सुहाऊँ॥
निमिष उन्हें एक बरस दिखाई । अब वे अबध पास थे आयी॥
दिखे असगुन जब नगर प्रवेशा । खेतन कौआ बोल बिशेशा॥
गधा सिआर आवाज लगाई । सुनके भरत मन दुखी होजाई॥
नदी बाग बन सूख तालाबा । नगर बहुत भय भीत दिखावा॥
पशु पछी घोड़े व हाथी । राम वियोग का रोग सताती॥
नगर के नर नारी है दुखारी । मनहूँ संपदा सब वे हारी॥
पुरजन जो पड़ते थे दिखाई । कर प्रणाम वे चुपके जाई॥
भरत पूछ नहीं उन कुशलाई । उनके मन अति शोक समाई॥

दोहा ॥हाट बाजार शोभा नहीं । दसों दिशा दिख सूख॥
देखन उन्हें नहीं मन करे । बाग बगीची रूख॥ १९६

चौ ॥भरत आगमन सुना कैकई । हुई खुशी मनो आया सनेही॥
सूर्य वंश का कमल दिखाई । चाँदनी रूप कैकई बन जाई॥
होके खुशी आरती सजाई । भेंट द्वार कर महल ले आयी॥
देखा भरत दुखी परिवारा । मानों पाला कमल दल जारा॥
खुशी केवल कैकेई दिखाती । जिम भिलनी खुश बन को जराती॥
भरत को सोचग्रस्त वह देखती । मायके खैरियत सुत से पूछती॥
पूछत भरत मातु कुशलाता । कहाँ सिय राम लखन पितु माता॥
स्नेह युक्त सुन भरत के बचना । कपट नीर भर कैकेई नैना॥

दोहा ॥कहत कैकेई भरत से । कपट जाल फैलाय॥
लगे भरत को इस तरह । जैसे शूल चुभाय॥ १९७

चौ ॥कहती भरत सुनो बात हमारी । सभी व्यवस्था मैंने सम्हारी॥
भई सहाय मन्थरा मेरी । पूरी योजना उसी ने घेरी॥
यद्यपि कुछ नुकसान दिखाया । अयोध्या पति ने प्राण गमांया॥
कैकेई वचन भरत दुःख दयऊ । जिम सिंह गर्जन हाथी सहमेउ॥
हाय पिता हाय पिता पुकारा । गिरे भूमि पर देके चिंघारा॥
अंत समय न तुम्हें मिल पाया । राम को तुम नहीं हमें सौंप पाया॥

फिर धीरज धर उठकर बैठेहु । मातु पिता मृत्यु कारण कहहु॥
भरत वचन सुन कैकेई बोली । मानो घाव पर जहर है घोली॥
आरम्भ से पूरी कथा बखानी । हो प्रसन्न कही कलुष कहानी॥
बिछुड़न पिता राम बन गमना । कारण भरत स्वयं को समझना॥

दोहा ॥दुखित भरत सुन वचन कटु । भये स्तम्भित मौन॥
कैकेई रही समझाय तब । मानों जरे पर लोंन॥ १९८

चौ ॥सोच न कर सुत मृत्यु दशरथ को । उनके पुण्य यश दिखते जग को॥
नृप पाये फल जीवन मरना । अंत समय हुए स्वर्ग को गमना॥
यह सब सोच के दुःख परिहरहू । बन्धु समेत अबध राज करहू॥
भरत सुनत कैकेई बचना । अंगार घाव जिम भरत को लगना॥
लेत उसास भरत धर धीरा । कहत कैकेई से होके गंभीरा॥
पापिनी कुल का किया तुम नासा । सुत तेरा मैं हुआ हूँ निराशा॥
तुच्छ बुद्धि रही ऐसी तुम्हारी । फिर मेरे जनम की क्यों थी बिचारी॥
जनम लेत मोहि देती मारा । रहता तेरा तो उपकारा॥

दोहा ॥वृक्ष काट उसे सींचना । होता उसी समान॥
जैसे पानी उलीच कर । मछली को चहत जिवान॥ १९९

चौ ॥मेरे पिता सूर्य कमल समाना । राम लखन से भाई मिले आना॥
पर माता मुझे तुम मिल जाना । विधि करनी पर बस न दिखाना॥
जब तेरे हृदय कुमति ऐसी आयी । क्यों न तेरा था हिय फट जाई॥
बर माँगन पीड़ा मुँह नहीं होई । जीभ में कीड़ा पड़े न सोई॥
नृप विश्वास कीन्ह तुम कैसे । मृत्यु पूर्व विधि मत हर जैसे॥
स्त्रियों हृदय विधाता न चीन्हा । गहराई कितनी भर दीन्हा॥
भरत को दिखती कैकेई माता । पर वह देव कार्य न दिखाता॥
जगत कल्याण किया कैकेई । कोई निगाह न उस पर देई॥
धरम धुरन्धर दशरथ राजा । दिखा उनको हुआ बड़ा अकाजा॥
स्त्री भाव समझ नहीं पाना । संयोग से उनके प्राण थे जाना॥

दोहा ॥भक्ति भाव भरे भरत जी । वही कहते जो दिखात॥
कोई नहि ऐसा जग दिखे । जो राम प्रेम न समात॥ २००

चौ ॥यहाँ पर भरत जो कहा कैकेई । सुनन को वह पहलेहि से सजेई॥
भरत कहा तुम्हें राम न प्यारा । कौन हो तुम जो जग से न्यारा॥
जो भी हो तुम मुझे न जनाओ । हमसे दूर तुरंत हो जाओ॥
भरत कहा मैं अभागा होई । हुआ तुमसे उन्पन्न जो सोई॥
पापी नहीं कोई मेरे समाना । नहि तुझको जो समझ मैं पाना॥
सुनी शत्रुघन मातु कुटिलता । रिश से जले तन बस नहि चलता॥
मन्थरा तभी उन्हें पड़ी दिखाई । विविध आभूषण सज धज आयी॥
लक्ष्मण अनुज क्रोध बढ़ जाई । जलती आग जिम घी पड़ जाई॥

दोहा ॥क्रोध से शत्रुघन ताक कर । उसके कूबड़ दई लात॥
चिल्लाती कूबरी गिर पड़ी । मुँह भर पड़ी दिखात॥ २०१

चौ ॥टूटा कूबर फूट कपाला । टूट दांत बहे रक्त का नाला॥
सोचे ये नसीब क्या मेरा । उपकार किया परिणाम अनेरा॥
सुनी उपकार बात रिपुसूदन । बाल पकड़ उसे लागे घसीटन॥
कैकेई इसका विरोध था कीन्हा । पर रिपुसूदन ध्यान न दीन्हा॥
दया स्वभाव भरत ने दिखाई । दिया कुबरी को उननें छुड़ाई॥
अब दोउ भ्रात कौशल्या पे जाई । पुराने वस्त्र तन छींन दिखाई॥
दुःख का भार लिए रंग न दिखाई । अति व्याकुल तन गया मुरझाई॥
ऐसे दिखी जैसे स्वर्ण लताएँ । पाला पड़न से गयीं मुरझाएँ॥
देख भरत उठकर वह धाई । मूर्छा आय कर थी गिर जाई॥
दौड़ उठाय बिकल हो जाबा । पड़े चरण वे होस बिसराबा॥

दोहा ॥रोते हुए कहते भरत । हे मातु पिता से मिलाऊ॥
भ्रात राम लक्ष्मण कहाँ । कहाँ सीता माँ बताऊ॥ २०२

चौ । क्यों जग जनमीं कैकेई माता । हुआ जनम तो बाँझ ही सुहाता॥
हमको जनम दे कलंक लगाया । प्रियजन द्रोह अपयशी ठाहराया॥
मेरे समान अभागा न कोई । जिसकी बजह ये दशा हुई तोई॥
स्वर्ग पिता मेरी बजह पधारे । राम लक्ष्मण बन को सिधारे॥
अनर्थ सभी मेरी बजह दिखाया । धिक्कार जीवन मेरा हो जाया॥
बाग में बांस समान हो जाई । जिसने कठिन दाह अग्नि फैलाई॥
भरत के मधुर वचन सुन माता । पुनः सम्हार उठी कह ताता॥
कुसमय ने घेरा वंश हमारा । नहि दिखता कहीं दोष तुम्हारा॥
कौशल्या माँ सरल स्वभाया । प्रेम से भरत को हृदय लगाया॥

दोहा ॥कौशल्या को भरत दिख । मानो राम गये आय॥
भेंटी उनको प्रेम से । पुनि पुनि प्यार दिखाय॥ २०३

चौ ॥भरत को गोद बैठायी माता । आंशू पौंछ रही धीर बंधाता॥
शत्रुघन गिरे कौशल्या चरना । शोक स्नेह समात न बरना॥
क्यों न कौशल्या स्वभाव ये होई । राम की माता रहती जोई॥
तीनों लोक नहीं दिख अस माता । एसी सौत सुत जो हिय लाता॥
मातु कौशल्या भरत समझाई । शोक त्याग मन धैर्य धराई॥
कोई विपरीति समय आ जाई । मैं बलि जाऊ न ग्लानि मनाई॥
काल करम का प्रभाऊ दिखाता । अबसि घटित जो टल नहि पाता॥
दोष किसी का नहीं यहाँ होई । दिखता बाम विधाता जोई॥
जीवित मैं ऐसे दुःख में दिखाई । नहि कोई जान ईश क्या भाई॥

दोहा ॥पिता का रुख थे पायकर । राजसी वस्त्र उतार॥
वत्कल वस्त्र मंगबायकर । राम ने लिये उन्हें धार॥ २०४

चौ ॥राम हृदय न हर्ष बिसादा । जबकि नगर पूरा दुःख से लादा॥
बड़े सहज राम बन स्वीकारा । जैसे कोई वरदान करारा॥
चेहरा प्रसन्न चित उनका दिखाई । मन में राग द्वेष नही दिख पाई॥
सबको सभी भांति किया संतोषा । बन को चले न देख किसी दोषा॥
राम गमन सुन सिय अकुलाई । साथ चलन को तुरंत थी आयी॥

सदा राम चरणों अनुरागी । सोय कमलांगी राम संग लागी॥
लक्ष्मण भी जब सुनी ये बाता । राम संग हेतु भाग के आता॥
राम प्रयास लखन घर रहहू । पर लक्ष्मण जिद संग बन चलहू॥

दोहा ॥राम ने फिर सबै नाय सिर । बन को कीन्ह प्रस्थान॥
सुकुमारी सिय संग ले । लखन भी साथ में आन॥ २०५

चौ ॥राम लखन सिय बन को पठाये । संग न गयी मैं न प्राण सिधाए॥
मैं इन आँखिन देखत ठाडी । जान न निकली बड़ी अभागी॥
लाज न निज स्नेह मुझे आयी । राम समान पुत्र मैं जायी॥
जियन मरन फल नृप ने लयऊ । मेरा हृदय बज्र सम कटु भयऊ॥
बचन कौशल्या हृदय दुखाना । रनिबास पूरा था दुखी हो जाना॥
भरत सहित पूरा महल दुखारी । मानो शोक ने डेरा डारी॥
होके बिकल तड़पत दोउ भ्राता । कौशल्या के गोद लपटाता॥
भांति अनेक भरत समझाया । ज्ञान वचन कह धैर्य बँधाया॥

दोहा ॥वेद पुराणों नीति कह । भरत को रही सुनात॥
वे तो सरल छल रहित थे । मातु से कहें मृदु बात॥ २०६

चौ ॥मात पिता सुत्त हनैं जो पापा । गाय गोशाला विप्र घर तापा॥
या जो पाप बधें स्त्री बालक । अथवा मित्र राजा संघारक॥
होबे पाप कोई मन कर्म बचना । या कोई पाप छोटे बड़े दिखना॥
हें प्रभु हमें वे सब लग जाई । यदि षड्यन्त ये हमने बनाई॥
बिरत जो श्रीहरि शिव के चरना । करने लगे भूत प्रेत का भजना॥
इनकी अन्त में गति जो होई । ईश्वर मुझे भी वही गति सोई॥
धरम व वेद को बेच जो लोगा । चुगलखोर पाप करन का रोगा॥
कपट को करना कुटिल व्यवहारा । क्रोधी कलह सदा हिय धारा॥
वेद आलोचक जगत दुश्मनी । लोभी लालची लम्पट करनी॥

दोहा ॥पर धन पर स्त्री लखे । इनसे भी पाप जो सोय॥
हे माँ मुझे ब्यापे वही । यदि सम्मति मेरी होय॥ २०७

चौ ॥जिन नहीं सन्गत साधु की कीन्ही । और परमारथ पग नहि चीन्ही ॥
मनुज होय जो हरि नहीं भजता । जिन्हें हरि चर्चा मन नहीं लगता ॥
वेद न पालहिं चलें प्रतिकूला । भेष बदल ठगे दिखें अनुकूला ॥
हें शिव इनकी गति जो होई । मिले हमें यदि सहमति सोई ॥
भरत के सरल वचन सुन माता । कहति राम के तुम प्रिय ताता ॥
मन क्रम वचन राम अनुरागी । भरत सदा तुम रहते बैरागी ॥
प्राण से अधिक प्राण तुम्हें रामा । राम के हृदय में तुम विश्रामा ॥
चाहे चन्द्र विष प्रकट दिखाई । अथवा पाला आग बन जाई ॥
या कोई जलचर जल तज देई । रहे ज्ञानी कोई मोह स्नेही ॥
यह सब सम्भव चहे हो जाई । प्रतिकूल राम न भरत हो पाई ॥

दोहा ॥अगर कोई संसार में । तुम्हें राम से बिरत बतात ॥
कभी सुगति उसे नहि मिले । ना ही सुख वह पात ॥ २०८

चौ ॥अस कह भरत को माँ लिपटायी । हो विह्वल निज छाती लगाई ॥
करत विलाप बहुत बिलखाती । इसी तरह पूरी रात थी जाती ॥
प्रातः वशिष्ठ गुरुजी आबा । मंत्री महामंत्री भी जुड़ावा ॥
भरत को बहुत तरह समझावा । परमारथ वे नीति बतावा ॥
कहा हृदय धरो धीरज ताता । करहु कार्य जो यह समय बताता ॥
भरत खड़े भये सुन गुरु बचना । दिया आदेश व्यवस्था करना ॥
वेद युक्त नृप देह अन्ह्बाये । विमान परम ही विचित्र बनवाये ॥
भरत गहे माताओं चरना । सती होने रोके बहु बरना ॥

दोहा ॥सती होने माँ रुक गयी । दरश राम की आस ॥
विश्वास उन्हें है मिलन की । जब वे लौटे बनवास ॥ २०९

॥बड़ा भाग्य दिखत, यदि आस लगत । कि मिलेंगे हमको राम ॥
जीवन है बनत, प्रभु मन में बसत । सब उनके भरोसे काम ॥
दिन भर हूँ रटत, ध्यान उन में रहत । चाहे काज पड़े हों तमाम ॥
यही मन में बसत, दिल में यह दिखत । कभी हमें भी मिलें श्री राम ॥

चौ ॥चंदन कपूर केशर मंगबाया । द्रव्य सुगंदित बहुत दिखाया॥
चिता सजाई सरयू तीरा । स्वर्ग सीढी जिम रघुकुल वीरा॥
वैष्णव रीति दाह क्रिया सब कीन्हा । कर स्नान तिलांजलि दीन्हा॥
वेद पुराण स्मृति अनुसारा । भरत किया दसगात्र बिचारा॥
मुनि आयुष जहाँ जैसी दीन्ही । अनेकों बार वह भरत थे कीन्ही॥
आसन अन्न वस्त्र बहु नाना । धन पृथ्वी मकान दिये दाना॥
दान पाय विप्र भये संतोषा । भरत ने उन्हें सब तरह परितोषा॥
भरत दान दिये पिता भलाई । नहि वर्णन कोई उस कर पाई॥

दोहा ॥शुभ घड़ी गुरु ने शोधकर । राज सभा थी बुलात॥
नगर महाजन सचिव सब । रानीं महामंत्री आत॥ २१०

चौ ॥भरत शत्रुघन सभा में आयी । गुरु वशिष्ठ उन्हें निकट बैठाई॥
धरम नीति गुरु चर्चा कीन्ही । श्रद्धांजलि नृप दशरथ दीन्ही॥
फिर मुनिवर सब घटना सुनायी । वरदान कैकेई बात बतायी॥
दशरथ का सत्य धरम बखाना । बचन हेतु जो तज दिए प्राना॥
फिर श्री राम के गुण वे बखाना । शील स्वभाव कौन कह पाना॥
राम को सरल सुशील मुनि कहते । यह कह उनके नयन जल भरते॥
लखन व सिय की राम से प्रीती । गुरु ने नयन भर कही हिय नीकी॥
शोक ग्रस्त मुनि भरत बिलोकी । कहा भाग्य बलवान मैं देखी॥
दोहा ॥सुनों पुत्र भाग्य सबल रह । यह कह मुनि बिलखात॥
जीवन मरना फायदा । या नुक्सान प्रभु हाथ॥ २११

चौ ॥ये सिद्धांत सोच मन त्यागो । और न दोष किसी को लगावो॥
क्रोध किसी पर क्यों किया जाई । जब सब कुछ प्रभु हाथ दिखायी॥
इस प्रकार तज रोष व शोका । सोच योग दशरथ न विवेका॥
सोचन योग्य वे ब्राह्मण होई । वेद मार्ग तज भोग में जोई॥
वह राजा भी सोचन योगू । अनीति चले न प्रेम जन लोगू॥
कंजूस वैश्य होकर धनमाना । न स्वागत अतिथि न पूज भगवाना॥
शुद्र भी करे विप्र अपमाना । अभिमान होय और ज्ञान दिखाना॥
स्त्री कोई हो स्वेच्छा चारी । करती कलह और पति से बिगारी॥

दोहा ॥विप्र तजे ब्रह्मचर्य व्रत । गुरु आयुष नहीं मान॥
गृहस्थ तजे निज कर्म को । बैरागी प्रपंच फसान॥ २१२

चौ ॥मारग तप का संत जो त्यागा । और भोगं में मन उस लागा॥
चुगलखोर और क्रोधी कोई । विरोध बन्धु मात पितु गुरु जोई॥
अन्य लोगों जो हानि पहुँचाई । निर्दयी सदा स्वारथ में दिखाई॥
कभी न हरि का नाम जो लेई । छल प्रपंच का मारग जोई॥
ऐसे सभी जन सोचन योगू । तुम्हरे पिता नहि सोच संयोगू॥
नही सोचनीय अवध भुआला । चौदह लोक जो विदित कृपाला॥
एसा नृप किसी काल न भयऊ । न अभी हैं न भविष्य में दिखऊ॥
ब्रह्मा विष्णु दिगपाला महेशा । करते चर्चा अवध नरेशा॥
कहाँ तक कोई करे उनकी बडाई । राम लखन शत्रुहन तुम्हें जाई॥
सुनहु भरत दशरथ बड़भागी । उनके लिए पुत्र दुःख देउ त्यागी॥

दोहा ॥उनका सोच सब त्यागकर । आयुष उनका सिर धार॥
दी राज गद्दी आपको । सो तुम उसे स्वीकार॥ २१३

चौ ॥अपने वचन हेतु राम को त्यागा । प्राण गये प्रेम वचन से लागा॥
कैकेई वचन दिया वे राखा । भले प्राण गये सोच न भाखा॥
वही वचन नृप का तुम धारों । अयोध्या की राजगद्दी संम्हारों॥
परशुराम पितु आज्ञा राखी । हत्या मातु की यह सब भाखी॥
आज्ञा नृप ययाति सुत मानी । पिता को दे दी अपनी जवानी॥
इसमें अपयश इन्हें नही होई । यश के भागी बने ये जग जोई॥
पितु आज्ञा जो सुत है पालता । उसमें अच्छा बुरा न भांपता॥
जग में वह सुख सुयश को पाता । अन्त में प्रभु धाम को जाता॥

दोहा ॥नृप आज्ञा को मानकर । पालों प्रजा तज शोक॥
जिससे स्वर्ग सुख उन्हें मिलि । तुम्हें पुण्य इस लोक॥ २१४

चौ ॥वेद पुराण ये बात बताई । राजगद्दी पितु इच्छा जाई॥
वह नृप दशरथ तुमको दीन्हा । करहु राज मत मेरा प्रवीणा॥
जब सुनें राम सीय यह बाता । होंगे प्रसन्न सुनो हे ताता॥
नहि कोई अनुचित इसको बताई । ले लो मत कोई पंडित जाई॥
प्रजा के सुख सब सुखी दिखाई । पूंछ कौशल्या अन्य दोउ माई॥
सम्बन्ध राम तुम बीच जो जाना । वे सब इसको उचित ही माना॥
बनवास काट लौटे जब रामा । देना सौंप राज उनको सुजाना॥
हाथ जोड़ महामंत्री बताया । गुरु आयुष सब सत्य दिखाया॥
राम लौट तब उचित जो होई । करना वही बिचार के सोई॥

दोहा ॥कौशल्या समझात यही । गुरु आयुष शुभ दीख॥
धर धीरज वह बोलती । प्रजा को भी यही ठीक॥ २१५

चौ ॥पालन शुभ है गुरु आदेशा । तजो तात सब मन के कलेशा॥
राम लखन बन को प्रस्थाना । और अबधपति स्वर्ग को जाना॥
अतः सोच सब त्याग कुमारा । करो काज गति काल बिचारा॥
शीतल लगे गुरु के बचना । मंत्री अनुमोदन भी समझना॥
मातु बानी चंदन-सी दिखाई । स्नेह प्रेम सनी भरत बतायी॥

छंद॥रस प्रेम में डूबे वचन । सुन भरत अति दुखिया गये॥
नैनों बहत जल धार उन । तब विरह में दूवत भये॥
थी मातु की बानी सरल । उसमें थे अंकुर बिरह के॥
जिससे भरत रोबन लगे । सब भूलते सुधि देह से॥

दोहा ॥भरत दशा ऐसे दिखी । जिम प्रेम ने रूप बनाय॥
हुआ उपस्थित सभा में । बिरह से सबको रूलाय॥ २१६

चौ ॥बिनती भरत हाथ जोड़ कीन्ही । धरम धुरीन अमृत भर लीन्ही॥
उपदेश गुरु सदा देते भलाई । मन्त्री भी कहें प्रजा सुखाई॥
माँ कौशल्या आयुष देई । अबसि ही मैं सिर धर उसे लेई॥
मातु पिता और गुरु के बचना । सदा ही शुभ रहें माथें रखना॥
उचित या अनुचित नहीं यहाँ देखी । होबे हानि और पाप बिशेखी॥

आप मुझे वही सीख है दीन्ही । जिसमें भलाई मेरी चीन्ही॥
भली भांति यह सब मैं जानी । नहीं संतोष हैं फिर भी दिखानी॥
अब बिनती करूँ मत अनुसारा । दीजै सिखावन उस को बिचारा॥

दोहा ॥वरदान कैकेई के निमित । पहले देना था राज॥
पर पहले बनवास दे । जिससे सब हुआ अकाज॥ २१७

चौ ॥राज तिलक यदि पहले शोधते । तो अकाज हम अबसि रोकते॥
आगे सुनो बिनती ये हमारी । करना क्षमा यदि गलत बिचारी॥
अगर दुखी जन कहें निज बाता । उसके दोष गुण गिना न जाता॥
स्वर्ग गये पिता राम बनवासा । राज भोग की हमसे आशा॥
इसमें मेरा हित तुमको दिखाई । या तुम सबका काज बन जाई॥
राम सीय सेवा हित मेरा । सो कैकेई छीना घनेरा॥
मै मन में बिचार अति कीन्हा । राम सिया सेवा में जीना॥
शोक समाज जो बैठा दिखाई । राम लखन सिय देखन चाही॥

दोहा ॥गहनें सोह नहि वस्त्र बिनु । न बिन वैराग्य ब्रह्म वाक्य॥
भोग नहीं बिनु स्वस्थ्य देह । भक्ति बिनु योग न साध्य॥ २१८

चौ ॥जीव बिना देह किसको लुभाई । बैसेहि राम बिनु कुछ न सुहाई॥
दो आयुष मैं राम पर जाऊँ । मेरे सभी हित इसी में दिखाऊँ॥
राजा बना मुझे हित न तुम्हारा । यह तो मोह बस जड का सहारा॥
कैकेई सुत मैं कुटिल मत होई । राम विपरीति निर्लज्ज भी सोई॥
अधम से अधम मैं आज दिखाया । जिसके राज्य तुम सुख हे चाया॥
मैं जो कहता आप मानना । धरम शील को राज्य सौंपना॥
यदि जिद कर मुझे राजा बनाया । तो धरती ये रसातल जाया॥
पापी मेरे सम न दिखाया । जिसने राम सिय बन को भिजाया॥
नृप ने राम को दिया बनवासा । और वियोग में स्वर्ग किया बासा॥

दोहा ॥अनर्थ कार्य जो हुआ सब । उसका सब मुझ पर दोष॥
बैठ यहाँ मैं बनत हूँ । उपहास पात्र व रोष॥ २१९

चौ ॥महल को जब देखा बिनु रामा । प्राण निकल के क्यों नही जाना॥
इसका अर्थ हे यही दिखाई । राम रूप रस मुझमें न आयी॥
मैं लोभी भूमि भोग चाहता । नहीं तो राम दरश को भागता॥
हृदय कठोरता कहाँ लौं बताऊँ । बज्र से भी आगे ये दिखाऊँ॥
कार्य कठिन कारण से होयी । मेरा दोष कहीं नहीं सोई॥
मेरा कारण है कैकेई । हुआ कठोर उससे मैं जेई॥
बज्र कठोर हड्डी से दिखावा । पत्थर से अधिक लोहा हो जावा॥
कैकेई से प्रकट ये हमारे प्राना । है पापी ये सबने जाना॥
राम बिरह में भी प्रिय मुझको । आगे देखना क्या पड़े हमको॥

दोहा ॥बनवास राम सिय लखन को । पति को स्वर्ग पहुँचाय॥
विधवा हो अपजस लिया । किया सब मेरे हिताय॥ २२०

चौ ॥सुंदर सुख उत्तम यश राजू । मेरे लिए बनाया सुकाजू॥
हित ये मेरा कैकेई कर दीन्हा । राजतिलक हित तुम अब चीन्हा॥
कैकेई उदर से जनम हमारा । अतः उचित ही हमको गँवारा॥
विधि ने कैकेई की इच्छा सम्हारी । अब प्रजा पञ्च मदद करें भारी॥
जिसे प्रेत लगे वायु भी रोगा । ऊपर से बिच्छू डंक योगा॥
उसी को मदिरा गयी हैं पिलाई । क्या उपचार उसका हो पाई॥
कैकेई नन्दन को शुभ जोई । विधाता ने सब कर दिया सोई॥
दशरथ सुत लघु राम का भ्राता । यह उपाधि क्यों मिली नहि ज्ञाता॥
आप सभी राज तिलक सुझाबा । राजाज्ञा सबको मन भाबा॥
उत्तर क्या क्या दूँ तुम्हें सबको । करो वही जो भावे तुमको॥

दोहा ॥छोड़ कुमाता और मैं । घटना नहीं काहू सुहात॥
हम दो के अलावा जगत में । सबको सिय राम हैं भात॥ २२१

चौ ॥बनवास राम सिय से महा हानी । जो नहि रही किसी को दिखानी॥
बुरे दिन मेरे पड़ते दिखाई । इससे दोष नहीं किसी को लगाई॥
आप सभी शील प्रेम अधीना । जो कुछ कहत वह उचित प्रवीणा॥
राम मातु हिय सरल स्वभावा । मुझ पर प्रेम विशेष दिखावा॥

मेरी दीनता रही पहिचानी । स्नेह में मुझसे सब ये सुनानी॥
गुरु वशिष्ठ हे ज्ञान निधि सागर । इनके ज्ञान को बिस्व करे आदर॥
जगत इन्हें एक बेर समाना । रखते हथेली निज सब जाना॥
इन्हें मेरा राजतिलक सुहाई । विधि बाम सब बाम हो जाई॥

दोहा ॥राम सीय को छोड़कर । सत्य न कोई देख॥
घटित हुआ जो अवध में । मेरी सहमति नहि रेख॥ २२२

चौ ॥सुनूँ व सहूँ सब जो भी कहेगा । क्योंकि पानी जहाँ कीचड़ दिखेगा॥
सोच न मुझे लोग बुरा बताई । न सुध मुझे परलोक सताई॥
दावानल मेरे हिय सुलगाई । मेरी बजह राम सिय दुःख पाई॥
जीवन लाभ लक्ष्मण सब पावा । सब कुछ तज मन प्रभु में लगावा॥
मेरा जनम हेतु यही दिखावा । राम सीय बनवास को जावा॥
मैं यहाँ झूठ में रहा पछतावा । पर हूँ अभागा समझ ये पावा॥
शीश नाय मैं सबको बताता । दारुण दीनता इच्छा सुनाता॥
बिनु स्पर्श चरण सिय रामा । मन मेरा न पाय विश्रामा॥
अन्य उपाय न मुझको दिखाई । जिससे सत्यता हृदय बता पाई॥

दोहा ॥कहा भरत शंकल्प यह । प्रातकाल जब होय॥
प्रभु की तरफ प्रस्थान कर । तभी शांति मुझे सोय॥ २२३

चौ ॥अपराधी मैं निज को समझता । मेरी बजह उत्पात ये दिखता॥
जब श्री राम शरण मुझे देखी । करेंगे क्षमा और कृपा बिशेखी॥
राम स्वभाव सरल संकोची । करते कृपा बिना कुछ सोची॥
स्नेह कृपा के घर वे समाना । शील भावना भरे दिखाना॥
करते शत्रु की भी भलाई । मै सेवक भले बाम दिखाई॥
तुम सब पञ्च मोर भल जानी । दें आज्ञा मुझे आशिष मानी॥
श्री राम सुनें मेरी विनीता । दास समझ मुझे माफ़ करीता॥
यद्यपि मैं हूँ कुमांत का जाई । दुष्ट पुरुष दोष युक्त दिखाई॥
तबहुं न हमें त्यागें रघुनाथा । शिशु समझ हमें देगे हाथा॥

दोहा ॥भरत वचन प्रिय लगे सब । राम प्रेम रस डूब॥
रघुनाथ वियोग में जल रहे । खड़े हो सराहत खूब॥ २२४

चौ ॥गुरु मातु मंत्री सब लोगा । सुनके बिकल सब प्रेम वियोगा॥
भरत प्रशंसा वे करते जाई । राम प्रेम मूर्ती हैं दिखाई॥
सबने एक स्वर यही हे माना । भरत हे राम को प्राण समाना॥
मातु कैकेई की कुटिलता कारन । दोष न कोई दे भरत को पावन॥
यदि कोई मूरख यह कर पाई । पुरखों सहित वह नरक में जाई॥
साँप के दोष को मणि नहीं लेही । पर दरिद्र दुःख विष हर देही॥
नगर बासी चलें राम की ओरा । सुनत सभाजन प्रेम बिभोरा॥
भरत की यह सलाह सबै भाई । बूढत लोगों को थाह मिल जाई॥
इस बिचार से आनंद भयऊ । जिम चातक मोर मेघ ध्वनि लयऊ॥

दोहा ॥निर्णय लिया प्रातः चलन को । खुशी से सभी गये फूल॥
सबको भरत प्राण जिम दिखे । लोग गये दुःख भूल॥ २२५

चौ ॥गुरु व भरत को कीन्ह प्रणामा । गये फिर थे निज निज सब धामा॥
भरत का प्रेम व शील सराहीं । सभासद करते नहीं अघायीं॥
सभी खुशी जिम निधि मिल जाई । सुबह चलन तैयारी कराई॥
घर रुकने कोई नहीं तैयारा । राम दरश को सबने बिचारा॥
बात ठैहरने किसी को न भाई । कौन न जीवन लाभ है चाही॥
मात पिता बन्धु सुख-दुःख नाना । घर सम्पत्ति या विविध बिताना॥
राम दरश में दें व्यवधाना । तो वे किसी काम न दिखाना॥
बाहन ना ना भांति सजाई । सुबह राम हेतु निकल को जाई॥
घर पर भरत ने किया अनुमाना । राम की सब सम्पति ये दिखाना॥

दोहा ॥हाथी घोड़े भंडार सब । दौलत सब राम की होय॥
इसकी व्यवस्था किये बिनु । चलना उचित न सोय॥ २२६

चौ ॥राजद्रोह इसमें है दिखाई । यदि नृप राम सम्पत्ति छति आयी॥
पाप वह सबसे बड़ा महाना । जिसमें राज्य सम्पत्ति नुकसाना॥
सम्पत्ति राज्य की करे सेविकायी । कितना भी कोई दोष लगाई॥
भरत ने ये सब किया बिचारा । शुचि सेवक कुछ लिए हकारा॥
ऐसे सेवक लिए बुलाई । जो सपनेहु नहीं धर्म डिगाई॥
उन्हें उनका कर्तव्य बताया । जो जिस योग्य उसे वही समझाया॥
राज्य सम्पदा स्वरचित कीन्हा । अब वे कौशल्या तरफ चल दीन्हा॥
प्रेम तत्व वे जानन हारा । माताओं दुःख भरत निहारा॥
श्रेष्ठ पालकियाँ उन्हें सजवायी । उनमें सुखासन दिए डलवाई॥

दोहा ॥चक चकई की भांति सब । नगर के नारी व नार॥
सभी दुखित प्रभु राम को । शुबह का करें इंतजार॥ २२७

चौ ॥रात जगत जब हुआ भिनुसारा । भरत बुलाये सचिव शुचि चारा॥
कहा तिलक सामग्री सजाओ । सभी पवित्र जल भी रखवाओ॥
बन को वशिष्ठ गुरु साथ में चलहीं । राम को राज तिलक वहीं करहीं॥
कहा भरत बड़ी शीघ्रता कीजे । कर प्रणाम थे सचिव चल दीजे॥
घोड़े रथ हाथी सजवाये । पत्नी अरुन्धुति सह गुरु आये॥
रथ पर पहले उहे बैठाया । जो था गया भली भांति सजाया॥
यज्ञ सामग्री साथ वे लीन्ही । सुसज्जित रथ गुरु संग रख दीन्ही॥
ब्राम्हण वृंद को रथों पे बैठाया । उनका तेज तप पड़ता दिखाया॥

दोहा ॥नगर बासी सब सज गये । किया चित्रकूट प्रस्थान॥
पाल्कियाँ सब सुंदर सजीं । रानियाँ उसमें बिठान॥ २२८

चौ ॥कुछ सेवक जो चतुर सुजाना । नगर सौंप उन्हें करत पयाना॥
राम सीय चरणों कर ध्याना । भरत शत्रुघन फिर प्रस्थाना॥
राम दरश बस लालसा होई । सब नर नारी यही पल जोई॥
जैसे हाथी हथिनी झुण्ड जाई । सभी पानी ओर भाग दिखाई॥
सीय राम सब तज बन जाई । यह विचार श्री भरत को आयी॥
चले पैदल वे अनुज समेता । राम सीय बसे हृदय निकेता॥
सभी प्रेम मग्न हुए यह देखी । तजे सब वाहन हर्ष बिशेखी॥
भरत पास आ कौशल्या माता । भरा प्रेम हिय उसे न समाता॥

दोहा ॥तज डोली माँ आय कर । भरत को रही बतात॥
तुम्हें देख प्रिय जनों ने । तजे रथ पैदल आत॥ २२९

चौ ॥तात चढव रथ माँ बलिहारी । परिवार सहित प्रिय जन है दुखारी॥
पैदल तुम्हें देख तज दीन्हा । बाहन सबने हुए जमीना॥
शोक से सभी दुर्बल है दिखाई । पैदल ये सब चल नहीं पाई॥
मातु वचन सिर धार दोउ भ्राता । चढ़ रथ दिखते दोनों जाता॥
तमसा तीर किया प्रथम निवासा । गोमती पर किया दूसरा बासा॥
कोई दूध लेते कोई फलाहारी । कोई भोजन करें एक ही बारी॥
भोग विलास त्याग सब दीन्हा । व्रत और नियम राम को कीन्हा॥
रात सई नदी तीर विश्रामा । प्रात चले श्रंगवेरपुर आना॥

दोहा ॥निषादराज ने जब सुना । भरत सेना संग आत॥
करता मन में बिचार वह । हृदय में अति दुखयात॥ २३०

चौ ॥किम कारण बन जाते भरता । कपट है उनके मन हमें दिखता॥
यदि कुछ कपट न मन में होई । तो इतनी सेना क्यों जोई॥
सोचा राम लखन सिय रामा । बन में अकेले क्या कर पाना॥
अकंटक राज मार उन्हें करना । सेन संग वे बन को चलना॥
भरत न राजनीति को जाना । पहले कलंक अब प्राण गबाना॥
देव असुर भी यदि मिल जाई । युद्ध में राम को जीत न पाई॥
अचरज भरत में नहीं कुछ दिखता । काँटे के पेड़ में फल नही लगता॥
निषाद राज एक भक्त महाना । राम प्रेम में भूल सब जाना॥
खतरा प्रभु पर देखा न जाई । सामना करें प्राण भले जाई॥

दोहा ॥कहाँ अयोध्या फौज जो । देव असुर भी डिरात॥
निषाद वंश सह घेरना । यह राम का नाम दिखात॥ २३१

चौ ॥भरत का मन गुह नहि पढ़ पाया । युद्ध को निज कुल सजग कराया॥
गुह कहा नावों को कर हाथा । उन्हें डुबा दो या रख साथा॥
घाट रोककर रहो तैयारा । जीना मरना अब न बिचारा॥

भरत से सामना डटकर होई । गंगा पार न करने देई॥
वीर गति तथा गंगा किनारा । और फिर राम का काज सम्हारा॥
भरत हैं नृप और राम के भाई । मैं तुच्छ सेवक मर गति पाई॥
युद्ध आज स्वामी काज को होई । चौदह भुअन में यश छाय सोई॥
प्रभु राम हित प्राण त्यागना । मोदक दोनों हाथ सोहना॥

दोहा ॥जीतन पर प्रभु दास को । सेवा मिलें श्री राम॥
वीर गति को प्राप्ति यदि । प्रभु गति मिलें सुख धाम॥ २३२

चौ ॥साधु समाज में जो न दिखाई । और राम को हृदय न बसाई॥
जीते जी जग भार समाना । वह निज मातु की कोख लजाना॥
सबको निषाद ने दिया उकसाई । राम सेवा हेतु प्राण भी जाई॥
भय को त्याग सुमिरत श्री रामा । धनुष बाण और कवच ले आना॥
कहा बन्धुओं से हो तैयारा । नहीं कायरता शस्त्र सम्हारा॥
सुन आज्ञा सब बन्धु हर्षाई । एक दूजे का जोश बढ़ाई॥
निषादराज को करें वे प्रणामा । शूर बीर योद्धा थे दिखाना॥
राम चरण कमलों सुधि कीन्हा । धनु तरकस थे सजा वे लीन्हा॥

दोहा ॥कवच पहर सिर टॉप रख । भाले फरसे तैयार॥
कोई तलवार सम्हाल दिख । दिखते सब उमंग अपार॥ २३३

चौ ॥सभी लड़ाके साज सम्हारी । गुहू राज को दयी जुहारी॥
गुहू देख सब योद्धा साजे । एक एक नाम से उसने पुकारे॥
सभी को उसने दिया सम्माना । युद्ध हेतु सबै काबिल माना॥
कहा युद्ध में नहीं घबराना । आज राम के काम मैं आना॥
यह सुन सब योद्धा समझाया । भाग्यवान राम काम मैं आया॥
आपके बल और राम प्रतापा । युद्ध में भरत सैन करूँ साफा॥
जीते जी नहीं पीछे देखूँ । रुंड मुंड मय पृथ्वी लेखू॥
सैन्य टोली निज देख निषादा । कहा युद्ध बजाओ बाजा॥

दोहा ॥आदेश युद्ध का होत ही । बायीं तरफ भई छींक॥
सगुन विचारकों ने कहा । परिणाम होयेगा ठीक॥ २३४

चौ ॥देख के यह एक बृद्ध बिचारा । भरत से मिलना शुभ मैं सचारा॥
भरत से मिलन में होय न हानी । सगुन बिचार बात ये जानी॥
मनावन राम को भरत हे जाता । हमार सगुन है यही बताता॥
राम से उनका विरोध न होई । है विश्वास वे प्रेम से जोई॥
निषादराज गुह्र तब यह बताया । बृद्ध पुरुष ने सच ही चेताया॥
अति शीघ्रता काम मिट जाई । मूरख बाद में दिखे पछताई॥
बिना ज्ञात किये भरत स्वभाया । युद्ध ठान से होय पछताया॥
हे वीरो तुम घाट को घेरा । इन्तजार करो कुछ तुम मेरा॥
तब तक पता भरत का लगाऊँ । शत्रु या मित्रवत किम वे जाऊँ॥

दोहा ॥भरत जात किस हेतु बन । पहले मैं पता लगाऊँ॥
उनके स्वभाव को ज्ञात कर । अभी वापिस मैं आऊँ॥ २३५

चौ ॥प्रीति या बैर न छिपते छिपाई । कितनी भी कोई करे चतुराई॥
भरत से मिलन को गुह्र तैयारा । कन्द मूल फल लिये सम्हार॥
मिलन को भेट सामग्री जुटाई । मंगल मूलक सगुन दिखाई॥
दूरहि से वशिष्ठ मुनि देखी । नाम बताय दण्डवत लेखी॥
राम मित्र उसे जान मुनीशा । हृदय से गुह्र को दीन्ह अशीशा॥
मुनि ने भरत को दिया समझाई । राम मित्र यह गुह्र हैं कहाई॥
भरत ने राम मित्र सुन काना । त्यागे रथ नहीं प्रेम समाना॥
ग्राम नाम जाति गुह्र ने बताई । दण्ड प्रणाम भरत को लगाई॥
देख भरत लिए उसको उठाई । अपने हृदय से उसे चिपकाई॥
भरत के हृदय न प्रेम समाया । मानो लखन को गले लगाया॥

दोहा ॥गुह्र से भेंट की भरत ने । प्रीति न दिखी समात॥
कीन्ह प्रशंसा देख जो । भरत को रहे सरात॥ २३६

चौ ॥नभ से देव मंगल ध्वनि करहीं । धन्य धन्य कह पुष्प थे वर्षही॥
निषाद जाति एक दलित से होई । अछूत मानते उसे सब कोई॥
राम भ्रात उसे अंक भर लीन्हा । अश्रु धार नैनों चल दीन्हा॥
नदी कैसी भी मिलें जब गंगा । सब सिर धारें बड़े उमंगा॥
बाल्मीक ऋषि को नहि जाना । राम नाम उन्हें ब्रह्म मिलाना॥

लूट मार पेशा था उनका । इसी से गुजारा करें वे सबका॥
सप्तर्षियों एक बार गुजरना । उसी वन जहाँ बाल्मीक थे रहना॥
लूट हेतु ऋषियों को घेरा । ऋषि पूछ बैठे थे घनेरा॥
क्यों तुम लूटपाट हो करते । बाल्मीक कहा पेट निज जन भरते॥

दोहा ॥ऋषि बोले लूट पाप है । करते परिवार के हेतु॥
क्या वे हिस्सेदार रहें । आपके पाप में नेतु॥ २३७

चौ ॥कहा बाल्मीक मैं कैसे बताऊँ । ऋषि बोले जल्दी पूछ के आऊँ॥
तब तक मुझे बाँध यहाँ दीजै । फिर हम पर विश्वास करीजे॥
बात बाल्मीक को ये भाई । एसा करन नहि हानि दिखाई॥
ऋषियों को वे बांध वहाँ दीन्हा । परिवार से पूछन को चल लीन्हा॥
परिवार जनों ने दिया जबाबा । तुम्हरा पाप हम नहीं ले पावा॥
ऋषियों पर वे लौट के आये । परिवार जनों का जबाब सुनाये॥
तुरत वे बंधन ऋषियों खोला । सामने खड़े हाथ जोड़ बोला॥
समझ गया स्वार्थी संसारा । कहो ऋषि किम उद्धार हमारा॥

दोहा ॥ऋषियों दिया जबाब था । जपो राम का नाम॥
बड़े दयालु प्रभु है । करें तेरा कल्याण॥ २३८

चौ ॥कहा बल्मीक न कुछ मैं जानूँ । मारत रहा तो यही पहिचानूं॥
ऋषियों कहा मरा शब्द ही जपना । मरा रटन से राम ही निकलना॥
जपते इसी तरह बल्मीका । हजारों वर्ष गये इसी तरह बीता॥
दीमक उनकी देह लग जाई । राम में डूबे न कुछ भी दिखाई॥
परम ब्रह्म उन्हें दर्शन दीन्हा । अपने समान ही उन्हें कर लीन्हा॥
किसी जात किसी बर्ग का कोई । राम का नाता प्रेम से होई॥
कैसे ही कर्म किये कोई प्राणी । प्रेम से सब तज राम को जानी॥
सब अपराध राम है भुलाई । सिर्फ प्रेम नाता वे बनायी॥
होबे कोल भील मूर्ख चांडाला । भजत राम तज सब जन्जाला॥
अबस राम उसे हृदय लगाई । राम मिलत विश्व कीर्ति वह पाई॥

दोहा ॥इसमें नहि अचरज दिखे । निषाद राज हैं प्रमाण॥
राम नाम महिमा प्रवल । को कर सके बखान॥ २३९

चौ ॥राम सखा गुहू से मिले भरता । प्रेम का वर्णन नहीं कर सकता॥
कुशल छेम पूछी भरत ने आयी । प्रेम अश्रु बहें गुहू ने सुनायी॥
देख भरत का शील स्नेहा । निषाद भूल गये सुध बुध देहा॥
संकोच प्रेम आनद बढ़ जाई । भरत पे गुहू टक टकी लगाई॥
धर के धीर गहे भरत के चरना । प्रेमयुक्त वह विनय था करना॥
कुशल निधि देख आपके चरना । मेरी कुशल तीनों काल की दिखना॥
कृपा आपकी जिस पर सोई । मंगल कई पीढ़ियों लो होई॥
कर्म और कुल जान हमारा । नीच मानता सब संसारा॥
श्री राम जो त्रिलोक महाना । सब कुछ जान हमें अपनाना॥

दोहा ॥ऐसे श्री रघुनाथ की । शरण न जो गया धाय॥
अथवा नहीं उन्हें भज सका । जग द्वारा वह ठगाय॥ २४०

चौ ॥हूँ कपटी कायर कुबुद्धि कुजाती । बाहर लोक वेद हमें राखी॥
फिर भी राम जब मुझे अपनाया । इस जग में हमें मान दिलाया॥
प्रेम भरी बिनती ये निषादा । सुनी शत्रुघन बिगत विषादा॥
गुहू से मिले लखन लघु भाई । फिर निषाद रानियों सिर नाई॥
लखन मान वे देतीं अशीषा । लाखों वर्ष जिओ भक्त सरीशा॥
निषाद देख सुखी अवध निवासी । अश्रु बहत लेते लम्बी उशाषी॥
लगा जैसे लक्ष्मण मिल जाना । प्रेम हृदय नहि जात समाना॥
जीवन सार्थक गुहू का भयऊ । राम ने जिसे निज बाहु में लयऊ॥

दोहा ॥प्रशंसा सुन निज भाग्य की । गुहू मन में हर्षात॥
सबको लिया बुलाय वह । अपने साथ ले आत॥ २४१

चौ ॥निषाद राज सेवक बुलवाया । तैयारी ठहराने कराया॥
परिवार भरत गुरु सेन समेता । गुहू के है मेहमान निकेता॥
बाग बगीचे वृक्ष तालाबा । इनके निकट सभी जनों को ठहराबा॥
रनिबास व्यवस्था घरों कर दीन्ही । उत्साह प्रेम से सेवा कीन्ही॥

श्रृंगवेरपुर में ये व्यवस्था । देख भरत आश्चर्य में पड़ता॥
प्रेम देख वे निज को भुलाने । अंग थे उनके शिथिल हो जाने॥
निषाद के साथ भरत सोहे ऐसे । प्रेम विनय की मूर्तियाँ जैसे॥
भरत सभी जन सैन के संगा । दर्शन किये माँ देवी गंगा॥

दोहा ॥राम लखन सिय सहित जहाँ । किया था गंग स्नान॥
भरत जी वहाँ पर आयकर । गंगाजी को किया प्रणाम॥ २४२

चौ ॥गंगा दरश कर इतने प्रसन्ना । जैसे राम जी दरश था मिलना॥
अवधवासी भी कीन्ह प्रणामा । गंगाजल वे ब्रह्म मय माना॥
कर स्नान माँगा वरदाना । राम चरण प्रीति मिले महाना॥
भरत कीन्ह गंगा से बिनीता । बड़ा पुनीत आपका रेता॥
भक्त को कामधेनु यह होई । जो वह माँगत पावत सोई॥
हाथ जोड़ माँगूँ वरदाना । चरण राम सिय मिलें स्थाना॥
आयुष गुरु का भरत जब पाया । तब गंगाजी वे भी नहाया॥
माताओं का हुआ स्नाना । भरत ने घाट से किया पयाना॥
जहाँ जहाँ नगरवासी बिश्रामा । सभी जनों की कुशलता जाना॥

दोहा ॥संध्या वंदन फिर किया । लिया शत्रुघन साथ॥
गुह्न की सेवा सराहते । कौशल्या पर आत॥ २४३

चौ ॥चरण चांपते दोनों भ्राता । और मधुर बचनों कर बाता॥
सौंप अनुज को मातु की सेबा । निषाद को भरत साथ कर लेबा॥
अपने हाथ में लिया गुह्न हाथा । प्रेम भरा तन बोला न जाता॥
कहा मित्र वह जगह दिखाओ । नेत्र जलन को ठंडा कराओ॥
राम लखन सिय जहाँ थे सोये । इतना कहा भरत दिए रोये॥
भरत की सुन निषाद दुःख भयऊ । तुरत वह उनको वहाँ ले गयऊ॥
जहाँ अशोक तरु अति पुनीता । किया विश्राम राम और सीता॥
देख के भरत थे अश्रु बहाना । जगह को वे किया दण्ड प्रणामा॥

दोहा ॥कुश पत्तों बिस्तर बना । शोभा बरन न जात॥
भरत किया उसे दण्डवत । परिक्रमा रहे लगात॥ २४४

चौ ॥राम के चरण चिन्ह रज लीन्ही । रख नेत्रों पर शीतल कीन्ही॥
उस छण प्रीत बरन नहीं जाई । जसकरन सोच लोचन जल छाई॥
स्वर्ण सितारे सीय के गहना । दो चार उस दिन गिर पड़े रहना॥
भरत ने हाथ से लिए उठाई । सीय समझ निज शीश लगाई॥
गुहू से कहा सुनहु मेरी बाता । चमक न इन स्वर्ण कणों में दिखाता॥
स्वर्ण तारे ये चमक खो देई । सीता बिरह इन्हें सहन न होई॥
जैसे बिरह श्री राम के कारण । नगर बासी शक्ति खोये पावन॥
उनके नयन जल छाय दिखाई । हृदय ग्लानि भी थी भर जाई॥

दोहा ॥भरत कहा पिता नृप जनक । मुठ्ठी जिन भोग व योग॥
ससुर भानु वंश भानु दिख । इंद्र का भी नही संयोग॥ २४५

चौ ॥जिनके पति श्री राम जी होई । सबको बड़प्पन इन्ही से जोई॥
वह पतिव्रता सिय सेंथरी सोई । हृदय कुलिश फट नहि देख सोई॥
लघु भ्राता लक्ष्मण सुकुमारा । बड़े सुन्दर करते सब प्यारा॥
अब तक जग ऐसे नहि कोई । आगे भी नहि दिखेंगे सोई॥
अबधवासी उन्हें प्यार है करहीं । दुलार सदा पितु मातु देयही॥
सीय राम के प्राण समाना । लखन भी उन बिना नहीं रह पाना॥
कोमल बदन सुकुमार स्वभावा । नहि कभी गरम वायु छू पाबा॥
वे बन बिचरह विपति को सहयी । कुटिल छाती मेरी अभी भी न फटयी॥

दोहा ॥श्री राम के जनम से । प्रकाशित हुआ संसार॥
रूप शील सुख गुणों में । दिखते वे भण्डार॥ २४६

चौ ॥बन्धु-बांधव और अवध निवासी । मात पिता गुरु सबै सुख राशी॥
सहज स्वभाव राम सुख दाता । नाम लेत ही सुख आ जाता॥
कितनेहू कोई गल्तियाँ कर जायी । मगर प्रेम से राम बुलायी॥
भुला के उसके सारे दोषा । वे ले लेते अपने भरोसा॥

छंद॥राम महाना सोई जान पाना, जिसने राम बुलाया हैं॥
पाप हो जाना, कलि करवाना, पर हिय राम समाया है॥
करो पुकारा, छोड़ बिकारा, उन्ही में ध्यान लगाना हैं॥
उन्ही का सहारा, पकड़ो किनारा, शरण अबस मिल जाना हैं॥

दोहा ॥करें बढ़ाई शत्रु भी । मन सबके वे बस जात॥
कोटि सरस्वती शेष जी । गुण राम के नहि गिन पात॥ २४७

चौ ॥सबके सुख मंगल वे करहीं । सो कुश डार जमी पर सोवही॥
दुःख कभी राम ने सुना न काना । कैसा है ये विधि का बिधाना॥
पलक स्वराछित नेत्र को रखते । और जिम मणि को नाग सेयते॥
माताएँ उसी भांति थी रखती । राम की देख भाल में रहती॥
पैदल बन घूमें वही रामा । आहार कन्द मूल फल खाना॥
अशुभ कैकेई को है धिक्कारा । पति के विरुद्ध जाना जो बिचारा॥
पाप अभाग का मैं भण्डारा । सभी अकाजों का जिम्मेदारा॥
ईश्वर वंश कलंक मुझे दीन्हा । कुमात ने स्वामी द्रोही कीन्हा॥

दोहा॥दुखी भरत को निषाद सुन । प्रेम सहित समझात॥
नाथ शोक सब त्याग दें । सब विधि करनी है दिखात॥ २४८

चौ ॥राम को तुम प्रिय तुम्हें प्रिय रामा । अटल सत्य सब कोई यह जाना॥

छंद॥ईश की करनी कठिन, नहि बस में कुछ इन्सान को॥
जैसा वह सोचत है हमें, चल देते हम करने को वो॥
प्रभु आपकी करते बढ़ाई, तुम सम न उनको कोई भी॥
अतः धैर्य मन में धारिये, होंगे तुम्हें मंगल सभी॥

दोहा ॥अन्तर्यामी राम प्रभु । संकोचि प्रेम कृपा बान॥
मन का भाव पहिचानते । दृढ़ विश्वास ये आन॥ २४९

चौ ॥शरल वचन सुने भरत निसादा । सुनकर कम हुआ उनका विषादा॥
सुमिरत रामचंद्र का नामा । धर धीरज डेरा पर आना॥
सूचना अवध बासियों पाई । राम बिश्राम जगह सब आयी॥
परिक्रमा उस स्थान की करहीं । दुखी होय कैकेई दोष देयही॥
उनके नेत्र बहे अश्रु की धारा । दोष विधाता समय बिगारा॥
भरत के प्रेम की करते बडाई । कोई कहें नृप प्रेम खूब निभाई॥
प्रशंसा निषाद व खुद को दोषा । वर्णन किम उस समय का रोषा॥
बात करत पूरी रात बिताई । होत प्रात नौका दी दिखाई॥

दोहा ॥पहले गुरु नौका चढ़े । फिर माताओं चढ़ाय॥
अब एक एक सब बैठकर । गंगा पार थे आय॥ २५०

चौ ॥पार हुए सब ठाड़े तीरा । सबको सम्हारत भरत गंभीरा॥
फिर स्नान प्रातःक्रिया कीन्ही । गुरु व मातु को दण्डवत दीन्ही॥
भरत ने तब निज कटक बढ़ाया । मार्ग दिखान गुहू आगे कराया॥
गुहू पीछे चलीं पालकी माता । साथ में चलत शत्रुघन भ्राता॥
विप्रन सहित गुरु चल दीन्हा । भरत प्रणाम गंगाजी को कीन्हा॥
राम सीय चरणों कर ध्याना । फिर श्री भरत कीन्ह प्रस्थाना॥
भरत पयोदह चलत बनाई । उनके अश्व पीछे डोरियाई॥
सेवक उनके मनावत जाबा । नाथ अश्व आरूढ़ हो जाबा॥
कहा भरत मैं सेवक रामा । सेवक धर्म कठोर दिखाना॥

दोहा ॥सिर के बल यदि मैं चलूँ । तो भी थोडा दिखात॥
भक्त मार्ग है अति कठिन । बिरले ही चल पात॥ २५१

चौ ॥सुने भरत के मीठे वचना । ग्लानि से सेवक दिखते गलना॥
तीसरा पहर होत जब आयी । प्रयाग प्रवेश भरत हो जाई॥
राम राम सिय राम बुलाबा । प्रेम उमँग में भरत भर जाबा॥
चरनन भरत छाले पड़ जाई । दिखें जिम कमल ओस कण छाई॥
पैदल ही आज भरत हैं आये । जान ये दुखित समाज हो जाये॥
जब सब लोग किये स्नाना । भरत त्रिवेणी किया प्रणामा॥
स्वेत नील गंग यमुना दिखाई । सरस्वती नीचे से हैं आयी॥
तीनों मिलन ये त्रिवेणी कहाई । विधि से भरत स्नान बनायी॥

दोहा ॥कर स्नान विप्र दान दे । त्रिवेणी से विनय बहोर॥
तीर्थ राज वेद विदित शुभ । विनती करूँ मैं तोर॥ २५२

चौ ॥प्रभाव आपका विदित संसारा । सबको सब कुछ देते सम्हारा॥
छत्रिय माँगन धरम न होई । दान में वह सब कुछ सबै देई॥
पर दुःख जब कठोर आ जाई । सब मर्यादा भूल वह जाई॥
प्रयाग आप दानदाता महाना । जाचक बन मैं सम्मुख आना॥
शास्त्र उदारता आपकी गाई । जो जिस माँगा उदास न जाई॥
नहि धन धर्म या रुचि या कामा । ना हि चाहु मैं मोक्ष निरबाना॥
हर जनम भक्ति मिले राम के चरना । माँगन दूसर कुछ नहि दिखना॥
कुटिल राम को मैं हो जाई । गुरु स्वामी को दोषी दिखाई॥
पर सिय राम चरण रति होई । यह प्रताप वर आपके जोई॥

दोहा ॥बिसरे याद मेघ चातकहि । जल जगह पाहन डार॥
पर चातक तो रटत रहे । उसका इसी में उद्धार॥ २५३

चौ ॥तपन से सोना चमक बढ़ाई । प्रभु के नियम करन सुखदाई॥
सरल सुखद सुन भरत के बचना । त्रिवेणी बीच ध्वनि थी निकलना॥
भरत महात्मा तुम न समाना । राम में प्रीति अथाह दिखाना॥
तजो सब अपने मन की ग्लानी । राम को तुम सम कोई न दिखानी॥
वचन त्रिवेणी भरत सुन काना । भये प्रसन्न पुलकित हो जाना॥
धन्य धन्य देवगण सब करहीं । मेघ से पुष्प वृष्टि थी दिखही॥
प्रयागराज जो करहि निवासा । भरत दरश से सबमें हुलाषा॥
वानप्रस्थ बटु गृहस्थ सन्यासी । दिखे भरत जिम राम सुखराशी॥
मिलि दस पांच भरत पर आयी । भरत प्रेम शील करह बडाई॥

दोहा ॥भरत राम गुण गात भये । भारद्वाज पर आत॥
उनको दण्डवत करत वे । देख के मुनि थे उठात॥ २५४

चौ ॥मुनिवर भाग्यशाली निज चीन्हा । भरत को आलिन्घन कर लीन्हा॥
हृदय लगाय दीन्ह आशीषा । किया कृतार्थ भरत को मुनीशा॥
दीन्ह आशन मुनि भरत बिराजे । सिर नीचे शंकोच से लाजे॥
मुनि पूछेंगे भरत संकोचा । क्या उत्तर दूँ रहे वे सोचा॥
शील संकोच भरत मुनि जानी । भरद्वाज बोले मृदु बानी॥
कहा मुनिवर सब हमको ज्ञाता । सुनहु भरत विधि लेख दिखाता॥
ग्लानि न करो कैकेई की करनी । मत उनकी माँ सरस्वती हरनी॥
दोष न कैकेई का दिखाया । देवों ने षड्यंत्र बनाया॥

दोहा ॥दोष किसी तरह नही दिखे । भरत तुम्हारी मांत॥
तुम्हरा यश जो गायेगा । यश पाये सब भांत॥ २५५

चौ ॥वेद और लोकनीति अनुसारा । पिता राज्य जिसे दें वह सम्हारा॥
दशरथ सत्य ब्रती नृप रहही । बचन राख राज्य तुमको दयही॥
कही इसमें न ग्लानि की बाता । बनवास राम है कुचक्र दिखाता॥
जिसे सुनकर जग पीड़ा होई । विधि की इसमें इच्छा सोई॥
दोष न दिखता कहीं तुम्हारा । कहे कोई तो अज्ञानी अपारा॥
अधम असाधु व्यक्ति वह होई । तनिक भी तुम्हें दोष जो देई॥
अगर राज्य भी किया तुम होता । तदपि तुम्हें कोइ दोष न देता॥
राम तो बड़े खुश होते दिखाई । राज करत तुम्हें यदि सुन पाई॥

दोहा ॥अब जो भरत तुम कीन्ह वह । सुंदर व उचित दिखात॥
राम चरण में प्रीति ही । सब प्रकार सुख लात॥ २५६

चौ ॥प्रेम वह तुम्हरे हृदय समाया । बड़भागी तुम सम न दिखाया॥
इसमें नहि अचरज कोई होई । दशरथ पुत्र राम प्रिय सोई॥
भरत न तुम सम कोई प्रिय रामा । प्रेम पात्र तुम सम न दिखाना॥
तुम प्रिय लखन राम सिय सबको । सराहा पूरी रात वे तुम को॥
प्रयाग नहात में मरम ये जाना । दिखे प्रसन्न ले तुम्हरा नामा॥
तुम पर राम इस भांति सनेही । जैसे मूर्ख जग सुख को देई॥
यह न बडाई कुछ रघुबीरा । पाले भक्त के कुटुम्ब शरीरा॥
भरत यह मुझको पड़ता दिखाई । राम प्रेम मूर्ती तुम आयी॥
जिसको भरत तुम कलंक बतायी । हम सबको उपदेश दिखायी॥

दोहा ॥राम भक्ति रस पान को । कोइ चर्चा भरत कर पाय॥
उसको सब मंगल दिखें । जीवन का सार मिल जाय॥ २५७

चौ ॥भरत का यश नव चन्द्र समाना । कुमुद चकोर प्रभु भक्त दिखाना॥
नभ का चन्द्र घट बढ़ता जोई । जिससे चकोर सदा दुखी होई॥
पर यश आपका घट नहि सकता । दिन दूना बढ़ सबै सुख मिलता॥
आपका यश एक चन्द्र समाना । चकवा त्रिलोक का प्रेम जुड़ाना॥
प्रताप राम का सूर्य जिम होई । आपके यश चन्द्र हरें न सोई॥
चाँद ये सदा सुख सबको देई । कैकेई कर्म डस सकें न जेई॥
आपका यश चन्द्र डूब प्रेम रामा । राम प्रेम अमृत भरा जाना॥

दोहा ॥गुरु दोषी तुम निज कहे । उस दोष से भी हो दूर॥
यश चन्द्र आपका जगत में । भक्त अघाय भर पूर॥ २५८

चौ ॥नृप भगीरथ गंगा को लाये । संसार सुमिर जिन्हें मंगल पाये॥
दशरथ गुण कोई बरन न पाई । उनकी बराबरी कोई न दिखाई॥
तुम्हरे प्रेम के बस श्री रामा । यहाँ प्रकट भये सबको दिखाना॥
जिनके दर्शन शिव न अघाना । उनका प्रेम यश तुम फैलाना॥
तुम्हरा प्रेम यश चाँद स्वरूपा । उसके बस राम मृग के रूपा॥
छोड़ो सब ग्लानी व हताषा । पारश राम तुम्हारे पासा॥
कहत मुनी झूठ हमें न सुहाई । मै तपसी उदासीन दिखाई॥

॥सब साधनों में श्रेष्ठ एक । राम लखन सिय नाम॥
भये दर्शन उनके हमें । पहुँचा सुफल मुकाम॥

चौ ॥इसके बाद दरश तुम दीन्हा । उसका फल चौगुना कर दीन्हा॥
भरत आपके दरश हम पाबा । प्रयाग सहित के भाग्य जग जावा॥
सुनहु भरत तुम धन्य दिखाई । राम प्रेम में जग जीत जाई॥
ऐसा कह मुनि प्रेम विभोरा । देखें एक टक भरत की ओरा॥
मुनि के वचन सुन सब हर्षाई । देव पुष्प वृष्टि साधू सराही॥
धन्य धन्य सुन पड़ा चौ ओरा । सुनके भरत भये प्रेम सबोरा॥
पुलकित बदन राम सिय प्रेमा । अश्रु धार बहती उन नैना॥
मुनि मण्डली वे किया प्रणामा । गद-गद होकर वचन सुनाना॥

दोहा ॥मुनि समाज तीर्थ राज यह । सांचिहु शपथ में हानि॥
बनावटी यदि कुछ कहा । पाप न उसके समान॥ २६०

चौ ॥सत्य भाव से मैं हूँ बताता । हैं सर्वज्ञ आप मुझे ज्ञाता॥
राम हृदय तुम जानन हारा । उनक चरण आप प्रेम अपारा॥
मुझे करतूत मातु नहि शोका । नहीं सोच नीच दिखने लोका॥
ना ही सोच परलोक नसाबा । पिता मृत्यु सोच हिय न समाबा॥
क्योंकि पुण्य यश उनका छाया । राम लखन से सुत वे पाया॥
और जो राम हित त्यागे प्राना । उसके लिए सोच क्यों कर पाना॥
मुझे सोच बस एक दिखाई । उपानेहि राम लखन सिय जाई॥
मुनि भेष बन बन वे भटकहि । यही सोच मेरे प्राण है भटकहि॥
बल्कल वस्त्र धार फलाहारा । बिस्तर कुश पत्तों भूमिसारा॥
नीचे वृक्ष के करते निबासा । सहें सर्दी गर्मी चौमासा॥

दोहा ॥उनके दुःख ये देखकर । हिय में दाह मुझे होय॥
इससे भूख दिन नहि लगे । रात न पाते सोय॥ २६१
चौ ॥ओषधि नहि इस रोग दिखाई । पूरे विश्व में पता लगाई॥
कुमति मातु पाप बढ़ई बैंसूला । मेरे हित हेतु बना वह शूला॥
कुसंरचना हमकों बनायी । छिन्न भिन्न पूरा जग ये हो जायी॥
कुयोग ये राम लौटन मिट पाई । अबध न अन्य उपाय बच पाई॥
भरत वचन सुन मुनि सुख पावा । सभी बडाई करते दिखाबा॥
कहा मुनि सोच त्याग सब ताता । राम दरश से बने सब बाता॥
इस प्रकार मुनि सबै समझाबा । कहा अतिथि आप सब मेरे आबा॥
कंदमूल फल भेंट मैं करई । कर स्वीकार हमें सुख देयई॥

दोहा ॥मुनि की सुन सोच भरत हिय । संकोच कुअवसर होय॥
फिर गुरु आदेश समझकर । बोले हाथ जोड़ दोय॥ २६१

चौ ॥आदेश नाथ सिर धरू आपका । परम कर्तव्य ये दिखता भरत का॥
भरत वचन मुनि को अति भाये । सेवक शिष्य कुछ निकट बोलाये॥
कहा भरत की करो मेहमानी । मीठे कंदमूल फल आनी॥

कहा अबस वे नाय सिर जाता । हो प्रसन्न निज कार्य सिधाता॥
मुनि सोच मेरा अतिथि महाना । जैसा देव वैसी पूजा कराना॥
रिद्धि-सिद्धि मुनि पर चलि आयीं । कहा आदेश दो सब कर जायीं॥
मुनि कहा राम बिरह दुखी भरता । परिवार अनुज संग सारी जनता॥
इन सबका हो अथिति सत्कारा । यह कह मुनि भये खुशी अपारा॥

दोहा ॥मुनि इच्छा सिर धारकर । रिद्धि-सिद्ध भाग्य सराह॥
सोचे अतिथि राम अनुज ये । इनकी भक्ति अथाह॥ २६३

चौ ॥मुनि नमन कर करना वह काजा । जिससे सुखी होय भरत समाजा॥
एसा सोच ग्रह रुचिर बनायी । सुविधायुक्त विमान लजाई॥
सब ऐश्वर्य इन घरों में दिखाया । भोग देख स्वर्ग लोक सरमाया॥
दास दासी सामग्री सजाई । मन देखत अर्पित किये जाई॥
जो सुख सुविधा स्वर्ग न होई । रिद्धि-सिद्धि यहाँ प्रकटी सोई॥
पहले बास दिए इच्छानुसारा । सुविधायुक्त जैसा जो बिचारा॥
फिर निवास दे भरत परिवारा । किया वही सब ऋषि अनुसारा॥
भरत ने निज समाज सुख चाही । अतः मुनि पहले वह करवायी॥

दोहा ॥भारद्वाज तप बल निमित । दिया बैभव फैलाय॥
हुए चकित सभी लोग वहाँ । ब्रह्मा आश्चर्य में दिखाय॥ २६४

चौ ॥भरत देख मुनि का ये प्रभावा । लोकपाल जिम लघु पड़ जावा॥
इन्द्र कुबेर वरुण यम लोका । फीके दिखे इनको हुआ शोका॥
सुख बैभव नहि जाय बखाना । देख के बहा बैराग्य व ज्ञाना॥
सेज वस्त्र आसन चंदोवा । बन बगीच पशु पछी संयोगा॥
सुगन्धित फूल और फल का स्वादा । खावत ही सब भूले बिसादा॥
बाबड़ी कुएँ और दिखते तालाबा । जिनमें निर्मल जल था भराबा॥
खाद्य पदारथ अमिय समाना । जिन्हें देख सकुचा सब जाना॥

दोहा ॥सभी के डेरों में दिखे । कल्प वृक्ष कामधेनु॥
जिसकी जो चाहत रहें । उपलब्ध हो सबको चैन॥ २६५

चौ ॥मनोवांछित वस्तुएँ दिखाईं । देख जिन्हें इन्द्र सची ललचाई॥
शीतल मंद सुगन्ध वायु चलती । बसन्त की त्रिविध बयार ये बहती॥
चारों पदारथ सबके हाथा । धर्म अर्थ काम मोक्ष दिखाता॥
भोग बिलास सब साधन साजा । जिहे देख होय हर्ष विषादा॥
मुनि प्रताप देख हर्ष सबै होई । भोग साधनों विषाद था जोई॥
राम वियोग में दुखी वे लोगा । नियम न तोड़ दें कहीं ये भोगा॥
भोग बिलास मानों चकवी समाना । चकवा भरत जिम इस दौराना॥
मुनि आज्ञा एक खेल दिखाई । चकवा चकई संग रात बिताई॥
फिर भी भरत भोगों दूरी बनाई । सुमिर राम सिय भोर हो जाई॥

दोहा ॥प्रातः क्रिया सम्पन्न कर । प्रयाग राज स्नान॥
फिर समाज के साथ वे । मुनि को दण्ड प्रणाम॥ २६६

चौ ॥बिनती मुनिसे कीन्ह बहु भाती । चलन को मुनि आशिष सिर राखी॥
मार्ग प्रदर्शक आगे कीन्हा । पीछे उनके सब हो लीन्हा॥
मन में चित्रकूट का ध्याना । हृदय में सीता राम समाना॥
गुहू से हाथ दिए भरत पयाना । मानों प्रेम है रूप धर आना॥
उपाहने पैर कुछ सिर नहि होई । धर्म नियम व्रत प्रेम शुचि जोई॥
गुहू से पूछते मार्ग कहानी । राम लखन सिय से जो जुड़ानी॥
सखा उनको बड़े प्रेम बतायी । सुनके भरत लोचन भर आयी॥
मार्ग में जहाँ किया राम बिश्रामा । जगह व वृक्ष देख नेत्र भर जाना॥

दोहा ॥प्रेम डूब देख भरत को । वर्षा पुष्प देव कीन्ह॥
पृथ्वी अति कोमल भई । मारग वह सुलभ कर दीन्ह॥ २६७

चौ ॥छाया भरत पे मेघ किये जाई । सुंदर सुखद बयार चलाई॥
हुआ आसान जो मार्ग भरत का । उतना नहीं सिय राम लखन का॥
मार्ग में जीव जन्तु थे अनेका । जिन प्रभु देख या प्रभु ने बिलोका॥
भये परम पद वे अधिकारी । भरत दरश की तो महिमा भारी॥
प्राप्त परम पद उन को होता । जो पहले अधिकारी था बनता॥
भरत को यह कुछ नही बड़ी बाता । राम है सुमिरत उन्हें दिन राता॥
राम नाम सुमिरत एक बारा । तरते तारते वे संसारा॥
भरत है प्रिय व अनुज श्री रामा । भक्यों न मारग उन्हें बने सुखदाना॥

दोहा ॥साधु सिद्ध मुनि श्रेष्ठ सब । सबका एक मत होय॥
दरश भरत के करत जो । सब दुःख जाते खोय॥ २६८

चौ ॥प्रेम प्रभाव भरत का देखा । भयऊ इन्द्र को सोच बिशेखा॥
भरत न कहीं सफल हो जाईं । राम को बन से लें लौटाई॥
तो हित जगत बिगड़ता सोई । गुरु बृहस्पति विनय वे केई॥
राम भरत भेंट होंन न देई । गुरु कुछ करों उपाय इस लेई॥
कहा इन्द्र राम हैं संकोची । प्रेम के बस में उन्हें सदा देखी॥
भरत प्रेम सागर के समाना । बनी बात बिगड़त हैं दिखाना॥
करो उपाय गुरु सोच बिचारी । कोई माया शोध लेउ निकारी॥
यह सुन देव गुरु मुस्काना । सहसं नेत्र इन्द्र अन्धे दिखाना॥

दोहा ॥माया पति श्री राम हैं । सेवक भरत महान॥
इसका प्रयोग सेवक विरुद्ध । करे तो उसी पे आन॥ २६९

चौ ॥छल किया पूर्व में राम रुख राखी । अब यदि कपट किया तो बिनासी॥
रघुवीर स्वभाव सदा सब जाना । निज संग छल वे सहन कर पाना॥
पर यदि उनके भक्त संग होई । क्रोध अग्नि उनके जले सोई॥
दुर्वाषा संग घटी जो घटना । उस कथा से सबे सीख है मिलना॥
नाभाग पुत्र अम्बरीष महाना । नृप यह विष्णु भक्त सब जाना॥
एक बार व्रत रानी समेता । एपूरे वर्ष एकादशी ब्रतेता॥
सरस्वती तट नृप थे आये । रानी समेत व्रत पूरा कराये॥
ब्राम्हण पारण आज्ञा दीन्हा । तभी दुर्वाषा गमन वहाँ कीन्हा॥

दोहा ॥ऋषि को आसन उठ दिए । अर्ध्य पाध्य उन्हें पूज॥
नृप ने भोजन विनय कर । उनने स्वीकारा सूझ॥ २७०

चौ ॥यमुना तट पर ऋषिबर आते । स्नान ध्यान में वे लग जाते॥
अब द्वादशी एक घड़ी थी बचती । पारण इसमें जरूरी दिखती॥
ऋषि को निमंत्रित वे थे कीन्हा । उन बिनु कैसे भोग वे लीन्हा॥
बिनु पारण यदि द्वादशी जाती । एकादशी व्रत में दोष लगाती॥

ब्राम्हण नृप को आज्ञा दीन्हा । पारण तुलसी जल वे लीन्हा॥
निवृत्त होय दुर्बाषा लौटते । पारण सुन क्रोधित हो उठते॥
कहते भोजन न्योता दीन्हा । स्वयं ही मेरे बिना कर लीन्हा॥
तू अभिमानी दण्ड का भागी । यह कह अपनी जटा उखाड़ी॥

दोहा ॥कृत्या उससे प्रकट भई । दौड़ी राजा को खान॥
विष्णु सुदर्शन आ गया । कृत्या थी भस्म दिखान॥ २७१

चौ ॥चक्र सुदर्शन ऋषि पर जाता । दुर्बाषा के पीछे आता॥
तीनो लोक दुर्बाषा जाते । पीछा नहीं छुड़ा वे पाते॥
ब्रह्मा शिव के शरण में आते । बचाने हेतु कोई उन्हें न दिखाते॥
शिव तब उनको सलाह थे दीन्ही । क्यों नहि विष्णु शरण तुम लीन्ही॥
श्री नारायण पर ऋषि आते । त्राहि माम कह शरण माँगते॥
प्रायश्चित अपनी गलती करूँगा । आपके भक्त न क्रोध धरूँगा॥
भक्त को मेरे कष्ट कोई देता । विष्णु कहा शत्रु मेरा बन लेता॥
तुम नृप अम्बुरीष पर जाओ । अभयदान उनसे ही पाओ॥
हो ऋषि लज्जित नृप पर आते । चरण पकड़ माफी थे माँगते॥

दोहा ॥शर्मिंदा नृप को भई । विनय वे सुदर्शन कीन्ह॥
ऋषि को माफ कर दीजिये । माफी उसने है दीन्ह॥ २७२

चौ ॥देवगुरु ने थे इन्द्र सुझाया । सारा जगत श्री राम जपाया॥
वही राम है भरत जपते । अतः भरत सम कोई न दिखते॥
राम भक्त के अहित सोचना । सपनेहु में ये बिचार न रखना॥
मिलता अपयश है इस लोका । और दुःख हो जाता परलोका॥
अतः इन्द्र सुनो मेरी बाता । राम को प्रिय निज भक्त दिखाता॥
सेवक की सेवा सुख देई । सेवक से बैर वे भी नहि लेई॥
राग-द्वेष न व्याप्त रघुबीरा । नहि लेते पाप पुण्य वे शरीरा॥
जगत में कर्म प्रधान दिखाई । जो करे जैसा फल बैसा पाई॥
दोहा ॥फिर भी भक्त व अभक्त संग । निज हृदय से करें व्यवहार॥
भक्त को हृदय लगात वे । अभक्त को मार वे तार॥ २७३

चौ ॥निर्गुण निर्लिप्त वे और अमाना । सदा एक रस रहें भगवाना॥
फिर भी भक्त प्रेम बस वे दिखाना । होके सगुण प्रभु राम बन जाना॥
ईश्वर को सेवक रुचि भाती । वेद पुराण सभी यही है बताती॥
अतः कुटिलता इन्द्र दो त्यागी । कल्याण तभी प्रीति भरत से लागी॥
देवराज सुनो तुम भगत स्वभाया । परहित है सदा इनको भाया॥
दुसरे का दुःख देख न पाई । दयाल भावना भगत में दिखाई॥
भक्त सिरोमणि भरत को जाना । डरने का उनसे नहि कामा॥
देवन हित है राम अवतारा । भरत सदा रहें राम अनुसारा॥

दोहा ॥इन्द्र बिकल तुम स्वार्थ से । भरत को दोष न देऊ॥
तुम्हरे दुःख हेतु मोह है । इसे नष्ट कर लेऊ॥ २७४

चौ ॥सुनी इन्द्र देवगुरु की बानी । हुई प्रसन्नता मिटी ग्लानी॥
देवराज तब पुष्प बर्षाया । भरत स्वभाव को बहुत सराहया॥
भरत इसी भाति बढ़ते जाई । देख सिद्ध मुनि करते बड़ाई॥
लेत उसास राम के नामा । प्रेम उमड़ चारों तरफ दिखाना॥
उनके प्रेम पत्थर पिघलायीं । नगर बासी प्रेम बरन न जायीं॥
रात्रि निवास कर वे चल दीन्हा । साथ में सभी जन प्रेम अधीना॥
आये सभी फिर यमुना तीरा । देख के जल छाये नैनों नीरा॥
यमुना जल रंग जब वे निहारा । भरत समाज राम को पुकारा॥
उनको जल रंग नीला दिखाई । बिरह राम वे डूब सब जाई॥

दोहा ॥भरत विवेक जहाज सम । सबको बना सहाय॥
उसके सहारे हो लिए । सांत्वना सबे मिल जाय॥ २७५

चौ ॥सभी को भरत ने ध्यान दिलाया । चलें शीघ्र दर्शन मिल जाया॥
उस दिन यमुना तीर निबासा । सबके लिए सुंदर था सुपासा॥
निषाद राज संकेत था पाई । व्यवस्था भोज आदि दिखी सुखदाई॥
रात ही रात बहु नाव थीं आयीं । निषाद ने सब घाटों से बुलायी॥
होत प्रात सब पार हो जाई । राम सखा ये सेवा दिखाई॥
फिर दोउ भ्रात किया स्नाना । यमुना शीश नाय प्रस्थाना॥

निषाद राज संग चले दोउ भ्राता । राम नाम की धुन में समाता॥
आगे मुनिवर बाहन कीन्हा । राज समाज पीछे हो लीन्हा॥
उन पीछे दोउ भ्रात उपाहने । सादा भेष में चलते दिखाने॥
सेवक मित्र मन्त्री सुत जाई । सुमिरत राम लखन सुख दाई॥

दोहा ॥विश्राम राम जहाँ जहाँ किये । वहां सभी नावे माथ॥
नगर बासी जब यहाँ सुनें । परिजन सह भरत है जात॥ २७६

चौ ॥नर नारी सब काम बिहाई । भरत दरश को सब चलेआयी॥
देख स्वरूप उन दोनों भ्राता । अपना जीवन उन्हें सफल दिखाता॥
सखीं आपस में प्रेम बतराती । राम लखन सी शकल है दिखाती॥
रंग रूप व उम्र वही होई । शील सनेह चाल उन्हीं सोई॥
पर सखी इनका दूसरा भेशा । संग सीता नहि इनके देखा॥
तपसी भेष में राम थे जाई । इनके संग सेना है दिखाई॥
मुख प्रसन्न न इनका होई । उनके मुख थी प्रसन्नता जोई॥

दोहा ॥इस कारण संदेह सखि । राम लखन ये नाहि॥
सखी के तर्क को मान्य कर । सब इसकी बुद्धि सराहि॥ २७७

चौ ॥बात सखी तेरी सत्य दिखाई । इसका तुझे सम्मान दिलाई॥
दे सम्मान ये सखी थी बताती । बड़े प्रेम राम कथा सुनाती॥
राम तिलक किया भंग वरदाना । कैसे भरत का हुआ यहाँ आना॥
फिर इस सखी कीन्ही भरत प्रशंसा । शील स्वभाव की करी अनुशंसा॥
आगे कहा पितु राज इन्हें दीन्हा । उसे त्याग बन को चल लीन्हा॥
उपाहने पैर चलते है दिखाई । मारग कंद मूल फल खाई॥
ज्येष्ठ राम को मनावन जाई । भरत समान न दूजा दिखाई॥
भरत की भक्ति व भाई सन प्रेमा । और उनके आचरण को कहना॥

दोहा ॥तथा उनके किये त्याग को । कोई कहे या सुन पाय॥
उनके दुःख व दोष सब । राम जी देते हटाय॥ २७८

चौ ॥भरत हेतु जो कही सुनी जाई । वह सब बहुत थोड़ी ही दिखाई॥
कहत सखी अस क्यों नहि होई । भरत है अनुज राम के सोई॥
दर्शन भरत के अनुज समेता । कह युवती हम धन्य निकेता॥
स्त्रियाँ सुनी जब भरत की गाथा । पछतायी सुन कैकेई जाता॥
भरत के गुण सुन वे हर्शायीं । जान माता कैकेई वे दुखायीं॥
कहा एक सखी दोष नहि रानी । विधि सब किया ये हमरे हितानि॥
हम सभी वेद व लोक प्रतिकूला । हेय दृष्टि देखे जाते समूला॥
जंगल गाँव है निवास हमारा । नहि मिलते दर्शन ये कुमारा॥

दोहा ॥कहें स्त्रियाँ मम पुण्य का । ये दर्शन है परिणाम॥
गाँव गाँव दर्श मिल रहे । मरुस्थल कल्प उगान॥ २७९

चौ ॥दर्शन भरत के मार्ग जो करहीं । उन लोगों के भाग्य खुल गयही॥
जैसे सिंघलद्वीप के लोगा । मिले प्रयाग दर्शन संयोगा॥
भरत ये बार्ता सुनते जाता । मन को राम चरणों में लगाता॥
तीर्थ देख स्नान वे करहीं । मंदिर आश्रम शीश थे धरहीं॥
उनसे मन में माँग वरदाना । भक्ति मिले चरनन सिय रामा॥
जहाँ-तहाँ कोई उन्हें पड़ता दिखाई । पूछे राम सिय किस बन जाई॥
मारग भील कोल बनवासी । वानप्रस्थ बटु और सन्यासी॥
इनसे भेंट थी भरत की होई । जीवन अपना सफल करे सोई॥
समाचार वे राम का देई । भरत के दर्श धन्य बनें तेई॥

दोहा ॥भरत से जो लोग ये कहें । हमने राम सिय देख॥
प्रिय दिखते वे भरत को । उन्हीं सम उनको लेख॥ २८०

चौ ॥राम को पूछत मीठे वचना । बनवास कथा वे उनसे सुनना॥
उस दिन रात्रि इसी ग्राम बिताई । प्रात चले वे सुमिर रघुराई॥
भरत संग लालसा सबै होई । राम दरश हों शीघ्र किम जोई॥
सबको होंन लगे शुभ सगुना । पुरुष दाहिना नेत्र फरकना॥
फरके दायीं भुजा दिखाई । स्त्रियाँ बायाँ नेत्र फरकाई॥
भरत सहित सब खुशी मनावा । मिलिहें राम दुःख शीघ्र ही जावा॥

जिसके मन जो बस्ता होई । उस अनुसार वह कामना जोई॥
सभी प्रेम मतवाले दिखाना । राम दरश की लगन लगाना॥
छंद॥लगें राम की लगन दिखे मन में उमंग । झूमें होकरके हम मतवाले॥
हर पल उन्ही संग, रंग लें उन्हीं रंग । मन उन्हीं के चरणों में डाले॥
भूले निज तन, बाबरा हो मन । सुधि अपनी सभी भूल जाये॥
फिर दिखे एक छन, प्रभु खड़े मेरे संग । बस जीवन हेतु यही पायें॥

दोहा ॥प्रेम में अंग सबके शिथिल । विह्वल हो बतराय॥
निषाद राज तेहि छण सबै । एक सुंदर गिरि दिखलाय॥ २८१

चौ ॥कहा सुंदर इस गिरि के समीपा । बसही लखन सिय राम महीपा॥
मंदाकिनी शीतल जल धारा । बहती इस पर्वत के किनारा॥
देख किया सब दण्ड प्रणामा । और जय बोली सिया के रामा॥
राज समाज अस प्रेम बिभोरा । मानो राम लौट अवध की ओरा॥
भरत प्रेम बढ़ा ऐसे दिखाई । शेष भी वर्णन नहि कर पाई॥
मेरे लिए ये अगम अनंता । किम कहूँ वहाँ तक पहुँच न सकता॥
ममता मलिन है मनुज समाई । ब्रह्मानंद कैसे समझ में आयी॥
सभी प्रेम डूबे रघुबीरा । शिथिल चले सिर्फ दो कोस बीरा॥

दोहा ॥देख सूर्य अस्त हो गया । जल का दिखा सुपास॥
बिनु पिए खाए सो गये । प्रात चले लिए आस॥ २८२

चौ ॥इधर राम जगे रात अभी शेषा । बतान लगी सिया स्वप्न जो देखा॥
कहें सिय भरत स्वप्न में दिखाई । सहित समाज यहाँ है आयी॥
नाथ वियोग वे तपते जाई । संतप्त सभी उन संग है आयी॥
दीन दुखी पूरा दिखा समाजा । सास भेष देख मन दुःख साजा॥
जानकी स्वप्न सुना रघुबीरा । उनके नैन बहन लगा नीरा॥
जिनका नाम ले सोच भगाई । करें लीला वही सोच डुबाई॥
कहा लखन कुछ अशुभ दिखाई । अन चाहा सुनना पड़ जाई॥
अस कह दोनों किया स्नाना । शिव को पूज साधू सनमाना॥

छंद॥शिव पूजकर, सम्मान मुनिगण । राम उत्तर देखहीं॥
है धूल छाई गगन में । खग मृग है दिखते भागही॥
प्रभु देख करके दृश्य ये । आश्रम को वे थे पहुचही॥
सोचन लगे क्या बात ये । फिर भील कोलहि आबही॥

दोहा ॥भील किरात थे आ गये । समाचार वे बतात॥
सुंदर मंगल वचन सुन । राम नयन भर आत॥ २८३

चौ ॥सीता पति थे सोच बस भयऊ । कारण कौन भरत आ गयऊ॥
एक आय समाचार सुनाया । भरत संग बड़ी सेना आया॥
यह सुन सोच राम अति बाढ़ा । इत बच पितु उत बन्धु प्रेम गाढ़ा॥
भरत प्रेम है अथाह दिखाई । जिसने राम का सोच बढ़ाई॥
फिर प्रभु समाधान मन कीन्हा । जान भरत है साधु व प्रवीणा॥
राम सोच बस लखन देखही । अनुकूल समय नीति वचन सुनाबही॥
नाथ बिना पूछे कुछ कहना । सदा ढिठाई में वह समझना॥
पर यदि पूछन समय न होई । तो ढिठाई वह छम्य ही सोई॥

दोहा ॥आप स्वामी सर्वज्ञ है । मै कहूँ मत अनुसार॥
प्रभु सरल शील सुहृद हित । समझे निज समान संसार॥ २८४

चौ ॥पर संसारी मोह बस होना । प्रभुता पाय असली रूप लेना॥
भरत चतुर साधू नीतिबाना । आपके चरण प्रेम जग जाना॥
वे भी राज पद पाय बौराई । मर्यादा धरम की उनने मिटाई॥
निकल कुटिल खोट अवसर बादी । अकेल देख बन मेटी सुह्यदी॥
इनका मन मलीन है दिखाई । सज समाज ले बन को आयी॥
सोचा बन में अकेले रामा । अकंटक राज्य हेतु बन को आना॥
करी कूटरचना करोड़ों प्रकारा । आये बन्धु दोउ सैन सम्हारा॥
कपट कुचाल न यदि इन्हें होई । तो रथ घोड़े क्यों ये सोई॥
भरत दोष नहि हमको दिखाता । राज्य पाय को नहि बौराता॥

दोहा ॥गुरु पत्नी गामी चन्द्र भये । पालकी में ऋषियों जुताय॥
उसमें नहुष थे बैठते । जब उन्हें इन्द्र बनाय॥ २८५

चौ ॥ऋषि अत्रि सुत चंद्रमा होई । शिव जी के मस्तक जो सोई॥
एक बार राजसूय यज्ञ कीन्हा । तीनों लोक को जीत वे लीन्हा॥
इसके घमण्ड चाँद भर जाबा । गुरु बृहस्पति पत्नी चुराबा॥
चन्द्र गुरु बीच भई लड़ाई । जो देवासुर पड़ा दिखाई॥
ब्रह्मा बीच बचाव थे कीन्हा । गुरु पत्नी चन्द्र वापिस दीन्हा॥
नहुष भी इसी तरह एक बारा । इन्द्र बने पद जाय न सम्हारा॥
इंद्राणी प्राप्त करने की ठानी । सप्त ऋषियो को लीन्ह बुलानी॥
कहा मेरी पालकी उठाओ । इंद्राणी तक हमें पहुँचाओ॥

दोहा ॥ऋषि जन पालकी लग गये । नहुष को लिया बैठाय॥
घमण्ड में नहुष थे बोलते । सर्प गति हमें पहुँचाय॥२८६

चौ ॥ऋषियों को बड़ा क्रोध था आया । पालकी रख वे क्रोध दिखाया॥
क्रोध में नहुष को शाप वे दीन्हा । सर्प बना उसे फल दे दीन्हा॥
त्रिसंकु की गति इसी भाति थी होई । इच्वाक वंश बड़े नृप ये सोई॥
सत्यव्रत नाम भी इनका कहाया । पिता इन्हें हरिशचंद्र का बताया॥
करके अश्वमेघ बने ये महाना । जिसका इन्हें गुमान हो जाना॥
ये नृप ऋषि विश्वामित्र पे जाना । कहा ऋषि आप दिव्य शक्तियाँ पाना॥
मुझे सशरीर स्वर्ग पहुँचाओ । अपनी शक्तियों रूप दिखाओ॥
हामी विश्वामित्र भर दीन्ही । अपने प्रताप स्वर्ग ओर इन्हें कीन्ही॥

दोहा ॥जब इन्द्र देखा दृश्य यह । चिंता हुई महान॥
यदि सशरीर कोई स्वर्ग को । गया तो श्रष्टि को हानि॥२८७

चौ ॥अतः नहीं इन्द्र को ये था भाया । कोई सशरीर स्वर्ग आ जाया॥
उनने बीच में रोक इन्हें दीन्हा । नीचे से ऋषि ऊपर कीन्हा॥
अब नृप ये बीच बिंदु लटकते । इसी लिए इन्हें त्रिशंकु कहते॥
सहसबाहु नृप संग भी दिखाना । शक्ति पाय बढ़ा इन्हें अभिमाना॥
इनने तप दत्तात्रेय का कीन्हा । खुश हो इन्हें वर थे वे दीन्हा॥
जिससे हजार भुजा इन्हें होती । इन्हें नहि कोई सका था जीती॥
जामदग्न आश्रम ये आये । दिखे अभिमान में ऋषि को बताये॥
मुझे कामधेनु चहिये आपकी । ऋषि कहा ये हे भेट देवों की॥
अतः न तुमको मैं दे सकता । नृप कहा मेरे राज्य तुम रहता॥

दोहा ॥यह कह नृप क्रोध भर गये । ऋषि की हत्या कीन्ह॥
सुत इनके परशुराम थे । बन में तप वे लीन्ह॥ २८८

चौ ॥उनको जब मालूम था पड़ता । तुरत पिता आश्रम में पहुँचता॥
सहसबाहु से हुआ संग्रामा । हजार भुजा वे काट गिराना॥
लखन कहा इन सबकी कहानी । भरत से मिलती जुलती दिखानी॥
उचित उपाय भरत है लीना । शत्रु व ऋण को मिटाय प्रवीणा॥

छंद॥प्रेम भरे लक्ष्मण, भक्त मेरे भगवन, चरण में राम के रमते है॥
कही दिखे दुश्मन, राम ओर चितवन, बड़े चोकन्ने वे दिखते है॥
प्रभु सेवा करते, उन्ही में रमते, नहि खतरे को वे देखेंगे॥
कोई सैन लाये, प्रभु तन जाये, उसे दुश्मन ही वे समझेंगे॥

दोहा ॥क्रोध जो लक्ष्मण करत दिख । राम प्रेम में डूब॥
सर्वज्ञ राम उन्हें सुन रहे । जिम बालक करतूत॥ २८९

चौ ॥अभी भी लक्ष्मण कहते जाई । भरत चूक प्रभु जान असहाई॥
आज वह भरत अबस जानेंगे । क्रोधित राम को युद्ध पायेंगे॥
इतना कह भूले नीति बाता । लखन शरीर क्रोध रस छाता॥
चरण नाय प्रभु रज शीश धारी । बचन सहज और सरल उचारी॥
हें प्रभु अनुचित मुझे न मानना । दोष भरत का कम न जानना॥
सहन व मन मारन सीमा होई । जब आप साथ धनु हम पर सोई॥
छत्रिय वंश रघुकुल में जन्मा । सेवक राम का सब जग दिखना॥
धूर समान न नीच दिखाई । लात मार वह भी सिर आयी॥

दोहा ॥यह कह लक्ष्मण उठ खड़े । आज्ञा राम से माँग॥
जैसे वीर रस जाग उठ । सोवत अभी था दिखान॥ २९०

चौ ॥बांध कटि तरकश जटा सम्हारी । धनुष-बाण ले वचन उचारी॥
आज प्रभु सेवक यश लेही । युद्ध में भरत को सीख दे देही॥
अपमान राम का फल वे चुकाई । समर भूमि दोउ बन्धु सोबाहीं॥

ठीक हुआ आया सकल समाजा । करूँ हिसाब पिछला रिस आजा॥
कुचले गज झुण्ड को बनराजू । लबा लपेटे जैसे बाजू॥
बैसेहि भरत को सेन समेता । पछारू अनुज संग युद्ध के खेता॥
मदद करें चाहे शिवजी उनकी । तो भी मारूँ सपथ राम की॥
लखन क्रोध देख डरे दिगपाला । उनकी शपथ सत्य से पड़ा पाला॥

दोहा ॥लखन के क्रोध से डर गये । भागंन चहत लोकपाल॥
भय में डूब सारा जगत । देव बाणी हुई तत्काल॥ २९१

चौ ॥प्रभाव न वर्णन होय आपका । ना ही समझ सकता कोई जग का॥
पर हर काम हो सोच बिचारी । तभी अच्छा दिखे सबके अगारी॥
अचानक काम कर फिर पछतावा । बुद्धिमानी इसमें न दिखावा॥
सकुचे लखन सुनी देव बानी । दे सम्मान सिय राम बुलानी॥
सुंदर नीति कही तुम भ्राता । कठिन राज मद सबसे दिखाता॥
जो न साधु संग किया सतसंगा । वही नृप राज मद से पथ भंगा॥
लक्ष्मण सुनो भरत सम भाई । विधि की श्रष्टि नहि दिखा सुना जाई॥
मिले पद ब्रह्मा विष्णु महेशा । तो भी भरत पथ डिगें नहि लेशा॥

दोहा ॥फिर ये अयोध्या राज्य क्या । भरत को पथ से डिगाये॥
क्या काँजी की बूँद सों । सागर में बाढ़ दिखाये॥ २९२

चौ ॥मध्यांह सूर्य अंधकार फैलाबा । चाहे आकाश मेघ मिल जाबा॥
गोपद बूढ अगस्त्य दिखाई । और चाहे धरनि क्षमा भूल जाई॥
मच्छर फूँक से सुमेरु उडाई । पर न राज मद भरत पे आयी॥
शपथ तुम्हार व पिता की खाना । बन्धु न श्रेष्ठ सुचि भरत समाना॥
गुण अवगुण से रचा संसारा । भरत हंश बन किया उजारा॥
गुण सारे सन्सार के लेही । अवगुण उसके सब तज देही॥
भरत के शील स्वभाव बखाना । कहते राम विह्वल हो जाना॥
भरत पे प्रेम राम का दिख़ाई । सभी देवता सराहत जाई॥

दोहा ॥भरत सकल धर्मों धुरी । कहीं कोई धर्म जग होय॥
सभी धर्मों के सार वे । निचोड़ धर्म सब लोय॥ २९३

चौ ॥यदि नहि होता जनम भरत का । कौन धुरी होता धर्मों का॥
अगम भरत गुण जात न कहना । बखान कौन प्रभु बिनु कर सकना॥
सुन देवबानी राम सिय लखना । अति आनन्दित तीनों दिखना॥
भरत मन्दाकिनी तट पर आये । समाज सहित स्नान बनाये॥
सबको वहीं पर भरत ठहराया । फिर गुरु मातु से आज्ञा पाया॥
निषाद संग और अनुज लिबायी । चले जहाँ सीय लखन रघुराई॥
कैकई मातु करतब याद आयी । मन ही मन जाते सकुचाई॥
कुतर्क करें मन में कई भाति । इसी तरह सोचत वे जाती॥

दोहा ॥सोचत कहीं राम लखन सिय । मेरा नाम सुन पाय॥
छोड़ के अपनी जगह को । अन्य जगह चले न जाय॥ २९४

चौ ॥मातु के मत सहमत मुझे जानी । जो कुछ करें वह थोड़ा दिखानी॥
समझ हमें यदि अपना जाई । दें आदर अवगुण बिसराई॥
त्यागें वे चाहे बुरा मन जानी । अथवा सेवक जान सम्मानी॥
पर हम सदा राम के चरना । वे स्वामी दोष सेवक दिखना॥
यश भाजन जग दो ही दिखाई । चातक और मीन को पाई॥
नियम प्रेम ये कभी न मिटाई । चाहे जान भले ही जाई॥
ऐसेहि भरत सोचत चले जाता । संकोच प्रेम तन शिथिल दिखाता॥
करतब मातु मानो उन्हें लौटाई । धैर्य व भक्ति उन्हें लिए जाई॥

दोहा ॥स्वभाव राम जब ध्यान दें । पग परत भरत के अगार॥
तब जल्दी वे चलत दिख । दिखती खुशी अपार॥ २९५

चौ ॥उस छण भरत दशा ये दिखाई । जिम प्रवाह जल भौंरा जाई॥
दशा भरत की निषाद ने देखी । भूला सुध बुध देह बिशेखी॥
मंगल सगुन उसे पड़े दिखाई । देख उन्हें था निषाद बतायी॥
सोच जाय अब हरष है आबा । अंत में दुःख ये पुनः दिखाबा॥
निषाद वचन सत्य भरत दिखाबा । आश्रम राम अब निकट वे आबा॥
वहां के बन पर्वत थे लुभायीं । खुशी जिम भूँखा अन्न दिखाईं॥
दैहिक दैविक भौतिक तापा । प्रजा को जब ये जाते ब्यापा॥
फिर किसी सुखी राज्य वह आयी । भरत दशा इसी भांति दिखाई॥

दोहा ॥बन जहाँ राम निवास कर । सुख सम्पत्ति वहाँ छाय॥
जैसे कोई सुराज मिलि । प्रजा सुखी हो जाय॥ २९६

चौ ॥सुहावना बन एक देश समाना । बैराग्य सचिव नृप जिम बुद्धिमाना॥
अहिंसा अपरिग्रह ब्रह्मचर्य सत्य अस्तेया । यम ये पांच बताये मुनेया॥
ईश्वर-प्रनिधान शौच स्वाध्याया । सन्तोष व तप पांच नियम बनाया॥
पाँचों यम व पाँचों नियमा । उस सुराज के योद्धा दिखना॥
पर्वत राजधानी है बनायी । शांति सुमति रानियाँ है सुहायीं॥
इस सुराज सब अंग संपन्ना । आश्रित है प्रेम से राम के चरना॥
मोह को जीता एक नृप विवेका । अकंटक राज्य करें सुख है अनेका॥
नगर में सुख सम्पदा सुहाई । सुकाल राज्य में पड़ता दिखाई॥

दोहा ॥उसके बन प्रांतों दिखत । तपी मुनि ऋषि अनेक॥
जिम गाँव नगर व शहर वे । और झुण्ड खेरे विवेक॥ २९७

चौ ॥पंछी विचित्र मृग ना ना भांति । उसकी प्रजा जो बरन न जाती॥
बन के जीव बाघ सिंह सूअर हाथी । बैल भैंस भेड़ चरें सब साथी॥
आपस के बैर वे दिए भुलाई । चतुरंगी मानो सेना दिखाई॥
झरना झरते पड़े दिखाई । हाथी सिंह चिघाड सुनायी॥
जैसे नगाड़े कोई बजावा । जसकरन सराहना किम कर पावा॥
चकवा चकोर चातक व पपीहा । तोता कोयल हंस सुनीहा॥
हो प्रसन्न कूंजत चौं ओरा । बड़े मुदित दिखें प्रेम बिभोरा॥
गूँजे भोंरे नाचत मोरा । जिम सुराज मंगल से सबोरा॥

दोहा ॥बेल वृक्ष त्रण सब दिखें । फल फूलों से लाद॥
जिम समाज ये दिख रहा । सुख साधनों से साज॥ २९८

चौ ॥तब केवट चढ़ा ऊँचे टीला । कहत भरत से वह नभ जो नीला॥
उसके नीचे बिटप महाना । पाकर जामुन तमाल और आमा॥
इन वृक्षों के मध्य दिखाना । बरगद वृक्ष जो बड़ा महाना॥
उसको देख मन खुश हो जाई । सघन पत्ते फल लाल दिखाई॥
छाँह अविरल जिसकी सुखदाई । सभी ऋतुओं में बड़ी मनभाई॥

परम शोभा मानों ब्रह्मा बटोरी । अँधेरा लालिमा राशि दी फेरी॥
वृक्ष ये नदी समीप दिखाबा । श्री राम पर्ण कुटी यहाँ है छाबा॥
तुलसी वृक्ष यहाँ बहुत सुहाई । कुछ सीता कुछ लखन लगाई॥
यहीं बरगद के नीचे छाया । कर कमलो सिय बेदी बनाया॥

दोहा ॥जहाँ मुनि सिय राम बैठते । बहती कथा रस धार॥
आगम निगम इतिहास सुन । आनन्द जाता न सम्हार॥ २९९

चौ ॥सुन निषाद वृक्ष भरत निहारा । प्रेम से उनके नयन बहे धारा॥
भरत के प्रेम को कौन बखाना । माँ सरस्वती भी नहि कर पाना॥
राम चरण चिन्ह देख हर्षाई । जिम गरीव कोई पारस पाई॥
रज दोउ भ्रात लीन्ह सिर धारी । जैसे राम मिल खुशी भई भारी॥
अकथनीय दशा भरत दिखाई । जड़ चेतन सब प्रेम डूब जाई॥
निषाद भी प्रेम में मग था भुलाई । देव पुष्प वृष्टि करके बतायी॥
भरत के प्रेम से सिद्धि मुनि मगना । बडाई सहज प्रेम उनकी करना॥

दोहा ॥मुनि कह भरत न होत यदि । इस पृथ्वी पर आय॥
कौन करता जड़ को चेतन । चेतन को जड़-सा दिखाय॥ ३००

चौ ॥गहरे समुद्र है भरत दिखाना । राम बिरह मदिराचल माना॥
साधु देव हित राम मथ सागर । अमृत प्रेम रूप निकला आकर॥
पावन आश्रम भरत दिखाया । मंगल मूल सुहावन छाया॥
निषाद भरत संग किया प्रबेशा । लखन देख नहि झाड बिशेशा॥
पर उन्हें लगा कोई प्रभु तन जाई । तुरत थे धनु पर बाण चढ़ाई॥
देख लखन ये भरत मन आता । राम का मैं अपराधी दिखाता॥
लखन बाण से मरना चाहूँ । पर इच्छा राम दरश लगाऊ॥
दिखे लखन मुनियों के भेषा । बल्कल वस्त्र लपेटे बिशेशा॥
उसी में तरकश बांध दिखाई । हाथ बाण काँधे धनुष सुहाई॥

दोहा ॥बेदी पर साधु समाज संग । बैठे सिय राम सुजान॥
बल्कल वस्त्र जटा सोहती । तन प्रभु का दिखे श्याम॥ ३०१

चौ ॥सीय राम ऐसे थे दिखाई । जैसे रति काम संग है बिठाई॥
प्रभु कर कमलों धनू बाण फेरी । चिन्ता जात जिसे हँसकर हेरी॥
मुनि मण्डलि मध्य सोंहें सिया रामा । जैसे ज्ञान भक्ति रूप धर आना॥
देख भरत खुश अनुज समेता । हरषे भूल सुख दुःख वे निकेता॥
हें नृप ये प्रभु मेरे नाथा । गिरे दण्ड सम आगे विधाता॥
लखन सुने ये प्रेम सने बचना । पहिचान भरत को प्रेम था दिखना॥
उनका मुँह था राम तन होई । भरत के तरफ पीठ भई जोई॥

दोहा ॥बन्धु का प्रेम एक ओर दिख । दूसरी ओर सेवा स्वामि॥
भरत से मिलें सेवा विघ्न पड़ । लक्ष्मण गति बरन न जानि॥ ३०२

चौ ॥लखन के मन गति किम करूँ बरना । जसकरन में शक्ति नहीं है दिखना॥
स्वामी सेवा को आगे राखा । प्रभु को नाय पद वे थे भाखा॥
हें प्रभु भरत है करते प्रणामा । यह कह स्वामि व बन्धु सम्माना॥
लखन वचन सुन अधीर हो रामा । कहुं गिरा वस्त्र कहुं तीर कमाना॥
उठाय भरत और हिय से लगाया । देख मिलन सब सुध थे भुलाया॥
मिलन से प्रेम जो फैल दिखाया । वह सदा अगम न बरनै जाया॥
मन बुद्धि चित्त और अहंकारा । भूले दोऊ प्रेम दिखा न किनारा॥
भरत राम प्रेम अगम दिखाई । त्रिदेव भी वहाँ तक पहुँच न पाई॥

दोहा ॥ऐसे अगम पूर्ण प्रेम को । जिसे शेष भी न कह पायं॥
मै तो कुबुद्धि एक कवि रहा । वर्णन कर कैसे बतायं॥ ३०३

चौ ॥प्रेम मिलन देख भरत व रामा । देवता गन भय भीत दिखाना॥
गुरु बृहस्पति उन्हें समझायी । तब ये मूरख पुष्प बरसायी॥
भ्रात शत्रुघन मिले बड़े प्रेमा । निषाद भी गिरा प्रभु के चरना॥
रिपसूदन मिले लखन से आयी । दोनों बीच बड़ी उमंग दिखाई॥
भरत शत्रुघन मिले वहाँ मुनि गन । पाय आशीष दोनों के मुदित मन॥
भरत अनुज संग गिरे सिय चरना । चरण कमल रज निज सिर रखना॥
प्रणाम सिया को बारंबारा । सीय उठाय उन्हें निकट बैठारा॥
मन ही मन आशिष सिय दीन्ही । प्रेम मगन वे सुध-बुध हीनी॥

दोहा ॥मातु सिया अनुकूल दिख । भरत का सोच डर भाग॥
भरत को जो शंका रही । भागी वह प्रेम उठा जाग॥ ३०४

चौ ॥उस छण कोई कुछ पूछ न कहही । सभी प्रेम परि पूर्ण में रहही॥
तेहि छण धीर धर गुहू कर जोरे । करत विनय प्रभु के हो निहोरे॥
नाथ हे गुरु वशिष्ठ जी आबा । तीनों मात पुरु जन भी सुहाबा॥
सेना सेवक मंत्री साथा । वियोग आपके सभी दिखाता॥
गुरु आगमन सुना प्रभु काना । सीय पास सत्रुघन छोड़ जाना॥
वेगहि राम चले तत्काला । धीर धुरन्दर शील भुआला॥
देख गुरु प्रेम अनुज समेता । दण्ड प्रणाम करें धर्म निकेता॥
दौड़ के गुरु उन्हें हृदय लगाई । प्रेम से दोउ बन्धु गये भर जाई॥

दोहा ॥निषाद राज भी प्रेम से । नाम ले दण्ड प्रणाम॥
राम सखा उसे जानकर । गुरु ने हृदय लगान॥ ३०५

चौ ॥ऋषि ने गुहु बरबस लिपटाया । जैसे प्रेम मूर्ति लिया उठाया॥
रघुपति भक्ति जगत आधारा । बसे जिसके हिय सबको प्यारा॥
देख के देव नभ में हर्षाये । प्रेम मग्न हो पुष्प बरसाये॥
कहते वशिष्ठ सम कोई न महाना । निषाद भाति कौन नीच दिखाना॥
पर उसके हिय राम बिश्रामा । उमग मिले गुर लखन समाना॥
दिखता राम भजन का प्रतापा । निषाद से मिलि वाशिष्ठ सुख पाता॥

छंद॥करके भजन श्री राम का, जग के प्रिये बन जात हैं॥
सबको दिखें स्नेह भर, वे प्रेम को फैलात हैं॥
मिटता है सारा कलुष मन, पर स्वार्थ में ही मन लगे॥
जिस ओर निकलें सभी जन, लगते है जिम ईश्वर मिले॥

दोहा ॥राम नें दुखी सबै जानकर । जिसकी जो रही अभिलाख॥
अन्तर्यामी करुणा अयन । इच्छाएँ सबकी राख॥ ३०६

चौ ॥अनुज सहित सबै मिले रघुनाथा । दुःख दारुण सबके मिट जाता॥
यह कुछ नहीं प्रभु को बड़ी बाता । वे कण कण में बसे दिखाता॥
जैसे घड़ा एक है दिखाई । सभी में सूर्य दिखता है जाई॥
केवट से प्रेम मिले पुरबासी । भाग्यवान उसे कहें निवासी॥
मातायें दुखी देखी रामा । जिम तुषार गिरा बेल दिखाना॥
प्रथम मिले कैकेई रघुराया । अपना सहज स्वभाव दिखाया॥
फिर उनके चरणों गिर जाई । काल कर्म विधि करनी बतायी॥
सभी मातु को मिले रघुराई । विधि करनी कह शान्ति दिलाई॥

दोहा ॥पकड़ मातु के चरण प्रभु । रहे उनको समझाय॥
कहा ईश्वर आधीन सब । नहि किसी का दोष दिखाय॥ ३०७

चौ ॥गुरु माता से मिले दोउ भ्राता । जो थी गुरु संग भरत ले आता॥
पूजि उन्हें गौरी गंगा समाना । पाय आशीष मुदित हो जाना॥
अब दोउ भ्रात सुमित्रा चरना । गिरे मानो रंक सम्पत्ति मिलना॥
दोनों बन्धु कौशल्या पे आये । चरण पड़े अंग शिथिल हो जाये॥
स्नेह अंग भर मातु उन्हें लीन्हां । प्रेम से नैनो जल बह दीन्हा॥
उस छण प्रेम उमंग जो दिखाया । वर्णन करने को शब्द नही पाया॥
कबि की गति बैसेहि हो जयी । जिम गूँगा चखे स्वाद न बतायी॥
मिलि माताओं अनुज संग रामा । कहा गुरु सों चलो आश्रम आना॥

दोहा ॥तब गुरु आज्ञा पाय कर । देखा जल का ठौर॥
उतरे अबध के लोग सब । देखत वे राम की ओर॥ ३०८

चौ ॥विप्र गुरु मंत्री माताएँ । लखन भरत राम आश्रम आए॥
गुरु वशिष्ठ चरनन सिय लागी । मन अनुसार आशिष वह माँगी॥
फिर गुरु पत्नी पद गही सीता । अन्य ऋषि पत्नियों मिली सप्रीता॥
सबके चरणों बन्दिगी कीन्ही । प्रिय आशीष सभी से लीन्ही॥
सासुओं दशा देख बैदेही । नयन बंद कर सहमी सनेही॥
लगा जिम हंस फँस बधिक के जाला । सोची मन विधि क्या कर डाला॥
देख सीय वे भयी दुखारी । विधि करनी नहि जात है टारी॥
फिर बैदेही ने धीरज धारा । कमल नयन जल जाय न सम्हारा॥

दोहा ॥मिलि सिय सासुओं प्रेम से । वहाँ करुणा गयी छाय॥
चरण सासुओं के लगी । भेंटी प्रेम मन लाय॥ ३०९

चौ ॥कहा उन ये आशीष हमारा । अटल रहे सौभाग्य तुम्हारा॥
बिह्बल सिय सह रानियाँ होईं । कहा गुरु उन्हें बैठने जोई॥
वशिष्ठ गुरु जग माया बताई । कुछ नहि सास्वत इस में दिखाई॥
स्वर्गवास नृप गुरु ने सुनायी । राम अनुज सह दुखी हो जाई॥
स्वयं को राम ने मृत्यु हेतु माना । व्याकुल दिखे धीर वीर सुजाना॥
सुन सिय लक्ष्मण वचन कठोरा । बिलखत भये देख रानियों ओरा॥
राम को गुरु बहुत समझाया । गये मंदाकिनी सबने नहाया॥
निर्जला व्रत राम उस दिन कीन्हा । मुनि कहे पर जल कोई न लीन्हा॥

दोहा ॥प्रात होत सब क्रिया कर । आज्ञा जो दी मुनि नाथ॥
भक्ति भाव श्रद्धा सहित । पूरे किये रघुनाथ॥ ३१०

चौ ॥कीन्ह क्रिया सब बेदानुसारा । भये पवित्र जग तारनहारा॥
जासु नाम ले पाप मिट जाई । जिम चिनगारी रुई दे जलाई॥
जिसका सुमिरैं मंगल दाई । अन्धकार जो जग का मिटाई॥
भये शुद्ध वे साधु अस गाई । जिम गंगा शुद्ध तीर्थ बुलाई॥
उल्टे गंगा पावन सबै करही । बैसेहि राम नाम शुचि दयही॥
शुद्धिता के दो दिन उपरान्ता । गुरु से वचन कहे सिय कांता॥
नाथ यहाँ सब दुखी मलीना । कंद मूल फल ही सब लीन्हा॥
भरत अनुज सह मंत्री माता । देख इन्हें पल युग सम जाता॥

दोहा ॥आप सभी मेरे पास है । और नृप का स्वर्ग सिधान॥
सूनी अयोध्या हो गयी । अतः आप करें प्रस्थान॥ ३११

चौ ॥कहा जो मैं यदि अनुचित होई । हे गुरु करों उचित तुम्हें सोई॥
गुरु कहा राम धर्म सेतु सागर । क्यों न कहों ये करुणा नागर॥
लोग सभी है दुखी दिखाई । दर्शन तुम्हरे शान्ति मिल जाई॥
राम की सुन समाज डर जाई । गुरु के वचन उन्हें धीर बंधाई॥
जिम सागर जहाज डगमाई । गुरु ने वायु अनुकूल चलाई॥

पावन नदी मंदाकिनी होई । जिसके दरश पाप सब खोई॥
तीनो काल सभी करें स्नाना । जनम जनम के पाप मिट जाना॥
फिर दर्शन प्रभु के सबै मिलते । प्रेम से उन्हें दण्डवत करते॥

दोहा ॥जिस पर्वत श्री राम बसि । कामदगिरि वह कहलात॥
उसके दर्शन करत सब । सारे दुःख मिट जात॥ ३१२

चौ ॥झरनों में शीतल जल जारी । ठंडी मंद सुगन्ध बयारी॥
असंख्य वृक्ष बेल बिटप दिखाई । भांति भांति फल फूल सुहाई॥
सुंदर शिला छाया उन होई । छवि वर्णन कर सकता न कोई॥
खिले कमल सुंदर तालाबा । जल पछी भोंरे गूँज सुनाबा॥
पशु पछी बहु रंग दिखाबा । बैर भूल संग घूमत आबा॥
बनवासी भील कोल किराता । अमृत सम मधु ले ले आता॥
बड़े रुचि पूर्ण दौने वे बनाई । भर भर कंद मूल फल लाई॥
ना ना भाति जड़ीबूटियाँ लाते । विनय सहित सबको वे खिलाते॥
सबके नाम स्वाद गुण भी बतायी । प्रेम सहित वे सबको खिलाई॥

दोहा ॥मूल्य चुकाते लोग उन्हें । नहि कैसेहु वे लेत॥
फिर भी यदि कोई देंन चह । राम शपथ वे देत॥ ३१३

चौ ॥स्नेह पूर्ण वे कहते बचना । साधु तो प्रेम को जानत दिखना॥
स्नेह समझ मेरी भेंट स्वीकारो । मूल्य चुका हमें मत तिरस्कारो॥
आप साधु सुकृती महाना । संसार निषाद को नीच बताना॥
हम निषाद दर्शन प्रभु पावा । दरिद्र पाप सब मेरे मिट जावा॥
आपके दरश अगम हमें होई । जिम मरुभूमि न गंगा सोई॥
कृपा बन्धु राम कृपा दिखाई । वही उनकी प्रजा को भी सुहाई॥
करो कृपा त्यागों शंकोचू । कृतार्थ होय हम अन्य न सोचू॥
ऐसा सोच कंद मूल फल लीजे । और अनुग्रह हमको कीजे॥

दोहा ॥आप उपाहने फिरत बन । सेवा ही हम पात॥
देने योग्य हम कुछ नही । लकड़ी फल-फूल ही लात॥ ३१४

चौ ॥नाथ किरात क्या दें‍ने लायक । लकड़ी बनोपज उनके सहायक॥
आपके लिए मेरी यही सेबिकायी । सामान तुम्हारा न हम जो चुराई॥
हम जातियों की बड़ी जड़ करनी । कुटिल कुचाल कुबुद्धि है रहनी॥
हिंसा पाप करते दिन राता । कट नहीं बसन न पेट अघाता॥
धर्म कर्म नहि सपनेहु देखी । राम दरश ये प्रभाव बिशेखी॥
जबसे दरश चरण प्रभु कीन्हा । मिटे सकल दुःख दोष मलीना॥
अवध निवासी सुन ये बाता । भाग्य किरातन लगे सराहता॥

छंद॥भाग्य भीलन देख कर, सब प्रेम में थे डूबते॥
व्यवहार उनका दिख रहा, प्रभु राम में सब भूलते॥
भूल अपनी आदत सभी वे, रस भक्ति का थे चूसते॥
श्री राम की ये कृपा जो, भील्लन में हैं हम देखते॥

दोहा ॥प्रेम देख कोल भिल्लनी । अपना प्रेम तुच्छ जान॥
नगरवासी खुद को निदर । उनके भाग्य की सरहान॥ ३१५

चौ ॥अवध बासी बिचरे बन माही । खुशियाँ उनकी न जाय समाहीं॥
जैसे प्रथम बारिश में दिखाना । मेंढक मोर सब नाचें गाना॥
अवध बासी प्रेम मगन दिखाई । पलक समान दिन उनके जाई॥
सीता तीन रूप रख लीन्ही । तीनों सास सेवा हर पल कीन्ही॥
राम सिबा कोई जान न पाया । सभी भ्रमित परा शक्ति की माया॥
कर सेवा सासुओं वश कीन्हा । सुखी हो वे सुख आशिष दीन्हा॥
सरल देख सिय लक्ष्मण रामा । कुटिल कैकेई बहुत पछताना॥
प्रार्थना धरनि व यम से कीन्ही । फटत न महि न मौत यम दीन्ही॥

दोहा ॥वेद ज्ञानियों ने कहा । राम बिमुख जो होय॥
कहीं जगह उसे न मिले । नरक भी उसे नहि सोय॥ ३१६

चौ ॥यहाँ लोग कुछ संशय करही । बनवास बाद प्रभु लौटे या नहही॥
दिन नहि भूख न नींद है राता । भरत बिकल दिखते घबराता॥
जिम कींच नीचे मत्स्य घबराई । पानी सूखने सोच सताई॥

काल कुचक्र मातु मति करई । पकी फसल जिम टिड्डी गिरई॥
भरत सोच होय राम अभिषेका । उपाय न दिखे लगात विवेका॥
गुरु आयुष सुन लौटेंगे रामा । कहेंगे गुरु रुख उनकी जाना॥
कौशल्या कहन पर भी लौट सकते । पर माँ हठ करे यह नहि दिखते॥
मेरी मानें वे यह न दिखायी । विधि व समय प्रतिकूल हो जायी॥

दोहा ॥लौटने को हठ मैं करूँ । तो अधर्म हो जात॥
सेवक मार्ग बड़ा कठिन रह । कैलाश सा भारी दिखात॥ ३१७

चौ ॥भरत उपाय कई सोचत जाई । दिखे न काम बन रात बिताई॥
स्नान प्रात कर प्रभुहि सिर नाबा । बैठन चहत तभी गुरु थे बुलाबा॥
आय गुरु को वे कीन्ह प्रणामा । आयुष पाय बैठ थे जाना॥
मंत्री विप्र सभासद आना । महापुरुष सभी जुड़े दिखाना॥
गुरु वशिष्ठ कह समयानुसारा । सुनहु सभासद मत ये हमारा॥
धर्म धुरीन सूर्य कुल रामा । अवध नरेश स्वबस भगवाना॥
सत्य प्रतिघ्य वेद रक्षक होई । जन कल्याण को अवतरेउ सोई॥
मातु पिता और गुरु के बचना । दुष्टों बध और देव हित रखना॥

दोहा ॥नीति स्वार्थ परमार्थ प्रेम । इनके तत्व का ज्ञान॥
जग में कोई न जानता । केवल राम ही जान॥ ३१८

चौ ॥सूर्य चन्द्र त्रिदेव दिग्पाला । सबके कर्म माया जीव व काला॥
सबकी प्रभुता यहाँ तक शेषा । योग सिद्धि गायी वेद विशेषा॥
इनको हृदय से देख बिचारी । केवल राम इनके अधिकारी॥
अतएव राम आज्ञा रुख रखना । हम सबके यह हित में दिखना॥
इन तथ्यों को रख मन माहीं । करो सभी जन शुभ जो दिखाही॥
अभिषेक राम का सबे हितकारी । सबके लिये मोद मंगलकारी॥
अब सभी जन करो एक उपाई । जेहि विधि राम अवध लौट जाई॥
परमार्थ नीति लौकिक गुरु बचना । सादर सुने सबै नीके लगना॥

दोहा ॥कोई न कुछ उत्तर दिया । निरुत्तर भये सब लोग॥
फिर सबको सिर नाय कर । बोले भरत कर जोर॥ ३१९

चौ ॥सूर्य वन्श नृप भये महाना । एक से एक जन्हें जग जाना॥
सभी के जन्म हेतु पितु माता । शुभ कर्मों फल दिए विधाता॥
दुःख हरके करे सबका सुहाना । आशिष आपका जग को दिखाना॥
हें गुरु आपकी उनमें गिनती । जो विधि के विधान भी पलटी॥
फिर भी उपाय गुरु हमसे पूछी । मेरा भाग्य तो दिखता छूछी॥
सुने गुरु ने भरत प्रेम बचना । स्नेह उमड़ जल नैनों भरना॥
वे कहा तुमने सत्य बखाना । पर वह सब राम कृपा ही दिखाना॥
उनकी कृपा सब कुछ मिल जाई । उनके बिमुख सब कुछ चला जाई॥

दोहा ॥सुनहु तात एक बात मैं । संकोच सहित बतलात॥
सब जाने से श्रेष्ठ यह । यदि आधा बच जात॥ ३२०

चौ ॥तुम दोउ भ्रात अब बन को जाई । लौटे लखन सिय और रघुराई॥
सुने गुरु के जब ये बचना । बड़े खुश भरत शत्रुघन दिखना॥
मन प्रसन्न चिंता सब जाई । जिम जिये नृप राम राजा बनायी॥
अन्य को इसमें लाभ भले होई । रानियाँ दुःख से बैसेहि रोयीं॥
कहा भरत मुनि ने जो बिचारा । एसा करन सुख मिले संसारा॥
चौदह बरस की बात क्या होई । जीवन पूरा बन में मुझे सोई॥
राम सिया प्रभु अन्तर्यामी । आप सर्वज्ञ और मुनि ज्ञानी॥
अगर आप ये सत्य उचारा । करो आदेश मुझे गुरु का सहारा॥

दोहा ॥राम प्रेम में डूबते । भरत दिखे सराबोर॥
सभा सहित मुनि दिख पड़े । स्नेह में आत्म बिभोर॥ ३२१

चौ ॥प्रेम भरत का समुद्र समाना । किनारे खड़े मुनि खुद को दिखाना॥
यह समुद्र पार करना वे चाहत । कर कोशिश भी नाव नही पावत॥
बढ़ाई भरत जसकरन न होई । कैसे समुद्र तलैया में सोई॥
भरत प्रेम मुनिवर पहिचाना । समाज सहित वे राम पे आना॥
कर प्रणाम प्रभु आसन दीन्हा । मुनि सहित सब बैठे प्रवीणा॥

देश काल अवसर को बिचारा । फिर मुनिवर वहाँ वचन उचारा॥
राम आप सर्वज्ञ भगवाना । धर्म धुरंदर नीति के ज्ञाना॥
सबके हृदय में बास तुम्हारा । भाव कुभाव सब जानन हारा॥
पुरजन रानियों भरत हित जोई । करो उपाय राम वही सोई॥

दोहा ॥दुखी लोग नहि कह सके । सोच समझ निज बात॥
जुआरी को सदा सूझता । दाव लगे मेरे हाथ॥ ३२२

चौ ॥मुनि के वचन सुन कह रघुनाथा । गुरुदेव उपाय आपके हाथा॥
आपका रुख और आज्ञा आपकी । पालन में ही खुशियाँ सबकी॥
आयुष हमें जो आप सुनायी । रख माथे मैं खुश हो जाई॥
भरत विषय जो आप बतायी । उनके प्रेम आगे कह क्या पायी॥
उनकी भक्ति के मैं आधीना । जानत है आप ज्ञान प्रवीणा॥
कह वशिष्ठ देखो भरत की ओरा । सराबोर प्रेम आँसुओं बोरा॥
बनवास है जबसे वे सुन पाई । खान पान सब दिए भुलाई॥

दोहा ॥मनावन आपको चल दिए । उपाहिने बन को आत॥
आप है उनके प्रभु सदा । तुम्ही में रमते दिखात॥ ३२३

चौ ॥भरत समान भक्त नहि कोई । भगवान को खुश करने सब खोई॥
प्रसन्न होय राम उन्हें वही दीजे । उनकी इच्छा जो होय कीजे॥
यही कर्तव्य भगवान का दिखता । भक्त की इच्छा पूरन करता॥
भक्त के लिए भी नियम दिखाई । मर्याद में रह निज इच्छा सुनायी॥
प्रभु से माँग न वह वरदाना । जिसमे मर्याद इष्ट की जाना॥
देखा भरत पर गुरु का प्रेमा । राम प्रसन्नता जाय न बरना॥
भरत को धरम धुरीन बताया । मन क्रम बच मेरे दास दिखाया॥
गुरु अनुकूलता राम बतायी । मंगल मीठे वचन सुनायी॥

दोहा ॥जो अनुरागी गुरु चरण । बड़भागी जग में दिखाएँ॥
उनकी प्रशंसा वेद कर । परमार्थिक सदा कहलाएँ॥ ३२४

चौ ॥आप व पिता शपथ मैं खाई । भरत समान न जग में दिखाई॥
जिस पर प्रसन्न गुरु आप समाना । भरत बडाई कौन कर पाना॥
मुँह पर भरत की करूँ बडाई । है लघु भ्रात शोभा न दिखाई॥
भरत जो कहें करने में भलाई । इतना कह थे राम चुप जाई॥
मुनि तब कहा भरत समझाई । सम्मुख राम कृपा सिन्धु दिखाई॥
संकोच त्याग निज बात बताओ । हृदय की पीड़ा उन्हें सुनाओ॥
गुरु का रुख व स्वामि अनुकूला । सिर पर बोझ सब क्या कहें भूला॥
पुलकित भरत सभा खड़े होई । अश्रु धार नैनों बहे सोई॥

दोहा ॥मै जो कहन की सोचता । मुनिवर सब कह दीन्ह॥
इससे अधिक मैं क्या कहूँ । स्वामी की कृपा मैं चीन्ह॥ ३२५

चौ ॥मै जानूँ सदा प्रभु का स्वभाया । अपराधिव पर करते दाया॥
मुझ पर प्रेम रहा उनका विशेषा । खेलत में भी रोष नहीं देखा॥
रहे लड़कपन से हम साथा । सदा मेरे सिर रहा उनका हाथा॥
प्रभु कृपा आदत याद मुझे आवा । खेल में हारत मुझे वे जितावा॥
मै भी प्रेम बस रहा संकोचा । बोलन उनके आगे न सोचा॥
उनके दरश से तृप्त नहि होई । नैन पियासे आज तक सोई॥
विधि भी प्रेम मेरा नहि सह पाया । मातु बुद्धि द्वारा भेद कराया॥
यह भी कहत मैं शोभा न पाई । सभी निज समझ से साधु बतायी॥
मातु नीच खुद को कहूँ साधू । यह तो सोचना भी अपराधू॥
कोंदों की बाली में धान न होई । काली घोंघा में मोती न जीई॥

दोहा ॥सपनेहु दोष न दूँ किसी । मैं अभागा समुद्र समान॥
बिना देखे निज पाप को । कटु कह माँ को दुखान॥ ३२६

चौ ॥हृदय खोज हारत हूँ दिखाई । एकहि भांति दिखती है भलाई॥
गुरु समर्थ सिय राम का प्रेमा । मिलेगा इसी से हमको चैना॥
साधू सभा गुरु स्वामी बिराजे । और पवित्र तीरथ के आगे॥
मै जो कहा वह प्रेम दिखाई । अथवा प्रपंच जानत रघुराई॥
मर्यादा प्रेम की पिता निभाई । उसे रखने निज प्राण गमाई॥
मातु कुमति ने कर जो दिखाया । उसका जग साक्षी बन जाया॥

दोहा ॥मातायें दिखती बिकल । जिनको देखा न जाय॥
अवध बासी नर नारि सब । बिरह में जलते दिखाय॥ ३२७

चौ ॥इन सब अनरथ का मैं दोषी । अतः सब दुःख मैं सहूँ यह सोची॥
मै बनवास सुना श्री रामा । मुनि भेष धर बन को जाना॥
साथ में लखन सिया भी जाई । उपाहिने पैदल फिरें भटकाई॥
इन सब घावों को सह लीन्हा । शिव शाछी इसके हैं प्रवीणा॥
फिर निषाद स्नेह निहारी । फटा हृदय न कितना भारी॥
अब सब कुछ यहाँ देखा आयी । जियत में सब सहना पड जाई॥
जिन्हें देख सर्प विष को त्यागते । अभागे वह कैकेई को दिखाते॥
हिंसक जीव भी राम को देखी । त्यागें अपनी प्रब्रत्ति बिशेखी॥

दोहा ॥वे ही लखन सिय राम जी । कैकेई को दिखे जिम बाण॥
उसका ही सुत मैं खड़ा । मुझे सहना पड़े परिणाम॥ ३२८

चौ ॥व्याकुल बिकल प्रेम दुःख होई । भरत के वचन में दिखता सोई॥
सुनके सभी शोक ग्रस्त दिखाई । मानो कमल बाग पाला गिर जाई॥
तब वशिष्ठ कह कथा अनेका । भरत शान्ति किये अपने विवेका॥
भानुवंश रघुकुल मणि रामा । बोले वचन तब कृपा निधाना॥
भरत हृदय न कीजे ग्लानी । विधि अधीन जीव गति है दिखानी॥
तीनों काल तीनों लोक मैं झाका । तुम समान कोई पुरुष न आँका॥
जिन्हें कुटिलता तुम में दिखाई । लोक परलोक दोनों वे गमाई॥
मातु को दोष मूर्ख सदा देयही । जिनने साधु सभा न सेयही॥

दोहा ॥अमंगल पाप प्रपंच सब । मिटेंगे उन नर नार॥
लोक परलोक वे सुख लहें । सुमिरैं जो नाम तुम्हार॥ ३२९

चौ ॥तात कहूँ मैं बात यह साँची । धरनि तुम्हारे बल शिव साक्षी॥
हें भरत कुतर्क न आगे बढ़ायें । बैर प्रीति नहि छिपते छिपायें॥
बन में बिहग मृग मुनि गण संगा । शिकार देख भगें पशु व विहंगा॥
अपना हित पशु पछिहु दिखाना । मानव तो हैं ज्ञान का खजाना॥

भली भांति तुम्हें जानूँ भ्राता । क्या करूँ असमंजस है दिखाता॥
रख के सत्य पिता हमको गंमावा । प्रेम वचन रख तन को मिटावा॥
उनका वचन रखूँ मेट न पाऊ । और जो तुम कहो अबस निभाऊ॥
गुरु भी आयुष मुझको दयहू । मै भी वही करूँ भरत जो चयहू॥

दोहा ॥हो के प्रसन्न चित भरत तुम । त्यागहु सब संकोच॥
जो तुम कहोगे आज यहाँ । मै वह करूँ बिना सोच॥ ३३०

चौ ॥सत्यवादी रघुवीर के बचना । सुनकर भरत प्रसन्न चित दिखना॥
इंद्र सहित देवता डर जाई । बना काम बिगड़न को आयी॥
नहि उपाय कुछ उनको दिखाया । मन ही मन प्रभु राम बुलाया॥
आपस में बिचार वे करते । राम सदा भक्तों बस रहते॥
घटना अम्बरीश दुर्बाषा । करके याद उन्हें आयी निराशा॥
हिनाकश्यपू अत्याचार थे कीन्हा । देवता भये थे दुःख में मलीना॥
उसका पुत्र प्रहलाद महाना । भगवान भक्त जिसको जग जाना ।
उसके लिए प्रभु धरा पे पधारे । नृसिंह रूप उन ने था धारे॥

दोहा ॥हिरण्यकश्यप का बध किया । देवता खुश हो जाय॥
प्रहलाद भक्त की जय हुई । राक्षसों से मुक्ति दिलाय॥ ३३१

चौ ॥फिर वही समय आज है आया । भरत हाथ सुर काज दिखाया॥
राम प्रेम सदा भक्त से करहीं । जो उसे सुख दे उसकी सुनही॥
यह बिचार सुर गण मन कीन्हा । सुमिरैं लगे वे भरत प्रवीणा॥
सुर मत को देव गुरु पहिचाना । कहा भाग्य तुम्हरा जग जाना॥
भरत चरण जब प्रेम हो जाई । सकल सुमंगल सम्मुख आयी॥
राम के सेवक की सेविकायी । सैकड़ो कामधेनु मिल जायी॥
गुरु कह भरत भक्ति तुम्हें भाई । तुम्हरे काम अब सब बन जाई॥
देखो इंद्र तुम भरत प्रभाऊ । राम सहज बस उनके दिखाऊ॥
कोई डरने नहि बात दिखाई । भरत तो राम की दिखें परछाई॥
मन में देवगुरु जो आना । अन्तर्यामी प्रभु पहिचाना॥
भरत ने यह सब निज पर लीन्हा । ना ना भाति सोच करें वे प्रवीणा॥

दोहा ॥बहुत तरह वे सोचकर । निश्चय भरत ने कीन्ह ॥
राम रजायुश मानना । मंगल इसी में चीन्ह ॥ ३२२

चौ ॥निज प्रण तज प्रभु मम प्रण राखेउ । प्रेम न उनका कम ये देखेउ ॥
बहुत कृपा हमपर रघुनाथा । बोले भरत जोड़कर हाथा ॥
हें कृपा सागर हे अन्तर्यामी । क्या मैं कहूँ या कहाबौ स्वामी ॥
मेरे गुरु प्रसन्न हो जाई । अनुकूलता स्वामी की भी दिखाई ॥
जिससे मलीनता मेरी धुल जाबा । मन के कल्पित दुःख मैं हटाबा ॥
बिन कारण मैं डरा था होई । दिशा भूल कोई रवि दोष देई ॥
दुर्भाग्य मेरा और माता कुटिलता । विधि की गति व काल की कठिनता ॥
इन सब मिलि मुझे घायल कीन्हा । प्रनतपाल स्वामी बचा मुझे लीन्हा ॥

दोहा ॥आपके लिए कुछ नहि नया । हे प्रनतपाल भगवान ॥
प्रभु की रीति तो यही सदा । वेद व लोक बखान ॥ ३३३

चौ ॥सारा जग विपरीति हो जाई । केवल बने रहें आप सहाई ॥
दिखने लगे फिर सब अनुकूला । मन के कष्ट जाते सब भूला ॥
कल्प वृक्ष सम प्रभु का स्वभाया । वे प्रतिकूल न किसी के दिखाया ॥
निकट देख वृक्ष बैठ जो छाया । तुरत वह चिन्ता सोच गमाया ॥
कोई राजा या भिकारी होई । इससे पाता माँगे वह जोई ॥
मिला गुरु व स्वामी का प्रसादा । भूले दुःख मिटा मन का विशादा ॥
अब कीजे वही हे रघुराई । हो सबका हित दुःख चला जाई ॥
संकोच में स्वामि को रख जो दासा । स्वार्थी वह बुद्धि का विनाशा ॥

दोहा ॥सेवक का हित इसी में । प्रभु सेवा रहे लीन्ह ॥
चिंता त्यागे सुखों की । लोभ मोह तज दीन्ह ॥ ३३४

चौ ॥सबका स्वार्थ लौटे रघुनाथा । प्रभु आज्ञा पालें होंत सनाथा ॥
सभी का यही सारांश दिखाई । सभी पुण्यों का सार यही आयी ॥
एक विनती मेरी सुन लीजे । फिर प्रभु उचित हो उसको कीजे ॥
तिलक सामग्री मेरे साथा । उपयोग कैसे हो कहें रघुनाथा ॥

मैं और शत्रुघन बन में रहई । आप लखन सिय अवध को चलई॥
अथवा लखन शत्रु दोउ भाई । लौटे अवध न कुछ कठिनाई॥
मै रहूँ बन में प्रभु के साथा । या आदेश जो हो रघुनाथा॥
आप कहें तो हम तीनों भ्राता । रहें बन में आयुष दें नाथा॥

दोहा ॥सिया सहित आप अवध को । करें शीघ्र प्रस्थान॥
या प्रभु की जो प्रसनन्ता । दें आदेश भगवान॥ ३३५

चौ ॥सारा भार प्रभु हमें सौंप दीन्हा । हम न जानें नीति धरम प्रवीणा॥
मै सब कहूँ निज स्वार्थ अनुसारा । दुखी व्यक्ति कह सके न बिचारा॥
स्वामी के आयुष उपरान्ता । उत्तर दे सेवक की महानता॥
ऐसे सेवक से लाज है लजाती । बिना आयुष कहे स्वार्थ दिखाती॥
मैं अवगुणों का दिखता खजाना । फिर भी प्रभु मुझे साधु है माना॥
हें प्रभु मुझे वही मार्ग अपनाना । संकोच न जिससे स्वामी को आना॥
कहता सत्य शपथ प्रभु चरना । कल्याण जगत हो वही मुझे करना॥
हो प्रसन्न प्रभु तज संकोचा । दें आदेश पालें बिना सोचा॥

दोहा ॥प्रभु आयुष को मानना । बिना किसी सोच बिचार॥
सभी उलझनों का नाश हो । मिटते सभी विकार॥ ३३६

चौ ॥सुने भरत के पवित्र ये बचना । सराहे देवगन पुष्प वर्षना॥
असमंजस में अवध समाजा । बन में रहें प्रभु मुनि सुकाजा॥
संकोच में प्रभु चुप रहे दिखाई । उनकी दशा देख सोच हो जाई॥
जनक दूत तेहि अवसर आबा । मुनि वशिष्ठ उन्हें तुरंत बोलाबा॥
आकर उनने कीन्ह प्रणामा । राम भेष देख दुखी हो जाना॥
पूँछी मुनि विदेह कुशलाई । सुन के दूत निज सिर लिये नाई॥
सकुचि के वे जोड़े दोउ हाथा । रख जमीन सिर कह मुनि नाथा॥
मुनिवर जिसकी पूछे कुशलता । अबस वह कुशल सदा ही दिखता॥

दोहा ॥वैसे कुशलता नहि रही । जब गये स्वर्ग अवधेश॥
उन बिनु हुआ अनाथ जग । मिथिला अवध विशेष॥ ३३७

चौ ॥स्वर्ग गमन सुनकौशल नाथा । मिथिला शोक डूब हुई अनाथा॥
सुनके विदेह शोक डूब जाई । उन्हें देख वे विदेह न दिखाई॥
सुन कुचाल रानी की जोई । भये नृप जैसे सर्प मणि खोयी॥
भरत को राज राम बनवासा । सुन मिथिला पति भये हताशा॥
पूछी सलाह मंत्रियों राजा । करो बिचार क्या करना आजा॥
असमंजस थे में जनक दिखाई । चलना अवध या अभी रुक जाई॥
धर के धीर नृप ने था बिचारा । भेजे अवध को दूत वे चारा॥
दूतन को नृप कहा समझाई । सद्भाव भरत का पता लगाई॥
राम के प्रति क्या है सद्भावा । गुप्त रूप पता करके आबा॥

दोहा ॥जनक दूत वहाँ पहुँचकर । भरत का पता लगाय॥
देखा भरत चित्रकूट चलि । लौटे दूत थे आय॥ ३३८

चौ ॥दूतों ने सब बात सुनायी । भरत का प्रेम स्नेह बतायी॥
जनक सभा में दूतन बरनी । सकल कही जो भरत की करनी॥
सुनके विप्र परिजन व सचिवा । सोच स्नेह बिकल सब दिखवा॥
नृप ने धीर धर भरत सराहे । फिर कुछ योद्धा सुभट बुलाये॥
देश नगर घर की रखवारी । रक्षकों को दी जिम्मेदारी॥
हाथी रथ घोड़े सजवाये । दो घड़ी बीत प्रस्थान कराये॥
आज सभी ने प्रयाग नहाया । और सब यमुना उतरन लाया॥
तब हमें खबर लेंन वे पठाये । अस कह दूत चरणन सिर नाये॥

दोहा ॥कुछ किरात संग कर दिए । वशिष्ठ ने दूतों साथ॥
और विदा तुरतै किया । विलम्ब न की मुनि नाथ॥ ३३९

चौ ॥विदेह आगमन सुना समाजा । दिखी खुशियाँ चेहरों पर साजा॥
बढ़ा संकोच हृदय रघुनाथा । दुखी इंद्र देवों के साथा॥
कैकेई के मन भई ग्लानी । दोष किसे दूँ किसकी हानी॥
नर नारी सब खुशी दिखाई । जनक बजह कुछ और रुक पाई॥
बीता दिन इसी भांति दिखाया । प्रात होत सबने था नहाया॥
पूजा अर्चना करें कर जोरी । गौरी गणेश मनात बहोरी॥
लक्ष्मीपति पूजे भगवाना । विनय किया हाथ दोउ फैलाना॥
राम हों राजा रानी बैदेही । अवध में दिखे आनंद सनेही॥

दोहा ॥अवधवासी फिर हों खुशी । और भरत बनें युवराज॥
वरदान ये हमको दीजिये । हम करें सब अपने सुकाज॥ ३४०

चौ ॥राम राज्य करें संग गुरु भ्राता । रहे अक्षत जब लग प्राण जाता॥
सुन पुरवासियों प्रेम की बाणी । ज्ञानियों को भी भई हैरानी॥
नित पूजा इसी भांति वे करते । पुलकित हो श्री राम को नमते॥
सभी अयोध्या के नर नारी । राम दरश करें भाव अनुसारी॥
करें राम उनका सम्माना । प्रभु को लोग सराहत जाना॥
राम को बचपन से यह ज्ञाना । हृदय प्रेम को वे पहिचाना॥
शील शंकोच अथाह है दिखाई । तथा स्वभाव सरल मृदुलाई॥
इसी तरह गुण राम बखाना । निज निज भाग्य सराहत जाना॥

दोहा ॥हम समान पुन्यवान इस । जग में थोड़े दिखात॥
किसी के सम्मुख प्रभु जिन्हें । हमको वे अपना बतात॥ ३४१

चौ ॥जनक आगमन तभी सुन काना । उठे सभा सह रविकुल रामा॥
गुरु पुरजन मंत्री और भ्राता । विदेह को लेन चले रघुनाथा॥
कामदगिरि जब देख विदेहा । प्रणाम किया रथ त्याग स्नेहा॥
राम दरश लालसा दिखाई । जिससे मार्ग श्रम किसी न सताई॥
सबका मन जहाँ सिय और रामा । दरश बिना सुख दुःख न सुहाना॥
जनक समाज संग है जाता । प्रेम में बिह्वल पड़ते दिखाता॥
निकट आय सब प्रेम दीवाना । मिलन लगे सुध गये भुलाना॥
प्रणाम वशिष्ठ को कीन्ह विदेहा । नमन राम सतानंद को सनेहा॥

दोहा ॥भ्राताओं संग राम मिलि । प्रेम से मिथला नरेश॥
सभी को फिर वे साथ ले । आश्रम चले विशेष॥ ३४२

चौ ॥शान्ति समुद्र सम आश्रम रामा । जनक समाज करुणा नदी माना॥
राम है उसको लिए चले जाई । शांत समुद्र में उसे मिलाई॥
इस करुणा नदी बाढ़ दिखाई । ज्ञान बैराग्य किनारे डुबाई॥
शोक वचन नद नाले होई । इस करुणा नदी में मिलें जोई॥

उसांसें सबकी आँधी समाना । धैर्य रूप वृक्ष उसने गिराना॥
भयानक शोक है नदी की धारा । भय भ्रम आदि भँवर बहु सारा॥
विद्या नाव केवट विद्वाना । पर विद्या प्रयोग भूल जाना॥
यात्री बनचर कोल किराता । नदी देख हिय थके दिखाता॥

दोहा ॥करुणा नदी जब जा मिली । शांत समुद्र में आय॥
राम का है ये आश्रम । मिलन से उठा अकुलाय॥ ३४३

चौ ॥दोउ घर मिले दिखे बिकल महाना । धीरज ज्ञान लाज ढह जाना॥
करे सराहना गुणों अवधेशा । छाया दुःख हुआ अस्त दिनशा॥

छंद॥डूब दुःख सागर में सब, व्याकुल हुए नर नारियाँ॥
दें दोष उस परमात्मा, क्यों कीन्ह वह ये सबालियाँ॥
बड़े सिद्ध मुनि व तपस्वी जन, देखत दशा मिथिला पति॥
वे डूवते सभी प्रेम में, न बच सके कोई यति॥

चौ ॥मुनियों ने दिए बहुत उपदेशा । समझाये वशिष्ठ मिथिलेषा॥
जिनके प्रवचन मिटे अन्धकारा । फैलत ज्ञान कमल उजियारा॥
उनके निकट मोह नही आबा । वे तो राम से मोह लगाबा॥

छंद॥श्री राम से मोह तब लगें, जब राम की कृपा हो चले॥
और वह बनें गुरु प्रेरणा, सद्भाव रख तब वह मिलें॥
सभी मोह डालें कूप में, अन्धकार को आगे धरें॥
गुरु चरण में सदा प्रेम रख, वे राम चरणों में करें॥

दोहा ॥तीन प्रकार के जीव दिख । भोगी साधक सिद्धि॥
जिसका मोह श्री राम से । वही होता सम्बृद्धि॥ ३४४

चौ ॥राम प्रेम बिनु होय न ज्ञाना । बिना नाविक जहाज जिम जाना॥
गुरु समझाये बहुत विदेहा । सुनकर सबका मिटा संदेहा॥
फिर सभी राम घाट पर आये । मंदाकिनी स्नान बनाये॥

शोक में डूब बिता दिन दीन्हा । अन्न तो दूर न जल कोई लीन्हा॥
बन के खग मृग पशु बेचैना । किसी ने आहार न उस दिन लेना॥
प्रात नहाये दोनों समाजा । कुश मलीन बट नीचे बिराजा॥
गुरु वशिष्ठ सूर्य वंश अवधेषा । और सतानंद गुरु मिथिलेशा॥
मार्ग ये जग अभ्युदय सचारा । वे परमार्थ मार्ग बिस्तारा॥
ये मुनि देने लगे उपदेशा । धर्म नीति बैराग्य विशेषा॥

दोहा ॥विश्वामित्र ऋषि ने कही । पुरानी कथाओं निचोर॥
रघुकुल मणि तब विनय को । खड़े हुए कर जोर॥ ३४५

चौ ॥हें गुरु कल बिनु अन्न जल बीता । इसका होय अभी पहले सुबीता॥
मुनि कहा उचित कहेयु रघुराई । आज भी ढाई पहर बीत जाई॥
विश्वामित्र रुख देख विदेहा । कहा उचित न अन्न यहाँ लेहा॥
सलाह विदेह की सभी को सुहाई । स्नान करन चले आयुष पाई॥
उसी समय कोल भील किराता । कंद मूल फल भर भर लाता॥
राम कृपा कामद गिरि होई । मन चाही वस्तु उसपर सोई॥
दर्शन कामद गिरि जिसे मिलता । तुरत शोक संताप वह हरता॥

दोहा ॥इस बन में बेल वृक्ष सब । फल फूलों लदे दिखाएँ॥
खंग मृग भोंरे बोलते । मीठे स्वर को सुनाएँ॥ ३४६

चौ ॥इस अवसर बन हुआ आनन्दा । वायु शीतल मन्द सुगंधा॥
सुन्दरता बन बरन न जाई । जैसे जनक की करे सेबिकायी॥
अब पुरबासी नहाय के आबा । आज्ञा राम जनक की पाबा॥
सुंदर तरुवर देख लुभावा । जहाँ तहाँ सभी जन बिच्रे दिखाबा॥
कन्द मूल फल ना ना प्रकारा । अमृत एब बरनै नहि पारा॥
वशिष्ठ दिये सबै भर भर पत्तल । पूज देव गुरु खाते तत्फल॥
दिवस चार बीते यही भाँती । राम दरश से खुशी न समाती॥
दोनों समाज यही इच्छा होई । राम बिना लौटे भला न सोई॥

दोहा ॥बन में बास सिय राम संग । कोटि स्वर्ग के समान॥
बिना लखन सिय राम के । घर न किसी को सुहान॥ ३४७

चौ ॥बड़े पुण्य जब उदय हो जाई । राम समीप तभी रह पाई॥
स्नान मंदाकिनी तीनों बारा । मंगल राम दरशन उजियारा॥
कामदगिरि तप बन का घूमना । अमृत सम कन्द मूल ग्रहणना॥
चौदह वर्ष सुख से जो बिताई । एसा दिखे पल भर बीत पाई॥
यह कहते सभी पड़ते जोई । इस सुख के मेरे भाग्य न होई॥
दोउ समाज का स्वभाविक प्रेमा । राम चरण में दिखता नेमा॥
यही विधि सभी मनोरथ कीन्हा । प्रेम वचन ये मन हर लीन्हां॥
सिया मातु दासियाँ भिजायी । कौशल्या से ये मिलने चाहीं॥

दोहा ॥दासियों द्वारा पता कर । सासुएँ सीता मिल जायें॥
रनिबास जनक खुश हो चला । उनसे मिलने वे आयें॥ ३४८

चौ ॥सम्मान कौशल्या ने था कीन्हा । सुनयना को आसन वे दीन्हा॥
दोनों ओर दिख शील व प्रेमा । हिय कठोर भी बहते नैना॥
हो पुलकित लोचन भर पानी । जमीं कुरेद पैरों नख रानी॥
सभी राम सिय प्रेम डुबानी । जिम करुणा बहु भेष बनानी॥
कह सिय माँ विधि करनी कठोरा । दूध फेन को हतौडे से फोरा॥
अमृत केवल सुना है जाता । विष प्रत्यक्ष दिखाई आता॥
उल्लू बगुले काक बहुतेरे । हंस न दिखते कहीं घनेरे॥
यह सुन रानी सुमित्रा बताती । विधि गति बड़ी विपरीति दिखाती॥

दोहा ॥सृजन वह सृष्टि का करे । फिर वही देता मिटाय॥
बालक सम वह खेलता । बुद्धि भौंड़ी सी दिखाय॥ ३४९

चौ ॥किसी न दोष कहें राम की माता । कर्म से सब पर सुख दुःख आता॥
कर्म जटिलता विधाता जाना । शुभ या अशुभ फल उसी से दिखाना॥
ईश्वर इच्छा शीश सब धरहीं । उत्पत्ति संहार विष अमृत लयही॥
अतः मोह के त्याग में भलाई । विधि की करनी अटल दिखाई॥
सोचना स्वर्ग गमन अवधेशा । अपना स्वार्थ दिखे इसमें विशेषा॥
सीय मातु कहा सत्य तुम कहही । तपी दशरथ रानी तुम रहही॥
दुखी हो कौशल्या थी बतायी । बनवास राम से लाभ ही दिखाई॥
राम लखन सिय करें बनवासा । बहुतन की पूरी हो आशा॥

दोहा ॥अतः लाभ इसमें दिखे । नहि कही हानि दिखाय॥
राम मातु दुखी हो कही । हमें भरत की चिंता सताय॥ ३५०

चौ ॥ईश कृपा व तुम्हार अशीषा । पुत्र व पुत्रवधु गंग सरीषा॥
राम शपथ मैं कभी न खाई । सो सखी राम शपथ ये बतायी॥
भरत के गुण मैं कहाँ लो गिनाई । शील बड़प्पन भगति भलाई॥
गुण भरोस व भाइयों प्रेमा । सरस्वती भी न कर सकें बरना॥
कुलदीपक सम भरत दिखाई । महाराज एक दिन थे बतायी॥
कसौटी कसे सोना है परखता । जौहरी रतन का मूल्य समझता॥
कौशल्या फिर आगे बताती । आज बढ़ाई न उचित दिखाती॥
शोक सनेह में गुण ही दिखायी । लोग कहेगे उसी से बढ़ाई॥

दोहा ॥बचन ये कौशल्या कहे । गँगा सम पावन होंय॥
सुनकर बिहिबल रानि सब । खुशी से दिख पड़ी रोंय॥ ३५१

चौ ॥धीरज धर कौशल्या कहती । आप जनक मिथिलेश्वरी रहती॥
तुम्हें न कोई कर सके उपदेशा । विवेक निधी की प्रिया हो विशेषा॥
आप विदेह को यों समझाई । गृह रहें लखन भरत बन जाई॥
इसी उपाय में दिखती भलाई । भरत की चिन्ता मुझको सताई॥
राम से भरत रखें गूढ़ प्रेमा । सम्भब उनका न राम बिनु जीना॥
सरल स्वभाव कौशल्या दिखाई । करुणा रस में डूब सब जाई॥
पुष्प वृष्टि थे देव गण कीन्हा । सिद्धि मुनी सब खुशी में लीन्हा॥
हुआ स्तब्ध पूरा रनिबासा । धीरज धर के सुमित्रा उपासा॥

दोहा ॥रात बीतती दो घड़ी । सुनकर कौशल्या बोल॥
बड़े प्रेम से उठ खड़ी । डेरे की तरफ सबै मोड़॥ ३५२

चौ ॥कहा मेरे ईश्वर ही सहाई । अथवा जनक जी से आस लगाई॥
सुनैना सुनी ये प्रेम भरे बचना । कौशल्या कें गही वह चरना॥
कहा देवि अवधेश संगिनी । राम मातु को उचित ये दिखनी॥
नीच को भी प्रभु आदर दीन्हा । अग्नी भी धुआँ को निज कीन्हा॥

त्रण व घास पर्वत पे दिखाई । महान करें छोटों की बडाई॥
विदेह सदा है आपके चरना । मन क्रम वचन से मदद ही करना॥
उमा उमा पति करें सहाई । बिगड़े काम तुरंत बन जाई॥
आपकी मदद करे जो कोई । एसा योग्य कोई जग में न होई॥
सूर्य को दीप प्रकाश दिखावे । अपनी ही वह मजाक उड़ावे॥

दोहा ॥बन में राम जी जायकर । देवों के सम्हारें काज॥
चौदह बरस बिताय कर । अवध में करेंगे राज॥ ३५३

चौ ॥राम बाहु बल के परिनामा । देव नाग नर करें विश्रामा॥
जागबलिक यह पूर्व ही बखाना । मुनि का वचन मिथ्या नहि जाना॥
अस कह चरण पड़ी थी सुनैयना । सिया संग भेजन को बिनयना॥
फिर आज्ञा ले सिया समेता । चलीं डेरे जहाँ मिथिला निकेता॥
मिली कुटुम्बियों से थी जानकी । जो जिस योग्य उसी भाति सुजानकी॥
तापस भेष में जनक नंदिनी । देख के व्याकुल विधि की करनी॥
जनक ने पुत्रि को हृदय लगाया । प्रेम अश्रु नहि रुकते दिखाया॥
उनके हृदय प्रेम अति बाढ़ा । मानो प्रयाग प्रेम मिलि गाढ़ा॥

दोहा ॥बट समान सिय प्रेम बढ़ । जनक को पड़ता दिखात॥
प्रेम के सागर बट दिखत । अछय बट सम दर्शात॥ ३५४

चौ ॥प्रेम सिन्धु में विदेह निहारा । आदि शक्ति सिय रूप सम्हारा॥
उनके प्रेम सागर में दिखाई । शिशु राम बट पर पौढ़ाई॥
देख दृश्य ये जनक अकुलाना । ज्ञान मार्कण्डेय सम बह जाना॥
उसे बूढ़त राम शिशु ने बचाया । तब विदेह का ज्ञान बच पाया॥
महिमा राम सिय प्रेम दिखाई । जिसमे जनक का ज्ञान भ्रम जाई॥
देख मातु पितु प्रेम पुनीता । निज की सुधि बिसराई सीता॥
फिर धीरज धर धरनि जानकी । किया बिचार था अपने धरम की॥

दोहा ॥तापस भेष में पुत्रि को । देख जनक हर्षात॥
कहा पुत्री तुम कर दिए । पावन दोउ कुल ये बतात॥ ३५५

चौ ॥निर्मल यश फैलाया जानकी । जिससे प्रकाशित दिशा जगत की॥
कीर्ति नदी है तुम्हरी फैलती । जो गंगा जी को है जीतती॥
गँगा सिर्फ भूमण्डल बहती । तुम्हरी कीर्ति ब्रह्माण्ड में दिखती॥
गँगा तीर्थ तीन जगह बनाये । प्रयाग और हरिद्वार बताये॥
गँगा सागर तीसरा होई । पर पुत्री यश बरन न जोई॥
संत समाज हुए बहुतेरे । तुम्हरे यश के नाम से घनेरे॥
वे सभी जैसे तीर्थ स्थाना । जिनसे जगत का हो कल्याना॥
सत्य बात ये जनक बखानी । पर सुन सिय संकोचि दिखानी॥

दोहा ॥मातु पिता उर लाय सिय । दीन्ही सीख हितकार॥
आशिष दीन्हा गोद भर । सकुची सिय बारंबार॥ ३५६

चौ ॥कहत न सिय सकुची मन माहीं । रात को यहाँ बसहि शुभ नाही॥
रात में सासुओं सेवा करना । इसी से सीय चाहती चलना॥
जानकी रुख माता पहिचानी । जनक को तुरंत बताया रानी॥
करे मात पितु सिय की बडाई । पुत्रि को राम डेरे पहुँचाई॥
उचित समय रानी को दिखाया । दशा भरत की विदेह को बताया॥
सुन के भरत का शुभ व्यवहारा । खुशी जनक को न जाय सम्हारा॥
उसमें स्वर्ण चमक दिखलाई । अमिय चाँद सम पड़ती सुहाई॥
बंद किये पुलकित दोउ नयना । मानो समाधि में भरत थे दिखना॥

दोहा ॥कीन्ह सराहना भरत की । उनका सुजस मन लाय॥
आनन्दित तन मन भये । रानी को रहे बताय॥ ३५७

चौ ॥सुनो सुलोचन सुमुख सयानी । कथा भरत भव बन्ध छुड़ानी॥
धर्म राजनीति ब्रह्म बिचारा । कहता कुछ मैं उसी अनुसारा॥
महिमा भरत वर्णन नही पारा । बुद्धि न मेरी पहुँच ये बिचारा॥
ब्रह्म बिचार बुद्धि मैं रखता । फिर भी भरत तक पहुँच न सकता॥
भरत सुयश तक पहुँच न पाई । प्रतिबिम्ब भी उसका दूर है दिखाई॥
सारद शेष गणपति व महेशा । कवि ज्ञानी पंडित व शुरेशा॥
सबको भरत की कीर्ति धर्म करनी । उनके यश चरित्र शील सुनना॥
पाते सुख सो बरन न जाई । वही दशा मेरी है दिखाई॥

दोहा ॥पावनता में भरत यश । गंगा से आगे दिखात॥
और मधुरता में कहूँ । अमृत भी दिखता लजात॥ ३५८

चौ ॥सभी गुणों युक्त भरत जी होई । उपमा उनकी न कर सकें कोई॥
उपमा भरत की भरत से होई । जग में दूसरा न दिखता जोई॥
सुमेर की उपमा शेर से करना । कबियों को संकोच है लगना॥
वर्णन अगम यह कीर्ति दिखानी । जैसे असम्भव मत्स्य बिनु पानी॥
भरत की महिमा राम जी जाना । पर वे भी कर सकें न बखाना॥
भरत प्रभाव प्रेम से बखाना । रख रानी रुचि जनक बताना॥
लौटे लखन भरत बन जाई । दिखती इसमें सबकी भलाई॥
राम से भरत की प्रीति जो होई । बुद्धि बिचार से बंधे न सोई॥

दोहा ॥समता की सीमा राम जी । भरत है ममता प्रेम॥
सभी स्वारथ सुख त्याग वे । राम चरण में नेम॥ ३५९

चौ ॥भरत का एक मात्र उद्देशा । राम चरण रत रहूँ विशेषा॥
पुलकित हो विदेह बतलाया । भरत के बारे में यह दिखाया॥
रामाज्ञा सपनेहु नहीं टाले । राम रजायुश सिर धर पालें॥
रानी मोह चिंता सब त्यागें । करेंगे भरत जो राम करावें॥
राम भरत के करत गुण गाना । दम्पत्ती रात पलकों में बिताना॥
प्रात होत जगे दोनों समाजा । कर स्नान पूजन में बिराजा॥
मंदाकिनी कीन्ह स्नाना । फिर रघुनाथ गुरु पे आना॥
चरण नाय विनती वे कीन्हा । गुरु रुख रख फिर बोले प्रवीणा॥

दोहा ॥मातु बन्धु जन भरत सह । शोक में डूबे दिखात॥
उधर अयोध्या बासि सब । बनवास से दुखी हो जात॥ ३६०

चौ ॥दिन बहु गये आये मिथिलेशा । यहाँ रह सहते बहुत कलेशा॥
कीजे गुरु मेरे हित जोई । आपके हाथ में वह सब होई॥
इतना कह सकुचे रघुनाथा । देख राम को पुलक मुनि नाथा॥
सुनहु राम सब सुख तुम देई । तुम बिनु दोउ समाज दुखी होई॥

राम प्राण के प्राण दिखाई । आत्मा के आत्मा हो आयी॥
सुखों के सुख तुम हो श्री रामा । तुम बिनु कहाँ मिल सके विश्रामा॥
तुम्हें तज घर जिसे सुख का दाता । उसका है विपरीति विधाता॥
जहाँ नहि राम चरण में प्रीती । जलें वहाँ के धर्म सुख नीती॥

दोहा ॥जिसमें प्रेम नहि राम तन । उसका योग हो कुयोग॥
ज्ञान भी हो अज्ञान उस । कर्म बढ़ाए रोग॥ ३६१

चौ ॥तुम बिनु सभी जन दुखी दिखाई । तुमसे सब सुख सबै मिल जाई॥
सबके जिय तुम जाननहारे । आपकी आज्ञा न कोई जन टारे॥
प्रेम से फिर वशिष्ठ बतलाई । पधारों राम अब आश्रम जाई॥
कर प्रणाम गुरु चले श्री रामा । धर के धीर गुरु जनक पे आना॥
शील स्नेह प्रेम भरे बचना । राम ने जो थे गुरु से कहना॥
गुरु ने विदेह को सब वे बताया । शील स्वभाव राम का जताया॥
कहा हे नृप अब वह सब कीजे । आगे धर्म कर्म हित लीजे॥

दोहा ॥हे विदेह तुम ज्ञान के । हो अतुलित भण्डार॥
सुचि सुजान व धरम हित । निर्णय लो साकार॥ ३६२

चौ ॥जगत में तुम बिनु अन्य न कोई । इस छण निर्णय ले सके जोई॥
गुरु के वचन सुन नृप प्रेम मगना । बैराग्य ज्ञान को बैराग्य था दिखना॥
शिथिल प्रेम में नृप थे दिखाये । सोचत मन हम क्यों यहाँ आये॥
राम को नृप भेजे बनवासा । तज के प्राण दिया प्रेम दिलासा॥
अब उन्हें बन में छोड़ हम जाई । इससे ज्ञान मेरे की बढ़ाई॥
तपसी मुनि विप्रों ने निहारा । जनक बिकल है दुखी वे अपारा॥
समय बिचार नृप धीरज धारा । समाज सहित वे भरत पे पधारा॥
सत्कार भरत आगे बढ़ कीन्हा । अनुकूल समय आसन वे दीन्हा॥

॥कह विदेह हे भरत जी । तुम जानत राम स्वभाव॥
स्नेह सत्यव्रत धरम रत । शीलता का सबसे भाव॥

चौ ॥संकोच स्वभाव से संकट सहते । पर किसी से नहि कुछ वे कहते॥
अब हमें आप बतायें जोई । कहूँ उनसे मैं जाकर सोई॥
यह सुन भरत पुलक उठे प्रेमा । कह धर धीर अश्रु बहें नैना॥
आप पूज्य मोहि पिता समाना । हितैसी आप सम कोई न दिखाना॥
विश्वामित्र है मुनियों समेता । सचिव आदि भी बैठे सचेता॥
ज्ञान आपका समुद्र समाना । सभी जन मेरा हित पहिचाना॥
जानके शिशु मुझे आज्ञाकारी । दें आज्ञा मुझे जो हितकारी॥
बैठे ज्ञानी जहाँ आप समाना । हमें पूछे यदि हम चुप जाना॥

दोहा ॥मौन कहेगा मलिन मोहि । पागलपन बोलना होय॥
छोटे मुँह बड़ी बात कहूँ । प्रतिकूल समय छ्मों मोय॥ ३६४

चौ ॥वेद पुराण शास्त्रों का कहना । सेवा धरम कठिन है दिखना॥
सेवा भी स्वार्थ का विरोधी दिखाना । बैर है अंधा प्रेम में न ज्ञाना॥
प्रेम रहे सेवा का आधारा । अंधा होत व्यक्ति बैर बिचारा॥
अतः नहि हमसे कुछ भी पूछना । राम आधीन मुझे है देखना॥
राम की रुचि सत्य व्रत रख ध्याना । उनका सेवक हमको जाना॥
फिर सबके सम्मत जो होई । करो वही सब हित में जोई॥
भरत को सुन व देख के स्वभाया । समाज सहित नृप जनक सराहया॥
सुगम अगम मृदु भरत के बचना । है कठोर कोमल भी दिखना॥

दोहा ॥अछर थोड़े से दिखे । अर्थ भरा गंहरात॥
प्रेम त्याग से पूर्ण वे । शास्त्रों का निचोड़ बतात॥ ३६५

चौ ॥मुँह प्रतिबिम्ब दर्पण में दिखाई । और दर्पण निज हाथ गहाई॥
पर प्रतिबिम्ब पकड़ न आयी । बैसेहि भरत वचन हो जाई॥
किसी को कुछ भी समझ नहि आता । नहि कोई उत्तर उन्हें दे पाता॥
जनक भरत मुनि सहित समाजा । आये जहाँ श्री राम बिराजा॥
जब लोगों सुना यह संदेशा । व्याकुलता भई सबको बिसेषा॥
वशिष्ठ दशा देवन ने निहारी । प्रेम में बिहबल दिखते बिचारी॥
फिर देखा विदेह का प्रेमा । राम भक्ति में भरत बहे नैना॥
स्वार्थी देवगन रहे निहारी । हो निराश सोचत वे हारी॥

दोहा ॥देवन ने देखा वहाँ । राम प्रेम सब डूब॥
देखत ही भये सोच बस । कीन्ही हम कोशिश खूब॥ ३६६

चौ ॥चिंतित हो देव राज बताया । संकोच प्रेम बस राम दिखाया॥
सभी देव मिल रचिए कुछ माया । नहीं तो काम बिगड़ अब जाया॥
देवन सुमिरी मातु सारदा । की स्तुति मेरी हरो आपदा॥
रचि माया हरों भरत की बुद्धि । छल द्वारा करो काम की सिद्धि॥
स्वारथ विनय सुनी देवन की । मिली चेतावनी सरस्वती जी की॥
हमसे कहत फेरि मति भरता । हजार नेत्र फिर भी नहि दिखता॥
ब्रह्मा विष्णु महेश की माया । बहुत प्रबल यह जगत दिखाया॥

दोहा ॥वह भी असफल दिख रही । नहि बुद्धि भरत तक जाय॥
फिर कैसे मेरी पहुँच हो । मति उनकी दें बदलाय॥ ३६७

चौ ॥भरत के हिय सिय राम निवासा । रबि जहाँ बस प्रकाश न विनाशा॥
अस कह सारद गयीं ब्रह्म लोका । बिकल देव चकवा सम शोका॥
स्वार्थी देव फिर बुद्धि मलीना । रचा प्रपंच माया आधीना॥
रचि भय भ्रम सोचत सुर राया । भरत हाथ मेरा कार्य दिखाया॥
इधर जनक रघुकुल गुरु साथा । आये जहाँ रवि कुल रघुनाथा॥
समय समाज धर्म अनुसारा । कुल गुरु ने थे वचन उचारा॥
चर्चा जनक भरत जो कीन्ही । गुरु ने पहले वह कह दीन्ही॥
सुन्दर बातें जो भरत बताईं । वे सब गुरु वर ने समझाई॥

दोहा ॥गुरु कहा सुनो रघुवंश मणि । अब आप जो आयुष देंय॥
करेंगे सब स्वीकार वह । मस्तक पर उसे सब लेंय॥ ३६८

चौ ॥गुरु को सुन के जोड़ निज हाथा । सत्य सरल मृदु कहे रघुनाथा॥
राम कहा गुरु और मिथिलेशा । बैठे जहाँ अन्य बोलें क्या शेषा॥
आप व गुरु जो आयुष देई । कहूँ शपथ सब सिर धर लेई॥
राम शपथ सुन जनक हैराना । सभा सहित आश्चर्य पड़ जाना॥
सभी भरत तन रहे निहारा । उत्तर कोऊ नहि देवन हारा॥

सभा सोच मय जब वे निहारी । राम अनुज मन धीरज धारी॥
उमड़ते प्रेम को बस कर लीन्हा । जिम विध्यांचल को कुम्भज कीन्हा॥
शोक ने सबका ज्ञान छय कीन्हा । जिम हिरणाछ पृथ्वी हर लीन्हा॥
भरत विवेक बाराह के रूपा । उद्धार बिना श्रम किया निरूपा॥

दोहा ॥हाथ जोड़ तब भरत ने । कीन्हा सबको प्रणाम॥
उनने विदेह व गुरु को । दिया समुचित सम्मान॥ ३६९

चौ ॥सबके सम्मुख कहूँ मैं निहोरी । नृप गुरु राम को कर दोउ जोरी॥
करना माफ़ यह अनुचित होई । छोटे मुँह में बात बड़ी सोई॥
किया सुमिरैं सारदा भवानी । वे मुख पंकज उनके आनी॥
धर्म नीति निर्मल हो विवेका । बानी भरत भई हंश के लेखा॥
गुण दोष बिबेचन करने बाली । नीर छीर जिम भेदे मराली॥
देखे नेत्र विवेक से भरता । प्रेम शिथिल वह समाज था दिखता॥
फिर सिय राम को कीन्ह प्रणामा । कह मृदु वचन सुमिर श्री रामा॥
प्रभु तुम मातु पिता सम होई । स्वामी गुरु मित्र भी जोई॥

दोहा ॥तुम अन्तर्यामी प्रभु । सरल शील भंडार॥
शरणागत रक्षा करत । सबके हिय को निहार॥ ३७०

चौ ॥प्रभु सब समरथ है हितकारी । देखत गुणों पाप करें छारी॥
हें प्रभु आप ही आप समाना । स्वामि पाप सिर्फ हमी दिखाना॥
मोह के बस में फसा दिखाया । प्रभु पितु आज्ञा तोड़ यहाँ आया॥
भले बुरे ऊँच नीच है जग में । अमृत मृत्यु देव पद भी दिखने॥
राम आज्ञा मेटन गुस्ताखी । नहि कोई देखा सुना जग राखी॥
मैंने वह गलती को कीन्हा । प्रभु ने उसे सेवा प्रेम में लीन्हा॥
कृपा भलाई आप दिखाई । जिससे मेरा भला हो जाई॥

दोहा ॥दोष मेरा गुण में बदल । यश रूप में उसे फैलाय॥
आपकी रीति स्वभाव यह । सारा जग है गाय॥ ३७१

चौ ॥जग के कलंकित क्रूर व कुटिला । नीच कुबुद्धि दुष्ट भी बदला॥
इनने भी लिया आपका नामा । किया प्रेम से आपको प्रणामा॥
प्रभु न लखे कभी इनके दोषा । फैलाए समाज में गुणों को बिशेशा॥
नहि कोई स्वामी ऐसा दिखाई । सेवक की जो करे ऐसी भलाई॥
दिखात न सपनेहु वह अहसाना । सेवक के संकोच से दुखी हो जाना॥
भुजा उठाय मैं जग को बताता । स्वामी आप सम कहीं न दिखाता॥
पशु नाचत तोते पढ़ते दिखाई । यह उनके स्वामी चतुराई॥
उनका नाचना या पढ़ना जो होई । स्वामी के आधीन में सोई॥

दोहा ॥इसी भांति प्रभु आपने । निज सेवक दिए सुधार॥
उनकी बिगड़ी बनाय के । दिया साधुओं में बैठार॥ ३७२

चौ ॥हे प्रभु आप अलावा न कोई । यश भक्तों को दिला सके जोई॥
मै बाल स्वभाव शोक या प्रेमा । ठेल रजायुश यहाँ चल देना॥
फिर भी प्रभु ने मुझे अपनाया । हर प्रकार सम्मान दिलाया॥
उनके चरण दर्शन मैं कीन्हा । सहज स्वभाव वे अपना लीन्हा॥
इस समाज में देखा निज को । भाग्य बान मैं समझा खुद को॥
हुई गलती है हमसे महाना । पर प्रभु ने हमको अपनाना॥
कीन्ह कृपा हम पर भगवाना । किया अनुग्रह कृपानिधाना॥
जिस लायक मैं रहा न दिखाई । उससे अधिक मेरी बात बनायी॥

दोहा ॥निज के शील स्वभाव से । रखा खूब मेरा दुलार॥
दिलाया बड़प्पन इस सभा । डूबत कर दिया किनार॥ ३७३

चौ ॥स्वामी समाज संकोच न आयी । सम्मुख बोल मैं कीन्ह ठिठाई॥
अनुनय विनय की मत अनुसारा । प्रभु करना क्षमा बर्ताब हमारा॥
स्वामी जो सुहृद होय बुद्दिमाना । उनसे अधिक बोल होय नुकसाना॥
सभी बात आप मेरी सम्हारी । दें आज्ञा मुझे आप बिचारी॥
चरण कमल रज प्रभु सुखदाई । सुचि सीमा जिन कही न जाई॥
उनकी सपथ कहूँ निज हिय बाता । जागत सोबत जो मुझे भाता॥
करन चहूँ सेबि प्रभु के चरना । तज के स्वार्थ छल प्रभु में रमना॥
चारों तत्व धर्म अर्थ मोक्ष कामा । प्रभु भक्ति आगे कुछ न दिखाना॥

दोहा ॥आज्ञा पालन स्वामि की । सम नहि सेवा कोय॥
हमें भी यदि वही मिल सके । नहि कोई हम सम होय॥ ३७४

चौ ॥यह कह भरत डूबते प्रेम । हो पुलकित जल बहता नैना॥
व्याकुल हो गहे प्रभु के चरना । स्नेह उस छण का जाय न बरना॥
मधुर वचन कह प्रभु सम्माना । प्रेम से भरत को निकट बैठाना॥
देख भरत का स्वभाव बिनीती । सभा सहित किये शिथिल ये प्रीती॥

छंद॥भये शिथिल सब मुनि साधु सज्जन, जनक और रघुकुल मणी॥
करते प्रशंसा मन ही मन, वे भरत जो भक्ति धनी॥
भये देवता जो मलिन थे, करते वे वर्षा पुष्प की॥
व्याकुल है वे निज हृदय में, सुनकर ये बातें प्रेम की॥

दोहा ॥भ्रात प्रेम देख भरत का । भये देव गण थे मलीन॥
मुरझाये वे इस तरह । कमल निशा गमलीन॥ ३७५

चौ ॥नर नारी सब दोउ समाजा । डूबे दुःख न इन्द्र को लाजा॥
मन मलीन चाहत निज मंगल । बैठे आस करूँ अवध अमंगल॥
करके अहित दूसरों का जोई । अपना मंगल खोजत कोई॥
राम को कभी यह शुभ न दिखाई । स्वार्थी देव यह समझ न पाई॥
दुःख में डूबे दौऊ समाजा । इसमें खोज इन्द्र अपना सुकाजा॥
देव राज सदा काग समाना । मन मलीन विश्वास न आना॥
प्रथम वे कपट का साज सजाया । दूसरों के सिर उसे मढाया॥
फिर देव माया दिखा प्रभाबा । सभी जन उसके मोह में आबा॥

दोहा ॥भय उचाट के बस दिखे । मन स्थिर न दिखात॥
कभी वन में रहना चहत । कभी घर रहना सुहात॥ ३७६

चौ ॥चंचल मनोगति प्रजा की होई । जिससे दुखी दिखते सभी कोई॥
उनकी गति नदी सिन्धु समाना । जिसका जल स्थिर न दिखाना॥
मन स्थिर नहि जब हो पाता । तो संतोष न कोई ले पाता॥

अपना मर्म किसी को न बताता । दूसरा भी निज मर्म छिपाता॥
रघुकुल मणी यह देख मुस्काना । हँस कह मन में श्री भगवाना॥
कामी स्वान इन्द्र एक समाना । इन्हें सदा अपना स्वार्थ दिखाना॥
देव माया ने प्रभाव फैलाया । कुछ ही लोग उससे बच पाया॥
भरत जनक मुनि साधु सयाने । देव माया के बस नहीं आने॥

दोहा ॥शेष सभी हुए भ्रमित थे । निज निज प्रकृति अनुसार॥
जो जिस स्थिति में रहा । फँसा माया के प्रसार॥ ३७७

चौ ॥देखा राम लोग दुखी है भारी । स्नेह इधर उत माया प्रसारी॥
भरत की भक्ति का दिखा प्रतापा । बुद्धिजीवियों भी खोया आपा॥
चितवत सभी जन राम की ओरा । सभी बोलत हो प्रेम बिभोरा॥
भरत की प्रीति विनय सुखदाई । वर्णन करना दिखे कठिनाई॥
भक्ति प्रेम जिनकी लब लेशा । डूबे मुनि गुरु और मिथिलेशा॥
ऐसे भरत की महिमा गाना । नहि जसकरन के बस में दिखाना॥
उनकी भक्ति भाव की किरणें । मेरे हृदय भी लगती हुलसने॥
आपकी महिमा दिखती महाना । किम समझें बुद्धि लघु पड़ जाना॥

दोहा ॥सकुचाई बुद्धि मेरी । नहि वर्णन हुआ भरपूर॥
रुचि मुझे आपकी भक्ति में । शक्ति हो तो करता जरूर॥ ३७८

चौ ॥भरत का यश चंद्रमा समाना । कवि की बुद्धि है चकोरि दिखाना॥
जो टक टकी लगाये आकाशा । उसे चन्द्रमा उदित की आशा॥
वेद भी है असमर्थ दिखाई । भरत स्वभाव बरनन नहि जाई॥
फिर कबि कैसे पहुँच वहाँ पाई । करो क्षमा मेरी मति लघुताई॥
भरत स्वभाव जो कहता सुनाता । सीय राम भक्ति पा जाता॥
भरत के सुमिरैं से मिलें रामा । यदि नहि ऐसा भाग्य हुआ बामा॥
सबकी दशा देख रघुवीरा । भक्त भरत हिय समझे सुधीरा॥
नीतिवान धीर धरम धुरन्दर । सत्य स्नेह व प्रेम समुन्दर॥

दोहा ॥करते पालन नीति का । देश काल धर ध्यान॥
अमृत सम मीठे वचन । बोले श्री कृपा निधान॥ ३७९

चौ ॥वाणी सर्वेश्वर के समाना । हितकारी शशि अमिय दिखाना॥
सुनो भरत धर्म धुरी प्रतीका । लोक वेद नीति ज्ञान के टीका॥
मन क्रम वचन विमल तुम होई । तुम सामान सिर्फ तुम ही जोई॥
इस कुसमय और गुरु के सामने । उचित न गुण लघु भ्रात बताने॥
जानत तुम रघुकुल की रीती । पितु की कीरत सत्य से प्रीती॥
गुरु समाज मर्याद के ज्ञाता । शत्रु मित्र मन तुम्हें है दिखाता॥
सबके कर्म भी तुम पहिचाना । मेरे तुम्हरे धर्म भी जाना॥
सभी भांति मुझे तुम पर भरोसा । फिर भी कहूँ कुछ सुनो तज रोषा॥

दोहा ॥पितु अनुपस्थिति गुरु कृपा । सम्हरी हमारी बात॥
नहीं तो प्रजा परिवार सब । हो जाते बर्बाद॥ ३७९

चौ ॥यदि कुसमय रबि अस्त दिखाई । कहो किसे नहि वह कष्ट पहुँचाई॥
विधि अनहोनी पितु संग कीन्ही । लाज विदेह गुरु रख लीन्ही॥
राज काज धर्म लज्जा प्रतिष्ठा । धन और धाम सभी की स्वरक्षा॥
गुरु प्रभाऊ सब उचित दिखाई । और दिखता परिणाम भलाई॥
समाज सहित हम रछित जोई । इसमें गुरु प्रसाद ही होई॥
आज्ञा मातु पितु गुरु और स्वामी । जो पालन करता है दिखानी॥
धरम धीर वह शेष समाना । जो पृथ्वी धरें जग कल्याना॥
वही तुम करो और मुझसे कराओ । रक्षक सूर्य वंश के दिखाओ॥

दोहा ॥आगे भरत से कह रहे । रघुकुल पति श्री राम॥
साधक को सब प्राप्त हो । आज्ञा पालन भगवान्॥ ३८०

चौ ॥सकल सिद्धि सदगति यश पाता । भक्त जो आज्ञा पाल दिखाता॥
रखो तात मन यही ये बिचारा । सहना पड़े संकट भी अपारा॥
सुखी रखो प्रजा और परिवारा । साधक धर्म सभी यही बिचारा॥
सभी ने विपत्ति मेरी बाँट हैं लीन्ही । चौदह वर्ष कष्ट तुमको है दीन्ही॥
तुम कोमल मुझे सदा दिखाई । पर कठोर ये वियोग सुनायी॥
कारण कुसमय सामने आया । अतः तात अनुचित न दिखाया॥
आफत काल सदा बन्धु सहाई । बज्र घात भी हाथ लिए जाई॥
हाथ पैर नेत्र सेवक समाना । मुख स्वामी सदृश्य दिखाना॥

दोहा ॥स्वामी सेवक मध्य में । दिखती गहरी प्रीति॥
कवि जन देख सराहते । एसी प्रीति की रीति॥ ३८२

चौ ॥रघुवर प्रेम वचन सुन काना । जिम समुद्र मंथन से आना॥
अमिय वचन ये सुने समाजा । हुए शिथिल स्नेह बिराजा॥
समाधिस्त जिम सब हो जाई । चुप भई देख सरस्वती माई॥
हुआ भरत को परम संतोषा । अनुकूल स्वामी से दूर भये दोषा॥
हुए प्रसन्न दुःख दारुण गयऊ । कृपा सरस्वती गूँगे भयऊ॥
पुनः भरत किया प्रभु को प्रणामा । हाथ जोड़ कहा हे भगवाना॥
साथ आपका सब सुख दीन्हा । मिले सब लाभ जन्म जग लीन्हा॥
अब आयुष जो आप मुझे देई । आदर उसको सीस मैं लेई॥

दोहा ॥सहारा मुझे कुछ दीजिये । रत रहूँ जिस दिन रात॥
चौदह वर्ष की अवधि को । मानो पल में बितात॥ ३८३अ

दोहा ॥पादुका अपनी उतारकर । भरत को दीं रघुनाथ॥
॥प्रेम सहित स्वीकार वे । और लगायीं माथ॥ ३८३ब
चौ ॥प्रभु का करन हेतु अभिषेका । जिसमे गुरु आयुष व विवेका॥
सकल तीर्थ जल लेकर आया । क्या करूँ कहो जो उचित दिखाया॥
मेरा मनोरथ प्रभु एक होई । भय संकोच मैं कहा न जोई॥
राम का भरत ने आयुष पाया । स्नेह युक्त निज वचन सुनाया॥
चित्रकूट तीरथ एक पावन । यहाँ के पशु पछी गिरि झर बन॥
जहां जहाँ अंकित आपके चरना । हो आयुष तो चाहूँगा देखना॥
आयुष दे कहा श्री रघुनाथा । अत्रि मुनि को नायउ माथा॥
फिर निर्भय हो कानन बिचरहु । सुन्दरता बन की हिय धरहु॥

दोहा ॥अत्रि ऋषि की कृपा से । यह कानन मंगलदाय॥
अति पावन व सुरम्य यह । दिखती दिव्यता छाय॥ ३८४

चौ ॥आयुष ऋषि जिस जगह का देई । तीर्थ का यह जल थापहु तेई॥
श्री राम के वचन सुहाए । मुनि के चरण भरत सिर नाए॥
राम भरत सुन यह संवादा । देवों का सभी मिटा विषादा॥

स्वार्थी देव सराहना कीन्ही । पुष्प कल्प तरु वर्षा दीन्ही ॥
भरत को धन्यवाद वे दीन्हा । जय जय कार राम की कीन्हा ॥
गुरु वशिष्ठ सभा सह मिथिलेशा । सुनके भरत सभी हर्ष विशेषा ॥
राम भरत का यह प्रेम सनेहा । करते प्रशंसा पुलक हो विदेहा ॥
सेवक स्वामी स्वभाव सुहाना । पावन को करे पावन जाना ॥

दोहा ॥मंत्री सभासदों के सहित । निज निज मत अनुसार ॥
करते सराहना भरत की । सह राघवेन्द्र सरकार ॥ ३८५

चौ ॥यह संवाद भरत और रामा । जो पढ़े वह पाये विश्रामा ॥
दोउ समाज जब इसे सुन पाना । हर्ष विषाद में डूबे दिखाना ॥
भरत की भक्ति ने सुखी सबे कीन्हा । राम वियोग ने दुखी कर दीन्हा ॥
राम मातु कौशल्या रानी । उनको सुख दुःख सम है दिखानी ॥
रघुवर के गुण सबको बताना । दूसरी रानियों धीर बँधाना ॥
कोइ जन राम के गुण को गाई । कोइ करता दिखा भरत बढ़ाई ॥
भरत को अत्रि मुनि ने बताया । गिरि समीप एक कूप दिखाया ॥
पावन गोदावरी नदी होई । त्रिम्बकेश्वर के चरण जो धोई ॥
अंदर ही अंदर वह आकर । इसी कूप में जल दे लाकर ॥
अतः सूख नहि कभी यह कूपा । है अति पावन कूप अनूपा ॥
भरत से कहा तीर्थ जल लेई । बह पवित्र जल कूप में देई ॥

दोहा ॥आज्ञा अत्रि मुनि पाय कर । सभी जल भाजन मँगवाय ॥
साथ शत्रुघन साधु मुनि । कूप अथाह पर आय ॥ ३८६

चौ ॥पावन जल पुण्य कूप में दीन्हा । प्रेम वचन कहे अत्रि प्रवीणा ॥
यह स्थान सिद्धि आदि काला । हुआ लोप काल चक्र विशाला ॥
यहाँ जल युक्त स्थान निहारा । भरत सेवकन कूप सम्हारा ॥
पवित्र तीर्थ जल उसमें राखा । भरत कूप नाम सबने भाखा ॥
किया उपकार समग्र संसारा । अगम धर्म को वे सुगम सचारा ॥
भरत तीर्थ जल किया उसे पावन । स्थल की महिमा दी बढ़ावन ॥
महिमा कूप की सभी जन गावत । फिर रघुनाथ पे थे सब आवत ॥
अत्रि मुनी रघुवीर सुनाया । पुण्य प्रताप तीरथ का बताया ॥

दोहा ॥धर्म कथा प्रेम से कहत । बीती सुख की रात॥
प्रात क्रिया से निबट कर । भरत संग लघु भ्रात॥ ३८७

चौ ॥आयुष लीन्ह, अत्रि, गुरु, रामा । पावन बन चाहें घूमन जाना॥
भरत अनुज समाज के संगा । सादा भेष पियादे अंगा॥
कामद गिरि जहाँ राम का बासा । चले प्रदक्षिणा करन की आशा॥
चरण कमल अति कोमल होई । नंगे पैर चलत वे सोई॥
भूमि वहाँ की जब ये निहारी । भई कोमल वह राम की प्यारी॥
कांकर पत्थर कांटे छिपाई । अपनी कठोरता वह तज जाई॥
सुन्दर कोमल मार्ग बनाये । बड़े सुख दायक जो थे दिखाए॥
देवगण मार्ग में पुष्प वर्षाई । बादल छाया करके दिखाई॥

दोहा ॥वृक्ष लदे फल फूल से । त्रण कोमल थे दिखात॥
पशु पंछी मृदु बोलकर । भरत की सेवा में आत॥ ३८८

चौ ॥सपनेहु में कोई राम बुलाबा । सकल सिद्धियाँ वह पा जाबा॥
भरत तो राम नाम में रमते । यह सब उन्हें बड़ी चीज न दिखते॥
बन में भरत थे चलते जाई । उनके नियम देख मुनि सकुचाई॥
पावन नदी बाबड़ी तालाबा । भूमि के विभिन्न भाग जो दिखाबा॥
पशु, पंछी, वृक्ष, घास, पहारा । तथा बन उपवन जीव सहारा॥
हैं पवित्र सुंदर जो विशेषी । पूछत भरत उन्हें जब देखी॥
यह सुन खुश दिखते ऋषि राया । सबके हेतु नाम पुण्य बताया॥
कहीं स्नान कहीं करते प्रणामा । कहीं दर्शन करें भरत महाना॥
मुनि आयुष से बैठ कभी जाई । सुमिरत सीय राम लघु भाई॥

दोहा ॥भरत स्वभाव सनेह और । सेवा से खुश बनदेव॥
देत आशीष वे मुदित हो । चरण धूल सिर लेव॥ ३८९

चौ ॥बीते ढाई पहर उन्हें चलते । फिर वे श्री राम पे पहुँचते॥
दर्शन सकल तीर्थ के कीन्हा । पांच दिवस वे बिता थे दीन्हा॥
श्री विष्णु शिव चर्चा करते । पांचवें दिन की सांझ थी ढलते॥

प्रात होत सभी किया स्नाना । फिर समाज दोउ जुड़ा दिखाना॥
भरत विप्र और नृप मितिलेशा । दिखते बिराजे वहाँ विशेषा॥
विदाई हेतु शुभ दिन था दिखाया । संकोच सहित राम सबको बताया॥
देखा भरत गुरु और विदेहा । राम सकुचि देख धरनि सनेहा॥

दोहा ॥देख सभा गुरु भरत नृप । सकुचाये श्री राम॥
धरनि ओर ताकन लगे । शीलता उनकी सब जान॥ ३९०

चौ ॥संकोच शीलता राम की देखी । सभी सराहते उनको बिशेखी॥
देख राम रुख भरत सयाना । उठे सप्रेम धर धीर सुजाना॥
हाथ जोड़ वे दण्डवत कीन्हा । कहा रुचि मेरी सब लीन्ह॥
मेरे लिए सहे सब संतापा । पाये भांति-भांति दुःख आपा॥
अब प्रभु अवध को आज्ञा दीजे । सेवा अवधि करूँ कृपा ये कीजे॥
करो उपाय वही हे गोसाईं । करूँ फिर दर्शन नयन बुझायीं॥
हे प्रभु आपके सरस सनेहा । परिजन पुरजन और विदेहा॥
आनन्दित है बरन न जाई । जिसके लिए कोई मोक्ष न चाही॥

दोहा ॥हे प्रभु आप सुजान है । जानत सबकी मन चाह॥
करोगे पालन सभी का । दोऊ तरफ का निबाह॥ ३९१

चौ ॥सब प्रकार मुझे होय भरोसा । किया बिचार नहीं रहा कोई रोषा॥
प्रभु स्नेह और मेरी दीनता । इन दोउ कारण मुझमें ढीठता॥
नाथ दोष दूर करो हमारा । तज संकोच सिखाबो सम्हारा॥
भरत की सुन सब कीन्ह प्रशंसा । बिलग नीर छीर करे जिम हंसा॥
निश्छल दीं‌न भरत के वचना । अनुरूप देश काल प्रभु का ये कहना॥
चिंता परिजन मेरी तुम्हारी । विदेह गुरु ने लीन्ह सम्हारी॥
विश्वामित्र गुरु और मिथिलेशा । इनके होत सपनेहु न कलेशा॥
यही पुरुषार्थ सुजस और धर्मा । हमें पितु आज्ञा पालन करना॥

दोहा ॥पितु इच्छा को पूर्ण कर । उनका आयुष धरें माथ॥
लोक वेद भी यही कहें । हम होंगे इसी से सनाथ॥ ३९२

चौ ॥गुरु पितु मात स्वामि जो कहते । सिरोधार उसको जो करते॥
भूल से यदि वे कुमार्ग पे जाते । वहां पर बचते हुए वे दिखाते॥
अतः सोच सब भ्राता त्यागो । अयोध्या जाय जन सेवा लागो॥
चौदह बरष की अवधि बिताओ । गुरु चरणों को हृदय बैठाओ॥
राज्य कोष परिवार भलाई । सभी जिम्मे गुरु चरण दिखाई॥
चलना मातु और गुरु की सिखाई । प्रजा पालन में होगी भलाई॥
राजा हो सदा मुख के समाना । शरीर अंग सभी एक दिखाना॥
किसी अंग वह भेद न करता । कहीं कष्ट वह तुरंत प्रकटता॥

दोहा ॥राज धर्म का सार यही । भरत को कही श्री राम॥
पर आधार कुछ चाहिए । तभी उन्हें मिले विश्राम॥ ३९३

चौ ॥देख भरत का शील व प्रेमा । मंत्री गुरु समाज भी दिखना॥
सकुचे राम विवश थे दिखाई । पर गुरु का संकोच भी आयी॥
देख बन्धु प्रेम की गहराई । उसके बस रघुनाथ दिखाई॥
उतार खड़ाऊ भरत को दीन्ही । प्रेम से बन्धु शीश धर लीन्ही॥
दोनों चरण पीठ भगवाना । वे रक्षक जिम प्रजा दिखाना॥
प्रेम रतन जो भरत का होई । उसके लिए वे डिब्बा सोई॥
जीव के साधन हित में दिखाना । दोय अक्षर राम नाम भगवाना॥
दो किवाड़ रघुकुल रक्षा के । और दोय हाथ जिम श्रेष्ठ कर्म के॥

दोहा ॥सेवा श्रेष्ठ धर्म हेतु वे । नेत्र दो निर्मल होय॥
मिले आधार दो भरत को । राम सिया जिम सोय॥ ३९४

चौ ॥भरत पादुका पाय सुख सोई । जो सुख राम सिया मिलि होई॥
शीश नाय विदा माँगी भरता । राम ने हृदय लगाये तुरता॥
देख कुअवसर इन्द्र फैलाई । उच्चाटन विद्या वे चलाई॥
पर ऐसा संयोग दिखाई । अवध वासियों भला हो जाई॥
नहीं तो राम सिया का वियोगा । होता परिजनों मृत्यु संयोगा॥
अतः इन्द्र ने कीन्ह जो करनी । उसमें इच्छा राम की दिखनी॥
भुजा पसार भरत मिले भ्राता । राम प्रेम रस कहा न जाता॥
तन मन वचन भरा अति प्रेमा । धीर धुरीन राम बहें नैना॥

दोहा ॥कमल नयन प्रभु राम के । दिखे प्रेम भर नीर॥
उनको देख सभी सभा सद । उस छण भये गमनीन॥ ३९५

चौ ॥गुरु वशिष्ठ मुनि और मिथिलेशा । ज्ञान अग्नि जो तपे विशेषा॥
जिन्हें ब्रह्म निर्लिप्त बनाया । जल पे कमल समान दिखाया॥
देख के भरत राम का प्रेमा । तन मन वचन प्रेम डूब दिखना॥
प्रेम जो जनक व गुरु को हिराया । वह लौकिक नहि पड़ता दिखाया॥
राम भरत प्रेम वर्णन कीन्हा । कवि को कठोर समझ लोग लीन्हा॥
रस संकोच न बरनय जाई । जिससे कवि बानी सकुचाई॥
भेंट भरत प्रभु उन्हें समझाया । फिर शत्रुघन को हृदय लगाया॥
सेवक सचिव रुख भरत का पाया । सब अपने कार्यों लग जाया॥

दोहा ॥दोनों समाजों ने सुना । विदा होंगे रघुनाथ॥
दुःख दारुण था छा गाया । अब छूटेगा प्रभु साथ॥ ३९६

चौ ॥नाय चरण प्रभु को दोउ भ्राता । चले राम आयुष ले साथा॥
मुनि तपस्वी और बन देवा । सबका कर सम्मान व सेवा॥
भेंट लखन से किया प्रणामा । फिर सिय पद रज सिर से लगाना॥
सबके मंगल आशिष लीन्हा । प्रेम सहित फिर सब चल दीन्हा॥
जनक के चरण नाय राम लखना । भूर प्रशंसा उनकी वे करना॥
कहा मेरे हित दुःख तुम पाये । समाज सहित यहाँ बन में आये॥
दे आशीष करो पुर को गमना । फिर तैयार नृप घर को चलना॥
विप्र मुनी साधू सम्माना । विष्णु शिव सम उनको माना॥

दोहा ॥राम लखन गये सासु ढिंग । आशीष चरण नाय लीन्ह॥
बाम देव विश्वामित्र सह । पुरजन परिजन विदा कीन्ह॥ ३९७

चौ ॥विनय यथा योग्य सबसे कीन्हा । राम लखन सबे विदा कर दीन्हा॥
छोटे बड़े मध्यम नर नारी । राम ने किया सम्मान सम्हारी॥
मातु ककैयी की कीन्ह वंदना । शुचि सनेह से उनसे भेंटना॥
सोच सकुचि सभी मिटा वे दीन्हा । पालकी बैठा विदा उन्हें कीन्हा॥

पति संग सीता सबको भेंटती । मातु पिता परिवार से मिलती॥
मिलि सब सासुओं कीन्ह प्रणामा । प्रेम न वर्णन बनते दिखाना॥
उनकी सीख और लिया आशीषा । मिला दोउ तरफ से प्रेम विशेषा॥
पालकीं प्रभु सुंदर सजबायीं । आश्वासन दे के मातु बैठाईं॥

दोहा ॥मिल जुल कर दोउ बन्धु ने । स्नेह से पहुँचाई मात॥
बाहन गज घोड़े सहित । बिदा किये रघु नाथ॥ ३९८

चौ ॥हृदय में रख लक्ष्मण सिय रामा । चले जात नहि मन विश्रामा॥
पशु घोड़े गज दुखी दिखाते । पर बस मन ले चलते जाते॥
गुरु गुरु पत्नी की कीन्ह बंदना । राम लखन सिय उनको भेंटना॥
प्रेम से फिर विदा किये निषादा । चला घर ले वह खुशी विषादा॥
कोल करात भील बनवासी । बिदा लेकर चले होके उदासी॥
राम लखन सिय बैठ बट छाया । दुखी प्रिय जन के वियोग दिखाया॥
भरत स्वभाव प्रेम सनी बानी । अनुज सहित याद राम को आनी॥
प्रेम के बस हो कृपानिधाना । भरत प्रीति श्री मुख से बखाना॥

दोहा ॥सभी पशु पंछी मत्स्य तब । देख राम प्रेम डूब॥
जड़ चेतन भी वहाँ के । होते दिखे अभिभूत॥ ३९९

चौ ॥ऐसी दशा देख रघुवर की । देव गण कीन्ही वर्षा पुष्प की॥
देव गण अपनी पीड़ा सुनायी । सबको भरोसा दिया रघुराई॥
अनुशाशन जब प्रभु से पाया । देवता निज निज घर को जाया॥
बैठे कुटीर अनुज सिय रामा । भगत ज्ञान बैराग्य समाना॥
मुनी गुरु विप्र और मिथिलेशा । राम बिरह बिहबल है विशेषा॥
प्रभु के गुण मन ही मन जपते । अपने मार्ग चुप चाप थे चलते॥
पहले दिन यमुना हुए पारा । बिनु भोजन के दिन गया सारा॥
गंगा उतर दूसरा वासा । श्रंगवेरपुर किया निवासा॥

दोहा ॥निषाद राज सखा राम के । सबका प्रबंध थे कीन्ह॥
भोजनादि व सुबास सब । यथा उचित वे दीन्ह॥ ४००

चौ ॥तीसरे दिन सई नदी हुए पारा । स्नान गोमती किये सम्हारा॥
चौथे दिवस अयोध्या पहुँचना । जनक चार दिन राज्य देखना॥
सचिव भरत को राज सौंपना । करके व्यवस्था मिथिला को चलना॥
वशिष्ठ गुरु आज्ञा सिर धारी । सुखी अवध के नर और नारी॥
मिलें दरश लक्ष्मण सिय रामा । उपवास करत सभी अवध दिखाना॥
भूषण भोग सुख त्याग वे दीन्हा । चौदह वर्ष बीतें आस ये कीन्हा॥
कर्मचारी मंत्रियों सिखाया । भरत ने राज काज समझाया॥
भरत प्रबोध सभी को भाया । निज निज कार्य में सब लग जाया॥

दोहा ॥बुला अनुज रिपुसूदनहि । सकल मातु सेवा दीन्ह॥
कर प्रणाम कर जोर कर । विद्वान विप्र बुला लीन्ह॥ ४०१

चौ ॥अच्छा बुरा छोटा बड़ा जो काजा । दें आज्ञा मुझे त्याग के लाजा॥
भरत बोलाए बन्धु पुरवासी । मिटाईं समस्या वे दिखे हुलासी॥
अनुज सहित वे गुरु ग्रह आये । करके दण्डवत उन्हें बतलाये॥
आज्ञा हो तो मैं पालूँ नियमा । पुलक शरीर हो गुरु थे कहना॥
भरत जो तुम अब कहोगे करोगे । धर्म सार के रूप दिखोगे॥
पालन यह जग उसका करेगा । और तुम्हें अपना गुरु मानेगा॥
गुरु से सुन यह शुभ आशीषा । भरत ज्योत्सी बुलाये बिशेशा॥
शुभ घड़ी उनसे शोध छटवाई । पादुका सिंघासन बैठाई॥

दोहा ॥राम मातु को नाय सिर । आज्ञा पादुका से लीन्ह॥
नंदीग्राम कुटिया बना । निवास को वहाँ चल दीन्ह॥ ४०२

चौ ॥जटाजूट सिर पर वे सम्हारे । तन पर मुनि पट सहज वे धारे॥
पृथ्वी खोद बैठक वे बनाया । कुश की आसनी उस पे बिछाया॥
भोजन वस्त्र बर्तन व्रत नियमा । ऋषि धरम पालन लगे करना॥
गहने कपड़े भोग सुख नाना । त्यागे त्रण सम वचन ये ठाना॥
अयोध्या राज जिसे इन्द्र ललचाई । देख सम्पत्ति यहाँ कुबेर लजाई॥
अनाशक्ति वहाँ भरत निबासा । चंपा बाग जिम भौंरा सुबासा॥
या श्री राम जो भक्त महाना । भोग ऐश्वर्य बमन सा दिखाना॥
भरत राम प्रेम भाजन जोई । भोग त्याग बड़ी बात न होई॥

दोहा ॥पृथ्वी जल चातक तजे । शक्ति हंस की जोय॥
नीर-क्षीर भेदन करे । सराहना करें सब कोय॥ ४०४

चौ ॥व्रत और नियम भरत जो करते । दुर्बल देह भरत थे दिखते॥
दुर्बलता से तेज होय छीना । पर बल मुख छवि घटे न प्रवीणा॥
राम प्रेम प्रण नित्य वे करते । बढ़े धर्म व प्रसन्न सदा दिखते॥
आबे शरद ऋतु जल घट होई । बिकसे कमल बैंत अति सोई॥
सम दम सैयम नियम उपबासा । तारा गण हिय भरत आकाशा॥
राम में उन्हें अटल विश्वासा । अवधि पार मिलें इसकी आशा॥
प्रभु मूरत स्मृति का प्रकाशा । आकाश गंगा पूर्णिमा का हुलाषा॥
राम प्रेम है अटल व अदोषा । जिम पूर्णिमा चाँद बिनु दोषा॥

दोहा ॥नक्षत्रों बीच जिम चाँद दिख । राम प्रेम संसार॥
दोष रहित सुंदर सदा । नहि घटे इसका आकार॥ ४०५

चौ ॥भरत की समझ भगति गुण करनी । उनके बैराग्य ऐश्वर्य व रहनी॥
लिखने में सभी कवि सकुचाई । नहि सके शेष गिरा भी बतायी॥
भरत पूज प्रभु पादुका प्रेमा । है उनका यह नित प्रति नेमा॥
करत राज आयुष उन पाई । हृदय न उनके प्रीति समाई॥
उनके हृदय बसें सिय रघुबीरा । जपें राम नेत्रों बहे नीरा॥
बन में बसत लखन सिय रामा । करत भरत हिय वे विश्रामा॥
जो जानत दोउ तरफ की ओरा । भरत सराहत होके बिभोरा॥
देख भरत के व्रत और नेमा । सकुचे साधु बढ़ा भरत से प्रेमा॥

दोहा ॥भरत चरित्र सुख दाई है । मंगल सुंदर सुपुनीत॥
कलि के नष्ट कलेश सब । मोह मिट देत बिनीति॥ ४०६

चौ ॥बड़े बलशाली पाप जो होई । मिटते सब जपे भरत को जोई॥
भक्तों को आनंद ये देई । जगत के दुःख सब यह हर लेई॥

छंद॥नहि होत यदि श्री भरत जी, जो राम रस अमृत भरे॥
यम नियम सम दम व्रतों को, नहि जान जो मुनि तप खरे॥
दिया ज्ञान उनका भरत ने, जिससे मिटे दम दाह दुःख॥
दी राम की भक्ति सरल, और यश तथा जग के ये सुख॥

चौ ॥भरत चरित्र जो नियम से गाता । कलियुग के सब कष्ट मिटाता॥
राम के चरण प्रेम बढ़ जायी । अनुभव कर जसकरन बतायी॥

ऋषि मिलन सोपान

छंद॥बट वृक्ष जो है धर्म का, आधार उसके शिव बनें॥
आनन्द देते चन्द्र सम, बुद्धि का सागर तर करें॥
बैराग्य रूपी कमल ये, खिल जात है शिव सूर्य से॥
सभी पापों के अन्धकार मिट, उगता है जब ये हृदय से॥

छंद॥हरते है तीनो ताप शिव, मोह बादलों छिन्न भिन्न करें॥
लाते वे सबको मार्ग पर, मद मोह माया जो भरे॥
है इष्ट जिनके राम जी, अवतार जो है ब्रह्म के॥
उनको है जपते शिव सदा, हटते न उनके ध्यान से॥

छंद॥श्री रामचन्द्र दयाल प्रभु, जो शिव के हिय है बिराजते॥
मैं ध्यान उनका कर रहा, क्यों मेरे दुःख नहि टारते॥
है वर्ण जिनका श्यामला, मुस्कान मुख पर धारते॥
तन शोभता पीताम्बरा, और बाण धनु कर शोभते॥

छंद॥प्रभु राम कृपाला, दींन दयाला, शिव के मन मंदिर बसते॥
काग भुशुण्डि जी गाया, तुलसी बताया, कलि के सब दुःख हो हरते॥
नेत्र कमल समाना, जटा जूट बनाना, विशाल नेत्र जिनके दिखते॥
सिय बायें शोभती, अति शुभ दिखती, हनुमत सेवा उनकी करते॥

दोहा ॥जटा जूट सिर शोभते । नयन है कमल समान॥
सेवा में सिय लखन हैं । करता हूँ उनको प्रणाम॥ १

चौ ॥राम के गुण अति गूढ़ दिखाई । उनको समझ बैराग्य हो जाई॥
पर जो बिमुख राम के होई । माया मोह फसते हैं वो ही॥
भरत प्रीति और सब व्यवहारा । गाया यहाँ मैं मति अनुसारा॥
अब प्रभु चरित सुनो मन लाई । सुर नर मुनियों हित जो दिखाई॥
एक दिन प्रभु लीला ये दिखाई । कर कमलों पुष्प गहनें बनायी॥
सिय को प्रेम सहित पहराये । दोउ फिर फटिक शिला पे सुहाए॥
इंद्र का मूर्ख पुत्र जो जयंता । काग भेष धर आया तुरंता॥
प्रभु लीला वह समझ न पाई । राम का बल देखन वह चाही॥

दोहा ॥मूर्ख सोचता राम को । ये दिखें न ब्रह्म अवतार॥
ऋषि मुनि जन के सामने । पत्नी का करें सिंघार॥ २

चौ ॥जैसे कोई एक चीटी समाना । सागर थाह लेन को आना॥
अपनी चोंच मार सिय चरना । मंदमति काग वहाँ से उड़ना॥
सिय के चरण रक्त बह दिखना । सींक को प्रभु ब्रह्मास्त्र बदलना॥
मेरे प्रभु कोमल रघुवीरा । दीनों पर कृपा करते सुधीरा॥
उनके संग छल मूर्ख ने कीन्हा । फिर भी प्राण दण्ड प्रभु नहि दीन्हा॥
ब्रह्मास्त्र काग के पीछे चलता । भागत काग भय कारण कंपता॥
अपना रूप धर इन्द्र पे जाया । राम शत्रु जान उनने भगाया॥
हो निराश ब्रह्मा पर आया । उनने शिव के पास पहुँचाया॥

दोहा ॥फिरा श्रमित व्याकुल हुआ । भय और तरस सताय॥
जिम दुर्वाषा भागते । विष्णु का चक्र डराय॥ ३

चौ ॥सभी लोकों में काग पहुँचता । नहि कोई उसकी मदद था करता॥
श्री राम का दोषी जो होई । मदद दूर बैठ कहे न कोई॥
मातु मृत्यु सम पितु यम जैसे । अमृत भी लगे विष सम वैसे॥
मित्र बने उसे शत्रु समाना । गंगा उसे यम नदी दिखाना॥
देखा बिकल इन्द्र सुत नारद । कोमल हृदय दया लगी सादर॥
ऋषि पठवा उसे राम के पासा । कहा त्राहिमाम शरण की आशा॥
प्रभुता बल मैं जान न पाई । मंद बुद्धि मैं पड़ा दिखाई॥
अपनी करनी फल मैं पाया । अब प्रभु आपकी शरण मैं आया॥

दोहा ॥प्रभु पुकार उसकी सुनी । एक नयन कर दीन्ह॥
यद्यपि वध के योग्य था । पर प्रभु दया थे कीन्ह॥ ४

चौ ॥जयंत कीन्ह बिनती बहु भांती । एक वरदान दीन्ह प्रभु जांचीं॥
जब जब पितृ पछ आयेगा । पितरों हेतु भोग पायेगा॥
तुम्हरे ही माध्यम के द्वारा । पितर तृप्ति पायेंगे उदारा॥
बसते चित्रकूट भगवाना । चरित प्रभु करि सुख दें ना ना॥

श्री राम एक दिन ये बिचारा । पहिचाना हमें सभी यहाँ उदारा॥
यहाँ भीड़ अब हो रही भारी । जो बनवास शर्त को उजारी॥
लगभग ग्यारह वर्ष श्री रामा । बास चित्रकूट किया भगवाना॥
सभी मुनियों से विदा वे लीन्हा । तीनों दक्षिण दिश चल दीन्हा॥
कामद गिरि से पांच कोस चलते । आश्रम अत्रि अनुसुइया पहुँचते॥

दोहा ॥सुना आगमन राम का । मुनि अति खुश हो जाय॥
प्रभु को लेंन वे दौड़ते । आतुर प्रभु भी थे दिखाय॥ ५

चौ ॥अत्रि ऋषि ने दण्डवत कीन्हा । प्रभु ने उठा उन्हें हिय से लीन्हा॥
दर्शन से शीतल अत्रि नैना । आश्रम लाय आसन उन्हें दीन्हा॥
पूजत चरण लखन सिय रामा । ऋषि की खुशियाँ न दिखती समाना॥
कन्द मूल फल ऋषि थे भेटते । प्रेम सहित प्रभु उनको गृहणते॥
ऋषि बैठाए कृपा निधाना । करें स्तुति नैनन जल आना॥

छंद॥हें राम शील शोभनम । कल्याण विश्व देखनम॥
मैं आपको करता नमन । करबद्ध हो करता भजन॥
निष्काम भाव पूजनम । श्रद्धा सुमन अर्पितम॥
भेष श्याम सुन्दरम । मद लोभ दोष मोचनम॥
नेत्र सुन्दर कमल सम । विशाल बाहु शोभतं॥
ऐश्वर्य सभी दायकम । धनु बाण तरकस धारतम॥
भानु वंश भूषणं । ऋषि मुनियों मन रंजनम॥
असुरों वंश नासनम । देव कार्य साधनम॥४
शिव के इष्ट शोभनम । संत जिनको पूजनम॥
त्रिदेव भी है सेबतम । अवतार पति कह बंदनम॥५
छीर सागर कर शयन । लक्ष्मी पंख हैं ढलम॥
सभी देव करें प्रार्थनम । देखते है जब अधम॥६
तब लेते हो अवतार तुम । और धारते महि धरम॥
कामादि दोष विनाशकम । वरदान भक्ति दायकम॥७
बसते जो एकांतम । आपको है ध्यायतम॥
जो इंद्रियाँ बस में करन । गति उन को आप दायकम॥८

श्याम गौर वर्णनम । राम लखन शोभनम ॥
बीच सिया दर्शनम । पूजते है जसकरन ॥ ९
ज्ञान और बैराग्य जिम । भक्ति संग बिराजतं ॥
देते सबको दर्शनम । झुकता उनको नेत्र नम ॥ १०
है अद्वितीय सुन्दरम । तीनों लोक नायकम ॥
राम सीता बल्लभम । सेबें देव मनुजम ॥ ११
करो मम क्ल्यायणम । विश्राम कर मेरे हियम ॥
स्तुति जो यह ध्याकम । दुःख उनके बिनासनम ॥ १२

दोहा ॥अत्रि मुनि विनती करी । कर जोर के बारंबार ॥
हे प्रभु मेरी मति सदा । नहि छोड़े चरण तुम्हार ॥ ६

चौ ॥पत्नी अत्रि अनुसुइया माता । पतिव्रता यह जग को ज्ञाता ॥
पतिव्रत बल से ही वह लाई । मन्दाकिनी चित्रकूट दिखाई ॥
एक बार ब्रह्मा विष्णु महेशा । सती परीक्षा लेन की इच्छा ॥
माँ सती ने निज तेज सम्हारा । बने त्रिदेव शिशु अति लाचारा ॥
फिर त्रिदेवियों विनती कीन्हा । सति ने त्रिदेव बना पुनि दीन्हा ॥
सीता उसी माँ सती पें आयीं । हो विनम्र उन्हें शीश नवायीं ॥
अनुसुइया अति खुशी दिखाती । दे आशीष निकट बैठाती ॥
दिब्य आभूषण सिया को दीन्हे । जो रहें सदा निर्मल व नवीने ॥
अत्रि पत्नी सीख सिया को देती । नारी धर्म बता पुण्य वह लेती ॥
सती लेती सीता का बहाना । पर बह चाहती जग को बताना ॥

दोहा ॥स्त्री के पितु मात बन्धु । रहते है हितकार ॥
पर उनकी सीमा दिखे । पति सुख सीमा पार ॥ ७

चौ ॥पति सुख सदा मोक्ष का द्वारा । नीच वह स्त्री न सेबि उदारा ॥
जब कोई संकट व्यक्ति पे आयी । धैर्य धर्म मित्र नारि सहाई ॥
होय पति चाहे बृद्ध जड़ रोगी । अन्ध गरीब बधिर दींन क्रोधी ॥
भले ये दोष पति में है दिखयी । फिर भी पूज्य नीय सदा रहई ॥
पत्नी अगर करे पति अपमाना । पाती दुःख फिर नरक को जाना ॥

स्त्री धर्म और व्रत यही सोई । करती प्रेम बस पति से जोई॥
पत्नी जग में चार प्रकारा । कहते पुराण वेद ये सचारा॥
पत्नी वही है सबसे महाना । जिसे सपनेहु पर पुरुष न आना॥

दोहा ॥मध्यम श्रेणी वह रहे । जिनको पर पुरुष दिखाए॥
जैसे पिता पुत्र भ्रात वे । अपना पन उनमें जताए॥ ८

चौ ॥धर्म बिचार और कुल मर्यादा । इनके डर न जो बढ़ती ज्यादा॥
वेद ने उन्हें निकृष्टि बताया । बीच की श्रेणी में रखवाया॥
जिस स्त्री को भय है दिखायी । अथवा जो मौका नहि पाई॥
इस कारण पतिव्रता रह पाई । अधम नारि यह स्त्री कहाई॥
धोखा पति, रति पर पति करई । सैकड़ों कलप नरक वह पहई॥
उस समान दुष्ट जग नहीं कोई । पछताय बाद जीवन भर रोई॥
सभी पुण्य दिए उसने गमाई । पर गलती उसे थोड़ी दिखाई॥
छोड़ के सब छल पति व्रत करई । बिना श्रम किये वह प्रभु पद लहई॥

दोहा ॥प्रतिकूल पति जो नारि चल । जब दूसरा जनम ले आय॥
विधवा वह होती दिखे । जब वह जबानी पाय॥ ९

चौ ॥सहज लोग तप करते भारी । तब प्रभु पद पाते है अगारी॥
पर स्त्री केवल पति पूजा । पाती प्रभु पद कर्म न दूजा॥
सभी वेद व पुराण है गाई । पति पूज वृंदा गति पाई॥
आज भी प्रभु यदि तुलसी न होई । नहि स्वीकारते भोग दे कोई॥
स्त्रियों पर प्रभु कृपा हमेशा । करते ज्यादा दिखते विशेषा॥
सृजन की वे साक्षात् प्रतीका । यही गुण प्रभु को लगता नीका॥
सीता तुम तो पतिव्रता रहई । मैंने ये तो जगत हित कहई॥
तुम्हें तो राम जी प्राणन प्यारे । अपने हृदय में है बैठारे॥
स्त्रियाँ लेकर नाम तुम्हारा । करेंगी पतिव्रत से उद्धारा॥
सुन ये बातें सिया हर्षायीं । अनुसुइया के चरण झुकायीं॥

दोहा ॥अब प्रभु मुनि से पूछते । आज्ञा दें मुनिनाथ॥
तो मैं करना चहत हूँ । दुसरे बन प्रस्थान॥ १०

चौ ॥कृपा दृष्टि मुनि मुझ पर रखना । स्नेह युक्त प्रेम कभी न तजना॥
धरम धुरीन राम के बचना । सुन करके मुनि का ये कहना॥
शिव और सनकादिक मुनि ज्ञानी । जिनकी कृपा चाहत न अघानी॥
वे प्रभु दीन बन्धु भगवाना । बोलत ऐसे मधुर सुजाना॥
उनकी ऐसी मधुर जो बानी । माता लक्ष्मी ने पहिचानी॥
तजकर सभी देव आपको बरती । और दिन रात आपको सेविती॥
नहि कोई दिखता जिनके समाना । मधुर वचन ऐसे वही कह पाना॥
आप समान न कोई महाना । अन्तर्यामी आप भगवाना॥

दोहा ॥मुनिवर इतना ही कहा । हुए पुलकित वे दिखात॥
कुछ आगे नहि कहत बन । नैनों में नीर बहात॥ ११

चौ ॥बचन ये कह मुनि प्रभु को बिलोका । प्रेम अश्रु राम रुकते न रोका॥

छंद॥मुनि प्रेम से अश्रु बहत, प्रभु के कमल मुख देखते॥
क्या तप हैं हम ऐसे किये, बहु भांति मन वे सोचते॥
जिससे हमें मन ज्ञान गुण, और इंद्रियों से जो परे॥
उनके करत मैं दरश हूँ, जो मिलत है जप तप करे॥

चौ ॥राम चरित पावन सुख मूला । हरता है कलि के सब शूला॥
प्रेम सहित करे इसका पाना । राम कृपा सब सुख मिल जाना॥
ये कलियुग जहाँ पाप दिखाई । जप तप योग न कोई कर पाई॥
तज सभी आस जपत जो रामा । जीव वह सदा है चतुर दिखाना॥
राम ने मुनि को शीश नमाया । लीन्ह विदा वहाँ से रघुराया॥
चले आगे सुर नर भगवाना । पीछे पीछे लक्ष्मण आना॥
दोउ जन दिखते मुनि के भेशा । सुन्दरता कह सके न शेषा॥
मध्य में माता सीता शोभाया । जैसे जीव और ब्रह्म बीच माया॥

दोहा ॥दंडक बन में राम जी । अब कीन्हा था प्रवेश॥
आज की स्थिति फैलता । भारत के पांच प्रदेश॥ १२

चौ ॥उत्तरप्रदेश व मध्य प्रदेशा । उढ़ीसा, महाराष्ट्र, आंध्रा विशेषा॥
दुर्गम घाट पर्वत बन नदियाँ । प्रभु पहिचान मार्ग दें बादियाँ॥
चलते वे दक्षिण की ओरा । जहां दण्डक बन दिखे घन घोरा॥
तीनों जिस मारग से जाते । बादल छाया करते दिखाते॥
अत्रि आश्रम से चले कुछ दूरी । मिला बिराध मुनियों का कसूरी॥
सम्मुख देख प्रभु बध कर दीन्हा । मरत ही उसने दिव्य रूप लीन्हा॥
दींन दुखारी प्रभु उसे जाना । मुक्ति दे निज धाम भिजाना॥
अब आगे चले श्री भगवाना । दक्षिण दिश में बढ़ते जाना॥

दोहा ॥सात कोस आगे बढ़े । दिखा आश्रम सरभंग॥
प्रभु की बाट मुनि जोहते । वे आये लखन सिय संग॥ १३

चौ ॥मुनि कहा सुनो हे कृपानिधाना । हे प्रभु हे शिव के भगवाना॥
जाना चाहता था ब्रह्मलोका । सुना प्रभु आये हरन मुनि शोका॥
किया दिन रात राम इंतजारा । मिले दरश आज खुशी न सम्हारा॥
दींन हीन मैं कुछ नहि जानूँ । केवल आपकी कृपा पहिचानूँ॥
आपका प्रण भक्तन सुख देना । मेरी चाह नहि और कुछ लेना॥
अब ये देह तज मिलूँ मैं प्रभु से । तब लग रुको यहाँ विनय आपसे॥
जप तप योग व्रत किये जो मुनीशा । अर्पित किये चरण निज ईशा॥
माँगा राम से भक्ति वरदाना । मोछ मुनि को तुच्छ ही दिखाना॥

दोहा ॥फिर मुनि चिता बनाय कर । बैठे उस पर तज मोह॥
लखन राम सिय हृदय धर । किया जिनका अभी तक जोह॥ १४

चौ ॥अंतिम क्षण माँगा भगवाना । बसहु हृदय मेरे श्री रामा॥
मेघ सामान नील तन श्यामा । करो मेरे मन में बिश्रामा॥
योग के द्वारा अग्नि प्रकटती । काया मुनि की चिता में जलती॥
सूक्ष्म रूप मुनि ने था लयऊ । राम कृपा बैकुंठ को गयऊ॥
पहलेहि मुनी ने भक्ति वर लीन्हा । नहि निर्वाण वे इच्छा कीन्हा॥
दुर्लभ गति मुनि ने थी पाई । देख के सभी मुनि वृंद हर्षाई॥
स्तुति करत मुनी कर जोरा । जय जय जय रघुवंश किशोरा॥
सतना जिला आश्रम सरभंगा । मध्य प्रदेश में पड़ता चुनिन्दा॥

दोहा ॥आगे रघुवर चल दिए । मुनि गण साथ दिखाएँ॥
देखा हड्डियों ढेर वहाँ । पूछे प्रभु मुनि थे बताएँ॥ १५

चौ ॥अन्तर्यामी आप भगवाना । क्या छिप सकता आपको रामा॥
मुनियों को निसिचर खा लीन्हा । अस्थि ढेर यह उन्ही का प्रवीणा॥
यह सुन राम नयन भर आये । ऋषि मुनि हित ही प्रभु यहाँ दिखाए॥
देख दृश्य प्रण किये श्री रामा । निसिचर हीन कर मही मैं दिखाना॥
अब मैं सब ऋषियों ढिंग जाऊँ । असुर मार सुख उनको दिलाऊँ॥
तीन कोस आगे बढ़े रामा । सुतीक्षण ऋषि का आश्रम आना॥
मुनि अगस्त्य के शिष्य महाना । रति सदा रहें राम भगवाना॥

दोहा ॥मन क्रम वचन वे लीन रहें । अपने प्रभु राम के ध्यान॥
सदा भरोसा उन्हीं में । दूसरा न कोई आन॥ १६

चौ ॥सुना ऋषि ने मेरे प्रभु आये । तुरत मुनी लेने उन्हें धाये॥
हें प्रभु दींन बन्धु रघुराया । मो समान दुष्ट पर की दाया॥
क्या प्रभु लखन सहित सीता माई । कृपा करेंगे अन्य भक्त नायी॥
भक्ति बैराग्य ज्ञान नहि जाना । अतःविश्वास दृढ़ मुझे न हो पाना॥
नहि कीन्हा जप यज्ञ तप योगा । नही प्रभु चरण कमल संयोगा॥
मैं प्रभु का बस यह प्रण जाना । जिसका नहि कोइ प्रभु उसे माना॥
नेत्र सफल करूँ दरश तुम्हारे । जो भव बंधन मोचन हारे॥
मुनिवर प्रेम में मगन दिखाए । उमा दशा मुनि कही न जाए॥

दोहा ॥कौन दिशा सब भूल मुनि । रास्ता भी उन्हें न सूझ॥
कौन वे है कहाँ जा रहे । नृत्य करें कभी गूँज॥ १७

चौ ॥प्रगाढ़ भक्ति मुनि की थी दिखाई । वृक्ष ओट देखत रघुराई॥
मुनि की प्रीति देख रघुनाथा । प्रकटे उनके हृदय श्री नाथा॥
बीच मार्ग बैठे मुनि धीरा । पुलकित हो रोमांच शरीरा॥
फिर सम्मुख आये भगवाना । भक्त प्रेम देख खुश हो जाना॥
मुनि समाधिस्थ राम जगाई । दर्शन रत हिय मुनि न सुनायी॥

हृदय में राम रूप को छिपाया । स्वरूप चतुर्भुज प्रभु ने दिखाया॥
इष्टि रूप गुम मुनि अकुलाये । जिम बिनु मणि फनिधर हो जाये॥
नेत्र खोल देख आगे रामा । सीता लखन सहित भगवाना॥

दोहा ॥प्रेम विभोर हो मुनिवर । लकुट दण्डवत कीन्ह॥
प्रेम सहित निज बांह में । मुनि को राम ने लीन्ह॥ १८

चौ ॥मुनि से मिलत शोभे रघुराई । जिम तमाल स्वर्ण वृक्ष लपटाई॥
राम को मुनि रहे ऐसे निहारी । चित्र लिखे से दिखत सम्हारी॥
फिर मुनि धीर हृदय निज धरयु । बार बार प्रभु चरण में पड्यु॥
प्रभु को निज आश्रम ले आना । पूजा कर अति खुशी मनाना॥
पूछत मुनिवर करके विनीता । किस विधि स्तुति करूँ मैं सप्रीता॥
आपकी महिमा अपरम्पारा । जिम जुगनू दिखे रवि को सम्हारा॥
नील बदन हे प्रभु घनश्यामा । मुकुट जटा जूट शोभित आना॥
बल्कल वस्त्र मुनियों के धारे । धनुष बाण कर कमल सम्हारे॥

दोहा ॥कमर कसा तूणीर दिख । शोभा बरन न जात॥
आपको सिय सौमित्र संग । मै हूँ शीश झुकात॥ १९

चौ ॥मोह रूप घना बन जो दिखायी । उसको शमन हेतु रूप ये बनायी॥
संत कमल सम बन जो दिखाना । आप सूर्य सम कमल खिलाना॥
गज के रूप राक्षस जो बिचरहीं । सिंह रूप तुम उनको हनहीं॥
आवागमन जग खग के समाना । उसे हनते जिम बाज है आना॥

छंद॥है नेत्र जिनके कमल सम, वे लाल सुंदर शोभयी॥
सीता नयन जो चकोर इम, खिल जात प्रभु जब देखयी॥
शिव के हृदय बिचरत सदा, जिम हंस कोई घूमयी॥
कोमल है हिय जिनका दिखे, और बाहु लम्बी सुख दयी॥

दोहा ॥संशय रूपी सर्प को । जो डसते गरुण समान॥
कठोर वचन से विषाद जो । उसे हरते श्री राम॥ २०

चौ ॥आवागमन जो इस संसारा । मिटता आपके नाम सहारा॥
देते देवों को आनंदा । प्रभु सब जीवों के सुख कंदा॥
आप ही निर्गुण सगुन दिखाई । विषम और सम रूप हो जाई॥
ज्ञान बानी इंद्रियों अतीता । दोष रहित निर्मल गोतीता॥
पृथ्वी भार हरत हे अनंता । करूँ प्रणाम राम भगवंता॥
भक्तों को कल्प वृक्ष समाना । काम क्रोध मद लोभ नसाना॥
हो अति चतुर सेतु संसारा । रघुकुल ध्वजा प्राण आधारा॥
भुजाएँ आपकी बड़ी बलसाली । बल के धाम शीलता निराली॥

दोहा ॥कलि के पाप हो नासते । धर्म के रक्षक आप॥
आनंद देते सभी को । हरते सबके ताप॥ २१

चौ ॥सर्ब ब्यापी अबिनासी रामा । सबके हृदय करत बिश्रामा॥
अनुज संग सिय हे रघुनाथा । बसहु हृदय मेरे प्रेम के साथा॥
घूमत बन जो रूप दिखाई । यही रूप मन बसों रघुराई॥
निर्गुण सगुण और अन्तर्यामी । मेरे कुछ ये समझ न आनी॥
कमल नयन कौशल पति रामा । बसहु हृदय मम यही मैं जाना॥
है इस बात मुझे अभिमाना । स्वामी आप मैं दास हूँ जाना॥
सुन मुनि वचन राम हर्षाये । प्रेम से उन को गले लगाये॥
प्रेमाकुल मुनि गिरे प्रभु चरना । बड भागी मुनि निज को समझना॥

दोहा ॥करत दण्डवत मुनीवर । प्रभु निज बांह पसार॥
मुनि को उनमें ले लिया । प्रेम न दिखा सम्हार॥ २२

चौ ॥कहा प्रभु अति प्रसन्न मैं होई । माँगो वर चाहत तुम जोई॥
मुनि कहा कबहूँ न लिया वरदाना । क्या अच्छा क्या बुरा न जाना॥
हे प्रभु आप जो उचित दिखाई । दीजे हमें वही जो सुखदाई॥
अविरल भगति का दिया वरदाना । बनों तात गुण ज्ञान की खाना॥
प्रभु जो दिया सो सिर धर लीन्हा । अब दीजे हमें जो मैं चीन्हा॥
लखन जानकी संग रघुनाथा । बसहु हृदय धनु बाण के साथा॥
हो निष्काम मेरे हिय आकाशा । चंद्रमा सम हो आपका निवासा॥
एवमस्तु कह कृपा निधाना । अगस्त ऋषि तन चले भगवाना॥

दोहा ॥ऋषि सुतीक्षण कह रहे । दक्षिण में सोलह कोस॥
अगस्त ऋषि भ्राता बसें । फिर आगे चार कोस सोच॥ २३

चौ ॥फिर एक सुंदर जगह दिखाई । वहाँ अगस्त्य आश्रम अति सुख दाई॥
बर्तमान महाराष्ट्र प्रदेशा । उसमें नागपुर जिला बिशेशा॥
जगह राम टेक इसी जिला होई । अगसत्य आश्रम यहाँ दिखे सोई॥
आज यह दूरी अधिक दिखाई । जो भौगोलिक गति ने बनायी॥
कहा सुतीक्षण दिन बहु बीते । गुरु दर्शन से रहा मैं रीते॥
जब से मैं इस आश्रम आया । नही गुरु का दर्शन पाया॥
प्रभु मैं चलूँ आपके साथा । इसमें अहसान न हे रघुनाथा॥
मुनि चतुराई राम पहिचानी । हस दोउ बन्धु संग लिये आनी॥

दोहा ॥वर्णन निज भक्ति करत । चलते मारग पर जात॥
आज का जो छत्तीसगढ़ । रास्ता यही वे अपनात॥ २४

चौ ॥प्रभु स्म्रति इस मारग दिखती । उनके गमन को पुष्ट जो करती॥
बनखंड बहुत इस मारग मिलता । आज भी घना जंगल वहाँ दिखता॥
राक्षस बहुत मारग प्रभु आये । राम ने उन्हें सुर धाम पठाये॥
मरे राक्षस हड्डिया दिखाईं । रछहाडा पर्वत जो कहाईं॥
यह पर्वत अभी फैला दिखाई । वहीं छै राज्य जहाँ राम थे जाई॥
अबूझ बाढ़ गिरि नाम ये पाता । पत्थर जलें जीवाश्म गंध आता॥
सीतामनी राम टेकरी दिखना । लक्ष्मणेश्वर राम झरना भी पड़ना॥
राम गढ़ सीताबेंगर दिखाई । लगता राम मारग यही जाई॥

दोहा ॥दंडकारण्य में बढ़त प्रभु । आश्रम अगस्त्य नियराय॥
सुतीक्षण मुनि आगे बढ़े । गुरु को रहे बताय॥ २५

चौ ॥हे गुरु कौशल पति श्री रामा । अनुज लखन सिय संग है आना॥
जिनको आप जपत दिन राती । मूरत जिनकी हृदय समाती॥
सुना अगस्त्य राम जी आये । हो पुलकित ऋषि तुरंत थे धाये॥
जैसेहि प्रभु के दर्शन मिलना । उनके नयन प्रेमाश्रु बहना॥

राम लखन पड़े ऋषि के चरना । लिए उठाय मुनि हृदय से लगना॥
मुनि अगस्त्य पूछत कुशलाई । दिए आसन तीनो बैठाई॥
अनेक भाति करी प्रभु की पूजा । अपने भाग्य सम दिखा न दूजा॥

दोहा ॥दुसरे भी मुनि वृन्द सब । वहाँ बैठे जो दिखात॥
उनकी तरफ प्रभु मुख किये । ऋषि दर्शन कर हर्षात॥ २६

चौ ॥टकटकी मुनि गण प्रभु पे लगाई । जैसे चकोर को चन्द्र दिखाई॥
मुनि से तब बोले रघुराया । तुम से नहि कुछ छिपा दिखाया॥
सब कुछ ज्ञान आपको होई । बन जिस हेतु मैं आयउ जोई॥
अतः न जरूरत तुमको बताना । पर मुनिवर अब हमें ये सुझाना॥
राक्षस मुनि द्रोही जो होई । किस विधि हनूं यहाँ उन्हें सोई॥
राम वचन सुन मुनि मुस्काना । पूंछे तात हमें क्या आप जाना॥
आपके भजन से पाप नसायी । तुम्हरी कृपा कुछ तुम्हें जान पाई॥
विशाल वृक्ष ऊमरि के समाना । हें प्रभु आपकी माया दिखाना॥

दोहा ॥ब्रह्माण्ड अनेकों जो दिखे । ऊंमरि के फल सम होय॥
चर और अचर ये जीव सब । बसते उसी फल सोय॥ २७

चौ ॥इन फलों का भछण करे जोई । काल वह आपसे डरता सोई॥
सकल लोकपति आप दिखाईं । सो पूछत एक मनुज की नाईं॥
कृपा निधि मुझे दीजे वरदाना । करो हिय अनुज संग विश्रामा॥
अनन्य भक्ति मुझे दीजे नाथा । रहे प्रीति चरनन रघुनाथा॥
आप ब्रह्म है अनंत अखण्डा । अनुभव से पाते मुनि वृंदा॥
यह निर्गुण स्वरूप मैं जाना । पर पुनः लौट सगुण ही माना॥
देत बढ़ाई सेवकों नाथा । इससे हमें पूछत रघुनाथा॥
पांच कोस यहाँ से स्थाना । पंचवटी के नाम सब जाना॥

दोहा ॥गोदावरी के तट दिखें । यह स्थान पुनीत॥
करों बास वहाँ हे प्रभु । आश्रम यह आपको नीक॥ २८

चौ ॥भारत का महाराष्ट्र प्रदेशा । जिला उसका नासिक जो खगेशा॥
नासिक में तपोवन है दिखाई । पंचवटी यही पर है सुहाई॥
यह सब दण्डक बन ही दिखायी । ऋषि गौतम के शाप उजड़ायी॥
प्रभु आपका हो यहाँ निबासा । तो ऋषि शाप का होबे नासा॥
करो पुनीत यह बन रघुराया । और ऋषि मुनि पर कीजे दाया॥
आयुष ऋषि अगस्त्य का लीन्हा । पंचवटी को प्रभु चल दीन्हा॥
राम लखन सिय तीनों जाई । शीघ्र ही पंचवटी पे आयी॥
गोदावरी सुंदर यहाँ किनारा । पर्णकुटी स्थान बिचारा॥

दोहा ॥पर्ण शालाएँ लखन ने । सुंदर रुचिर बनाय॥
निवास हेतु उत्तम दिखें । सिया राम हर्षाय॥ २९

चौ ॥गीध राज जो जटायु होई । कभी दशरथ का मित्र था जोई॥
देवासुर संग्राम दौराना । देव हित लड़ने दोउ मित्र आना॥
पंचवटी में राम भेंट होई । पूंछा राम ने परिचय जोई॥
गीध ने राम को तब ये बताया । ऋषि कश्यप दो सुत थे जाया॥
अरुण व गरुण थे उनके नामा । सेवक गरुण हैं विष्णु भगवाना॥
सूर्य का रथ श्री अरुण चलाबा । जटायु सम्पाती ये दो सुत जाया॥
पिता मित्र जान प्रभु शीश नायी । पितु समान उन्हें प्रेम जताई॥
ऊँची जगह बैठ गीधराया । सेवत सीय लखन रघुराया॥
लगभग ढाई वर्ष दौराना । राम लखन सिय यहाँ रहे आना॥
जब से निवास राम यहाँ कीन्हा । दुःख मुनियों हर सुख उन्हें दीन्हा॥
यहाँ के नदी बन और तालाबा । शोभा से छाये वे दिखाबा॥
दिनों दिन शोभा बढ़ती दिखाई । आनन्दित खग मृग हो जाई॥

दोहा ॥सीता सदा सेवा करें । खग मृग घायल जो दिखाय॥
करती स्वस्थ्य उन्हें पकड़कर । हाथों औषधि वे लगाय॥ ३०

चौ ॥बड़े भाग्य खग मृग थे दिखाया । स्पर्श सिया कर कमलों पाया॥
मधुर गान भौरे गुंजरही । जिम संगीत की लय ध्वनि बिखरही॥
शोभा वन की बरन न जाई । शेष भी रहे असमर्थ दिखाई॥

जिस बन में बसें सिय रघुरायी । सारद भी नहि बरनै पाई॥
एक दिन प्रभु बैठे रघुनाथा । लक्ष्मण कहत जोड़ कर हाथा॥
हे प्रभु मुनि चर अचर के स्वामी । कुछ पूछन चाहूँ करके नमामि॥
मोहि बताबो प्रभु उसी भाँती । सब तज चरण भजू दिन राती॥
ज्ञान बैराग्य माया समझाओ । कौन सी भक्ति श्रेष्ठ बतलाओ॥

दोहा ॥किस भक्ति आप खुश दिखें । कैसे दया आपकी पाऊँ॥
सेवक को समझाओ प्रभु । मै चरण आपके नांउ॥ ३१

चौ ॥कहो प्रभु ईश व जीव में भेदा । बैठाओ मेरे हिय संबेदा॥
जिससे चरण रत रहूँ निज नाथा । मिटे शोक मोह भ्रम रघुनाथा॥
प्रभु कहा मैं संक्षेप बतायी । सुनहु अनुज निज चित को लगाई॥
मैं और मेरा तुम व तुम्हारा । ये सब माया कहूँ मैं सम्हारा॥
जिसने जीव को बस में कीन्हा । इसको पहले समझो प्रवीणा॥
इंद्रिय विषय व मन जहाँ जाई । उस सभी को माया ही बतायी॥
उसके भी दो भेद हो जाया । विद्या और अविद्या कहाया॥
अविद्या दुष्ट दुःख दाई होई । उसके बस में जीव ये सोई॥

दोहा ॥उसने जग रूपी कूप में । डाल रखा यह जीव॥
दूसरी विद्या रहे जो । रखती जग की यह नीव॥ ३२

चौ ॥इसी से जग की रचना होई । इसमें यह गुण कह सब कोई॥
प्रभु द्वारा प्रेरित यह रहती । खुद का बल यह कुछ नहि रखती॥
ज्ञानवान वह पुरुष कहाई । जिसमें मान आदि दोष न आयी॥
वह बैरागी परम कहाता । जो सब सिद्धियाँ तजता दिखाता॥
सत रज तम तीन गुण जो होई । उनको भी वह तजता सोई॥
जो ईश्वर और माया न जाना । स्वयं को भी नही पहिचाना॥
जीव की श्रेणी में वह दिखाई । समझो इसको हे लघु भाई॥
जो बन्धन और मोक्ष दिलाता । प्रेरक वही ईश्वर कहलाता॥

दोहा ॥धर्म आचरण योग दे । फिर योग दिलाता ज्ञान॥
ज्ञान है देता मोक्ष को । बेद ने ऐसा बखान॥ ३३

चौ ॥शीघ्र प्रसन्न करे हमें जोई । बह मेरी भक्ति ही होई॥
भक्ति कर सुख भगत है पाई । और यह सदा स्वतंत्र दिखाई॥
ज्ञान विज्ञान न इसका आधारा । उलटे इन्हें भक्ति का सहारा॥
सुनहु अनुज भक्ति सुख खाना । कृपा संत हो सहज मिल जाना॥
भक्ति के साधन मैं बताता । अपनाकर जीव हमको पाता॥
प्रथम प्रीति विप्रों के चरना । वेदानुसार निज कर्म को करना॥
इसका असर तुरंत है दिखाई । विषयों से विरक्त हो जाई॥
एह विरक्ति प्रेम दिया जलाई । जो मेरे चरणों प्रीति कराई॥

दोहा ॥फिर नवधा भक्ति मिले । श्रवण आदि जो होय॥
विभिन्न मेरी लीलाओं में । भक्त प्रेम रत सोय॥ ३४

चौ ॥रखे प्रेम जो संत के चरना । मन क्रम वचन नियम दृढ़ रहना॥
जिसे हममें सब रिश्ते दिखाई । जिम गुरु मातु पितु पति देव भाई॥
देख के ये सब मुझ में द्रढायी । करे सेवा उनकी मन लाई॥
जो पुलकित हो गुण मेरे गाता । गद गद होकर नयन बहाता॥
काम क्रोध मद दम्भ न होई । सदा उसके हिय बसूँ मैं सोई॥
जो मन क्रम बच मुझमें समाया । हो निष्काम मेरा भजन ही गाया
छोड़ के सब कुछ करे मेरी आशा । उनके कमल हृदय मेरा निबासा॥
सुन ये भक्ति लक्ष्मण सुख पाया । प्रभु के चरनन शीश नबाया

दोहा ॥इसी भांति चर्चा करत । बैराग्य ज्ञान समझात॥
ले के बहाना लखन का । मुनियों को बतलात॥ ३५

चौ ॥असुर राज रावण बलवाना । राज धानी लंका में बनाना॥
बहिन सूपनखा उसकी होई । नागिन सम वह दुष्ट थी जोई॥
शादी उसने जिससे रचाई । शत्रु सम रावण का दिखाई॥
दोनों बीच युद्ध हुआ एक बारा । मारा गया रावण के प्रहारा॥

मन में सूपनखा खिसियानी । रावन से बदला लेना ठानी॥
किम बदला लूँ समझ न पाती । मन ही मन योजना बनाती॥
अपने गुप्त चर उसने फैलाए । है कोई बली तो उसको बताये॥
फिर उससे वह शादी रचाये । भ्राता वंश उससे मिटिवाये॥

दोहा ॥उसके गुप्तचरों ने कहा । दो तपसी बलवान॥
दण्डक बन में दिख रहे । सुंदर पत्नी भी दिखान॥ ३६

चौ ॥अवध के वे दोउ राजकुमारा । अति सुंदर और हैं सुकुमारा॥
उनने ताड़का वध कर दीन्हा । बाहु सुबाहु के प्राण है लीन्हा॥
शिव का भारी पिनाक उठाया । तोड़ के उसे सिय पत्नी बनाया॥
बदला आपका वही ले सकते । दण्डक बन में अभी वे दिखते॥
सूपनखा उठ के चल दीन्ही । पंचवटी में पहुँची कमीनी॥
राम की सुन्दरता को निहारा । भई कामान्ध न सकी सम्हारा॥
सुंदर रूप वह भेष बनायी । राम से कहत बड़ी मुस्काई॥
मेरा तुम्हारा एक संयोगा । अतः न ये हो सके वियोगा॥
आप समान न कोई दिखाई । स्त्री मो सम विधि न बनायी॥
पुरुष न मेरे योग्य तीनों लोका । अब तक कुँवारी रही मन शोका॥

दोहा ॥आज निहारा आपको । पाया अपने अनुरूप॥
सीता तरफ प्रभु देखते । मानो स्वयं विराजा स्वरूप॥ ३७

चौ ॥सिय को देख प्रभु किया इसारा । मैं हूँ विवाहित पत्नी सम्हारा॥
तब वह लक्ष्मण तरफ देखती । उनके बारे में वह पूछती॥
राम कहा तू स्वतंत्र यहाँ विचरह । मेरे बताने पे कभी न सचरह॥
मेरा अनुज यहाँ बिनु सहभागिन । स्वयम तू पूछ जा उनसे अभागिन॥
अब वह लखन पे पहुँची जाई । असुर बहिन जान उनने भगाई॥
देवी सुनो मैं उनका दासा । उन्ही आधीन न खुद कोई आशा॥
वे कौशलपति हैं भगवाना । जो कुछ करें उन्हें सब है सुहाना॥
चाह भिकारी की सम्माना । और सेवक चाहे सुख को पाना॥
ब्यसनी की धनवान कामना । शुभ गति को व्यवचारी माँगना॥

और लोभी यदि यश को चाहता । चार पदार्थ अभिमानी माँगता॥
ये सब इन्हें सम्भव नहि होई । जैसे नभ को दुहन चाहे कोई॥

दोहा ॥लखन का सुना जबाब यह । पुनः वह राम पर आय॥
प्रभु ने दुबारा भेजि वही । लक्ष्मण गये क्रोध से छाय॥ ३८

चौ ॥कहा लक्ष्मण तुझे वरेगा बो ही । निपट और निर्लज्ज हो जो ही॥
इतना सुन वह गयी खिसियाई । रूप भयंकर उसने बनायी॥
सीता डरी जान रघुराया । दे संकेत लक्ष्मण को जताया॥
समझे लखन फुर्ती वे दिखाया । नाक कान काट सबक सिखाया॥
यह कर लक्ष्मण ने ये जताई । चुनौती दे रावण पे पहुँचाई॥
हुई भयंकर बिनु नाक काना । बहता बदन पर रक्त दिखाना॥
बदन पे बहे रक्त था दिखाई । ज्यों काले गिरि अगेरू बहाई॥
रोती बिलखती चलती जाती । खर दूषण को जा के बताती॥

दोहा ॥हे भ्राता धिक्कार तुम्हें । कहते निज को बलवान॥
बल पौरुष सब धिक् दिखे । धिक् तुम्हरा युद्ध ज्ञान॥ ३९

चौ ॥उनके पूछ सब घटना सुनायी । पर क्यों गयी वहाँ ये थी छिपाई॥
सुनके उसको असुर रिषायी । बड़ी सेना तैयार करायी॥
झुण्ड के झुण्ड असुर थे धाये । मानों पंख लगा पर्वत आये॥
बाहन भांति भांति के दिखाई । बहुत रूप लिये असुर बनायी॥
लिये हथियार वे ना ना प्रकारा । संख्या में दिखते थे अपारा॥
जो थी नाक कान के हीन्हा । अशुभ सूप नखा आगे कीन्हा॥
होत भयंकर असुगुन जोई । काल के बस उन्हें गिनत न कोई॥
गर्जना कर नभ में ललकारा । सेन देख योद्धा खुशी अपारा॥

दोहा ॥कोई कहे दोउ बन्धु पकड़ लो । बंधन में दो उन्हें डार॥
पत्नी उनकी छीन कर । और फिर उन्हें दो मार॥ ४०

चौ ॥नभ मण्डल गया धूल से छाई । दैत्य सेन द्वारा जो उड़ाई॥
प्रभु ने अनुज को लिया बुलाई । और वे उनको रहे समझाई॥

ले जाओ गिरि गुफा जानकी । आती सेना दिखें असुरों की॥
सावधान रहना हे भ्राता । प्रभु चले धनुष बाण ले हाथा॥
असुर सेन प्रभु देखा आयी । कठिन चाप प्रभु लिया चढ़ाई॥

छंद॥निज चाप को थे चढ़ाय प्रभु, अपनी जटाएँ बाँधते॥
कर कमल शोभित धनुष था, तरकस से बाण निकालते॥
लम्बी भुजाओं में दिखत, धनु बाण अति शोभित भये॥
चितवन है उनकी सिंह इव, गज झुण्ड जब आगे दिखे॥

दोहा ॥असुर सेन आगे बढ़ी । धर पकड़ो दें आवाज॥
बड़ी गति से वे दौड़ते । जिम दिखता उन्हें यमराज॥ ४१

चौ ॥निसिचर जब देखे प्रभु रामा । भूल गये निज शस्त्र चलाना॥
देख के प्रभु की सुन्दरताई । असुर सेन आश्चर्य में दिखाई॥
खर दूषण मंत्री को बताया । मनुज न ये सामान्य दिखाया॥
ये नर भूषण राजकुमारा । हथियार न इनपर चले हमारा॥
मनुज असुर देव हमें जो दिखाई । मारा उन्हें जीत हम पाई॥
पर सुन्दरता इनमें जो देखी । नहि कहि पढ़ी दिखी या लेखी॥
सूप नखा ये किया कुरूपा । फिर भी बध लायक न स्वरूपा॥
सुनो कुमार जो रहा मैं बतायी । अपनी पत्नी तुम जो छिपाई॥

दोहा ॥उसको हमें तुम सौंप दो । कुशल से घर को जाऊ॥
बध लायक नहि दिखत तुम । सम्मुख नहि मेरे आऊ॥ ४२

चौ ॥रिपु संदेश दूत ले गयऊ । श्री राम को सुनावत भयऊ॥
सुनकर प्रभु बोले मुस्काई । हम छत्री कुल के है जाई॥
तुम सम खल खोजत हम फिरही । बन में इसी हेतु मैं घूमही॥
भले ही रिपु कोइ हो बलवाना । काल से भी हम नही डिराना॥
मै मनुष्य राक्षस कुल घालक । दुष्ट नास कर मुनियों पालक॥
यदि डर लगे लौट घर जाई । भागत पर में शस्त्र न उठाई॥
कपट चतुरता रण दौराना । और दया रिपु संग दिखाना॥
ये सब कायरता को बताते । सूर वीर को ये न सुहाते॥
दूतन ने सुन प्रभु की बानी । खर दूषण को जाय बतानी॥

छंद॥सुन राम की युद्ध नीति को, राक्षस महा क्रोधित भये॥
चिल्लात वे थे पकड़ लो, हथियार लेकर बढ़ गये॥
योद्धा भयानक दिख रहे, आवाज मुँह से घोर कर॥
प्रभु चल दिए मुसकाय के, निज धनुष की टंकोर कर॥

दोहा ॥बरछी शूल धनु सांग सब । राक्षसों के हाथ दिखात॥
प्रभु धनु की टंकोर सुन । बहरे व्याकुल हो जात॥ ४३

चौ ॥देखा असुर शत्रु है भारी । सावधान हो सेन सम्हारी॥
तिल सम काटे प्रभु हथियारा । राक्षस जिनको लिए सम्हारा॥
फिर प्रत्यंचा धनुष की तानी । प्रभु ने असुर दल क्षण में मिटानी॥

छंद॥बाण प्रभु के चलत, बिकराल दिखत, नागों के सम हुंकार भरे॥
क्रोध रण में करत, प्रभु दुष्ट हनत, शव चारों तरफ बिखरे थे परे॥१
चले बाण कराल, हुए असुर मराल, भागत रण से वे थे दिखते॥
तब खर दूषन, लिए त्रिसरा संग, युद्ध में आगे को थे बढ़ते॥२
वह चिल्लाया, अति झल्लाया, युद्ध में जो पीठ दिखाएगा॥
उसे हम मारें, भग नहि पावें, मरने से नहि बच पायेगा॥३
दोउ तरफ मरन, असुरों को लगन, फिर से हथियार उठा लेना॥
युद्ध में बढ़ते, सस्त्र थे चलते, वीरता को वे थे दिखा देना॥४
क्रोधित वे दिखत, और आगे बढ़त, प्रभु धनु संधान किया भारी॥
बाण ऐसे चलत, मनो नाग उडत, निसिचरों सिर कटना हुआ जारी॥५
अंग उनके कटत, धरती पे गिरत, उर शीस भुजा यहाँ वहाँ डारी॥
आवाज करत, चिग्घार सुनत, प्रभु बाण भयानक है जारी॥६
कट जात शीश, टुकड़े है बीस, माया से खड़े वे पुनः दिखते॥
नभ में थे उड़त, अंग उनके दिखत, कहीं शीश भुजा और सिर उड़ते॥७
कौआ काओ करत, चीलें नभ में फिरत, पछी ये भयंकर स्वर करते॥
दिख रहे सियार, नहि जाएँ सम्हार, स्वर कटु उनके सब थे सुनते॥८

दोहा ॥बाण चलत श्री राम के । असुरों को काल समान॥
काटत उनके बदन को । दिखते सभी हैरान॥ ४४

छंद॥प्रेत भूत थे घूमत वहाँ । करते इकट्ठी खोपड़ी॥
बोलत भयंकर सिआर थे । नाचत वहाँ थी योगनी॥
बैताल आदिक ताल दे । निज हाथ में ले कपाल वे॥
हुए सिर अलग असुरों के थे । रघुवर के तीखे बाण से॥

छंद॥आँतें निकल असुरों की दिख । जिन्हें गीध हैं खेचत भये॥
मानों उड़ावत पतंग है । बालक किसी ग्रामों के गये॥
योद्धा है सारे मरत दिख । या गिर गये घायल हो वे॥
यह देख कर खर दूसहनादि । व्याकुल बिकल बढ़ते थे ये॥

छंद॥श्री राम को वे घेरते । अति क्रुद्ध शस्त्रों संग वे॥
तोमर परसु शूल बाण ले । छोड़त प्रभु की तरफ थे॥
छण भर में काटे शस्त्र प्रभु । क्रोधित हो असुरों पर दिखे॥
एक एक सेनापति मरे । भगवान् के सर जब चले॥
छंद॥मरके असुर गिरते दिख़त । उठ-उठ के फिर लड़ने चलत॥
माया भयानक वे करत । माया के पति सम्मुख दिखत॥
जो असुर थे चौदह सहृस्त्र । आपस में उनको राम दिख॥
मारन लगे एक दूजे को । फिर भी न ली प्रभु से वे सिख॥

दोहा ॥निशचर चिल्लाते राम है । सम्मुख मेरे जो दिखाएँ॥
इनको मारो पकड़ लो । सब कहते यही जाएँ॥ ४५

चौ ॥मोहिनी बाण ये राम चलाया । जो विश्वामित्र ऋषि से थे पाया॥
निसिचर जिससे मोहित हो जाई । निज साथी पड़ा राम दिखाई॥
राम नाम उनके मुख आना । आपस में लड़ प्राण गमाना॥
माया बस वे राम बुलाई । गति निर्वाण की उनने पाई॥
देख ये देव गण गये हर्षाई । नभ से उनने फूल वर्षाई॥
स्तुति विविध भांति देव कीन्ही । फिर निज निज लोकों चल दीन्ही॥
समर जीत जब श्री रघुनाथा । सुर नर मुनि भय हीन दिखाता॥
तब सिय को लक्ष्मण ले आये । प्रभु के चरणों शीश नमाये॥
रघुपति उन्हें उठाय उर लीन्हा । प्रेम सहित आलिन्घन कीन्हा॥
श्यामल मृदु प्रभु देख शरीरा । नहीं अघात सिय नेत्र अधीरा॥

दोहा ॥पंचवटी में बस रहे । लखन सीय रघुनाथ॥
लगभग ढाई वर्ष रुक । चरित किये बहु भाति॥ ४६

चौ ॥खर दूषण त्रिसरा का मरना । सूप नखा अब लंका पहुँचना॥
रावण को जाकर भड़काती । बड़ी खरी खोटी उसको सुनाती॥
करके क्रोध रावन को बताया । तुमने देश कोष सबको भुलाया॥
मदिरा पान कर दिन रात सोई । शत्रु चढ़ा सिर सुधि नहि होई॥
बिना नीति के राज्य को करना । और धर्म बिना धन का अर्जना॥
प्रभु को सौंप बिनु शुभ कार्य करना । बिना विवेक विद्या का ग्रहणना॥
इन सबसे कुछ प्राप्त न होई । केवल श्रम लगता दिखे सोई॥
कुसंग से पतन होय सन्यासी । बुरी सलाह से नृप का विनासी॥

दोहा ॥पतन होय विद्वान का । यदि चाहत वह मान॥
मदिरापान के करन से । लाज व्यक्ति की जान॥ ४७

चौ ॥बिना नम्र भये प्रीति न होई । अहंकार से गुण सब खोयी॥
शत्रु रोग पाप अग्नि अहि स्वामी । कभी भी इनको लघु नहि जानी॥
सूप नखा यह कह के विलापा । रावण के सम्मुख वह रुलापा॥
सभा बीच व्याकुल वह पुकारी । तुम्हरे होत यह दशा हमारी॥
सभासद दशा देख अकुलाई । बाँह पकड़ उसे सभी समझाई॥
कहा रावण निज बात बताओ । किसने दुर्दशा की समझाओ॥
अवध नरेश के राजकुमारा । दण्डक बन घूम करते शिकारा॥
उनकी करनी ऐसी दिखाई । निसिचर हीन मानो भूमि वे बनायी॥

दोहा ॥पुरुष सिंह सम दीखते । बन में मुनि गण हर्षाय॥
उनका भुज बल देखकर । वे सभी अभय है दिखाय॥ ४८

चौ ॥काल समान वे दोनों कुमारा । धनुष बाण कन्धों पे सम्हारा॥
बड़े भ्राता हैं नाम जस रामा । सुन्दरता के जो है धामा॥
नारि है उसके संग सुहाई । कही न जाय जिस सुन्दरताई॥
रूप राशि जो उसमें दिखाई । काम करोड़ों रति सर्मायी॥

उनके अनुज लक्ष्मण जो नामा । काटे वही मेरे नाक व काना॥
कहा मैं जब रावण मम भ्राता । किये मजाक जो कहा नहि जाता॥
खर दूषण पर गयी बिलखाता । तीनों भ्रात बड़ी सेन संग जाता॥
सारी सेना वे संघारी । खर दूषण त्रिसरा गये मारी॥
इन भ्राताओं का सुन मरना । रावण अंग लगे सब जरना॥

दोहा ॥अपने बल का बखान कर । भरोसा बहिन को दिलाय॥
महल चला सोचत हुआ । रात को नींद न आय॥ ४९

चौ ॥जग में नहि कोई जीव दिखाता । मेरे सेवक को भी हराता॥
खर दूषण त्रिसरा तीनों भाई । मेरे सम बलवान दिखाई॥
जग का जीव नहि कोई ऐसा होई । इन तीनों को मार सके जोई॥
सुर नर असुर नाग या कोई । मार न सके खर दूषण सोई॥
मेरे ही सम ये बलवाना । मर नहि सकें जो बिनु भगवाना॥
हरण भूमि भार देव कल्याना । अवतार लिया श्री कृपा निधाना॥
तो हठ कर करूँ उनसे लड़ाई । उनके बाण लग मैं तर जाई॥
मैं राक्षस तामसी स्वभावा । भजन न हमको करना आबा॥

दोहा ॥किसी भूप के यदि रहें । दोनों ये राजकुमार॥
तो इनकी पत्नी हरू । दुश्मनी करूँ साकार॥ ५०

चौ ॥यदि वे नर कितने ही बलवाना । युद्ध में उनको जीत मैं लाना॥
एसा सोच लिया उसने बुलाई । अकम्पना जो मायाबी बतायी॥
कहा शीघ्र दण्डक बन जाओ । राज कुमारों का पता लगाओ॥
अकम्पना सेनापति चल दीन्हा । पंचवटी में पहुँच के चीन्हा॥
अति तेजस्वी जो युगल हैं आयी । सुंदर पत्नी संग दिखाई॥
ऋषि मुनियों से घिरे वे दिखते । उनसे साधु प्रवचन थे सुनते॥
अकम्पना साधू रूप बनाया । साधु संत में वहाँ मिल जाया॥
सभी बातें थी उसने जुटाई । राम लखन सिय से सो जुड़ाई॥

दोहा ॥वहाँ से फिर वह चल दिया । मन में करता यह बिचार॥
श्री राम अवतार प्रभु । जाकर समझाऊँ सम्हार॥ ५१

चौ ॥चलकर वह लंका में आया । रावण को वह शीश नामाया॥
कहा बात मेरी सुनो लंकेशा । राम को जान सके नही शेषा॥
अनुज लखन संग वे बन आना । अयोध्या पति के सुत वे सुजाना॥
संग में राम की पत्नी जो आयी । जनक पुत्रि सीता है कहाई॥
पिता आदेश आये बनवासा । पंचवटी में उनका निबासा॥
ताड़का बध श्रीराम ही कीन्हा । बाहु सुबाहु को यही मार दीन्हा॥
सीता स्वयंवर जनक थे करहू । तब मिथिला में आप भी रहहू॥
बड़े बड़े योद्धा वहाँ थे आये । शिव धनु तोड़न सभी थे चाहे॥

दोहा ॥आप भी वहाँ मौजूद थे । धनु सका न कोई तोड़॥
आप सभी खिसियायकर । चल दिए स्वयंवर छोड़॥ ५२

चौ ॥तब शिव धनुष को तोड़े रामा । सीता नें उन्हें पति था माना॥
वही श्री राम अनुज सिय संगा । बन में दिखें रघुकुल के पतंगा॥
मेरी सलाह को सुनो लंकेशा । श्री राम से न करों कलेशा॥
पर रावण ने उसे धमकाया । सीता हरण को उसे मनाया॥
कहा सीता को अकेला बनाओ । राम लखन को दूर ले जाओ॥
तभी मैं करूँ सिया का हरना । सूपनखा का बदला मिलना॥
अकम्पना कह ये असम्भव होई । दूसरा रूप मैं रख नहि सोई॥
इसके लिए मारीच बुलाना । केवल वही ये काम कर पाना॥
कहा रावण वह कहीं न दिखाई । उसने कहा तुम्हें मैं दूँ मिलाई॥

दोहा ॥अकंपन संग वह चल दिया । चढ़कर अपने विमान॥
सिन्धु किनारे आ गया । मारीच यहाँ मिल जान॥ ५३

चौ ॥सुनहु उमा यहाँ राम जो कीन्हा । लक्ष्मण भी उसे नहि सके चीन्हा॥
लक्ष्मण को प्रभु बन में भिजाई । कन्द मूल फल पुष्प मगाई॥
सीता से बोले रघुरायी । हे पतिव्रता सुनो मैं जो बतायी॥

अग्नि में तब तक करो निबासा । जब लग करूँ मैं निशाचर नासा॥
सिय को राम जब यह समझाया । प्रभु पद हिय धर अग्नि वे जाया॥
निज माया प्रतिबिम्ब बनायी । शील रूप सीता सी दिखाई॥
प्रभु यहाँ जो माया फैलाई । लक्ष्मण भी उसे जान न पाई॥
यहाँ दसकंधर शीश नमाई । मारीच उसे जब पड़ा दिखाई॥

दोहा ॥स्वारथ पूरन करन हित । स्वार्थी सदा शीश नमात॥
बातें करे उपदेश की । इन सब में खतरा दिखात॥ ५४

चौ ॥नीच का झुकना शुभ नहि होई । अंकुश धनु अहि बिल्ली सोई॥
दुष्ट करत यदि प्रिय कोई बाता । जिम बिनु ऋतु के पुष्प दिखाता॥
करके रावण का सम्माना । कहा लंकेश हुआ क्यों आना॥
योजना रावण उसको सुनायी । वह सुन करके गया घबराई॥
कहा तुम राम को जान न पाया । जब मिथिला में तुम्हें वे दिखाया॥
जो शिव धनु कोई सका न हिलाई । भंजेहु राम मूली की नाई॥
आप सहित जग के सब योद्धा । कर न सके कुछ केवल क्रोद्धा॥
विश्वामित्र के यघ्य दौराना । बाधा डालन सोच मैं जाना॥
बिनु फर बाण राम थे चलाया । सौ योजन पर मुझको गिराया॥

दोहा ॥तभी से ले बैराग्य मैं । जपता यहाँ श्री राम॥
माना कहन लंकेश तुम । उनसे नहि बैर बढ़ान॥ ५५

चौ ॥परम ब्रह्म अवतार है रामा । सीता महालक्ष्मी है दिखाना॥
जो हने बाहु सुबाहु ताड़का । मनुज वे तुमको दिखते साड़का॥
खर दूषण त्रिसरा तीनों भाई । सैन सहित जो मार गिराई॥
उनसे अगर बैर को बढ़ाया । समझो अपने कुल को गमाया॥
सुनकर ये रावण गुस्साया । खड़क तान भय उसको दिखाया॥
गुरु समान मुझे ज्ञान कराता । योद्धा मो सम जग न दिखाता॥
मन में तब मारीच बिचारा । सशस्त्र धारी भेद जानन हारा॥
स्वामी मूर्ख बैध्य धनमाना । कवि भाट व रसोएया जाना॥

दोहा ॥इन नौ व्यक्तियों से नही । कभी भी बैर बढ़ान॥
यदि ऐसा कोई करत । उसका नहि हो कल्यान॥ ५६

चौ ॥उसे दोउ तरफ है मरना दिखाई । सोचा चलूँ शरण रघुराई॥
करूँगा दर्शन श्री रघुनाथा । उनके हाथ मर बनूँगा सनाथा॥
अस बिचार रावन संग चलेयु । राम चरण प्रीति उसकी दिखयु॥
मन में चलत हर्षाता जाता । करूँ दरश पर कुछ न जनाता॥

छंद॥अपने प्रभु के कर दरश, नैनों को सुख मैं देयही॥
श्री जानकी व अनुज संग, रघुनाथ पद रज सिर लही॥
है क्रोध जिनका मोक्ष दा, और भगति से वे मिलि तही॥
निज बाण से मुझे मार कर, सुख सिन्धु में मुझे लेयही॥

दोहा ॥कर कमलों धनु बाण ले । प्रभु पीछा करेंगे मोर॥
तब मुड़-मुड़ मैं दरश कर । भाग्य सराहूं जोर॥ ५७

चौ ॥रावण उसको था बतलाई । राम लखन को दूर ले जाई॥
जब सिय कुटी अकेली होईं । हरण मैं उनका तुरंत कर लेई॥
साधू भेष था उसने बनाया । पंचवटी में पहुँचा जाया॥
इधर जटायु प्रभु पर आया । शिखर से जो देखा बतलाया॥
कहा प्रभु रावण और मारीचा । दण्डक बन में दिखे दोउ नीचा॥
सूपनखा घटना उपरान्ता । बन सकते यहाँ ये आक्रान्ता॥
राम लखन व जटायु बीचा । चल रही बात तभी आया वह नीचा॥
साधु भेष मारीच था आया । प्रभु राम को उसने बताया॥

दोहा ॥हे प्रभु असुर हैं मारते । साधुओं को वे है खात॥
घेर लिया आश्रम मेरा । मैं भाग के आप पे आत॥ ५८

चौ ॥चलो प्रभु आप हमारे साथा । करो रक्षा मेरी रघुनाथा॥
कहा जटायु सुनो रघुराई । आपने निसिचर यहाँ मिटाई॥
नहि यहाँ आस पास वे दिखाई । लगता साधू असत्य बतायी॥

जटायु कहा चलो मेरे संगा । दिखाओ हमें वह असुर दबंगा॥
फँसा देख साधू मारीचा । चुपके से भागा वह नीचा॥
भागत हुए उसको यह दिखाई । घायल मृग सेवति सिया माई॥
पहुँचा भाग कर रावण पासा । उसको सुनायी अपनी निराशा॥
उसने कहा सम्भव न दिखाया । लंकेश करन हमें तुमजो बताया॥
दसकंधर तलवार उठाई । अब मरो अथवा काम बनायी॥

दोहा ॥एक मौका और दीजिये । मारीच कहत जोर हाथ॥
अबकी बार करूँ काम मैं । जो दिया लंका नाथ॥ ५९

चौ ॥रावण को वह रहा बतलाई । मृग सेवा में सिय थी दिखाई॥
घायल मृग सेवा में दिखती । मतलब मृग को पसंद सिय करती॥
रावण बिना फर बाण चलाया । मारीच पैर घायल हो जाया॥
कहा घायल मृग बनकर जाओ । सीता चाह बनकर के दिखाओ॥
उपचार हेतु तुमको पकड़ाई । राम को अबस वे देंगी भिजाई॥
फिर वहाँ लक्ष्मण को भी बुलाना । अकेलि देख सिया हर मैं लाना॥
काल देख सिर चला मारीचा । योजना सोची मारग बीचा॥
हिरण जाति एक स्वर्ण समाना । बिरले ही वहाँ पाये जाना॥

दोहा ॥वही स्वर्ण मृग बन गया । घायल वह भागत जाय॥
पंचवटी में पहुँचकर । सम्मुख सीता के आय॥ ६०

चौ ॥अति सुन्दर यह हिरण दिखाई । कनक देह मानो रचा वह जाई॥
जब यह मृग सीता जी निहारी । अति सुंदर घायल वे बिचारी॥
सोचा इसको पकड़ मैं लेही । कर उपचार छोड़ फिर देही॥
पर नहि उनके पकड़ वह आया । तब रघुनाथ को सिय ने बताया॥
यह मृग अति सुंदर जो दिखाई । पैर में घायल वह हो जाई॥
इसको पकड़ लाओ मेरे पासा । उपचार करूँ मुझे मिले दिलासा॥
राम प्रयास पकड़ने कीन्हा । पर वह आगे भाग था दीन्हा॥
प्रभु सब जानत असुर की माया । देव काज हित बढे रघुराया॥
लक्ष्मण को समझात बतायी । बहु निसिचर यहाँ फिरत हे भाई॥
सीता का रखना तुम ध्याना । बल बुद्धि व विवेक लगाना॥

दोहा ॥प्रभु को देख मृग भागता । वे रहे पीछा कीन्ह॥
धनुष बाण लिए साथ वे । पीछे मृग के चल दीन्ह॥ ६१

चौ ॥जिनका शिव सिद्ध ध्यान लगाई । पार न उनका वे सके पाई॥
वे माया मृग पीछे धाये । महिमा इनकी जान कौन पाये॥
प्रभु पीछे लौटन को बिचारा । तब मृग ने यह वचन उचारा॥
मै साधारण मृग नहि होई । उसके भेष मारीच मैं सोई॥
आपको देता चुनौती येही । पीछा कर मारो मुझे जेही॥
रघुवंशी है आप महाना । स्वीकारो चुनौती न लौट के जाना॥
कर स्वीकार चुनौती रामा । मृग के वे पीछे हो जाना॥
कभी प्रकटे कभी जाता छिपाई । प्रभु को बड़ी दूरी ले जाई॥

दोहा ॥कभी प्रकटत कभी छिपत वह । ले गया प्रभु को दूर॥
कठिन बाण प्रभु मारते । गिरा जमीन वह धूर॥ ६२

चौ ॥राम के स्वर लक्ष्मण वह पुकारा । फिर सुमिरत प्रभु बारंबारा॥
निकसत प्राण असली भेष आया । राम चरण में प्रीति जताया॥
उसकी आत्मा प्रेम पहिचाना । दी गति वह जो मुनि मिल पाना॥
पुष्प वृष्टि देव गण थे कीन्हा । करें गुण गान राम का प्रवीणा॥
कहते प्रभु निज धाम पहुँचाया । राक्षस जो नीच योनी जाया॥
असुर मार कुटी फिरे रघुनाथा । कटि तूणीर धनुष सोह हाथा॥
इधर सिया दुःख भरा शब्द सुनती । हो भय भीत लखन से कहती॥
लखन कहा मात्र करे जो इसारा । सारी श्रष्टि जल कर हो छारा॥
कैसे बिपति सम्मुख उसे आयी । आवाज ये कहीं माया की सुनायी॥

दोहा ॥गूढ बात सीता कही । सुनकर लक्ष्मण अकुलात॥
देव गण सभी दिशाओं के । और बन देवी को बतात॥ ६३

चौ ॥आपको यहाँ सौंपत मैं जानकी । आज्ञा पालन करत हूँ उनकी॥
सीता यहाँ सीता नहि होई । उनकी ये प्रतिबिम्ब ही होई॥
पहलेहि अग्नि लिया वे बासा । ऐसे शब्द माया को सुपासा॥

लक्ष्मण थे ये जान न पाई । इससे उन्हें सिय चिंता सताई॥
लिया धनुष होकर वे अधीरा । चारों तरफ सिय खींची लकीरा॥
कहा माता सुनो मुझे ये बताना । इस लकीर नहि बाहर आना॥
यह रेखा लक्ष्मण की आना । अंदर कोई नहि इस जा पाना॥
भीतर से बाहर यदि आयीं । असंम्भव फिर अंदर को जायी॥
अब चले लक्ष्मण जहाँ रघुराई । जो रावण का काल बन आयी॥

दोहा ॥सीता को सूना देखकर । रावण साधू बन आय॥
इधर उधर ताकत हुआ । दिखता जिम भडया जाय॥ ६४

चौ ॥राक्षस देव जिसे सुन डर जाई । रात नींद नहि अन्न न खाई॥
सो रावन कुत्ता सा दिखाई । देखत इत उत चोर की नाईं॥
कुमार्ग कदम जब कोई बढ़ाता । बुद्धि तेज बल सब वह गमाता॥
सिय से माँग भिक्षा दो जोई । कुशल से पति तब तुम्हरा होई॥
सीता को वह रहा समझाई । राज नीति प्रेम शिक्षा पढ़ाई॥
सीता अंदर से थी पुकारा । लो भिछा हे साधु सम्हारा॥
रावन जब बढ़ा सिय की ओरा । लकीर पास अग्नी दिखी घोरा॥
तब सीता से कहता येही । रेखा पार कर भिछा देही॥

दोहा ॥पति की कुशलता हेतु सिय । भिछा ले बाहर आय॥
दुष्ट वचन कहता हुआ । रावन निज रूप दिखाय॥ ६५

चौ ॥सीता हुई वापिस फिर जाना । पर लकीर पर अग्नि दिखाना॥
धर धीरज सिय ने चेताया । पति आये तेरा काल है आया॥
कह सिय सिंह की पत्नी जोई । क्या खरगोस बिगाड़े सोई॥
हो के काल बस तू यहाँ आया । मै निसिचर तुझे रही चेताया॥
यह सुन रावण क्रोध जताई । पर मन ही मन शीश झुकाई॥
सिय की तरफ वह कदम बढ़ायी । देखा सिय ने अग्नि प्रकटायी॥
बिनती करत सिय से कर जोरा । लंका चलो कल्याण को मोरा॥
तब सिय ने माया को हटाया । मिटी अग्नि सीता है दिखाया॥

दोहा ॥रावण भी यह जानता । ये नहि सीता होय॥
उनने बास अग्नि किया । उनकी यह छाया सोय॥ ६६

चौ ॥क्रोधबंत रावण था दिखाई । सिय को रथ में लिया चढ़ाई॥
चला आकाश मार्ग दसकंधर । रथ न हांक जाय भय था अंदर॥
करे विलाप सीता अति भारी । रोती जात प्रभु क्यों हो बिसारी॥
तुम समान नहि कोई बलवाना । किस अपराध तजा मैं न जाना॥
दुःख हरते सब सुख के दाता । रघुकुल कमल सूर्य चमकाता॥
लक्ष्मण दोष न तुम्हरा होई । क्रोध किया मैं यह फल सोई॥
करत विलाप सिया बहु भांती । सोचत दूर प्रभु कृपा किम आती॥
मेरी विपति कौन प्रभु को बतावा । असम्भव हमको यह हैं दिखावा॥

दोहा ॥विलाप सीता का देखकर । चर व अचर दुखी होत॥
हुआ गमनीन माहौल बन । रो पड़े जो रहे सोत॥ ६७

चौ ॥सुना जटायु सिया का विलापा । पहिचाना खोया निज आपा॥
अधम निशाचर कह के चिल्लाया । म्लेच्छ हाथ जिम गाय दिखाया॥
कहा पुत्री सिय चिंता बिहाई । असुर बिनास करूँ मैं आयी॥
करके क्रोध रावण पर धावा । जैसे बज्र पर्वत पर आबा॥
कहा हे खल तू रुक जरा जाई । निडर जात मुझे चीन्ह न पाई॥
रावण देख कोई काल समाना । उसकी तरफ उसे आत दिखाना॥
किया दसकंधर मन अनुमाना । ये मैनाक या गरुण है आना॥
स्वामी विष्णु बिनु गरुण न जाई । पहिचान लिया ये जटायु है आयी॥

दोहा ॥कहा बूढ़े हे जटायु सुन । मेरे हाथ ये तीर्थ समान॥
आओ इनमें प्राण तज । समझो तब निज को महान॥ ६८

चौ ॥सुन यह गीध राज को क्रोधा । कहा चेतावनी सुनो मेरी योद्धा॥
छोड़ जानकी यहाँ से जाई । पहुँचो लंका कुशल दिखाई॥
नहीं तो अस दसकंधर होई । राम क्रोध में भस्म तू होई॥
नहि उत्तर रावन जब दीन्हा । क्रोध में गीध आक्रमण कीन्हा॥
चोंच मार उसे धरती गिराया । सीता को रावण से छुड़ाया॥

रावण अब गया था खिसियाई । शिव की दीन्ह तलवार उठाई॥
पंख जटायु के काट दीन्हा । मूर्छित कर जमीं पर गिरा दीन्हा॥
राम राम गीध मन में जपता । उनकी अद्भुत करनी सुमिरिता॥

दोहा ॥सीता को पुनः ले लिया । विमान में फिर से चढ़ात॥
बड़ी शीघ्रता उड़ दिया । भय उसके मन में दिखात॥ ६९

चौ ॥नभ में सीता रोती जाती । मृगीं जिम जाल बहेलिया दिखाती॥
ऋष्यमूक पर्वत था दिखाई । दिखे उस पर बैठे कपिराई॥
नभ से सिय की नजर थी पड़ती । आभूषण उन तरफ फैकती॥
ऐसे सिय ले गया दसकंधर । जा पहुँचा लंका के अंदर॥
वहाँ अशोक वाटिका जो होई । सीता को वहाँ राखेउ सोई॥
बहुत भांति भय प्रीति दिखाया । सिय आगे वह बिबस हो जाया॥
तब सिय को अशोक बट नीचे । बैठाकर चला होकर पीछे॥
जब प्रभु कपट हिरण पीछे धाये । वही प्रभु छवि सिय हृदय बैठाये॥

दोहा ॥सिय रटती श्री राम को । वही छवि मन में धार॥
जटा जूट थे शोभते । हाथो धनु बाण सम्हार॥ ७०

चौ ॥लक्ष्मण इधर राम को दिखाई । चिंता सीता की थी सताई॥
कहा अकेली छोड़ जानकी । आयउ सुधि नही मेरे वचन की॥
घूमत राक्षस बन में होई । मुझे भय सिय पर्ण कुटी न सीई॥
लक्ष्मण पड़े प्रभु के चरना । नाथ न कुछ मेरी गलती दिखना॥
शीघ्र वहाँ से चले दोउ भाई । चित्रकूट आश्रम पर आयी॥
सीता आश्रम में नहि दिखाई । दुखी भये प्रभु मनुज की नाई॥
हें सीता तुम गुणों की खाना । कहाँ गयीं जो मुझे न दिखाना॥
रूप शील तुम सम न दिखाना । पावन व्रत व नियम ने बनाना॥

दोहा ॥लक्ष्मण थे बहु भांति तब । प्रभु को रहे समझात॥
वहाँ से आगे बढ़ दिए । पूछत बेल-वृक्ष से जात॥ ७१

चौ ॥हें पच्छी भौरे और हिरना । मृग सम नयन क्या सीता दिखना॥
खंजन हिरण कबूतर तोता । कोयल भौरे मछली कपोता॥
शरदचन्द्र दामिन सिंह हाथी । हंस कमल कामदेव संघाती॥
इनका नाम ले प्रभु है पुकारा । सुन के प्रशंसा ये खुशी अपारा॥
कदली बेल स्वर्ण खुशी थे होई । इनको चिंता आज न जोई॥
ये सिय क़ोमलता से लजाई । गईं सीता ये खुशी हो जाई॥
कैसे सिय तुम ये सह पाती । क्यों नहि यहाँ प्रकट हो जाती॥
इव खोजत बिलखत भगवाना । जिम बिरही कामी मनुज दिखाना॥

दोहा ॥पूर्णकाम सुखराशि प्रभु । अविनाशी अजन्मा होय॥
सो साधारण मनुज सम । चरित हैं करता सोय॥ ७२

चौ ॥आगे जटायु पड़ा दिखाई । सुमिरत राम चरण सुखदाई॥
प्रभु कर कमल है उस पे फिराई । देख के छवि वह पीड़ा गमाई॥
धर धीरज वह जटायु बताया । राम हे भव भंजन सुखदाया॥
दसकंधर मेरी दुर्गति कीन्ही । जानकी वही दुष्ट हर लीन्ही॥
दक्षिण दिशा वह लेकर गयऊ । कुररी भांति सिय तड़पत भयऊ॥
दर्शन आपके रही पिपासा । इसी आस में प्राण मैं राखा॥
वह पूरण तुम किये रघुनाथा । प्राण चाहें अब निकसन नाथा॥
राम कहा तुम राख शरीरा । मुसकाय गीध कह हे रघुबीरा॥

दोहा ॥जिसका नाम मुख से कढ़त । मृत्यु समय एक बार॥
जनम मरण से मुक्त वह । वेदों ने ऐसा सचार॥ ७३

चौ ॥सो प्रभु मेरे सामने होई । फिर ये देह क्यों राखों जोई॥
नैनों जल भर कहें रघुनाथा । अपने सुकर्म सुगति तुम्ह पाता॥
मन जो लगाये पर उपकारा । नहि दुर्लभ उसे कुछ संसारा॥
तज ये देह धाम करो विश्रामा । दूँ तुम्हें क्या तुम पूरण कामा॥
स्वर्ग में मेरे पिता मिल जाई । सीता हरण तुम उन्हें न बतायी॥
राम चन्द्र यदि मेरा नामा । रावण कुल के साथ वहाँ जाना॥
स्वयं ही तब वह उनको बतायी । क्यों यह मेरी दशा हो जाई॥
प्रभु सुमिरि गीध देह तज दीन्हा । प्रभु पार्षद रूप वह लीन्हा॥

दोहा ॥सुंदर श्यामल रूप में । चार भुजाएँ धार॥
स्तुति प्रभु की कर रहा । दिखा जीवन का सार॥ ७४

छंद॥मेरे राम सुंदर रूप जो, निर्गुण सगुण सदा सत्य हैं॥
रावण भुजाएँ बीस और, दस शीश खण्ड वही राम हैं॥
करते सुशोभित ये धरा, मेघों के सम श्यामल दिख़त॥
मिलती कृपा जिनकी सदा, दिखें प्रेम रस नेत्रों भरत॥

छंद॥अजन्में अगोचर अनादि जो दिख, वेद वक्यों से जाने जाते॥
जो तुलना रहित भुज बल को लिए, भक्तों के सदा कष्ट मिटलाते॥
आधार जो पृथ्वी के है बने, सुख दुःख में सम वे दिखलाते॥
देते है वे आनंद सबको, आनंद कंद जग में कहलाते॥

छंद॥माया से परे व्यापक है दिखे, निर्विकार अजन्में कहे जाते॥
मुनि ज्ञानी दिखत बड़ा ध्यान करत, और योग के द्वारा उन्हें पाते॥
वे करुणा सिन्धु शोभा के बिन्दु, जड़ चेतन में देखे जाते॥
मेरे हृदय कमल करें उसको विमल, भोंरे के रूप में मडराते॥
छंद॥वे ब्रह्म अगम प्राप्त होते सुगम, शीतलता गुण उनमें दिखता॥
मन इंद्रियाँ बस योगी जो कर, हिय में वह सदा दर्शन करता॥
जो राम में रम हर हाल में सम, हर सांस में उनको बसा लेता॥
सब सुख उसे मिल जब उनमें घुल, निज धाम प्रभु उसको देता॥

दोहा ॥अन्पायनी भक्ति दे । भेजा बैकुंठ के धाम॥
अपने हाथ अंत्येष्टि कर । किया पुत्र का काम॥ ७५

चौ ॥मित्र का पुत्र है पुत्र समाना । वही निरबाह राम किया आना॥

छंद॥जटायु समाना न कोई दिखाना इस जग में भाग्यवान॥
आमस भोगी न रहा कोई योगी पाया ईश्वर धाम॥
दशरथ न जो पाया इसे मिल जाया अन्तिम क्रिया विधान॥
उपकार दिखाया जो कर पाया उसके बनें सब काम॥

चौ ॥दीनबंधु कोमल रघुराई । करत कृपा वे बिनु कुछ पाई॥
गीध की अधम योनि जो दिखाई । वह गया जहाँ योगी भी न जाई॥
शिव जी कहें उमा भाग्य वे हीना । ऐसे प्रभु तज विषय में लीन्हा॥
फिर सिय खोजत चले दोउ भाई । दक्षिण दिश बन में चले जाई॥
जंगल तुंग भद्रा कावेरी । सिय को दौऊ बन्धु रहे हेरी॥
घना जंगल लता वृक्ष दिखाई । पशु पँछी आवाज सुनायी॥
क्रोचारन्य बन किये वे प्रेवेशा । गन्धर्व अधोमुखी मिला विशेषा॥
बिना धड़ ये था कबंध के नामा । ढूलशिला ऋषि शाप वह पाना॥

दोहा ॥यह सुंदर गन्धर्व था । धर राक्षस रूप वह आत॥
ऋषियों को था सतात ये । एक दिवस की बात॥ ७६

चौ ॥ढूलशिला ऋषि एक दिन आवा । राक्षस रूप धर इसने डरावा॥
शाप दे ऋषि इसे वही रूप दीन्हा । तंग ऋषियों को तब वह कीन्हा॥
तप कर ब्रह्मा से वर मागेहु । युद्ध में हमें न मार कोई पायहु॥
पूछा किस विधि मुक्ति मैं पावा । तब ब्रह्मा ने मुझको बतावा॥
राम लक्ष्मण इस बन आयी । हाथ तुम्हारे वे काट गिराई॥
हाथ जो काटे समझना येही । ईश्वर आये सुगति दें जेही॥
रावण उनकी सिया हर लावा । उन्ही को ढूँढ़ते यहाँ वे आवा॥
सुगति पाय उन्हें देना बताई । पम्पापुर शबरी मिल जाई॥
फिर वह ऋष्यमूक पहुचाई । वहां वानर पति भेंट हो जाई॥
तब वे अग्नि दाह तुम्हें देई । तुरत मुक्ति तब तुम पा लेई॥
यह कह अंतर्ध्यान वे भयहूँ । तभी से मैं यहाँ पर हूँ पड़ेहूँ॥
एक दिन इन्द्र से युद्ध हो जावा । पैर मेरे वे धड़ में घुसावा॥
हाथ दूर तक मैंने फैलाई । शिकार मेरा इन्ही में आ जाई॥
उन्ही में पकड़ शिकार ले लेही । जीवन यापन करता जेही॥
प्रभु को पकड़ने प्रयास था कीन्हा । लक्ष्मण हाथ काट तब दीन्हा॥
समझ गया यही ईश्वर होई । अन्य न हाथ काट सके जोही॥
विनती की दाह मेरा कीजे । और सुगति हमको दे दीजे॥
दाह संस्कार प्रभु कर दीन्हा । सुगति पाय उन्हें सब बता दीन्हा॥

दोहा ॥कहा ऋषि के शाप से । मेरी दुर्गति थी दिखाय॥
दिखे आज भला कीन्ह तुम । प्रभु दर्शन मैं पाय॥ ७७

चौ ॥हें गन्धर्व सुनो मेरी बाता । भक्त का द्रोही मुझे न भाता॥
छोड़ कपट मन क्रम और बचना । सेवे भक्त अच्छा हमें लगना॥
यही रीति सभी देव की होई । ईश्वर भक्त से प्रीति हो जोई॥
शाप देत या वचन कठोरा । पूज्यनीय ज्ञानी मत मोरा॥
ग्यानबान बंदनीय गुण हीना । गुणी अज्ञानी न पूज प्रवीणा॥
अपना धर्म प्रभु उसे समझाया । भक्त जान प्रेम उसमें दिखाया॥
फिर वह प्रभु को चरण सिर नाबा । गगन मार्ग निज लोक सिधाबा॥
कवंध बताये मार्ग प्रभु बढ़ते । बन व पहाड़ पार वे करते॥

दोहा ॥कर्नाटक जो प्रदेश अब । जिला बेलगाँव होय॥
राम दुर्ग स्थान वहाँ । आश्रम कबन्ध था सोय॥ ७८

चौ ॥पम्पा सर की तरफ वे बढ़ते । पशिचम दिश आश्रम थे देखते॥
यह स्थान मतंग ऋषि होई । घना जंगल वह मतंग बन सोई॥
शिष्या मतंग की शबरी नामा । राम की परम भक्त सब जाना॥
भीलनी जाति से वह थी होई । पम्पा सर न जान दे कोई॥
गुरु मतंग से आशिष लेई । थोड़ी दूर आश्रम वह केई॥
चलते समय गुरु उसको बतायी । एक दिन तुम्हरी कुटी राम आयी॥
ऋष्यमूक गिरि उन्हें भिजाना । जो पम्पा सर पास दिखाना॥
तुंगभद्रा आज नदी सुहाई । यह गिरि आज भी वहीं दिखाई॥
कपि पति वहाँ सुग्रीव जो रहई । भेंट करें वह सिय को खोजहि॥
कपिं भेज वे खोज कराई । राम को ये सब देना बतायी॥
निज आश्रम शबरी आ रहती । श्री राम की राह देखती॥
कर्नाटक राज्य बल्लारी होई । आश्रम शबरी वहीं रहा जोई॥
पास में हम्प्पी झील सुहाबा । पम्पा सरोवर यही था दिखाबा॥
चारों तरफ यहाँ क्षेत्र जो होई । किष्किन्धा वही राज्य था जोई॥
बाली शासन यहाँ था दिखाया । जो सुग्रीव का ज्येष्ठ बताया॥
सोचे शबरी गुरु दिया बचना । दर्शन राम यहाँ अबस ही मिलना॥
फूल वह निस दिन बीन दिखाई । और उन्हें राम मार्ग पे बिछाई॥

दोहा ॥राम लखन आगे बढ़त । आश्रम शबरी के पधार॥
बचन गुरु के सत्य भये । भइ खुशी उसे अपार॥ ७९

छंद॥नेत्र प्रभु के दिखत, जैसे कमल खिलत । और बाहु लम्बी दीखती॥
जटा जूट बनत, दिखते ज्यों मुकुट । सिर पर जो अति सोहती॥
है श्याम बदन, बन्धु गौर दिखन । बन माल कंठ बिराजती॥
चरनों वह गिरत नैन आँसू बहत । निज भाग्य को वह सराहती॥

चौ ॥गुरु यदि होय भक्त पे उदारा । संसार न कुछ सके उसका बिगारा॥
भीलनी जाति यह शबरी होई । अपमान समाज था करता जोई॥
पर गुरु कृपा उस पर हो जाई । ईश्वर मिले उसे विलम्ब न लाई॥
नैनन जल सों चरण पखारा । सुंदर आसन उन्हें बैठारा॥
कन्द मूल फल भेंट वह कीन्हा । चख चख कर मीठे उन्हें दीन्हा॥
प्रेम सहित प्रभु भोग लगाई । अति स्वादिष्टि यह कहते जाई॥
स्वाद जो था कौशल्या हाथा । मिला आज वही सुन हे माता॥

छंद॥शबरी भीलिनी, ऊँची करनी, प्रभु का भोग लगात॥
त्रिलोक के स्वामी, जिन्हें शिव नमामी, स्वाद सराहत जात॥
बेर चख लाई, खट्टा न आ जाई, हाथ से प्रभु को खवात॥
ऋषि मुनि तप कर, जीवन कई लग, नहि उन तक पहुँच वे पात॥

दोहा ॥ऐसे प्रभु श्री राम को । निज कुटिया बैठाय॥
फल उनके श्री मुख रखे । प्रेम से रही खिलाय॥ ८०

चौ ॥हाथ जोर अब खड़ी हो जाती । निरख प्रभु प्रेम खुशी न समाती॥
हे प्रभु नीच जाति मैं होई । विनती किम करूँ मूरख जोई॥
सबसे अधिक पापी जग कोई । उससेहु आगे पापी मैं होई॥
इसके बाद मूरख मैं नारी । करूँ स्वागत किस विधि मैं तुम्हारी॥
राम कहा सुन मेरी बाता । मैं मानूँ सिर्फ भगति का नाता॥
जाति धर्म कुल और बडाई । धन बल परिजन बुद्धि गुनाई॥
ये सब दिखें किसी में आयी । पर बिनु भक्ति मुझे न सुहाई॥
बिना भक्ति नर उसी समाना । जिम बिनु जल कोई मेघ दिखाना॥

दोहा ॥नौ प्रकार भक्ति कहूँ । सुनो होकर सावधान॥
उनको बखानूं मैं यहाँ । मन में उन्हें बैठान॥ ८१

चौ ॥पहली भक्ति श्री राम बतायी । संतन संग यदि कोई रह पाई॥
दूसरी यह सुने कथा हमारी । उसी के प्रसंगों में खुद को बिसारी॥
तर्क बितर्क न उसमें करना । भाव से नेत्र में आँसू बहना॥
तीजी भक्ति गुरु सेवा होई । होके समर्पित करे जो कोई॥
अमान भाव उसमें दे दिखाई । शब्द ये मैं उसमें मिट जाई॥
चौथी भक्ति वह व्यक्ति है करता । मेरे गुण गान लींन जो रहता॥
चलते फिरते सोते जागते । मन अपना मेरे गुणों में साधते॥
वेद पांचवीं भक्ति बतायी । गुरु मन्त्र को जपता जाई॥
मन्त्र जाप दिन रेन जो रहही । पाचमी भक्ति वह करता दिखही॥

दोहा ॥इंद्रियाँ बस में जो करे । छटवीं यह भक्ति कहात॥
रखता शील स्वभाव वह । बैरागी बनता जात॥ ८२

चौ ॥संत पुरुष आचरण वह करता । अपना ऊँचा चरित्र है रखता॥
करे सम भाव का जो व्यवहारा । सभी में मेरा रूप निहारा॥
सातवीं भक्ति यही कहलाती । उसे झांकी प्रभु सभी में दिखाती॥
संतों में सदा प्रेम जताता । प्रभु से अधिक नेह उनमें दिखाता॥
आठवीं भक्ति सदा संतोशा । दूसरो में कभी दोष न देखा॥
जो मिल जाय तृप्ति उसी होई । दूसरों देख न ईर्ष्या जोई॥
नौवीं भक्ति उसमें दिखाई । सरल स्वभाव जिसका हो जाई॥
सदा रखता ईश्वर में भरोशा । छल और कपट न उसमें देखा॥

दोहा ॥किसी व्यक्ति में यदि दिखें । इनमें से भक्ति कोई॥
हमको वह सदा प्रिय लगे । तुममें ये सब दिखें सोई॥ ८३

चौ ॥योगियों को दुर्लभ गति जोई । तुमको सुलभ आज वह सोई॥
मेरा दर्शन फल यह दिखाता । जीव सहज निज रूप को पाता॥
हे भामिनि अब मुझे यह बतायी । क्या गजगामिनी सिया दिखाई॥

पम्पा सर को जाऊँ रघुनाथा । वहाँ सुग्रीव मिलें कपिनाथा॥
होगी उनसे तुम्हरी मिताई । वही सीता का पता लगाई॥
सब कुछ जान के हे रघुनाथा । हमें पूंछ मेरा मान बढ़ाता॥
प्रेम सहित प्रभु को समझाई । जो गुरु मतंग ने उसे बताई॥

छंद॥कथा सब कही चरणों नवी, उनकी छवि हिय धार ली॥
योग वह लही अग्नी जली, निज देह उसमें समाय दी॥
प्रभु में मिली दुर्लभ दिखी, गति योगियों को कठिन जो॥
भिलनी वह ली प्रभु वह जपी, राम भक्ति का परिणाम वो॥

दोहा ॥पहुँची शबरी उस जगह । नहि लौटे जहाँ से कोय॥
क्यों नहि जपते राम को । सभी जगह जो होय॥ ८४

चौ ॥आगे वहाँ से चले रघुराया । सिंह समान बन्धु दोउ जाया॥
एक बिरही सम दुखी दिखाई । बातें बतात लखन को जाई॥
सुन्दरता बन किसे न लुभाया । प्रकृति ने इसको ऐसे सजाया॥
पशु पंछी नारी संग होई । जिम मुझे देख चिढाते जोई॥
मुझे देख मृग भय से छिपाईं । मृगी तब उनको रही बताईं॥
इनसे डरने की नहीं बाता । स्वर्ण हिरन ये खोजत जाता॥
हाथी झुण्ड हथनियों संग लेई । जिम कहें पत्नी अकेली न केई॥
शास्त्र को एक बार पढ़ लीन्हा । फिर भी पुनः-पुनः देख प्रवीणा॥

दोहा ॥नृप की कितनेहु सेबि कर । फिर भी कभी न बिचार॥
बस मेरे में बह हुआ । मौका पड़ने पर मार॥ ८५

चौ ॥लक्ष्मण यहाँ बसन्त दिखाई । पर बिनु सीता मैं डर्पायी॥
कामदेव मुझे जान अकेला । बन भौंरे पछी यहाँ धकेला॥
ये सेना लेकर वह धाया । सामने मेरे उन्हें फैलाया॥
काम के दूत ने उसे बताया । मै यहाँ भ्रात संग हूँ आया॥
यह सुन कामदेव ने बिचारा । मानों सेना डेरा डारा॥
बड़े वृक्षों में लताएँ लिपटती । मानों तम्बू ताने दिखती॥
केला ताड़ दिखें ध्वजा पताका । वही न मोह जो हृदय धीर राखा॥
वृक्षों पर पुष्प विभिन्न प्रकारा । जैसे उनने पोशाक है धारा॥

दोहा ॥जहाँ तहाँ सुंदर वृक्ष दिख । जिम योद्धा खड़े दीख॥
डेरा डाले बिलग होय । दिखे छाबनी लीख॥ ८६

चौ ॥कोयल कूजत पड़ती दिखाई । जिम मतबाले हाथी चिंघाई॥
ढेक महोक खग बोलत जाना । मानों खच्चर ऊँट समाना॥
हंस कबूतर मोर चकोरा । बोलत जिम वे अरबी घोरा॥
तीतर और बटेर दिखाई । जैसे झुण्ड सिपाहियों जाई॥
कामदेव ये सेना बनायी । जो जसकरन से बरन न जाई॥
ऊंचे पर्वत रथ के समाना । जल के झरने नगाड़े दिखाना॥
आवाज पपीहा की जो सुनाई । जिम गुण गान भाट हैं कराई॥
गुन्जार है भौरों की चौं ओरा । सहनाई जिम सुन पड़ी घोरा॥

दोहा ॥मन्द सुगन्धित वायु चल । कामदेव के दूत का काम॥
वह जो घूमत फिरत हैं । देती उसका पैगाम॥ ८७

चौ ॥प्रबल कामदेव सेना ये होई । इसको देख बचा धीर है जोई॥
हे लक्ष्मण वही योद्धा समाना । जग में प्रतिष्ठा उसे मिल पाना॥
स्त्री कामदेव का सिपाही । बहुत ही बल इसमें है दिखाई॥
उससे उबर के जो कोई जाता । बड़ा पराक्रमी योद्धा दिखाता॥
मनुज में तीन दुष्ट जो होई । काम क्रोध और लोभ है जोई॥
मुनि ज्ञानी बिग्यानी दिखाई । छण में उन्हें ये क्षोभ कराई॥
इच्छा दंभ ये लोभ हथियारा । काम है लेता स्त्री सहारा॥
कठोर वचन बल क्रोध का होई । मुनियों की बाणी ये सोई॥

दोहा ॥सुनहु उमा श्री राम जी । गुनानीत भगवान॥
चल और अचल के स्वामी वे । तीनों गुणों परे जान॥ ८८

चौ ॥जानत सबके उर की बाता । पर साधारण भांति दिखाता॥
बेबस कामी पुरुष वे दिखाई । ज्ञानी पुरुष का बैराग्य द्रढाई॥
काम क्रोध मद लोभ व माया । छूट जात प्रभु राम की दाया॥
इनके जाल नर नहि वह फसही । शिव जी जिस पर कृपा है करही॥

उमा सुनो अनुभव मैं बतायी । राम भजन सच जग झूठ पाई॥
अब प्रभु पम्पा सरोवर आवा । साफ़ व गहरा दिखता सुहावा॥
निर्मल जल संत हृदय समाना । बंधे घाट मन मोह दिखाना॥
जल पीवत बहु पशु थे दिखाई । जिम जाचक दानी घर आयी॥

दोहा ॥जल में पत्ते कमल के । जब छा जाते दिखात॥
पानी गहराई वहाँ । किसी के समझ न आत॥ ८९

चौ ॥उसी भांति माया ढक लीन्हा । मनुज को ब्रह्म दिखाई न दीन्हा॥
जल अगाध पम्पा सर जोई । मीन समान रूप सुखी होई॥
जैसे किसी में धर्म शीलता । जिससे सुखी वह व्यक्ति दीखता॥
उसमें कमल खिले ना ना प्रकारा । मीठे स्वर बहु भौंरे गुंजारा॥
जल मुर्गी राज हंस आवाजा । सुन कर प्रभु उन्हें श्रेष्ठ नवाजा॥
बगुले चक्रवाक खग श्रेनी । उन सुन्दरता थी क्या कहनी॥
पँछियों सुंदर बोली सुहाई । सुनकर राह गीर रुक जाई॥
पास सरोवर ऋषियों निवासा । बन और वृक्ष किया उनका सुबासा॥

दोहा ॥चंपा तमाल व मौलसिरी । कटहल पाटल व ढाक॥
शोभा बढ़ाते ताल की । आम कदम्ब इत्याद॥ ९०

चौ ॥बहु प्रकार के वृक्ष दिखाई । उन पर पुष्प थे रहे सुहाई॥
गूँजत भौंरे पुष्प सुहावा । चारों तरफ बसन्त था आवा॥
सुगंधित शीतल मंद बयारी । चलती स्वभाविक बड़ी मनोहारी॥
कोयल की कूँ-कूँ आवाजा । सुनके मुनियों ध्यान टूट जावा॥
सभी वृक्ष फलों लदे दिखाई । बजन से वे सभी गये झुकाई॥
जैसे कोई पुरुष उपकारी । झुक जाता जब धन को सम्हारी॥
देख सरोवर सुन्दरताई । कर स्नान राम सुख पाई॥
शीतल छाया वृक्ष दिखाई । अनुज साथ प्रभु बैठ थे जाई॥

दोहा ॥मुनियों संग सभी देव गण । दरश हेतु वहाँ पधार॥
स्तुति कर प्रभु राम की । निज निज लोक सिधार॥ ९१

चौ ॥मन प्रसन्न बैठे रघुनाई । मधुर कथाएँ लखन को सुनाई॥
बिरह में प्रभु को देव ऋषि जाना । सोच बंत नारद थे दिखाना॥
कहें राम से शाप मैं दीन्हा । उसको प्रभु स्वीकार थे कीन्हा॥
मैं माया के बन्ध था आया । मोहनी से शादी ललचाया॥
स्वरूप आपका माँगन जाया । आप मेरा कपि रूप बनाया॥
आपकी माया मैं समझ न पाया । हो क्रोधित तुम्हें शाप सुनाया॥
आप सदा भक्तन हितकारी । उस हेतु खुद को कष्ट में डारी॥
उसी शाप के आज परिनामा । बन घूमत सहते दुःख ना ना॥

दोहा ॥सोचा मैं दर्शन करूँ । यह अवसर मुझे भाय॥
मौका फिर नहि यह बने । माँगूँगा माफी जाय॥ ९२

चौ ॥यही सोच मैं था चल दीन्हा । गावत राम बजावत बीना॥
महिमा राम की कहिते जाना । आया जहाँ बैठ भगवाना॥
नारद प्रभु को दण्डवत कीन्हा । राम ने उठा लगा हिय लीन्हा॥
कर स्वागत उन्हें निकट बैठारा । लक्ष्मण उनके चरण पखारा॥
नारद बिनती करते जाना । भये प्रसन्न प्रभु ऋषि जब जाना॥
तब ऋषि कहे जोर निज हाथा । हे प्रभु सहज दया रघुनाथा॥
सदा उदार आप हैं दिखाई । दें वरदान सुगम सुखदाई॥
मैं चाहत हूँ जो वरदाना । अन्तर्यामी आप सब जाना॥

॥प्रभु कहा आप है जानते । मेरा उदार स्वभाव॥
कुछ न छिपाऊँ भक्त सों । नहि रखता उनसे दुराव॥

चौ ॥हे ऋषि नहि कुछ इस जग माहीं । जो तुमको देने में मनाही॥
हमें कुछ भी अदेय नहि होई । मुझ पर करो विश्वास ये जेही॥
हो प्रसन्न नारद थे बताई । एक वर माँगन करूँ ढिठाई॥
नाम आपके बहुत दिखाया । अनेक नाम वेद प्रभु के बताया॥
फिर भी राम जो आपका नामा । सारे जगत का करे कल्याना॥
पाप रूप पछी जो होई । बधिक समान नास करे सोई॥
सब नामों में राम हो महाना । दो यह वर हमें कृपानिधाना॥
रात्रि पूर्णिमा में चन्द्र दिखाना । उसी समान हो राम का नामा॥
तारागण जो रात्रि में होई । अन्य नाम हों उसी सम जोही॥

दोहा ॥कह तथास्तु प्रभु ऋषि से । कृपासिंधु श्री राम ॥
नारद हुए प्रसन्न अति । चरणों शीश झुकान ॥ ९४

चौ ॥नारद खुश जाना श्री रामा । बोले वचन हे कृपा निधाना ॥
आपकी प्रेरित थी वह माया । मोह में मुझे डाल था दिखाया ॥
मैं मोहिनी से विवाह ललचाया । आप थे क्यों मुझे दूर कराया ॥
हे मुनि सुनो तुम्हें बात बताता । सब कुछ तज मेरे पीछे जो आता ॥
रक्षा करूँ उस मातु समाना । जो हर समय निज शिशु को रखाना ॥
अग्नि तरफ यदि शिशु चला जायी । दौड़ मातु उसे दूर हटायी ॥
भक्त को उसी भांति मैं रखाता । माया तरफ जाने से बचाता ॥
प्रौढ़ अवस्था शिशु जब पाई । खुद रक्षा का ज्ञान आ जाई ॥

दोहा ॥अब भी माँ उसे प्रेम कर । पर नहि पहले समान ॥
शिशु निर्भर अब नहि रहा । मां पर पहले जो दिखान ॥ ९५

चौ ॥ज्ञानी व्यक्ति प्रौढ़ शिशु के समाना । अब उसको है ज्ञान आ जाना ॥
अब नहि दृष्टि इस पर मेरी होई । जो उस पर पहले थी सोही ॥
मेरा भक्त सिर्फ भक्ति जाना । हर पल मुझे निज हृदय बैठाना ॥
एसा भक्त मुझे शिशु वही होई । जिस पे निगाह हर छण मेरी सोई ॥
जो मुझ पर निर्भर व अमाना । एसा भक्त मेरी कृपा सदा पाना ॥
मेरे बल पर उसे विश्वासा । नहि सपनेहु उसे दूसरी आसा ॥
पर ज्ञानी को ज्ञान अभिमाना । जो मेरे भक्त में नहि आ पाना ॥
काम क्रोध बड़े शत्रु जो होई । खतरा इनसे दोनों को जोही ॥

दोहा ॥भक्त के शत्रु को मैं हनू । क्योंकि बह निर्भर मोर ॥
ज्ञानी निर्भर ज्ञान पर । उसका ही लगाता जोर ॥ ९६

चौ ॥अतःसब चतुर भजे मेरा नामा । होके ज्ञानी भी भक्ति सुहाना ॥
मोह ने जो सेना है बनायी । काम क्रोध मद लोभ जुड़ाई ॥
सबसे बड़ा शत्रु माया होई । उसके बंधन दिखे सब कोई ॥
मेरी भक्ति लींन जो दिखायी । माया उसको नही सताई ॥

हे मुनि मोह नारी उपजाई । जिसमें फस जप तप मिट जाई॥
काम क्रोध मद लोभ दिखाई । स्त्री दिखें इन उत्तरदायी॥
वह इनमें देती है फसाई । और वही सके मुक्ति भी कराई॥
तुलसी आदि कई संत जो होई । त्यागे दोष ये स्त्री जोई॥

दोहा ॥स्त्री एक हथियार सम । यदि सही उपयोग जो लान॥
हो उसकी उन्नति सदा । वही दुरपयोग में मिटान॥ ९७

चौ ॥शिखर सफलता पर जो दिखाई । एक स्त्री उसे वहाँ पहुँचाई॥
धर्म पत्नी उसका एक नामा । पति का धर्मवृद्धि वह कराना॥
अर्द्धांगिनी भी बह कहलाती । आधा अंग बन पति को बढ़ाती॥
कितनेहि पाप इस जग में दिखाई । अपनी चतुरता से स्त्री मिटाई॥
ज्ञानी जन यह बात बताया । शील रूप यह स्त्री दिखाया॥
हे मुनि जबसे श्रष्टि ये आयी । तब से तुम तपसी हो दिखाई॥
कैसे मैं तुम्हें गृहस्थ बनाता । और शादी किम तुम्हरी कराता॥
ऋषि सुने गूढ़ वचन रघुनाथा । प्रेम से उनके नयन जल आता॥

दोहा ॥मन ही मन ऋषि सोचते । नहि कोई ऐसा ईश॥
रक्षा सेवक की करे । हाथ रहे सदा शीश॥ ९८

चौ ॥ऐसेहु प्रभु को नहि भज पाबा । वह अज्ञानी अभागी दिखाबा॥
अब पुनः नारद बिनती सुनायी । ज्ञान निधी हे प्रभु रघुराई॥
संतन के गुण करो बखाना । समझाओ मुझे श्री भगवाना॥
सुनो संतन के गुण मुनिराया । जिनसे उनके बस मैं दिखाया॥
लोभ मोह मद मत्सर कामा । छटवाँ पाप क्रोध जिसे सब जाना॥
इन्हें जीत निश्पापी जो होई । और निष्काम भाव रखे जोई॥
स्थिरबुद्धि त्यागी शुचि रहना । बाहर भीतर से सुखी दिखना॥
ज्ञानवान सत्यनिष्ठ मिताहारी । कवि योगी और रहे सदाचारी॥

दोहा ॥दूसरों को दे मान जो । अभिमान हीन हैं दिखात॥
आचरण निपुण धर्मग्य और । धैर्य से बात बतात॥ ९९

चौ ॥सब गुणों से सम्पन्न दिखाई । जग सुख दुःख में नहि भरमाई॥
सभी संदेहों से मुक्त हो जोही । नही प्रेम जिन्हें घर व देही॥
अपनी प्रशंसा जिन्हें न सुहायी । दूसरों की सुन खुश हो जाई॥
समान भाव शीतल है स्वभाया । सर्वप्रेम और सरल दिखाया॥
जप तप व्रत और नियम से रहता । तथा संयम का आचरण करता॥
प्रभु में प्रीति ज्ञानी सत्कारा । हो निष्कपट धर्म व्यवहारा॥
दया मैत्री क्षमा श्रद्धा भावा । सदा प्रसन्न प्रीति प्रभु में दिखावा॥
विनय विवेक तत्व का ज्ञानी । विनय बेद पाठ और अमानी॥

दोहा ॥किसी के प्रति मद दंभ नहि । भूल से भी न कुमार्ग॥
प्रभु गुण गान में लींन रह । चले साधुओं के मार्ग॥ १००

चौ ॥संतों के गुण जितने दिखाई । नहि सारदा भी बरनै पाई॥

छंद॥बरनै न सारद सुन करके नारद, लिए पकड़ वे प्रभु के चरण॥
दयावान हो कृपा बान हो, सदा देत भक्तन को सरन॥
दिए मान उन्हें निज जान जिन्हें, भक्ति करन मौका दिया॥
करते बिनत नारद चलत, ब्रह्मलोक को वे चल लिया॥

चौ ॥पावन राम चरित जो गाबा । उनकी दृढ़ भक्ति वह पाबा॥
माया छोड़ भजो रघुनाथा । उनके भजन काम क्रोध है जाता॥
राम भगति सहजहि मिल जाई । बैराग्य योग कुछ काम न आयी॥
भजे राम सत्संग जो करही । राम कृपा तुरतै उसे मिलही॥

भक्त मिलन सोपान

छंद॥श्यामल सुघर गोरे बदन, दोउ वीर योद्धा दिख रहे॥
कुंद पुष्प नीले कमल सम, तूणीर धनु काँधे धरे॥
है ज्ञान के भण्डार वे, वेदों पुराणों बंदते॥
गों देवों और विप्रों के हित, जग में है वे देह धारते॥

छंद॥हो के अजन्मा जन्म ले, भक्तों के हित को साधते॥
मानव के सम लीला करत, चौ दिश में धर्म सम्हारते॥
खोजत फिरत सीता को वे, एक पथिक सम हैं लागते॥
वे राम लक्ष्मण अवध पति, मेरे हृदय में है बिराजते॥

छंद॥वे पुरुष महाना, जो हृदय बसाना, जटा जूट धरे राम॥
शिव के भगवाना, वे जपें श्रीरामा, इन्ही का ध्यान लगान॥
कलियुग दुःख नाना, मिटते दिखाना, यदि रटे राम का नाम॥
अमृत के समाना, पी यह जो पाना, गुरु करवाते पान॥

दोहा ॥उमा सहित शिव बसत जहाँ । मुक्ति वह काशी दिलात॥
ज्ञान देत पाप हरत वह । क्यों नही दरश को जात॥ १

चौ ॥सागर मन्थन के दौराना । काल कूट विष निकल के आना॥
जिसका पान किया महादेवा । जगत बंदनीय भये वे देवा॥
सदा जपिए उनका ही नामा । उन समान नहि देव दिखाना॥
सिय की खोज आगे चले रामा । ऋष्यमूक पर्वत दिखराना॥
कर्नाटक हम्पी गिरि जोई । आस पास किष्किन्धा सोई॥
बानर राज बाली जो बताया । उसका राज्य गया यही दिखाया॥
यहाँ से बारह कोस की दूरी । अंजना पर्वत दिखता सबूरी॥
अंजना पत्नी केसरी कहाई । पुच्छस्थला पूर्व जन्म की बताई॥

दोहा ॥अप्सरा ये थे स्वर्ग की । मतंग शाप परिणाम॥
बानर वंश में जन्म ले । केसरी की पत्नी कहान॥ २

चौ ॥गिर सुमेरु के राजा जोई । उन्ही का नाम केसरी होई॥
अंजना एक दिन पर्वत आयी । शिव की तपस्या हेतु बैठ जाई॥
हजारो वर्ष तप रही वह लीन्हा । पुत्र कामना उसे प्रवीणा॥
हुए प्रसन्न शिव दर्शन दीन्हा । पुत्र बती हो वर वे दीन्हा॥
शिव ने पवन देव को बुलाया । अपना तेज दे उनको बताया॥
इसे अंजना तक ले जाओ । उनके गर्भ में इसे बैठाओ॥
पवन देव वैसा ही कीन्हा । शिव का तेज ले वे चल दीन्हा॥
किया स्थापित गर्भ अंजना । और जब पूरा समय बीतना॥
हुआ जन्म तब श्री हनुमाना । पवन पुत्र भी ये थे कहाना॥

दोहा ॥पवन पुत्र व शिव सुमन । केसरी नन्दन हैं नाम॥
इनको सभी पुकारते । रुद्रावतार हनुमान॥ ३

चौ ॥किशिकन्धा नृप बाली कहाया । उसका अनुज सुग्रीव बताया॥
इन्द्र अंश बाली था महाना । सूर्य अंश सुग्रीव बताना॥
दोनों भ्रात बीच भई लड़ाई । सुग्रीव को घर से दिया भगाई॥
ऋष्यमूक सुग्रीव था आया । इसी गिरि छिप वह डेरा बनाया॥
हनुमान का दोस्त वह होई । अतः संग वे बसते जोई॥
पवन देव हनुमत को लयही । गये सूर्य पे वे शिक्षा दयही॥
तभी कपि से सूर्य कही थी बाता । करना रक्षा सुग्रीव की ताता॥
इसी हेतु सुग्रीव के साथा । बसें हनुमत रखें निज हाथा॥

दोहा ॥ऋष्यमूक पर्वत निकट । आये लक्ष्मण रघुनाथ॥
जटा जूट धारण किये । धनुष बाण लिए हाथ॥ ४

चौ ॥इसी पर्वत पे बसें सुग्रीवा । सचिव रूप संग हनुमत बीरा॥
दो योद्धा उन्हें दिए दिखाई । जिन्हें देख सुग्रीव डिराई॥
डरकर हनुमत को वे बताया । उनकी तरफ वीर आते दिखाया॥
कह सुग्रीव मुझे भय ये दिखाया । मुझे मारन ये बालि भिजवाया॥
ब्रह्मचारी के भेष तुम जाओ । दोनों वीर का पता लगाओ॥
यदि इनको हैं भ्रात भिजवाये । मुझे मारन षड्यंत्र बनाये॥

तो बुद्धिमानी का लेना सहारा । मेरी तरफ कर देना इसारा॥
फिर मैं यहाँ से भाग के जाई । किसी तरह निज प्राण बचाई॥
विप्र रूप हनुमत ने बनाया । राम लखन के निकट वे आया॥

दोहा ॥हाथ जोड़ के प्रणाम कर । पूछत उनसे हनुमान॥
श्यामल गौर शरीर के । को तुम बल के निधान॥ ५

चौ ॥छत्रिय रूप तुम फिरते दिखाई । योद्धा कहाँ के इस बन आयी॥
भूमि कठोर यहाँ की होई । कोमल चरण हैं तुम्हरे जोई॥
बन बिचरत तुम महल के गामी । कारण समझ न हमको आनी॥
कोमल तुम्हरे अंग दिखाई । जो रहे कोटि काम को लजाई॥
सहते इस बन धूप पिपासा । वायु भी यहाँ की करे हताशा॥
क्या त्रिदेव में तुम कोई होई । या नर नारायण तुम जोई॥
अथवा जग के तुम आधारा । इस भव के प्रभु तारन हारा॥
उद्धार जगत तुम लिया अवतारा । आये जग में धरम के सहारा॥

दोहा ॥कहा हम हैं अवधेश सुत । पितु आज्ञा यहाँ आन॥
मैं हूँ राम लक्ष्मण अनुज । संग में नारि भी लान॥ ६

चौ ॥पंचवटी आश्रम था कीन्हा । निसिचर वहाँ से सिया हर लीन्हा॥
उसको खोजत हम यहाँ फिरही । सुग्रीव से मिलन की इच्छा करही॥
ऋष्यमूक वे बसते बताई । उसी तरफ मैं चलते जाई॥
परिचय हमने अपना सुनायी । विप्र हे अपना तुम भी बताई॥
यह सुन हनुमत प्रभु पहिचाना । प्रेम से उनके चरण गिर जाना॥
सुनहु उमा हनुमत मेरा रूपा । हमको सुख मिला बड़ा अनूपा॥
हनुमत पुलकित वचन न आवा । मन में प्रभु रुचि भेष बसावा॥
प्रभु स्तुति की धर मन धीरा । लिया पहिचान प्रभु को वीरा॥

दोहा ॥आपका परिचय पूछना । उचित मेरे लिए होय॥
पर तुम अन्तर्यामि प्रभु । तुम्हें न छिपा हैं कोय॥ ७

चौ ॥पर साधारण मनुज की नाईं । परिचय पूछत हमसे गोसाई॥
आपकी माया फसा मैं दिखाई । इससे प्रभु पहिचान न पाई॥
मैं मूरख मोहबस अज्ञानी । आपने मुझे क्यों दिया भुलानी॥
यद्यपि अवगुण मुझ में होई । प्रभु सेवक को भूल नही तोही॥
हे प्रभु आपकी माया जो सोही । फसा जीव उसमें सब कोई॥
जब स्वामी कृपा दृष्टि हो जाई । उससे जीव मुक्ति तब पाई॥
इसपर भी मैं भजन न जाना । अन्य उपाय भी कर नही पाना॥
सेवक तके स्वामी परक्षाई । जैसे शिशु को मातु है दिखाई॥

दोहा ॥प्रभु सेवक की रखता । सदा उचित परवाह॥
रहे जिससे निश्चिंत वह । जिए निशिकंटक राह॥ ८

चौ ॥इतना कह हनुमत अकुलाये । प्रेम से प्रभु चरणों गिर जाये॥
कर कमलों प्रभु लिया उठाई । असली रूप हनुमान दिखाई॥
राम ने प्रेम से हृदय लगाया । अपने नयन जल उनको भिगाया॥
प्रभु कहा मन नहि लेउ ग्लानी । लखन से दुगने प्रेम तुम आनी॥
लगते सभी मुझे एक समाना । पर प्रिय भगत है अधिक दिखाना॥
क्योंकि उसे न दूसरा कोई । केवल मुझ पे भरोसा होई॥
यह गति उसकी अनन्य कहाती । जो हर क्षण उसे मुझसे जुड़ाती॥
सेवक भाव सदा वह रखता । जीव प्रत्येक में प्रभु उसे दिखता॥

दोहा ॥हनुमत देखा स्वामि को । जब अपने अनुकूल॥
खुशी हुई उन्हें हृदय से । मिटते दिखे सब सूल॥ ९

चौ ॥हनुमान कर जोर बतायी । ऋष्यमूक गिरि यही है कहाई॥
सुग्रीव इसी के शिखर पे रहही । आपका दास वह कपि पति कहही॥
कीजे उससे मित्रता गोसाईं । जिससे भय मुक्ति वह पायीं॥
करेगा वह सिय खोजन कामा । भेजेगा निज दूत सयाना॥
कहा ऊँचा यह गिरि है दिखाया । चलन कठिन काँधे मेरे बैठ जाया॥
आकाश मार्ग से पवन की नाईं । पहुचौऊँ प्रभु कृपा गोसाईं॥
सुगीव देख हनुमत है चढ़ाई । निज कँधे जो वीर दोउ आयी॥
महापुरुष निश्चय ये कोई । धन्य जन्म जो दरश मुझे होई॥

दोहा ॥पहुँचाया हनुमान ने । प्रभु को सुग्रीव के पास॥
कपि पति मिले दोउ बन्धु सों । हुई दुःख छूटन आस॥ १०

चौ ॥सुग्रीव बिचार करें मन माहीं । क्या मैत्री इनसे हो पाहीं॥
हनुमत उनको रहे बतायी । एक दूजे की कथा सुनायी॥
अग्नी को साक्षी वे बनायी । दोनों मध्य मित्रता कराई॥
हुई प्रीति कुछ किसी न छिपाया । राम चरित लक्ष्मण ने बताया॥
सुना सुग्रीव सिया का हरना । कह जानकी अबस ही मिलना॥
एक दिवस की घटना बताई । कहा मंत्री संग यहाँ मैं आयी॥
बैठ के हम कुछ सोचत रहही । गगन में सीता जाती दिखही॥
विमान एक नभ जाता दिखाया । उसमें बैठ सिया रहीं बिलखाया॥

दोहा ॥राम को रहीं वे पुकारती । तभी हमें देख लींन॥
दिए आभूषण फेंक वे । हमने उन्हें रख दीन्ह॥ ११

चौ ॥वे आभूषण माँगे रामा । तुरत विभीषण उन्हें प्रदाना॥
देखे राम तुरंत पहिचाना । हृदय लगाय आँसू वे बहाना॥
हे लक्ष्मण क्या तुमने चीन्हा । दिखें सिय कुण्डल शोक में लीन्हा॥
बिछुड़े सिय से ये दुखी होई । इनको मिलाऊ प्रण मेरा जोई॥
लखन कहा मैं सेवक चरना । मातु के कुण्डल नही कभी दिखना॥
सुग्रीव कहा तजो शोक हे स्वामी । धैर्य धरो शीघ्र सिया मिलानी॥
मै सेवक सम करूँ वे उपाई । जानकी जिससे शीघ्र मिल जाई॥
सुग्रीव मित्र के वचन सुहाए । रघुकुल मणि मन में हर्षाये॥

दोहा ॥पूछत प्रभु सुग्रीव से । बन में बसत केहि हेतु॥
अपनी पत्नी से बिलग । कहो हमें कपी निकेत॥ १२

चौ ॥राम को तब सुग्रीव बताई । बाली और मैं रहा दो भाई॥
बाली किश्कंधा नृप होई । मैं युवराज वहाँ का सोई॥
थी अति प्रीति मध्य दोउ भाई । वर्णन जिसका करन न पाई॥
मय दानव एक रहा बलवाना । उसका सुत मायावी नामा॥

एक रात्रि मेरे नगर वह आबा । युद्ध हेतु बाली को बुलाबा॥
युद्ध चुनौती जब वह दीन्हा । जिसे स्वीकार बाली ने कीन्हा॥
जब बाली सम्मुख था आया । डरा मायाबी भागत जाया॥
बाली पीछा उसका कीन्हा । मै भी भ्रात पीछे हो लीन्हा॥

दोहा ॥मायाबी भागत चला । एक गिरि गुफा छिप जाय॥
उसके द्वार खड़ा बालि तब । हमको यह समझाय॥ १३

चौ ॥यहीं द्वार तुम करो इंतजारा । लौटूँ शीघ्र मैं उसको मारा॥
पन्द्रह दिवस यदि लौट न पाई । समझ लेना मैं मारा जाई॥
इंतजार एक माह मैं कीन्हा । बाली न लौट न दिखा कोई चीन्हा॥
एक दृश्य तब मुझे दिखाई । रुधिर धार गुफा से बह आयी॥
समझा मैं बाली गया मारा । अब पीछा वह करेगा हमारा॥
गुफा द्वार शिला दीन्ह लगाई । और मैं अपने नगर को आयी॥
देखा सचिव नगर नृप हीना । बरबस राजा बना मुझे दीन्हा॥
इधर बाली उसे मार के आबा । मुझको देख के क्रोध भर जाबा॥

दोहा ॥बोला गुफा के द्वार पर । तुम पत्थर रख दीन्ह॥
जिससे वहीं मैं बंद रहूँ । राज पाठ तुम लीन्ह॥ १४

चौ ॥दुश्मन सम वह हमको बिचारा । सब कुछ छीन मुझे अति मारा॥
मेरी पत्नी रोमा नामा । उसको छीन हमें घर से भगाना॥
उसके भय चारों दिशा मैं जाई । पता लगा वह मार लगाई॥
हनुमत मेरी कीन्ही सहाई । संग मेरे रह जान बचाई॥
फिर हम ऋष्यमूक गिरि जाबा । शाप से बाली यहाँ नहि आबा॥
ऋषि मतंग उसे शाप था दीन्हा । जब बाली दुन्दुभी बध कीन्हा॥
इसको मार वह फेंक इसी पर्वत । जो तपो भूमि ऋषि की सर्वत॥
अति क्रोधित तब ऋषि दिखाई । कहा अपवित्र तू गिरि ये बनायी॥

दोहा ॥शाप दिया तब बालि को । यदि इस गिरि तू आय॥
आज से मेरा वचन ये । तेरे सिर के खंड हो जाय॥ १५

चौ ॥करे जो दुन्धुबी का उद्धारा । वह बाली को मारन हारा॥
तब से बालि यहाँ आ नहि पाबा । पर सदा भय हमें उसका दिखाबा॥
मारने हमें वह योद्धा भेजता । हनुमत उनको यहाँ से खेद्ता॥
भगत की सुनी प्रभु करूँण कहानी । उनकी दोनों भुजा फडकानी॥
तुरत प्रतिज्ञा कीन्ह श्री रामा । सुग्रीव को हाथ उठा वे सुनाना॥
हनूंगा बालि को एकहि बाना । भलेहि त्रिदेव की शरण वह जाना॥
आपको हमने मित्र है बनाई । तुम्हरे दुःख मेरे दुःख हो जाई॥
मित्र का दुःख भी मित्रे दुखाता । नहि ऐसा तो नर्क वह जाता॥
समझे निज दुःख तिल के समाना । मित्र का दुःख पर्वत सा दिखाना॥

दोहा ॥जिनको ऐसा नहि दिखे । मूरख वे मित्र सम नाइ॥
इस मति पर जो सहज चल । स्वर्ग उन्हें खुल जाइ॥ १६

चौ ॥कुपथ पे मित्र अगर है जाता । दूसरा मित्र उसे लौटाता॥
मित्र के गुनों को मित्र फैलाई । अवगुणों को वह सदा दुराई॥
मित्र को देबही मित्र से लेबही । नहि संकोच वह इसमें देखही॥
एक मित्र यदि विपति में आयी । दूसरा सौ गुना प्रेम बढ़ाई॥
सच्ची मित्रता में यही दिखही । एसा वेद पुराण हैं कहही॥
मित्र के सम्मुख कहे मृदु बचना । पीछे उसके अनहित करना॥
एसा चित सदा सर्प समाना । तजे मित्र यह यही बुद्धिमाना॥
सेवक मूर्ख कंजूस नरेशा । और कोई कुल्टा नारी विशेशा॥

दोहा ॥तथा मित्र कपटी कोई । चारों ये शूल समान॥
सावधान इनसे रहे । कुसमय में इन्हें पहिचान॥ १७

चौ ॥अतःमित्र सब सोच बिहाई । सभी भांति मैं तुम्हरा सहाई॥
कह सुग्रीव सुनहु रघुराई । बाली महा योद्धा है दिखाई॥
अब सुग्रीव की इच्छा होई । लेऊँ परीक्षा राम बल जोई॥
सात ताड़ वृक्ष पम्पा सरोवर । सर्पाकार में खड़े वे धरोहर॥
उन्हें मुनी का शाप एक होई । एकहि बाण में डहाये जोई॥
वही बाली को स्वर्ग पहुँचाई । सुग्रीव को बात याद ये आयी॥

राम को तुरंत संग वह लीन्हा । पम्पा सर की तरफ चल दीन्हा॥
ताड़ वृक्ष की कथा जो सुहाई । राम को सब सुगीव सुनायी॥
राम के तरकश से अनायासा । चला बाण एक बिना प्रयासा॥

दोहा ॥सातों ताड़ वृक्ष बाण ने । ढहा दिए तत्काल॥
सुग्रीव देख विश्वास कर । मरें बाली हर हाल॥ १८

चौ ॥राम को अब सुग्रीव ले आवा । अस्थि पंजर मुश्ठिका की दिखावा॥
उसकी भी जो कथा थी होई । सुग्रीव सुनायी राम को जोई॥
चरण राम ने उसमें छुवाया । वह निज गति ले के चला जाया॥
इन दो घटनाओं के कारण । सुग्रीव को हुआ विश्वास था पावन॥
श्री राम अतुलित बल धामा । बाली हनें ये कृपानिधाना॥
सुग्रीव उन्हें जब ईश्वर जाना । उनके चरण वह प्रीति बढ़ाना॥
अब उसको था ज्ञान हो जाई । फिर प्रभु को ये वचन सुनायी॥

दोहा ॥हे प्रभु आपकी कृपा से । मेरा चित स्थिर होय॥
त्याग के सुख सम्पत्ति सभी । तुम्हरी सेवा में जोय॥ १९

चौ ॥ये सब भक्ति मार्ग बाधाएँ । आपके सभी भक्त यह बताएँ॥
जो भी शत्रु मित्र जग रहही । अथवा सुख दुःख यहाँ पर दिखही॥
ये सब माया द्वारा बनाई । नही यथार्थ में कुछ भी दिखाई॥
बालि मुझे हितकारी होई । जिसकी वजह प्रभु मुझे मिले जोई॥
अतः सपनेहु में उससे लड़ाई । जागत ही मन दुखी दिखाई॥
कृपा अब ऐसी करो भगवाना । माया छोड़ प्रभु लीन्ह हो जाना॥
बैराग्य छणिक सुग्रीव में आया । उसे देख तब हँसे रघुराया॥
राम कहा वह सत्य सब होई । बाली बधन की कहा मैं जोई॥

दोहा ॥कहें भुशुण्डि जी गरुण से । मरकट सम जीव ये होय॥
राम नचावे मदारि सम । लिखा वेद में सोय॥ २०

चौ ॥फिर सुग्रीव को संग प्रभु लीन्हा । धनुष बाण ले तुरंत चल दीन्हा॥
बालि पास सुग्रीव भिजाया । राम का बल पा वह गरजाया॥
गर्जना सुन बाली क्रोधाया । चरण पकड़ पत्नी समझाया॥
बालि की पत्नी जो तारा होई । गुप्तचरों से यह जानत सोई॥
ऋष्यमूक जो आये कुमारा । सुग्रीव को मित्र बनाये सम्हारा॥
अवधेश पुत्र वे अति बलवाना । खर दूषण को मार गिराना॥
हनुमत उन्हें कँधे बैठाया । मित्रता उन सुग्रीव कराया॥
राम लक्ष्मण उनका नामा । काल भी उनसे रहा डराना॥

दोहा ॥कहा पत्नी से बालि तब । प्रिये भयभीत न होउ॥
राम के लिए समान सब । लेते न पछ वे कोउ॥ २१

चौ ॥मेरा वध यदि करेंगे रामा । तो मुझको लेंगे निज धामा॥
यह कह चला बालि अभिमानी । युद्ध करन सुग्रीव से ठानी॥
अनुज को बड़ा तुच्छ वह जाना । उसके संग राम नहि पहिचाना॥
बाली उससे भिड़ा था जाई । सुग्रीव को बहुत रहा धमकाई॥
एक मुश्ठिका वह अनुज को मारा । करके गर्जना फिर चिंघारा॥
तब सुग्रीव बिकल होय जाई । बज्र समान मुश्ठिका वह खाई॥
भाग के वह श्री राम पे आबा । प्रभु को तब वह रहा बताबा॥
हे श्री राम सुनो भगवाना । काल समान बाली है दिखाना॥

दोहा ॥कहा सुग्रीव से राम ने । दिखते तुम दोउ समान॥
मुझे पहिचान में भ्रम हुआ । जिससे नहि धनु संधान॥ २२

चौ ॥सुग्रीव पे प्रभु कर कमल फिरायी । पीड़ा उसके तन मिट जाई॥
पहिचानन भ्रम लीला राम की । घट घट बासी जानत सबकी॥
भ्रात प्रेम सुग्रीव में दिखही । उसको वे मेटन थे चहही॥
इसी में थी सुग्रीव भलाई । और प्रभु भक्त का भला सदा चाही॥
राम ने अतः न बाण चलाया । सुग्रीव द्वन्ध में था पिट जाया॥
बाली अब शत्रु सम होई । इसके बधे दुःख उसे नही जोही॥
सुग्रीव को प्रभु माला पहिराई । युद्ध को बाली पर पहुँचायी॥
जो सुग्रीव बालि से डरही । प्रभु बल पा वह युद्ध को चलही॥

दोहा ॥बाली पर वरदान था । इसका प्रभु को था भान॥
उसका शत्रु सम्मुख अगर । आधा बल उसे मिल जान॥ २३

चौ ॥मर्यादा इन्द्र वर की रखना । प्रभु एक पेड़ के पीछे छिपना॥
सुग्रीव बालि बीच छिड़ा संग्रामा । पीछे पेड़ से देखत रामा॥
सभी बल छल सुग्रीव लगाई । फिर भी हारत पड़ा दिखाई॥
तब प्रभु राम बाण संधाना । जो बाली हिय भेद के जाना॥
लगा बाण व्याकुल वह भारी । बैठ देख प्रभु खड़े अगारी॥
घायल बाली प्रभु को निहारी । जिनकी शोभा न जाय सम्हारी॥

छंद॥वे श्याम बदन, सिर जटा बनन, हैं लाल नयन उनके दिखते॥
धनु बाण हाथ, लक्ष्मण हैं साथ, प्रभु चरण दरश उसको मिलते॥
हुआ जनम धन्य, उस सम न अन्य, हुअवतार प्रभु पहिचान लिया॥
हिय प्रीति दिखी, जो राम लखी, पर मुँह से वचन कटु बोल दिया॥

दोहा ॥प्रभु को देख बाली कहत । बचन बड़े ही कठोर॥
यद्यपि हृदय में प्रेम भर । करता प्रणाम बहोर॥ २४

चौ ॥धरम हेतु प्रभु लिया अवतारा । फिर शिकारि सम क्यों मुझे मारा॥
आपको मैं बैरी हूँ दिखाई । और सुग्रीव से कीन्ह मिताई॥
क्या अवगुण हमरे थे होई । सुग्रीव पछ ले बधा मुझे जोई॥
तब श्री राम जवाब था दीन्हा । सुनो बाली हम क्यों ये कीन्हा॥
अनुज नारि सुत पत्नी भगिनी । और निज कन्या एक रूप दिखनी॥
गन्दी दृष्टि से इन्हें जो देखी । उनको बधे कुछ पाप न लेखी॥
तारा पत्नी तुम्हें समझाई । अभिमान के बस तुम समझ न पाई॥
मेरे भुज बल आश्रित जेई । उसे मारन कोशिश तुम केई॥

दोहा ॥हाथ जोड़ तब बालि कहा । चतुराई चली न हमार॥
आज भी मैं पापी रहा । जाता हूँ धाम तुम्हार॥ २५

चौ ॥मै पापी प्रभु अभी भी दिखाई । जब कि आपके धाम को जाई॥
गूढ़ प्रेम बाली का दिखाया । उसके सिर राम हाथ फिराया॥
तब प्रभु कहा तुम्हें अमर बनाऊँ । रखो प्राण तुम्हें जग में जिवाऊँ॥

दोहा ॥फिर बाली कहा हे प्रभु । जन्मों से जपत लोग राम॥
फिर भी मृत्यु के समय पर । मुख आ नहि वह नाम॥ २६

चौ ॥जिसे काशी में शिव हिय धारा । उसके बल दें गति वे अपारा॥
आज वही सम्मुख मेरे रामा । अब कभी यह संयोग न आना॥

छंद॥श्रुति गाते हैं, बतलाते हैं । उस नाम की महिमा बड़ी॥
मुनि जन तपें, इंद्रिय बस करें । फिर भी झलक नहि उन दिखी॥
अभिमानी मैं, अज्ञानी मैं । इससे रखन तनु प्रभु कहा॥
एसा न कोई, करता हैं जोई । फैकें अमिय विष भर रहा॥

छंद॥प्रभु कृपा करो, दया दृष्टि धरो । अब दीजै मुझे वरदान॥
आगे जन्म जो हो, मेरे कर्म से वो । रहे आप चरण मेरा ध्यान॥
अंगद ये पुत्र, करूँ आपै सुपुर्त । मम जैसा भक्त बलवान॥
लीजै अपनी शरन, मैं हूँ विनती करन । करना इसका कल्यान॥

दोहा ॥भक्ति माँग कर बालि ने । त्यागे अपने प्राण॥
जैसे गज के कंठ से । गिरे माला वह न जान॥ २७

दोहा ॥चैत्र शुक्ल प्रतिपदा तिथि । बाली स्वर्ग भिजा दीन्ह॥
एसा करके राम ने । दक्षिण भारत सुखी कीन्ह॥ २८

चौ ॥बालि को राम धाम निज दीन्हा । नगरवासी दुःख उसके लीन्हा॥
पत्नी तारा दुखी थी दिखाई । फैले केश नहि शुध रख पाई॥
दुखी तारा देखी श्री रामा । दिया उपदेश अज्ञान भगाना॥
पृथ्वी जल अग्नी नभ वायू । इन पाँचों तत्व देह बनायू॥
नश्वर देह सम्मुख वह दिखही । आत्मा अमर क्यों चिंता करही॥
परम ज्ञान तारा जब पाई । प्रभु के चरणों पड़ी दिखाई॥
ईश्वर भक्ति लिया वरदाना । हटी माया प्रभु कृपा दिखाना॥
शिवजी कहते सुनहु भवानी । माया राम की सबै नचानी॥

दोहा ॥दिया आयुष था राम ने । सुग्रीव तुरंत थे जाय॥
मृतक देह ले बालि की । विधिवत क्रिया कराय॥ २९

चौ ॥राम ने लक्ष्मण को भिजबाया । सुग्रीव का राज तिलक करवाया॥
अब सुग्रीव बने कपि राजा । बालि तनय अंगद युवराजा॥
हे खगपति कोउ न राम समाना । मात पिता गुरु बन्धु प्रभु आना॥
देव मनुज मुनि चाहे कोई होई । केवल स्वार्थ से प्रीती जोई॥
बालि सदा सुग्रीव से डरही । भये उसे घाव त्रास वह दयही॥
वही सुग्रीव कपी पति होई । राम समान न दया निधि कोई॥
फिर भी ऐसे स्वामि भुलाई । क्यों न जीव जग में दुःख पाई॥
अब सुग्रीव को राम बुलायी । राज नीति विधिवत समझाई॥
कपिपति को श्री राम बताया । चौदह बरस मैं नगर न जाया॥

दोहा ॥ग्रीष्म ऋतु अब बीतती । वर्षा ऋतु है आया॥
निकट ही हम यहाँ शैल पर । रहूँगा कुटी बनाय॥ ३०

चौ ॥अंगद सहित राज्य तुम कीजे । सीता खोज को ध्यान में लीजे॥
कपि राज निज महल में आवा । राम प्रवर्षन गिरि पर जावा॥
देवों ने पहलेहि से बनाई । गिरि गुफा एक बड़ी रुची सुहाई॥
आयेंगे एक दिन प्रभु रामा । यहाँ बस तब वे करें बिश्रामा॥
बिन ऋतु बन फूला है सुहाई । प्रभु की खुशी भोंरे गुंजाई॥
बन में सभी फल लगते दिखाई । जब से यहाँ श्री राम जी आयी॥
सुंदर रुचिर यह गिरि प्रभु भावा । लक्ष्मण सहित यहाँ बस जाबा॥
देव सिद्ध मुनि उनको सेवते । वहाँ आ खग मृग रूप वे धरते॥

दोहा ॥लक्ष्मीपति श्री राम जी । जब से किया यहाँ निवास॥
मंगलमय वन हो गया । सभी जीवों में मिठास॥ ३१

चौ ॥शिला एक फटिक मणी की होई । उसपे आसीन भ्रात दोउ जोई॥
अनुज से कथा कहें बहु रामा । जिनसे भक्ति बैराग्य बताना॥
कहें प्रभु लखन से वर्षा सुहानी । चारों तरफ नभ छाये दिखानी॥

नांचे मोर बादल की गर्जना । जिम गृहस्थ खुश भगत के दिखना॥
बादल घुमड़ घुमड़ नभ आयी । बिनु सीता मम मन डरपाई॥
जहाँ तहाँ विद्युत चमकत जाई । दुष्ट प्रीति जिम थिर न दिखाई॥
बादल बरसें भूमि नियराना । नमे विद्वान् विद्या जब पाना॥
गिरत बूँद सहें गिरि आघाता । सहते संत जिम दुष्ट की बाता॥

दोहा ॥छोटी नदियाँ बाढ़ मय । चलीं किनारे तोड़॥
जिम धन पाय के क्षुद्र कोई । इतराता सबै छोड़॥ ३२

चौ ॥वर्षा जल पृथ्वी जब आयी । निर्मल था मेला हो जाई॥
जनम पे मनुज में दोष न आयी । फिर धीरे माया लपटाई॥
बह जन जल तालाब में जाई । सज्जन पे जिम सद्गुण आयी॥
सागर जिम नदी मिलती दिखाई । आत्मा भी अंत प्रभु से मिलाई॥
उगी घास मारग न दिखावा । पाखंड विवाद से ग्रन्थ छिप जावा॥
मेढक ध्वनि चारों ओर सुनायी । बिद्वत जन जिम वेद पढ़ाई॥
नये-नये पत्ते वृक्ष उग आयी । हरे भरे पड़े जिससे वे दिखाई॥
वैसेहि जब विवेक उपजाई । साधक मन उसी तरह हो जाई॥

दोहा ॥अकौआ जवास पे अब नही । दिखता पत्ता कोय॥
जिम सज्जन राजा भये । कोई भी दुष्ट न होय॥ ३३

चौ ॥वर्षा से नहि धूल दिखाई । बैसेहि धर्म को क्रोध मिटाई॥
खेत में अन्न फसल लहलाई । जिम उपकार से धन बढ़ जाई॥
रात अँधेरे जुगनू प्रकाशा । जिम ढोंगी रचें अपने तमाशा॥
वर्षा घोर हो मेंड टूट जाई । स्वतंत्रता मिलि स्त्री बढ़ जाई॥
खर पतवार खेत उग आयी । किसान निराय के उन्हें हटाई॥
अवगुण भी मद मोह और माना । उपजे सरीर में चतुर मिटाना॥
चकवा पंछी कहीं न दिखावा । जैसे कलह में धर्म मिट जावा॥
ऊसर भूमि पर वर्षा होती । पर वहाँ घास भी दिखे नहि उगती॥

दोहा ॥बैसेहि भगत के हृदय में । कभी न उपजता काम॥
खूब यत्न करे कोई भी । वर्षा जिम हो ढलान॥ ३४

चौ ॥पृथ्वी पर बहु जीव दिखाई । जिम स्वराज से प्रजा बढ जाई॥
रुकते पथिक वर्षा जब होई । ज्ञान पाय इंद्रिय दबें सोई॥
वायु कभी बड़ी तेज हो जाई । बादलों को यहाँ वहाँ के मिलाई॥
जिम कपूत किसी वंश में होता । सभी आचरण वंश के खोता॥
बादल करें कभी दिन अन्धकारा । प्रकट सूर्य कभी करे उजारा॥
जिम कुसंग से ज्ञान नसाई । पाय सुसंग वह उसको बढ़ायी॥
देखो लक्ष्मण वर्षा बुढ़ानी । आयी शरद ऋतु बड़ी सुहानी॥
चारों तरफ कांस फूले दिखाई । देते सूचना वर्षा है जाई॥

दोहा ॥तारा अगस्ति के उदय से । मार्ग का जल सब सूख॥
बैसेहि आ संतोष जब । मिटे लोभ का रूख॥ ३५

चौ ॥जल है स्वच्छ नदी तालाबा । जिम मद मोह एक संत भगावा॥
धीरे धीरे जल सर सरिता । सूखत जात सबै है दिखता॥
बैसेहि संत भी ममता भुलाई । और ईश्वर से प्रीति बढ़ायी॥
खंजन पछी शरद ऋतु दिखते । बैसेहि समय शुभ पुण्य प्रकटते॥
कीचड़ धूल नही कहीं दिखाई । नीतिवान नृप पाप मिटाई॥
सर सरिता जल जब कम होई । तडपे मछलियाँ उनमें सोई॥
बैसेहि जब जनसंख्या बढ़ती । चारों तरफ गरीबी दिखती॥
बिन बादल निर्मल आकाशा । प्रभु भक्त तजे सबसे आशा॥
अब बारिश कही कही पे दिखाई । जैसे प्रभु भक्ति कोई कोई पाई॥

दोहा ॥वारिष जब है बीतती । निकले काम पर चार॥
रुके भिकारी नृप बडिक । चले निज काम सम्हार॥ ३६

चौ ॥नदी सरिता में जल खूब आयी । जिससे मछलियाँ सुखी दिखाईं॥
बैसेहि प्रभु जब सरण है मिलती । तब सब बाधाएँ है हटती॥
कमल फूलते सोह तालाबा । निर्गुण ब्रह्म सगुण हो सुहाबा॥

मधुर गुन्जार भोंरों की सुनायी । ना ना स्वर से खग रहे गाई॥
चकबा रात्रि देख बिरह से डरता । दुष्ट भी पर सम्पत्ति देख जलता॥
दिन के ताप को चन्द्र निसि हरता । संत दरश जिम पाप है मिटता॥
शशि की तरफ टक टकी चकोरा । जिम हरी भगत प्रभु की ओरा॥
सर्दी में मच्छर डांस मरही । जिम द्विज शाप से कुल नास दिखही॥

दोहा ॥वर्षा के बहु जीव थे । सर्दी में भूमि समाय॥
जैसे सद्गुरु मिलत ही । भ्रम संशय मिट जाय॥ ३७

चौ ॥वर्षा बीत शरद ऋतु दिखही । हें लक्ष्मण सुध सिय नहि मिलही॥
एक बार कैसेहि सुध पाऊँ । जीत काल को भी सिय लाऊँ॥
किसी जगह यदि जीवित होई । करके यत्न मैं लायउ सोई॥
मुझे सुग्रीव ने दिया भुलाई । उसे राज कोष पत्नी मिल जाई॥
बाली को जिस बाण से मारा । कल मारूँ इसे उसी बाण द्वारा॥
जिसका नाम ले क्रोध मिट जाई । उमा उसे सपनेहु क्रोध न आयी॥
राम का यह चरित्र सोई जाना । जिनपे कृपा करें भगवाना॥
लखन देख प्रभु क्रोधित जबही । धनुष पे बाण चढ़ावत तबही॥

दोहा ॥समझावा प्रभु अनुज को । करुणा पति भगवान॥
केवल भय को दिखाय कर । सुग्रीव को यहाँ तुम लान॥ ३८

चौ ॥यहाँ किसकंधा सोच हनुमाना । सुग्रीव ने राम का कार्य भुलाना॥
निकट आय कपि पति को प्रणामा । साम दाम दण्ड भेद बताना॥
सुग्रीव डरा जब सुना हनुमाना । विषयों बस मैं राम भुलाना॥
कहा हनुमत लो दूत बुलाई । उनको जहाँ तहाँ देऊ भिजायी॥
करके काम लौटे पखवारा । नहीं तो वे जायेंगे मारा॥
हनुमत दूत समूह बुलावा । यथा उचित सम्मान कारावा॥
राम काज उनको समझाई । नीति व भय प्रीति उन्हें दिखाई॥
सबको शीष नबाए दूता । चले सब वानर खोजन सीता॥

दोहा ॥आये लक्ष्मण तेहि समय । क्रोधित बहुत दिखात॥
नगरवासी देखत उन्हें । इधर उधर छिप जात॥ ३९

चौ ॥धनुष चढ़ाय लखन चेताया । अभी नगर को मैं देंऊ जलाया॥
व्याकुल नगर बासी हो जाबा । बाली सुत अंगद तब आबा॥
शीष लखन को उनने नबाया । युवराज उठा वे हिय से लगाया॥
क्रोधित लक्ष्मण दिए थे दिखाई । भय व्याकुल सुग्रीव हो जाई॥
हनुमत से कहा तारा लीजे । अवध कुमार से बिनती कीजे॥
तारा संग ले पवन कुमारा । गाय राम यश लखन सम्हारा॥
विनती कर उन्हें महल ले आबा । चरण धोय आसन बैठाबा॥
कपि पति अब उन्हें चरण झुकाई । लक्ष्मण उन्हें लिए कंठ लगाई॥

दोहा ॥विषय न सम कोई मद दिखे । हे प्रभु सत्य ये होय॥
एक छण में मन मोह ले । बड़े बड़े मुनि जो सोय॥ ४०

चौ ॥विनय युक्त सुग्रीव की बाता । लक्ष्मण तुरंत समझ थे जाता॥
भेजे दूत ये कहा हनुमाना । सीता खोज के तुरंत वे आना॥
फिर लक्ष्मण को आगे कीन्हा । राम तरफ सब थे चल दीन्हा॥
निकट आय उन्हें चरनन नाबा । कपि पति कहा मेरा दोष न लाबा॥
आपकी माया प्रबल दिखाई । केवल राम कृपा छूट पाई॥
सुर नर मुनि उसके आधीना । मैं एक कपि कामी बुद्धि हीना॥
काम के बस जो नहि हो पाबा । और क्रोध निशि में यदि जागा॥
तथा लोभ में यदि न बंधावा । तो तुम सम वह जग में दिखावा॥

दोहा ॥साधन से यह नही बनें । राम कृपा से होई॥
और वह सभी न प्राप्त कर । करें प्राप्त कोई कोई॥ ४१

चौ ॥श्री राम खुश हो मुस्काया । कहा तुम भरत समान दिखाया॥
अब सुग्रीव यतन करो सोई । मिलन जानकी जेहि विधि होई॥
तभी वानर समूह था आया । ना ना भांति रंग के वे दिखाया॥
चारो दिशाओं से आते दिखायी । झुण्ड के झुण्ड कपि भालू आयी॥
हे उमा कपि समूह जो आयी । उनकी गणना असम्भव पायी॥
आके सभी शीष प्रभु को झुकाई । दर्शन कर सनाथ हो जाई॥
असंख्य सेन कपि की थी दिखावा । सभी से राम पूँछी कुशलावा॥
प्रभु के लिए यह आश्चर्य नाही । कण कण में वे बसते दिखाईं॥

दोहा ॥बानर दल खड़ा दीखता । सुग्रीव उन्हें समझात॥
राम काज तुम्हें करन हैं । बिनती मैं अपनी बताता॥ ४२

चौ ॥बानर दल चारो दिशा को जाओ । खोज के सीता तुरंत बताओ॥
अवधि एक माह तुम्हरे पासा । खोजो सिया तभी प्राण की आशा॥
सुन करके सुग्रीव आदेशा । खोज करन चले कपि खगेशा॥
महाबली कपि सुग्रीव बोलाये । नल नील अंगद हनुमत आये॥
साथ में बुद्धिमान जाम्बाना । ये सब कपि पति सम्मुख आना॥
सुग्रीव इन्हें आदेश सुनायी । दक्षिण दिश जाओ पता लगाई॥
राम काज करो मन क्रम बचना । यत्न पूर्ण सामर्थ्य से करना॥
सूर्य ताप पीछे लिया जाई । सम्मुख सेंक अग्नि को बताई॥

दोहा ॥सेवा स्वामि की करे नित । भाव सहित छल त्याग॥
पूरी शक्ति से यत्न कर । मन क्रम बच से लाग॥ ४३

चौ ॥इस प्रकार सेवा जो करही । माया छूट प्रभु धाम है मिलही॥
जीवन के यह शोक मिटाता । और परलोक सुधर हैं जाता॥
शरीर धरे का यही फल पाई । तज के काम क्रोध प्रभु भज पाई॥
वही गुणबान वही भाग्यवाना । राम चरण जो प्रीति कर पाना॥
फिर आयुष माँगी कपि वीरा । चले सुमिर प्रभु ये रनधीरा॥
नाबा सिर पीछे हनुमाना । होंगे सफल ये राम गये जाना॥
निज कर कमल उठा श्री रामा । हनुमत के सिर रहे फिराना॥
अश्रु प्रेम नैनों हनुमाना । राम अँगूठी दीन्ह निज जाना॥

दोहा ॥हनुमान से राम कह । समझाना सिय खूब॥
बल मेरा बतलाय कर । कहना मैं बिरह में डूब॥ ४४

चौ ॥पाया राम काज हनुमाना । अपना जीवन धन्य वे माना॥
चरण राम के नाय बलबीरा । चले हिय में रख बे रघुबीरा॥
सब कुछ जानत हैं रघुराई । रख मर्यादा लीला दिखाई॥
चले वानर खोजत बन सीता । हर्षित हैं काम करें पुनीता॥

गुफा नदी पर्वत तालाबा । खोजत सभी जगह पार न पाबा॥
राम काज में वे लय लीन्हा । सुध निज देह की भुला वे दीन्हा॥
निसिचर यदि उन्हें कहीं मिल जाई । पूछत उसे फिर देत मिटाई॥
हर प्रकार हर जगह वे ढूरहि । मुनि कोई मिले ताहि सब पूँछहि॥
प्यास लगी सबै दिखे अकुलाई । भटके बन में जल न दिखाई॥
हनुमत तब अनुमान लगाते । अब जल बिनु गये प्राण दिखाते॥
चढ़ एक शिखर देख चारों ओरा । गुफा जमीन पँछियों शोरा॥
गुहा ऊपर जल पछी उडाई । बगुले चकुबे हंश दिखाई॥

दोहा ॥खग कुछ बाहर आत दिख । कुछ गुफा घुसते जाएँ॥
हनुमत शिखा से उतरकर । सबको दृश्य दिखाएँ॥ ४५

चौ ॥सबने हनुमत आगे कीन्हा । पीछे उनके सब चल दीन्हा॥
कतही विलम्ब नहि उनने लगाई । शीघ्र गुफा में वे घुश जाई॥
दिखे अंदर उपवन तालाबा । पुष्प कमल खिल सर था सुहाबा॥
मन्दिर एक वहाँ रुचिर बनाई । तप करती एक नारी दिखाई॥
सबने दूर से कीन्ह प्रणामा । पूछन पर वृतांत बताना॥
उसने कहा करो जलपाना । सुंदर मीठे फिर फल खाना॥
मिली आज्ञा सब किया स्नाना । और सुरस फलों भोग लगाना॥
फिर सब नारी के पास आवा । राम कथा उसको वे सुनावा॥

दोहा ॥सुना कपि से जब नारि ने । ब्रह्म लीन्ह अवतार॥
कहा अब करो बंद नेत्र तुम । मैं उनके दरश की विचार॥ ४६

चौ ॥नयन बंद कर पुनः देखोगे । खुद को गुफा बाहर पाओगे॥
मिलेंगी सीता मत पछताना । मुझे अब रघुपति पास है जाना॥
अस कह गयी वह निकट रघुराई । कर दर्शन थी शीस झुकाई॥
बिनती कीन्ही वह वहु भांती । राम से अनन्य भक्ति थी पाती॥
राम की वह आज्ञा जब पाई । बंदरीवन तप हेतु थी जाई॥
बानर इधर नेत्र थे खोलत । अपने सम्मुख सागर देखत॥
सोचत अवधि बीतने जाती । पर सीता सुधि नहि मिल पाती॥
खड़े सब सोचत सागर तीरा । बिना सुधि कैसे फिरें हम बीरा॥

दोहा ॥अंगद कहे आँसू भरे । आयी मृत्यु दोउ भाति॥
यहाँ आगे सागर दिखत । लौटे मरना दिखाति॥ ४७

चौ ॥मेरे पिता का जब बध होई । तभी मैं देखा काल मेरा होई॥
पर श्री राम ने रक्षा कीन्ही । नहि अहसान सुग्रीव कर दीन्ही॥
अंगद बार बार ये बताई । आयी मृत्यु संशय न दिखाई॥
कपि सब सुने बात युवराजा । नहि कुछ बोल नयन जल छाजा॥
एक छण सोच मगन हो जाई । फिर सबने ये वचन सुनायी॥
नहीं लौटू बिनु सिय सुध पाई । हें युवराज मैं तुमको बताई॥
खारे सागर फिर सभी आयी । बैठे सिन्धु तट कुश को बिछाई॥
दुःख अंगद का देख जाम्बाना । वे रहे सबे उपदेश सुनाना॥

दोहा ॥साधारण नर राम नहि । निर्गुण अजेय ब्रह्म होय॥
सेवक हम भाग्यवान हैं । सगुण राम प्रीति जॉय॥ ४८

चौ ॥निज इच्छा वे लीन्ह अवतारा । देव पृथ्वी द्विज धेनु सम्हारा॥
हम सगुणोपासक सेवा करहीं । सभी प्रकार मोक्ष को तजहीं॥
जामबंत उपदेश ये दीन्हा । सम्पाती गिरि गुफा सुन लीन्हा॥
अंदर उसे आवाज सुनायी । बाहर वानर पड़े दिखाई॥
देख के वह गया था ललचाई । मुझे आहार ईश्वर भिजवाई॥
करूँगा भक्षण सबका आजा । भूखा बहुत दिनों से साजा॥
कभी न भर पेट भोजन पाया । एकहि दिन वह आज भिजवाया॥
गीध वचन सुन कपि डर जाई । सोचे आज सबकी मृत्यु आयी॥

दोहा दोहा॥देखत गीध को कपि डरे । सभी खड़े हो जात॥
उसको आता देख कर । चितित जामवन्त दिखात॥ ४९

चौ ॥मन विचार अंगद फिर कहही । जटायु धन्य नहि उस सम दिखही॥
राम काज हेतु तन त्याग दीन्हा । बड भागी गया स्वर्ग प्रवीणा॥
हर्ष शोक बात सुनी सम्पाती । चला कपि ओर उन्हें चिंता सताती॥
कपियों अभय कर पूछत ताही । जटायु मरण वे कथा सुनायी॥
बन्धु की राम चरण सुन प्रीती । और दिखी प्रभु महिमा नीती॥

दोहा ॥कपि सों तब सम्पाति कह । ले चलो मुझे सागर तीर॥
देऊ तिलांजली भ्रात को । उसके नैनों बहे नीर॥ ५०

चौ ॥करूँ मदद फिर यह मेरा बचना । जिससे सम्भव हो सिय मिलना॥
सिन्धु तीर कपि उसे ले गयऊ । सम्पाति तिलांजलि बन्धु को दयऊ॥
अब खग कह सुनो कथा हमारी । हम दोउ तरुण थे तब ये बिचारी॥
सूर्य निकट हमको है चलना । यही सोच दोनों लगे उड़ना॥
उड़ते चले भानु नियराया । उसके तेज से जटायु डराया॥
उड़ नहि सक वह लौट के आया । मैं अभिमानी निकट था जाया॥
सूर्य तेज मेरे पंख जलायी । बेसुध हो मैं जमीं गिर जाई॥
नाम चंद्रमा मुनि एक होई । उनने दया हम पर की जोई॥

दोहा ॥दिया उपदेश वे बहुत विधि । मुझको तब ज्ञान था होय॥
अभिमान मेरा जाता रहा । हुआ तब प्रभु प्रेम सोय॥ ५१

चो॥मुझे कहा जब त्रेता युग दिखई । ब्रह्म मनुज का रूप तब धरई॥
हरेगा निसिचर पत्नी उनकी । सब पर कृपा वर्षती जिनकी॥
कर नर लीला वे खोज कराई । अपने दूत चारो दिशा भिजाई॥
दूतन भेंट तुम्हारी होई । अवसर वह पुनीत अति जोई॥
तब तुम पंख अनायास पाई । सीता सुध उन्हें देना बताई॥
सत्य भई आज मुनि की बानी । पंख उगे अभी सबको दिखानी॥
कह सम्पाति कार्य अब कीजे । जो मैं कहूँ तब सिय सुध लीजे॥
पर्वत एक त्रिकूट जो होई । लंका उसपर बसती जोई॥

दोहा ॥रावण राजा है वहाँ । निडर होय राज्य कीन्ह॥
बन अशोक वहाँ पर दिख़त । बैठ सिया प्रभु लीन्ह॥ ५२

चौ ॥यहाँ से मुझे सीता है दिखाई । मैं हूँ गीध रखें दृष्टि अधिकाई॥
तुम नहि यहाँ से देख उसे पाई । मैं हूँ देख तुम्हें रहा बताई॥
मेरा शरीर बृद्ध हो जाया । मदद तुम्हार न कुछ कर पाया॥
चार सो कोस समुद्र दिखावा । जो इसे कूद पार कर पावा॥

वही पहुँच पाये सिय नजदीका । करे राम काज बड़े विवेका ॥
नहि घबराऊ धैर्य को धारो । मेरा शरीर देख के बिचारों ॥
बिना पंख मुझे पड़ा तुम देखी । उग आये राम कृपा बिशेखी ॥
राम जपे पापिउ तर जाई । भव सागर राम पार कराई ॥

दोहा ॥उन्ही राम के दूत तुम । करो कायरता त्याग ॥
हिम्मत कर आगे बढ़ो । राम कृपा पार लाग ॥ ५३

चौ ॥सम्पाती यह कह चला जायी । कपि बिसमय में पड़ते दिखाई ॥
अपने अपने बल को बखाना । करें पार संशय वे दिखाना ॥
जामवंत कहें बृद्ध मैं होई । पहले समान न बल रहा जोई ॥
जब बावन प्रभु लिया अवतारा । तरुण बदन तब रहा हमारा ॥
बलि को बधन बाबन भगवाना । लीन्ह भूमि ढाई पग वे दाना ॥
तब प्रभु तन का कीन्ह बिस्तारा । नापा एक पग में संसारा ॥
बड़ी जोर तब मैं था धाई । परिक्रमा सात दो घड़ी में लगाई ॥
मै करूँ पार यह अंगद कहयू । पर लौटन में संशय दिखयू ॥

दोहा ॥अंगद मन में सोचते । रावण सुत अछ्कुमार ॥
मै यदि लंका में गयउ । वह बध कर देगा हमार ॥ ५४

चौ ॥गुरुकुल थे जब हम दोउ पढ़ते । अछ को तब मैं सदा रहा हनते ॥
एक दिन गुरु क्रोधित हो जाई । और मुझको दिए शाप सुनायी ॥
अब यदि मुक्का अछ हन देई । अंगद मृत्यु तुम्हारी होई ॥
वही शाप याद अंगद आयी । लौटने में संशय है दिखाई ॥
जामबंत कह तुम बलवाना । सब कुछ कर सकते हो सुजाना ॥
पर मैं तुमको भेज न पाई । हम सबके नायक हो दिखाई ॥
जामबंत थे तब ये सुनाना । क्यों चुप बैठे हो हनुमाना ॥
वायु पुत्र तुम उन्ही सम होई । ज्ञान-विज्ञान भी उन्हीं सम जोई ॥

दोहा ॥तुम्हें ज्ञान निधि बोलते । उन सम बल तुम्हरे हाथ ॥
तुन्हें असम्भव कुछ नही । क्यों बैठे हो चुप साध ॥ ५५

चौ ॥नहि अस कार्य जगत में कोई । जो हनुमत द्वारा नहि होई॥
आपका जनम ही इस संसारा । सेवा राम की करना सम्हारा॥
सुने जब जामवंत के वचना । हनुमत पर्वत सम रहे दिखना॥
उनके तन पे तेज गया छाया । स्वर्ण समान पर्वत वे दिखाया॥
सिंह समान गर्जना कीन्ही । कहा जल निधि को अभी पी लीन्ही॥
अथवा खारा सागर जोई । लाघ के अभी पार मैं होई॥
सेन सहित रावण को मारूँ । गिर त्रिकूट सागर में डारूँ॥

दोहा ॥जामवंत मैं पूछता । आज्ञा मैं आपसे लेउ॥
क्या करना हमें आज हैं । उचित सलाह मुझे देऊ॥ ५६

दोहा ॥चौक मुनी के शाप से । भूले थे शक्ति हनुमान॥
दिलाय याद जामवंत ने । हो गये पुनः बलवान॥ ५७

चौ ॥चौक मुनी एक दिन तप लीन्हा । बैठे नीचे वृक्ष प्रवीणा॥
बाल रूप मारुति वहाँ आये । सारे सखा संग में लाये॥
खेलत में वह वृक्ष उखारा । जिस नीचे मुनि तप थे सम्हारा॥
क्रोधित हो मुनि दीन्ही शापा । जिन शक्तियों की तुममें आपा॥
करो उन्हें विसमित तुम हनुमाना । मेरा शाप तुम्हें हे बलवाना॥
शाप ये सुनके देव घबराई । मुनि पे पहुँच उन्हें रहे समझाई॥
शिव अवतार ये हनुमत रूपा । देवों कार्य ये आये विभूता॥
राम काज को लिया अवतारा । करेगे निसिचरों का संघारा॥
अतःमुनि शाप को वापिस लीजे । हनुमत पूर्ब समान ही कीजे॥
मुनि कहा शाप न वापिस होई । संशोधन उसमें करें जोई॥
अपनी शक्ति ये जब भूल जाई । याद दिलाने पे वापिस आयी॥
जामवंत को ज्ञात ये होई । याद दिलाई उन्ही ने सोई॥

चौ ॥कहा रीछपति करो ये कामा । सीता सुधि तुमको है लाना॥
सिय सुधि राम को देना बताई । फिर प्रभु कपि सेना संग आयी॥

छंद॥प्रभु सेन कपि के संग आ, निसिचर सभी संघारिहैं॥
रघुवीर का पावन सुयश, त्रिलोक में बिस्तारिहैं॥
यह पाठ जो करता सुनत, शिव सरण में वह जाएगा॥
लिख गाय के जसकरण भी, श्री राम के पद पायेगा॥

दोहा ॥राम कथामृत जो सुनत । मिटते उसके तन रोग॥
हों इच्छाएँ पूर्ण सब । करो पाठ सभी लोग॥ ५८

दोहा ॥नील कमल सम बदन जिन । कामदेव भी लजाय॥
बधिक समान वे पाप हन । उन राम सरन हम जाय॥ ५९

शक्ति खोज सोपान

छंद॥शान्ति हो देते, सनातन हो रहते, हैं जो सदा प्रमाणों परे॥
श्रष्टि बनाते, और संघारते, उन्हें निष्पक्ष सभी हैं कहे॥
ये ब्रह्म देव, व महादेव, जिनके सदा ध्यान में है रहते॥
जो सर्ब व्यापक, सर्ब शक्तिमान, हम उनको सादर है नमते॥

छंद॥होकर निर्गुण, बन जाएँ सगुण, निज माया द्वारा रूप धरें॥
उन्हें राम कहें, सब संत जपें, उनके चरणों हम शीश नमें॥
सबके हिय तुम, कुछ छिपाऊ न हम, केवल चरणों में प्रीति चहूँ॥
सब दोष मिटें, इच्छाएँ हटें, श्री राम चरण मारग को गहूँ॥

छंद॥हे बलवाना स्वर्ण समाना, हिम पर्वत सम दीख रहे॥
दैत्य संहारन दुष्ट मिटावन, ज्ञानियों के ज्ञानी हैं कहे॥
गुणवाना हे कपि प्रधाना, भूतादिक तुमसे डरते॥
राम दीवाना उन्ही रमजाना, भरोसे आपके हम रहते॥

दोहा ॥जामवंत के कहन पर । समझ गये हनुमान॥
सोचे लंका जायकर । सिय सुधि लेकर आन॥ १

चौ ॥मधुर वचन कहे जो जामवाना । रखे हिय में उन्हें हनुमाना॥
भरा आत्मबल कह हनुमंता । इंतजार यहा करो मेरा संता॥
ले सीता सुध तुरंत मैं आयी । रुकन यहाँ कंदमूल फल खाई॥
अबसि मिलें मुझे दरश जानकी । अतिसय हर्ष है कहता हिय की॥
इतना कह सबे शीश झुकाना । हृदय राम धर चले हनुमाना॥
एक सुंदर गिरि सिन्धु के तीरा । अनायास कूद चढे महाबीरा॥
सुमिरैं बार-बार रघुराई । उछल के हनुमत उड़ चले जाई॥
जिस पर्वत से उछल हनुमाना । वह सीधा पाताल को जाना॥

दोहा ॥जैसे राम अमोघ सर । सीधा पहुच निशान॥
सिय पे पहुँचना लक्ष्य कर । वहां से उड़े हनुमान॥ २

चौ ॥सागर है पूर्वज रघुराई । देखा वह दूत राम का जाई॥
होगा थका उसे दूँ विश्रामा । इसी हेतु मैनाक भिजाना॥
हनुमत व्रत सिय खोज का लीन्हा । तब तक नहि विश्राम हूँ कीन्हा॥
कर स्पर्श मैनाक से कयहूँ । राम काज बिन नहि मैं ठैरहू॥
हनुमत लंका तरफ प्रस्थाना । देव गणों के मन ये आना॥
लंका सुरच्छित हैं चारों ओरा । सम्भव नहि प्रवेश किसी जोरा॥
अतः वे परीक्षा लेना चाही । कितनी बल बुद्धि हनुमत पाई॥
नाग माता सुरसा वे पठाई । आकर वह हनुमत को बताई॥

दोहा ॥आहार मेरे तुम दिख रहे । आकार विशाल दिखाय॥
करूँ भोजन भर पेट मैं । तुम्हें ईश्वर भिजवाय॥ ३

चौ ॥यह सुनकर बोले हनुमाना । राम काज करनें मुझे जाना॥
सुधि सीता ले प्रभु को बताऊ । फिर मैं यहाँ लौट कर आऊँ॥
तब तुम मुझको आहार बनाना । सत्य कहूँ माँ मुझे अभी जाना॥
किसी प्रकार जब जान न देयी । तब हनुमत कहा मुझे खा लेयी॥
चार कोस मुँह सुरसा फैलाया । हनुमत दूना करके दिखाया॥
अब चौसठ कोस सुरसा कीन्हा । पवन तनय दूना कर लीन्हा॥
सुरसा जिम जिम तन थी बढ़ाई । मारुति दुगना करके दिखायी॥
चार सौ कोस की सुरसा दिखती । देह हनुमत लघुरूप थी बनती॥

दोहा ॥सुरसा मुँह हनुमत प्रविश । फिर बाहर थे आन॥
चलन की आज्ञा माँगते । करके उसको प्रणाम॥ ४

चौ ॥तब सुरसा निज भेद बताबा । नाग मातु मैं देव पठाया॥
तुम्हरी परीक्षा मैं ले लीन्हा । तुमने संतुष्टि मुझे कर दीन्हा॥
हम देवों को हुआ विश्वासा । करोगे राम काज हुई आशा॥
बल बुद्धि के तुम हो खजाना । दे आशीष वह चली थी जाना॥
हो प्रसन्न हनुमत चल दयऊ । आगे सिन्धु में निसिचरि मिलयू॥
नाम सिंघका उसका होई । गगन के जीव खा जाती सोई॥
पंछी गगन जो जाते उडाई । उन्हें माया से खींच खा जाई॥
हनुमत संग वह यही था कीन्हा । तुरत मृत्यु दण्ड मारुति दीन्हा॥
मार उसे बढ़ गये हनुमाना । और सागर भये पार सुजाना॥

दोहा ॥होके पार बजरंगबली । देखी बन शोभा अपार॥
पुष्प खिले थे दिख रहे । करें भोंरे गुन्जार॥ ५

चौ ॥नाना भांति दिखती फुलवारी । शोभा मृग पशु पंछी नियारी॥
आगे गिरि एक शिखर दिखावा । उस पर निडर हनुमत चढ़ जावा॥
उमा न कुछ कपि की ये बडाई । राम कृपा से काल वे खाई॥
शिखर से लंका पड़ी जो दिखाई । किला समान विशेष बनाई॥
ऊँचा दुर्ग सागर चारों ओरा । स्वर्ण प्रकाश से दिखें सबोरा॥

छंद॥मणियों से सज सोने का घेरा, घर जहाँ सुंदर बने॥
बाजार चौराहे डगर, नगर दिखते सजे॥
हाथी व घोड़े खच्चरों, पद रथ समूहों को गिनें ।
दल निसिचरों बहुरूप के, बल जिनकी तुलना को करे॥

छंद॥शोभा बने बन, बाग, बगिया, कूप, सर और बाबड़ी॥
मुनि मोहती सुंदर युवतियाँ, नाग नर अट्टा चढी॥
कहीं गर्जना मल्लों की है, पर्वत के जैसे दिख रहे॥
निज निज अखाड़ों जाय कर, ललकार देकर भिड़ रहे॥

छंद॥महाकाय योद्धा यत्न से, रच्छें नगर चारों ओर से॥
खाते निशाचर धेनु मानुष, जानबर बड़े चाउ से॥
जीवन ये इनका कुछ दिनों, ज्यादा न इनकी कुछ कहूँ॥
श्री राम के बाणों मरें, जो तीर्थ सम इनको लहूँ॥

दोहा ॥रछित नगर योद्धाओं से । देख सोच हनुमान॥
छोटा रूप बनाय कर । प्रविशूँ रात दौरान॥ ६

चौ ॥छोटा रूप धरा हनुमाना । लंका चले सुमिर श्री रामा॥
बैठी लंकिनी लंका द्वारा । हनुमत को वह रही ललकारा॥
यह निसिचर देवी मायावी । कपि से कहे तुम मुझे निन्दरावी॥
मेरी शक्तियाँ तुम्हें न दिखाईं । चोर न बच सके मेरी पकड़ाई॥
मुस्ठिक एक हना हनुमाना । मुँह से रुधिर बहता था दिखाना॥

खुद को सम्हार वचन ये सुनायी । हाथ जोड़ कपि सम्मुख आयी॥
विनती हनुमत सम्मुख करती । निसिचर नास उसे शंका दिखती॥
कहा रावण ने जब वर पाया । तब ब्रह्मा ने मुझे बतलाया॥

दोहा ॥कपि के मारन से जभी । बिकल होय तुम जाउ॥
मरेंगे निसिचर तब सभी । फिर तुम मुक्ति पाउ॥ ७

चौ ॥हे हनुमत बड़े भाग्य मैं पाया । राम दूत के दरश हो जाया॥
हुआ आपसे आज सतसंगा । निसिचर मरन जान ये अचम्भा॥
स्वर्ग व मोक्ष के सब सुख लेई । तुला के एक पलड़े रख देई॥
एक छण सत्संग दुसरे पलड़ा । तौलने पर सत्संग सुख तंगड़ा॥
हृदय में रख कर कौशल राजा । लंका प्रवेश कर करो राम काजा॥
विष भी अमृत उसे हो जाई । गोपद में सागर भी समाई॥
अग्नी ठंडी पड़ती दिखाई । गिरि सुमेरु उसे रज बन जाई॥
जिस पर राम कृपा दृष्टि पडई । यह सब सम्भब उसको दिखई॥

दोहा ॥पुनः कपि ने लघु रूप धर । लंका प्रविश प्रयास॥
देखा ज्वाल सम शक्ति कोई । रोकती आकर पास॥ ८

चौ ॥कहा नही कर सकते हो प्रवेशा । जब तक रावण नही आदेशा॥
हनुमान कह कौन कौन हो देवी । दीजे दरश निज रूप को लेबी॥
तब वह अपने रूप में आयी । महा कालिका थी बन जाई॥
कपि कहा रावण सिया हर लीन्ही । लाय उन्हें लंका रख दीन्ही॥
मुझे खोजन भेजा रघुनाथा । अतः अंदर जाने दे माता॥
देवी कहा मुझे युद्ध हराओ । उसके बाद लंका में जाओ॥
कपि कहा मातु हमें वह दे सुनायी । जिस कारण लंका तुम आयी॥
कालिका माँ रही कथा बताई । जिस कारण लंका वह आयी॥

दोहा ॥जब किया तप रावण बहुत । शिव प्रसन्न हो जात॥
बर माँगन को वे कहे । वह आत्म लिंग था पात॥ ९

चौ ॥शिव के आत्म लिंग यह होई । जो रखता उसे जीत न कोई॥
रावण को महादेव बतायी । बिना रखे लिंग गंतव्य ले जाई॥
रास्ते में यदि कहीं रख जाना । तो फिर किसी से उठ नहि पाना॥
चिंतित देव भिजवाया गनेशा । दी रावण लघु शंका विशेषा॥
गणपति को आत्मलिंग दे दीन्हा । शंका बिसर्जन चला प्रवीणा॥
बहुत समय रावण ले लीन्हा । गणपति तब उसे जमीं रख दीन्हा॥
उसे फिर नही कोई उठा था पाबा । रावण तब महादेव पे आबा॥
कहा गणेश छल मेरे संग कीन्हा । नहि जाऊँ मैं न्याय बिनु लीन्हा॥

दोहा ॥पार्वती तब ये कहा । तुम्हें लंका स्वरक्षा चाह॥
काली स्वरूप मेरा वहाँ । कार्य ये करे लंक राह॥ १०

चौ ॥पर एक सर्त हमारी मानना । अधर्म कार्य से दूर हैं भागना॥
उसी दिन से कपि मैं यहाँ आयी । लंका स्वरक्षा खड़ी दिखाई॥
रावन जब लो आदेश न देई । तब तक लंक प्रवेश न कोई॥
पर अधर्म रावण कर दीन्हा । पर स्त्री हर लंक रख लीन्हा॥
इसी लिए कपि मैं हूँ जाती । लंक प्रवेश करो ये सुहाती॥
फिर हनुमत लघु रूप थे लयऊ । लंका नगर प्रवेश वे करऊ॥
घर प्रति घर वे ढूँढ़ें जानकी । लेत फिरत हर घर की बानगी॥
महल दशानन दिया दिखाई । अद्भुत रूप से गया बनायी॥

दोहा ॥शयन करत महलों दिखत । लंकापति दश शीष॥
जानकी जब नहि दिखीं वहाँ । आगे चले कपीष॥ ११

चौ ॥अब एक घर सुंदर-सा दिखाया । अन्य घरों से भिन्न बनाया॥
शंख चक्र आयुध बने घर में । जिसे देख कपि हर्षे मन में॥
शोभा बरन नहि घर की जाई । तुलसी दल उसमें थे दिखाई॥
मन बिचार करते हनुमाना । लंका में निसिचर है दिखाना॥
पर प्रभु भक्त का यह घर होई । बसता किम लंका में जोई॥
मन में तर्क करें कपिराई । भक्त विभीषण तभी जग जाई॥
उठकर राम नाम लगे जपने । हनुमत सोचा ये हैं अपने॥
मन में अति हर्षे हनुमाना । करूँ परिचय यह मन में आना॥

दोहा ॥साधु मिलन सदा लाभ दे । हानि न उसमें दिखात॥
विप्र रूप कपि धार कर । पास विभीषण आत॥ १२

चौ ॥मीठे स्वर से किया प्रणामा । सुनकर तुरंत विभीषण आना॥
कहा हे कपि कहो निज की कहानी । तुम कोई प्रभु सेवक मैं जानी॥
तुम्हरे प्रति मुझे हुआ अनुरागा । करके दरश मेरा भाग्य है जागा॥
राम कथा तब कहा हनुमाना । अपना भी परिचय वे बताना॥
सुनकर दोनों पुलक हो जाई । राम के गुण सुन मगन दिखाई॥
कहा विभीषण बसूँ मैं लंका । जैसे जीभ दांतों बीच शंका॥
मोहि अनाथ जान रघुराई । हे कपि क्या मुझे कृपा मिल जाई॥
मैं अज्ञान तामसी होई । प्रभु के चरण भी प्रीति नहि जोई॥

दोहा ॥मुझे हुआ विश्वास अब । राम कृपा मेरे साथ॥
मिले आप सम संत मोहि । जब दया की रघुनाथ॥ १३

चौ ॥कीन्ह कृपा मुझ पर रघुराई । तभी तो तुम मिलने मुझे आयी॥
कहा विभीषण से हनुमंता । प्रभु की कृपा पाते सदा संता॥
कपि कह वानर जाति मैं होई । अति चंचल जप तप नहि जोई॥
सुबह मेरा मुँह नाम जो लाता । दिन भर वह आहार नहि पाता॥
फिर भी मुझ पर कृपा रघुराई । यह कह कपि के नैन भर आयी॥
ऐसेहु प्रभु को जो बिसरावा । अबसि जगत में वह दुःख पावा॥
प्रभु का नाम सदा मैं गावा । परम शान्ति पद हमने पावा॥
अब कथा कपि से विभीषण कहहू । सीता बन अशोक में रहहू॥

दोहा ॥कपि कहा मैं दर्शन चहत । श्री जानकी मात॥
उपाय विभीषण ने कहेउ । हनुमत वहाँ से जात॥ १४

चौ ॥कपि पुनः छोटा रूप बनावा । बन अशोक में वे थे आवा॥
सीता देख कपि लिए पहिचाना । मनहि मन उन्हें किया प्रणामा॥
सिर जटा बैनी एक बनाई । अति दुर्बल तन उनका दिखाई॥
जपती राम नाम दिन राता । हृदय बसाई मूर्ति रघुनाथा॥

अपने नयन नीचे वे झुकाई । मन में जपती श्री रघुराई ॥
उन्हें देख दुखी हुए हनुमाना । रामाज्ञा उन्हें याद थी आना ॥
रात्रि के चार पहर बीत जाई । बैठी सीता कपि को दिखाई ॥
छिपे बैठे कपि पत्ते अशोका । क्या करना वे लगाते विवेका ॥
यदि सीता सम्मुख मैं आबा । कपि भेष देख वे डर जाबा ॥

दोहा ॥मन में सोचे इस तरह । तभी देखत हनुमान ॥
वहाँ आवत रावण दिखा । सज धज स्त्रियाँ संग आन ॥ १५

चौ ॥सती सीता को रहा धमकाई । साम दाम दण्ड भेद दिखाई ॥
कहा मेरी रानी बन जाबा । मंदोदरी से सेबा कराबा ॥
सुमिर अवधपति ओट माँ लीन्हा । रावण को जबाब ये दीन्हा ॥
जुगनू का प्रकाश भी होई । उससे कमलिनी खिले न कोई ॥
तेरी स्थिति उसी समाना । राम बाण सुध तुझे न आना ॥
अकेला जान मुझे सठ हर लीन्हा । नीच पापी लज्जा से हीना ॥
खुद को सुन जुगनू के समाना । और राम को सूर्य बताना ॥
बचन कठोर ये सीता कहतीं । सुन रावण तलवार निकलती ॥

दोहा ॥दसकंधर खिसियायकर । सीता को धमकात ॥
किया मेरा अपमान तुम । कठिन कृपाण दिखात ॥ १६

चौ ॥सिर काटूँ सिय इसी कृपाना । यदि तुमने मेरी बात न माना ॥
कहा सिय सुन मेरा प्रण रावन । राम भुजा कोमल अति पावन ॥
वही भुजा मेरी गर्दन सोहे । अथवा तेरी कृपाण ये जोहे ॥
चंद्रहास तेरी ये कृपाना । तू ने जो शिव जी से पाना ॥
हैं कृपाण तेरा परितापा । गर्दन काट हरो विरह की तापा ॥
शीतल तीव्र धार तुम रखती । मेरी बिरह अग्नी हर सकती ॥
क्रोधित रावण सुन सिय बाता । मारन हेतु वह आगे आता ॥
मंदोदरी पत्नी संग रहती । सिया बचाय वह नीति थी कहती ॥

दोहा ॥निशाचरियों को बुलायकर । रावण आदेश था दीन्ह॥
सीता करो मेरे पछ में । हर तरह इसे तंग कीन्ह॥ १७

चौ ॥एक माह की अवधि मैं दीन्हा । करूँगा वध यदि प्यार न कीन्हा॥
यह कह रावण महल को जाई । निशाचरियाँ सीता पर आयीं॥
तरह तरह वे रूप बनाई । सीता को थी रही डरपाई॥
त्रिजटा राच्छसी उनमें एका । राम भक्त बड़ी नीति विवेका॥
निज सपने को सबै सुनाती । जानकी सेवा सुख वह बताती॥
रात जो सपना देखा बतायी । बानर ने लंका दी जलाई॥
राक्षसों को वह मार गिराया । बड़े बड़े योद्धाओं को हराया॥
रावण नंगा गधा आरूढ़ा । कटे दस सिर भुज बीस बिमूढ़ा॥

दोहा ॥दक्षिण दिश वह जात दिख । राज विभीषण पाय॥
भई जयकारा राम की । सीता रघुनाथ पे आय॥ १८

चौ ॥सुनो मेरा यह सपना जोई । गये चार दिन सत्य ही होई॥
सपना सुन राच्छसी डर जाबा । जानकी चरण में सभी थी आबा॥
राक्षसियाँ अब वहाँ से गयऊ । सीता मन सोचत अस भयऊ॥
रावण एक मास उपरान्ता । करेगा मेरा जीवन अन्ता॥
हाथ जोड़ त्रिजिटा को बताती । संग मेरे तुम बिपति में आती॥
उपाय करो कुछ तजूं मैं देहा । पति वियोग अब नहीं सहेया॥
लकड़ी लाय दे चिता बनाई । मैं उस बैठ तुम आग लगाई॥
मुझसे प्रेम तुम्हें यही दो प्रमाणा । रावण वचन शूल से दिखाना॥

दोहा ॥यह सुन वह समझाय सिय । त्रिजटा कह राम प्रताप॥
प्रभु का बल और सुयश कह । आस बंधाई मिलाप॥ १९

चौ ॥त्रिजटा कहा रात्रि अभी रहती । अग्नि कहीं नहीं मिल सकती॥
यह कह वह निज घर को गयऊ । सीता मन में दुखी अति भयऊ॥
सीता सोचे भाग्य विपरीता । न आग मिली न दुःख ये बीता॥
आग रूप नभ तारा दिखाई । पर वे जमीं पर एक न आयी॥
हे अशोक सुनिए मेरी विनती । करो निज नाम को सत्य में गिनती॥

कोमल कलियाँ तुम्हरी होईं । दिखती अग्नि समान वे जोहीं॥
वही अग्नी हमको दे दीजे । निदान मेरे सब दुखों का कीजे॥
व्याकुल बिरह में सीता दिखाई । पत्तों कपि छिपे देखा न जाई॥
उचित यही छण वे पहिचाना । मुद्रिका सिय के आगे गिराना॥

दोहा ॥देख अँगूठी जानकी । चमके जो अनिल समान॥
मानो अशोक ने अग्नि दी । खुश हो सीता उठान॥ २०

चौ ॥मुद्रिका अति सुंदर थी बनाई । राम लिखा उस पर था दिखाई॥
पहिचान मुद्रिका अचरज भयऊ । हुई खुशी फिर दुख भी दिखयू॥
यह मुद्रिका वही हैं दिखाई । जो मैं प्रभु को थी पकड़ाई॥
मिलि पिय मुंदरी खुशी न समानी । कैसे आयी सोच पड़ जानी॥
अजेय प्रभु कोई जीत न सकना । माया द्वारा गढ़ी न दिखना॥
कई भांति सिय किये अनुमाना । तभी मीठे स्वर कपि ने सुनाना॥
राम के गुण गावत हनुमाना । सुनके जानकी दुःख को भगाना॥
राम कथा अब तक की गाई । सुन करके सीता हर्षाई॥
कहें सीता जो कथा सुनाता । सम्मुख क्यों न प्रकट हो जाता॥

दोहा ॥आदेश पाय कपि प्रकट भये । देख सिया मुख फेर॥
सोचा कोई भक्त होयगा । बानर खड़ा जब हेर॥ २१

चौ ॥हुई चकित यह देख जानकी । शायद ये माया रावन की॥
तब कपि कहा मैं रामदूत होई । करुणानिधान की सपथ हूँ जोई॥
आपके हाथ जो मुंदरी दिखाई । मेरे द्वारा प्रभु ने भिजाई॥
केवट हेतु तुम थी प्रभु दीन्ही । वही ये मुद्रिका तुम लो चीन्ही॥
तब सिया पूछे बड़ी आतुरता । राघव कपि कब भई मित्रता॥
हनुमत तब सब कथा बताई । सुग्रीव प्रभु कैसे मिल जाई॥
आप थीं आभूषण जो गिराई । कपिपति उठा लिए प्रभु पकड़ाई॥
प्रेम सहित कपि के सुन बचना । सीता को विश्वास था लगना॥
समझ गयी यह कपि है जोई । श्री राम का सेवक होई॥
प्रभु का भक्त ये प्रीति गहराई । पुलकित सिय नेत्रों जल छाई॥

दोहा ॥सीता कह मैं बिरह में । डूबती पड़ी दिखाय॥
मुझे डूबत उस सिन्धु में । नौका बन लिया बचाय॥ २२

चौ ॥कहो कुशलता हे हनुमाना । अनुज सहित बसते सुखधामा॥
हैं कृपाल कोमल रघुनाथा । फिर कठोर क्यों मेरे साथा॥
सहज स्वभाव सेवक पर दाया । क्यों ये निठुरता मुझको दिखाया॥
क्या कभी उन्हें मेरी याद है आती । देते सबे सुख मैं रह जाती॥
प्रभु स्वभाव सेवक सुख देते । क्या कभी मेरी भी सुध लेते॥
श्याम बदन कोमल रघुराई । क्या कपि हमें दर्शन मिल पाई॥
आँखों अश्रु सिय बोला न जाई । भरके आह कहें हमें बिसराई॥
बिरह डूब सीता को निहारा । कपि कोमल तब वचन उचारा॥

दोहा ॥अनुज सहित प्रभु कुशल हैं । दुखी तुम्हरा दुःख जान॥
मातु न मन छोटा करो । तुमसे प्रभु प्रेम महान॥ २३

चौ ॥सुनहु मातु अब प्रभु संदेशा । हृदय में धरके धीर विशेषा॥
यह कह गद गद हुए हनुमाना । उनके नैनों जल भर आना॥
कहा प्रभु सीता वियोग सताई । सभी वस्तु विपरीत हो जाई॥
तरु कोपलें अग्नी सी दिखाई । निशा काल सम चन्द्र गरमाई॥
कमल पेड़ दिखे शूल समाना । खौलते तेल जिम मेघ बरसाना॥
पीड़ा बढ़ाते हितैसी हमारी । सर्प स्वांस सम त्रिविध बयारी॥
निज दुःख कहन से मन हलकाता । पर कहूँ किससे न कोई दिखाता॥
मेरे तुम्हारे प्रेम गहराई । सिर्फ मेरा मन जान हैं पाई॥

दोहा ॥तुम्हरे साथ वह मन मेरा । यही मेरे प्रेम का सार॥
सुन संदेश ये जानकी । खुशी से सुध दी बिसार॥ २४

चौ ॥मातु धीर धर कह हनुमाना । करो सुमिरैं सदा कृपा निधाना॥
धारो हिय में प्रभु का प्रतापा । जो मन से कायरता हटाता॥
राक्षस कीट पतंग समाना । अग्नि तुल्य प्रभु बाण दिखाना॥
मातु धीर धर आगे होई । जलें निसिचर न बचावे कोई॥

सुधि यदि प्रभु को आपकी होती । आप न फिर यहाँ दिखती रोती॥
सूर्य किरण सम राम के बाना । चले निशचर तम सम मिट जाना॥
आप को अभी जाता मैं लिबायी । प्रभु सौगंध न आयुष पायी॥
कुछ दिन धीर धरो हे माता । बानरों संग आयें रघुनाथा॥

दोहा ॥करके बध सब राक्षसों । आपको संग ले जाये॥
ऋषिगण नारद आदि सब । प्रभु के यश को गाये॥ २५

चौ ॥तब हनुमत लघुरूप में होई । सिय संशय कपि वचन पे जोई॥
इससे माँ पूछी हनुमाना । क्या सभी कपि हैं तुम्हरे समाना॥
राक्षस अति बलवान दिखाई । कैसे हरा तुम उनको पाई॥
माँ को जब संदेह था भयऊ । विशाल रूप हनुमत ने लयऊ॥
स्वर्ण सुमेरु गिरि सम वे दिखाई । एक बलवान योद्धा बन जाई॥
सीता को विश्वास हो जाई । कपि पुनः थे लघु रूप में आयी॥
कहा माँ कपि नहि हों बुद्धिमाना । वृक्षों पर कूदत सब जाना॥
पर प्रभु की जिस पर कृपा होई । गरुण को डसे लघु नाग भी जोई॥

दोहा ॥भक्ति और प्रभु कृपा से । सनी कपि बाणी सुनात॥
भई प्रसन्न थी जानकी । उसपर विश्वास हो जात॥ २६

चौ ॥देती माँ आशिष हनुमाना । राम का परम भक्त जब जाना॥
होऊ पुत्र तुम बड़े बलवाना । और साथ गुण शील निधाना॥
इस वर से कपि नहि हर्षाई । सोचा पहलेहि से बल पाई॥
सीय समझ गईं पुनः वर दयऊ । अजर अमर हे सुत तुम भयऊ॥
इससे भी नहि खुश हनुमाना । नहि प्रसन्न करा यह वरदाना॥
समझ गयी माँ हनुमत प्यासा । रघुपति भक्ति बढ़े इनको आशा॥
तब कहा प्रभु की प्रीति बढ़ जाई । यह सुन हनुमत खुशी दिखाई॥
यह वर जब सुनते हनुमाना । प्रेम मग्न भये सिय को दिखाना॥

दोहा ॥रहेगी प्रभु की अति कृपा । कपि खुश नाबा शीश॥
कहा मैं हुआ कृतार्थ अब । ये अचूक आशीष॥ २७

चौ ॥प्रभु का काज किया हनुमाना । सीता का लिया पता लगाना॥
अब भोजन उन्हें याद था आना । सुंदर फल बगिया में दिखाना॥
कहा माता मुझे भूख सताई । बाग के पके फल खाना चाही॥
निसिचर बाग की करें रखबारी । माता कह वे सुभट हैं भारी॥
नही उनका भय कहा हनुमाना । आप अगर सुख इसमें माना॥
दिखे हनुमत बली और बुद्धिमाना । आज्ञा दीन्ह माँ फलों को खाना॥
चरण नाय सिय कपि बढ़ जावा । आये फल जहाँ लगे दिखावा॥
खाते फल और वृक्ष डहाई । फेंकत लंका तरफ दिखाई॥
रक्षा करत जो असुर थे आयी । कुछ मारे कुछ रहे चिल्लाई॥

दोहा ॥घायल होकर भागते । रावण से करें पुकार॥
हे प्रभु कपि एक आयकर । उपवन दिया उजार॥ २८

चौ ॥फल वह खाय और वृक्ष उखारी । रक्षक आय उन्हें देता मारी॥
तब रावण भट योद्धा पठाई । उन्हें देख कपि गर्जना आयी॥
सभी राक्षस यमलोक भिजावा । बचे अधमरे रावण पे आवा॥
भेजा रावण अच्छ कुमारा । साथ में योद्धा सेना सम्हारा॥
उसे देख हनुमत ललकारा । लेके हाथ में वृक्ष उखारा॥
उस से रावण सुत मर जाई । अंगद सुरच्छित कपि गरजाई॥
मारी सेना मसल गिराई । कुछ को धूल में दिया मिलाई॥
बचे सैनिक रावण पर आवा । कहा वानर यह काल दिखावा॥

दोहा ॥सुत अक्षय का बध सुना । दसकंधर था रिषाय॥
इंद्रजीत बुलबाय कर । उसको रहा भिजाय॥ २९

चौ ॥कहा कपि बांध यहाँ ले आयी । उसको देखना मैं हूँ चाही॥
हनुमत यहाँ रहे ये बिचारा । रावण सभा जाऊँ ललकारा॥
इधर गर्व से चला घननादा । भाई बध का उसे था विषादा॥
राक्षस सेना पड़ी दिखाई । क्रोधित कपि गर्जना सुनायी॥
एक विशाल वृक्ष वे उखारा । मेघनाद के रथ को उजारा॥
जो योद्धा वह साथ में लाई । हनुमत उनको लगे मसलाई॥
छण में उन्हें मार कपि दीन्हा । मेघनाद से फिर भिर लीन्हा॥
लड़ते दोनों वीर रस साजा । दिखें मानों दो भिड़े गजराजा॥

दोहा ॥मुश्ठिका हनुमत ने हनी । मूर्छित मेघनाद हो जात॥
तुरत होस में आय वह । माया अपनी दिखात॥ ३०

चौ ॥माया पति के दूत हनुमाना । तुरत पवन सुत उसको मिटाना॥
हारत खल ब्रह्मास्त्र चलाई । तब कपि ने बिचार ये लगायी॥
पहलेहि ब्रह्मा वर मुझे देई । नहि ब्रह्मास्त्र असर मुझे केई॥
फिर भी उनका करूँ स्म्माना । उनके सस्त्र को सिर से लगाना॥
उस ब्रह्मास्त्र को कपि स्वीकारा । गिरते समय निसिचरों को मारा॥
देखा मूर्छित हनुमत भयऊ । खल ने नाग फांस में लयऊ॥
उससे भी थे मुक्त हनुमाना । पर उन्हें रावण सभा था जाना॥
उसका भी सम्मान रखाई । नागफास में कपि बंध जाई॥

दोहा ॥नाम जो लेबे राम का । भवबंधन उसके छूट॥
फिर कपि कैसे बंध सके । हैं वे उन्ही के दूत॥ ३१

चौ ॥खुद को कपि ने स्वयं बधाया । राम काज करना है दिखाया॥
सुना निसिचरों ने बंधे हनुमाना । देखूँ तमासा सभी थे आना॥
हनुमत रावण सभा में गयऊ । प्रभुता देख उन्हें अचरज भयऊ॥
दसों दिगपाल संग सब देवा । करें दिखते रावण की सेवा॥
रावण भ्रकुटी देख वे डरयी । सभा में ऐसा भय था दिखयी॥
कपि पर इसका असर न कोई । सबके बीच निर्भीक वे होई॥
सर्पों बीच जिम गरुण का जाना । उसी भांति वहाँ खड़े हनुमाना॥
रावण ने जब कपि को निहारी । हँस करके अपशब्द उचारी॥

दोहा ॥सुत अछय हना इसी ने । रावण याद ये कीन्ह॥
कुछ छण दुखी था होय वह । फिर क्रोधित पूंछ लीन्ह॥ ३२

चौ ॥हे वानर तू कहाँ से आया । किसके बल उपवन ये मिटाया॥
क्या नहि सुना तुमने मेरा नामा । है मूरख और निडर दिखाना॥
राक्षसों ने क्या हानि तेरी कीन्ही । जिससे उनको मार तुम दीन्ही॥
हे कपि तुझे क्यों नही भय प्राना । सम्मुख मेरे असंक दिखाना॥

कह कपि रावण सृष्टि ये जोई । रचे माया जिसका बल लेई॥
जिस बल ब्रह्मा विष्णु महेशा । सृष्टि स्रजत पालें मेट विशेषा॥
सेष सहस्र शीश जहाँ बल पाई । सकल ब्रह्माण्ड वे सिर पे उठाई॥
वह जो देवन को सुख देई । जग में विविध शरीर है लेई॥

दोहा ॥तुम समान राक्षस दिखत । उनके वे मेंट अभिमान॥
शिव के धनुष को भंज जो । नृपों के गर्व मिटान॥ ३३

चौ ॥खर दूषण त्रिसरा बलवाना । जिसने पल में स्वर्ग पहुँचाना॥
उन्हीं से थोड़ा बल तुम पाया । जिससे सारा जगत हराया॥
दूत उसी का मैं यहाँ आया । जिनकी पत्नी हर तू लाया॥
तुम्हरी बीरता मैं सुन पाई । सहस्त्रबाहु तुम्हें दिया हराई॥
हार के बाली से यश लीना । सुन रावण ने बात टाल दीना॥
पूंछा क्यों मेरा बाग उजारी । कपि स्वभाव मैं वृक्ष उखारी॥
फिर ये पूछ राक्षस क्यों मारे । सुन रावण सबे प्राण हैं प्यारे॥
चलते कुपंथ वे हमको मारा । उनको जबाब दिया मैं करारा॥

दोहा ॥हमको जो मारत भये । उनको दिया मैं मार॥
इसपर तुम्हरे तनय ने । मुझे बंधन मे डार॥ ३४

चौ ॥बंधने से मुझे लाज न होई । राम काज करना हैं जोई॥
सुन मेरी बिनती हे लंकेशा । तज अभिमान लेउ सीख बिशेशा॥
अपने कुल क्यों दोष लगाई । ऋषि पुलस्ति वंशज हो कहाई॥
मुँह अपने जो भजे नही रामा । उसकी जीभ शोभा नहि पाना॥
स्त्री गहनों से लद जाई । पर वस्त्रों बिन नग्न दिखाई॥
सम्पति प्रभुता कितनेहु होई । राम विरोध करत यदि कोई॥
है ये सब उसे शून्य समाना । दिखेगा जब तजो मोह अभिमाना॥
जिन नदियों हिम स्रोत न होई । सूख जाएँ वर्षा गयी जोई॥

दोहा ॥हों लाखों शिव विष्णु भी । यदि की राम से रार॥
तुम्हें बचा सके नहि कोई । कर लो यत्न हजार॥ ३५

चौ ॥करके प्रण मैं कहूँ लंकेशा । राम से बैर न बचें प्राण शेषा॥
अभिमान तुम्हार है शूल समाना । जिसके मूल में मोह दिखाना॥
तज उसको भजो श्री रघुराई । तुम्हें फिर उनकी कृपा मिल जाई॥
बैराग्य ज्ञान व भक्ति उपदेशा । हनुमत कही हित में लंकेशा॥
पर अभिमान में हँस वह बताया । मै ज्ञानी कपि गुरु को पाया॥
रावण कह कपि मौत हैं आयी । अरे मूर्ख हमें रहा पढ़ाई॥
कपि कहा उल्टा तुझे दिखाना । तेरी भ्रमित मति हमने जाना॥
यह कह रावण गया खिसियाई । मृत्यु दंड आदेश सुनायी॥

दोहा ॥मृत्यु का दिया आदेश जब । तुरत निशाचर धाय॥
उसी क्षण सचिव को संग ले । सभा विभीषण आय॥ ३६

चौ ॥शीष नमाय विनय वह करई । दूत को मृत्यु दण्ड नही दययी॥
दीजे दूसरा दण्ड नरेशा । सबही कहा यह उचित संदेशा॥
सुनकर रावण किया संशोधा । अंग भंग करो यह कपि योद्धा॥
कहा वानर का पूंछ प्रेम होई । सभासदों की भी मत जोई॥
तेल भिन्गाय वस्त्र सब लाई । कपि की पूँछ में लगे लपटाई॥
कहा रावण अग्नी दो लगाई । फिर इसे स्वामी पर पहुँचाई॥
जब बिना पूँछ वे इसे निहारी । देखूँ फिर उनकी हुसियारी॥
यह सुन खुशी भये हनुमाना । सोचे सरस्वती काम बनाना॥

दोहा ॥रावण आज्ञा पायकर । नगर बासी सब आय॥
वस्त्र भिगोकर तेल में । कपि की पूँछ लपटाय॥ ३७

चौ ॥नगर में तेल वस्त्र न दिखाई । सभी पूँछ में दिया लपटाई॥
हनुमत दिया पूँछ को बढ़ाई । तेल वस्त्र सभी कम पड जाई॥
जिम जिम वस्त्र लपेटत सबही । तिम तिम पूँछ बढ़त थी दिखही॥
कपि का खेल देखत जातुधाना । चरण मार उन्हें हँसी उड़ाना॥
ताली पीट वे बाजे बजाई । नगर घुमा आग दीन्ह लगाई॥
पूँछ में आग देख हनुमाना । तुरत वे छोटा रूप बनाना॥
नांगफास से निकल वे दिखाया । देख के मेघनाद घबराया॥
प्रभु कारज हेतु वे बँधे होई । राम दूत न बांध सके कोई॥

दोहा ॥बंधन मुक्त कपि कूद कर । महल अटारी जात॥
घबराए सब नगर जन । नारियाँ दुखी दिखात॥ ३८

दोहा ॥प्रभु की प्रेरणा उस समय । उनंचास मरुत चल दीन्ह॥
गर्जना की बजरंगबली । आकाश में जा लग लीन्ह॥ ३९

चौ ॥कपि बड़ा रूप व हल्का कीन्हा । ऊँचे महलों पर चढ़ लीन्हा॥
एक छत से दुसरी छत जाई । पूंछ की आग से घरों को जलाई॥
जलता नगर व्याकुल नर नारी । लपटें करोड़ों लंक दी जारी॥
कोई मातु कोई पिता पुकारा । नहि कोई वहाँ बचावनहारा॥
कुछ कहें पहलेहि हम ये बताया । कपि के रूप कोई देवता आया॥
साधु विभीषण का अपमाना । कहें कुछ उसका फल यह दिखाना॥
कपि एक छण में लंका जलाई । भक्त विभीषण घर बच जाई॥
हनुमत देह सुरच्छित दिखती । राम दूत पे न किसी की चलती॥

दोहा ।फिरते कपि और घूंम कर । लंका खाक कर दीन्ह॥
और फिर दौड़े वेग से । सागर कूद वे लीन्ह॥ ४०

चौ ॥कूद समुद्र में पूंछ बुझाई । तन की थकावट दीन्ह मिटाई॥
कपि पुनः छोटा रूप बनाया । हाथ जोड़ सिया पास में आया॥
हे माँ मैं अब चलन चाहता । प्रभु की तरह ही निशांनी माँगता॥
हाथ उतार चूडामणि दीन्ही । हो हर्षित हनुमत ले लीन्ही॥
चूडामनि वरदान था पाई । रहें जिस देश कोई जीत न पाई॥
इस कारण रघुपति पे पहुँचाई । साथ में ये संदेश भिजाई॥
हे कपि प्रभु को कहना प्रणामा । यद्यपि उनकी न कोई कामा॥
तदपि वे भक्तन कष्ट मिटाई । मेरे संकट देना बताई॥

दोहा ॥था जयंत सुत इन्द्र का । मुझ पर जो चोंच प्रहार॥
उसके इस अपराध पर । प्रभु ब्रह्मास्त्र थे मार॥ ४१

चो॥उनके बाण का था ये प्रतापा । तीनों लोक वह सरण को जाता॥
कोई नही बचा उसे पाना । प्रभु को कपि ये याद दिलाना॥
यहाँ रावण दे कष्ट महाना । रघुपति को वे क्यों न दिखाना॥
अवधि एक माह वह मुझे देई । आयेगा मेरे प्राण वह लेई॥
किस विधि अब तक मैं बच पाना । फिर भी कपि तुम चाहत जाना॥
तुम्हें देख धीरज थी आयी । अब वही रात व दिन दोहराई॥
बहु प्रकार कपि सिय समझावा । बहुत भांति धीरज वे बँधाया॥
चरण कमल फिर उनके नमाई । राम तरफ चल दिया बनाई॥

दोहा ॥चलते समय हनुमान ने । कीन्ह गर्जना घोर॥
राक्षसियों के गर्भ गिर । हुआ भयानक शोर॥ ४२

चौ ॥सागर इत से नाघ हनुमाना । उत कपि बैठे पास उन आना॥
चौबीस घंटे वे किया इन्तजारा । देख के हनुमत हर्ष अपारा॥
हनुमत बदन तेज था दिखाई । मतलब राम काज बन जाई॥
पवनपुत्र राखे मेरे प्राना । यही कपि सोचत खुशी मनाना॥
दौड़ के हनुमत से कपि मिलते । अपना नूतन जन्म समझते॥
अब सब कपि चले राम की ओरा । सुने वृतांत सब हर्ष बिभोरा॥
चलत जाय मधुबन सब आयी । यह किसिकिन्धा राज्य में दिखाई॥
ली अनुमति अंगद युवराजा । खान लगे फल सभी कपिराजा॥

दोहा ॥उपवन रक्षक रोकते । कपि से पिटाई खात॥
वे थे वहाँ से भागते । तुरत सुग्रीव पे आत॥ ४३

चौ ॥सुना सुग्रीव ने कपि दल आया । जो दक्षिण में गया पठाया॥
उनने उपवन के फल खाए । मतलब राम काज कर आये॥
यदि नही सीता खोज वे पाते । मृत्यु के डर से नहि फल खाते॥
कपि राज यही सोचत थे जाई । तभी हनु अंगदादि गये आयी॥
सभी शीश नाये सुग्रीवा । मिलते उनसे कपि बलसीबा॥
कपिपति सबसे पूछ कुसलाई । कहा कुशल कृपा आपकी पाई॥
राम कृपा हमपर पर हो जाई । जिसने प्रभु का काज बनाई॥
वानर कहा हनुमत किये कामा । जिससे सबके प्राण बच जाना॥

दोहा ॥यह सुनकर कपिराज खुश । मिले हनुमत से बहोर॥
फिर लेकर इन कपिन को । चल दिए राम की ओर॥ ४४

चौ ॥कपियों को आता देख रामा । काज किया ये मन हर्षाना॥
दोउ बन्धु फटिक शिला पे दिखाई । कपि उनके चरनन गिरे आयी॥
दीन बन्धु दयामय रघुनाथा । भेंटत उनसे प्रेम के साथा॥
फिर सबसे पूछी कुशलाई । कुशल से कृपा आप रघुराई॥
जामवंत कह कृपानिधाना । दया प्रभु जा पर आप दिखाना॥
सदा कुशल वह रहता दिखाई । देव मनुज मुनि की कृपा पाई॥
वही विनयी वही विजय भी पाता । तीनों लोक यश उसका छाता॥

दोहा ॥राम कृपा हुआ कार्य सब । जनम सफल हो जात॥
पवन पुत्र के चरित सब । जामवंत थे बतात॥ ४५

चौ ॥सुन चरित्र ये कृपानिधाना । प्रभु भाये हनुमत हिय लाना॥
पूछा कहु किस भांति जानकी । करती किम निज रक्षा प्राण की॥
कपि कहा पहरा नाम प्रभु होई । आपका ध्यान किवाड़ हैं जोई॥
बंद नेत्र चरणों में झुकाई । अब किस तरफ से प्राण हैं जाई॥
चलते समय चूड़ामणि दयई । राम ने उसे लगा हिय लयई॥
हे प्रभु मातु नेत्र भर लीन्ही । आपके लिए संदेश ये दीन्ही॥
लखन सहित आपको सिर नाई । भक्तन के आप कष्ट मिटाई॥
दासी आपकी मन क्रम बचना । मैं क्यों दूर फिर आपसे दिखना॥

दोहा ॥मेरा दोष मुझे दिख रहा । आपसे जब हुई दूर॥
क्यों न प्राण तन ने तजे । भई मेरी ये भूल॥ ४६

चौ ॥पर ये दोष नेत्रों का होई । आपके दरश वे आशा जोई॥
निकरत प्राण वे रोकत रहही । जिससे अभी तक जीवित दिखही॥
विरह अग्नि तन रुई सम होई । स्वांस की वायु जलावत सोई॥
नैन स्वार्थी आँसू बहाया । जिससे बदन यह जल नही पाया॥
विपति मेरी प्रभु गिरि के समाना । नहि कही जाय यह नीक दिखाना॥

दोहा ॥सिय को हर पल कल्प सम । बीतता पड़े दिखाय॥
हे प्रभु तुरंत ही चल पडॉ । भुज बल जीत उन्हें लाय॥ ४७

चौ ॥सुन सीता दुःख कृपानिधाना । प्रभु सुख धाम नयन भर आना॥
मन क्रम बच से जो राम जुड़ाना । प्रभु उसे सपनेहु बिपति न आना॥
विपति किसी को तभी दिखाई । यदि प्रभु सुमिरैं नहि कर पाई॥
राक्षसों की क्या बात बताना । उन्हें जीत प्रभु सिय ले आना॥
कपि उपकार जो तुमने दिखाया । कोई नर देव मुनि नही कर पाया॥
राम कहा कुछ हमें न दिखाता । मैं तुम्हरे संग जो कर पाता॥
मन में यह बिचार मैं लयऊ । उरिण न तुमसे मैं हो पयऊ॥
कपि की तरफ पुनि पुनि वे निहारी । पुलकित हो जल नैनन जारी॥
सुन रघुपति के प्रेम ये बचना । तन पुलकायमान था दिखना॥
हनुमत थे प्रसन्न हो जाई । गिरे चरण कह शरण हूँ आयी॥

दोहा ॥बार-बार प्रभु चाहते । कपि को लेना उठाय॥
पर प्रेमाकुल वे दिखत । नहि उनसे उठ पाय॥ ४८

दोहा ॥कथा सुनात शिव उमा को । हृदय दृश्य यही आत॥
मैं गिरा चरण श्री राम के । वे सिर पर हाथ फिरात॥ ४९

चौ ॥सोचत यही शिव मगन दिखाई । प्रेमाश्रू नैनन दिखें छाई॥
सँभले फिर वे कथा बढ़ायी । सुनन लगी उमा ध्यान लगाई ।
कपि उठाय हिय लिये रघुनाथा । बैठाया उन्हें अपने साथा॥
अब कपि कहो दशानन बाता । कैसे लंक पालत वह दिखाता॥
लंका कैसे तुमने डहाई । वह थी सुरच्छित किला की नाई॥
देखा कपि ने खुश श्रीरामा । तज अभिमान ये वचन सुनाना॥
कूदे बंदर वृक्ष पे जाई । यही उसका पुरुषार्थ दिखाई॥
लांघा सागर लंका जलाई । मारे निसिचर बाग मिटाई॥

दोहा ॥रावण सुत अक्षय हना । जब वह हमें ललकार॥
फिर सभा उसकी जायकर । कहा उसे लेउ न रार॥ ५०

चौ ॥यह सब आपकी कृपा दिखाई । नहि कुछ इसमें मेरी बडाई॥
नही असम्भव उसे कुछ दिखती । जिस पर कृपा आपकी रहती॥
आपकी निश्छल भक्ति सुख दाई । दें कृपा करके हमें रघुराई॥
अति सरल सुन कपि की बाता । तब कहा एबमस्तु रघुनाथा॥
राम स्वभाव ऐसा ही दिखाना । जान जो उसे भजन ही सुहाना॥
यह कपि राम संवाद जो गाबा । राम प्रेम वह सहज ही पाबा॥
बानर सुनें राम के बचना । जय जय कार राम की करना॥
अब श्री राम सुग्रीव बुलाई । कहा अब करना है लंका चढ़ाई॥

दोहा ॥कहा अब विलम्ब न कीजिये । लेउ वानर बुलवाय॥
आज्ञा उनको दीजिये । लंका तरफ चढ़ धाय॥ ५१

चौ ॥प्रभु की ये लीला थी दिखाई । देव गण नभ से पुष्प वर्षाई॥
अब कपिराज बानरों बुलाया । जूथ के जूथ कपि पड़े दिखाया॥
बानर भालु बहु रंग दिखाई । जिनके अतुल बल बरन न जाई॥
प्रभु चरण सभी शीश झुकाया । गर्जन कर वे बल को दिखाया॥
कपि सेना श्री राम निहारी । कृपा दृष्टि वे उस पर डारी॥
राम कृपा दृष्टि कपि सेन पाई । हुए गिरि मानों पंख लग जाई॥
जामवंत शोध समय बताई । सैन राम प्रस्थान कराई॥
राम प्रसन्न देख सब कोई । उसी क्षण सुंदर सगुन थे होई॥

दोहा ॥जिनकी कीरत शुभ सदा । जब वे करत प्रस्थान॥
सगुन होत देखत सभी । उनकी यह लीला दिखान॥ ५२

चौ ॥उसी क्षण फरक वामाँग जानकी । समझ गयी प्रस्थान राम की॥
सिय को जो पड़े सगुन दिखाई । रावण को असगुन हो जाई॥
चली कपि सेन बरन नहि जाई । गर्जना भालु कीस की सुनायी॥
उनके सस्त्र नख गिरि वे उठाई । चलें पृथ्वी कोई नभ में दिखाई॥
सिंह समान गर्जना करहीं । दसों दिग्गज विचलित हो डरहीं॥

छंद॥दसों दिग्गजों के डरन से, महि डोलने उस छण लगी॥
गिरि काँपते सागर उठे, नर मुनिन सुर धीरज बंधी॥
करें कपि करोड़ों कटकटाय, अति वे भयानक दीखते॥
बोले थे जय रघुनाथ की, बड़े जोर से वे चीखते॥

छंद॥श्री शेष जी जो उदार हैं, नहि भार पृथ्वी सह सकें॥
होते वे मोहित सेन से, कच्छप को दाँतों से गहे॥
श्री राम का प्रस्थान शुभ, उनको दिखे शोभा मई॥
निज दांत से वे खरोंच कर, स्थिर निसानी थी दई॥

दोहा ॥चली राम सेना विपुल । पहुँची समुद्र किनार॥
भूख लगी कपि भालुअन । खाते फल जो अपार॥ ५३

चौ ॥जब से जलाई लंक हनुमाना । तब से राक्षस डरे दिखाना॥
अपने घरों वे रहे बिचारी । अब निसिचर कुल कौन सम्हारी॥
कीन्ह विध्वंस राम दूत लंका । उनके आये क्या होय ये सशंका॥
दूतन द्वारा सुनी ये बाता । मंदोदरी रही अकुलाता॥
रावण पास एकांत में आयी । नीति पूर्ण उसे रही समझाई॥
स्वामी राम से बैर न करहू । मै जो कहूँ उसे हिय धर सुनहू॥
जिसके दूत की सुनकर करनी । निसिचरियों के गर्भ गिर पडनी॥
उसकी नारि उसे देव भिजाई । इसी में कुल की भलाई दिखाई॥

दोहा ॥कुल तुम्हार उपवन कमल । उस पर हैं मुसीबत छात॥
सीता जाड़े रात सम । पड़त तुषार दिखात॥ ५४

चौ ॥स्वामी यदि सीता नहि दीन्हा । तो शिव भला न तुम्हरा कीन्हा॥
बाण राम के सर्प समाना । राक्षस झुण्ड मेंढक से दिखाना॥
जब तक उन्हें डस लिया न जाई । त्यागो जिद ये उपाय दिखाई॥
मंदोदरि की सुन ये बाता । हँसा अभिमानी जग विख्याता॥
कहा डरपोक स्त्रियाँ होई । शुभता में भी भय करें जोई॥
मरकट सेना राम जो लाई । भूखे निसिचर उन्हें खा जाई॥
जिसका नाम सुन डरें लोकपाला । उसकी नारि दिखे भय से बिहाला॥
यह कह हस उसे हृदय लगाया । प्रेम प्रकट कर सभा में आया॥

दोहा ॥चिंतित मंदोदरि यहाँ । पति विरुद्ध भगवान॥
उचित सलाह जो मान नहि । उसपर संकट हैं आन॥ ५५

चौ ॥सभा में रावण सूचना पाई । राम की सेना सिन्धु पर आयी॥
मंत्रियों से पूछत ये दशानन । हो जो उचित मत हमको बतावन॥
हँस करके मंत्रियों बताया । नहि कुछ करने को है दिखाया॥
देव राक्षस बिन श्रम जीत लीन्हा । क्यों नर वानरों चिंता कीन्हा॥
मंत्री वैद्य गुरु सही मत रखही । भय बस यदि वे प्रिय बोलतही॥
राज्य देह धर्म का हो बिनासा । रावण संग सोई बना सुपासा॥
उसके मंत्री सभा बीच आयी । भय से स्तुति उसकी सुनायी॥
बन्धु विभीषण उसी छण आया । रावण भ्रात को शीश नमाया॥

दोहा ॥निज आसन फिर बैठता । कहन चहत कुछ बात॥
ले आज्ञा दश शीश से । अपना मत समझात॥ ५६

चौ ॥मेरा मत पूछा हे नरेशा । हित तुम्हार समझाऊँ विशेषा॥
सुयस सुगति सुख सुमति जो चाही । और चाहत कल्याण भलाई॥
तो पर स्त्री देना भुलाई । चंद्र चौथ सम उसे बिहाई॥
हो कोई चौदह भुँअनों नरेशा । करके बैर जीवों से न शेषा॥
रहे गुणवान और बुद्धिमाना । पर लोभी भला कहा नहि जाना॥
लोभ घमण्ड क्रोध और कामा । नरक के ये सब द्वार दिखाना॥
ये सब तज भजों राम का नामा । मारग यही संत अपनाना॥
सुनो भ्रात नहीं राम नरेशू । वे भुवनों के ईश विशेषू॥

दोहा ॥कालों के भी काल प्रभु । यश, श्री, ऐश्वर्य, धाम॥
धर्म, बैराग्य निधान हैं । और ज्ञान के खान॥ ५७

चौ ॥सदा विकार रहित वे अजन्मा । सर्ब व्यापक अनादि वही ब्रह्मा॥
वही ईश्वर, अजेय भगवाना । हैं अनंत और शौर्य निधाना॥
जनम लिया श्री कृपानिधाना । महि, देवन, धेनु, विप्र के कामा॥
सारे जग के आनन्द दाता । देते दण्ड दुष्टों को भ्राता॥

रक्षा वेद की करने आते । और धर्म पृथ्वी पे बैठाते॥
तज के बयर उन्हें नाबो शीशा । शरण आये रछत जगदीशा॥
सुनहु बन्धु लौटा दें जानकी । जो सबके प्रिय शरण लें उनकी॥
हो बैरी सेसार का जोहू । आये शरण वे तजें न कोहू॥

दोहा ॥सुमिरैं जिसके नाम से । तीनों ताप मिट जात॥
करते भव से पार जो । वही प्रभु प्रकट दिखात॥ ५८

चौ ॥करके विनय मैं नावत शीशा । भ्रात शरण लेउ उन जगदीशा॥
तजो मान, मद, मोह, अभिमाना । भजहु राम श्री कृपानिधाना॥
मुनि पुलस्ति अपने कुल दादा । वही भिजाये विचार ये सादा॥
उनके शिष्य आ हमें जो बताया । मौका पाय मैं तुम्हें समझाया॥
मंत्री माल्यवंत वहाँ रहयू । रावण का नाना जो लगयू॥
राय विभीषण उसे मन भाई । रहा दशानन को समझाई॥
हे लंकेश अनुज जो कहयू । नीति ये सुंदर इसी पे चलयू॥
तब कहा रावण मंत्री ये दोऊ । रिपु को बढ़ाये दूर करो कोऊ॥

दोहा ॥माल्यबंत निज भवन चल । पर न विभीषण जात॥
हाथ जोड़ पुनः भ्रात को । यों रहा था समझात॥ ५९

चौ ॥सुबुद्धि कुबुद्धि सबके हिय बसयी । ऐसा वेद पुराण ने कहयी॥
पर जिस हृदय सुबुद्धि निवासा । नाना सुख वहाँ रहें सुपासा॥
और कुबुद्धि बसत हिय जेई । अंत मुसीबत उसको सेई॥
बसी कुबुद्धि तुम्हरे हिय भ्राता । जिससे हित तुम्हें अहित दिखाता॥
काल रात्रि निसिचर कुल आयी । अतः प्रीति सीता सों बढ़ायी॥
भ्रात मैं चरण आपके गहही । और ये आपसे बिनती करही॥
सीता राम पर देउ भिजाई । इसी में हित हैं तुम्हार दिखाई॥
वेद पुराणों ने जो गाया । तथा विद्वानों ने जो बताया॥

दोहा ॥वह सब रावण को कही । अनुज विभीषण ठोक॥
पर न सुहानी उसे यह । बोला बिना रिश रोक॥ ६०

चौ ॥अरे दुष्ट तुझे मृत्यु दिखाई । इसी लिए यह राय बताई ॥
मेरा अन्न खा जीवन जियही । पर दुश्मन का पछ हैं लियही ॥
हमें बता जग कौन वह होई । भुज बल मैं जीता नहि जोई ॥
मेरे नगर बसि प्रीति रिपुन सों । नीति कहो जा मिलो उन्ही सों ॥
यह कह रावण मारेसि लाता । चरण विभीषण गह सोच भ्राता ॥
उमा संत का यही स्वभावा । चाहत दुष्ट का भी वह भलावा ॥
अनुज कहा तुम पितु सम मोही । मारा हमें न दुःख कुछ होई ॥
पर बिनु भजे राम का नामा । किसी का न हो सके कल्याना ॥

दोहा ॥गलती आपसे हो गयी । सती सीता हर लीन्ह ॥
लौटाओ उनकी प्रिया । वे क्षमा तुम्हें कर दीन्ह ॥ ६१

चौ ॥अस कह मुकुट हाथ निज लीन्हा । चरण में रावण के रख दीन्हा ॥
उस पर रावण लात था मारेहु । आदेश दिया लंका तज भागेहु ॥
तब वह सचिव से पूछत भयऊ । उचित क्या करना हमें कहयू ॥
लंका नाश हैं निकट दिखावा । क्या मुझे करना उचित बतावा ॥
सचिव कहा जाय मिलो रघुनाथा । युद्ध समय लंक उनके हाथा ॥
उन्हें सलाह तब ऐसी दीजे । लंक सुरच्छित रहे वह कीजे ॥
अब ये विभीषण मन में बिचारा । मिलूँ माँ से लूँ उनका सहारा ॥
तुरत विभीषण माँ पर आना । उसे पूरा वृतांत बताना ॥

दोहा ॥माता निशाचर वंश ये । दिखता काल अधीन ॥
भ्राता बुद्धि हैं फिर गयी । अनुचित राह वे चीन्ह ॥ ६२

चौ ॥कैकसी ने भी उचित बताया । जैसा सचिव ने उसे समझाया ॥
माता कहा जाय मिलो श्री रामा । बचे लंका व वंश चल जाना ॥
पति विश्रवा वचन याद आया । एक दिन उन्हीं ने था ये बताया ॥
रावण कर्म से राक्षस मिटना । पर ये विभीषण वंश है चलना ॥
अतः तुरंत रघुपति पर जाओ । बचे लंक यह यत्न सुझाओ ॥
फिर भी वह रावण पर आवा । एक बार पुनः उसे समझावा ॥
ले कृपाण उसे मारन धावा । मंदोदरी ने उसे बचावा ॥

दोहा ॥सर्ब समर्थ श्री राम हैं । सभा ये काल के ग्रास॥
चला रघुपति की शरण मैं । कब लग सहूँ ये त्रास॥ ६३

चौ ॥हमें दोष नहि देना भ्राता । त्रास आपका प्रभु पे भिजाता॥
रावण त्याग विभीषण जब ही । भई काल बस लंका तब ही॥
उमा जो करे साधु अपमाना । वह अपना कल्याण मिटाना॥
लंका जबहि विभीषण त्यागी । हुई ऐश्वर्य हीन व अभागी॥
प्रभु पे विभीषण चलते जाई । मन में यह बिचार थे आयी॥
कोमल चरण कमल श्री रामा । सुन्दर लाल भगत सुख धामा॥
जिन चरणों ने अहिल्या तारी । दंडक बन के जो उपकारी॥
जिन चरणों को हिय धर सीता । कपट हिरण पीछे थे पुनीता॥

दोहा ॥हृदय सरोवर शिव रखें । चरण जो अति हर्षाय॥
करूँगा दर्शन उन्हीं के । मेरा भाग्य खुल जाय॥ ६४

चौ ॥जिन चरणों की पादुका लीन्ही । मिटी भरत मन त्रास मलीनी॥
मिलेंगे दरश वही श्री चरना । जनम जनम की प्यास तब मिटना॥
चले जात यही भांति बिचारी । आये पड़ाव राम जहाँ डारी॥
देख विभीषण को कपि जबहीं । सोचा दुश्मन दूत ये भिजही॥
वहीं पे रोक उसे वे लीन्हा । कपि पति पर थे आये प्रवीणा॥
सुन सुग्रीव राम पे गयऊ । कहा दशानन भ्रात है अयऊ॥
पूछ राम क्या राय तुम्हारी । कह सुग्रीव सुनो हे खरारी॥
निसिचर माया जान न जाया । छल का रूप धर कहो कोई आया॥

दोहा ॥शायद कोइ ये भेदिया । भेद लेंन आ हमार॥
मेरी राय इसे बाँध लें । डारूँ चरण तुम्हार॥ ६५

चौ ॥राम कहा राय तुम जो सुझाई । राज नीति भी यही बतलाई॥
पर मैं प्रण पहिलेहि कर लीन्हा । शरण जो आये अबस उसे दीन्हा॥
राम की सुन हरषे हनुमंता । आप हैं शरणागत भगँवता॥
राम ने कहा सुन हे कपिराई । अगर कोई है शरण में आयी॥
हित अनहित सोच अगर लौटाता । अबसि व्यक्ति वह नरक में जाता॥

हत्या करोड़ों विप्र कोई कीन्हा । आया शरण फिर भी मैं दीन्हा॥
कोई सम्मुख मेरे जब आवा । पाप करोड़ों जन्म के मिटावा॥
सहज स्वभाव पापी का होई । मेरा भजन न भावे जोई॥

दोहा ॥निर्मल मन जो रखते । पा सकें हमें वही लोग॥
नहीं हम तक वे पहुँचते । डूबे कपट छल भोग॥ ६६

चौ ॥रावण भेद लेंन पठ्बाया । तो भी हानि कपि हमें न दिखाया॥
कितनेहु राक्षस जग में होई । हन सकें लक्ष्मण पल में सोई॥
आया भय बस शरण मे मेरी । तो हिय सम रख प्रीति घनेरी॥
स्थिति कोई भी पड़े दिखाई । हँस कह राम उसे यहाँ लाई॥
आगे विभीषण किया बनाई । कपि ले चले जहाँ रघुराई॥
दोनों भ्रात दूरहि ते दिखाई । अति सुंदर नैनन सुख दाई॥
राम की शोभा ने उसे रिझाई । हो स्तब्ध टक टकी लगाई॥
श्याम बरण और भुजा बिसाला । नयन कमल सम होठ रसाला॥

दोहा ॥शरणागत का हरत भय । दिखे वे सिंह समान॥
वक्षस्थल जो विशाल रख । कँधे चौड़े दिखान॥ ६७

चौ ॥शरणागत भय दूर ये करही । यह सुग्रीव को वहीं से दिखही॥
कर दर्शन पुलकित था शरीरा । प्रेम से बह चला नैनन नीरा॥
गिर के चरण दण्डवत करऊ । धर के धीर मृदु बोलत भयऊ॥
हे प्रभु मैं रावण लघु भ्राता । निसिचर कुल का मैं हूँ जाता॥
यह कुल सहज पाप रत दिखही । तामसी सदा स्वभाव से रहही॥
जिम उल्लू करे प्रेम अन्धेरा । बैसेहि पाप प्रिय कुल ये घनेरा॥
आपका सुयश सुना मैं काना । यहाँ इसी लिए चले हम आना॥
दुखियों के दुःख आप मिटाते । शरण आय उसे गले लगाते॥

दोहा ॥रक्षा मेरी कीजिये । शरणागत भगवान॥
गिरे विभीषण प्रभु चरण । त्राहि त्राहि वे बुलान॥ ६८

चौ ॥यह कहते वह दण्डवत कीन्हा । खुश हो उठे प्रभु भुज में लीन्हा॥
रावण अनुज के सुन दीन वचना । लगे प्रिय राम को तुरंत वे उठना॥
अपने हृदय से उसे लगाया । लक्ष्मण संग फिर निकट बैठाया॥
मधुर वचन फिर कह रघुवीरा । जो हरें भगत की हर भव पीरा॥
कहो कुशलता निज परिवारा । दुर्जन संग है बास तुम्हारा॥
तुम लंकेश बसत खल साथा । रहते उन्हीं संग दिन और राता॥
किस प्रकार तुम धर्म निभाई । जब चारों ओर अधर्म दिखाई॥
जानूँ मैं तुम्हार आचारा । नीति निपुण तुम सब व्यवहारा॥

दोहा ॥नीति न सपनेहु तुम डिगत । सदा वेद व्यवहार॥
बसत संग खल पुरुष के । अडिग धर्म है तुम्हार॥ ६९

चौ ॥दुष्ट संग रहना दुखदायी । नरक वास इससे सुखदाई॥
प्रभु अब आपके दरश हो जाई । सभी खुशियाँ ये सेवक पाई॥
दीन हीन मुझे जान गोसाईं । कीन्ह दया स्वामी की नाई॥
सपनेहु जीव को सुख न दिखाई । जब लग राम को नहि भज पाई॥
अगर मनुज नहि तजता कामा । जो सब शोकों का सदा धामा॥
तब तक उसे न मिले विश्रामा । चाहे जितनेहु वह जोर लगाना॥
मत्सर, मान, व लोभ मद, मोहा । जब लग मन इनमें हैं जोहा॥
तब लग हृदय न बसि रघुराई । जटा जूट धनु बाण सजाई॥

दोहा ॥ममता बसत ये जीब में । अन्धकार की रात॥
राग द्वेष उल्लू मानो । रहते बड़े सुख पात॥ ७०

चौ ॥तब तक ममता अन्धेरा छाई । जब लग मन में न बस रघुराई॥
प्रभु मन में हैं अगर बसि जाई । हृदय में सूर्य तुरंत उग आयी॥
आपके चरण दरश मैं पाना । हुआ सुखी सब भय मिट जाना॥
जिस पर कृपा होय रघुनाथा । तीनों प्रकार के दुःख मिट जाता॥
नीच स्वभाव मैं राक्षस होई । हवन यज्ञ कभी किया न जोई॥
बड़े बड़े मुनि जिन्हें ध्यान लगाई । सपनेहु में वे उन्हें न पाई॥
सोहि प्रभु सम्मुख मेरे आवा । हर्ष सहित निज हृदय लगावा॥
मेरा अति सौभाग्य यह होई । मिले दरश रघुनायक सोई॥

दोहा ॥उन्ही राम आज कृपा भई । सम्मुख मैं उन्हें पात॥
ब्रह्मा शिव जिन्हें पूजते । वर्णन कर न अघात॥ ७१

चौ ॥राम कहा सुन मेरा स्वभावा । जिसे सिव उमा भुशुण्डि भी गाबा॥
चर और अचर का दुश्मन कोऊ । हो भय भीत शरण मेरी जोऊ॥
तजता कपट छल मद मोह नाना । उसे मैं बनाऊँ साधु समाना॥
मात पिता बन्धु पुत्र व नारी । देह धन घर व मित्र परिवारी॥
इन सबकी ममता ले बटोरी । और बट करके बनाये डोरी॥
उसमें निज मन बांध के लेई । फिर मेरे चरणों में उसे देई॥
समान भाव रख मुझ में न कामा । हमको हर्ष शोक भय न डराना॥

दोहा ॥अस सज्जन बसि हिय मेरे । जिम धन लोभी होय॥
बैसेहि रख मैं खयाल इन । मुझे प्राणों सम सोय॥ ७२

चौ ॥संत तुम्हारे समान जो आबा । हृदय लगाऊँ वह मुझे भाबा॥

दोहा ॥साकार ब्रह्म जो मानते । परहित का करें काम॥
अपने नियमों नीति दृढ़ । सदा बढ़ाते ज्ञान॥ ७३

चौ ॥ऐसे जीब मुझे प्राण समाना । इन्ही हेतु मैं देह धर आना॥
तुममें ये गुण मुझको दिखाई । इसी लिए प्रीति तुमसे बढ़ायी॥
बानर सुने राम के बचना । जय श्री राम बोलने लगना॥
राम वचन लगे अमिय अमाना । पान विभीषण करें न अघाना॥
उनके चरण वे गहे बहोरी । हृदय प्रीति बढ़ी दिखे न थोरी॥
कहा विभीषण मेरा नमामि । आप हैं चर व अचर के स्वामी॥
तुम शरणागत रक्षक रामा । सबके हृदय करत बिश्रामा॥
मेरे हृदय रहीं जो कामा । आपकी प्रीति में वे बह जाना॥

दोहा ॥अब दयानिधि मुझे दीजिये । अपनी भक्ति महान॥
जो शिव जी के मन बसत । उसी में मम कल्यान॥ ७४

दोहा ॥होगा यही प्रभु आशिष दीन्हा । तुरत सिन्धु जल मगा वे लीन्हा ॥
कहा राम नही इच्छा तुम्हारी । पर दर्शन मेरा सदा फलकारी ॥
फिर प्रभु राज तिलक कर दयऊ । मेघ से पुष्प वृष्टि तब भयऊ ॥
रावण क्रोध प्रचंड जो ज्वाला । विभीषण को प्रभु उससे निकाला ॥
अखण्ड राज्य लंका का दीन्हा । निज का वचन पूरा कर लीन्हा ॥
बलि दश शीश की रावण दयऊ । और शिव से जो संम्पति लयऊ ॥
सकुचि के वही सम्पति श्री रामा । दीन्ह विभीषण को जग जाना ॥
क्या ये भेंट पर्याप्त थी होई । राम में यह शंकोच था जोई ॥
ऐसे प्रभु को भी जो भुलाई । पूँछ सींग बिनु पशु वह कहाई ॥

दोहा ॥विभीषण को निज समझकर । अपना लिया रघुराय ॥
प्रभु स्वभाव ये देखकर । वानर दल हर्षाय ॥ ७५

चौ ॥प्रभु सब जानत बसें हिय सबके । उदासीन वे विभिन्न रूप के ॥
नीति को पाल व राक्षस हनना । और भक्तन हेतु राम ये कहना ॥
हे सुग्रीव लंकेश बतायी । सागर किस विधि पार हूँ जाई ॥
इसमें मगर साँप मछलियाँ होई । रछित वे हों पार किम जोई ॥
भरा अथाह सिन्धु ये दिखाता । कैसे पार करूँ समझ न आता ॥
कहा विभीषण प्रभु मैं जाना । कोटि सिन्धु शोख सके आप बाणा ॥
तदपि यही है नीति सुहाई । सागर से विनती करो जाई ॥
आपके पूर्वज सगर बताई । उन्ही ने यह सागर था बनाई ॥

दोहा ॥सागर वंशज आपका । उनसे कहो कर जोर ॥
मारग हमको दीजिये । पार होय सैन्य मोर ॥ ७६

चौ ॥आपको वे यदि मार्ग हैं देई । तो बिना श्रम के पार सब होई ॥
कहा राम मित्र उचित बताई । देव कृपा से काम बन जाई ॥
लक्ष्मण को नही उचित दिखाया । यह उपाय उन्हें दुखी बनाया ॥
कहा प्रभु इसमें देर हो जाई । कौन कहे कि सफलता पाई ॥
कायरता भी पड़ती दिखाई । आलसी लोग यह करते उपाई ॥
आपके कर्म पे सबे विश्वासा । शोख सकत सिन्धु आप ये आशा ॥
यह सुन हँसकर कह रघुराई । करूँगा ऐसा ही हे भाई ॥
ऐसा कह अनुजहि समझाबा । प्रभु सागर समीप थे आबा ॥

दोहा ॥सागर को रघुपति नमत । फिर कुश आसन डार॥
खुश करने वे सिन्धु को । विनय करत थे सम्हार॥ ७७

चौ ॥जब था विभीषण लंक से आया । रावण पीछे दूत पठाया॥
बानर कपट रूप वे धारी । करत प्रसंसा राम की भारी॥
खुलकर राम स्वभाव सराहा । अपना कपट भेष बिसराहा॥
तब वे लिए गये पहिचानी । कपि उन्हें बांध कपीश पे लानी॥
कहा सुग्रीव दण्ड इन्हें दीजे । अंग भंग ये निसिचर कीजे॥
सुन सुग्रीव की वानर धाये । बांध उन्हें चारों ओर घुमाये॥
बहुत भांति कपि उन्हें रहे मारी । छोड़न हेतु दया को पुकारी॥
फिर भी कपि उन्हें छोड़ न चाही । कसम राम की वे थे दिलाई॥

दोहा ॥दी सौगंध वे राम की । जब कपि सजा उन्हें देत॥
आदेश देकर लखन ने । उन्हें छुड़ा वे लेत॥ ७८

चौ ॥लिख एक खत लक्ष्मण उन्हें देही । दें लंकेश को वे गह लेही॥
कुल घातक रावण से कहना । सावधान हो खत को पढ़ना॥
मौखिक भी उसको ये बताई । उदार सलाह उसको समझाई॥
सीता राम को देउ मिलाई । नहि तो काल तुम्हारा आयी॥
फिर लक्ष्मण को दूत सिर नाई । राम के गुन गावत चले जाई॥
प्रभु यश कहत दूत आ जाबा । लंकापति को शीश वे नाबा॥
रावण हस पूछी कुशलाई । दूत हे शुक कहो अपनी भलाई॥
फिर वह कहो जो विभीषण साथा । जब पहुँचा क्या किये रघुनाथा॥

दोहा ॥लंका में सुख से रहत । पर लिया काल ने घेर॥
राज द्रोह उसने किया । उसकी गयी मति फेर॥ ७९

चौ ॥राम पे पहुँच काल वह बुलाई । भालू कीश संग वह मर जाई॥
फिर कहो सेन भालु और कीशा । आये काल प्रेरणा विशेषा॥
रक्षक सागर उनका दिखाई । नहीं तो निसिचर गये थे खाई॥
अब उन तपसियों की कहो बाता । मेरा डर जिनके हिय छाता॥

क्या वे तुमसे थे मिल पाई । या मेरे डर से दूर भग जाई॥
तेज ओर बल शत्रु का कहिये । क्यों खड़ा मौन चकित हो दिखिए॥
दूत कहा सुनो बात हे स्वामी । तज के क्रोध लो बात मेरी मानी॥
मिला विभीषण राम से जबही । राज तिलक राम कीन्हा तबही॥

दोहा ॥रावण दूत पहिचान कर । लिए बांध हमें कीश॥
देन लगे दुःख भांति बहु । सुनहु हे लंका धीश॥ ८०

चौ ॥श्रवन नासिका काटन चाही । ब हम शपथ राम की दिलाई॥
यह सुन हमें माफ़ वे करेऊ । स्वामी सैन्य बल उनका सुनेऊ॥
बानर भालु सेना जो दिखाई । वर्णन कोटि मुख नहि हो पाई॥
भालू कपि दिखे भांति अनेका । बदन भयंकर पर वे विवेका॥
लंक जार हना अच्छ कुमारा । वही कपि दुर्बल मत ये हमारा॥
असंख्य नाम के योद्धा दिखही । अति कठोर व भयंकर लगही॥
सैकड़ों हाथियों सम बलवाना । और असीमित नाग समाना॥
द्विबिद मयंद नील नल अंगद । बिकटास्य केशरी दधिमुख और गद॥
शठ और निशठ तथा जाम्बाना । ये सब बल की राशि थे दिखाना॥

दोहा ॥सभी वानर वहाँ शक्ति में । दिखें सुग्रीव समान॥
ऐसे करोणन दिखत वहाँ । गिने न काहु से जान॥ ८१

चौ ॥राम कृपा से वे बलवाना । तृण सम उन्हें त्रिलोक दिखाना॥
मैं निज कानों से सुन पाना । अठारह पदम सेनापति आना॥
नहि कोई कपि ऐसा था दिखाई । तुम्हें युद्ध न जीत जो पाई॥
समर हेतु कपि दिखे अकुलाई । पर आज्ञा न देत रघुराई॥
कहते सिन्धु जल जीव समेता । पर्वतों से दूँ पाट हे निकेता॥
मसल के रावण धूल मिलाई । इस प्रकार कपि कहते जाई॥
हो भय हीन गरजते डपटते । मानो लंका को ग्रसन वे चहते॥
इस प्रकार सब भालू कीशा । फिर ऊपर हैं राम सम ईशा॥

दोहा ॥जो रण में हैं जीत सक । रावण कोटि समान॥
उनका तेज गया छाय वहाँ । देवगण करते प्रणाम॥ ८२

चौ ॥श्रीराम बल बुद्धि अधिकाई । हजारों सेष भी कह नहि पाई॥
उनमें था सामर्थ्य दिखाई । बाण से सत सागर दें सुखाई॥
पर उसकी मर्यादा रखाई । पूछत तुम्हरे भ्रात सों उपाई॥
राय विभीषण की वे मानेहु । पूजा कर पथ सिन्धु से माँगेहु॥
रावण सुन ये दूत की बाता । बड़ी जोर से हंसता दिखाता॥
इस प्रकार जिसकी मति होई । वही बानरों से मदद है जोही॥
स्वभाव विभीषण सदा भयभीता । मानी राय उसकी वे पुनीता॥
सागर सम्मुख बाल समाना । मार्ग हेतु हठ कर बैठ जाना॥

दोहा ॥रिपु की बढ़ाई करत दिख । अरे मूर्ख दूत दोउ॥
बातें तुम्हरी समझकर । रिपु की थाह में लेउ॥ ८३

चौ ॥जिसने विभीषण सचिव बनाई । बिजयी न रण में वह हो पई॥
रावण की सुन दूत ये बाता । लक्ष्मण लिखा पत्र वे दिखाता॥
राम अनुज यह पत्र भिजाबा । पढ़बाकर इसे ठंडक पावा॥
हँसकर रावण पत्र ले लीन्हा । सचिब को पढ़ने हेतु दे दीन्हा॥
उसमें लिखा मूरख लंकेशा । अभिमान में मिटे कुल रहे न शेषा॥
राम विरोध काल है बुलाई । शिव ब्रह्मा भी बचा नही पाई॥
तज अभिमान राम पर आयी । जैसा विभीषण करके दिखाई॥
प्रभु के चरण कमल पड़ जाई । भौंरा बन भक्ति रस पाई॥

दोहा ॥यदि ऐसा तुम नहि करत । तो बन जा तू पतंग॥
प्रभु बाण अग्नि हवन में । कर दे होम निज अंग॥ ८४

चौ ॥पत्रिका सुन भय भीत दशानन । ऊपर मन से रहा ये सुनावन॥
फिरत ये तपसी भिकारी समाना । पर बातों से आकाश को जाना॥
दुत ये सुक रहा उसे समझाना । मानो सत्य सब तज अभिमाना॥
आपने मुझे आज्ञा थी देई । सुग्रीव फोड़ने उपाय भी केई॥
कपिपति से मिला मैं कपि भेशा । आप जो कहा मैं उसे उपदेशा॥
राक्षस वानर संधि अनुसारा । एक दूजे को देंगे सहारा॥
संधि तोड़ तपसियों मिल जाबा । लंका चढ़ाई करन तुम आवा॥
जितना चाहो स्वर्ण धन लीजे । लौटो अथवा संग मेरा दीजे॥

दोहा ॥यह सुनकर सुग्रीव ने । बध मेरा करन बिचार॥
राम दुहाई दीन्ह उन्हें । छोड़ दिया हो उदार॥ ८५

चौ ॥स्वामी तजो क्रोध अभिमाना । शुभ यही हैं प्रभु शरण को जाना॥
वे स्वभाव से कोमल भारी । जग उन्हें जगत पति हैं उचारी॥
मिलितेहि तुम्हें शरण वे लेही । सब अपराध माफ़ कर देही॥
जानकी दो उन्हें सह सम्माना । स्वामी मेरी बात लेउ माना॥
दूत की सुन लौटाओ बैदेही । रावण लात प्रहार था केही॥
दोनों दूत नाय उसे शीशा । चल दिए शरण राम जगदीशा॥
आय प्रणाम किया रघुनाथा । जो बीती उन्हें कही सब गाथा॥
जैसेहि उनने चरण गहे रामा । दोउ निसिचरों ने निज गति पाना॥

दोहा ॥दिखे दोनों मुनि भेष में । धारें निज हिय ज्ञान॥
गाय रहे महिमा चरण । अभी जो उनको दिखान॥ ८६

चौ ॥अगस्त्य ऋषि के शिष्य थे दोऊ । उन्हीं के शाप से निसिचर होऊ॥
आज सुगति दे दी रघुनाथा । करें वंदना चरण धर माथा॥
कर स्तुति रघुपति के चरना । फिर दोउ निज आश्रम को चलना॥
इधर राम सागर को मनाई । विनय करत तीन दिन बीत जाई॥
करके क्रोध लक्ष्मण को बुलावा । कहा अनुज धनु बाण ले आवा॥
हैं कुछ लोग जिन्हें प्रीति न भावा । करते काम जब भय है दिखावा॥
ले धनु बाण राम उठ जावा । कहा पौरुष से समुद्र सुखावा॥
मूर्ख को विनय कहाँ हैं भाई । कुटिल को भी नही प्रीति सुहाई॥

दोहा ॥कंजूस स्वभाव का जो रहे । नही उदारता सुहात॥
मोह में फँसा जो व्यक्ति हो । ज्ञान समझ नही आत॥ ८७

चौ ॥अति लोभी को बैराग्य न भावा । क्रोधी कहाँ शांति रख पावा॥
कामी को हरि चरित न भाना । इन सबें ऊसर वर्षा समाना॥
यह कह राम बाण संधाना । मार्ग यही लक्ष्मण को सुहान॥
अग्नि बाण रघुपति ने चढ़ावा । सागर हृदय ज्वाल उठ जावा॥

मगर साँप मछलियाँ अकुलायी । सिन्धु को जल जीव जलते दिखायी॥
स्वर्ण थाल मणियों भर लीन्हा । वह अभिमान मोह तज दीन्हा॥
विप्र रूप धर प्रभु पर आया । विनति करत बहु भाति दिखाया॥
चरण राम गह उनको मनाई । आप हैं वंशज देता दुहाई॥

दोहा ॥मूढ़ व्यक्ति भय मानता । अन्य उपाय न मान॥
केला पौध काटन बढ़े । अज्ञानी डाँट को जान॥ ८८

चौ ॥भयभीत सिन्धु गहे प्रभु के चरना । सब अपराध क्षमा मेरे करना॥
वायु अनल जल पृथ्वी आकाशा । पांच तत्व ये प्रकृति सुपासा॥
जड़ ये हैं जड़ इनका स्वभावा । आपकी प्रेरणा से ये पावा॥
माया तुम्हारि इन्हें उपजाई । सृष्टि संतुलन हेतु बनाई॥
जिसने जो प्रभु आयुष पावा । उसी तरह रह सुख वहीं आवा॥
दण्ड दिया मुझे भला प्रभु कीन्हा । इससे मैंने शिक्षा लीन्हा॥
आपने ही मर्यादा बनाई । सिन्धु रूप जो मैंने पाई॥
अज्ञानी व अशिक्षित होई । या पशु सम बुद्धि रख कोई॥
इनसे सख़्त अनुशासन कीजे । ढोल समान मधुर स्वर लीजे॥

दोहा ॥मुझे सुखाना प्रभु चहत । आपको कठिन न होय॥
टूटने दो मर्याद मम । नहि इसकी चिंता मोय॥ ८९

चौ ॥मै प्रभु आज्ञा टाल नही पाई । पार हो कपि सेन यही मुझे भाई॥
सुन विनीति सागर के बचना । हस करके प्रभु थे यह कहना॥
जेहि विधि सेना पार हो जाई । सखा उपाय मुझे दो बताई॥
सागर ने तब कहा समझाई । सेन में नल नील कपि दो भाई॥
बचपन में इन्हें गुरु वरदाना । हाथ छुआ पत्थर तर जाना॥
इनके छुये पाहन रख दीजे । बने पुल प्रभु कृपा पार हो लीजे॥
मै भी सुमिर प्रभु करूँ सहाई । जितना हमें सामर्थ्य हो पाई॥

दोहा ॥इस प्रकार सिन्धु बाँधिए । सेना पार हो जाय॥
कार्य प्रभु का सफल हो । ये जग यश उनका गाय॥ ९०

चौ ॥बाण जो धनु पर आप संधाना । पापियों पर करो इसका निशाना॥
उत्तर दिश पर दुष्ट जो रहही । उनका वध इस बाण से करही॥
सुन सागर की विनय रघुराया । बाण चला पापियों मिटाया॥
देखा सिन्धु बल पौरुष रामा । हुआ प्रसन्न सुखी था दिखाना॥
उन दुष्टों का चरित वह बतावा । हर्षित हो निज भवन को जावा॥

छंद॥होकर के खुश सागर गया, मत सिन्धु का प्रभु भावही॥
कपि चरित और श्रीराम का, लिख जसकरन सुख पाबही॥
यह गायेगा जो प्रेम से, सुख पाय दुःख सब मेंटही॥
संसार से सब आस तज, हे मन चरण प्रभु के गहीं॥

दोहा ॥श्री राम का चरित ये । करता मंगल दान॥
प्रेम सहित जो श्रवन कर । हो उसका कल्यान॥ ९१

मुक्ति सोपान

छंद॥रिपु काम के शिव हिय धरत, वे राम हर भय मृत्यु का॥
नहि योगीजन निज ज्ञान से, एक झलक पा प्रतिबिम्ब का॥
वे गुण निधी अजेय निर्गुण, निर्विकार माया परे॥
देवों के रक्षक दुष्ट भक्षक, वंदना सब जग करे॥

छंद॥भक्त की रक्षा करत, हैं श्याम सुंदर मेघ सम॥
कल्याण करते देव का, हे मन तू उनके चरण रम॥
कमल सम हैं नयन जिनके, बाण धनु लिए शोभते॥
पृथ्वी पति वे जग पति, माया से ये जग मोहते॥

छंद॥गौर शरीरं चन्द्र स्वरूपं, ब्याघ्र चर्म तन धारते॥
ब्याल करालं जटा विशालं, गंगा उनमें सम्हारते॥
काशी निबासं कलि का नाशं, करें सबका कल्यान॥
पाप बिनासं गुण के निधानं, करूँ शिव का मैं ध्यान॥

छंद॥भक्ति दाता हे शिव विधाता, दो भक्ति मुझे दान॥
है जो कीमती दुर्लभ दिखती, वह कैवल्य महान॥
करो कल्याना शरण मैं आना, शिव शुभता के निसान॥
दो मिटाओ चरण गहाओ, नहि जग पड़े पुनः आन॥

दोहा ॥वर्ष कल्प युग लव निमिष । लिए जो काल की चाल॥
क्यों नहि मन तू भजत उन । पड़ा माया जंजाल॥ १

दोहा ॥देके सलाह सागर गया । प्रभु मंत्रियों बुलात॥
अब विलम्ब नही कीजिये । उनको रहे बतात॥ २

चौ ॥सेना को आदेश अब दीजे । सेतु बाँधने युक्ति सब कीजे॥
जामवंत कह हे रघुराया । आप भी सेतु ये श्रुति है गाया॥
सुमिरैं नर जो आपका नामा । भव सागर वह पार हो जाना॥
यह तो एक लघु सिन्धु दिखाया । यह सुन हनुमत रहे बताया॥
राम प्रताप है अग्नि समाना । एक बार सिन्धु सोख ये जाना॥

नारि शत्रुओं अश्रु बहाया । पुनः भर गया खारा हो जाया॥
युक्ति ये हनुमत की सबे भाई । प्रभु तन देख वानर हर्षाई॥
जामवंत नल नील बुलाये । प्रभु जो कहा सब उन्हें बताये॥

दोहा ॥सुमिर के राम प्रताप को । करो सेतु निर्माण॥
नहीं परिश्रम कुछ लगे । रघुपति नाम महान॥ ३

चौ ॥बानर भालु यूथ बुलबाई । बिनती जामवंत ने सुनायी॥
चरण कमल प्रभु के हिय लेयू । मिलकर एक खेल तुम केऊ॥
बानर बिकट यूथ सब धावो । पर्वत वृक्ष उखाड़ के लावो॥
चले कपि भालु दहाड़ लगाई । देते श्री रघुनाथ दुहाई॥
खेलहिं में गिरि वृक्ष उखारी । और नल नील को देते सम्हारी॥
गिरि विशाल नल नील ले लेही । जल में कंदुक इब रख देही॥
देख मनोहर सेतु की रचना । हँसकर के रघुनायक कहना॥
भूमि यहाँ सुंदर रमणीया । महिमा असीम न बरनै कीया॥

दोहा ॥करूँ स्थापित शम्भु यहाँ । मम हिय ऐसा बिचार॥
बिना उनके कल्याण कहाँ । वे हैं जगत आधार॥ ४

चौ ॥यह सुन कपि पति भेजे दूता । मुनिवर सभी बुलाये पुनीता॥
जाम्बान से पूछ श्री रामा । कोई आचार्य का नाम सुझाना॥
कहे रीछपति हे भगवाना । लिंग स्थापित वही करा पाना॥
हो ऐसा आचार्य महाना । शिव वैष्णव पन्थ दोउ जिसे आना॥
ऐसा तो रावण ही दिखाई । शिवलिंग थापना वही करा पाई॥
पर वह आपसे शत्रुता रखता । कैसे आपका काम कर सकता॥
सोचा पुलस्ति का पोता दशानन । जो कभी मुझको मित्र थे मानन॥
इस नाते उसे मेरा बुलाना । सम्भव हो सके उसका आना॥

दोहा ॥लिया आमन्त्रण राम का । जामवंत चल दीन्ह॥
सुना दसकंधर दूत से । स्वागत द्वार पे कीन्ह॥ ५

चौ ॥कर स्वागत पूछा ये दशानन । किस कारण हुआ आप आगमन॥
कहा इच्छा रखते रघुराई । स्थापना शिवलिंग हो जाई॥
कोई आचार्य न तुम सम होई । विधिवत कार्य करा सके जोई॥
हस रावण कह अबस कराऊँ । आपकी बात नही ठुकराऊ॥
राम हैं इस यज्ञ के यजमाना । जंगल बास करत वे दिखाना॥
जब कोइ ऐसा मौका दिखाता । तब कर्तव्य आचार्य हो आता॥
यज्ञ की सब वह व्यवस्था कराए । जो भी जरूरत सभी जुटाए॥
यदि जीवित पत्नी यजमाना । यज्ञ में जरूरी उसका आना॥
पर वह मेरे कैद में रहही । अतः मेरा कर्तव्य ये बनही॥

दोहा ॥पहुँचाऊँ सिय यज्ञ में । करवाऊँ अनुष्ठान॥
रथ तैयार कराय कर । सीता ढिंग पहुँचान॥ ६

चौ ॥अपने रथ संग सिय रथ लीन्हा । राम तरफ था तुरंत चल दीन्हा॥
देख आचार्य की शिष्टाचारी । अनुज संग रघुपति खुश भारी॥
हनुमत को श्री राम बताया । शिव लिंग करो व्यवस्था जाया॥
पर विलम्ब कहीं कपि हो जाई । इधर घड़ी स्थापना आयी॥
सिय बालू शिवलिंग बनाया । थापना रावण विधि से कराया॥
रामेश्वर ज्योतिर्लिंग ये ही । दर्शन कर तरते सब को ही॥
यज्ञ बाद प्रभु कह आचार्या । माँगो दक्षिणा जो तुम भाया॥
रावण कहा तुम बन में आयी । नहि कुछ धन तुम पर है दिखाई॥

दोहा ॥वह कहा राम तुम माँग लो । जो इच्छा हो कीन्ह॥
लंका विजय प्रभु माँगते । रावण हाँ कह दीन्ह॥ ७

चौ ॥अब रावण कह हमें ये दीजे । मेरी मृत्यु सिर्फ आप ही कीजे॥
एवमस्तु कह प्रभु रनधीरा । जयति जयति कहते कपि बीरा॥
यज्ञ बाद आचार्य थे जाई । बन अशोक सीता पहुँचाई॥
शिव लिंग ले हनुमत अब आबा । देख यहाँ तो यज्ञ हो जाबा॥
राम से कहा मैं शिव लिंग लाबा । बालू जगह इसको बैठाबा॥
कहा प्रभु उसको देउ हटाई । उसी जगह दो अपना बैठाई॥
हनुमत पूरी शक्ति लगावा । बालू शिव लिंग हिला न पावा॥
राम की इच्छा गये पहिचानी । यह शिव लिंग अन्य जगह बैठानी॥

दोहा ॥हनुमतेश्वर शिवलिंग यही । वहीं पूजा यह जाय॥
रामेश्वर जो पूजते । इन्हें भी पूजत आय॥ ८

चौ ॥राम कहा ईश्वर मेरे ये ही । इसी लिए रामेश्वर जे ही॥
शिव कहा मेरे ईश्वर रामा । रामेश्वर इसी लिए इन्हें जाना॥
करे उल्लंघना शिव की कोई । वह मूरख नर्कगामी होई॥
शिव का विरोधी भगति करे मेरी । मैं सपनेहु उस तरफ न हेरी॥
शंकर भगत हो द्रोह करे रामा । भगत राम का रार शिव ठाना॥
ऐसे भक्त घोर नरक में जाई । कल्प युगों तक मुक्ति न पाई॥
यह शिव लिंग रामेश्वर नामा । इनके दर्शन हेतु जो आना॥
लाकर गंगा जल जो चढ़ाई । मोक्ष पाय वह मुझ में समाई॥

दोहा ॥हो निष्काम छल त्यागकर । रामेश्वर जो सेब॥
उस पर शिव खुश होयकर । भगति राम की देब॥ ९

चौ ॥सेतु रामेश्वर दर्शन करना । मेरे द्वारा यहाँ जो बनना॥
बिना तप और परिश्रम केही । वह भव सागर पार हो लेही॥
सुने राम के ये उपदेशा । निज निज आश्रम लौट मुनेशा॥
उमा नीति यही है रघुनाथा । करते प्रीति जो शरण है आता॥
चतुर नील नल सेतु बनाया । राम कृपा निज सुयश फैलाया॥
पाहन डूबत अन्य डुबाई । यहाँ बने सेतु हैं लगाई॥
नहीं उनकी इसमें अधिकाई । और न कपि या सिन्धु बडाई॥
राम नाम का प्रताप ये होई । पाहन तैरत सागर जोई॥

दोहा ॥फिर भी नर मूरख सदा । देखे सुने ये प्रताप॥
पर जपता नहि राम को । करे उल्टा जग जाप॥ १०

चौ ॥नल नील सुंदर सेतु बनाया । शिल्प कला देख प्रभु मन भाया॥
उतरे भालु कपि सेन विशाला । करें गर्जना असुर बिहाला॥
चढे सेतु तट कृपा निधाना । चितये सिन्धु बिस्तार दिखाना॥
दर्शन हेतु जल चर उमड़ायी । सतह पे दरश देत रघुराई॥

सर्प मगर मच्छ और घडियाला । सैकड़ों योजन तक वे विशाला॥
ऐसे जीब भी पड़े दिखाई । इनसे बड़े इन्हें भी खा जाई॥
एक-दुजे से सदा डराई । आज बैर नही उनमें दिखाई॥
दर्शन कर हर्षित सब होई । सुख नही मिला आज सम जोई॥

दोहा ॥दर्शन हेतु जीव उमड़ते । दिखे सतह पर छात॥
सभी सराहत भाग्य को । नहि जल पड़े दिखात॥ ११

चौ ॥अब आयुष दीन्ही रघुराई । कपि सेना सेतु पार को जाई॥
सेतु ओर चले कपि समुदाई । सेन विशाल गनत न दिखायी॥
भीड़ बहुत एक साथ न जाई । कुछ कपि वायु मार्ग से उड़ाई॥
कुछ जलजीव की कीन्ह सवारी । पार होत सेना थी भारी॥
खेल ये देख हँसत दोउ भ्राता । आगे फिर चल दिए रघुनाथा॥
सेन सहित उतरे रघुराई । सेना पति भी गिने न जाई॥
करके पार सेतु डेरा जमाई । फिर सेना आयुष प्रभु पाई॥
प्रभु कृपा कंदमूल फल छाई । खाउ सुरस फल भूख मिटाई॥

दोहा ॥जहाँ तहाँ लागे खान फल । कपि सब नियरे सेतु॥
ऋतु और कुऋतु को त्याग बन । लदे पेड़ प्रभु हेतु॥ १२

चौ ॥मीठे फल कपि भालू खाते । जोर से पेड़ों को वे हिलाते॥
पर्वत हाथ में लेते उठाई । लंका तरफ फेंकते जाई॥
घूमते कहीं निसिचर मिल जावा । पकड़ उसे बहु नाच नचावा॥
काटें दांत से नाक और काना । उनके मुँह जय राम बुलाना॥
कटबा नाक कान के जाई । फिर रावण को सब वे बताई॥
सिन्धु पे सेतु राम ने बनाया । दसकंधर था अति अकुलाया॥
दसों मुख से वह गया अकुलाई । उनसे सिन्धु दस नाम सुनायी॥
राम बांधि जलनिधि बारीशा । सिन्धु नीरनिधि उदधि नदीसा॥
तोयनिधि बननिधि कंपति पयोधी । दस ये नाम दस मुख से प्रबोधी॥
जैसेहि नाम ये मुखों पे आयी । काल पास में शाप ने डराई॥

दोहा ॥व्याकुल रावण होयकर । अपने भय को छिपात॥
महल तरफ चलता बना । मंदोदरी ढिंग आत॥ १३

चौ ॥मंदोदरि जब सुनी ये बाता । खेलहिं में प्रभु सिन्धु बंधाता॥
हाथ पकड़ पति पलंग बैठाई । मधुर वचन रही उसको सुनायी॥
निज सिर पति के चरण रख दीन्हा । कहा सुनो मम होय क्रोध हीना॥
स्वामी बयर करे उसी साथा । जीत सके जिसे बुद्धि और हाथा॥
भेद आप और राम जो रहही । जिम जुगनू और सूर्य में दिखही॥
मधु कैटभ त्रिलोक के विजयी । इन्ही प्रभु द्वारा गये थे मरही॥
दिति कश्यप सुत जग को हराना । हिरणाछ व हिरणाकश्यपु नामा॥
वही प्रभु आये बाराह के रूपा । मार दिए थे ये जग भूपा॥

दोहा ॥बाबन रूप से प्रकट वही । छला था बली महान॥
परशुराम फिर रूप धर । सहस्त्रबाहु को मिटान॥ १४

चौ ॥हे स्वामी वही लिया अवतारा । हरने हेतु इस जगत का भारा॥
काल कर्म जीव जिनके हाथा । बैर न उनसे कभी सुहाता॥
उनकी प्रिया तुरंत लौटाओ । चरण कमल उनके सिर नाओ॥
राज पाठ अब सुत को देही । राम भजन हेतु बन चल लेही॥
शरण गहें क्षमा करें रघुनाथा । आत देख नही बाघ भी खाता॥
आपको जो कुछ जग में सुहायी । वह सब करके दिया दिखायी॥
चर और अचर देव गन्धर्वा । तथा राक्षस बस में किये सर्बा॥
जब जीवन चौथापन आयी । श्रुति कहें तप हेतु बन को जाई॥

दोहा ॥बन में जाय भजो राम को । जो श्रष्टि श्रजनहार॥
पालन पोषण वही करे । और करे संहार॥ १५

चौ ॥वही शरणागत हित रघुनाथा । मोह त्याग उन्हें नाबौ माथा॥
मुनि जिन्हें पाने घोर तप करहीं । राजा राज्य तज बन को चलहीं॥
वही राम श्री कौशलराया । आये तुम पर करने दाया॥
मानो ये मेरी बात हे स्वामी । तो त्रिलोक यश तुम फैलानी॥

इतना कह नेत्रों जल छायी । हो कम्पित पति पद गिर जाई॥
कहा भजों श्री राम का नामा । अचल मेरा सौभाग्य हो जाना॥
रावण मंदोदरि को उठाया । कहा मेरा सम बली न जाया॥
तुम प्रिये व्यर्थ भयभीत हो जाई । मेरे सम कहाँ योद्धा दिखाई॥

दोहा ॥जीते देव दिग्पाल सब । बरुन कुबेर यमराज॥
पवन और काल बस किये । फैला राक्षस राज॥ १६

चौ ॥देव दानव नर बस कर लीन्हा । हे प्रिये भय तुम किस लिए कीन्हा॥
मंदोदरी पति को समझाती । पर रावण को समझ न आती॥
सोचा काल बस पति हो जाई । जिससे शुभ उन्हें अशुभ दिखाई॥
फिर वह सभा बैठ था जाया । भरा अभिमान मंत्रियों बुलाया॥
पूछत उनसे युद्ध की नीती । कहो विधि जिससे शत्रु हों सभीती॥
राक्षस मंत्री रहे बताई । नहीं पूछन कुछ पड़ता दिखाई॥
क्यों भय आपके मन में आवा । कपि भालू नर खा हम जावा॥
रावण सुत प्रहस्त सुन पाई । हाथ जोड़कर रहा समझाई॥

दोहा ॥वह कह सुनो लंकापती । सुनिए मत ये हमार॥
नीति विरुद्ध न कुछ करो । दी मंत्री न राय सम्हार॥ १७

चौ ॥मंत्री मूर्ख मुँह देखी कहही । इसमें नही कल्याण हैं दिखही॥
कपि एक सिन्धु लांघ यहाँ आवा । अबहूँ गुन उसके सब गावा॥
भूख कहाँ तब तुम्हरी रहही । लंका जार वह सभी खड़े दिखही॥
मंत्रियों राय अभी सुखदाई । पर आगे यह बने दुखदायी॥
खेलहिं में जो समुद्र बधांवा । सेना सहित सुबेल पें आवा॥
क्या साधारण मनुज वह होई । भूख मिटा सकें खाकर जोई॥
सभा बीच यहाँ गप्प लगावा । जिम पागल कोई मुँह को चलावा॥
हे पितु मोर वचन दो ध्याना । मुझको कायर नहीं बताना॥

दोहा ॥कहते जो मीठे वचन । ऐसेहि जिन्हें सुहात॥
अधिकाधिक मिलते जगत । कड़ूयी सच न बतात॥ १८

चौ ॥बचन कठोर जो रहें हितकायी । कहते या सुनते कम ही दिखाई॥
कहूँ नीति मैं पितु समझाई । पहले राम पे दूत भिजाई॥
फिर सीता आदर से भिजाई । और राम से प्रीति जुड़ायी॥
ले पत्नी यदि लौट वे जावा । फिर दुश्मनी क्यों उनसे बढ़ावा॥
यदि यह बात न उनको भाती । तो करो युद्ध ये नीति बताती॥
मत ये मेरा मान लो ताता । दोनों भांति भला तुम्हरा दिखाता॥
सुत की सुन रावण क्रोधाया । मूर्ख ये ज्ञान कहाँ से पाया॥
बोला क्यों डर तुझको सताई । नहीं अनुरूप मेरे वंश दिखाई॥

दोहा ॥सुने पिता के कटु वचन । प्रहस्त चला घर ओर॥
फिर भी यह कहता गया । काल के बस पिता मोर॥ १९

चौ ॥काल के रूप रोग जब आयी । रोगी को ओषधि नही भाई॥
रावण सांझ समय हुई आना । भुज बीस देखत महल को जाना॥
लंका शिखर महल एक होई । मनोरंजन का अखाड़ा जोई॥
वहां जाकर वह बैठ था गयही । किन्नर लगे गुण गान थे करही॥
बीणा ताल मृदंग थी बजती । कुशल अप्सरा नाच थी करतीं॥
शत्रु प्रतापी राम सम दिखही । फिर भी भोग बिलास में रतही॥
यहाँ गिरि एक सुबेल सुहाना । सेना सहित प्रभु उसपर आना॥
ऊँची समतल शिला वहाँ होई । अति रमणीक सुरम्य थी जोई॥

दोहा ॥लक्ष्मण उसको सजाय दी । पत्ते पुष्प बिछाय॥
उस पर मृगछाल बिछाय कर । आसन प्रभु का सुहाय॥ २०

चौ ॥भाग्य सुग्रीव का बड़ा महाना । रघुपति सिर उन गोद दिखाना॥
प्रभु का धनुष बायीं ओर दिखाई । तरकश दाहिनीं तरफ सुहायी॥
दोउ कर सों वे सुधारत बाना । सलाह विभीषण दें लग काना॥
अंगद हनुमत बड़े भाग्यवाना । प्रभु के चरण पखारत जाना॥
पीछे लखन वीरासन लयही । तरकस कमर हाथ धनु दिखही॥
इस प्रकार प्रभु गुण कृपा खाना । होते सुशोभित श्री भगवाना॥
हैं वे भगत बड़े भाग्यवाना । जो इस छवि को धरें सदा ध्याना॥
तभी पूरब दिश चन्द्र उग आयी । देख के प्रभु रहे सबको बताई॥

दोहा ॥निडर सिंह सम चन्द्र दिख । गुफा पूर्व दिश बासि॥
बिचरे निशंक हो तेज पुंज । केहर सम बल राशि॥ २१

चौ ॥अन्धकार मस्त हाथी समाना । करे बिदीर्ण मस्तक वह दिखाना॥
तारे मोतियों सम बिखराई । सुन्दरि रात की शोभा बढ़ाई॥
चन्द्र में कालापन जो होई । सबे पूछत प्रभु क्या ये जोई॥
मत सुग्रीव ने अपना बताया । चन्द्र पे दिखत भूमि की छाया॥
अन्य ने मत अपना ये जताया । प्रहार राहु का चन्द्र पे दिखाया॥
कोऊ कहे श्रष्टि श्रजन दौराना । रति को जब ब्रम्हा ने बनाना॥
चन्द्र का सार अंश ले लीन्हा । कामदेव पत्नी मुख दीन्हा॥
जिससे रति सुंदर हो जाई । चन्द्र पे कालिमा पड़ती दिखाई॥

दोहा ॥विष हैं भ्रात इस चन्द्र का । यह प्रभु राम बतात॥
अपने हृदय उसे रखता । बिरही को वह सतात॥ २२

चौ ॥अब निज मत रखते हनुमाना । चन्द्र है प्रभु का दास सब जाना॥
वह निज हृदय में राम बसाई । यह श्यामलता वही दिखाई॥
प्रेम सनी सुन हनुमत बानी । सभासद सहित राम मुस्कानी॥
प्रभु अब दक्षिण दृष्टि घुमाई । रहे विभीषण को ये बताई॥
विद्युत चमक मेघ घुमड़ायी । काली घटाएँ गयी हैं छायी॥
मधुर गरज बादलों सुनायी । जिम वर्षा ओलों की आयी॥
कहत विभीषण सुनो रघुराई । न ये घटा न तडित चमकाई॥
लंका शिखर महल है बनावा । रावण वहाँ अखारा जुड़ावा॥

दोहा ॥वहाँ दशानन देखता । सिर मेघडम्बर धार॥
छत्र मुकुट काला बिषद । जिम मेघ अपरम्पार॥ २३

चौ ॥कुण्डल मंदोदरी के काना । चमक रहे यहाँ से वे दिखाना॥
हिलते हुए चमक वे बिखेरी । दामिनि समझ उन्हें प्रभु हेरी॥
ताल मृदंग बजें ध्वनि होई । अनुपम स्वर है सुन पड़े सोयी॥
रावण का अभिमान दिखाई । तुरत प्रभु धनु बाण चढ़ायी॥

जैसेहि बाण रघुपति चल जाबा । मेघडम्बर छत्र मुकुट खसाबा॥
जमीं गिरत वे सबके देखी । कोई मरम यह सका न लेखी॥
चमत्कार यह बाण दिखावा । पुनः तरकश में प्रविश हो जावा॥
रावण सभा हुआ रसभंगा । सब भयभीत देख ये अचम्भा॥

दोहा ॥नहीं आँधी नहि भूकपन । अस्त्र-सस्त्र भी न दीख॥
सभी अचंभित हो कहें । असगुन दे रही सीख॥ २४

चौ ॥रावण को सभा दिखी भय भीता । बोला वचन बना एक नीता॥
जिसके सिर कटकर गिर जावा । उसमें भी शुभता वह पावा॥
उसके लिए मुकुट का गिरना । नही अशुभ वह कभी हो सकना॥
निज निज ग्रह जा करो विश्रामा । तब सभी चलन को शीष झुकाना॥
कुण्डल गिरे कान सों जब से । मंदोदरि दिखे चिंतित तब से॥
दोनों नयन में जल भर लेही । पति अपने सों विनती केही॥
हें प्रिये राम से तजो विरोधा । नहि साधारण मनुज वे शोधा॥
वे रघुकुल मणि विश्व स्वरूपा । धर्म के रक्षक मनुज अनूपा॥

दोहा ॥अंग अंग जिनके दिखत । वेद कल्पना बास॥
उनके चरण पाताल लग । ब्रह्म लोक सिर स्वास॥ २५

चौ ॥अन्य लोक सभी करें विश्रामा । उनके विभिन्न अंगों में दिखाना॥
जिनकी भ्रकुटि कालगति दिखाना । नयन सूर्य बाल मेघ समाना॥
नाक अश्विनीकुमार हैं जिनकी । दिन रात होंय पलक चलें उनकी॥
होठ हैं उनके लोभ समाना । और दांत यमराज दिखाना॥
हंसी जिनकी माया सम होई । तथा दिगपाल भुजाएँ सोई॥
मुख अग्नि सम जीभ जिम पानी । उत्पति पालन प्रलय दिखानी॥
असंख्य बनस्पति अट्ठराह भाति । रोमाबलि उनकी है दिखाती॥
अस्थियाँ गिरि सम नसें जिम नदियाँ । पेट समुद्र नरक है इन्द्रियाँ॥

दोहा ॥विस्वरूप इस भांति प्रभु । अधिक क्या कल्पना होय॥
शिव जिनका अहंकार हैं । चंद्रमा मन सम जोय॥ २६

चौ ॥बुद्धि उनकी ब्रह्मा समाना । चित्त हैं विष्णु जैसा महाना॥
यही सचराचर श्री भगवाना । मनुज के रूप राम बन आना॥
मन में यही सब लेउ बिठाई । और विरोध राम सों बिहाई॥
रघुवर चरण प्रीति लेउ जोरी । बचे मेरा सौभाग्य बहोरी॥
सुने कानों पत्नी के बचना । रावण बड़े जोर से हंसना॥
बोला मोह यह महिमा दिखाई । स्त्रियों में आठ गुण जो पाई॥
साहस निश्छल और गोपनीयता । निडर स्वविवेक तथा सहिष्णुता॥
पतिव्रता और दयालुता रखना । रावण को थे ये अवगुण दिखना॥

दोहा ॥वह कह तुम वर्णन किया । शत्रु का रूप विराट॥
खड़ी होकर सम्मुख मेरे । हमको रही डरात॥ २७

चौ ॥हे प्रिये ये सचराचर जोही । सहजहु में मेरे बस में होई॥
तुमने इनकी बढ़ाई कीन्ही । अब चतुराई तुम्हारी चीन्ही॥
यह सब कह मेरा मान बढ़ाया । तुम्हरा भाव समझ मैं जाया॥
गूढ़ भरे प्रिये तुम्हरे बचना । सुख दाई भय मोचन लगना॥
सुन मंदोदरि जान थी गयऊ । काल के बस पति मत भ्रम भयऊ॥
करत विनोद वह रात बिताई । अन्ध अज्ञानी समझ न पाई॥
उसकी निडरता घमंड जताई । अँधा हो सभा पहुँच था जाई॥
बेंत पेड़ फल फूल न दयही । चाहे वर्षा अमिय की भयही॥

दोहा ॥हृदय आँख जो मूँद ली । उसे कुछ समझ न आत॥
गुरु कितना ही श्रेष्ठ हो । समझाने सफलता न पात॥ २८

चौ ॥यहाँ रामादल में रघुनाथा । जाग गये जैसेहि हुई प्रातः॥
मंत्री सचिव वे लिए बुलाई । कहा निज निज मत हमें बताई॥
आगे अब क्या करना होई । दीजे शीघ्र मत तुम सब कोई॥
जामवंत तब शीश नमाया । श्री राम को रहे बताया॥
हे प्रभु बुद्धि बल तेज के धामा । सबके हिय बस धर्म सुजाना॥
एक सलाह देंन मैं चहही । शान्ति दूत कपि लंका भिजही॥
राम सहित सबको मत भायी । शान्ति प्रयास एक अवश्य करायी॥
कुछ ने कहा हनुमत यदि जाता । वहाँ की स्थिति सब उन्हें ज्ञाता॥

दोहा ॥कुछ ने कहा यह नहीं उचित । हनुमत पुनः यदि वहाँ जात॥
समझेगा लंकेश तब । एकहि योद्धा यहाँ दिखात॥ २९

चौ ॥जामवंत तब मत ये उचारा । जाएँ दूत बन बालिकुमारा॥
यह सुझाव सबको मन भाया । बालि तनय से कह रघुराया॥
अंगद तुम बल बुधि के निधाना । बनके दूत तुम्हें लंका है जाना॥
जेहि विधि होय मोर शुभ कामा । जा करके तुमको है दिखाना॥
बहुत नही तुमको समझाना । परम चतुर तुम्हें सब कुछ ज्ञाना॥
शीश नमा अंगद उठ जावा । प्रभु आज्ञा हिय में बैठावा॥
बोले जिस पर प्रभु कृपा करेहू । सोई गुणज्ञ बलवान हो दिखेहू॥
प्रभु के कार्य को कौन रोक पाई । चाहत वे हमें यश को दिलाई॥

दोहा ॥प्रभु के चरण को हृदय धर । वंदना कीन्ह बहोर॥
साथियों को भी नाय सिर । चले लंका की ओर॥ ३०

चौ ॥अंगद सहज ही निडर दिखायी । और कृपा श्री राम हो जाई॥
योद्धा साहसी बालि सुत जाता । निर्भय हो वह सिंह सा दिखाता॥
जैसेहि नगर प्रविश वह कीन्हा । रावण सुत से भेंट हो लीन्हा॥
पूछ वह कौन विवाद हो जाई । दोउ बलवान दोउ युवा दिखाई॥
लात वह बालि तनय पे उबाई । पैर पकड़ कपि उसे पटकाई॥
देख यह निसिचर भागत जाई । सामने योद्धा विकट एक आयी॥
कोई न किसी को कुछ भी बतायी । रावण सुत बध सुन घबराई॥
नगर में बड़ा कोलाहल भयऊ । लंका जो जारि पुनः आ गयऊ॥

दोहा ॥सुना कपि आया है वही । जिसने थी जलाई लंक॥
निसिचर सब भयभीत भये । अनहोनी की शंक॥ ३१

चौ ॥बिनु पूछे अंगद को बताई । मारग यही महल को जाई॥
बालि तनय जिसको लें निहारी । अपने प्राण वह सके न सम्हारी॥
राम चरण को हृदय बैठाबा । रावण महल पास वह आबा॥
दिखे निडर साहसी बलवाना । चितवन उनकी सिंह समाना॥

निसीचर रावण पर पहुँचाई । निज आने की खबर भिजाई॥
सुनके दशानन गया मुस्काई । कहा लाओ कपि कहाँ से आयी॥
यह सुन निसिचर बहुत से जावा । बली अंगद को बुला ले आवा॥
बालि तनय जब नजर उठाया । रावण जीवित गिरि सा दिखाया॥

दोहा ॥मुख गिरि कन्दरा सम दिखे । उसके ही शिखर सम शीश॥
और रोमा थीं लताएँ जिम । वृक्ष के सम भुज बीस॥ ३२

चौ ॥उसके नेत्र नाक और काना । मानों गिरि की खोह हैं दिखाना॥
धीर वीर अंगद सभा आया । भय और झिझक न उसमें दिखाया॥
देख सभासद बालिकुमारा । हुए खड़े क्रोध रावण जारा॥
जिम हाथियों का झुण्ड दिखाना । निडर सिंह उसमें घुश जाना॥
वैसेहि अंगद सुमिर के रामा । कर प्रणाम सभा बैठ था जाना॥
रावण पूछ हे कपि क्या नामा । कह अंगद मैं दूत श्री रामा॥
तुम और मम पितु रही मिताई । उसी नाते मैं यहाँ हूँ आयी॥
तुम्हरा ऊँचा कुल है दिखाई । ऋषि पुलस्ति के नाती कहाई॥
तुम्हरी तपस्या जग है जानी । शिव ब्रह्मा खुश करके दिखानी॥

दोहा ॥उनके दिए वरदान से । तुमने कार्य बड़े कीन्ह॥
जीत लिए लोकपाल सब । और नृप बस कर लीन्ह॥ ३३

चौ ॥हुए बस मोह और अभिमाना । सीता जग जननी हर लाना॥
अब मैं तुम्हें शुभ राह बताई । करो वही क्षमा तुम्हें मिल जाई॥
दांतो में तिनका लो दबाई । और कुल्हाड़ी कंठ लटकाई॥
निज परिवार जनों ले लीजे । घर की स्त्रियों को संग कीजे॥
करके आगे मातु जानकी । जाओ शरण उन श्री राम की॥
रघुकुलमणि श्री कृपानिधाना । छमहूँ मेरे अपराध महाना॥
मैं शरणागत रक्षा कीजै । यह कहते हुए भय तज दीजे॥
सुन करके यह आर्तपुकारा । माफ़ वे करें अपराध तुम्हारा॥

दोहा ॥क्रोधित हो रावण कहा । रे कपिशिशु क्यों न डरात॥
मूरख मुझे न जानता । देवों का अरि मैं कहात॥ ३४

चौ ॥हमें बताओ निज पितु नामा । जेहि रिश्ते मुझे मित्र हैं माना॥
बालि तनय अंगद मैं होई । पितु सों कभी भेंट तुम जोई॥
यह सुनकर वह गया सकुचाई । कैसे बालि को भूल वह जाई॥
रावण घटना याद कर लीन्हा । सामना एक दिन उससे था कीन्हा॥
तब बाली मुझे कांख दबाया । और मास छै छूट न पाया॥
करके याद वह सकुचि था गयऊ । फिर अंगद से यह था कहऊ॥
अरे कपि तू है बालि का जाई । बोस के कुल में अग्नि हो दिखाई॥
गर्भ में ही क्यों नही मर गयऊ । व्यर्थ ही जग में जन्म तू लयऊ॥

दोहा ॥बाली बड़ा बलवान था । उसके तुम सुत हो कहात॥
शर्म न तुझको लागती । तपसियों का दूत बतात॥ ३५

चौ ॥पूछत वह कहो बाली की कुशलता । रावण को अंगद तब कहता॥
दस दिन बाद तुम भी वहीं जाई । खूब पूछना गले लगाई॥
रघुपति से विरोध जो करही । क्या परिणाम सब तुम्हें वह बतही॥
मुझे फोरने मूर्ख तुम चाहा । नहि संभव हिय बस नर नाहा॥
मैं कुल नाशक तुम कुल भूषण । किम समझाऊँ तुमको दशानन॥
अंधा भी यह तुरंत बताई । तुम्हरे नयन बीस देख न पाई॥
सेवत जिनके चरण दिखाया । शिव ब्रह्मा मुनि सब समुदाया॥
उनका दूत कुल नाशक कहहूँ । कहते दिल फट क्यों नहि गयहूँ॥

दोहा ॥सुन अंगद के कटु वचन । रावण ने नयन तरेर॥
बोला मैं सहता रहा । नीति धर्म को हेर॥ ३६

चौ ॥कपि कह धर्मशीलता तुम्हारी । देखी तब हर ली पर नारी॥
दूत की रक्षा नीति भी दिखाई । जिसकी तुम करते हो बडाई॥
देखी बहिन तुम बिनु नाक काना । किये क्षमा तब धरम के नामा॥
धर्म नीति तुम्हरी जग जाना । मैं बड़भागी दरश जो पाना॥

कह रावण रे मूर्ख कपि वानर । क्यों नहि हमको देखता सादर॥
मेरी भुजाएँ ये देख विशाला । जीते जिसने सभी लोकपाला॥
इन्हीं भुजाओं ने लिया उठाई । शिव के सहित कैलाश दिखाई॥
कौन-सा कपि तेरी सेना होई । युद्ध में भिर सके हमसे जोई॥

दोहा ॥तपसी जो स्वामी तेरे । पत्नि शोक बल हीन॥
देख के उनके बिरह को । अनुज भी है गमलीन॥ ३७

चौ ॥रे अंगद तुम और सुग्रीवा । दोउ तट नदी के वृक्ष हो सीबा॥
अनुज विभीषण वहाँ जो हमारा । अति डरपोक बलहीन बिचारा॥
नल और नील शिल्प कला जानी । युद्ध क्षेत्र में वे अज्ञानी॥
सिर्फ एक कपि योद्धा दिखावा । पहले आय जो लंक जरावा॥
यह सुन चकित बालि सुत पूँछेहु । क्या वह कपि सच लंका फूँकेहु॥
जग विजयी की लंका महाना । साधारण एक कपि ने डहाना॥
जो कपि बड़ा तुम्हें योद्धा दिखायी । वह लघु दूत था यहाँ भिजायी॥
खबर लेन उसे था यहाँ भिजाया । धावक कुशल न योद्धा वह आया॥

दोहा ॥लंक जलाने बात जो । आपने अभी सुनाय॥
पर प्रभु नहि आदेश था । इसी लिए वह लुकाय॥ ३८

छंद॥आदेश था उसको मिला, केवल खबर ले सीय की॥
उसे लौटना था तुरंत ही, पर लंक उसने फूँक दी॥
इस डर से वह गुम हो गया, नहि लौट पाया अभी भी॥
तुम सत्य कहा लंकेश यह, योद्धा न तुम सम कोई भी॥

चौ ॥समान बीच होती बैर प्रीती । गायी गयी सदा ये नीती॥
मेंढकों का बध यदि सिंह करही । उसकी बढ़ाई कहीं न दिखही॥
जो बध तुम्हरा राम कर देही । पाप स्वयं पर ही वे लेही॥
तदपि कहूँ हे लंक भुआला । छत्रिय क्रोध रहता है कराला॥
अंगद की बक्रोक्ति कठोरा । सुन दसकंधर नयन मरोरा॥
प्रतिउत्तर उसी भांति वह दयऊ । कपि सन्दर्भ इस तरह वह लयहू॥
हँसकर कहा कपि का ये स्वभावा । जो पाले उसका गुण गाबा॥
धन्यवाद वानरों को देही । नाचें स्वामि हित लाज न केही॥

दोहा ॥नाच कूद के रिझाय जन । स्वामी का हित साध॥
धर्म निपुणता कपि यही । उसे शर्म नही लाग॥ ३९

चौ ॥हे कपि अंगद तुम वही कीन्हा । स्वामि बयी खूब कर दीन्हा॥
मैं सदा गुणों का आदर करही । अतः जली कटी तुम्हारी सुनही॥
कह अंगद गुणग्राहकताई । यह तुम्हरी हनुमत थे सुनायी॥
जब अशोक बन उनने उजारा । अछय मार लंका को जारा॥
तब तुम गुणग्राहकता दिखाई । कुशल सहित उसे दिया लौटाई॥
वही कारण मैं भी की धिटायी । हनुमत कहा वह सत्य है पाई॥
तुम्हरें क्रोध और लाज न होई । कोई कितना भी चिढ़ाबे तोही॥
कह रावण तेरा यह स्वभावा । अपने पिता को गया है खाबा॥

दोहा ॥अस कह रावण हँस दिया । अंगद तब कह दीन्ह॥
पिता बाद नम्बर तेरा । पर अभी कुछ सोच लीन्ह॥ ४०

चौ ॥कह रावण बाली यश पावन । जिससे अभी तक तू बच जाबन॥
सोच के कुछ अंगद अब कहयू । कितने रावण जग में भयऊ॥
मै जो सुना वह तुझको बताता । कौन सा तू उनमें कहा जाता॥
एक रावण जो गया पाताला । बांधा बालको ने वहाँ विशाला॥
खेलत बाँध उसे मार लगाई । बलि को दया लग उसे छुड़ाई॥
सहस्त्रबाहु एक रावण पकड़ा । दौड़ उसे जंतु तरह था जकड़ा॥
खेल हेतु उसे नगर ले आया । तब रावण को पुलस्त्य छोड़ाया॥
एक रावण की बात बताना । कहनेहु में संकोच हो जाना॥

दोहा ॥यह रावण छै मास तक । दबा रहा बालि की कांख॥
तुम इनमें से कौन हो । बतलाओ मिला आँख॥ ४१

चौ ॥कहा मैं वही रावण हूँ कहाई । जो एक दिन कैलास उठायी॥
जानत जिसे उमा महादेवा । शीश भेंट जिनकी करी सेबा॥
निज सिर पुष्प भेंट की अनेका । बहुत भांति शिव पूजि विवेका॥
मम भुजबल दिग्पाल हैं जानी । जिनके हिय डर अबहूँ समानी॥

जानत दस दिग्गज मेरी छाती । कितनी कठोरता उनको दिखाती॥
जबरन उनसे भिरा कई बारा । दन्त से उर मेरे किये वे प्रहारा॥
एक खरोंच भी लगा न पाये । उलटेहि दांत उनके टूट जाये॥
डोलत पृथ्वी धरत जब चरना । जिम चढे हाथी नाव लगे हिलना॥

दोहा ॥वही रावण जग विदित मैं । क्या कपि मुझे न जान॥
झूंठ प्रलाप है कर रहा । मुझे नहि सका पहिचान॥ ४२

चौ ॥जिस रावण को जान संसारा । तू न जान अल्प ज्ञान तुम्हारा॥
तुमने उसे अति लघु हैं बताया । दुष्ट असभ्य तुच्छ कपि तू दिखाया॥
मनुज की इतनी बढ़ाई कीन्हा । मेरे संग तुलना कर दीन्हा॥
यह सुन अंगद क्रोध अपारा । कहा सठ क्यों नहि बोल सम्हारा॥
परशुराम का परशु कराला । सहस्त्रबाहु भुज काट विशाला॥
अगणित नृप उसी से संघारे । परशुराम वही राम से हारे॥
हे रावण वे मनुज न होई । जिम गँगा सिर्फ नदी न जोई॥
कामदेव धनुधारी न माना । और कल्प वृक्ष पेड़ न जाना॥

दोहा ॥अन्नदान सिर्फ दान नहि । अमृत को रस नहि मान॥
गरुण को भी नहि खग कहो । शेष को सर्प न जान॥ ४३

चौ ॥चिंतामणि भी न पाहन होई । और बैकुंठ सिर्फ लोक न जोई॥
मूर्ख दशानन बुद्धि गमाई । भक्ति में लाभ को खोजत जाई॥
सेना मार उपवन जो उजारा । और पुत्र अक्षय को मारा॥
लंका स्वर्ण की दीन्ह जो जलाई । दसमुख तुझे सिर्फ कपि वह दिखाई॥
तज चतुराई सुनो लंकेशा । भजो रघुनाथ मिटेंगे कलेशा॥
करे विरोध राम सन जोई । उसे ब्रह्म, शिव भी शरण नहि देई॥
रे दशमुख क्यों गाल बजावा । राम विरोध हाल ये दिखावा॥
गिरेगे सिर तेरे वानर ओरा । जब चलें बाण प्रभु के घोरा॥

दोहा ॥वानर भालू गेंद सम । उन तेरे सिरों के साथ॥
खेलेंगे उन्हें फैक कर । और मारेंगे लात॥ ४४

चौ ॥करेंगे क्रोध समर जब रामा । निकलेंगे धनु से बड़े बाना॥
बकवास तेरी रावण मिट जाई । इसी से अभी भजो रघुराई॥
बढ़ी क्रोधाग्नि सुन अंगद बाता । जिम अग्नि में घृत हैं दिखाता॥
दिया जबाब दशानन तबही । कुम्भकर्ण बन्धु तुझे न दिखही॥
मेघनाद सुत बड़ा बलवाना । जीता इन्द्र को उसे जग जाना॥
मेरा पराक्रम तुझे न दिखही । चर और अचर जिते जग सबही॥
सठ तेरे राम की प्रभुता नाही । एकत्रित वानर सेतु बनाही॥
पशु पछी बहु सागर लाघहि । शूर वीर इससे न कहाबहि॥

दोहा ॥मेरी भुजा बलवान सब । भरा जल सिन्धु समान॥
देव मनुज शूर वीर बहु । उसमें बूढ़ गये आन॥ ४५

चौ ॥बीसों भुजा मम सिन्धु समाना । नहि जग में कोई थाह ले पाना॥
मम चाकर ये सब दिगपाला । करता बडाई तू एक भुआला॥
जिनकी करत तुम बहुत बडाई । और उसे योद्धा तुमने बताई॥
फिर वह क्यों रहा दूत भिजाई । रिपु से प्रीति करे लाज न आयी॥
मेरी भुजा कैलास उठाई । जानत सठ करे स्वामी बडाई॥
रावण सम योद्धा कहाँ होई । शिव को निज सिर भेंटे जोही॥
मैं निज इच्छा यह सब कीन्हा । और आनन्द इसी में लीन्हा॥
उमा सहित शिव किये प्रसन्ना । साक्षी स्वयं वे अभी भी दिखना॥

दोहा ॥हबन कुण्ड में जरत भये । अपने शीश हम देख॥
मृत्यु बांच निज भाल पर । आयी हँसी उन लेख॥ ४६

चौ ॥नर के हाथ बध लिखा विधाता । समझ गया विधि गलत बताता॥
याद आत मुझे भय न सताई । ब्रह्मा बृद्ध कुछ समझ न पाई॥
मम सम्मुख अन्य बीर बडाई । गाकर मूर्ख तुझे लाज न आयी॥
कहा अंगद हे लज्जाबाना । तुम सम नहि इस जग में दिखाना॥
लज्जा शीलता तेरी दिखाई । पुनः पुनः निज की कीन्ह बढ़ाई॥
सिर काटे कैलास उठाया । कितनेहि बार सठ तुझने गाया॥
वह भुजबल तुम क्यों नहि कहयू । सहस्त्रबाहु सम्मुख बह गयऊ॥
बलि और बालि से भई लराई । तब भुजबल तुम क्यों न दिखाई॥

दोहा ॥अरे मूरख अब चुप रहे । करत प्रसंसा गाय ॥
सिर काटें कोई वीर नहि । जादूगर है कहाय ॥ ४७

चौ ॥अपने शरीर को काटे जोई । इंद्रजाल जादू रचे सोई ॥
मोहबस अग्नि में जलते पतंगा । ढोते भार गदहों के झुंडा ॥
इससे नहि वे वीर कहाई । रे मतिमंद तू समझ न पाई ॥
अब बड़बोल नहि आगे बखाना । मैं जो कहूँ उसे सुनो धर ध्याना ॥
मुझे प्रभु संधि हेतु न पठाया । कुछ ऐसा बिचार के भिजाया ॥
हमसे कहे प्रभु कृपानिधाना । स्यार बधे सिंह शोभा न पाना ॥
उनके वचन ये धर मैं ध्याना । बातें तेरी अब तक सह जाना ॥
नही तो मुँह तेरा देता मरोरी । और सिय ले जाता बरजोरी ॥

दोहा ॥जग को ज्ञात तेरी वीरता । हमहूं जान थे लीन्ह ॥
अकेली पाय पर नारि को । रे सठ हरण तू कीन्ह ॥ ४८

चौ ॥तुम राक्षसपति रख अभिमाना । प्रभु सेवक का मैं सेवक आना ॥
डरता प्रभु का न हो अपमाना । दिखा देता मैं तमासा महाना ॥
यहीं पटक तुझे देता गिराई । कर चौपट तेरा नगर मैं जाई ॥
जानकी संग तुम्हारी युवतियां । ले जाता देखत तेरी अँखियाँ ॥
ऐसा करन में क्या प्रभुताई । मरे को मारन में न बढ़ाई ॥
कंजूष कामी बामपंथी मूढा । अति दरिद्र बदनाम व बूढ़ा ॥
ईश बिमुख संत वेद विरोधी । रोगी असाध्य और अति क्रोधी ॥
पोशक निज देह करे पर निन्दा । जीव ये चौदह समझ नहि ज़िंदा ॥

दोहा ॥यही सोच तुझे बधत नहि । मुझे गुस्सा न दिलाय ॥
सुन अंगद के वचन ये । निसिचर पति क्रोध बढ़ाय ॥ ४९

चौ ॥क्रोधित रावण होंठ काटता । हाथ मसलता हुआ बोलता ॥
अरे नीच कपि मरना चाहता । छोटे मुँह बड़ी बातें मारता ॥
जिसके बल कटु वचन हैं कहता । उसमें तेज बल बुद्धि न दिखता ॥
उसे पिता ने दिया बनवासा । इसमें नही दिखी उन्हें कोई आशा ॥

यह दुःख और वह पत्नी बिरही । तथा भय मेरा बन बन फिरही॥
जिसके बल पर गर्व तू करही । ऐसे मनुज बहुत हैं दिखही॥
खायें निशाचर उन्हें दिन राता । क्यों नहि मूर्ख समझ तुझे आता॥
निंदा राम की जब खल कीन्हा । बाल तनय नहि क्रोध की सीमा॥

दोहा ॥निज कानों से जो सुनइ । निंदा निज भगवान॥
गोबध सम उसे पाप लग । पुण्य ह्रास हो जान॥ ५०

चौ ॥अंगद बड़े जोर कटकाई । निज दोउ भुजा जमीं पटकाई॥
धरती डोल सभासद गिर जाई । भय रूपी हबा से वे डिराई॥
गिरा रावण पुनः उठा सम्हारी । उसके मुकुट जमीं गिरे मंझारी॥
कुछ सम्हार वह सिर रख लीन्हा । राम पे कुछ अंगद फेंक दीन्हा॥
उठे कपि नभ में मुकुट देख सोचा । उल्कापात दिन ही में रोचा॥
अथवा रावण क्रोध आधीना । इधर को चार बज्र चला दीन्हा॥
हस के राम कह डर की न बाता । ये नहि उल्का या बज्र दिखाता॥
राहु या केतु भी नही ये होई । लंकेश मुकुट अंगद फेंक सोई॥

दोहा ॥उछल के हनुमत वेग ही । पकड़े मुकुट निज हाथ॥
थे वे प्रकाशित सूर्य सम । रखे सम्मुख रघुनाथ॥ ५१

चौ ॥रावण इधर कुपित हो जाबा । करो कपि बध यह हुकुम सुनाबा॥
यह सुन अंगद रहे मुस्काई । आज्ञा दशानन उन्हें न डराई॥
तब वह कह धाबहु सब खीशा । खाव जहाँ मिलें भालु व कीशा॥
पकड़ो वेगि दोउ तपसी भाई । जियत बांध मेरे सम्मुख लाई॥
क्रोधित बालि तनय तब कहही । गाल बजान में लाज न करही॥
आत्म दाह करें रे कुल नाशी । बल मेरा देख न डरे बिनासी॥
स्त्री चोर पथभ्रष्ट तू होई । पापी मंदबुद्धि कामी सोई॥
सन्निपात में करे बकवासा । हुआ कालबस जियन न आसा॥

दोहा ॥आगे फल इसका मिले । जब कपि भालु चपेट॥
राम को मनुज हैं मानता । गइ जीभ तेरी लपेट॥ ५२

चौ ॥इसमें कुछ संशय नहि होई । शीश संग जीभ जमीं गिरे तोई॥
मारा बालि जो एकही बाना । तुम्हें कैसे वह मनुज दिखाना॥
आँखें बीस मूरख तू रखता । है धिक्कार अन्ध तू दिखता॥
तेरे रुधिर प्यासे राम के बाना । अतः हमसे तू आज बच पाना॥
तोड़ू दांत तेरे इच्छा हमारी । पर आज्ञा न दी मुझे खरारी॥
दस मुख तेरे देंऊ मरोरी । और लंका को समुद्र में बोरी॥
गूलर फल सम लंका ये होई । उसके जीव सम तुम सब कोई॥
हम वानर झट फल यह खाऊँ । राम से पर आज्ञा नहि पाँऊ॥

दोहा ॥युक्त पूर्ण अंगद वचन । सुन दसकंठ रिषात॥
बोला झूठी युक्तियाँ । किनसे सीख तू पात॥ ५३

चौ ॥बाली न अस गाल बजावा । तपसियों मिल तू लबार हो जावा॥
अंगद कह तेरी बीसों भुजाएँ । नहीं तोड़ीं तो लबार कहाएँ॥
तुरंत याद फिर कर श्री रामा । रावण सभा में पैर जमाना॥
उन्ही प्रताप से प्रण वह कीन्हा । हो क्रोधित घोषित कर दीन्हा॥
जो कोई मेरा ये पैर उठाई । लौटेंगे राम सिया हार जाई॥
रावण कहा उठो भट बलवाना । कपि के पैर उठा फेंक दिखाना॥
मेघनाद और योद्धा अनेका । उठे हर्षित हो लगाते विवेका॥
झपटे पूरे बल को लगाई । पैर उठाने वे करत उपाई॥

दोहा ॥अंगद पैर न टर सके । लौटे भट सिर लटकाय॥
पुनि पुनि कोशिश करह वे । पैर न सके डिगाय॥ ५४

चौ ॥जैसे कोई कुमारग गामी । मोह वृक्ष न काट पाय जानी॥
इंद्रजीत सम योद्धा महाना । हर्षित हो निज बल को लगाना॥
झपटें पैर पर टरत न टारे । सिर झुकाय लौटत भये हारे॥
कपि का पैर पृथ्वी नहीं त्यागा । देख के यह रावण मद भागा॥
जिम कितने ही विघ्न आ जाई । संत नियम को डिगा नही पाई॥
बालि तनय का बल ये निहारी । सभी योद्धा गये हृदय में हारी॥
फिर अंगद ललकार लगाई । उठा रावण तब पैर पे आयी॥
गहत चरण अंगद बतलाई । मेरे पैर गहे नही हो भलाई॥

दोहा ॥क्यों न जात रघुपति शरण । उनके हैं चरण अपार॥
तेरी भलाई उन्हीं में । होगे जग से पार॥ ५५

चौ ॥यह सुन वह गया अति सकुचाई । लौट के अपनी जगह बैठ जाई॥
तेज हीन हुआ मुख मुरझाई । बीच दिवस जिम चन्द्र दिखाई॥
गद्दी बैठ सिर लिया लटकाई । मानों राज पद उसने गमाई॥
जगदीश्वर जग राम आधारा । उनसे बिमुख चैन कोइ न सम्हारा॥
उनकी भ्रकुट से श्रष्टि उपजाई । और उसी से प्रलय आ जाई॥
तिनका करें वे बज्र समाना । तथा बज्र को तिनका बनाना॥
उनका दूत जो लिया प्रण ठाना । कैसे उसे कोई डिगा है पाना॥
अंगद पुनः कही नीति बाता । वह न मान उसे काल दिखाता॥

दोहा दोहा॥रावण का गर्व चूर कर । राम सुयश पुनः गाय॥
फिर अंगद चलते बने । दुश्मन को ये सुनाय॥ ५६

चौ ॥मारूँ युद्ध में तुझे दौड़ाई । अभी मैं क्या करूँ अपनी बडाई॥
आते समय सुत दिया जो मारी । अब रावण सुन हुआ दुखारी॥
अंगद का प्रण पूरा दिखाया । सोच निशाचर दल घबराया॥
कर अरि मर्दन बालिकुमारा । राम तरफ चले हर्ष अपारा॥
हो पुलकित नैनन जल आवा । चरण कमल प्रभु के सिर नावा॥
हुई शाम रावण उदासीना । चला महल ओर दुःख की न सीमा॥
रानी मन्दोदरी ढिंग आयी । रावण को वह रही समझाई॥
हे पिय सोच त्याग सब कुमती । राम से बैर तजो मेरी विनती॥

दोहा ॥कैसे विजय तुम पाओगे । राम से समर दौरान॥
जिनका दूत सिन्धु लाँघ कर । प्रविश लंक कर जान॥ ५७

चौ ॥बाग उजार दिया सुत मारी । उसका तुम कुछ सके न बिगारी॥
उनके अनुज ने रेख थी खींची । लाँघ उसे तुम सके न बीची॥
क्यों रहे झूठे गाल बजाई । हृदय धरहु जो रही मैं बताई॥
हे प्रिये नृप न सिर्फ रघुनाथा । चर और अचर स्वामि वे विधाता॥

जगन्नाथ अतुलित बलधामा । उनके बाण को मारीच था जाना॥
पर उसकी तुम एक न मानी । जगदम्बा सीता हर लानी॥
सीता स्वयंवर नृप थे महाना । एक से एक दिखें बलवाना॥
आप भी वहाँ पहुँचे थे जाई । धनुष भंग कोई नही कर पाई॥

दोहा ॥धनुष तोड़ ब्याह जानकी । किया वहाँ श्री रघुनाथ॥
उनके बराबर नहि कोई । डींग न पीटो नाथ॥ ५८

चौ ॥इन्द्र पुत्र उनका बल जाना । उनके बाण की शक्ति पहिचाना॥
राम बाण उसके पीछे लागा । तीनों लोक में शरण को भागा॥
कोई न उसको शरण दे पाया । उन पे लौट एक आँख गमाया॥
तुमने दशा सूपनखा निहारी । तज के लाज युद्ध उनसे बिचारी॥
खर दूषण विराध बध कीन्हा । लीला करत कबंध हन दीन्हा॥
एकहि बाण से बालि वे मारा । उन पर प्रिये कुछ करो बिचारा॥
खेलहि में जो सागर बाँध्यो । सेन सहित फिर सिन्धु वे लाघ्यो॥
वही भानु कुल दीपक रामा । तुम्हरेहि हित वे दूत पठाना॥

दोहा ॥तुम्हरी सभा मध्य आयकर । वह रहा खड़ा ललकार॥
जैसे हाथियों बीच में । सिंह लगाय दहार॥ ५९

चौ ॥जिन्हें सेबें अंगद हनुमाना । बीर बाँकुरे न ऐसे दिखाना॥
उन्हें किस तरह मनुज तुम कयहू । झूठा मान मद बोझ तुम ढूयहू॥
राम से किया विरोध जो स्वामी । काल के बस हुए नही काहू मानी॥
काल न काहु को मारन आयी । धर्म बुद्धि बल हर ले जाई॥
जिनके पास काल आ जाई । उसकी बुद्धि तुम सम ही दिखाई॥
उजरा नगर दो सुत खो दीन्हा । अभी भी मौका सँभल प्रिय लीन्हा॥
राम शरण लेउ भजो उन नामा । होय विश्राम जगत यश पाना॥
पत्नी वचन लगे जैसे बाना । प्रात होत सभा में आ जाना॥

दोहा ॥निज भय को वह भुलायकर । बड़े अभिमान के साथ॥
सिंघासन आ बैठता । बड़ा खुश है यह दिखात॥ ६०

चौ ॥यहाँ अंगद को राम बुलवाया । आकर चरण कमल वे नाया॥
आदर सहित पास बैठाया । फिर हसकर बोले रघुराया॥
युवराज मुझे अति आश्चर्य होई । कहो मुझे तुम सत्य हो जोई॥
रावण नृप राक्षसों कहाता । भुजबल धाक जगत को दिखाता॥
उसके मुकुट चार फेंक दीन्हा । कहु कपि कैसे प्राप्त तुम कीन्हा॥
प्रभु सर्वज्ञ शरणागत जोई । मुकुट न थे चार नृप गुण होई॥
साम दाम दण्ड भेद ये चारी । बसें नृप हिय यह वेद उचारी॥
चार चरण ये धर्म के होई । पर रावण तजा धर्म हैं जोई॥

दोहा ॥धर्म को जिसने तज दिया । ईश्वर विमुख कहात॥
इसी लिए ये चार गुण । रावण तज प्रभु पे आत॥ ६१

चौ ॥सुन अंगद की युक्ति भगवाना । करुणासिन्धु हसते थे दिखाना॥
ईश्वर हसे भक्त खुश होई । यह आशा जसकरन भी जोई॥
फिर लंका के सभी समाचारा । बालितनय ने प्रभु को उचारा॥
राक्षसपति के हाल सुन पाई । सचिबों को प्रभु लिए बुलाई॥
लंका में विकट द्वार हैं चारा । हमला किस विधि करें ये बिचारा॥
सुग्रीव विभीषण और जाम्बाना । तब रघुनायक का धर ध्याना॥
बिचार विमर्ष आपस में कीन्हा । कपि सेना चार दल बना लीन्हा॥
सेनापति किये तदनुसारा । फिर उन्हें बुला के किया बिचारा॥

दोहा ॥उनसे प्रभु का प्रताप कह । बहुत भांति समझाय॥
जिसे सुनकर कपि गर्जना । सिंह समान थे धाय॥ ६२

चौ ॥हो हर्षित वे चरण प्रभु नाई । पर्वत शिखर ले वेग से धाई॥
जय कौशल पति जय रघुवीरा । करें पुकार भालु कपि वीरा॥
जानत लंक अजेय ये होई । पर प्रभु कृपा न दुस्तर कोई॥
लंका घेरि जिम छायीं घटाएं । हाथ से डंका भेरी बजाएं॥
जय श्री राम लखन वे पुकारा । और कपीस जय देते नारा॥
करे गर्जना सिंह समाना । और भालू कपि बढ़ते जाना॥
हुआ कोहराम लंका के बीचा । सुन लंकेश अभिमानी नीचा॥
कहा बानरों की देखो धिटाई । हँसकर निसिचर फौज बोलाई॥

दोहा ॥बोला भालु कपि आ गये । अपने काल के प्रेर॥
भूखे निसिचर लंक के । इन्ही को रहे थे हेर॥ ६३

चौ ॥यह कहकर वह हसा बड़ी जोरा । आहार भेज ब्रह्म लंक की ओरा॥
कहा चौं दिश को जाउ बलवाना । पकड़ के भालु कीश सब खाना॥
कथा में शिव कहें सुनो भवानी । दिया आदेश रावण अभिमानी॥
चले निसिचर ले ले हथियारा । शूल परिधि मुदगर तलवारा॥
जिम कोई खग हो माँसाहारी । पत्थर लाल देख चोंच को मारी॥
नहीं ज्ञान ये चोंच टूट जाई । वही दशा निसिचरों दिखाई॥
ना ना भाति वे लिए हथियारा । चढ़े निसिचर परकोटे दिबारा॥
उस पर वीर निशाचर दिखहीं । जिम सुमेरु गिरि बादल रहहीं॥

दोहा ॥डंक जुझारू ढोल बज । उत्साह वीरों का बढ़ात॥
भेरी नफीरी बज उठी । कायरों को जो डरात॥ ६४

चौ ॥आगे चलकर इन्हें दिखाया । बानर योद्धा भालु दल आया॥
जिनके शरीर विशाल सुभट्टा । दिखें शोभित चलते कपि ठट्टा॥
ऊबड़-खाबड़ मार्ग दिखाई । उनमें भालु कपि दौड़त जाई॥
गिरि को फोड़ मारग वे बनाई । गर्जें तर्जें दांत कटकाई॥
इत जय रावण उत रघुराई । दें योद्धा निज स्वामि दोहाई॥
पर्वत शिखर निशाचर मारहिं । कूद के कपि गहें उन्हीं पे चलाबहिं॥

छंद॥कपि भालु लें गिरि खंड को, फेंकत उन्हें गढ़ लंक पर॥
गह पैर उनको पटकते, आगे बढ़त ललकार कर॥
फुर्तीले व चंचल कपी, ऊपर किला सब चढ़ गये॥
जहाँ तहाँ प्रविश वे महल में, श्री राम जय बोलत भये॥

दोहा ॥कपि योद्धाओं ने पकड़ । निसिचर लिए उठाय॥
खुद ऊपर नींचे उन्हें । किले से कूद थे जाय॥ ६५

चौ ॥समूह भालु कपि योद्धा महाना । मसलत निसिचरों को वे जाना॥
किले पे जहाँ तहां चढे कपि वीरा । बोलत जय लक्ष्मण रघुवीरा॥
भागे निशाचर झुण्ड दिखाई । जैसे पवन से मेघ उड़ जाई॥
मची लंका में हाहाकारा । रोयें स्त्रियाँ बृद्ध बेसहारा॥
सब मिल गारी देत रावण को । अच्छे भले में बुलाई मौत को॥
भगदड़ सैन की देख लंकेशा । भागन पर किया क्रोध विशेषा॥
युद्ध से वापिस लौट जो आयी । अपने हाथ से उसे मराई॥
जो इच्छा हम खाने दीन्हा । आज युद्ध में प्राण प्रिय कीन्हा॥

दोहा ॥क्रोधित रावण के वचन । सुन भागत सैन लौट॥
हो लज्जित पुनः क्रोध कर । युद्ध करन को दौड॥ ६६

चौ ॥सोचत युद्ध में शोभा बीर की । भिड़े रण में तज मोह प्राण की॥
फिर सब ले हथियार गम्भीरा । दी ललकार युद्ध में बीरा॥
लिए कर भाल त्रिशूल कृपाना । मार से व्याकुल कपि थे दिखाना॥
हो भयभीत भाग कपि बीरा । उमा यही जीतेंगे धरो धीरा॥
निसिचर पूछ कहाँ हैं हनुमाना । और कहाँ अंगद चले हैं जाना॥
कहाँ नल नील द्वन्द बलवाना । युद्ध में कहीं न पड़ते दिखाना॥
हनुमत को दल विकल दिखाई । पश्चिम द्वार रहे करत लड़ाई॥
इस द्वारे मेघनाद तैनाता । जिससे टूटना ये कठिन दिखाता॥

दोहा ॥भये क्रोधित हनुमान तब । गरजे काल सम जोर॥
उछल के चढ़े गढ़ लंक पर । धाये मेघनाद पे घोर॥ ६७

चौ ॥रथ सारथी उसके वे भंजेहु । लात मार उसका हिय खंजेहु॥
घायल मेघनाद हो जावा । सारथि दूसरा घर उसे लावा॥
अंगद इधर सुना निज काना । किले पे अकेल गये हनुमाना॥
रणबांकुरा ये बालिकुमारा । गढ़ चढ़ कर निसिचर संघारा॥
दोउ कपि योद्धा करत लड़ाई । सुमिर के हृदय में श्री रघुराई॥
रावण महल पे दोउ चढ़ जाना । जय रघुवीर दोहाई लगाना॥
महल को कलश सहित वे ढहाई । जातुधानपति देख डराई॥
महल नारियाँ करें विलापा । वही दोउ कपि आ मचाई उतापा॥

दोहा ॥लीला करत दोउ कपि योद्धा । नर नारी को डरात॥
गाते सुयश श्री राम का । तांडव उन्हें दिखात॥ ६८

चौ ॥स्वर्ण खम्ब दोउ कपि उठा लीन्हा । उत्पात करन की मंत्रणा कीन्हा॥
टूटे शत्रु पर करके गर्जना । निज भुज बल लगे मर्दन करना॥
किसी को लात किन्हीं थप्पड़ देही । राम भजे नहीं यह फल लेही॥
मसलें एक को दूसरे संगा । काट फेंक दूर उनके अंगा॥
कटे सिर गिरत रावनहि आगे । घड़े सम फूटत सिर वे अभागे॥
सेनापति जब गह वे लेही । पैर पकड़ प्रभु तन फैक देही॥
चीन्ह विभीषण नाम बताई । उनकोहु प्रभु निज धाम भिजाई॥
दुष्ट ये राक्षस द्विज माँस खाई । प्रभु उन्हें गति दें जो ऋषि मुनि पाई॥

दोहा ॥उमा राम हिय अति मृदुल । सोचत ये निसाचर लेत॥
मेरा नाम बैर भाव से । अतः निज धाम हूँ देत॥ ६९

चौ ॥ऐसे प्रभु कृपाल कहाँ होई । तिन्हहु छाड अन्य भजे जो कोई॥
वे दुर्भागी मंद बुद्धि प्राणी । ऐसेहु प्रभु को जो भजना न जानी॥
राम कहा अंगद हनुमाना । प्रविश लंक विध्वंस मचाना॥
वहां वे ऐसे पड़ते दिखाई । जिम मंदराचल सिन्धु मथाई॥
शत्रु को भुजबल कुचल वे दीन्हा । दिवस अंत फिर देख वे लीन्हा॥
कूद किले से श्रम वे मिटावा । फिर दोउ कपि श्री राम पे आवा॥
चरण कमल वे राम के नावा । देख के इन्हें प्रभु खुश हो जावा॥
कृपा दृष्टि उन पर वे फिराई । अंगद हनुमत श्रम भग जाई॥

दोहा ॥फिरे अंगद हनुमान जब । बानर अन्य भी लौट॥
इस मौका का लाभ ले । बढ़े निसिचर मन खोट॥ ७०

चौ ॥लाभ सूर्यास्त का निसिचर लेही । रावण जय से आक्रमण केही॥
आबत देख निशाचर सेना । लौट के कपि उनसे भिड़ लेना॥
कपि और निसिचर दोउ बलवाना । दोउ ललकारें हार न माना॥
राक्षस वीर सब काले दिखाई । बली विशाल बहुरंग कपि छाई॥

दोउ दल सम भट दोऊ में होई । लड़त योद्धा मोह प्राण का खोयी॥
सेना दोनों क्रोध कर धावा । जीतन की वे होड़ लगावा॥
दोनों दल पड़ें ऐसे दिखाई । जिम वायु वर्षा शरद मेघ लाई॥
राक्षस सेनापति अतिकाया । और अकम्पन जानत माया॥

दोहा ॥दोनों ने निज सैन को । विचलित होती देख॥
निज माया फैलाय दी । अन्धकार की रेख॥ ७१

चौ ॥रुधिर व पत्थर वर्षा कीन्ही । नहि कुछ कहीं दिखाई दीन्ही॥
दसों दिशाओं में अंधियारा । खलबली मच कपि दल के मंझारा॥
किसी को नहि कुछ पड़ता दिखाई । एक दूसरे आवाज लगाई॥
यह रहस्य रघुकुलमणी जाना । वे अंगद हनुमत को बोलाना॥
निसिचर माया उन्हें बताई । दोउ कपि योद्धा क्रोध कर धाई॥
हसकर राम अग्निबाण चलाया । चारों तरफ प्रकाश हो जाया॥
हटी माया अंधियारा जाई । जिम संशय मिट ज्ञान के आयी॥
देख प्रकाश भालू कपि धावा । उनका भय और श्रम मिट जावा॥

दोहा ॥तब अंगद हनुमान जी । गरजे रण में जोर॥
सुनकर उनकी गर्जना । भगे निसिचर चउ ओर॥ ७२

चौ ॥भागत निसिचर कपि गह लेही । और जमीं पर पटकत तेही॥
अद्भुत काम करे कपि सेना । सागर में निसिचर फेंक देना॥
मगर आदि जलजीव जो रहही । पकड़ उन्हें वे तुरंत ही ग्रसही॥
कुछ मारे कुछ घायल कीन्हे । भाग के कुछ किले पर चढ़ लीन्हे॥
कपि भालू निज बल को दिखाई । बिचलित निसिचर सैन हो जाई॥
भई रात कपि दल फिरे चारों । पहुँचे जहाँ श्री राम बिराजों॥
राम कृपा दृष्टि उन पर फिरही । सारा श्रम उनका था मिटही॥
रावण यहाँ सब सचिव बोलाई । मरे निसिचर योद्धा वह बताई॥

दोहा ॥कहा रावण मत दीजिये । आगे जो करना होय॥
आधी सेना कपि हनी । कैसे सामना जॉय॥ ७३

चौ ॥माल्यवन्त मंत्री एक ब्रद्धा । मातु कैकसी का पिता श्रद्धा॥
रावण का नाना हैं कहाता । उचित राय वहाँ रहा वह बताता॥
कहा मैं उचित नीति हूँ बताई । सुनहु पुत्र उसे ध्यान लगाई॥
जब से तुम सीता हर लाये । नित असगुन लंका में दिखाए॥
वेद पुराण जिसकी कीर्ति गायी । उनसे बैर कर कौन सुख पायी॥

दोहा ॥करे स्तुति ऋषिजन सदा । धरें उनका सदा ध्यान॥
जिनने उन्हें परखा नही । उन्हीं ने बैर बढ़ान॥ ७४

चौ ॥हिरणाछ व हिरनाकश्यपु जाना । दोउ राक्षस थे बड़े बलवाना॥
इनने बैर उन्हीं से कीन्हा । इनको तुरंत मिटा वे दीन्हा॥
मधु कैटभ भी यही थे करेहू । उनकेहु हाल वही थे भयेहू॥
इन सबका बध किये जो दिखाना । वही प्रभु राम हैं बनकर आना॥
है वे काल रूप भगवाना । दुष्टों को वे जग से मिटाना॥
इन्हें शिव ब्रह्मा सेवत रहही । उनसे बैर तुम क्यों हो करही॥
बैर त्याग लौटा सिय दीजे । और शरण उनकी ले लीजे॥
माल्यवान के सुन ये बचना । काल समान रावण को लगना॥

दोहा ॥बोला मुख काला करो । जाओ यहाँ से भाज॥
बृद्ध अवस्था देखकर । बध न करत तेरा आज॥ ७५

चौ ॥यह सुन माल्यवंत अनुमाना । इसको बधन चहत भगवाना॥
यह कहता हुआ चला वह जाना । मेघनाद कर क्रोध सुनाना॥
सुबह करूँ मैं बड़ी करामाता । बड़ी बात अभी कुछ न बताता॥
रावण सुत ये बड़ा बलवाना । जन्म से मेघों सम गरजाना॥
शुक्राचार्य को खुश कर लीन्हा । सिद्धियाँ बहुत सी वे दे दीन्हा॥
एक बार वह इंद्र पे धाबा । कीन्ह विजय इन्द्रजीत कहाबा॥
शक्ति बाण यह उन्हीं से पाबा । यह दिव्यास्त्र सदा विजय दिलाबा॥
जिस दुश्मन के नाम यह चल जाई । निश्चय ही वह मृत्यु को पाई॥

दोहा ॥नागफांस भी प्राप्त कर । जो अचूक दिव्यास्त्र ॥
जिस पे चलाया जाय वह । नहि चूक कहें ये शास्त्र ॥ ७६

चौ ॥दोउ दिव्यास्त्र की रहे ये आना । एकहि बार वे प्रयोग हो पाना ॥
रावण को जो कहा मेघनादा । हुआ विश्वास खोय वह बिसादा ॥
करत ये बातें सुबह हो जावा । वानर चारों द्वार घेर आवा ॥
हो क्रोधित कपि किला घेर लेही । नगर में भारी शोर कर देही ॥
निसिचर आयुध विविध चलावा । पाहन किले से फेंकत जाबा ॥

छंद ॥फेंकत वे पर्वत खंड थे, बहु भांति गोले दागते ॥
लहराय कर वे गिर रहे, बज्रपात सम वे लागते ॥
दोउ तरफ से योद्धा गरज, मानो प्रलय थी दीखती ॥
आपस में भिड़ते कट रहे, हिम्मत न उनकी टूटती ॥

दोहा ॥मेघनाद ने जब सुना । वानरों ने घेरी लंक ॥
उतर वह योद्धा दुर्ग से । चला रण में बजा डंक ॥ ७७

चौ ॥दी आवाज कहाँ लक्ष्मण रामा । जिनको धनुर्धर सब जग जाना ॥
कहाँ कपि सेनापति नल नीला । और कहाँ हनुमत बलशीला ॥
क्यों छिपे अंगद नृप सुग्रीवा । रण से आज न जा सकें जीबा ॥
काका विभीषण लंका द्रोही । अबसि करूँ बध उसका जोही ॥
कान लों फिर वह प्रत्यंचा ताना । छाँड़े धनु से कराल वह बाना ॥
वह छोड़त अति बाण समूहा । जिम पर लाग साँप उड़ जूहा ॥
जहाँ तहां वानर गिरत दिखाई । उसके सामने ठहर नहीं पाई ॥
इधर उधर कपि रीछ थे भागन । युद्ध करन इच्छा वे त्यागन ॥

दोहा ॥नहि कपि एक भी बच सका । जिसके अस हाल न होय ॥
प्राण मात्र बचे बदन में । युद्ध समर्थ जो सोय ॥ ७८

चौ ॥अब वह दस दस बाण चलावा । बानर भालु सभी जमीं गिरावा ॥
सिंह समान गर्जना कीन्ही । निज सैन दशा हनुमत देख लीन्ही ॥
आगे तुरंत बढ़े हनुमंता । दिखे बजरंग बली क्रोधबंता ॥

पर्वत एक उठा वे लीन्हा । मेघनाद पे पटक उसे दीन्हा॥
पर वह वेग से गया आकाशा । घोड़े रथ सारथि थे बिनाशा॥
उसे ललकारें बली हनुमाना । ढिंग न आय कपि मरम वह जाना॥
इंद्रजीत तब प्रभु पर गयहूँ । नाना भांति बकवास वह करहू॥
आयुध अस्त्र-शस्त्र वह चलावा । खेलहि में प्रभु काट गिरावा॥

दोहा ॥रावण सुत यह देखकर । गया बहुत खिसियाय॥
माया पति के सामने । माया रहा दिखाय॥ ७९

चौ ॥जैसे कोई गरुड़ के आगे । लेके सर्प शिशु उसको डराबे॥
जिनकी माया महिमा महाना । शिव ब्रह्मा भी जान न पाना॥
उन्हें यह निशाचर माया दिखाई । नीच बुद्धि यह निसिचर पाई॥
नभ से अग्नी रहा वर्षाई । पृथ्वी से जलधार बहाई॥
नाना भाति के भूत पिसाचा । मारो काटो बोलकर नाचा॥
विष्टा खून पीव वर्षा कराई । हड्डियां पत्थर फेंक गिराई॥
उड़ा धूल अंधियारा कीन्हा । अपनाहि हाथ दिखाई न दीन्हा॥
माया देख कपि गये अकुलाई । सोचें मृत्यु इस तरह से आयी॥

दोहा ॥राक्षस माया देखकर । मुस्काये रगुनाथ॥
बानर सब हैं डर रहे । देख प्रभु संधान॥ ८०

चौ ॥काटी माया एकहि बाना । सूर्योदय जिम तिमिर मिटाना॥
कृपा दृष्टि प्रभु ने थी फिराई । ज्यों के त्यों कपि भालु हो जाई॥
राम से फिर आयुष ले लीन्हा । लक्ष्मण क्रुद्ध होय चल दीन्हा॥
अंगदादि कपि संग में चलेहु । हाथ में बाण सरासन दिखेहु॥
लाल नेत्र और छाती विशाला । लम्बी बाहु वे दिखें कराला॥
गौर वर्ण हिम गिरि के समाना । उस पर लालिमा रही दिखाना॥
रावण भी कई योद्धा भिजाना । नाना भाति आयुध ले आना॥
जय जय कार श्री राम लगाई । पर्वत वृक्ष लिए वानर धाई॥

दोहा ॥योद्धा दोनों तरफ के । एक दूजे पे प्रहार॥
करें जोड़े से सामना । नहि कोई माने हार॥ ८१

चौ ॥वानर मुष्टिक लात चलाई । डाँटत और दाँतों से चबाई॥
मारो पकड़ो और धर मारो । सिर फोरो तथा हाथ उखारो॥
नवों खण्डों में अस ध्वनि छाई । धड़ प्रचंड दौड़ते दिखाई॥
देवगण देख रहे आकाशा । कभी खुशी होय कभी होत निराशा॥
गड्ढों में रक्त भरा था दिखाई । उड़कर धूल उस पर छा जाई॥
दृश्य यह दिखता ऐसा होई । राख अंगारों पे फेंकी कोई॥
घायल योद्धा दिखते ऐसे । पलास वृक्ष फूले हों जैसे॥
युद्ध में भिरे लक्ष्मण मेघनादा । दोनों क्रोधित और विषादा॥

दोहा ॥कोई न किसी से कम दिखे । निसिचर छल बल कीन्ह॥
क्रोधि में शेषावतार तब । सारथी रथ तोड़ दीन्ह॥ ८२

चौ ॥जो जो शस्त्र मेघनाद चलाबा । लक्ष्मण उसको काट गिराबा॥
अब लक्ष्मण ने कीन्ह प्रहारा । शंकट में मेघनाद को डारा॥
बीर घातिनी शक्ति बाना । किया निसिचर इसका अबाहना॥
लक्ष्मण को लिया लक्ष्य बनाई । यह दिव्यास्त्र दुष्ट दिया चलाई॥
निज निज तप ऋषिगण ने लगाई । शक्ति बाण को रोक नहि पाई॥
शक्तिपुंज लक्ष्मण गिर जाबा । बीर घातिनी से मूर्छा आबा॥
मेघनाद तब ढिंग आ जाई । की कोशिश पर उठा न पाई॥
मेघनाद से कोटि बलवाना । उठाबें लखन पर उठ नहीं पाना॥

दोहा ॥सहश्रशीश शेषनाग जी । जो पृथ्वी को धार॥
अधम निशाचर किस तरह । उठा सकें उनका भार॥ ८३

चौ ॥हे उमा शेष नाग क्रोधाग्नी । प्रलय में विश्व जलाती ये दिखानी॥
समर में उन्हें कौन जीत पाई । पर यहाँ लीला वे करते दिखाई॥
उनकी महिमा जान वही पाबे । जिसको बे चाहते जनाबे॥
आये उसी समय हनुमाना । मेघनाद को मार भगाना॥

हाथ से लक्ष्मण को उठा लीन्हा । और राम की तरफ चल दीन्हा॥
यहाँ युद्ध देख हुआ बिरामा । राम को लक्ष्मण नही दिखाना॥
पूछा कहाँ लक्ष्मण रह जाई । तेहि क्षण हनुमत उन्हें ले आयी॥
देखा अनुज को जब श्री रामा । हो बड़े दुखी उन्हें गोद लिटाना॥

दोहा ॥बुला विभीषण को लिया । पूछी मेघनाद क्या कीन्ह॥
कौन अस्त्र वह प्रयोग कर । लक्ष्मण मूर्छित कर दीन्ह॥ ८४

चौ ॥कहा विभीषण शक्ति बाना । लखन पे मेघनाद ने चलाना॥
जग में काट नही इसका दिखावा । दुष्ट ने रामानुज पे चलावा॥
बीर घातिनी शक्ति ये होई । जिसपे चले प्राण वह खोयी॥
जामवंत पूछत थे उपाई । जिससे प्राण लक्ष्मण बच जाई॥
कहा विभीषण कुछ न दिखाई । तब सुग्रीव कहा समझाई॥
राम मनुज नहि वे अवतारा । आये करन दुष्ट संघारा॥
होगा इसका उपाय भी कोई । सोचो विभीषण उसको जोई॥
सोच विभीषण तब ये बतावा । उपाय एक अति कठिन दिखावा॥
कठिन नही यह असम्भव दिखता । लंका राजबैद्य किम आ सकता॥

दोहा ॥यदि किसी तरह ये आ सके । सुशेन बैद्य हैं नाम॥
नाड़ी देख कह सकेगा । कैसे लखन बच पान॥ ८५

चौ ॥प्रभु को नाय सिर कह हनुमाना । दें आज्ञा मैं बैद्य को लाना॥
राम कहा मैं अनुज गमाई । अब तुमको नही खोना चाही॥
कहा हनुमत यदि कृपा प्रभु होई । कुछ न असम्भव मुझको सोई॥
राम से ले आज्ञा आशीषा । चले कपि लंका सुमिर जगदीशा॥
अति लघु रूप लिया हनुमाना । लंका प्रविश बैद्य पता लगाना॥
घर समेत बैद्य उठा वे लीन्हा । रामादल में लाय रख दीन्हा॥
उपचार अनुज की राम थे कहयू । वैद्य सुशेन जबाब ये दयहू॥
धरम हेतु प्रभु लिया अवतारा । मेरा धर्म क्या कहो बिस्तारा॥

दोहा ॥मेरे नृप का शत्रु जो । मदद की हमसे गुहार॥
मुझे करना क्या चाहिये । क्या हैं धर्म हमार॥ ८६

चौ ॥राम कहा धर्म सदा हैं पावन । उसे पाल मैं बन हूँ आबन॥
आप भी चलो निज धर्म बिचारा । अनुज बचे या मरे मझधारा॥
पिता त्याग मैं धर्म बिचारी । भरत लौटाए धर्म अनुसारी॥
धर्म हेतु यदि लखन के प्राना । चले जाएँ पर तुम्हें न डिगाना॥
सुन यह सुशेन गिरे प्रभु चरना । मैं रहा मूर्ख परीक्षा करना॥
कहा मैं सिर्फ चिकित्सक होई । जिसका धर्म बस एकही जोही॥
करे उपचार लगा जी जाना । रोगी चाहे जिस जगह का आना॥
नाड़ी लखन की देख वह बताया । इनके प्राण संकट में दिखाया॥

दोहा ॥हिमालय पर गिरि द्रौण जो । उसपर संजीवनी मूर॥
लाओ प्रात पूर्व सूर्य उग । धाओ कोई ये बड़ी दूर॥ ८७

चौ ॥आज्ञा राम से माँग हनुमाना । हुए तैयार द्रौण गिरि जाना॥
बैद्य से पूंछ उसकी पहिचानी । कहा सुशेन चमकत वह दिखानी॥
राम को शीश नाय हनुमाना । उड़े वेग से पवन समाना॥
इधर दूत रावण को बताया । कपि सुशेन को था ले जाया॥
लखन देख औषधि वह बताई । जो गिरि द्रौण पे है मिल जाई॥
उसे लेंन धाये हनुमाना । सूर्योदय से पूर्ब उन्हें आना॥
सुन रावण कालनेमि पे आवा । जो बलवान मायावी कहावा॥
दशकंधर उसे सब बतलाई । कहां कपि मार्ग रोक तुम जाई॥

दोहा ॥रावण का प्रस्ताव सुन । कालनेमि दुःख कीन्ह॥
कहा तुम्हरे ही सामने । लंका जला जो दीन्ह॥ ८८

चौ ॥कौन मार्ग उसका रोक पाई । रावण को वह रहा समझाई॥
राम नाम भजो हो कल्याना । झूठ कल्पना को हैं मिटाना॥
नील कमल सम बदन सुहाना । कर दर्शन सब सुख मिल जाना॥
तज मैं और तुम ममता सारी । इस अज्ञान निशा को बिसारी॥

डसता जो सबें काल समाना । सपनेहु में उसे जीत न पाना॥
उसकी सीख जब सूनी लंकेशा । किया क्रोध उस पर ये वीशेषा॥
कालनेमि तब मन अनुमाना । दोनों तरफ मृत्यु हैं दिखाना॥
राम दूत से मरण शुभ जोही । अस बिचार तैयार वह होई॥

दोहा ॥तुरत वहाँ से चल दिया । हनुमत के मार्ग पे आय॥
एक सरोवर था वहाँ । माया दीन्ह फैलाय॥ ८९

चौ ॥चारों तरफ फुलवारी सुहाई । कुटिया एक रमणीक दिखाई॥
मायावी मंदिर वहाँ बनाया । साधु भेष धर बैठ था जाया॥
राम नाम ध्वनि जोर लगाई । यहीं से कपि वायु मार्ग जाई॥
राम नाम सुन वे अनुमाना । मेरे प्रभु का यहाँ भक्त दिखाना॥
उतरे जमीं इसके ढिंग आवा । नाय शीश कह प्यास सतावा॥
राक्षस ने माया थी फैलाई । चाह माया पति दूत फसाई॥
हनुमत आगे राम गुण गावा । कह मुझे लंका का युद्ध दिखावा॥
समर राम रावण बीच होई । जितहें राम न शंसय कोई॥

दोहा ॥यहाँ बैठ मैं देख रहा । अंतर्दृष्टि मेरे पास॥
मै त्रिकाल दर्शी मुनि । जानूँ भविष्य का राष॥ ९०

चौ ॥कपि जल माँग वह कमण्डल दयहू । कहा कपि इतने से तुष्टि न भयहू॥
साधू भेष निसिचर ये बताया । करो स्नान सरोवर जाया॥
फिर तुम्हें दीछा मन्त्र मैं बताई । उसे जप लेना ज्ञान हो जाई॥
कपि सरोवर किया प्रवेशा । उसमें मगर बसि पग गह लेशा॥
चरण प्रहार कपि उस पर कीन्हा । मगर ने तुरंत दिव्य रूप लीन्हा॥
हनुमत को तब वह बतलाया । यह नहि साधू ये राक्षस आया॥
कपि पूछा तब कथा निज कहही । अप्सरा पूर्व जन्म की मैं रहही॥
मुनि के शाप से मगर बन जाना । इसी सरोवर बास बनाना॥

दोहा ॥मोक्ष विनय ऋषि से करी । मुझको तब वे वर दीन्ह॥
त्रेता युग प्रभु अवतरह । दूत भेज तुम चीन्ह॥ ९१

चौ ॥स्पर्श चरण जब उसका होई । मिलेगी मुक्ति स्वर्ग जाउ सोई॥
वही शुभ दिन सम्मुख मेरे आया । स्पर्श चरण आपके मिल जाया॥
हुई निष्पाप मैं धाम को जाई । कपट साधु पे कपि अब आयी॥
कहा हनुमत गुरदक्षिना लेहू । बाद में दीक्षा मन्त्र मुझे देहू॥
लपेट पूछ में उसे हनुमाना । मरती समय निज रूप दिखाना॥
पटका जमीन प्राण छोड़ दीन्हा । द्वापर कंश रूप जन्म ये लीन्हा लीन्हा॥
बढ़े कपि आगे सुमिर रघुराई । पहुँचे द्रोणा गिरि पर जाई॥
वहां सभी पेड़ चमकते दिखाई । कौन संजीवनी चीन्ह न पाई॥

दोहा ॥पूरा द्रोणा गिरि लिया । सुमिर राम वे उठाय॥
हाथ में ले कपि उड़ दिए । अवध के ऊपर आय॥ १२

चौ ॥भरत को उनके दूत थे बताई । बायु मार्ग गिरि ले कोई जाई॥
वे सोचा निशचर कोई होई । बिनु फर बाण मार दिया सोई॥
बाण ये कपि के पैर लग जाई । मूर्छित हो जमीं पर वे आयी॥
गिरि को अपने हाथ सम्हारी । राम राम सिया राम पुकारी॥
सुमिरैं राम नाम सुन पाई । दौड़ के भरत निकट थे आयी॥
भरत ने बिकल देख हनुमंता । ह्रदय से उनको लगाये तुरंता॥
होस में लान की करत उपाई । पर कपि जागत नहीं दिखाई॥
मन उनका बड़ा दुखी हो जावा । बचन कहत आँसू भर आवा॥

दोहा ॥राम से किया मुझे दूर जो । वही प्रभु यह दुःख दीन्ह॥
यदि मैं मन क्रम वचन से । प्रीति राम पद कीन्ह॥ १३

चौ ॥तो कपि निज श्रम पीड़ा भगाई । उठें तुरंत मुझे गले लगाई॥
यह सुन तुरंत उठे हनुमाना । जय श्री राम आवाज लगाना॥
कपि को भरत ने ह्रदय लगाया । हुए पुलकित नेत्रों जल छाया॥
भरत ह्रदय प्रीति रही न समाई । मिले कपि जैसे राम मिल जाई॥
पूछत भरत राम कुशलाई । हैं सुखी लखन सिया रघुराई॥
कथा संक्षेप सब कही हनुमाना । सुनके भरत दुखी लगे पछताना॥
हे प्रभु मैं क्यों जन्म ये लयहू । राम के किसी काम नही अयहू॥
जान ये समय भरत विपरीता । धीरज धर कह वचन पुनीता॥

दोहा ॥प्रातः कपि तुम्हें पहुँचना । विलम्ब से बिगड़े काम॥
तुमको शीघ्र पहुँचाएगा । बैठ जाउ मेरे बान॥ ९४

चौ ॥गिरि के सहित बैठो इस बाना । सूर्योदय पहले पहुँच जाना॥
अपने मन में सोच हनुमाना । सह न सके मेरा बोझ ये बाना॥
फिर सोचा प्रभु राम प्रतापा । कहत भरत से जोड़ निज हाथा॥
हे प्रभु आपको हृदय बैठाई । पहुँचूगा प्रात होय न पाई॥
अस कह आज्ञा भरत से लीन्हा । उनको नाय सिर थे चल दीन्हा॥
शील सनेह व बल श्री भरता । हनुमत मार्ग में सोचत चलता॥
भरत का प्रेम राम से अपारा । सराहत जात अंजनी कुमारा॥
इसीलिए प्रभु हमें उनसे मिलाया । जो घटी घटना वह राम की माया॥

दोहा ॥रामादल में इधर प्रभु । लक्ष्मण को देख दुखियात॥
एक साधारण मनुज सम । कहते ये रोबत जात॥ ९५

चौ ॥आधी रात बीतती जायी । नहि कपि आय कह बन्धु हिय लायी॥
हमको दुखित न कभी देख सकना । तुम्हरा स्वभाव सदा कोमल दिखना॥
मेरे लिए पितु मातु बिहाई । सब सुख तज बन दुःख अपनाई॥
प्रेम वह हमसे कहाँ गया भाई । मैं यहाँ बिलख तुम उठ नहि पायी॥
जानता यदि तुम्हरा ये बिछुड़ना । पिता वचन थे स्वीकार न करना॥
सुत परिवार नारी धन भवना । मिट जाएँ तो पुँनः ये मिलना॥
पर सगा भ्रात न पुँनः मिल पाई । अस बिचार उठो प्रिय मेरे भाई॥
मणी बिनु नाग पंख बिनु पछी । और बिनु सूंड न गज शोभा अच्छी॥

दोहा ॥यदि जड़ देवता जगत में । तुम बिनु मुझे जिबाय॥
दिखे मेरी भी दशा वहि । इन तीनों जो दिखाय॥ ९६

चौ ॥खुद के हेतु बन्धु दिया गमाई । अवध में कैसे जा मुँह मैं दिखाई॥
नारि हरी नही भुज बल होई । मै सह लेता अपयश जोई॥
पर कठोर अब हृदय ये मोरा । सहेगा अपयश और दुःख तोरा॥
तुम्हें समझ मेरा हितकारी । और जान मेरा सुखकारी॥

तुम्हरी मातु थी सौंप मुझे दीन्हा । उत्तर अब क्या उसे मैं दीन्हा॥
उठकर क्यों नहि मुझे ये बताते । क्या करना क्यों नहि समझाते॥
जो जन के सब सोच मिटाई । सोच में मनुज तरह बिलखाई॥
आँसू कमल नयन सों जाई । जिम पंखुड़ियों स्रोत जल आयी॥

दोहा ॥सुनो भवानी राम जी । आदि अखण्ड अनंत॥
नहि वियोग ब्यापें उन्हें । भजत उन्हें सिद्ध संत॥ ९७अ

चौ ॥जग में मनुज की गति जो दिखाई । दीन दयाल ने करके बताई॥
बानर भालु देख प्रभु शोका । भये दुखी सब खोये विवेका॥
उसी समय आ गये हनुमाना । जिम करुणा में वीर रस आना॥
हो हर्षित प्रभु कपि से मिलेऊ । राम सुजान कृतग्य थे दिखेऊ॥
गिरि से बैद्य संजीवनी लीन्हा । लखन को दी वे नेत्र खोल दीन्हा॥
हो हर्षित लक्ष्मण उठ जाई । प्रभु से भेंट फिर कपि मिले आयी॥
भवन सहित कपि बैद्य पहुँचायी । फिर द्रोणागिरि भी वे भिजाई॥
यह वृतांत जब सुना लंकेशा । निज जन सहित दुखी वह विशेषा॥

दोहा ॥खर का पुत्र मकराछ था । राक्षस बड़ा बलवान॥
मारे पिता जब राम ने । किया प्रण इसने महान॥ ९७ब

चौ ॥युद्ध में राम का सिर काटूँगा । और उसे माँ को भेंटूगा॥
उसमें जल ले करूँ पिता तर्पन । होय शान्ति तब माता का मन॥
सोच ये रावण पर आ जाबा । राम से युद्ध को इच्छा जताबा॥
समर हेतु उसे आज्ञा दीन्ही । सेना लंक की साथ ले लीन्ही॥
युद्ध क्षेत्र आ राम पुकारा । बोला वही एक शत्रु हमारा॥
लक्ष्मण सामना करन आ जाबा । पर प्रभु यह कह उन्हें लौटाया॥
मा़तु पिता ये आज्ञा कारी । मेरा नाम ले युद्ध हकारी॥
इसकी पूरी होय कामना । जब रण में हो मेरा सामना॥

दोहा ॥यह कह प्रभु सम्मुख भये । उससे कहा करो प्रहार॥
बाण कराले छांड वह । राम ने काटे डार॥ ९७स

चौ ॥वायु व वरुण देव सिद्ध कीन्ही । जिससे बड़ी माया रच दीन्ही॥
दुष्ट न जान मायापति रामा । एक छण में सब मिटी दिखाना॥
राम ने बध उसका कर दीन्हा । सुनकर रावण शोक मलीना॥
अगले दिवस व्याकुल हो जाई । युद्ध हेतु वह स्वयं ही आयी॥
सुग्रीव से उसका सामना होई । किया दुष्ट उन्हें मूर्छित जोई॥
हनुमत आ मुष्टिक थे प्रहारा । गिर के सँभल कहा हमला करारा॥
अब सम्मुख उसके रघुनाथा । करें दुर्बाद बाण ले हाथा॥
रथ सारथी राम हन दीन्हा । काट शस्त्र वे निहथ्था कीन्हा॥

दोहा ॥कहा प्रभु तुम हो निशस्त्र अब । रघुवंशी न करें प्रहार॥
तुझे दया कर मैं छोड़ता । शस्त्र ले कल को पधार॥ ९७द

चौ ॥हो लज्जित पैदल चला जाई । मन में करत राम बल की बढ़ाई॥

दोहा ॥बड़ा व्याकुल तब लंक पति । कुम्भकरण पर आत॥
नाना भांति से जतन कर । उसको रहा जगात॥ ९८

चौ ॥जाग गया दिखा काल समाना । जिम यमराज रूप धर आना॥
पूंछा भ्रात क्यों मुख मुरझाया । कही कथा सीता हर लाया॥
कहा कपि निसिचर सब संघारे । राक्षस योद्धा गये सब मारे॥
कुम्भकरण जब सुना ये काना । भ्रात मातु सीता हर लाना॥
बहुत बुरा किया सुन लंकेशा । बताया मुझे आज नहि कुछ शेषा॥
तज अभिमान अभी जाओ शरना । होय कल्याण माफ वे करना॥
जिनके हनुमत जैसे सहायक । वे नही मनुज हैं रघुकुल नायक॥
गलती कीन्ह तुम्ह भ्रात दिखाई । पहलेहि हमें जो नहीं बताई॥

दोहा ॥उनसे शत्रुता मोल ली । सेवत जिन्हें ब्रह्म महेश॥
भविष्यवाणी नारद करी । इसी क्षण को वे विशेष॥ ९९

चौ ॥देव ऋषि के भी वचन भूल जाई । और भूले ब्रह्मा जो बताई॥
तात न बात याद तुम्हें आयी । परम पिता ने थी जो चेताई॥
अवध में दशरथ रघुकुल नाथा । मरोगे उनके सुत के हाथा॥
अन्तिम समय भेंट मुझे लेही । युद्ध में उनके दरश करूँ जेही॥
तीनों तरह के ताप जो मिटाई । कमल नेत्र श्याम तनु श्रुत गाई॥
मिलें दर्शन उन रघुपति रामा । लोचन मेरे पायें विश्रामा॥
करता सुमिरैं श्री रघुराई । कुछ क्षणों के लिए शान्ति वह पाई॥
मदिरा माँस रावण भेंट कीन्हा । किया पान यम सम हो लीन्हा॥

दोहा ॥गरजा जोर से बज्र सम । मदिरा में वह मद होस॥
विदा लेकर वहाँ से चला । बिना सेना बड़ा जोश॥ १००

चौ ॥कुम्भकर्ण जब आता दिखाई । आय विभीषण शीश नमाई॥
अनुज को बाँह पकड़ हिय लाया । प्रभु भक्त जान उसे मन भाया॥
कह रावण को मैं शुभ समझाया । मार लात वह लंक से भगाया॥
तासु ग्लानि बस राम पे आयेउ । दीन जान मुझे शरण में राखेउ॥
कुम्भकर्ण तब यह बतलाई । रावण काल आधीन दिखाई॥
इस से सलाह शुभ उसे न भाई । हम भी दिए पर वह ठुकराई॥
भ्रात धर्म मैं रहा निभाया । आदेश मान रण में चला आया॥
अनुज धन्य तुम राम पे आयुउ । भज के उन्हें तुम वंश बचायेउ॥

दोहा ॥भ्राता मैं हुआ काल बस । इस लिए युद्ध को आन॥
तुम मन क्रम भज राम को । छल तज प्रभु हिय लान॥ १०१

चौ ॥सुन यह विभीषण राम पे आया । तीनों लोक जो स्वामी कहाया॥
कहा पर्वत सा कुंभकर्ण आना । युद्ध करन उसने हैं ठाना॥
कपि कुंजर इतना सुन पाये । कटकटाय युद्ध करन को धाये॥
पर्वत वृक्ष उठा कर धायेउ । किलकिलाय कुम्भकर्ण पे डारेउ॥
कौटिक वृक्ष गिरि कपि लें उठायी । एकहि प्रहार से उसपे चलाई॥
इनसे न उसका तन मन डोलहि । जिम मदार फल गज को न रोकहि॥
अब एक मुश्ठिका जड़ी हनुमाना । हो के विकल वह जमीं गिर जाना॥
उसने भी फिर घूँसा मारा । गिरे भूमि कपि उसके प्रहारा॥

दोहा ॥फिर नल नील पछाड़ दये । जहाँ-तहाँ वानर गिरा दीन्ह॥
कपि भालू सब भागते । हिम्मत न आगे कोई कीन्ह॥ १०

चौ ॥अंगदादि कपि सह सुग्रीवा । मूर्छित भये सभी बल सीबा॥
कपिपति को लिया कांख दबायी । चला वहाँ से खल बलसायी॥
सर्प समूह जिम गरुण खिलाबहिं । बैसेहि प्रभु नर लीला दिखाबहिं॥
भ्रकुट मरोड़ से काल जो खाई । नहि शोभित उसे ऐसी लड़ाई॥
यह कर प्रभु निज कीर्ति फैलाई । जिसे कह सुन नर भव तर जाई॥
जब मूर्छा से जाग हनुमाना । खोज सुग्रीव को वे न दिखाना॥
जैसेहि मूर्छा जाग सुग्रीवा । कूद कांख से निकल बल सीवा॥
कुम्भकर्ण को वह मृतक था दिखही । कपिपति उसके नाक कान कटही॥

दोहा ॥गरजा फिर वानर पति । चला आकाश में जाय॥
कुम्भकर्ण ने पैर गह । जमीं पे उसे पटकाय॥ १०३

चौ ॥कपि पति फिर श्री राम पे आना। जय रघुनाथ पुकार लगाना॥
समझ के निजको नाक कान हीना । भई ग्लानि न क्रोध की सींमा॥
सहजहु में वह भयानक होई । नाक कान बिनु डरें कपि जोई॥
फिर सब कपि दौड़े एक साथा । दें आवाज जय श्री रघुनाथा॥
एक साथ सब कीन्ह प्रहारा । वृक्ष पहाड़ निसिचर पर डारा॥
चला कुम्भकर्ण युद्ध विभोरा । जैसे काल आत उन ओरा॥
हाथ ले कौटिक कपियों को खाई । दिखे जिम टिड्डियाँ गिर गुफा जाई॥
कपि करोंड़ों मसल वह दीन्हा । कौटिक मीस मिला जमीं कीन्हा॥

दोहा ॥उसके मुँह से प्रविश कपि । निकसें नाक कान द्वार॥
रण में करें मद इस तरह । जिम ग्रसेगा सब संसार॥ १०४

चौ ॥भय से भागत योद्धा दिखाई । लौटाने पर लौट न पाई॥
आँखों से नहि कुछ उन्हें दिखना । कानों से न सुनायी पड़ना॥
बानर तितर बितर हो जाई । देख ये असुर सैन पीछे आयी॥
देखी विकल सैन रघुराई । रिपु सेना खेदत चली जाई॥

तब रघुकुल मणि अनुज से कयहू । सुग्रीव विभीषण संग सेना रयहू॥
मै देखूँ कुम्भकर्ण प्रतापा । करत जो रन में बहुत प्रलापा॥
सारंग धनुष हाथ वे लीन्हा । कमर में तरकस शोभा दीन्हा॥
चले राम करने खल नाशा । देवों काम सम्हरने आशा॥

दोहा ॥धनु टंकोर प्रभु कीन्ह जब । सुन अरि दल बहराय॥
सत्य निष्ठ फिर राम ने । लाख बाण थे चलाय॥ १०५

चौ ॥बाण ये प्रभु के ऐसे दिखाई । काले सर्प ज्यों उड़ते जाई॥
जहां तहां बहुत से दिखें वे बाना । कटने लगे रिपु पड़ते दिखाना॥
छाती पैर सिर भुज कंट जाई । बहुतों के सौ टुकड़े दिखाई॥
घायल मूर्छित हो जमीं गिरना । पुनः सम्हर उठ करके लड़ना॥
बाण लगत मेघों सम गाजहिं । कठिन बाण देख बहुत से भागहि॥
बहुत से धड़ बिना सिर के भागते । पकड़ो पटको मारो चीखते॥
राक्षस छण में कटे दिखाना । राम ने कठिन बाण थे चलाना॥
कर निज काम बाण लौट आयी । प्रभु के तरकश प्रविश हो जाई॥

दोहा ॥कुम्भकर्ण मन सोचता । निसिचर सेंन राम मार॥
महाबली अति क्रुद्ध होय । सिंह समान दहार॥ १०६

चौ ॥हो कोपित पर्वत को उखारी । बानर योद्धाओं पर डारी॥
आबत उन गिरि खंड निहारी । प्रभु ने बाण से चूर कर डारी॥
करके क्रोध फिर धनु संधाना । अति भयंकर बाण चलाना॥
बाण वे खल को भेद चले जाई । उस पर कोई असर न दिखाई॥
उसके तन लहू बहे यह दिखाई । काले गिरि जिम अगेरू बहाई॥
व्याकुल जान कपिदल पास आबा । उन्हें निकट देख दुष्ट हँस जाबा॥
फिर बड़ी जोर गर्जना कीन्हा । गज सम कोटि कपि पटक वह दीन्हा॥
करत रावण की बड़ी जय घोषा । नहि सम्मुख रुके कोई भालु कीशा॥

दोहा ॥ऐसे भागत भालु कपि । जिम भेड़, बकरी भाग॥
सम्मुख भेड़िया देख वे । भूलती अपना राग॥ १०७

चौ ॥विकल होय कपि सेना भागत । हरि कृपा जिस पे वही इसे जानत॥
मूढ़ जसकरन किम जान पाई । सेवकों के मन क्यों वे दुखाई॥
आर्तनाद कपि करते दिखाई । दुर्भिक्ष समान ये खल आ जाई॥
कपि दल पर यह पड़ेगा जोई । वानर ऐसा समझ डर होई॥
करें पुकार वारि धर रामा । त्राहि माम मेरे प्राण बचाना॥
करूण पुकार सुनी रघुनाथा । धनुष सुधार ले चले निज हाथा॥
कपि सेना के आगे भयऊ । करके क्रोध धनु धर चल दयऊ॥
तान धनुष मारे शत बाना । कुम्भकर्ण की देह में समाना॥

दोहा ॥बाण लगत खल क्रोध कर । बड़े वेग से धाय॥
डगमगान धरती लगी । पर्वत हिलते दिखाय॥ १०८

चौ ॥शैल उखाड़ हाथ ले लीन्हा । भुजा उसकी प्रभु काट थे दीन्हा॥
लिया पर्वत वह दूसरे हाथा । काटा हाथ यह भी रघुनाथा॥
बिना हाथ निसिचर यह दिखाई । मंदराचल पंख बिनु जिम आयी॥
दृष्टि भयानक प्रभु पे गड़ाई । मानो त्रिलोक ग्रसन है चाही॥
चला चिंघारता मुँह को फैलाई । डरकर देव आवाज लगाई॥
देवता त्रसित देख रघुनाथा । कान लो खींच धनुष निज हाथा॥
प्रभु ने बाण से मुँह भर दयऊ । महाबली फिर भी न भूमि पे गिरयू॥
मुँह में बाण भरे प्रभु तन आवा । मानो काल रूप तरकश जावा॥

दोहा ॥तब रघुपति ने क्रोध कर । बाण कराल थे मार॥
किया शीश धड़ से बिलग । रावण सम्मुख सिर डार॥ १०९

चौ ॥कुम्भकर्ण का शीश बिलोका । दुखी वह जिम नाग मणि बिनु शोका॥
धड़ विशाल जमीं गिरता दिखाया । पृथ्वी धसक कहीं जिससे न जाया॥
इससे राम कई खंड कर दीन्हें । गिरत जमीं बहु कपि दब लीन्हें॥
उसके बदन तेज निकला दिखाई । वह सब प्रभु में गया समाई॥
देख ये देव मुनि कीन्ह अचम्भा । बजाय दुन्धबी पुष्प वृष्टि संगा॥
कर स्तुति देवगण चले जाबा । उसी अवसर नारद मुनि आबा॥
नभ में वीर रस विष्णु के गाये । रुचिर सरस वे प्रभु मन भाये॥
कहा नभ से वेग हनो दसकंधर । युद्ध भूमि शोभित प्रभु सुंदर॥

छंद॥युद्ध भूमि में शोभित प्रभु, जिनकी न बल सीमा दिखत॥
मुख कमल पर बिंदु स्वेद के, रक्त बूँद थीं तन पर गिरत॥
दोउ हाथ से फेरत धनु, चौउ ओर कपि भालु दीखते॥
शक्ति न दिख जसकरन में, शोभा ये वर्णन लीखते॥

दोहा ॥कमल नयन प्रभु लाल दिख । पर कोमल रघुनाथ॥
वर्णन ऐसे स्वरूप का । नहि कर सकें शेषनाथ॥ ११०

चौ ॥नीच ये निसिचर पाप की खाना । ताहु को प्रभु निज धाम भिजाना॥
हे उमा वे सब मूरख होई । ऐसे राम को भजे न सोई॥
हुआ सूर्यास्त दोउ दल फिर जाई । आज युद्ध में भट थक जाई॥
कपि दल पर कृपा दृष्टि रघुराई । बानर भालु निज श्रम थे भगाई॥
निश दिन राक्षस मरते जाई । जिम निज कहे पुण्य घट जाई॥
करत विलाप रावण निज भ्राता । बन्धु शीश निज गोद में लाता॥
सोच के उसका तेज बल भारी । करती रुदन लंक की नारीं॥
रावण सुत अतिकाय नरान्तक । तथा त्रिसरा महाबली देवांतक॥

दोहा ॥चारों सुत लंकेश के । थे योद्धा बलवान॥
कुम्भकर्ण बध जब सुना । युद्ध हेतु आ जान॥ १११

चौ ॥बानर सेना क्रुद्ध हो धाई । पर्वत वृक्ष उन पर थे चलाई॥
रावण सुत अतिकाय आ जाबा । बाण की वर्षा करता दिखाबा॥
पूर्व जन्म कैटभ यही होई । श्री विष्णु ने मारा जोई॥
खुद जब इसने तरीका बताया । भगवन तभी मार थे पाया॥
रावण मालिनी सुत बन आया । कौशल आज युद्ध में दिखाया॥
हा हा कार कपि दल में मचाही । ले आज्ञा तब लक्ष्मण आयी॥
आकाश में जाय बाण वह चलाही । कभी ओझल कभी पड़ता दिखाई॥
लक्ष्मण को हनुमत ले लीन्हा । आकाश में खल के सम्मुख कीन्हा॥

दोहा ॥चले लक्ष्मण के कराल सर । पर न वह मरता दिखात॥
पवन देव को इन्द्र तब । हनुमत पर पहुँचात॥ ११२

चौ ॥कान में हनुमत के वे बतायी । ब्रह्मास्त्र से ही यह खल मर पाई॥
लक्ष्मण को बजरंग बता दीन्हा । राम आज्ञा तब लखन ले लीन्हा॥
सुमिर राम ब्रह्मास्त्र चलावा । अतिकाय दुष्ट सुर धाम भिजावा॥
देवांतक युवराज ने मारा । नरान्तक को सुग्रीव संघारा॥
त्रिसरा को नल नील पछारा । इस तरह मारे गये सुत चारा॥
अहिरावण पर गयऊ दशानन । सारी कथा अब उसको सुनावन॥
कह करो हरण लक्ष्मण रामा । और उन्हें यहाँ पाताल में लाना॥
देउ बलि देवि पे उनकी चढ़ाई । वहां वानर सेना मैं मराई॥

दोहा ॥बस में किया पाताल पति । योजना अपनी बनाय॥
समझे वही ये प्रभु लीला । जिस पर वे कृपा दिखाय॥ ११३

चौ ॥अहिरावण चला कर अभिमाना । हरण के राम लखन अभी लाना॥
सुरंग बहुत दूर से ली बनाई । रामा दल पर खुली जो जाई॥
रात में सुरंग द्वार पर आबा । द्रव्य एक निज साथ में लाबा॥
उसे जार दी सुगंध उडाई । मूर्छित रामा दल सभी हो जाई॥
फिर लिया राम लखन को उठाई । सुरंग मार्ग निज लोक वह आयी॥
इधर प्रातः कपि भालु थे उठते । अपनी जगह राम लखन न दिखते॥
ढूँढ़त सभी जगह थे कपीशा । मिळत कहीं न कौशला धीशा॥
हनुमत सदा पहरा थे लगाई । द्वार बैठ पूछ देते फैलाई॥

दोहा ॥हनुमत मूर्छित द्वार पर । कपि पति उनको उठात॥
कौन जाने प्रभु यह लीला । ज्यादा वही मूर्छात॥ ११४

चौ ॥तुरत उठे कह कहाँ रघुनाथा । बैठाय विभीषण को निज साथा॥
उनसे कहा सोचो गंभीरा । बात न बनेगी होंय अधीरा॥
कर बिचार सोचत वह भयऊ । अहिरावण पाताल में रहऊ॥
उसके पास औषधि एक रहही । मूर्छित पूरा दल कर सकही॥
उसका पता हनुमत को बताया । पहुँच मार्ग पूरा समझाया॥
भये तैयार चलन हनुमंता । किया सचेत कपि पति को तुरंता॥
रावण कर सकता कुटिलाई । अतः सुरक्षा रखना बनाई॥
अस कह तुरंत उड़े हनुमाना । पाताललोक की सीध लगाना॥

दोहा ॥पहुँचे द्वार पाताल के । बैठा एक पहरेदार ॥
हनुमत कह हट मार्ग से । नहि तुझे दूँगा मार ॥ ११५

चौ ॥वह पूछा कहो अपना उद्देशा । चाहते क्यों नगरी में प्रवेशा ॥
कपि कहा नगरी का पति जोई । राम लखन हर लाया सोई ॥
उसे दण्ड दे मैं स्वामी छुडाऊँ । वापिस तुरंत लौट के आऊँ ॥
तब ललकार उस भट ने लगाई । युद्द में पहले मुझे दो हराई ॥
दोनों बीच हुआ युद्ध आरम्भा । कोई न हार तब कपि को अचम्भा ॥
कर प्रहार वह सुमिर हनुमाना । यह सुन कपि आश्चर्य पड़ जाना ॥
तब पूछा परिचय निज दीजे । कौन हो तुम क्यों नाम यह लीजे ॥
तब वह कह मैं पुत्र हनुमाना । विस्मित हो कपि उसे बताना ॥

दोहा ॥राम हमारे स्वामि हैं । मेरा ही नाम हनुमान ॥
बाल ब्रह्मचारी सदा । कैसे तुम सुत हो जान ॥ ११६

चौ ॥अब वह रहा निज कथा सुनायी । हनुमत लंका जब थे जलाई ॥
फूँक लंक सिन्धु पूंछ बुझाई । उनका स्वेद सागर गिर जाई ॥
वहां रह मगरि स्वेद पी जाई । और मैं उसके गर्भ था आयी ॥
मछवारे ने जाल फैलाया । मगरि को उसने लिया फसाया ॥
देखा इसे वह जब धर ध्याना । नहि सामान्य यह उसे दिखाना ॥
मगरि लाद वह तुरंत चल दीन्हा । अहिरावण सम्मुख उसे कीन्हा ॥
तब निसिचर आदेश सुनायी । मगरि का पेट चीर दिया जाई ॥
चिरा पेट बालक आ जाबा । अहिरावण सम्मुख देवी लाबा ॥

दोहा ॥देवि से बिनती करत वह । बालक अभी हो ये जबान ॥
दो नर बलि तुम्हें देंयुंगा । बने ये प्रौढ़ बलवान ॥ ११७

चौ ॥तुरत मैं देवी कृपा से जवाना । हुआ प्रौढ़ और बड़ा बलवाना ॥
मकरध्वज मेरा नाम हो जाई । हनुमान बली मेरे पिता कहाई ॥
यह निसिचर मुझे लिया अपनाई । पाताल द्वार पर दिया बैठाई ॥
देवी को नर बलि के बाबत । राम लखन हर कर वह लाबत ॥

हे कपि पिता मेरे आप महाना । जिसके लिए मैं करता प्रणामा॥
पर जब तक तुम मुझे न हराई । अंदर प्रविश नहीं कर पाई॥
तब हनुमत उसे बाँध थे दीन्हा । वहीं छोड़ अंदर चल दीन्हा॥
नगर में कहीं स्वामी न दिखाई । छोटा रूप ले पुष्प छिप जाई॥

दोहा ॥राम-लखन को अचेत कर । मंदिर में दिया छिपाय॥
तैयारी बलि देन की । अहिरावण खुशी दिखाय॥ ११८

चौ ॥बहु प्रकार पकवान सजाये । देवी सम्मुख दिए रखवाये॥
फूल में छिपे देखत हनुमाना । नहि प्रभु उनको अभी लो दिखाना॥
पूजन हेतु पुष्प खल ने मँगाये । लेने हेतु माली जब आये॥
वही फूल वह तोड़ था लीन्हा । जिसमें हनुमत छिपे प्रवीणा॥
अहिरावण उसे मातु चढ़ाया । लघु रूप हनुमत संग चढ़ जाया॥
तब वे देवि को किया प्रणामा । कहा ये निशाचर राम को लाना॥
अनुज सहित उनका बलि केही । अतः यहाँ से आप चल देही॥
देवी तुरंत गईं पाताला । कपि बैठे वहाँ बली विशाला॥
अब वह राम लखन को लाया । सम्मुख मंदिर खडा कराया॥

दोहा ॥बंधन मुक्त कर दोउ को । चंदन आदि तिलक लगाय॥
नये आभूषण भेंट कर । बलि को तैयार कराय॥ ११९

चौ ॥दोनों भ्रात थे होस आ जाया । देख दृश्य लक्ष्मण क्रोधाया॥
राम ने अनुज को शान्ति कराई । संकेत से कहा हनुमत आ जाई॥
वही करेंगे इनका नासा । मन रखो थोड़ा सा दिलासा॥
देवी समझ खल कपि को पूजाहि । ना ना भांति पकवान था भेंटहि॥
भूखे हनुमत खाते जाई । खुश हैं देवि जान खल हर्षाई॥
अब राक्षस ने खड्क उठाई । बलि देने हेतु प्रभु पे उबाई॥
मूर्ति से प्रकट भये हनुमाना । पूछ में खल को लपेट घुमाना॥
पटक पटक जान उसकी लीन्हा । साथियों को भी तुरंत हन दीन्हा॥

दोहा ॥राम लक्ष्मण साथ में । पहुँचे द्वार हनुमान॥
मकरध्वज की कथा सब । कपि थे प्रभु को बतान॥ १२०

चौ ॥प्रभु ने नृप उसे वहाँ का बनाया । बंधन खोल उसे गद्दी बैठाया॥
राम लखन कपि कँधे चढ़ाई । उड़े वेगि रामा दल आयी॥
बानरों ने जब प्रभु को वीलोका । सभी हर्षित मिट गये सब शोका॥
कह प्रभु कपि तुम्हार अहिसाना । रघुवंशी कभी भूल न पाना॥
इधर ये घटना सुनी लंकेशा । शोक में गया डूब वह विशेषा॥
उसी छड़ मेघनाद आ जावा । बहुत भांति वह पिता समझावा॥
कहा कल निज प्रताप मैं दिखाऊँ । अपनी बडाई अभी न बताऊँ॥
मेरे इष्ट मुझे रथ बल दीन्हा । चमत्कार कल लूँगा चीन्हा॥

दोहा ॥होत बातकहिं भांति यही । प्रातः काल हो जात॥
चारों द्वार कपि घेरते । बानर जय घोष मचात॥ १२१

चौ ॥बानर भालु इत काल समाना । राक्षस उत भी बड़े बलवाना॥
निज निज जय हेतु करत लड़ाई । जसकरन से वर्णन किया न जाई॥
मायामय रथ चढ़ घननादा । गयऊ आकाश किया जोर नादा॥
उसे देख कपि त्रसित हो जाई । जब बाणों वह वर्षा कराई॥
शक्ति शूल तलवार ले हाथा । अस्त्र शस्त्र ना ना विधि साथा॥
दशों दिश बाणों से घिरीं दिखाई । नक्षत्र मघा जिम वर्षा कराईं॥
मारो पकड़ो शब्द गुंजाई । मारत कौन कोई पड़े न दिखाई॥
पर्वत पेड़ ले कपि नभ जाना । दिखत न वह फिर लौट वे आना॥

दोहा ॥खल माया बिस्तार कर । बाणों से मार्ग दिए पाट॥
घाटियाँ कन्दरा अटपटी । पिंजरे सब बने दिखात॥ १२२

चौ ॥व्याकुल कपि मारग न दिखाई । पर्वत इन्द्र जिम कैद कराई॥
अंगद नील नल और हनुमाना । दिखे व्याकुल सब ये बलवाना॥
लखन विभीषण और सुग्रीवा । भये घायल ये सब बलसीवा॥
राम से विनय विभीषण कीन्हा । प्रभु आप जाओ लखन संग दीन्हा॥

मायावी युद्ध करे घननादा । कभी नभ में कभी जमीं पे दिखावी।
ले धनु बाण चले रघुराई । उनको देख वह नभ छिप जाई॥
कह लक्ष्मण वह आपसे डिराई । आये आप वह भाग हैं जाई॥
राम कहा वह योद्धा महाना । नही भागा वह छिप अभी जाना॥

दोहा ॥तभी छिपकर मेघनाद ने । नागपास था चलाय॥
था अचूक दिव्यास्त्र यह । राम लखन बन्ध जाय॥ १२३

चौ ॥जो निर्विकार अखण्ड रघुराई । सदा स्वतंत्र अनंत दिखाई॥
करें रण लीला शोभा बढ़ाई । बंधे नागपास देव डर जाई॥
हे उमा जिसे जपें ऋषि मुनि ज्ञानी । और भव बंधन अपने मिटानी॥
निसिचर उन्हें कभी बांध क्या पाई । पर जाने वही जिसे वे जनाई॥
सगुण चरित उमा राम के जोई । समझ न सके तर्क से कोई॥
एसा समझ पुरुष तत्व ज्ञानी । भजें श्री राम तर्क बिसरानी॥
नागपास बंध गिरे दोउ भ्राता । व्याकुल वानर दल हो जाता॥
निसिचर प्रकट हो करत बकबासा । जामबंत कह हो तेरा नासा॥

दोहा ॥क्रोधवंत रीछपति भये । दौड़े कह रुक जा मूढ़॥
मेघनाद बोल छोड़ तोय । दिखा मुझको बड़ा बूढ़॥ १२४

चौ ॥अस कह दुष्ट त्रिशूल प्रहारा । जामवंत गह उसी पे मारा॥
लगा वह मेघनाद की छाती । हुआ घायल मूर्छा आ जाती॥
गहकर पैर खल को वे घुमाई । फैक जोर से बल को लगाई॥
मरा न वह पाया वरदाना । लंका में जाय गिरा वह दिखाना॥
इधर अनुज संग प्रभु दशा देखी । चिंतित हनुमान थे बिशेखी॥
कर बिचार वे तुरंत उड़ लीन्हा । पहुँचे गरुड़ के पास प्रवीणा॥
नारद भी थे वहाँ आ जाई । पँछिराज को रहे समझाई॥
गरुड़ साथ चल दिए हनुमाना । शीघ्र ही रामा दल आ जाना॥

दोहा ॥व्याकुल वानर इधर सब । देख दशा दोउ भ्रात॥
तेहि समय कपि बीच में । हनुमत थे आ जात॥ १२५

छंद॥भये बड़े गद गद जब दर्शन मिलत ।
नहि गरुड़ को होश-हवाश रहा॥
रण में जो पड़त मेरे स्वामी दिखत ।
ये क्यों सब ज्ञान उनका था बहा॥

दोहा ॥प्रभु को गरुण निहारते । रहे टक टकी लगाय॥
भूले सब क्यों आये हम । हनुमत थे याद दिलाय॥ १२६

चौ ॥कहा उनसे विनम्र हनुमाना । करो उपाय माया मिट जाना॥
माया रूपी नाग जो रहही । पँछिराज ने भक्षण करही॥
तुरत राम लक्ष्मण उठ जावा । हनुमत गरुण को हृदय लगावा॥
कर प्रणाम पँछिराज थे गयऊ । ना ना तरह वे सोचत चलेऊ॥
बानर इधर क्रोधित थे दिखाई । पर्वत वृक्ष पत्थर ले धाई॥
विकल होय निसिचर भाग जाना । लंक किले पर चढ़ते दिखाना॥
यहाँ होस मेघनाद को आना । सम्मुख देख पिता बहुत लजाना॥
अजेय यज्ञ करने वह जाबा । देवि निकुम्बाला मंदिर आबा॥

दोहा ॥मंदिर पर्वत गुफा में । बैठ यज्ञ शुरू कीन्ह॥
इसके विषय में राम को । राय विभीषण दीन्ह॥ १२७

चौ ॥तामस यज्ञ मेघनाद करही । सदा सतात देवों को रहही॥
अगर सिद्ध ये यज्ञ हो जाई । साधारण कोई जीत न पाई॥
यह सुन प्रभु मन में मुसकाना । अंगदादि कपि पास बुलाना॥
लक्ष्मण संग जाओ कपिराई । करो विध्वंस दुष्ट यज्ञ जाई॥
करो अनुज बध दुष्ट का जाई । देवता दुखी मैं सह नहि पाई॥
मारो उसे बल बुद्धि लगाई । खल का नामो निशान मिटाई॥
सुग्रीव विभीषण और जामवंता । रहना सेन संग तुम बलवंता॥
श्री रघुनाथ का आदेश पायी । लक्ष्मण धनुष तरकश थे उठाई॥

दोहा ॥प्रभु प्रताप को हृदय धर । संकल्प लखन थे सुनात॥
नहि कहाऊँ सेवक प्रभु । यदि बिना बधे मैं आत॥१२८अ

चौ ॥भलेहि रूद्र करें उसकी सहाई । शपथ राम वह बच नहि पाई॥
नाय शीश चले शेषावतारा । साथ में हनुमत बली अपारा॥
कपि पहुँच वहाँ निहारा जेही । महिष रक्त के बलि वह देही॥
बानर यज्ञ विध्वंस कर दीन्हा । नहि उठ तब वे प्रशंसा कीन्हा॥
फिर भी न उठ बाल पकड़ उठाई । घूँसों लात की मार लगाई॥
गह त्रिशूल मेघनाद उठ धावा । वानर भाग लक्ष्मण पर आवा॥
हो क्रोधित पीछेहि आ जाई । घोर गर्जना करके सुनायी॥
करके क्रोध अंगद हनुमाना । उसका त्रिशूल तोड़ के गिराना॥

दोहा ॥पुनः त्रिशूल वह मारता । लक्ष्मण उसे बाण से काट॥
अंगद हनुमत क्रोध कर । मारें उसे चोट न आत॥ १२८ब

चौ ॥लौटे थक कर दोउ बलवाना । चिघ्घाड लगा निसिचर था आना॥
आबत काल समान दिखाई । लक्ष्मण तीक्ष्ण बाण थे चलाई॥
आबत देख वह बाण कराला । हुआ गायब योद्धा ये निराला॥
खल कभी प्रकटे कभी छिप जाई । ना ना भेष धर करत लड़ाई॥
अब ब्रह्मास्त्र वह दुष्ट चलावा । लक्ष्मण ब्रह्म को शीश नमावा॥
लक्ष्मण निकट शस्त्र जब आयी । उनकी परिक्रमा कर लौट जाई॥
सुदर्शन चक्र मेघनाद चलाया । ये भी प्रदक्षिणा कर लौट आया॥
अब घननाद को ज्ञान हो जाबा । साधारण ये मनुज न दिखाबा॥

दोहा ॥नारायण आये स्वयं । लेके मनुज अवतार॥
समझाऊँ जा पिता को । इनसे तजो युद्ध बिचार॥ १२८स

चौ ॥एक छण में वह पिता पे आवा । कहा तजो युद्ध शरण उन जावा॥
उन पर शस्त्र मेरे करें न प्रभावा । मनुज नहीं ये हैं ब्रह्म दिखावा॥
रावण भरा हुआ अभिमाना । ये बातें नहि उसको सुहाना॥
मेघनाद निज धर्म बिचारी । आज्ञा पिता की न सकता टारी॥
युद्ध मैदान लौट आ जाई । बानरों पर तीक्ष्ण बाण चलाई॥
मरत न काहु से कपि डर जाना । तब लक्ष्मण क्रोधित थे दिखाना॥
सोचत मन में शेष भगवाना । यह राक्षस मुझे बहुत नचाना॥
राम प्रताप सुमिर मन माही । बाण कराल था उनने चलाही॥
सिर कटा रावण सभा गिरा जाई । सम्मुख सुलोचना भुजा एक आयी॥

दोहा ॥सुमिरा राम को अंत क्षण । और शेष भगवान॥
पतिव्रता पत्नी सुलोचना । भुजा देख हैरान॥ १२९

चौ ॥कहती आप यज्ञ हेतु थे जाना । पर युद्ध कैसे लिया तुम ठाना॥
कटी भुजा जमीं सब लिखके बताया । कहा धड़ मेरा राम दल जाया॥
रोती हुई फिर भुजा उठाई । पालकी बैठ ससुर पर आयी॥
उहाँ से पति का सिर वह लेही । और रावण से निवेदन केही॥
आज्ञा दो रामादल जाने । पति की देह वहाँ से लाने॥
मै एक पतिव्रता हूँ नारी । पति संग सती होने का बिचारी॥
रावण कहा यह उचित न होही । दुश्मन पास किम भेजूँ तोही॥
पर जिद कर वह थी चली जाई । पालकी वानरों को थी दिखाई॥

दोहा ॥कपि रहे प्रभु को बतात ये । पालकी लंका से आत॥
रामा दल ओर बढ़ रही । उसमें कोई स्त्री दिखात॥ १३०

चौ ॥सुग्रीव ने अपना मत ये बताया । पुत्र के बध रावण झुक जाया॥
शायद वह माँ सीता भिजाई । प्रभु कहा ऐसा न मुझे दिखाई॥
वानरों ने पालकी रुकबाई । पूछा कौन क्यों कहाँ हो जाई॥
सारी बात पतिव्रता समझाई । फिर वे राम पास लेकर आयी॥
राम को उस पतिव्रता ने प्रणामा । फिर कहा पति धड़ यहाँ है बताना॥
पूछा राम किसने ये बताया । बोली भुजा सब लिख समझाया॥
वानर दल विश्वास न करही । बोले पति का सिर तुम रखही॥
कटा हाथ कैसे लिख दीन्हा । नहि मानूँ जब तक लें न चीन्हा॥

दोहा ॥कटे हाथ ने यदि लिखा । तो कटा सिर भी हँस जाय॥
हमको तभी विश्वास हो । जब ऐसा होत दिखाय॥ १३१

चौ ॥चुनौती सुलोचना ने स्वीकारी । कहा पति से सुनो बिनती हमारी॥
जहाँ कहीं हो मैं तुमको बुलाई । मेरी बात आज यहाँ दो बनाई॥
प्रभु सम्मुख वह शीश रख दीन्हा । पति देव हस जाओ बिनती कीन्हा॥
हँसा शीश सबको था सुनायी । बानर दल आश्चर्य पड़ जाई॥

कह सुग्रीव हसत सब कोई । अबस ही कुछ कारण उस होई॥
कारण यदि यह शीश बताई । हम सभी को विश्वास हो जाई॥
शीश बताता सबे समझाई । सुलोचना बासुक सुता मैं लाई॥

दोहा ॥हरा दिया शेषनाग को । तब मैं युद्ध दौरान॥
लक्ष्मण बन बदला लिया । इसलिए मैं हस जान॥ १३२

चौ ॥जय जय कार पतिव्रता की भयही । जब यह बात कटे शीश ने कहही॥
अब लक्ष्मण से सुलोचना कहना । युद्ध ये तुम और पति नहि लड़ना॥
यह तो दो सतियों मध्य रहही । उर्मिला और मेरा तप लड़ही॥
निज निज पति की विजय कामना । दोउ सतियाँ मध्य था ये सामना॥
अधर्म साथ मेरा पति दयही । इधर सीता उर्मिला मिल जयही॥
इससे मेघनाद वध भयहू । उर्मिला विजय में सबे सुख मिलहू॥
देख ये घटना हर्ष रघुनाथा । सौंप मेघनाद धड़ निज हाथा॥
ले के सुलोचना गढ़ को आयी । विधिवत पति संग सती हो जाई॥

दोहा ॥देव सुना मेघनाद वध । चढ़ विमान नभ आत॥
अति प्रसन्न सब होय कर । पुष्प रहे वर्षात॥ १३३

चौ ॥दुन्धुवी देवता रहे बजाई । कौशल पति का सुयश थे गाई॥
असीम अनंत आप रघुराई । देवन के सब काम बनाई॥
कर ये प्रार्थना देव सब गयहू । लक्ष्मण श्री रघुनाथ पे अयहू॥
इधर दशानन जब सुन पाई । पुत्र बधू मेरी सती हो जाई॥
हुआ दुखित मन चोट वह पावा । मूर्छित हो था जमीं गिर जावा॥
देख ये सब मंदोदरी रोबहि । करत विलाप धैर्य थी खोबहि॥
नगर बासी जुड़ व्याकुल भयऊ । सारा दोष लंकेश को दयऊ॥
बहुत भांति रावण उपदेशा । समझाया दे ज्ञान बिशेशा॥

दोहा ॥कहा नश्वर ये जगत हैं । देखहु दृष्टि फैलाय॥
जो जन्में वह मरत सब । स्थायी जग न दिखाय॥ १३४

चौ ॥स्वयं नीच पर दे उपदेशा । जो सुनता पाय ज्ञान बिशेशा॥
दें उपदेश वे बहुत दिखाई । करें अनुसरण वे जहाँ तहां पाई॥
होत बातकहिं निशा गमाई । भई प्रात कपि भालु घिरायी॥
रावण योद्धाओं को बतावा । युद्ध से भाग लौट जो आवा॥
वह अभी युद्ध से कर दे मनाही । जाके भागने में नहीं भलाई॥
अपने बल मैं शत्रुता कीन्ही । उत्तर स्वयं भी मैं दे लीन्ही॥
चले वायु सम रथ वह सजाया । बाजे जुझारू दिए बजवाया॥
चली रावण सेना बलवाना । जिम काली आँधी थी आना॥

दोहा ॥असगुन तेहि छण होत भये । दिया न रावन ध्यान॥
अपनी भुजाओं गर्व अति । दूसरे को तिल भर जान॥ १३५

छंद॥अभिमान जिन्हें निज बाहु पर, असगुन को वे न बिचारहीं॥
रथ से फिसल रथबान, और हथियार हाथों छूटहीं॥
गज बाज फैके सबार को, चिंघारकर भागत दिखत॥
बोलत सियार, गीध, उल्लू, खल मगर आगे बढ़त॥

दोहा ॥माया मोह द्रोह ग्रसत जो । नहि असगुन सगुन पहिचान॥
जिनके मन में शान्ति बस । वहि इनका लाभ ले पान॥ १३६

छंद॥सेना निशाचर चल पड़ी, बहु रंग की दिखें टुकड़ियाँ॥
बाहन अनेकों तरह के, उनपे थी सोहे सबारियाँ॥
फहराय ध्वज बहु रंग के, मतवाले गज आगे बढ़त॥
ऐसा दिखत बरसात के, घन घोर बादल उड़ चलत॥

चौ ॥सैनिक दिखते विभिन्न रंग बाना । माया युद्ध की वे सब जाना॥
अति विचित्र ये सेना दिखाई । योद्धा बसंत जिम फौज सजाई॥
चली सेना दसों दिग्गज डिगहीं । सिन्धु हिलोर और गिरि डगमही॥
उड़ी धूल सूर्य थे छिप जाई । रुकी वायु धरती मचलाई॥
ढोल नगाड़े बजते सुनावा । प्रलय काल जिम बादल गाजा॥
तुरही फेरि शहनाई बजायी । राग यह योद्धाओं सुखदाई॥
योद्धा सिंहनाद थे सुनावा । निज बल पौरुष रहे वे गावा॥
कहा रावण सुनो सब बलवाना । भालु रीछ सब मसल दिखाना॥

दोहा ॥मै मारूँगा वेगही । अवध के दोऊ कुमार॥
हो क्रोधित लंकेश फिर । सेना बढ़ाई अगार॥ १३७

छंद॥बानर सुनी अघ सेन आ, धाये वीकट कपि भालु तब॥
वे काल सम बढ़ते दिखत, मानों उड़त गिरि पंख लग॥
गिरि ब्रछ नख व दांत ही, आयुध लिए बलवान ये॥
जय बोलते श्री राम की, निसिचर हनत सिंह रूप वे॥

चौ ॥भिड़े दोउ दल के वीर जबाना । योद्धा बराबर से भिड़ जाना॥
निज निज दल की करत जयकारा । वानर राम प्रताप उचारा॥
रथ चढ़ रावण रण में आना । विभीषण दुःखी देख पैदल रामा॥
राम चरण में प्रेम अति दिखयू । मन में जिससे भ्रम उन्हें भययू॥
कर विनती कह हे रघुनाथा । नहि तन कबच न रथ हैं साथा॥
खड़े उपानेहि युद्ध मैदाना । किम जित सके रावण बलवाना॥
सुनहु विभीषण कह रघुराई । रथ मेरे पास जो वही जय दिलाई॥
रथ पहिये सौर्य धीरज होई । सत्य व शील ध्वजा रथ जोई॥

दोहा ॥चार अश्व उस रथ लगे । बल परोपकार दिमाग॥
चौथा जिसे परमार्थ कह । दया क्षमा समता लगाम॥ १३८

चौ ॥प्रभु का भजन सारथी कहाना । बैराग्य ढाल संतोष कृपाना॥
दान हैं फरसा शक्ति बुद्धि रहही । श्रेष्ठ विज्ञान कठिन धनु कहही॥
तरकस मन निर्मल स्थिरता । शम यम नियम बाण रहे दिखता॥
अभेद्य कबच पूज गुरु बिद्वाना । विजय श्री सदा यही है दिलाना॥
मित्र धरम ये रथ जो राखा । जीते उसे कोई शत्रु न भाखा॥
सुनहु सखा धीर वीर सुजाना । एसा रथ जिस संग दिखाना॥
अजेय शत्रु जन्म मरण जो होई । उसे भी जीते अस रथी जोई॥
हर्षे विभीषण सुन प्रभु वचना । हो गद-गद गिरे उनके चरना॥

दोहा ॥कहा हे प्रभु रघुवंश मणि । को महिमा आपकी जान॥
रथ के बहाने आपने । सुंदर मुझे ज्ञान प्रदान॥ १३९

चौ ॥रावण इधर युद्ध ललकारा । हनुमत अंगद उधर पचारा॥
दें राक्षस निज स्वामी दुहाई । कपि भालू गुण राम की गाई॥
ब्रह्मा संग सिद्ध ऋषि मुनि आना । देखें युद्ध नभ बैठ विमाना॥
हे उमा वहाँ मैं था मौजूदा । देखत प्रभु रण लीला सजूदा॥
युद्ध में दोउ दल रण रस लीना । जीतें कपि वे भक्ति रस पीना॥
एक दूजे से लड़ें ललकारी । मसल मसल कर जमीं पे डारी ।
निसिचरों को मार के भालू । गाड़ जमीन फिर डालत बालू॥
क्रोधित वानर ऐसे दिखाई । जिम बहु काल क्रुद्ध होय धाई॥

छंद॥बानर कुपित रक्त तन बहे, मैदान रन वे शोभते॥
देते मसल भट निसिचरों, बलवान योद्धा गर्जते॥
उनको चपेटहि डांटते, लातों से धर फिर पीसते॥
चिग्घारते कपि भालु सब, दुश्मन पे थे वे छीजते॥

छंद॥बानर निशाचरों मारकर, गालों को धर वे चीरते॥
छाती को उनकी फारकर, आतों को बाहर खींचते॥
जिम रूप कई प्रहलाद प्रभु, रणक्षेत्र में नरसिंह दिखत॥
आवाज काट पछार मारों, दस दिशाओं सुन पड़त॥

दोहा ॥विचिलित निसिचर सैन्य दल । जब देखा दश शीश॥
रथ चढ़ पकड़े धनुष दस । अपनी भुजाओं बीस॥ १४०

चौ ॥ठहरो-ठहरो कह चिल्लाया । परम क्रुद्ध वानरों पे धाया॥
हूँ हूँ कह इत वानर धाये । वृक्ष पहाण हाथों में सुहाये॥
एकहि साथ रावण पर पटकेहु । देह बज्र सम खंड-खंड दिखेहु॥
रावण रण उन्मत्त दिखाया । जगह से नहि डिग अचल हो जाया॥
करके क्रोध झपटा कपि ओरा । दपटे और देता वह मरोरा॥
भागत वानर भालु बुलाना । रक्षा करो अंगद हनुमाना॥
करो रक्षा मेरी रघुराई । काल समान दुष्ट हमें खाई॥
देख वह वानर भागत जाना । दसों धनुष पर बाण संधाना॥

छंद॥धनु से निकस सर दीखते, मानों उडत नागाच से॥
छाये वे नभ थल दसों दिश, भागें कहाँ कपि भालु ये॥
बानर सेना कोहराम कर, आतुर हो राम पुकारती॥
रघुवंश मणि करूणा करो, रक्षा करो यह चीघती॥

दोहा ॥देखी कपि सेना बिकल । धनुष बाण ले हाथ॥
हो क्रोधित लक्ष्मण चले । शीश नमा रघुनाथ॥ १४१

चौ ॥अरे दुष्ट क्यों कपि भालू त्रासा । आ गया मैं करने तेरा नासा॥
वह कह आ गया सुत हत्यारा । खोजत तुम्हीं को मैं था अगारा॥
यह कह छोड़े कराल वह बाना । उनके खंड कर लखन दिखाना॥
फिर वह करोड़ों शस्त्र चलावा । लक्ष्मण तिल सम काटते जावा॥
लखन प्रहार किया निज बाना । रथ टूटा सारथि मर जाना॥
फिर दश सिरों में दश दश बाना । मारे लखन दिखें सर्प समाना॥
अब शत बाण उसके उर मारेहु । मूर्छित हो वह जमीं गिर जायेहू॥
खुली मूर्छा रावण उठ जाबा । ब्रह्म प्रदत्त शक्ति वह चलाबा॥

छंद॥शक्ति जो ब्रह्मा ने दई, लक्ष्मण पे रावण फेंक दी॥
गिरे भूमि पर वे विकल होय, रावण उठाता उठ नही॥
सिर जिसके यह ब्रह्माण्ड बसि, मिट्टी के एक कण भांति ही॥
खल चाहता उनको उठाना, भुवन पति जो शेष जी॥

दोहा ॥दृश्य देख बजरंगबली । दौड़े घटना की ओर॥
उन पर आवत ही हन्यो । मुश्ठिका रावण ने कठोर॥ १४२

चौ ॥घुटने टेक सँभले हनुमाना । करके क्रोध उनने भी जमाना॥
लगा रावण को बज्र समाना । मूर्छित हो जमीं पर गिर जाना॥
मूर्छा बिगत वह खड़ा हो जाबा । कपि के बल को सराहन लागा॥
हनुमत कह धिक् मम बलवाना । मुष्टिक मेरा खाय खड़ा दिखाना॥
यह कह लखन को कपि उठा लीन्हा । देख ये रावण आश्चर्य कीन्हा॥
लखन को देख कहत रघुनाथा । भक्षक काल तुम देवो के साथा॥
अस बिचार तुम तज कदराई । उठो तुरंत अतिसय प्रिय भाई॥
सुनि ये वचन लखन उठ जाई । शक्ति जो लगी आकाश सिधाई॥

दोहा ॥पुनः लक्ष्मण धनु बाण ले । शत्रु के सम्मुख आत॥
संधाने विकराल सर । रथ सारथि मर जात॥ १४३

छंद॥लक्ष्मण के बाण कराल लग, व्याकुल हुआ सुर द्रोहि यह॥
फिर लखन के सौ बाण चल, धरती गिरा घबराय वह॥
आकर के दूसर सारथी, रथ डाल लंका ले गबा॥
श्री राम के लघु भ्रात फिर, रघुनाथ के चरनन नबा॥

दोहा ॥जग कर मूर्छा से यहाँ । रावण यज्ञ कीन्ह आरम्भ॥
विरुद्ध राम से जय चहत । बड़ा मूरख व निकम्ब॥ १४४

चौ ॥सूचना जब ये विभीषण पाई । श्री रघुनाथ को रहे वे सुनायी॥
हे प्रभु रावण यज्ञ है करही । हुआ सिद्ध तो जल्द न मरही॥
वानर भालु भिजाबहु नाथा । यज्ञ छोड़ युद्ध करे दसमाथा॥
सुबह भेज कपि सुभट सुजाना । अंगदादि कपि बली हनुमाना॥
खेलहि कूद गढ़ लंक चढ़ आई । हो निर्भय वे महल घुश जाई॥
देखा यज्ञ करत दश शीशा । हुए क्रोधित भालू और कीशा॥
कहा निर्लज्ज युद्ध से भागा । बगुले तरह बैठ शर्म न लागा॥
यह कह अंगद लात प्रहारी । नहि उठ स्वार्थ में यज्ञ रत भारी॥

छंद॥नहि देखता रत बैठता, लातन घूँसा कपि मारहीं॥
गह केश नारी घर निकारी, पकड़ कपि उन्हें खीचहीं॥
वे त्राहि कर तब खल उठा, कपियों को पटका क्रोध कर॥
यज्ञ नष्ट जब दुष्ट देख तब, युद्ध को चलत हो निराश भर॥

दोहा ॥रावण का यज्ञ नष्ट कर । आये रघुपति पर कीश॥
इधर जिअन की आस तज । युद्ध को चला दश शीष॥ १४५

चौ ॥उसके चलत असगुन थे दिखाई । उड़के गीध उसके सिर आयी॥
नहि कुछ माने काल आ जावा । कहा युद्ध के बाजे बजावा॥
चली निसिचर सेना बलवाना । पद चर घोड़े हाथी दिखाना॥

सम्मुख राम वे ऐसे जाई । जैसे पतंगे अग्नि ओर धाई॥
देवता इधर बिनति प्रभु करहीं । नाथ दुष्ट यह बहु दुःख दयहीं॥
इस संग युद्ध खेल नहि कीजे । जानकी दुःख हर उन्हें सुख दीजे॥
देव विनति सुन उठ रघुनाथा । धनुष सम्हारे कोमल हाथा॥
मस्तक जटा जूट थे सम्हारा । उनमें पुष्प गुथे शोभा अपारा॥

दोहा ॥श्याम बदन नेत्र लाल दिख । सकल विश्व के नाथ॥
तरकश फैटा कमर कस । धनुष सारंग ले हाथ॥ १४६

छंद॥ले धनुष सारंग हाथ में, तरकश वे अछय कटि कसा॥
जिनकी भुजाएँ पुष्ट दिख, छाती चरण भृगु जी बसा॥
आनन्द बढ़ जसकरन को, जब बाण धनु प्रभु फेरते॥
दिग्गज दशों सह शेष जी, महि सिन्धु पर्वत डोलते॥

चौ ॥देवगण प्रभु की ये शोभा निहारी । सुमन वृष्टि की नभ से जारी॥
जय तुम्हरी हो करुणा निधाना । शोभा शक्ति और गुण बाना॥
तभी विशाल निसिचर सेन आयी । आपस में टकराती दिखाई॥
देख ये कपि योद्धा थे धाये । मानो प्रलय के घन घिर आये॥
चमकत दिखें खड़क व कृपाना । विजली चमक जिम दशों दिश आना॥
चिग्घाड़ हाथी घोड़ों की सुनायी । गरजें भयंकर जिम घन आयी॥
आकाश में वानरों पूँछ छा जाई । जिम इन्द्र धनुष की शोभा दिखाई॥
उड़े धूल जिम जल की धारा । महा वृष्टि की छाय बौछारा॥

दोहा ॥दोउ तरफ पाहन वरष । मानों होत बज्र पात॥
तब प्रभु छाडे विपुल सर । राक्षस घायल हो जात॥ १४७

चौ ॥घायल निसिचर करें चीत्कारा । चक्कर खाय गिरें भूमि अपारा॥
श्रबत खून उनके तन ऐसे । पर्बत से झरना बहे जैसे॥
रक्त की नदी बन बहती दिखाई । देख जिसे डरपोक डिराई॥

छंद॥नदी रक्त की अतिसय भयंकर, देख जिसे डरपोक भग॥
दल दोउ नदि के तट दोऊ, रथ रेत पहिये भँवर लग॥
जलजंतु घोड़े हाथि पदचर, को गनें ये डरावनी॥
धनु बाण शक्ति ब्याल जिम, पीठ कछुए ढाल सुहावनी॥

दोहा ॥घायल हो योद्धा गिरह । जिम ढहें नदी तट वृक्ष॥
जिन्हें देख कायर डरहिं । सुभट प्रसन्न मन स्वच्छ॥

चौ ॥भूत पिसाच बेताल महाना । आदि सभी इस नदी में नहाना॥
कौआ चील भुजा नदी से लेही । दूसरा उससे छीन उड़ देही॥
रक्त नदी तट घायल गिरहीं । जिम अध जले मुर्दा पड़े दिखहीं॥
आंतें गीध खींचते दिखाई । मछुआरे मत्स्य जिम ध्यान लगाई॥
योद्धा बहुत नदि बहते जाई । खग उन पर बैठ जल क्रीडा कराई॥
योगिनियाँ खप्पर खून भरही । भूत पिसाच वधुएँ नृत्य करहीं॥
कपाल योद्धाओं की करताला । बजायें गाए चामुंडा निराला॥
गीध झुण्ड मुर्दों को खावहिं । कट-कट हुआं-हुआं शब्द सुनावहिं॥

दोहा ॥कोटिस धड़ रण में दिखें । सिर अलग पड़े जय बोल॥
बिना मुंड भी शस्त्र गह । इधर उधर वे डोल॥

छंद॥जय मुंड बोलहिं रुंड दौड़हि, खोपड़ी खग खींचह्ी॥
वे नोचते लड़ते दिखें, एक सुभट दूजे उठावहीं॥
श्री राम का बल पायकर, वानर निशाचरों मसलते॥
प्रभु बाण खा वे गिर पड़े, सोबत वे रन में दीखते॥

चौ ॥रावण अब बिचार मन आया । निसिचर दल का हुआ सफाया॥
मैं अकेलि कपि भालु अपारा । लूँ रण में माया का सहारा॥
युद्ध में पैदल राम दिखाई । रथी रावण देव दुखी हो जाई॥
इन्द्र ने निज रथ दिया पठाई । सारथि मातलि ले आ जाई॥
अनुपम तेज दिव्य रथ दिखही । करके प्रदक्षिणा प्रभु उस चढ़ही॥
अजर अमर चंचल अश्व चारा । जुते चलें मन गति अनुसारा॥
देखा कपि रथ चढ़े रघुनाथा । हौसला बढ़ धाये एक साथा॥
विकल कीन्ह कपि तब दसकंधर । रची माया मध्य भालू बंदर॥

दोहा ॥माया रघुपति समझ गये । समझे न लखन कपि वीर॥
राक्षस सेना में दिखें । कई लक्ष्मण रघुवीर॥

छंद॥निसिचर सेना में देख कपि, बहु राम लक्ष्मण वे डरे॥
चित्र लेख से वे रह गये, सौमित्र सह जहाँ तहां खड़े॥
रघुनाथ सेना दुखित लख, संधान सर दुःख हरन को॥
छण भर में माया काट दी, हर्षित करन कपि भालु को॥

चौ ॥देख प्रसन्न सैन रघुराई । बचन गम्भीर सभी को सुनायी॥
सभी वानर अभी थकित से लेखों । ठहर जाउ अब द्वन्द युद्ध दिखो॥
फिर रथ वेगि हांक रघुराई । सादर चरण विप्र वे नायी॥
तब क्रोधित हो चला दसमाथा । गरजत सम्मुख गया रघुनाथा॥
कह योद्धा जो तुमने हराई । हमे न समझना उनकी नायी॥
जग जाने रावण मैं महाना । लोकपाल हम बंदी बनाना॥
तुमने खर दूषण बध कीन्हा । व्याधि तरह बाली हन दीन्हा॥
निसिचर योद्धा दल संघारा । मेघनाद कुम्भकर्ण भी मारा॥

दोहा ॥बदला लूँगा सभी का । गिन गिन कर मैं आज॥
काल हवाले करूँगा । यदि नहि रण से भाज॥

चौ ॥सुन रावण की ये बकवासा । विहँस राम जान उसे काल पासा॥
राम कहा सत्य जो तुम कहऊ । तज बकवास अब कर्म कुछ करहू॥
छंद॥बकवास तज पुरुषार्थ कर, मत कीर्ति अपनी बहाय अब॥
करना क्षमा तुमसे कहूँ, एक नीति यदि सुनना हैं तब॥
जग में पुरुष तीन भांति के, गुलाब आम कटहल सम॥
एक फूल दे फूल फल दूजा, तीसरा सिर्फ फल का दम॥

दोहा ॥इसी तरह तीन भांति जन । पहला न करत सिर्फ बोल॥
दूजा कहत और करत भी । तीजा सिर्फ कर नहि डोल॥

चौ ॥सुन ये वचन रावण मुस्काना । कहा ज्ञान आज हमें सुनाना॥
बैर करत डर मेरा न लागा । आज प्राण भय तुम्हरें जागा॥
रावण यह कह क्रुद्ध हो जाना । बज्र समान छोड़े वह बाना॥
नाना भांति ये सभी दिशा छाई । आकाश और पृथ्वी ढँक जाई॥
अग्नि बाण संधानेहु रामा । बाण जो छाये सब जल जाना॥
फिर खिसियाय शक्ति वह चलाई । राम चला बाण उसे लौटाई॥
करोड़ों त्रिशूल चक्र वह चलाया । बिना श्रम प्रभु उन्हें काट गिराया॥
रावण बाण व्यर्थ सब जाई । जैसे मनोरथ दुष्ट नसाई॥

दोहा ॥तब रावण सौ बाण से । किया सारथि पे प्रहार॥
घायल हो जमीं गिरा वह । श्री राम को पुकार॥ १६३

चौ ॥उठाये सारथी कृपानिधाना । प्रभु अब खल पर क्रोध दिखाना॥

छंद॥क्रोधित प्रभु खल पर दिखत, तरकस में बाण उतावले॥
टंकार उनके धनुष सुन, नर भछी राक्षस खलबले॥
काँपा हृदय मंदोदरी, महि गिरि हिलत कच्छप विकल॥
चिग्घार दशों दिग्गज करें, हँसते दिखे देवन सकल॥

चौ ॥कान तलक धनु खींच के रामा । काल समान वे बाण चलाना॥
बाण समूह वे ऐसे दिखाई । लहराते साँप जिम उड़ते जाई॥
उनसे सारथी अश्व मर जायी । अंदर टूट खल रहा गरजाई॥
चढ़ दूसरे रथ खिसिया जाना । नाना भांति अस्त्र शस्त्र चलाना॥
पर प्रयास सब विफल हो जाई । जिम कामना पर द्रोही नसाई॥
फिर त्रिशूल दस रावण मारा । प्रभु रथ अश्व गिरे जमीं चारा॥
तुरत प्रभु अश्व लिए उठाई । कठिन बाण क्रोध कर वे चलाई॥
रावण के सिर घुश वे जाई । जिम फूल कमल में भोंरे दिखाई॥

दोहा ॥फिर दसों सिर में राम ने । मारे दस दस बाण॥
आर पार वे हो गये । रक्त पनारे बहान॥ १६४

चौ ॥हो रक्त रंजित जोर से धाबा । प्रभु ने पुनः थे बाण चलाबा॥
तीस बाण हो चले वे दिखाई । बीसों भुजा दसों सिर कट जाई॥
कटत शीश पुनःनये उग आयी । चला बाण प्रभु फिर से गिराई॥
भुजा शीश प्रभु काटत जाना । कटतहि उसके नये उग आना॥
काट अनेकों बार सिर रामा । नये सिर उगें कौतुक था दिखाना॥
कटे भुज शीश गगन गये छाई । जैसे अनेकों राहु केतु आयी॥

छंद॥आकाश जिम बहु केतु राहू, रक्त बहे तैरत दिखे॥
प्रभु बाण मारें जोर से, जिससे वे नभ में जा टिके॥
कई सिर बिधे एक बाण में, उड़ते भये यों दीखते॥
जिम सूर्य की बहु किरण ने, हो क्रुद्ध राहुओं बीधते॥

दोहा ॥जैसे जैसे सिर कटत । बैसेहि नये उग आत॥
जिम विषयों को भोगने । बढ़ें नये तृप्ति न पात॥ १६५

चौ ॥नभ में बाढ़ निज सिरों की देखी । हुआ क्रोध रावण को बिशेखी॥
कर घमण्ड कीन्ही वह गर्जना । तान के दसहु धनुष चल पड़ना॥
रावण क्रोधित रण में दिखाया । वर्षा बाण कर प्रभु रथ छाया॥
नहि एक गज भी पड़ता दिखाई । जिम कुहरे में सूर्य छिप जाई॥
देख देव की हा हा कारा । करके क्रोध प्रभु धनुष सम्हारा॥
प्रभु संधान काट छाये बाना । और रावण सिर काट दिखाना॥
कटके सिर सभी दिशों में छाई । जिससे नभ पृथ्वी पट जाई॥
सिर आकाश में धावत जावा । बोल के जय वे भय उपजावा॥

दोहा ॥कटे सिर नभ में चीघते । कहाँ लक्ष्मण व कपीश॥
मौजूद राम रन क्षेत्र में । कहे कहाँ कौशलाधीश॥ १६६

छंद॥सिर चीघते कहाँ राम हैं, बानर यह सुन डर भागते॥
हँसे देख तब संधान प्रभु, बाणों से वे सिर बीधते॥
भई कालिका वहाँ प्रकट बहु, मुण्डन की माला मेलिती॥
स्नान जिम नदि रुधिर कर, संग्राम बट वे पूजती॥

चौ ॥रावण मन बिचार अब आना । विभीषण मरम मृत्यु मेरा जाना॥
भेद ये मेरा राम को देही । क्यों नहि इसकी मृत्यु हम केही॥
अस बिचार क्रुद्ध खल वह दिखावा । शक्ति विभीषण पर था चलावा॥
प्रचण्ड शक्ति चली काल समाना । सम्मुख उसके आय श्री रामा॥
शरणागत रक्षक रघुराई । लंकेश भी था उसे उनने बनाई॥
उसको फिर क्यों मरन वे देही । भलेहि प्राण जायें रक्षा केही॥
पीछे विभीषण को वे कीन्हा । आगे आय शक्ति थे लीन्हा॥
शक्ति लगत प्रभु मूर्छित गिरेहू । प्रभु लीला पर देव दुःखी भयहू॥

दोहा ॥कष्ट राम का देखकर । विभीषण क्रुद्ध हो जात॥
दसकंधर के सामने । लेके गदा वह आत॥ १६७

चौ ॥कहा दुर्बुद्धि नीच रे अभागा । देव किन्नर मुनि सभी को नचावा॥
पूजेहु शिव निज सिर को चढ़ाई । एक एक बदले करोड़ों पाई॥
उसी से अभी लग जीवित रहही । पर अब काल शीश पर दिखही॥
राम से बैर चाह प्रभुताई । यह कह गदा रावण पे चलाई॥

छंद॥गदा मारता छाती लगत, लगते ही रावण गिर गयो॥
खून बहत चल दस मुखन से, उठ के सम्हर भागत भयो॥
दोउ योद्धा भिरे नहि कोउ डरें, मल युद्ध कर दोउ जोरों से॥
लड़ता विभीषण राम बल, बरना कैसे दस कंध से॥

दोहा ॥रघुवर का ही प्रताप ये । दसमुख से विभीषण जूझ॥
बरना रावण सामने । रत्ती भर उसकी न बूझ॥ १६८

चौ ॥उमा रावण जब सम्मुख दिखही । नजर विभीषण नीचे रहही॥
वही आज सम्मुख दसकंधर । करत युद्ध गदा तान के अम्बर॥
यह प्रताप रघुवीर प्रभाऊ । समझे वही जिसके वे सहाऊ॥
थके विभीषण देख हनुमाना । दौड़ के पर्वत उठा वे लाना॥
पटका तोड़ रथ सारथि मारेहु । फिर रावण हिय लात प्रहारेहु॥
खड़ा रहा दुष्ट कम्पित दिखही । गये विभीषण प्रभु पर तबही॥
तभी रावण हनुमत पे प्रहारा । उड़े बजरंग नभ पूँछ पसारा॥
पकड़ पूँछ कपि संग उड़ गयऊ । नभ में कपि उससे थे भिडऊ॥

दोहा ॥योद्धा युगल भिड़े गगन में । दोनों महा बलवान॥
एक दूजे पे प्रहार कर । क्रोधित दोऊ दिखान॥ १६९

चौ ॥छल बल कर दोउ शोभित ऐसे । लड़्त सुमेरु कज्जलगिरि जैसे॥
गिरत न रावण बुद्धि को लगाया । तब कपि सुमिरत श्री रघुराया॥

छंद॥कपि सुमिर के श्री राम को, मुष्टिक वे रावण को हनत॥
दोनों लड़त दोउ महि गिरत, दोनों उठत देव जय करत॥
संकट में दिखे हनुमत जभी, कपि भालु दल वहाँ दौडता॥
युद्ध मत्त हो दिखता दशानन, आये उसे वह रौंदता॥

चौ ॥रघुपति अब ललकार लगाई । वानर पाय बल उठकर धाई॥
बल प्रचण्ड कपि भालु दिखाई । देख ये रावण माया रचाई॥
एक छण में गायब हो जावा । पुनः प्रकट बहु रूप दिखावा॥
जितने भालु कपि सेन में दिखही । उतनेहि रावण प्रकट वह करही॥
देखे कपि जब अमित दशानन । डर के कारण लगे सब भागन॥
भागत सभी धैर्य वे न धरहीं । रक्षा हेतु राम लखन पुकारहीं॥
रावन अमित दशों दिश भागहीं । घोर कठोर भय शब्द उच्चारहीं॥
डरे देव सब नभ से जावा । राम विजय नहि आस दिखावा॥

दोहा ॥सभी देवता जीत लये । जब था एकहि दसकंध॥
अब असीम ये दीखते । भाग के छिपो गिरिकंध॥ १७०

चौ ॥शिव ब्रह्मा सिद्ध मुनि जो रहहीं । महिमा राम जान रहे वहीं ठहरही॥

छंद॥जानत जो महिमा राम की, अपनी जगह वे नहीं हिलत॥
झूठे को सच्चा मान जो, बिचलित वे होकर भग चलत॥
नल नील अंगद वीर हनुमत, छल के निसिचर सों भिड़त॥
मीसहि मरोड़हि खलन को, अगनित करोड़ों जो दिखत॥

चौ ॥वानर देव दुख देख रघुराया । कपट रावण बाण मार मिटाया॥
एक क्षण में माया वे मिटाई । जिम उगे सूर्य अन्धेरा जाई॥
अब रावण सिर्फ एक रह जावा । देवता लौट पुष्प वृष्टि करावा॥
हाथ उठा प्रभु कपियों बुलाई । एक एक कपि फिर सबको लौटाई॥
पाय राम बल बढ़ा उत्साहा । दौड़ शीघ्र रण भूमि आ जाहा॥
स्तुति राम की करत देख रावन । सोचत देव को मैं एकही दिखावन॥
पर न जान एकही जो दिखाना । वह रावण त्रिलोक जीत लाना॥
कहता मूर्ख तुम मेरे जिआवा । अस कह क्रोध कर गगन में धावा॥

दोहा ॥भागे देव चिल्लायकर । रावण बोला कहाँ भाग॥
हमसे बच नहीं पाओगे । सुन भय देवों को लाग॥ १७१

चौ ॥अंगद देवन को दुखी जाना । कूद पैर गह खल को गिराना॥

छंद॥अंगद उछल गह पैर रावण, भूमि में उसे पटकते॥
उठ सँभल दसकंधर खड़ा, बड़ी जोर से था गर्जते॥
दसों हाथ से संधान कर, बाणों की वर्षा घोर कर॥
घायल सभी कपि योद्धा लख, निज वीरता पर गर्व कर॥

चौ ॥तब संधान कीन्ह रघुराया । शीस भुजा रावण के गिराया॥
कटत शीस भुज फिर उग आयी । जिम तीरथ पे पाप बढ़ जाई॥
पुनः शीस भुज उगत निहारी । वानर भालु को क्रोध हुआ भारी॥
दुष्ट न मरत शीस कट जाई । कुपित हो कपि योद्धा तब धाई॥
नल नील अंगद और हनुमाना । दुखी कपि पति सुग्रीव दिखाना॥
वृक्ष पर्वत ये मार बलवाना । गह सोई तरु खल इनपे चलाना॥
कोई कपि नख से रावण को बिदारी । कोई लात घूँसा मार अगारी॥
खून बहत देख दुखी दसकंधर । भुजा फैलाय पकड़ चाह बंदर॥

दोहा ॥नहीं पकड़ने आत कपि । उसकी भुजा पर वे घूम॥
जैसे कमल की डाल पर । दो भौरें दिखते झूम॥ १७२

चौ ॥हो क्रोधित वह कपि गह लीन्हा । पटकन चहत वे छूट भग दीन्हा॥
क्रोधित रावण दस धनु पकड़ेहु । बाण चला कपि घायल करेहु॥
देखा मूर्छित कपि बलवाना । धाये क्रोधित तब जाम्बाना॥
पर्वत वृक्ष ले संग भालु धाये । मारत खल को आवाज लगाये॥
क्रोधित तब रावण था दिखाना । भालु कपी जमीं पटकत जाना॥
घायल जब निज दल था दिखाई । छाती लात जामवंत जमाई॥

छंद॥लगी लात छाती में प्रचण्ड, होकर बिकल जमीं पर गिरत॥
बीसों भुजाओं में पकड़, कपि दीखते ज्यों तरु चढ़त॥
देखा वह मूर्छित भालुपति, एक लात जड़ प्रभु पर गये॥
हुई रात सारथि देखकर, लिटा रथ में रावण को लये॥

दोहा ॥मूर्छा से उठ भालु कपि । पहुँचे जहाँ करुणानाथ॥
दशा रावण की देख यहाँ । निसिचर दुखी सोच अनाथ॥ १७३

चौ ॥रात में त्रिजटा सिया पे आती । घटना युद्ध की सभी बताती॥
सुन रावण के भुज शीष बढही । सीता हृदय दुखित अति भयही ।
हुई उदास चिंतित वे दिखायीं । त्रिजटा से रहीं यों बतरायीं॥
अब क्या होय मातु बतलाओ । दुष्ट कौन भांति मरे समझाओ॥
सिर उसके काटत रघुनाथा । उगत नये विधि विरुद्ध दिखाता॥
यह दुर्भाग्य मेरा सब दिखही । जो प्रभु चरण से दूर मुझे करही॥
देव जो स्वर्ण कपट मृग भिजही । अभी भी रूठा वह लगे दिखही॥
सारे बिरह दुःख मुझे वह दिलायी । वही कटु वचन लखन से कहायी॥

दोहा ॥प्रभु के विरह रूप बाण से । घायल मुझे जो हैं कीन्ह॥
और जियात मुझे दुखन में । सिर रावण को वही दीन्ह॥ १७४

चौ ॥यह कह सीता दुखित हो जाई । करके के याद पुनि पुनि रघुराई॥
सिय को त्रिजटा रही ये बताई । रावण मरे हिय बाण के खाई॥
उसके हृदय मार नहीं रामा । क्योंकि वहाँ वह सिय को बसाना॥

छंद॥रावण हृदय सीता बसीं, सिय के हृदय प्रभु हैं बसत॥
रघुवर हृदय कई लोक बसि, उनकी स्वरक्षा वे करत॥
यह बात सुन मन हरष सिय, व बिशाद फिर त्रिजटा कहेऊ॥
किस भांति प्रभु उसे मारेंगे, पुत्री उसे अब तुम सुनेऊ॥

चौ ॥पुनि पुनि काट सिर उसके रामा । तब सिय ध्यान लंकेश हटाना॥
हृदय में तब लगे राम का बाना । तुरत प्राण फिर उसके जाना॥
त्रिजटा सिय को बहुत समझाई । फिर वह अपने भवन को आयी॥
मन ही मन पिय सुमिर जानकी । कही न जात कछु व्यथा बिरहकी॥
कहती रात्रि शशि हुए बिपिरीती । एक युग सम हर निसि ये बीती॥

दोहा ॥करें विलाप बहु भांति से । विरह जानकी डूब॥
इसी बीच सिय बाम अंग । लगे तब फरकन खूब॥ १७५

चौ ॥हुए सगुन ये धीर मन भयहू । मिलेंगे नाथ शीघ्र यह दिखहू॥
इधर रात्रि रावण होश आया । घर में देख सारथि पे खिजाया॥
कह मूरख मुझे रण से हटाया । मंद बुद्धि तेरी मुझको लजाया॥
सारथि विनय सहित समझाबा । सुबह होत रथ बैठ रण आबा॥
सुन रावण का रण में आना । खलबली वानर दल मच जाना॥
पर्वत वृक्ष ले कपि भालु धाये । प्रभु की बोल जय रण भूंमि आये॥

छंद॥कपि भालु चल तरु गिर लिए, बिकराल भट वे दीखते॥
अति कुपित हो वे फेंकते, खा मार निसिचर भागते॥
विचलित किया उन राक्षसों, फिर घेरते दसकंध को॥
चारों दिशों से चपेट कर, घायल किया उस दुष्ट को॥

दोहा ॥देखी कपि सेना बिकट । दसकंधर मन ये सोच॥
गायब हो माया रचूँ । तब बचें निसिचर पोच॥ १७६

चौ ॥माया रच वह पड़ा ये दिखाई । भांति अनेक जंतु वहाँ आयी॥
भूत पिशाच बेताल वहाँ आबा । उनके हाथ धनु बाण दिखाबा॥
खड्क लिए योगनियाँ दिखाईं । हाथ में मनुज कपाल ले आयीं॥
नाचती ताजा खून कर पाना । गीत भयंकर रही वे गाना॥

छंद॥गाती भयंकर मारो पकड़ो, बोलकर डरवायतीं॥
मुख खोल कर भछन चहें, बानर सेना तब भागती॥
जहां जाएँ ये कपि भागकर, वहाँ आग जलती दीखती॥
भये भालु कपि भय भीत जब, रावण ने वर्षा बालु की॥

दोहा ॥हुए चकित सब भालु कपि । फिर गरजा दसशीष॥
भये अचेत लक्ष्मण सहित । नल नील संग कपीष॥ १७७

चौ ॥कपि योद्धा पुकार रघुराई । अपने हाथ मसल रह जाई॥
बानर भालु बल तोड़ गिराई । फिर रावण नई माया रचाई॥
पकटे रण में बहुत हनुमाना । पर्वत हाथ में लिए दिखाना॥
उन्होंने घेर लिए रघुराया । चारों ओर से दल वे बनाया॥

दोहा ॥चिल्लाते मारो पकड़ । कटकटाय पूँछ फेर॥
दसों दिश में वही दिख रहीं । बीच में राघव हेर॥ १७८

छंद॥कपि मध्य में कौशलपती, तन श्याम सुंदर शोभते॥
जिम घेर वृक्ष तमाल को, इन्द्र धनुष बाड़ बनावते॥
श्री राम को मध्य देख कर, दुःख हर्ष हो देव जय करत॥
तब क्रोध कर प्रभु बाण से, एक क्षण में सब माया हरत॥

छंद॥माया हटत कपि भालु खुश, पर्वत व तरु लेकर चले॥
तब राम छोड़े बिकट सर, रावण के भुज सिर फिर कटे॥
श्री राम रावण युद्ध ये, कैसे लिखें जसकरन सठ॥
जब मातु शारद शेष भी, नहि कर सके खूब करके हठ॥

दोहा ॥युद्ध चरित ये लिखा मैं । जो गुरु मुझे बताय॥
पाठ करे नित ध्यान जो । प्रभु उसके शत्रु मिटाय॥ १७९

चौ ॥काटत जात भुज सिर रघुराई । पर रावण के तुरंत नये आयी॥
रण क्रीडा करते भगवाना । पर सिद्ध मुनि देव दुखी दिखाना॥
रावण तपस्या जिस हेतु कीन्हा । फल उसका प्रभु सब चुका दीन्हा॥
कटें शीष सिर समूह बढ़ जाई । जिम हर लाभ दे लोभ बढ़ाई॥
कोशिश बहुत कर शत्रु न मरही । राम विभीषण तरफ थे दिखही॥
जिअत मरत जग जिन अनुसारा । सोई प्रभु मदद को भगत निहारा॥
दास से प्रेम की यह ऊँचाई । जाने वही जो कृपा प्रभु पाई॥
देख विभीषण प्रभु को बताया । हे सर्बज्ञ सर्ब बसि रघुराया॥

दोहा ॥नाभि कुण्ड दसकंध के । अमृत करत निवास॥
जिसके बल अब तक जिअत । देता देवों को त्रास॥ १८०

चौ ॥बात विभीषण सुन रघुनाथा । गहे कराल बाण निज हाथा॥
असगुन तेहि छण होत दिखाई । सिआर गधा स्वान रोबत आयी॥
करें दुःख जाहिर खग वे आयी । पुच्छल तारे प्रकट हो जाई॥
आग दशो दिश जलती दिखावा । बिना योग सूर्य ग्रहण हो जावा॥
मंदोदरि हिय काँपन लागा । मूर्तियाँ नयन सों अश्रु बहावा॥

छंद॥रोय मूर्तियाँ नभ बज्र गिर, आँधी चले महि डोलती॥
बादल वरष खून बाल धूल, नहि हो अमंगल गीनती॥
उत्पात ये देख देवता, होकर बिकल जय बोलते॥
दुःखी जान देवन को प्रभु, कर कमल सर संधानते॥

दोहा ॥धनुष तान निज कान तक । छांड इकत्तीस बान॥
चले रघुपति के धनुष से । जैसे काल सर्प जान॥ १८१

चौ ॥एक बाण नाभि कुण्ड लग जाई । सोख लिया वह अमृत आयी॥
लगे रावण के शेष बाण तीसा । घायल दस सिर और भुज बीसा॥
गिरा भूमि आवाज लगाई । राम राम हे प्रभु रघुराई॥
नभ में देव सब खुशी दिखाई । पुष्प वृष्टि सब करते जाई॥
कहें सब धन्य धन्य रघुराया । करते सदा दीनों पर दाया॥
तब लक्ष्मण से कहा रघुराई । अब तुम दशानन के ढिंग जाई॥
अपने समय का वह महा विद्वाना । राज नीति कुछ सीख के आना॥
चले लक्ष्मण रावण ढिंग आबा । सिर की तरफ खड़े वे हो जाबा॥

दोहा ॥नहि देखा वह लखन तन । ना ही रावण आँख खोल॥
थोड़ी देर में लौट चल । लक्ष्मण आ प्रभु से बोल॥ १८२

चौ ॥प्रभु को शीश नमा वे बताया । रावण घमंड में अभी भी दिखाया॥
खडा रहा उसके सिर पासा । नही बोला वह लौट मैं निराशा॥
लक्ष्मण को तब प्रभु समझाबा । रावण विप्र वेद ज्ञानी कहाबा॥
उसके दोष अब सब मिट जाई । जैसेहि उसने बाण मेरे खाई॥
चरण तरफ तुम उसके जाबा । तभी उससे तुम कुछ ले पाबा॥
चल लक्ष्मण फिर उस तक आयी । उसके पैरों ढिंग खड़े हो जाई॥
आँख खोल किया उसने प्रणामा । फिर सौमित्र को नीति बताना॥
कहा समाज कल्याण जो कामा । सोचत ही उसे करके दिखाना॥

दोहा ॥आया था मन में मेरे । सीढ़ियाँ स्वर्ग को बनाऊँ॥
जाएँ सभी उस लोक भी । यह परमार्थ दिखाऊँ॥ १८३

चौ ॥आज करूँ कल टारत जाई । और विलम्ब अधिक हो जाई॥
अधर्म कार्य मन में तभी आवा । तन मन से उसमें लग जावा॥
उसका यह परिणाम दिखाई । पड़ा जमीं साँस अंतिम आयी॥
फिर एक बार राम नाम लीन्हा । निकले प्राण ज्योति प्रभु में विलीना॥
देख देवता दुंदभी बजायी । शिव ब्रह्मा भी खुशी दिखाई॥
पुष्प वृष्टि नभ से मुनि करहीं । जय जय जय कौशलपति रटहीं॥

छंद॥देते हो मोक्ष करते हो कृपा, राग द्वेष हर्ष शोक मिटजाई॥
जन्म मृत्यु द्वन्द के फंद छूट, जब शरण मिले हे रघुराई॥
दुष्ट बिनाशक हे दुःख हारी, हे सर्वग्य जय बोलते॥
वर्षहिं पुष्प बजे दुंदभी, प्रभु कौटिक काम से शोभते॥

छंद॥जटा जूट में दिख राम जी, बिच बिच में पुष्प हैं गूंथहीं॥
जिम नील गिरि पर तड़ित संग, नक्षत्र पंक्ती शोभहीं॥
धनु बाण कर कमलों गहे, रक्त बूँद तन लग शोभतीं॥
जिम लाल मुइयां चिडिया चढ़, निश्छल हो तरु पर बैठतीं॥

दोहा ॥कृपा कीन्ह रघुनाथ ने । देवता अभय कर दीन्ह॥
वानर भालू हर्ष सब । राम की जय जय कीन्ह॥ १८४

चौ ॥मंदोदरी सुना पति मरना । हो मूर्छित जमीं पर गिर पड़ना॥
रोती स्त्रियाँ उठकर धायीं । पकड़ उसे पति पास ले आयीं॥
पति को देख वह करती विलापा । खुले बाल तन रहा न आपा॥
छाती पीट पीट चिल्लाती । रो रो रावण कीर्ति वह गाती॥
डोलति थी मही बल ये तुम्हारे । रवि चंद खोय तेज तुम्हरे आगारे॥
सह न सके भार तुम्हरा शेषा । धूल पड़ा वही तन सब देखा॥
इन्द्र वरुण वायु व कुबेरा । नही रुके युद्ध में जब तुम घेरा॥
काल और यम तुमने हरायी । आज पड़े हो अनाथ की नायी॥

दोहा ॥जग जाहिर प्रभुता तुम्हरि । और बल पुत्र तुम्हार॥
किया राम से बैर तुम । नही बचा रोबनहार॥ १८५

चौ ॥ब्रह्मा की श्रष्टि ये सारी । थी अधीन ये तुम्हरे अगारी॥
स्वर्ग में लोकपाल थे दिखाई । मस्तक तुम्हरे आगे झुकाई॥
आज तुम्हारे शीश व भुजाएँ । गीदड़ खाते हुए दिखाएँ॥
राम विरोध का यह परिणामा । जो होता वह उचित दिखाना॥
किसी न मान कालबस भययू । नाथ चराचर तुम्हें नर दिखयू॥

छंद॥निसिचर दमन को जन्में जो, उनको मनुज लिया मान तुम॥
जिनको भजत ब्रह्मादि शिव, उनको कभी नही तुम थे नम॥
जीवन पूरा पर द्रोह रत, सदा पाप तुम करते रहे॥
तब भी दियो तुम्हें धाम निज, उन राम को मैं शत नमें॥

दोहा ॥कृपा सिन्धु अस जग नही । जिम रघुनायक राम॥
जो गति दुर्लभ योगियों । तुमको वही वे प्रदान॥ १८६

चौ ॥मंदोदरी की सुन ये बाता । सुर नर मुनि सिद्ध सुखी दिखाता॥
ब्रह्मा रूद्र सनकादिक ज्ञानी । वे भी सुनी तो खुशी न समानी॥
निरख राम वे नयन भर आवा । प्रेम मग्न दिखे सुख न समावा॥
रोवत स्त्रियाँ घर की निहारीं । भयो मन दुखी विभीषण भारी॥
दशा बन्धु रावण की देखी । हृदय विभीषण दुःख था विशेखी॥
संकेत राम तब अनुज को कीन्हा । वे समझाय शान्ति कर दीन्हा॥
गये विभीषण राम के पासा । मिटे सकल उनके दुःख त्रासा॥
कृपा दृष्टि कर कह रघुराई । अंतिम क्रिया अब करो निज भाई॥

दोहा ॥प्रभु की आज्ञा पायकर । विभीषण चले तुरंत॥
देश काल अनुरूप सब । क्रिया कीन्ह दसकंध॥ १८७

चौ ॥मदोदरी आदि सब रानी । देके तिलांजलि वहाँ से जानी॥
जाती हुईं करें प्रभु गुण गाना । इसी तरह वे महल में आना॥
पुमः विभीषण प्रभु पर आबा । लक्ष्मण को श्री राम बुलाबा॥
कहा तुम अंगद और हनुमाना । सुग्रीव नील नल और जाम्वाना॥
सभी नीतघ्य विभीषण लेही । विधिबत राज तिलक कर देही॥
पिता वचन से मैं नगर न जाई । अपनेहि सम कपि अनुज भिजाई॥
चले सब आज्ञा पाय रघुराई । तिलक विभीषण कीन्हा जाई॥
आदर सहित गद्दी बैठाया । करके तिलक राज मुकुट पहराया॥

दोहा ॥स्तुति की फिर लंक पति । सबही ने शीष झुकाय॥
दिया आशिष गणमान्य जन । फिर सभी राम पे आय॥ १८८

चौ ॥मधुर वचन प्रभु कपियों सुनायी । बल तुम्हरे हम रन जीत पायी॥

छंद॥राम ने जीता ये रण, कपि भालु तुम्हरे योग से॥
मिला राज पद ये विभीषणै, मरा शत्रु यश त्रिलोक में॥
यह कीर्ति मेरे संग तुम्हरी, प्रेम से जो गायेगा॥
कह जसकरन वह सिन्धु जग, आराम से तर जायेगा॥

चौ ॥फिर हनुमत बोल लिए भगवाना । कहा अब लंका जाउ बलवाना॥
लंका विजय कहो बैदेही । आओ कुशल यहाँ उनकी लेही॥
आयुष पाय गये हनुमाना । लंका निशाचरों किया अगवाना॥
हनुमत पूज वे बहुत प्रकारा । लाये सिया पर कर सत्कारा॥
दूर से किया सीता को प्रणामा । राम दूत को वे लिया पहिचाना॥
पूछती कहो कपि अनुज समेता । कुशल सैन संग कृपानिकेता॥
कुशल से लखन व कपि रघुराई । रावण युद्ध में मारा जाई॥
राज अखण्ड विभीषण पाबा । सुनकर यह सिय खुशी हो जाबा॥

छंद॥खुश जानकी पुलकित नयन, प्रेमाश्रु नयनन में बहत॥
क्या भेंट कपि तुमको दऊँ, इस खबर सम कुछ नहि दिखत॥
हनुमान तब गद गद कहे, माँ स्वर्ग सब सुख मिल गये॥
रघुनाथ जब रण जीतकर, लक्ष्मण सहित वे खुश भये॥

दोहा ॥आशिष कपि को देत सिय । सद्गुण तुम में आयें॥
लक्ष्मण संग कौशलपति । सदा अनुकूल दिखायें॥ १८९

चौ ॥सुत अब यतन करो तुम सोई । श्याम स्वरूप प्रभु दरश हों जोई॥
फिर हनुमान राम पर गयऊ । सिय के समाचार सब कहऊ॥
सिय संदेश सुना रघुराई । अंगद विभीषण लिए बुलाई॥
तुरत ये सीता पर आ जाई । सिय सेवित राक्षसियां दिखाई॥
निसिचरियों को विभीषण कहही । शुभ स्नान को सीता लयही॥
बहुत भाँति शृंगार कराई । सुसज्जित पालकी फिर वे बुलाई॥
उसपर सुमिर प्रभु चढ़ी जानकी । मूर्ती हृदय धर कृपा निधान की॥
रक्षक चले चारों ओर घिराई । लिए हाथ छड़ी खुशी दिखाई॥

दोहा ॥दरश हेतु माँ जानकी । आतुर भालू और कीश॥
दौड़े वे बैदेहि तन । रक्षक सम्हार नबा शीष॥ १९०

चौ ॥तब रघुनाथ ने कहा समझाई । दल सिया को सखा ले आयी॥
कपि भालु की वे माता होई । दरश को ये सब आतुर जोई॥
बचन ये सुन कपि भालु सुखारी । पुष्प वृष्टि नभ से थी जारी॥
ये तो सिया प्रतिबिम्ब थी दिखही । असली जानकी अग्नि में बसही॥
उनको लेन हेतु कहे रघुराई । अग्नि प्रविश होय तुम सिये आयी॥
सिरोधार कर प्रभु के बचना । बात समझ सीता खुश दिखना॥
कहा लक्ष्मण तुम धरम धुरीना । अग्नि प्रकट करो तुरंत प्रवीणा॥
यह रहस्य सौमित्र न जानेउ । जब सिय अग्नि निवास था कीनेउ॥

दोहा ॥इसीलिए सुन वचन प्रभु । लक्ष्मण थे दुखियात॥
काष्ठ लाय अग्नि प्रकट कर । आँसू रहे बहात॥ १९१

चौ ॥अग्नि प्रकट देखी बैदेही । हिय में सुमिर पति परम सनही॥
तुरत आग वे किया प्रवेशा । फिर जो घटित यहाँ सबने देखा॥
अग्नि देव ले सिया प्रकटते । शीष झुका रघुनाथ से कहते॥
लो सीता मैं वापिस करही । गंग समान पवित्र ये रहही॥

छंद॥अग्नी प्रविश भयीं जानकी, छाया थी ये उसी मिल गयी॥
सीता असल फिर प्रकट हो, इस जगत को दर्शन दयीं॥
संसार के कल्याण को, प्रतिबिम्ब खुद का था दिया॥
जिसे मान सीता हर लिया, रावण था लंका ले गया॥

छंद॥सीता लिए तब प्रकटते, उसी आग में अग्नि देवता॥
सौंपी सिया रघुनाथ को, यह देख सब वहाँ हर्षता॥
जिस भाँति सागर प्रकट हो, लक्ष्मी थी सौंपी विष्णु को॥
आज अग्नि भी पिता रूप से, सीता थे सौंपत राम को॥

दोहा ॥बाम अंग रघुनाथ के । शोभित भयीं बैदेहि॥
जैसे नीले कमल संग । स्वर्ण कली हो सदेह॥ १९२

चौ ॥नभ से देवता पुष्प वर्षाये । नांच अप्सरा ढोल बजाये॥
किन्नर सुर वधुएँ थीं नाचहि । चढीं विमान गीत रहीं गाबहिं॥
जानकी संग शोभित रघुराई । शोभा अमित न बरनै जाई॥
बानर भालु देख हर्षाये । रघुनायक गुण गान वे गाये॥
इंद्र का रथ सारथी समेता । भेजा देव लोक कृपा निकेता॥
देवलोक से देव तब उतरहिं । करें प्रभु स्तुति हो के एकत्रहिं॥

छंद॥हे दीन बंधु दयाल प्रभु, भक्तन पे दया दृष्टि रखते॥
देवो पे दया कीन्ह तुम, वे आज सभी हर्षते॥
जग द्रोहि रावण कामि खल, पापों ने उसको डस लिया॥
रघुनाथ तो समदर्शी प्रभु, काहू का अन भल न किया॥

छंद॥समरूप तुम अबिनाशि ब्रह्म, नित एक रस हो स्वभाव से॥
शत्रु मित्र का नहि भाव रख, रहते सदा उदासीन से॥
निर्गुण अजन्में अखण्ड प्रभु, बहु रूप से धर्म तुम रखे॥
बने मत्स्य कछप बराह तुम, बाबन परशु नरहरि दिखे॥

दोहा ॥जब जब देवन दुःख भयो । धरे विभिन्न तुम रूप॥
मिटा दिया उनको तुरंत । नही हुई कभी चूक॥ १९३

चौ ॥रावण काम क्रोध आधीना । फिर भी आप उसे निज पद दीन्हा॥
जसकरन आपके चरण अनुरागी । मिलेगी कृपा आस यह लागी॥
कर बिनती सुर सिद्ध थे गययू । स्तुति करत अब ब्रह्मा दिखयू॥

छंद॥बहु काम लज प्रभु सामने, छवि कौन वर्णन कर सके॥
दसकंध खल को मार तुम, जिम गरुण कर कोप अहि गहे॥
सुख देत भक्तन दुःख हरत, काम क्रोध मोह भय हीन तुम॥
सर्ब व्याप्य प्रभु सर्वज्ञ हो, करुणायतन तुम्हें नमत हम॥

छंद॥खर दूषनारि रघुकुल स्वामी, दीन हीन की रक्षा हो करते॥
फसते जब भक्त दुखन प्रभु, आकर के पीड़ा सब हरते॥
गुण हीन विभीषण तुम्हरी शरण, लंका सिंघासन उसको दिया॥
बैसेहि सुग्रीव ब्यथित गिरि में, किश्कंधा नृप तुम उसको किया॥
हो ज्ञान वान अभिमान रहित, नित नित चरणों में नमन करूँ॥
भुज दंड प्रतापी हे रघुवर, हम सभी शरण आपकी गहूँ॥
देते हो दंड प्रभु दुष्टों को, भक्तों को सुरक्षित सदा राख॥
कारण और कार्य से परे दिखत, तुम्हरे सुमिरैं से पाप भाग॥
कर कमल बाण धनु सोय रहा, रक्त वर्ण नयन कोमल दिखते॥
सुख धाम महा नृप श्रेष्ठ आप, लक्ष्मी संग तुम को सब भजते॥
इंद्रियों परे सर्ब रूप दिखे, सर्ब व्यापक और न कहीं बसते॥
जग से हो बिलग जग में रमते, सब वेद-पुराण यही कहते॥
धन्य वानर भालु जो दरश करत, मुख आपकी ओर रहे हेरत॥
धिक्कार उसे जो इस जग में सब त्याग के तुमको नही भजत॥
ये बुद्धि भेद कारी मेरी, करके कृपा इसे नष्ट कीजे॥
यह प्रभु से मुझे दूर करती, जिससे दुखी हम अब शरण लीजे॥
दुष्ट जग के मार भार महि का हटा, इसको रमणीक बना देते॥
पूजत तुम्हें उमा संग शिव जी, जसकरन को शरण न क्यों लेते॥

दोहा ॥हो पुलकित बिनती करी । ब्रह्मा फिर अंतर्ध्यान॥
प्रकट भये दशरथ तभी । प्रेमाश्रू थे बहान॥ १९४

चौ ॥अनुज सहित चरनन गिरे रामा । पिता ने आशीर्वाद प्रदाना॥
राम कहा आप आशीर्वादा । विश्वविजयी रावण मैं हराबा॥
दशरथ सुने राम के बचना । प्रेम से अश्रु लगे उन्हें बहना॥
पिता पूछ मैं मोक्ष न पायेहु । जब कि राम सुत घर मेरे आयेहु॥
प्रभु कह भेद भक्ति तुम कीन्ही । मतलब मुझे पुत्र सिर्फ चीन्ही॥
यह तो सगुण भक्ति कहलाती । भक्त न मोक्ष चाह भक्ति सुहाती॥
ईश्वर मान तब रामै प्रणामा । दशरथ स्वर्ग लोक को जाना॥
लखन जानकी संग श्री रामा । शोभा देख इंद्र खुशी दिखाना॥

दोहा ॥मन में हुई प्रसन्नता । शोभा देख रघुनाथ॥
चढ़ विमान नभ में दिखे । स्तुति श्रीराम की गात॥ १९५

छंद॥शरणागत रक्षक सुखदायक, श्री शोभा सिन्धु प्रताप हरे॥
खर दूषण साथ सब दुष्ट मार, देवन के सारे काम बने॥
रावण संघार भूभार हरे, महिमा का नाही कोइ पार॥
सुखदाता कौशलनाथ प्रभु, राक्षसों को भी लें निज के द्वार॥

छंद॥दस माथ हुआ बलवान बड़ा, जब मिला ब्रह्म से वरदाना॥
किया देवन को अपने बस में, बढ़े पाप अधर्म व अभिमाना॥
गंधर्व मुनि नर नाग आदि, सबको किया उसने त्रस्त खूब॥
हठ पूर्वक वह किया सबको तंग, बिन कारण युद्ध में पड़े कूद॥

छंद॥पाया फल अपने कर्मों से, रघुनायक छण में मिटा दिए॥
तीखे बाणों से मार दिया, देव ऋषि मुनियों को खुशी किये॥
दीन हितकारी मेरी भी सुनो, मैं काम क्रोध मद लोभ फसा॥
देकर दर्शन इन्हें हर लीजे, हटे माया जिसने मुझे कसा॥

छंद॥कैसे निर्गुण तुमको मैं मान, जब दर्शन सम्मुख हो जाते॥
यही रूप बसा मैंने हिय लिया, इसी में आनंद व सुख पाते॥
कौशलपति हे रघुनायक प्रभु, या जटाजूट धनु बाण धरे॥
हो सगुण बसों मेरे मन में सदा, यही रूप को मैं हूँ ध्यान करे॥

छंद॥करुणा करके भक्ति मुझे दें, सुख दाता प्रभु हम तुमको भजें॥
हे शान्ति धाम मैं तुमको नमत, शोभा अति कौटिक काम लजें॥
सुखी देव हुए द्वंद जन्म मृत्यु, सुख दुःख व हर्ष विषाद गये॥
ब्रह्मा शिव सेवत राम तुम्हें, सदा ध्यान आपके ही में रहे॥

दोहा ॥इस प्रकार इंद्र विनति की । कहते हे रघुनाथ॥
क्या आज्ञा मेरे लिए । खड़े जोड़ दोउ हाथ॥ १९६

चौ ॥राम कहा हे इंद्र भगवाना । मरे भालु कपि रण में दिखाना॥
निसिचरों से ये घोर युद्ध कीन्हा । और प्राण मेरे हित तज दीन्हा॥
जीवित हो ये तुरंत उठ जाबें । करो उपाय इंद्र तुम्हें जो भावे॥
गहन मर्म लिए प्रभु के बचना । क्या जग जो वे नहि कर सकना॥
इंद्र बडप्पन सदा हैं चाही । इसी लिये प्रभु उन्हें ये दिलाई॥
जिसके बल जिए मरे ये चराचर । उसके वचन ये डालत आश्चर्य॥
इसकी गूढता समझ वही पायी । जिस पर कृपा गुरुदेव दिखाई॥
अमृत वृष्टि से जिए कपि भालु । उठकर आये पास राम दयालु॥

दोहा ॥बारिश अमृत की भई । दोउ दल ऊपर आय॥
जीवित हो गये रीछ कपि । नहि राक्षस जिय पाय॥ १९७

चौ ॥राम दरश कर निसिचर मरही । जिससे प्रभु ने मोक्ष उन्हें दयही॥
देव अंश भालू और कीशा । जी उठे वे इच्छा जगदीशा॥
हितकारी कोई न राम समाना । निसिचर अधम भी दिये निज धामा॥
रावण धाम क्रोध और कामा । मिली गति उसे ऋषि मुनि जो पाना॥
देवगण नभ से फूल वर्षाई । और फिर निज निज लोक सिधाई॥
शुभ अवसर तेहि छण था दिखाबा । शिव जी राम से मिलन को आबा॥
जोड़ कमल कर परम सप्रेमा । नयन बारि भर पुलकित नैना॥
हो गद गद तन वचन उचारी । विनय राम से करत त्रिपुरारी॥

छंद॥कर कमल में धनु बाण गह, रघुकुल मणी रक्षा करो॥
मोह माया के घन पवन सम, और अनल सम संशय हरो॥
निर्गुण सगुण मन्दिर हो तुम, भ्रम रात नाशो सूर्य सम॥
काम क्रोध गज वध सिंह सम, करो बास मन मेरे मेट तम॥

छंद॥बासनाओं के पेड़ मन में उग, बनकर के पाला नष्ट कर॥
बन मन्दराचल भव सिन्धु मथ, भय दोष हर मुझे पार कर॥
तन श्याम सुंदर कमल नेंन, प्रभु शरणागत के दुःख हरो॥
बसों जानकी संग हृदय मम, बिनती प्रभु सम्मुख करों॥

दोहा ॥कौशल पति रघुनाथ का । राज तिलक जब होय॥
कहें शिव अवध को जाऊगा । आनन्द लूंगा देख सोय॥ १९८

चौ ॥कर बिनती शिव गये कैलाषा । आये विभीषण प्रभु पे सुपासा॥
विनती करत नाय वे शीषा । कहते विनय सुनहु जगदीशा॥
रावण मार वंश सेन समेता । फैलाया यश जग में निकेता॥
मैं निसिचर दींन बुद्धि विहीना । कृपा कीन्ह बहु मो पे प्रवीणा॥
एक विनती करूँ मैं रघुनाथा । कहूं आपसे जोड़ दोउ हाथा॥
लंका विजय हेतु पुल जो बनाया । सफल काम सब अब हो जाया॥
आगे भी लंक रहे सुरच्छित । पहले थी जिम चहु दिश रच्छित॥
हे प्रभु पुल को नष्ट कर दीजे । लंका नगर पे कृपा ये कीजे॥

दोहा ॥विनती विभीषण की सुनी । प्रभु ने धनुष उठाय॥
तोड़ दिया एक बाण से । पुल था जो वे बनाय॥ १९९

चौ ॥उसके निशां आठ टापू जो होई । आज भी दर्शन करें सब कोई॥
बहुत ही उथला समुद्र वहाँ रहही । धनुषकोटि सब कोई उसे कहही॥
आज भी यहाँ सिन्धु लहरें नायी । सागर वचन था पुल जब बनायी॥
विभीषण इच्छा सेतु भंग करही । राम के धनुष से काज वह भयही॥
प्रभु से अब वे निवेदन कीन्हा । नाथ महल को पधार प्रवीणा॥
करो पुनीत उसे रख चरना । स्नान आदि कर युद्ध श्रम मिटना॥
लंका कोष सम्पत्ति को निहारों । बाँट वानरों में वह सम्हारो॥
सब प्रकार प्रभु मुझे अपनाया । अवध भी मुझे नाथ ले जाया॥

दोहा ॥वचन विभीषण के मधुर । सुनकर कृपानिधान॥
सजल नयन उनके भये । बोले श्री भगवान॥ २००

चौ ॥राम कहा सम्पत्ति ये तुम्हारी । सत्य कहउ यह सदा हमारी॥
मुझे स्मरण भरत का होई । एक-एक क्षण उसे कलप सा जोई॥
दुर्बल तन तपसी के भेषा । जपते हमें दिन रात विशेषा॥
अवध जाय शीघ्र उनसे मिलना । विनति एक मैं तुमसे करना॥

अवधि बीत यदि मैं वहाँ जावा । तो नहि जियत भरत को पावा॥
करके भ्रात की याद रघुराई । पुलक शरीर उनका हो जाई॥
राज्य करो कल्पांत विभीषण । कहा प्रभु सदा करना मेरा सुमिरैं॥
फिर तुम पाओगे मेरा धामा । दुर्लभ जो ऋषि मुनियों दिखाना॥

दोहा ॥सुन के विभीषण प्रभु वचन । प्रेम से शीष झुकात॥
वानर भालु भी खुश दिखे । राम के सभी गुण गात॥ २०१

चौ ॥तभी विभीषण महल को जाना । मणियों वस्त्र से विमान भराना॥
भर पुष्पक प्रभु सम्मुख लाये । देख ये हस रघुनाथ बताये॥
ले विमान सखा गगन में जाई । वस्त्राभूषण वहाँ से गिराई॥
तभी विभीषण नभ में उडाई । मणि आभूषण दिए वर्षाई॥
जो जिसे भाया वही ले लीन्हा । समझ न पाय उसे छोड़ दीन्हा॥
देख कपिन का ये सरल स्वभावा । अनुज सीय संग प्रभु हँस जावा॥
देख भालु कपि राम का प्रेमा । निज घर चलन का भूले वे नेमा॥
प्रभु प्रेरित फिर भालु व कीषा । हृदय बसाए राम जगदीशा॥

दोहा ॥बारंबार बिनती करी । हिय में हर्ष और शोक॥
शीष नमे पुनः प्रभु चरण । चल दिए निज निज लोक॥ २०२

चौ ॥नल नील अंगद और हनुमाना । तथा सुग्रीव वीर जाम्बाना॥
सेनापति ये सकुचि मन करहीं । चलन चहत कुछ कहत न बनही॥
हृदय प्रीति रघुपति पहिचाना । लिए सबको वे विमान बैठाना॥
हृदय में विप्रन को सिर नावा । उत्तर दिश को विमान उड़ावा॥
हुई रघुपति की जय जय कारा । उड़ा विमान शोर था सुनावा॥
शुचि सिंघासन बना विमाना । सिय संग उस पे बैठ भगवाना॥
सीता सहित प्रभु शोभा पायी । जिम सुमेरु घन दामिन दिखाई॥
चला वेग सुंदर ये विमाना । हरष देवता पुष्प वर्षाना॥

दोहा ॥चली सुगन्धित शीत मंद । वायु परम सुख दाय॥
सागर सर नदियाँ विमल । शीतल जल उनमें दिखाय॥ २०३

चौ ॥चारों तरफ भये शुभ सगुना । मन सबका खुश निर्मल दिखना॥
सिय को प्रभु रण भूमि दिखाई । मेघनाद मरा जगह बताई॥
निसिचर मरे पड़े बहु दिखही । कहा प्रभु हनुमत द्वारा ये मरही॥
ऋषि मुनि को जो दुःख था दयही । रावण कुम्भकर्ण को यहाँ हनही॥
सेतु समुद्र पे यहाँ बनाया । शिव स्थापना यहीं कराया॥
रामेश्वरम नाम वे बताना । जानकी संग उन्हें किया प्रणामा॥
बन में जहाँ जहाँ किया विश्रामा । जगह वे सब प्रभु सिया को दिखाना॥
वेगि विमान दण्डक बन आबा । ऋषि अगस्त तहां तप में दिखाबा॥

दोहा ॥अति रमणीक आश्रम दिखत । सिय संग प्रभु वहाँ जात॥
चरण नाय आशिष लिए । अब चित्रकूट पे आत॥ २०४

चौ ॥दर्शन दे ऋषि तुष्टि थे कीन्हे । फिर प्रभु आगे को चल दीन्हें॥
फिर यमुना जो पाप कलि नासहिं । प्रभु सीता को दरश कराबहि॥
फिर पवित्र गंगा जी दिखायीं । सिय से प्रभु ने प्रणाम करायी॥
अब प्रयाग तीरथ पति आया । दरश से कोटि पाप मिट जाया॥
अति पावन ये त्रिवेणी रहहीं । नसेनीं देव लोक हेतु बनहीं॥
जाते समय सिया ने था कहही । कुशल से लौट तब पूजन करही॥
तुरत विमान उतर वहाँ जावा । हनुमत को प्रभु रहे समझावा॥
बनवास अवधि बीतन को आयी । भरत की चिंता मुझे सताई॥

दोहा ॥समय समाप्ति की शाम तक । यदि मैं अवध न जात॥
भरत प्रतिज्ञा अति कठिन । उन्हें न जीवित पात॥ २०५

चौ ॥अतः वेगि जाओ हनुमाना । मेरा आगमन वहाँ सुनाना॥
इधर अवधि बीतन को दिखाई । भरत को चिंता रही सताई॥
मातु कौशल्या के ढिंग आवा । रो करके रहे उनको बतावा॥
एक दिन बचा यदि प्रभु नहि आवा । चिता बैठ फिर मैं जल जावा॥
आय वशिष्ठ वे भी समझावा । भरत को सभी रहे धीर बँधावा॥
नहाय प्रयाग लखन सिय रामा । कर पूजन विप्रन दिए दाना॥

दोहा ॥भरद्वाज को नाय सिर । कर ऋषियों को प्रणाम॥
नमन किये पुनः गंग को । चले फिर चढ़ के विमान॥ २०६

चौ ॥निषाद सुना आये प्रभु रामा । नाव लेन हेतु सबको बुलाना॥
प्रभु विमान से गंग पार आना । पाय संकेत वह नीचे आ जाना॥
गंगा की सिय पूजन कीन्हा । धन्यवाद जानकी उन्हें दीन्हा॥
आशिष गंग ने सिय को दयहू । सदा सौभाग्यवान तुम रहहू॥
गुहु सुना राम पार आ गयहू । हो प्रेमाकुल प्रभु से मिलेहू॥
सीता संग देखेउ श्री रामा । चरण गिरा सुध बुध भूल जाना॥
हृदय प्रीति देखे रघुनाथा । हो प्रसन्न उठा लिया निज हाथा॥

छंद॥लिया प्रेम से उठा भगत को, निज छाती से चिपका लिया॥
बैठा लिया निज पास ही, पूछी कुशल सब सुख दिया॥
वह विनति से कह चरण जो, शिव ब्रह्म भी सदा पूजते॥
उनके दरश मैं कर रहा, त्रैलोक्य सुख हम लूटते॥

छंद॥यह निषाद जो जंगल बसत, उसको प्रभु अपना लिये॥
बंधी आस अब जसकरन को, अपनाएंगे क्षमा मुझे किये॥
पढ़ राम और रावण चरित, रघुनाथ की दया पायेगा॥
कामादि खल सब नष्ट हों, प्रभु प्रेम पा तर जाएगा॥

दोहा ॥रावण राम युद्ध चरित जो । गावे सुने धर ध्यान॥
ऐश्वर्य विजय और ज्ञान वह । पायेगा कृपा राम॥ २०७

दोहा ॥घेरत कलियुग पाप सों । फिर दे कष्ट अपार॥
केवल जपो श्री राम जी । होगे तुरंत भव पार॥ २०८

शान्ति सोपान

छंद॥नील बदन, मोर कंठ के सम, भृगु पैर निशाँ छाती पे लिए॥
शोभा के निधी, पीत वस्त्र ओढ़, नेत्र कमल एव खुश सबको किये॥
कर कमल बाण, धनु कपि से घिरे, लक्ष्मण सह बन्धु सेव करते॥
सेवित जानकी, द्वारा रघुवर, उन कौशल पति को हम नमते॥

छंद॥रघुपति के चरण कोमल सुंदर, शिव ब्रह्मा द्वारा जो पूजित॥
कर कमल बैदेही से सेवित, भक्तन के हृदय में सदा बसत॥
गौर वर्ण चन्द्र के सम सुंदर, जग जननी गौरी माँ के पति॥
मन वाँछित फल देने बाले, नमता तुमको मैं शिव हे यति॥

दोहा ॥बनवास अवधि श्री राम की । रहा एक दिन शेष॥
नगर बासी सब अवध के । दुखी सह रहे कलेश॥ १

चौ ॥वियोग राम का सबको सताई । आतुर मन तन निबल हो जाई॥
होन लगे बड़े सुंदर सगुना । खुशी अयोध्या बासी दिखना॥
सगुन किए मन सबके प्रसन्ना । जिम आगमन खबर प्रभु मिलना॥
तीनों मातु मन खुशियाँ छाई । जैसे कुशल राम किसी ने बताई॥
दाहिने अंग भरत फरकाई । अनुकूल समय दिख हरष मनाई॥
अवधि बीतती भये दुखारी । रखते धैर्य खुद सगुन बिचारी॥
किम कारण प्रभु अब लों न आवा । लगता जान दोषी मुझे बिसरावा॥
नहि कोई दूसरा लखन समाना । जो प्रभु चरण में प्रेम लगाना॥

दोहा ॥कपटी कुटिल मुझे जान कर । अलग स्वयं से कीन्ह॥
और चले बनवास जब । हमें साथ नहीं लीन्ह॥ २

चौ ॥सत्य तो यही मैं करनी बिगारी । अगर ध्यान प्रभु दें बिस्तारी॥
तो शत कल्प लों होय न उबारी । पर प्रभु सदा दीनन हितकारी॥
अपराध भक्त वे ध्यान नहि धरहीं । कोमल हिय सेवक सन रखहीं॥
पूर्ण भरोसा मुझे दिखाई । सगुन दिखत मिलिहें रघुराई॥
बनवास बीत यदि जियत मैं रहही । तो मुझ सम कोई नीच न दिखही॥
राम विरह डूब भरत दिखाई । बनके पोत कपि विप्र रूप आयी॥
बैठ कुशासन जटा जूट धारी । रटत राम राम अश्रु हैं जारी॥
देख के उन्हें हर्षे हनुमाना । पुलक देह नैन जल भर आना॥

दोहा ॥मन ही मन कपि खुश भये । अमृत सम वचन सुनात॥
जिसके विरह डूब भ्रात तुम । और जपते दिन रात॥ ३

चौ ॥वही ऋषि मुनि सुख दायी रामा । अनुज सिया संग कुशल से आना॥
रावण जो सुर मुनि दुःख दाई । जीता उसे प्रभु देव यश गाई॥
सुने भरत जब मधुर ये बचना । प्यासे को जिम अमृत मिलना॥
विप्र से पूछ कहाँ से आवा । मुझे अमिय सम वचन सुनावा॥
कपि कहा सुनो हे कृपानिधाना । मारुति सुत मैं नाम हनुमाना॥
रघुकुल मणि श्री राम का दूता । सुन के भरत उठ प्रेम बहूता॥
भेंटत कपि सों प्रेम न समाई । पुलकित तन नैनन जल छाई॥
भरत कहा दर्श तुम्हरे होई । सकल मिटे दुःख मेरे जोई॥

दोहा ॥तुम मिले मुझे जिम राम मिलि । सभी कलुष गये बीत॥
कपि सों पूछ सब कुशलता । कहा क्या भेंट दूँ नीक॥ ४

चौ ॥इस जग में कुछ नहीं दिखाना । जो शुभ हो इस खबर समाना॥
हे कपि तुमसों उरिन मैं नाही । मुझे जो ये संदेश सुनाही॥
हाल चाल अब प्रभु का सुनावो । मेरे मन सब कलुष मिटावो॥
हनुमत चरण भरत के नावा । सकल कथा श्री राम सुनावा॥
पूछत कपि सों कहो हनुमाना । क्या मेरी याद कभी किये भगवाना॥

छंद॥जान के निज दास प्रभु, क्या याद कभि मुझे वे कियो॥
सुन भरत की बानी सरल, पुलकित बदन कपि को भयो॥
गिरे चरण उनके सोच यह, जिन्हें रात दिन प्रभु याद कर॥
वे क्यों न हों इतने सरल, शुचि सद्गुणों सागर से भर॥

दोहा ॥तुम प्रभु को हो प्राण सम । सत्य वचन मेरा मान॥
यह सुन कपि सों पुनि मिले । भरत की खुशी न समान॥ ५

चौ ॥हनुमत नाय भरत के चरना । रघुकुल मणि पर तुरंत पहुँचना॥
अवध कुशलता प्रभु को सुनायी । फिर विमान चढ़ चले रघुराई॥
इधर भरत खुश महल को आवा । गुरु को सब समाचार सुनावा॥
माताओं को भी बतलावा । रघुकुल तिलक कुशल से आवा॥
सुन ये खबर वे दौडतीं आयी । भरत कुशलता प्रभु की सुनायी॥
पुर बासियों ने जब सुन पावा । नर नारी खुशी दौड़्त आवा॥
दही दूध दूर्बा फल फूल तुलसी । थाल में ले पूजन को हुलसी॥
सौभाग्य वती स्त्रियाँ उमड़तीं । गाती गजगामिन-सी चलती॥

दोहा ॥जहाँ जो जिस दशा बैठते । वे उसी दशा उठ धाय॥
एक दूजे कुछ पूंछ नहि । बालक बृद्ध संग न लाय॥ ६

चौ ॥भागत जात पता वे थे लगाई । किसने कहाँ देखे रघुराई॥
जानी अयोध्या नगर प्रभु आबा । शोभा की खान वह थी दिखावा॥
सुंदर सुगंध वायु चल दीन्हा । सरयू जल निर्मल हो लीन्हा॥
हो प्रसन्न गुरु अनुज समेता । भरत चले लेने कृपा निकेता॥
कुछ स्त्रियाँ अटारियों चढ़ती । गगन में प्रभु का विमान निरखती॥
बड़ी आनन्दित सभी दिखाती । मधुर स्वरों मंगल गीत गाती॥
रघुनायक पूर्ण चन्द्र समाना । अवधपुरी सागर सा दिखाना॥
जो है उमड़ता चाँद की ओरा । करें स्त्रियाँ तरंग सम शोरा॥

दोहा ॥इधर दिखाते विमान से । भानु वंश रघुनाथ॥
सभी कपिन को नगर निज । उठा कमल सम हाथ॥ ७

चौ ॥हे लंकेश कपि पति हनुमाना । मेरा अवध पावन यह दिखाना॥
वेद-पुराण यद्यपि है गाई । श्री बैकुंठ की कीन्ह बडाई॥
पर मुझे अवध सा प्रिय वह नाही । बिरले भेद जान ये पाहीं॥
सुंदर जन्म भूमि यह हमारी । उत्तर दिश सरयू बहे न्यारी॥
इसमें जीव जो करें स्नाना । बिनु प्रयास मेरा धाम वे पाना॥
अवध पुरी जो सुख की खाना । मुझ से वह निवासियों मिलाना॥
हर्षित भये सुन कपि प्रभु बचना । कहें अवध धन्य प्रभु खुश करना॥
निवासियों आत देख श्री रामा । भूमि उतरने प्रेरि वे विमाना॥

दोहा ॥रघुपति उतरे विमान से । पुष्पक से कहे कर जोर॥
धन्य बाद तुमको बहुत । अब जाओ कुबेर की ओर॥ ८

चौ ॥राम से प्रेरित वह चल दीन्हा । उसने हरष और विरह भी कीन्हा॥
अवधि निवासी भरत संग आवा । राम वियोग में दुबले दिखावा॥
मुनि वशिष्ठ को देख जब रामा । धाये उन ओर रख धनु बाना॥
अनुज सहित हो पुलक शरीरा । गिरे चरण उनके दोउ वीरा॥
गुरु ने उठा उन्हें हृदय लगाया । और कुशल पूछी मुनिराया॥
कहा राम दया आपकी जोई । सिय व अनुज के कुशल हम होई॥
फिर सब ऋषि विप्रन सिर नायी । धर्म धुरी कृपा सिन्धु रघुराई॥
अब गिरे भरत प्रभु के चरना । जिन्हें देव शिव ब्रह्मा भी नमना॥

दोहा ॥पड़े प्रभु चरण न उठत वे । बरबस राम हिय लाय॥
श्याम शरीर पुलकित बदन । कमल नयन जल छाय॥ ९

छंद॥बहे जल कमल नैनों में उन, पुलकित हुआ तन शोभही॥
हिय में अनुज चिपकाय मिलि, रघुवंशमणि करुणामही॥
मिलते भरत से शोभ प्रभु, वर्णन ये मूरख़ किम करे॥
जिम प्रेम और शृंगार दोउ, आपस में मिलें तन को धरे॥

छंद॥पूछत कुशलता राम जी, नहि भरत कुछ कहते बनत॥
सुनु उमा जो सुख भरत मिलि, वह परे मन बच से दिखत॥
जो पात वही जानत उसे, कह भरत प्रभु दर्शन दिए॥
डूबत बिरह सिन्धु नाव को, उस पार रघुकुल मणि किये॥

चौ ॥फिर प्रभु मिले शत्रुघन से प्रेमा । हृदय लगाय अश्रु लगे बहना॥
लक्ष्मण मिले भरत से आयी । परम प्रेम सीमा न दिखाई॥
मिले शत्रुघन लक्ष्मण भ्राता । प्रेम उमड़ दुःख विरह था जाता॥
भरत अनुज संग गिरे सिय चरना । प्रेम अश्रु बहे अति सुख मिलना॥
नगर निवासी दरश प्रभु कीन्हा । नष्ट बिरह दुःख अति सुख लीन्हा॥
मिलन चहत सब रघुपति जानी । माया पति माया फैलानी॥
प्रकटे असंख्य रूप में रामा । मिले सबसे यथा योग्य भगवाना॥
कृपा दृष्टि से देख रघुराया । नर नारियों के शोक मिटाया॥

दोहा ॥छण भर में सबसे मिले । कौशल पति रघुनाथ॥
नगरवासी भये सुखी सब । समझे निज को सनाथ॥ १०

चौ ॥यह रहस्य कोई जान न पाया । मिलते समय जो रचा रघुराया॥
नगरवासी एहि विधि सुखी कीन्हें । कृपासिंधु आगे चल दीन्हें॥
कौशल्यादि तीनों माताएँ । धायीं जिम बछड़ों को गायें॥

छंद॥जिम गायें निज बछड़ों को तज, चरने को बेबस बन गयी॥
भई शाम जब घर लौटती, बच्छ याद कर दौड़त भयीं॥
स्नेह से प्रभु भेंट माँ, मीठे वचन बहु भाँति कह॥
बीते सकल दुःख विरह के, सुख आज अगनित वे थीं लह॥

चौ ॥लक्ष्मण प्रीति देख राघव चरना । खुश हो सुमित्रा पुत्र से मिलना॥
राम से कैकई मिलती जाती । मन ही मन वह बहुत सकुचाती॥
लक्ष्मण सब माताओं प्रणामा । और उनसे आशिष वे पाना॥
मिलत वे केकई से भली भाँती । पर मन का क्षोभ उनका न जाती॥
सब सासुन्ह के चरण गही सीता । पाया आशिष उनसे पुनीता॥
छेम कुशलता सीय का जाना । सौभाग्यवती वर उनने प्रदाना॥
नयन कमल मातु प्रभु के निहारहें । मंगल जान प्रेमाश्रु दुराबहें॥
स्वर्ण थाल सजा करती आरति । प्रभु के श्री अंगों को निहारति॥

दोहा ॥करहीं निछावर बहु तरह । परमानंद सुख लेंह॥
चितय कौशल्या राम तन । डूबत सुख सागर जेंह॥ ११

चौ ॥पुनि पुनि मन बिचार यह आबा । कबन भाँति पुत्र रावण मारा॥
अति सुकुमारा सुत मेरे दौऊ । किस विधि रावण मारा हौऊ॥
देखत मातु सिय लखन व रामा । परमानंद पुलकित हो जाना॥
उर्मिला श्रुतिकीर्ति मांडवी आयी । हर्षित मन सिय पैर गिर जाई॥
फिर प्रणाम किया कौशलाधीशा । और पाया पावन आशीषा॥
अब सब लक्ष्मण से मिली प्रीती । निज परिवार वंश की नीती॥
उर्मिला ढिंग जब लखन न जाई । अन्तर्बात सिय समझ में आयी॥
कहा लक्ष्मण से धरम धीर ज्ञानी । बन गमन घटित वह सत्य नहीं जानी॥
जो उर्मिला ने तुम्हें था दिखाया । सत्य नही सब रहस्य बताया॥

दोहा ॥देखा तुम जो उस समय । उद्देश्य न सके थे चीन्ह॥
राम चरण रत तुम रहो । इससे उर्मिला थी कीन्ह॥ १२

चौ ॥जब तुम मेरे संग बन गयऊ । उर्मिला दीप जला बैठ गयऊ॥
महल पीछे वे जगह थी बनाई । बनवास अवधि बैठ वही थी बिताई॥
भूख प्यास व नींद तज दीन्ही । पति कुशलता घोर तप कीन्ही॥
उनके तप व्रत की ऊँचाई । हजार सीय मिलि फिर भी न पायी॥
लखन को जानकी जगह दिखाई । उर्मिला जहाँ बैठ अवधि बिताई॥
देख यह लक्ष्मण रहे पछतायी । नही रहस्य हम जान ये पायी॥
पुनि पुनि पत्नी को हृदय लगावा । कहा तुमने मेरा मान बढ़ावा॥
सुलोचना बात याद वे कीन्हा । उसने कहा जो सत्य वह चीन्हा॥

दोहा ॥मेघनाद वध जब हुआ । उसकी पत्नी थी सुनाय॥
उर्मिला पतिव्रत शक्ति से । इंद्रजीत को लखन हराय॥ १३

चौ ॥इधर नील नल और जाम्बाना । अंगद सुग्रीव लंकपति हनुमाना॥
सबने सुंदर भेष बनावा । मनुज रूप में रहे वे दिखावा॥
भरत का प्रेम नियम व्रत शीला । करें वर्णन सब बड़े जोशीला॥
देख निबासियों रीति सनेहा । करें बडाई प्रभु पद नेहा॥
फिर सब सखा बुला प्रभु लीन्हें । गुरु वशिष्ठ के चरनन कीन्हें॥
प्रभु ने कहा कुलगुरु ये हमारे । इनकी कृपा राक्षस संघारे॥
कहा हे मुनि सखा हमरे ये होई । इनकी मदद युद्ध सिन्धु तरे जोई॥
मेरी विजय हेतु तन ये तजहीं । प्राण से अधिक प्रेम मैं करहीं॥

दोहा ॥प्रशंसा निज प्रभु मुख सुनी । सखा सभी हर्षात॥
पल पल में इसी भाँति वे । परमानंद को पात॥ १४

चौ ॥फिर सखा चरण कौशल्या नावा । मन वाँछित आशिष वे पावा॥
अब निज भवन गयऊ भगवाना । पुष्प वृष्टि नभ से थी दिखाना॥
नर नारी सब चढ़े अटारी । प्रभु आगवन खुशी से निहारी॥
स्वर्ण कलश मणि रत्नों सजावा । सबने निज निज द्वार धरावा॥
ध्वजा पताका सबने बनाईं । मंगल हेतु सबने थी लगाईं॥

हवा सुगन्धित गलियों उड़ाई । गज मुक्ताओं से चौके सजाई॥
सुंदर मंगल साज सजावा । प्रसन्नता सूचक बाजे बजावा॥
स्त्रियाँ जहाँ तहाँ करती निछावर । देती आशीष प्रसन्नता हिय भर॥

दोहा ॥सोने थाल सजायकर । युवतियाँ सजी धजी दिखायें॥
करें आरती पंक्तिबद्ध । मंगल गीत थी गायें॥ १५

चौ ॥आरती रघुकुल राम की करती । दुःख के निबारन हेतु वे कहती॥
अवध शोभा सम्पत्ति का खजाना । वेद शेष शारद जी बखाना॥
ये भी चरित देख ठगे से रहही । उमा मनुज वर्णन कैसे करही॥
कुमुदिनी स्त्रियाँ अवध तालावा । राम बिरह सूर्य इसे था सुखावा॥
अब वह भानु है अस्त हो जावा । निरख राम सब खुशियाँ मनावा॥
सगुन विविध भाँति होते दिखाई । देव आकाश नगाड़े बजाई॥
किये सनाथ नगर नर नारी । भवन को अब प्रभु चले अगारी॥
कैकेयी लजानी जान भगवाना । उसके महल वे पहले जाना॥

दोहा ॥बहुत भांति से प्रभु उन्हें । बार-बार समझात॥
इस प्रकार सुख दे उन्हें । अब निज भवन को आत॥ १६

चौ ॥रघुनायक निज महल को आवा । नगर नारि नर सुखी हो जावा॥
ब्राह्मणों को वशिष्ठ बुलबायी । कहा आज शुभ घड़ी दिखाई॥
हो हर्षित विप्र आयुष दीजे । रघुपति राम को तिलक करीजे॥
सुंदर वचन वशिष्ठ सुनावा । सभी ब्राम्हणों को मन भावा॥
सब विप्रों ने कही मृदु बानी । अभिषेक राम का जगत कल्यानी॥
हे मुनि श्रेष्ठ न कीजे विलम्बा । राज तिलक हो राम अविलम्बा॥
मुनि ने तब सुमन्त्र बुलवाया । उनसे कहा वे बहुत हर्षाया॥
रथ घोड़े हाथी सजवाये । देने सूचना दूत भिजवाये॥

॥बहु सेवक बुलवाय तब । माँगलिक वस्तुओं को लान॥
मुनि को नाय पद हर्ष वे । तुरत सभी चले जान॥

चौ ॥अयोध्या अति सुंदर सज जाई । देव गण खुशी पुष्प वर्षाई॥
राम ने तब सेवकों बुलावा । कहा मेरे सखा पहले अन्हवावा॥
यह सुन सेवक जहाँ तहां धावा । स्नान सुग्रीव आदि करवावा॥
फिर रघुकुल मणि भरत बुलाये । उनके जटा वे स्वयं सुलझाये॥
सभी भ्रात कृपा सिन्धु बुलावा । भक्त वत्सल प्रभु उन्हें अन्हवावा॥
भरत भाग्य प्रभु मृदुल स्वभावा । कोटि शेष भी न बरनै पावा॥
अब रघुवर निज जटा सम्हारी । गुरु आज्ञा स्नान तैयारी॥
आभूषण धार प्रभु कर स्नाना । शोभा देख कामदेव लजाना॥

दोहा ॥सासुओं ने इत जानकी । प्रेम सहित अन्हवाय॥
दिव्य आभूषणों से उन्हें । भली भांति वे सजाय॥ १८

चौ ॥बामाँग राम के बिराज जानकी । शोभित जिम रमा रूप खानि की॥
माताएँ हर्ष फूली न समानी । अपना जनम सफल वे मानी॥
हे खगेश ब्रह्मा व महेशा । संग मुनि वृंद और देवेशा॥
विमान बैठ आकाश में दिखही । दर्शन आनन्द कन्द के करही॥
देख राम को वशिष्ठ हर्षाई । दिव्य सिंघासन तुरंत मंगाई॥
सूर्य सा तेज न जाय बखाना । विप्रों नाय सिर बैठ भगवाना॥
सीता समेत बैठ रघुनाथा । मुनि समुदाय देख हर्षाता॥
ब्राम्हण वेद मन्त्र रहे गाई । जय हो नभ सुर मुनि की सुनायी॥

दोहा ॥राज तिलक श्री राम का । प्रथम वशिष्ठ मुनि कीन्ह॥
माने धन्य आज स्वयं को । आदेश फिर विप्रन दीन्ह॥ १९

चौ ॥देख पुत्र माता हर्षाई । आरती पुनि पुनि करती जाई॥
विविध दान ब्राम्हणों को दीन्हा । संतुष्टि याचकों को वे कीन्हा॥
त्रिभुअन पति गद्दी आसीना । देव नगाड़ा ध्वनि थे कीन्हा॥

छंद॥बजी दुंदभी देवों की नभ, नाचत दिखे गन्धर्व सब॥
झुण्ड अप्सरा नाचत भयी, मुनि देव परमानंद लब॥
भ्राता तीनों हनुमान अंगद, लंक पति सुग्रीव जो॥
छत्र चमर पंखा धनु खड़क, शक्ति ढाल से शोभित हैं वो॥

छंद॥सीता सहित सूर्य वंश मणि, शोभित लजाते काम तब॥
श्यामल बदन मेघों के तुल्य, पीत वस्त्र ओढ़ देव मोह सब॥
सिर मुकुट बाजूबंद भूषण, साज प्रभु के अंग भर॥
नेत्र कमल सम छाती बृहद्, भुज लम्बी धन्य जो दर्श कर॥

चौ ॥यह शोभा समाज हे खगेशा । बरनत शिव शारद श्रुति शेषा॥
कर स्तुति गये देव निज धामा । आये वेद भाटरूप जहाँ रामा॥
कौशल नाथ सर्वज्ञ सुजाना । किया आदर उन्हें गये पहिचाना॥
करें गुणगान राम का वेदा । जान न सका अन्य कोई भेदा॥

दोहा ॥बंदीजन भाट रूप धर । बेद राम ढिंग आन॥
करने लगे गुण गान प्रभु । उनके बिनु कोई न जान॥ २०

छंद॥निर्गुण सगुण सब आप ही, लावण्य मय नृप शोभते॥
दसकंध सह बलवान निसिचर, आप उन्हें संघारते॥
अवतार धर संसार दुःख, और भार जग का हो हरत॥
हे शरणागत वत्सल प्रभु, सीता सहित तुमको नमत॥

छंद॥नर नाग सुर और असुर सब, माया प्रभु तुम्हरी फसत॥
निज कर्म गुण व काल बस, भव बंध जकड़े चिर दिखत॥
जिनपर पड़ी कृपा दृष्टि प्रभु, दुःख त्रिविधि वे निवृत्ति भये॥
जीवन मरण भव ताप मेरे, मेंट हम चरनन गहे॥

छंद॥जो पाय मिथ्या मान बुद्धि, जग ताप हर भक्ति न की॥
माया पतन उनका किया, वे ब्रह्म पद पर पहुँच भी॥
तज आस सब सदा प्रभु भजे, पद राम के गहता जो नर॥
कुछ भी परिश्रम बिनु किये, ससार सागर से वह तर॥

छंद॥शिव ब्रह्म पूजत चरण जो, ऋषि नारि जिन चरनन तरी॥
उन पग श्री गंगा प्रकट, देव मुनियों महि पावन करी॥
जिन पैरों अंकुश वज्र ध्वज, और कमल चिन्ह हैं दीखते॥
काँटे चुभे उन्ही बन गमन, हे हे नाथ हम उन्हें जापते॥

छंद॥जो अनादि और अव्यक्त हैं, श्रुति वेद ऐसा मानते॥
एक वृक्ष सम षट त्वचा जिस, पञ्च बीस शाखा जानते॥
पत्ते अमित फूल भी घने, फल मीठे खट्टे दोउ तरह॥
एक बेल लग आश्रित उसी, फूल पत्ते नये प्रभु मैं झुकह॥

छंद॥अद्वैत ब्रह्म अजन्में भी, मन से परे सिर्फ ध्यान कर॥
मानत जो ऐसा माने वे, पर मैं सदा ध्यान सगुण धर॥
जो करुणामय गुणों खान प्रभु, उनको जपत वर माँगता॥
मन कर्म बच से विकार तज, मैं शरण तुम्हरी चाहता॥

दोहा ॥वेदों ने की विनय यह । भाट रूप में दिखात॥
अंतर्ध्यान फिर वे भये । ब्रह्मा के ढिंग आत॥ २१

चौ ॥कह भुशुण्डि तब शिव जी पधारा । हो पुलकित प्रभु बिनती उचारा॥

छंद॥हे रमा पति हे जगत पति, दीजै मुक्ति भव त्रिविधि ताप॥
शरणागत वत्सल रघुकुलमणि, कीजै रक्षा मैं शरण आप॥
दस कंधर हन बीस भुजा काट, संसार दुखों से मुक्त कीन्हा॥
निसिचर जो पतंगे भाँति दिखते, प्रभु बाणों ने था जला दीन्हा॥

छंद॥भूमण्डल के आप आभूषण, तरकस सर चाप किये धारण॥
माया मद ममता मोह रात्रि, आप सूर्य समान ये मिट कारण॥
काम व्याधि रूप पीछे मनुष्य, मार काम बाण आप रक्षा करत॥
प्रभु आप अनाथन के हो नाथ, कृपा आपकी हो जीव विषयों हटत॥

छंद॥बहु रोग सताये दुखी सब वही, जो चरण प्रभु के निरादर कर॥
जीव चरण कमल प्रभु प्रेम न कर, फसते भव सागर बीच वे नर॥
नहि प्रेम से राम नाम जो जप, जीवन में सदा वे दुखी रहते॥
कथा लीलाएं देख सुनें तुम्हरी, भगवान् संत उन्हें प्रिय लगते॥

छंद॥लोभ मान राग से दूर आप, सुख दुःख में सदा ही सम रहते॥
इससे मुनि जन सब साधन तज, वे भरोसे आपके ही जीते॥
बड़े नियम प्रेम से जप प्रभु को, चरणों में उनके लीन रहते॥
अपमान या मान में सम वे रहें, ऐसे सब संत सुखी दिखटे॥

छंद॥ऋषि मुनियों के मन रूप सरोवर, कमल रूप आप उसमें खिलें॥
जपें आपकों वे और नमते सदा, औषधि भव व्याधि की इसमें मिले॥
गुणवान शीलता कृपा सिन्धु, लक्ष्मी पति हिय डेरा कीजै॥
राग द्वेष जन्म मृत्यु व सुख दुःख, हे प्रभु इनसे मुक्ति दीजै॥

दोहा ॥बिनती कर मैं माँगता । दीजै कृपा निधान॥
जसकरन हृदय प्रभु चरण दोउ । करें सदा विश्राम॥ २२

चौ ॥चाहत पुनि पुनि यही वरदाना । दीजै प्रसन्न हो कृपानिधाना॥
अचल भक्ति प्रभु करो प्रदाना । साधू संगति करूँ सुजाना॥
गाये राम गुण शिव भगवाना । फिर कैलाश किया प्रस्थाना॥
सभी शखाओं को रघुराई । सुखद निवास उपलब्ध कराई॥
सुनहु गरुण यह कथा अति पावन त्रिविधि कष्ट जग के हैं नसाबन॥
राम का राज्याभिषेक सुहाना । जो सुने पढ़े बैराग्य को पाना॥
सकाम भाव जो सुने धर ध्याना । सुख सम्पदा जग की मिल जाना॥
सभी सुख जग के भोग वे प्राणी । अंत प्रभु के धाम को जानी॥

दोहा ॥मुक्त विरत कामी पुरुष । जो ये सुनत मन लाय॥
भक्ति मुक्ति नये भोग वह । क्रमसः जग में पाय॥ २३

चौ ॥गरुण राम कथा मैं जो बखानी । भव भय दुःख को ये हैं मिटानी॥
यह बैराग्य विवेक बढ़ाई । मोह व्याधि नदी पार कराई॥
अयोध्या बासि नित पर्व मनाई । लोग सभी बर्ग खुशी दिखाई॥
राम चरण नित नयी प्रीति करही । शिव ब्रह्मा मुनि जिन्हें सदा जपही॥
भिछुओं को नव वस्त्र पहरावा । ना ना भाँति दान ब्राम्हण पाबा॥
प्रभु सखा वानर ब्रह्म सुख लीन्हा । राम चरण प्रीति नित नई कीन्हा॥
बीते मास छः नही जान पावा । प्रभु प्रेम वे भूल सब जावा॥
निज गृह याद नहि किसी को आयी । जिम कोई संत परद्रोह बिहाई॥

दोहा ॥बुलवाये सखा प्रभु ने । आकर सब नाये माथ॥
बैठाये बड़े प्रेम से । मृदु वचन कहत रघुनाथ॥ २४

चौ ॥तुम सेवा अति कीन्ह हमारी । मुँह पे कहत नहि बने सम्हारी॥
इससे तुम सब प्रिय मोय लागा । मेरे हित सब सुख आप त्यागा॥
राज पाठ धन बंधु जानकी । तन ग्रह और कुटुम्ब दोस्ती॥
ये सब नहि प्रिय तुम्हरे समाना । सत्य ये अपना स्वभाव बताना॥
सेवक सभी को सदा सुहाई । पर मेरी प्रकृति दास मुझे भाई॥
प्रिय सखा अब निज निज ग्रह जाओ । मेरा नाम सदा मन में बसाओ॥
मैं सर्वज्ञ सर्ब हित रहही । यही सोच प्रेम हमसे करही॥
बड़े मगन सुन प्रभु के बचना । कौन कहाँ हम सुधि नहि रहना॥

दोहा ॥देखत रहे सभी सखा तब । एक टक से प्रभु ओर॥
राम चरण में प्रीति दृढ़ । नहि उसका कुछ छोर॥ २५

चौ ॥देख प्रेम उनका ये महाना । प्रभु उपदेश दिया उन्हें ग्याना॥
कह न सकत सम्मुख भगवाना । चरण कमल में ध्यान लगाना॥
प्रभु ने वस्त्र गहनें मंगवाये । ना ना भाति रंग के वे दिखाये॥
सबसे प्रथम सुग्रीव बुलावा । उनको भरत निज हाथ पहरावा॥
लक्ष्मण को प्रेरित रघुनाथा । पहिराए विभीषण प्रभु मन भाता॥
अंगद बैठ नही हिलते दिखाई । उनका प्रेम देख प्रभु न बुलाई॥
नल नील जामवान बुलबाये । खुद रघुनाथ वस्त्र पहराये॥
इनने प्रभु रूप हिय बैठाया । चले सभी रघुपति सिर नाया॥
अब अंगद उठ सिर प्रभु नावा । हाथ जोड़ जल नैनन आवा॥

दोहा ॥बोले वचन विनीत वे । प्रेम के रस में बोर॥
कृपासिन्धु सर्वज्ञ प्रभु । दीना नाथ सुनो मोर॥ २६

चौ ॥बालि पिता मेरे मरते बेरा । सौंपे मुझे थे आपके डेरा॥
भक्तवत्सल शरणागत देवा । मोहि न तजहु मुझे शरण में लेवा॥
मातु पिता गुरु और भगवाना । सब कुछ तुम्ही मैं छोड़ कहाँ जाना॥

कुछ बिचार हमें कहो रघुनाथा । प्रभु तज भवन किसे हैं भाता॥
बालक सम हम बुद्धि ज्ञान हीना । रघुनायक मुझे शरण में लीना॥
आपके लघु गृह काज मैं करही । चरण कमल दर्श भव सिन्धु तरही॥
इतना कह गिरे रघुपति चरना । बोले भवन चलने की न कहना॥
सुने विनीत अंगद के वचना । उठा लिये कृपा सिन्धु नैन भरना॥

दोहा ॥मणि वस्त्र निज माल प्रभु । अंगद को पहराय॥
समझाया बहु भाँति से । फिर विदा किये रघुराय॥ २७

चौ ॥भक्त लखन सत्रूघन और भरता । चले पठवन प्रभु भक्तन तुरता॥
बालि तनय प्रेम अति रघुराई । पुनि पुनि प्रभु ओर देखत जाई॥
दंड प्रणाम करत वे जाई । सोचत रुकन को कहें रघुराई॥
चितवन बोलन चलन राम की । आती याद हस मिलना उन की॥
पर प्रभु रुख देख करके बिनती । चरण कमल हिय धर बने चलती॥
बड़े आदर वानर पहुँचावा । भाईयों सहित भरत लौट आवा॥
अब हनुमत गहे कपिपति चरना । विनय बहुत भाति उनसे करना॥
कुछ दिन सेवा कर रघुराई । दर्शन आपके करूँगा आयी॥

दोहा ॥सुग्रीव कहा पुण्य पुंज तुम । सेवा को रोक रघुनाथ॥
बानर फिर सब चल दिए । अंगद गहे हनुमत हाथ॥ २८

चौ ॥कहना प्रभु से दण्ड प्रणामा । हाथ जोड़ करूँ विनती ना ना॥
पुनि पुनि सुधि मेरी उनको कराना । कह अंगद पुलकित हो जाना॥
लौट के हनुमत इनकी प्रीती । प्रभु से कही कर जोर विनीती॥
भक्तन प्रेम सुन खुश भगवाना । कहा भुशुण्डि खगपति हे सुजाना॥
प्रभु हिय कोमल पुष्प समाना । पर कठोर बज्र सम भी दिखाना॥
उनका चित्त यह वही जान पाई । कृपा जिस पर करते रघुराई॥
अब रघुवर ने बुलाये निषादा । वस्त्र आभूषण दिया प्रसादा॥
कहा घर जा सुमिरैं मेरा करना । मन क्रम वचन धर्म अनुसरना॥

दोहा ॥प्रिय हमको तुम सखा सब । भ्रात भरत के समान॥
तुम सभी बसि मेरे हृदय । रखना आना जान॥ २९

चौ ॥स्नेह सने सुन रघुपति बचना । प्रेमाश्रु भरे गिर राम के चरना॥
फिर प्रभु चरण गुहा हिय राखेउ । घर आ प्रभु स्वभाव सबै भाखेउ॥
नगर बासि देख चरित ये रामा । कहत सभी धन्य हे सुख धामा॥
राज सिंघासन बैठ रघुराई । हर्षित तीनों लोक हो जाई॥
आपस बैर का भाव मिट जाबा । समानता भाव समाज में आबा॥
करते कार्य सब निज के स्वभावा । करें आचरण वेद जो गाबा॥
धरम अनुसरहि सुखी सब होई । धर्म वही जो सभी हित जोही॥
मार्ग सनातन भी यह कहाता । पाल के इसे सभी जन सुख पाता॥

दोहा ॥जो चलते इस पर सदा । रोग न उन्हें सतात॥
भव भय शोक मिटात वे । राम राज ये कहात॥ ३०

चौ ॥अवध में ऐसा राज था आया । तीनो तरह दुःख यहाँ न दिखाया॥
आपस प्रीति समाज में दिखही । सभी जन धर्म का पालन करही॥
सत्यता सौच दया और दाना । आधार धर्म ये चार कहाना॥
इन चारों का पालन जोही । अपराध न उस समाज में होई॥
राम आचरण सभी अनुसरही । सुख और शान्ति सभी को मिलही॥
अल्प आयु मृत्यु पीड़ा न काहू । सभी सुंदर निरोग भी दिखाहू॥
नहि कोई दींन दरिद्री दुखारी । अथबा न कोई मूर्ख अवगुण धारी॥
धर्म परायण तज अभिमाना । सभी जन चतुर व गुणी दिखाना॥

दोहा ॥गुणवान और विद्वान सब । ज्ञानी तथा कृतज्ञ॥
कपट धूरता भी नही । कौशलपति सर्वज्ञ॥ ३१

चौ ॥कहत भुशुण्डि सुनो हे खगेशा । राम राज में दिखे ये विशेषा॥
काल कर्म और गुण व स्वभावा । कहीं पे नही कोई दुःख उपजावा॥
सप्त सागर लो ये था फैलाया । रघुकुल मणि राम राज्य दिखाया॥
बसें ब्रह्माण्ड रोम रोम जिसके । सात समुद्र सीमा लघु उनके॥

यह महिमा प्रभु की जो जानी । उन्हें यह सीमा न्यून दिखानी॥
यह चरित्र उनका जिन्हें ज्ञाता । प्रभु लीला ये उन्हें भी भाता॥
यही लीला प्रभु महिमा जनाई । इंद्रियाँ बस किये ऋषि ये बताई॥
सुख सम्पत्ति जो राम राज छाई । कहाँ जसकरन न शेष कह पायी॥

दोहा ॥राम राज के निबासि सब । पर उपकारि उदार॥
करें आदर विद्वान का । सदा धर्म को धार॥ ३२

चौ ॥आबश्यक न राज दंड होई । समाज में नहि अपराध था कोई॥
भेद भाव हीन हुआ समाजा । सभी अनुकूल एक दूजे काजा॥
बन के वृक्ष सदा फलते फूलते । आपस बैर हाथी सिंह भूलते॥
पशु पँछी भी बैर भूल जाई । घूमत साथ उनमें न लड़ाई॥
पँछियों की मीठी बोली सुनायी । निर्भय पशु बन फिरते दिखाई॥
शीतल मंद सुगंध बयारी । भौरें पुष्प रस ले गुंजारी॥
बेलें वृक्ष मधु माँगत दयही । गाय दूध मन चाहा श्रबही॥
खेती अन्न भरपूर उपजाई । त्रेता में सतयुग था दिखाई॥

दोहा ॥समझ राम जग आत्मा । सकल जगत नर भूप॥
गिरि प्रकटी मणि खान बहु । नर नारियों अनुरूप॥ ३३

चौ ॥नदियाँ सब जल से परिपूरन । बहे सुखद शीतल जल निर्मल॥
सागर निज मर्यादा पालहिं । लहरें रत्न ले किनारे डारहिं॥
कमल सम्पन्न दिखें तालाबा । दशो दिशाएँ प्रसन्न दिखाबा॥
फैलात सूर्य चन्द्र उतनेहि किरणें । जितनी मनुष्य को सुख प्रद दिखनें॥
वर्षहिं मेघ उतनेहि जो सुहाई । राम राज ये प्रभाव दिखाई॥
अश्व मेघ यज्ञ बहु प्रभु कीन्हा । दान ब्राम्हणों बिविधि विधि दीन्हा॥
मारग जो वेदों ने बताया । श्री राम उसे पाल दिखाया॥
धर्म धुरी को धारन हारे । सत रज तम त्रिगुणों को धारे॥

दोहा ॥यद्यपि त्रिगुणातीत प्रभु । ऐश्वर्य में इंद्र समान॥
कण कण करते निवास वे । पर मर्यादा मान॥ ३४

चौ ॥सिय सुंदर शील विनम्र की खाना । पति अनुकूल वह सदा दिखाना॥
ज्ञात उन्हें महिमा रघुराई । तत्पर पति सेवा में दिखाई॥
सेवक सेबिकायें बहु दिखतीं । बहुत भांति सेबा थी करती॥
स्वामी सेबा महत्व सिय जाना । गृह के काज वह स्वयं निपटाना॥
मन से सेबि सिय सासुओं माता । मद अभिमान न उनमें दिखाता॥
पूजत रमा को शिव और ब्रह्मा । जानकी वही सर्ब गुण युत दिखना॥
जेहि विधि सुख पाबहि रघुराई । सोहि विधि सेबि जानकी माई॥
कृपा दृष्टि देव जिनकी न पाते । जिसके लिए दिन रात वे ध्याते॥

दोहा ॥बनकर रमा वही जानकी । सेवत कौशला धीष॥
महामहिम जो स्वभाव निज । भूल के माँग आशीष॥ ३५

चौ ॥हो अनुकूल अनुज श्री रामा । प्रभु के चरण सेबि सुखी दिखाना॥
प्रभु मुख तरफ सदा वे निहारी । हमें कुछ सेवा हेतु दें हकारी॥
करते प्रेम भ्रातन रघुराई । ना ना भंति नीति उन्हें सिखाई॥
नगर बासि हर तरह सुखारी । देव दुर्लभ भोग करें नर नारी॥
माँगत ब्रह्मा से वरदाना । राम चरण प्रीति मेरी लगाना॥
चारों भ्रात दो दो सुत जाये । एसा वेद पुराणन गाये॥
राम के लव कुश सुत दो बतावा । जन्में महल खुशी अवध मनावा॥
दोनों योद्धा विश्व विख्याता । प्रतिबिम्ब राम दोउ सुंदर गाता॥
भरत के भी दो सुत हैं बताये । पुष्कल तस्क ग्रंथन गये गाये॥

दोहा ॥चित्रकेतु अंगद गये । लक्ष्मण पुत्र बताय॥
शत्रुघन के भी पुत्र दो । सुत्रसेन सुबाह कहाय॥ ३६

चौ ॥परे जो बाणी इंद्रियों ज्ञाना । जिनके माया आधीन दिखाना॥
वही सच्च्दानन्द घनश्यामा । करें नर लीला चरित महाना॥
नित प्रातः सरयू स्नाना । बैठत संग सज्जन विद्वाना॥
वशिष्ठ बखान वेद व पुराणा । सुनत राम यद्यपि सब जाना॥
भोजन करत संग निज भ्राता । देख ये सुख माओं बढ़ जाता॥
भरत शत्रुघन और हनुमाना । एक दिन उपवन में आ जाना॥
सुनते राम गुण कथा अनेका । बूढ़ प्रेम कपि कहें विवेका॥
सुन कर भ्रात दोउ अति सुख पावा । कपि से विनय पुनः-पुनः सुनावा॥

दोहा ॥होय पुराणों पाठ नित । घर में सबके सोय॥
राम कथा कहें सुनत सब । प्रेम डूब सब कोय॥ ३७

चौ ॥गुणगान राम के व्यस्त सब दिखही । बीत रात दिन पता न लगही॥
जहां पर राज करहि नृप रामा । सुख सम्पत्ति शेष सके न बखाना॥
ऋषि सनकादिक नारद ज्ञानी । प्रतिदिन राम दरष को आनी॥
देख अयोध्या की दिव्यताई । निज बैराग्य को दिया भुलाई॥
स्वर्ण रत्न मणि जटित अटारीं । विविध रंगों फर्श उनपे उगारी॥
नगर में परकोटा चउ ओरा । बने जिस पर बहु रंग कंगोरा॥
मानो नवगृह सेन ले आवा । और अमरावति को वह घिरावा॥
मणियो जटित गयी सड़कें बनायीं । देख जिन्हें मुनि मन नांच जायीं॥

दोहा ॥उज्वल महल आकाश लग । उन पर कलश दिखात॥
चमकहि सुंदर धवल वे । सूर्य चाँद को लजात॥ ३८

चौ ॥छज्जा ज़ड़ित मणि सुन्दरताई । हर घर में मणि दीप जलाई॥

छंद॥मणि दीप जलते हर भवन, मूँगों से चमकी देहलियाँ॥
रत्नों जड़ित खम्बा बने, ब्रह्म स्वर्ण रच दीवारियाँ॥
सुंदर मनोहर महल गढ़, बने स्फटिक आंगन दिखत॥
हर द्वार फाटक हीरे जड, दरवाजे सोने के बनत॥

चौ ॥घर घर चित्र शालाएँ बनाईं । राम चरित कथा उनमें लिखाई॥
उन पर नजर मुनियों की जाई । चित उनके वे लेत चुराई॥
पुष्प वाटिका सभी के दिखाई । करके यतन लोगों ने बनाई॥
जिसमें लताएँ बहुत प्रकारा । फूलें बसंत सम गयी सम्हारा॥
उनपे गूँज भोंरे मन हरहीं । त्रिविधि बयार सदा बह रहही॥
खग बहु रंग पाल वहाँ बालक । बोलत उड़त मधुर ध्वनि भाबुक॥
उड़ते कबूतर मोर हंस सारस । शोभा पात जब हो गयी वारिष॥
मणि दीवारों पे देख परछाईं । समझ दूसरा खग ये दिखायी॥

दोहा ॥देख के उन्हें कूंजत अति । और नृत्य करते दिखात॥
बालक जिनको देख कर । खुशी से नाचत जात॥ ३९

चौ ॥पाले बालक तोता मैना । उनको सिखाबें कहो जो मैं कहना॥
उनसे कहाते राम रघुराई । जन पालक जन जन सुख दाई॥
राज द्वार अति सुंदर होई । गली चौराहे बाजार भी सोयी॥

छंद॥बाजार सुंदर रुचिर बन, बिन मूल्य ही वस्तु मिल रही॥
लक्ष्मी पति जहाँ राम राजा, सम्पदा वहाँ छा गयी॥
सर्राफ वणिक बजाज वहाँ, दिखते हैं बैठे कुबेर से॥
नर नारि बच्चे बृद्ध यहाँ, सुखी सच्चरित सुंदर हैं वे॥

दोहा ॥अयोध्या के उत्तर दिशा । सरयू बहती दिखाय॥
जल गहरा निर्मल बहे । सुंदर घाट बनाय॥ ४०

चौ ॥कुछ दूरी रुचि घाट बनाबा । गज घोड़े जल पीने को आबा॥
स्त्रियाँ जिस घाट जल लेने जाई । पुरुष को वहाँ जाने की मनाही॥
राज घाट सब विधि सुखदाई । सभी जन वहाँ स्नान बनाई॥
मन्दिर बने किनारे किनारे । चहु ओर उनके बगीचे सम्हारे॥
कहीं कहीं तीरे बसते ज्ञानी । कहीं विरक्त सन्यासी ध्यानी॥
कहीं तुलसी से शोभते किनारा । दिखते खूब मुनि जनों ने सम्हारा॥
नगर की शोभा न बरनै पारा । बाहर भी सुन्दरता आपारा॥
दरश अयोध्या पाप मिट जाई । करें कृपा गुरु तभी मिल पायी॥

छंद॥दर्शन अयोध्या के करत, सर कूप बापी शोभती॥
रत्नों-सी निर्मल सीढ़ियाँ, नीर स्वच्छ बह मन मोहती॥
खिलते कमल बहु रंग के, भोंरे व पँछी बोलहीं॥
रमणीय उपवन मधुर ध्वनि, पिक खग हैं पथिक बुलावहीं॥

दोहा ॥राम रमापति नृप जहाँ । को बरनै वह धाम॥
अणिमा आदि आठों सिद्धियाँ । सुख सम्पत्ति वहाँ लान॥ ४१

चौ ॥गाते सभी जन रघुपति रामा । एक दूजे को रहे वे सिखाना॥
शरणागत वत्सल भगवाना । भजों राम शोभा सिन्धु सुजाना॥
कमल नयन जो श्यामल गाता । पलक नयन जिन्हें सेवक भाता॥
शोभित रुचि धनु बाण तूणीरा । जिनके दरश को संत हैं अधीरा॥
ब्याल समान भयानक काला । राम गरुण सम पियो वही प्याला॥
लोभ मोह झुण्ड हिरण समाना । प्रभु किरात एब धरो उन्हें ध्याना॥
काम आदि गज सम बलवाना । भजो रघुपति जो सिंह समाना॥
संसय शोक अन्धकार ले आयी । रघुनायक सूर्य सम दें भगाई॥

दोहा ॥दुराचारी जग में दिखें । जिम घना जंगल होय॥
जला भस्म करें राम जी । क्यों न नमत सब कोय॥ ४२

चौ ॥जन्म मृत्यु भय जग जो मिटाई । सभी भजिये सिय संग रघुराई॥
मनुज बासना मसक समाना । एक रस राम हिम हिय में बसाना॥
संत सुखदायक महि भार हरता । मूढ़ जसकरन क्यों न उसे भजता॥
नगर के नर नारी यही भांती । भजते राम को दिन और राती॥
सदा अनुकूल रहें रघुनायक । करते कृपा सब पर सुख दायक॥
राम सूर्य जग जबसे दिखाया । तीनों लोक में प्रकाश है छाया॥
कुछ लोग उससे सुखी हो जाई । पर कुछ हैं जो दुखी दिखाई॥
जिन्हें दुख हुआ करूँ उनका बखाना । उनमें रात्रि रूपी अग्याना॥

दोहा ॥उल्लू पाप रूप उन्हीं में । जहाँ-तहाँ वे छिप जात॥
प्रभु से दुखित काम क्रोध भी । ऊपर नहि पड़त दिखात॥ ४३

चौ ॥काल कर्म गुण और स्वभावा । राम प्रताप इन्हें भी न भावा॥
इर्ष्या मोह मद और सम्माना । चोर समान ये प्रभु को भुलाना॥
ज्ञान विज्ञान जो कमल समाना । राम प्रभाव से बढ़ते दिखाना॥
बैराग्य विवेक सुख और संतोषा । राम प्रताप से विकशें विशेषा॥
जिसके हृदय राम सूर्य उग जाई । वर्णित बाद बाले विकशाई॥
और जिन्हें पहले वर्णन कीन्हा । प्रभु प्रकाश में वे छुप लीन्हा॥
एक दिन अनुज सहित श्री रामा । संग में परम भक्त हनुमाना॥
पुष्प वाटिका घूमत भयऊ । भाँति-भाँति पुष्प खिले जहाँ दिखयू॥

दोहा ॥यह अवसर शुभ देख कर । आये सनकादि मुनीष॥
तेज पुंज गुण शील वे । रहते लीन सदा ईश॥ ४४

चौ ॥देखन में बालक रूप रहही । पर सतयुग से वे ऐसेहि दिखही॥
चारों वेद मानों धरे स्वरूपा । समदर्शी भेदहीन मुनिरूपा॥
वस्त्र दिशाएँ व व्यसन भी एका । सुनूँ चरित श्री राम विवेका॥
ऋषि अगस्त आश्रम से ये आबा । जिन्होंने इन्हें राम कथा सुनाबा॥
बहुत भांति कुम्भज कथा गाई । जो मन में ब्रह्म ज्ञान उपजाई॥
आत देख सनकादिक रामा । उठ उनको किया दण्ड प्रणामा॥
कुशल पूछ निज वस्त्र बिछा दीन्हा । प्रभु बैठन को निवेदन कीन्हा॥
फिर तीनो भ्रात संग हनुमाना । करके दंडवत बड़ा सुख पाना॥

दोहा ॥दर्शन कर रघुनाथ के । मुनि को अति सुख होय॥
अतुल सुन्दरता देख वे । निज मन उन्हीं में खोय॥ ४५

चौ ॥सुंदर श्याम गात क्मलायन । जन्म मृत्यु भव भय को मिटायन॥
एक टक हो मुनि राम निहारी । पुलकित दिखें प्रेम सकें न सम्हारी॥
मुनि सम्मुख वे खड़े हो जाई । हाथ जोड़ शीष उनको झुकाई॥
रघुकुल मणि दशा मुनि की निहारी । पुलकायवान नैन अश्रू जारी॥
मुनि के हाथ गह प्रभु ने बैठाया । बचन मनोहर उनको सुनाया॥
मुनिवर आज मैं धन्य हो जाई । आपके दरश से पाप नसाई॥
मिले सत्संग भाग्य खुल जाता । बिन प्रयास जन्म मृत्यु से छुड़ाता॥
सत्संग भव बँधन से छुड़ाई । कामी संग जन्म मृत्यु में बँधाई॥

दोहा ॥ऐसा वेद-पुराण कह । कवि संत यही बोल॥
बड़े भाग्य से मिलत यह । जब बनता संयोग॥ ४६

चौ ॥प्रभु के वचन सुन मुनि हर्षाई । हो पुलकित स्तुति थी सुनायी॥
जय हो आपकी हे भगवाना । ज्ञान बान अंत हीन दयावाना॥
निर्गुण सगुण तुम्ही जय तुम्हारी । सुख सुंदर धाम ज्ञानी अविकारी॥
जय लक्ष्मीपति भूधर अजन्मा । अजर अनुपमेय अनादि अकर्मा॥

आप यशस्वी ग्यानि व अमानी । वेद पुराण तुम्हार यश गानी॥
उपकारी ज्ञानदाई तत्व ज्ञाता । माया रहित नामपरे श्रुति गाता॥
आप सर्वग्य सर्व उर बासी । करो मुझ पर दया हे सुख राशी॥
संशय जन्म मृत्यु कष्ट हरिये । हिय बसि काम क्रोध मद हनिये॥

दोहा ॥हे प्रभु कृपा निधान तुम । परमानन्द सुख धाम॥
सबके काम सम्हारते । प्रेम भक्ति दो दान॥ ४७

चौ ॥जो पावन त्रिय ताप नसाती । जन्म जन्म के कलेश मिटाती॥
कामधेनु कल्पवृक्ष के समाना । हो प्रसन्न मुझे भक्ति प्रदाना॥
जन्म मृत्यु भव सिन्धु समाना । कुम्भज सम आप इसे शोख पाना॥
सेवा आपकी शुलभ अति होई । सकल प्रकार के सुख वह देई॥
मन के दुःख दारुण प्रभु हरिये । समदृष्टि मन मेरे भरिये॥
ईर्ष्या भय विषयों को हटाओ । विनय विवेक बैराग्य प्रभु लाओ॥
हे भू मणि राजा अधिराजा । भक्ति दे प्रभु हिय मेरे साजा॥
मुनि मन सर बसि हंस समाना । चरण आपके शिव ब्रह्म ध्याना॥

दोहा ॥रघुकुल के प्रभु सूर्य हो । रक्षक श्रुति वेद पुराण॥
काल कर्म व स्वभाव के । भछण करो परिणाम॥ ४८

चौ ॥हे प्रभु दीनन तारन हारे । जसकरन स्वामि त्रिलोक सम्हारे॥
की स्तुति मुनि बारंबारा । बहत नैन से अश्रु की धारा॥
प्रेम सहित प्रभु को सिर नाबा । और उनसे इच्छित वर पाबा॥
ब्रह्म लोक को मुनि चल दीन्हा । प्रणाम अनुज संग रघुवर कीन्हा॥
अनुज चहत पूछन कुछ रामा । संकोच लागि हनुमत से पुंछाना॥
इच्छा लागि सुनूँ मुख भगवाना । सुनकर सारे भ्रम मिट जाना॥
सब उर बासी प्रभु सब जाना । पूछत भये क्या बात हनुमाना॥
पवन तनय हाथ जोड़ बताई । सुनहु दींनबंधु हे रघुराई॥

दोहा ॥कुछ है भरत को पूछना । प्रभु संकोच सतात॥
मेरी तरफ वे देखते । प्रश्न नही कर पात॥ ४९

चौ ॥कपि तुम जानत मेरा स्वभावा । भरत व मुझमें न भेद दिखाबा॥
भरत सुने ये वचन भगवाना । प्रेम से उनके चरण लग जाना॥
कहा हे प्रभु सुनो दयानिधाना । शरणागत सुख धाम सुजाना॥
आप जो कहा नहि उसमें सन्देहा । मुझे सपनेहु नहि शोक व मोहा॥
हे कृपा नन्द सुखदाता स्वामी । मुझ पर कीन्ह कृपा शत-शत नमामि॥
प्रभु धृष्टता क्षमा मेरी कीजे । सेवक आपका शरण मुझे लीजे॥
संतन महिमा बहुत गयी गाई । वेद-पुराण बहु भांति बताई॥
आप भी निज श्री मुख से सुनायी । और कृपा उन पर वर्षाई॥

दोहा ॥भरत कहा मैं सुनन चह । भक्तन के लक्ष्मण जोय॥
कृपा सिन्धु आप ज्ञान निधि । दुःख हरता सुख सोय॥ ५०

चौ ॥दींन बन्धु भक्तन सुख दाई । शरणागत प्रभु मुझे समझाई॥
कौन सा भेद संत व असंता । बतलाओ सुख सिन्धु भगवंता॥
संत के बहु गुण कह रघुराई । अनुज उन्हें वेदों ने गाई॥
करनी संत असंत जो करही । वही चंदन व कुल्हाड़ी में दिखही॥
फरसा चन्दन काटत जाई । कटत भी वह निज खुसबू लगाई॥
यही गुण से चन्दन विप्र माथा । कुल्हाड़ अग्नि दाह पिटत हैं भ्राता॥
संत न विषयों में लिप्त रहही । सद्गुण शील मधुरता दिखही॥
पर दुःख से वे दुखी हो जाबा । दूसरों के सुख सुखी दिखाबा॥

दोहा ॥समता भाव संत रखते । नहि उन्हें शत्रु दिखात॥
बैरागी वे मद रहित । भय लोभ हर्ष मिटात॥ ५१

चौ ॥कोमल दया दीन दुखियों पे करही । मन क्रम बच शुद्ध भक्ति रत रहही॥
दें सबें मान पर खुद को न चाही । ऐसे संत मुझे प्राण सम भाई॥
कामना रहित जिन्हें प्रभु प्रीती । विनय बैराग्य शांत सुख नीती॥
शीतल सरल मयत्री सबसे । प्रेम ज्ञानियों धर्म रत मन से॥
ये लच्छण जिसमें दे दिखाई । सच्चा संत वह जानियो भाई॥
मन इंद्रिय बस नियम न डोलहि । कटुक वचन नहि किसी से बोलहि॥
स्तुति निंदा एक समाना । सदा मेरे चरणों में प्रीति लगाना॥
वे सदा सुखी और गुणवाना । हमको भ्रात ये प्राण समाना॥

दोहा ॥कहूं असंतन के विषय । नहि सपनेहु उन देख॥
इनकी संगत है दुखद । शास्त्रों का यही लेख॥ ५२

चौ ॥दुष्ट का मन संताप खजाना । दूसरों का सुख देख जल जाना॥
सुन दूसरों निंदा हर्षायी । मानों छिपा खजाना पायी॥
ऐसे लोग क्रोध मद लोभ कामी । कपटी कुटिल निर्दयी अघ मानी॥
बिन कारण बैर लें सबही से । अनहित उनका जो हितही इनके॥
बोलें झूठ हर क्रिया कलापा । करत दिखत बहु भाँति विलापा॥
बोलें मधुर मयूर की बानी । डस लें नाग और उसे पचा जानी॥
पर द्रोह और पर नारि सुहानी । तथा पर धन पे निगाह जमानी॥
ऐसे पाप मय मनुज की देहा । हैं राक्षस समझो हे सनेहा॥

दोहा ॥घिरे रहत सदा लोभ से । मैथुन पशु सम आहार॥
मृत्यु से भी नहि डरें ये । पर यश सुन हो बुखार॥ ५३

चौ ॥दूसरों पर जब विपत्ति दिखायी । खुश होय जिम राज गद्दी पायी॥
परिजन विरोधी स्वार्थ रत दिखही । कामी क्रोध लोभ लम्पट रहही॥
गुरु पितु मातु की मान न बाता । खुद डूबे अन्य को भी डुबाता॥
अन्य से बैर मोह बस करही । नहि सत्संग कथा रुचि लयही॥
कामी मंद बुद्धि अवगुण खाना । वेद निंदक पर धन हथियाना॥
द्रोह विशेष करें विद्वाना । हिय में भरा कपट अभिमाना॥
ऐसे नीच नहि सतयुग त्रेता । द्वापर में भी जहाँ तहां लेखा॥
इस प्रकार दुष्ट कलियुग होई । त्रास करें सज्जन को सोई॥

दोहा ॥भ्रात भलाई दूसरों । इस सम धर्म न कोय॥
और अन्य यदि दुःख दिया । पाप न उस सम होय॥ ५४

चौ ॥भ्रात निचोड़ ये वेद-पुराणा । हम ये कहा यही कहें विद्वाना॥
मनुज देह धर पर दुःख दयही । जीवन में वे संकट लयही॥
बहुत पाप मोह बस नर कीन्हा । स्वारथ में परलोक डुबा दीन्हा॥
इनको मैं सदा काल समाना । इनके कर्म फल इन्हें प्रदाना॥

एसा सोच भ्राता व्यक्ति ज्ञानी । जगत असार जान मुझे ध्यानी॥
देते कर्म शुभाशुभ परिणामा । जो सदा जन्म मृत्यु में फसाना॥
अतः कर्म तज हमें जो ध्याते । सुर नर मुनि पति हम हैं बचाते॥
लक्षण मैं संत असंत बखाना । जो समझे जन्म मृत्यु बच जाना॥

दोहा ॥माया द्वारा रचित ये । गुण और दोष जो भाख॥
ज्ञानी नहि देखत इन्हें । नहि इनकी कोई शाख॥ ५५

चौ ॥प्रभु श्रीमुख से कहे जो बचना । सुन हर्षित भ्रात थे सुखी दिखना॥
स्तुति बार-बार वे कीन्हा । परमानंद हनुमत थे प्रवीणा॥
फिर निज महल को गये रघुराई । प्रति दिन यही चरित दोहराई॥
नारद अवध में पुनि पुनि आवत । चरित प्रभु श्री राम का गाबत॥
अयोध्या आय देवऋषि देख चरिता । ब्रह्म लोक जाय वर्णन करता॥
अति पुनीति ये चरित श्री रामा । ऋषिबर इनको गाय न अघाना॥
ब्रह्मा जी सुन खुश हो जाई । कहते तात पुनि पुनि ये सुनायी॥
सनकादिक नारद को सराहते । यद्यपि ब्रह्म निष्ठ खुद को बताते॥

दोहा ॥सुनकर यह गुण गान वे । ब्रह्म समाधि थे भूल॥
आदर से सुनते रहे । राम कथा में बूढ़॥ ५६

चौ ॥बुलबाये एक बार रघुराई । गुरु वशिष्ठ पुरबासी आयी॥
जब सभी जन सभा बैठ थे जाबा । भव भय भंजक प्रभु ये सुनाबा॥
सुनो सभी जन जो मैं बताई । मोह बस से मैं नहि ये सुनायी॥
भय संकोच त्याग इसे सुनिए । अगर ये भाय तो इसपर चलिए॥
वही मेरा प्रिय सेवक होई । आज्ञा मेरी मान चले जोई॥
यदि मैं बात अनीति बताई । तो निर्भय हो मुझे बिसराई॥
मानव तन बड़े भाग्य से पावा । इसके हेतु देवता ललचाबा॥
मोछ प्राप्त को ये साधन चोखा । यही सम्हार सके परलोका॥

दोहा ॥मनुज शरीर जो पाय के । नहि दिया इस पर ध्यान॥
बिगड़ जाय परलोक तब । फिर पछताय तमाम॥ ५७

चौ ॥फिर दे दोष ईश्वर काल करमा । व्यक्ति को निज गलती नहि दिखना॥
विषय भोग को नहि यह देहा । स्वर्ग भोग मिलें तो भी न लेहा॥
जो तन पाय विषयी हो जायी । अमृत त्याग वह विष ले आयी॥
बुद्धिमान यह व्यक्ति न कहावा । पारस बदल वह पथरी लावा॥
यह अविनासी जीव भटकाई । लाख चौरासी योनियों जाई॥
काल स्वभाव कर्म गुण घिरही । माया प्रेरित भटकत फिरही॥
कभी ईश्वर की कृपा हो जाई । तब मानव देह उसे मिल जाई॥
भव सागर हेतु तन ये जहाजा । वायु अनुकूल ईश का लिहाजा॥

दोहा ॥इस मजबूत जहाज के । सदगुरु खेबन हार॥
दुर्लभ साधन सहज ही । मिलें कृपा उनकी अपार॥ ५८

चौ ॥पाय के ऐसेहु साधन प्राणी । नहि भव तर तो उसको जानी॥
मंद बुद्धि व कृतघ्न दिखाबा । आत्म घाती की गति वह पाबा॥
सुख इस जग का और परलोका । चहिये तो वचन मान मेरा ठोका॥
सुलभ भक्ति मार्ग हैं सुखदाई । वेद पुराणों ने इसको गाई॥
दुर्गम विघ्न आयें मारग ज्ञाना । साधन कठिन नहि मन टिक पाना॥
सहकर कष्ट यदि कोई पाता । पर बिन भक्ति मुझे जीब न भाता॥
सुख की खान भक्ति नहि आधीना । पर सत्संग बिन मिले न प्रवीणा॥
गुरु सत्संग मिले पुण्यतायी । जन्म मृत्यु बंधन ये मिटाई॥

दोहा ॥कलियुग में पुण्य एक ही । मदद गरीब असहाय॥
दीन दुखियों सेवा करो । जाति-पाँति को बिहाय॥ ५९

चौ ॥राम कहा गुप्त मन्त्र मैं बतावा । शिव सेवा से भक्ति मेरी पावा॥
नहि कुछ मेहनत भक्ति में लगही । जरूरत योग यज्ञ व्रत की न परही॥
सरल स्वभाव कपट तज देही । और संतोष भक्त को केही॥
होकर दास मेरा आस अन्य करही । तब तो आस्था निर्बल दिखही॥
भ्राता मुझको कहे कुछ कोई । पर इन्हीं गुणों के मैं बस होई॥
जिसे न आस किसी भय या लड़ाई । उसे सदा ये जग सुखदाई॥
नहि परवाह निज गृह फल माना । निष्पापी क्रोधहीन बुद्धिमाना॥
करत सदा सज्जन सों प्रीती । विषय स्वर्ग मोक्ष त्रन सम नीति॥

दोहा ॥और जो सदा भक्ति पक्षधर । अन्य का नही विरोध॥
मत नहि काटत किसी का । नहि कुतर्क तथा क्रोध॥ ६०

चौ ॥मेरे चरित व गुणों को ध्याता । परमानंद में डूब वह दिखाता॥
सुनकर राम के अमृत बचना । सभी ने पकड़े उनके चरना॥
मातु पिता बंधु गुरु तुम मेरे । कृपासिन्धु प्रिय प्राण घनेरे॥
कहा प्रभु आप मेरे तन धन धामा । सभी भाति हितकारी दिखाना॥
नहि कोई दे सके अस उपदेशा । स्वार्थी जग पितु मातु विशेषा॥
कोइ बिन स्वार्थ उपदेश न दययी । केवल आप भक्त आपके करही॥
सभी स्वार्थ मित्र इस संसारा । सपनेहु परमारथी न निहारा॥
प्रेम सने सुन सबके ये वचना । रघुनायक हर्षित थे दिखना॥

दोहा ॥फिर आज्ञा ले राम की । गये सब निज निज धाम॥
चर्चा करत प्रभु चरित की । नहि कोई उनके समान॥ ६१

चौ ॥कह जसकरन अयोध्यावासी । पाय राम नृप भये सुख राशी॥
गुरु वशिष्ठ एक दिवस थे आना । बैठे जहाँ राम सुख धामा॥
आदर सहित श्री राम बैठाया । पद पखार चरणामृत पाया॥
बोले मुनि कर जोर हे रामा । करूँ बिनती कुछ सुनो धर ध्याना॥
चरित आपका मनुज समाना । देख हृदय मेरे भ्रम उपजाना॥
आपकी महिमा अमित कहूं कैसे । वेद पुराण भी कह नहि बैसे॥
कार्य पुरोहिती निन्दक माना । शास्त्रों ने भी ऐसा बताना॥
जब मुझे ब्रह्मा प्रकट था कीन्हा । पुरोहित कार्य मैं मना कर दीन्हा॥

दोहा ॥तब ब्रह्मा समझाये थे । आगे लाभ प्रद सोय॥
त्रेता युग रघुवंश में । नर रूप विष्णु होय॥ ६२

चौ ॥तब मन में ये बिचार था भययू । जिसको प्राप्त हेतु जप तप करेयू॥
मिलेंगे वही प्रभु इसी कर्म द्वारा । रघुवंश पुरोहिती तब मैं सम्हारा॥
पाठ करन या सुनना पुराणा । केवल यही उद्देश्य दिखाना॥
रहे प्रीति सदा आपके चरना । जप तप दया धर्म तीरथ करना॥

गंदे जल से न वस्त्र साफ होई । पानी मथन से न घृत पाय कोई॥
बैसेहि प्रेम निर्मल यदि नाही । आपके चरण पहुँच नहि पाही॥
वही ज्ञाता पंडित तत्व ज्ञानी । वही गुणज्ञ व अखण्ड विज्ञानी॥
चतुर और सर्ब गुणों वह खाना । जिसने हृदय प्रभु चरण बसाना॥

दोहा ॥माँगन चहत वरदान एक । दीजे कृपानिधान॥
जन्म जन्मान्तर प्रभु चरण । बढ़े प्रीति भगवान॥ ६३

चौ ॥गुरु वशिष्ठ फिर निज ग्रह आबा । उनका स्वभाव प्रभु मन भाबा॥
अब संग भरत अनुज हनुमाना । लेकर साथ श्री कृपानिधाना॥
घर के बाहर सभी थे आना । घोड़े रथ हाथी मंगबाना॥
देख के प्रभु ने सराहना कीन्हा । फिर जो चाहा उसे वही दीन्हा॥
थकित प्रभु जग श्रम जो मिटायी । आये जहाँ आम तरु छायीं॥
भरत ने दिया निज वस्त्र बिछाई । बैठे प्रभु सेबत सब भाई॥
पंखा ढलत उन पर हनुमाना । पुलकित तन लोचन जल आना॥
कपि सम कोई बड़भागी न भयऊ । उन सम प्रीति प्रभु काहु न दयऊ॥

दोहा ॥कह शिव सुनो भवानि यह । प्रभु से प्रीति कपि कीन्ह॥
उन समान नहि भगत कोई । स्वयं राम कह दीन्ह॥ ६३

चौ ॥तेहि क्षण वहाँ नारद आ जावा । सुंदर राम गुण यश वे गावा॥
कहा हे दुःख मोचन क्मलायन । हम पर भी कृपा दृष्टि फैलायन॥
नील बदन शिव हृदय निवासा । उनके मधुर प्रेम रस के सुपासा॥
करत संघार निशाचर यूथा । आनन्द मुनि संतों को बहूता॥
पाप नास सज्जनों सुखदाता । आश्रय दींन दुखियों को प्रदाता॥
हरते निज भुज बल महि भारा । खर दूषण बिराध संघारा॥
रावण मार सुख जग फैलाया । दशरथ सुत शीष तुम्हें मैं नमाया॥
वेद-पुराण सुयश प्रभु गाया । सुर मुनि संतन ने सुख पाया॥

दोहा ॥करुणामय प्रभु मद हरत । निपुण कौशलानाथ॥
कलियुग के सब दोष हर । नमें जसकरन माथ॥ ६४

चौ ॥नारद गाय यश गुण श्रीरामा । धर उन्हें हिय ब्रह्मलोक सिधाना॥
शिव कहें उमा कथा मैं बखानी । बिसद सरल निज मत से बतानी॥
बड़ा अपार चरित श्री रामा । शारदा शेष भी कह नहि पाना॥
उनके कर्म जन्म नाम अनंता । हैं अनंत गुण के भगवंता॥
पृथ्वी के रज कण गिन सकहीं । राम चरित गिन सकत न कतहीं॥
राम कथामृत प्रभु पद दयही । अनपायनी भक्ति सुन मिलही॥
उमा कथा ये जो हमने गाई । कागभुशुण्डि भी गरुण बतायी॥
चरित राम के कुछ मैं गावा । कहो उमा तुम्हें अब क्या बतावा॥

दोहा ॥राम कथामृत पान कर । मातु उमा हर्षात॥
बोली प्रभु मैं धन्य भई । आपसे जो सुन पात॥ ६५

चौ ॥बोलीं कथा ये अति सुखदायी । जगत के भव बंधन को छुड़ाई॥
आपकी कृपा कृतकृत्य मैं स्वामी । रामचरित सुन मोह मैं नसानी॥
आपका मुख प्रभु चन्द्र समाना । राम कथामृत ये वर्षाना॥
सुन करके इसे अपने काना । मन मेरा अब तक न अघाना॥
राम कथामृत सुन जो अघाही । रस इसका वह चख ही न पायी॥
ऋषि-मुनि जो भव बंधन हीना । रहते सदा हरि चरित में लीना॥
चाहत पार भव सिन्धु अपारा । राम कथा नाव का ले सहारा॥
विषई पुरुष भी यदि सुन पायी । उनके कर्ण को भी सुखदाई॥

दोहा ॥ऐसा कौन इस जगत में । जो रखता हो कान॥
सुख न पाय जब करत वह । राम कथामृत पान॥ ६६

चौ ॥मूरख वे जिन्हें कथा न भाती । अपनी आत्मा के वे घाती॥
राम चरित हे स्वामी गाया । सुन करके इसे मैं सुख पाया॥
गरुण भी खुश मेरी तरह दिखाई । कागभुशुण्डि जब कथा सुनायी॥
राम चरण में प्रेम का प्रभावा । कौआ तन ज्ञान भक्ति वह पावा॥
हे प्रभु मुझे संदेह हो जावा । ज्ञानी विज्ञानी वह भक्ति किम पावा॥
हजारों व्यक्तियों में एक कोई । धर्म का पालन करता जोई॥
करोण धर्मव्रती अगर दिखाई । तब एक विषय विरक्ती पायी॥
विषय विमुख जब मिलें करोड़ों । तब यथार्थ ज्ञानी एक शोधों॥

दोहा ॥ज्ञानी मिलें करोड़ जब । जीवन मुक्त तब एक॥
इस जग में इस तरह के । बिरला जीव ही देख॥ ६७

चौ ॥मिलें ऐसे भी हजारों प्राणी । पर दुर्लभ ब्रह्म लीन्ह सुख खानी॥
हजारों ब्रह्मलीन्ह सुखी सब भांति । पर ब्रह्मलीन्ह विज्ञानी न पाती॥
धर्मज्ञ विरक्त ज्ञानी जीबमुक्ति । और ब्रह्मलीन्ह जो सब सुखों युक्ती॥
इन सभी श्रेणियों में महादेवा । राम भक्ति मद हीन जो लेवा॥
सर्बोच्च ये कागभुशुण्डि किम पायी । देवों के देव हमें समझाई॥
ज्ञानी धीर रामरत गुण धामा । कागभुशुण्डि किम काग तन पाना॥
राम चरित पावन सुख दाई । हे प्रभु काग किस भाँति थे पायी॥
परमेश्वर आप कहाँ सुन पावा । मुझे कौतूहल शीघ्र बतावा॥

दोहा ॥गरुण जो ज्ञानी गुण निधी । सदा नारायण पास॥
क्यों गये काग के निकट वे । लेकर कौन-सी आस॥ ६८

चौ ॥सदा मुनियों की वे संगत करही । उनको त्याग क्यों काग ढिंग गयही॥
चर्चा राम दौऊ बीच भई कैसे । जैसे घटी समझाओ बैसे॥
सुंदर सरल सुनी गौरी बाता । होकर खुश शिव रहे ये बताता॥
धनी हो गौरी मती अति पावन । राम चरण अति प्रेम लगावन॥
सुनो वह घटना हमसे पुनीता । जिसे सुन भ्रम मिटें मति हो रीता॥
फिर मति में भरे राम से प्रेमा । तरे भव सिन्धु बिना कुछ नेमा॥
जैसे भ्रमित तुम किया प्रश्न हमसे । गरुण भी भ्रमित हो पूछें काग से॥
वही सब सुनो हमसे इतिहासा । कह रहा तुमसे देख जिज्ञासा॥

दोहा ॥दुःख भंजन जो कथा मैं । सुन पायी बह बतात॥
सुमुखि सुलोचन सुनो बह । जिसे सुन सब तर जात॥ ६९

चौ ॥पूर्व जन्म तुम्हरा सती नामा । अवतरी थीं दच्छ के घर आना॥
हुआ अपमान वहाँ यच्य माहीं । क्रोध में भर तुम प्राण तज जाही॥
मेरे गण तब यज्ञ भंग कीन्हा । तुम्हें प्रसंग यह ज्ञात प्रवीणा॥
मैंने तब अति सोच था करहू । तुम्हरे वियोग से दुखी थे भयऊ॥

हो बैरागी मैं फिरता जाई । नदियाँ सर गिरि बन थे दिखाई॥
गिरि सुमेरु के उत्तर ओरा । थोड़ी दूरि पर नील गिरि घेरा॥
सुंदर शिखर स्वर्णमय उसके । भाये हमें वे दिखे मेरे मन के॥
एक एक वृक्ष उन शिखरों होई । बट पाकर आम पीपल जोई॥

दोहा ॥शिखर ऊपर तालाब एक । सीढ़ियाँ मणिमय सोय॥
अति रमणीकता दिख रही । मन मोहित मेरा होय॥ ७०

चौ ॥शीतल निर्मल मीठा पानी । कल रब हंस भोंरे गुन्जानी॥
कागभुशुण्डि का इसी गिरि बासा । कल्पों तक भी न उनका नासा॥
माया रचित क्रोध मोह कामा । सारे जग पर यहाँ न दिखाना॥
बस कर यहाँ काग जपें हरि नामा । उसको सुनों उमा धरकर ध्याना॥
एक दिन इन्हीं ने कृपा थी दिखायी । गुरु त्यागी जी की अगुआई॥
जसकरन पाय उनका आशीषा । कृपा श्री राम की भई विशेषा॥
राम चरण में प्रीति बढ़ी तबसे । लिखबा रहे राम कथा वे हमसे॥
पीपल नीचे ध्यान काग धरई । उमा जप यज्ञ पाकर छांह करही॥

दोहा ॥पूजा मानसिक करत नित । बैठ छाँव वह आम॥
भजन सिबा नहि चाह कुछ । न ही दूसरा काम॥ ७१

चौ ॥कथा कहत बट वृक्ष की छाया । सुनन को खग बहु आया जाया॥
बहुत भाँति राम कथा सुनायी । तरह तरह विधि से वह गाई॥
हंस जो वहाँ निर्मल मन रहही । राम कथामृत पान वे करही॥
मैं वहाँ पहुँच दृश्य यह दिखाई । हृदय में आनन्द रहा न समाई॥
हंश रूप धर वहाँ कुछ काला । रहे कथा सुनी संग मराला॥
सुनकर चरित मैं वहाँ श्री रामा । और फिर लौट कैलाश को आना॥
हे उमा मैं क्यों काग पे जाई । कारण तुमको दिया बतलाई॥
अब तुम्हें वह इतिहास सुनावा । गरुण पंछिपति वहाँ क्यों जावा॥

दोहा ॥युद्ध लीला श्री राम ने । मेघनाद संग कीन्ह॥
उसे देख या सोच भी । लज्जित मन दुःख लीन्ह॥ ७२

चौ ॥नाग फास मेघनाद चलाया । उसमें प्रभु ने खुद को बंधाया॥
तब नारद गये गरुण के पासा । करें नांग भक्षण वे आशा॥
आय गरुण नांग भक्षण कीन्हा । बंधन मुक्त तब प्रभु हो लीन्हा॥
देख ये गरुण को उपजा मोहा । हृदय में उनके अति शंदोहा॥
बंधन में वे देख भगवाना । तरह तरह अनुमान लगाना॥
प्रभु व्यापक माया मोह हीना । वे परमेश्वर गुणी प्रवीणा॥
सुना था वही अवतारी रामा । पर उनका प्रभाव न दिखाना॥
जिसका नाम जपत जग सारा । पाता भव बंधन से किनारा॥

दोहा ॥उन्हीं परमेश्वर राम को । राक्षस युद्ध दौरान॥
नागफांस में बाँध लीन्ह । ईश्वर नही ये दिखान॥ ७३

चौ ॥गरुण बहुत मन को समझावा । पर भ्रम मन में बढत ही जावा॥
होकर दुखित तर्क किये जाई । तुम्हरी भांति मोह फसे दिखाई॥
होकर ब्यथित नारद पर आवा । निज मन का संदेह सुनावा॥
सुन नारद उन पर दया कीन्ही । कहा प्रभु माया सबल मैं चीन्ही॥
ज्ञानियों के भी चित्त हर लेही । और बल पूर्वक मोह भर देही॥
बहुत बार यह मुझको नचावा । खगपति उसने तुमको बधावा॥
उपजा मोह तुम्हरे मन माहीं । मेटना इसे मेरे बस नाहीं॥
ब्रह्मा पास जाओ पँछिराजा । शायद करें वही तुम्हरा काजा॥

दोहा ॥वे करें या आदेश जो । तुमको परम पिता देहि॥
वही हित होगा आपके । सादर तुम उसे केहि॥ ७४

चौ ॥यह कह कर नारद चल दीन्हा । गाबत राम गुण ऋषि प्रवीणा॥
सोचत बलवती राम की माया । उन्ही की कृपा छूट ये पाया॥
इधर गरुण अब ब्रह्म पे आवा । उन्हें अपना संदेह सुनावा॥
सुनकर राम को सिर वे नमाया । उनकी देख महिमा प्रेम छाया॥
परम पिता मन सोच ये कीन्हा । कवि ज्ञानी सब मायाधीना॥
प्रभु माया का अमित प्रभावा । हमें भी बहुत बार ये नचावा॥
जग के रचयिता मैं बंध जावा । खगपति बंधे नहि आश्चर्य आवा॥
तब ब्रह्मा बोले मृदु बानी । महादेव राम महिमा जानी॥

दोहा ॥मेरी सुनो खग नाथ तुम । शीघ्र महेश पे जाहु॥
कर सकते वे निदान यह । अब नहि पूछो काहु॥ ७४

चौ ॥करेंगे वे संशय का निदाना । यह मशवरा गरुण को भाना॥
तुरत बिहंगपति हम तन चलते । उस छण हम कुबेर को निकलते॥
मारग भेंट मुझे किया वे प्रणामा । फिर अपना संदेह सुनाना॥
सुन उनके मृदु कोमल बचना । प्रेम सहित फिर उनसे कहना॥
मार्ग में भेंटे तुम मुझे आयी । कैसे बात तुम्हें हम समझाई॥
यह संदेह तभी मिट जावा । जब सत्संग दीर्घ काल पावा॥
पान करें राम कथामृत नियमा । जो ऋषि मुनियों द्वारा मिलना॥
आद्य मध्य अंत जिसके रामा । और प्रतिपाद्य वही भगवाना॥

दोहा ॥राम कथा जहाँ होय नित । भिजवाऊँ वहाँ तोय॥
जिसको सुनत संदेह मिटि । राम चरण प्रीति होय॥ ७५

चौ ॥राम कथा सत्संग से मिलही । और बिनु कथामृत मोह न टरही॥
जब तक मोह ये भाग न जाई । राम चरण दृढ़ प्रीति न पायी॥
प्रेम बीज यदि हिय नहि उगही । राम न मिलें जप तप खूब करही॥
अतः खग पति उत्तर दिश चलना । वहां रमणीक नील गिरि मिलना॥
काग भुशुण्डि बसि वहाँ राम लीन्हा । परम भक्त ज्ञानी व प्रवीणा॥
अग्रणी राम भक्त वे होई । बहुत काल से भक्ति में खोयी॥
गाते निरंतर कथा श्री रामा । खग बहु भांति सुनन वहाँ आना॥
राम चरित वहाँ जाकर सुनना । मोह जनित ये दुःख तब मिटना॥

दोहा ॥जब समझाया गरुण को । मैंने प्रेम के साथ॥
हमें शीष नमा चल दिया । कथा सुनन खग नाथ॥ ७६

चौ ॥समझा कर इस लिए न भिजाई । क्योंकि राम मर्म मैं पायी॥
पर इस लिये गरुण को भिजाया । उसके हिय अभिमान दिखाया॥
मेटन उसे चहत रघुनाथा । जो कथा में कागभुशुण्डि के साथा॥
दूसरा यह कारण भी रहही । खग की भाषा खग ही समझही॥

उमा प्रभु की माया बलवाना । ज्ञानियों को भी मोह उपजाना॥
भगत ज्ञानियों शिरोमणि जोही । और भगवान के बाहन होई॥
उन खग नाथ को मोह फँसाया । फिर तुच्छ पापी मनुज क्या लाया॥
शिव ब्रह्मा भी मोह फस जाई । फिर इस जग में कौन बच पायी॥

दोहा ॥यही बिचार मुनि ज्ञानि सब । भजें मायापति राम॥
उनकी होय जिस पर कृपा । केवल वही बच पान॥ ७७

चौ ॥गये गरुण अब उस स्थाना । कागभुशुण्डि जहाँ बिश्रामा॥
देख नील गिरि खुश हो जाई । भुशुण्डि के दरश ने मोह मिटाई॥
कर मन्जन जलपान तलावा । खुश होकर बटवृक्ष नीचे आवा॥
जहां बड़े बूढ़े बहुत खग आयी । राम चरित वहाँ बैठ सुन पायी॥
कथा आरम्भ होंन थी जबही । पछि राज आये वहाँ तबही॥
देख बिहंग खगपति यहाँ आवा । भुशुण्डि सहित सभी खुशी मनावा॥
स्वागत सभी पँछिराज का कीन्हा । पूछ कुशल आसन उन्हें दीन्हा॥
प्रेम सहित पूजेहु खगराया । मीठे वचन फिर काग उचाया॥

दोहा ॥हुआ कृत्य-कृत्य हे नाथ मैं । आये यहाँ खगराज॥
मिले दर्शन हमें आपके । क्या आयुष हमें आज॥ ७८

चौ ॥कोमल वचन कहे खगराई । आप कृतार्थ है सदा दिखाई॥
महादेव कीन्ह जिसकी बढ़ाई । जग में उस सम कोई न दिखाई॥
जिस कारण बन्धु मैं यहाँ आबा । आपके दरश से पूर्ण दिखाबा॥
देख ये पावन आश्रम तोही । मिटे सकल संशय भ्रम मोही॥
अति पावन कथामृत श्रीरामा । जो सुखपुंज और दुःखों की निदाना॥
उसको बन्धु मैं सुनना चाही । सुनकर जिसे सुखी मैं हो जाही॥
सुन खगपति के विनति प्रेम वचना । उत्साह काग भुशुण्डि का बढ़ना॥
कहने लगे वे राम कथा पावन । रघुपति के गुणगान सुहावन॥

दोहा ॥हे उमा काग ने प्रथम कह । कथा सरोवर रूप॥
कहा नारद का मोह फिर । जन्म रावण लंक भूप॥ ७९

चौ ॥फिर गावा प्रभु का अवतारा । राम का बाल चरित बिस्तारा॥
बाल लीलायें प्रेम से बखानी । विश्वामित्र आगवन बतानी॥
कहा विवाह वर्णन श्री रामा । राज तिलक का प्रसंग सुनाना॥
तब वरदान कैकेयी के बताना । राम तिलक भंग जिससे हो जाना॥
नगरवासियों बिरह दुःख कहना । राम लखन बीच चर्चा सुनना॥
बन को चलन केवट प्रेम गाया । पार की गंगा प्रयाग नहाया॥
बाल्मीक से राम का मिलना । और फिर चित्रकूट राम बसना॥
सुमन्त्र लौट दशरथ का मरना । भरत आगमन प्रेम उमड़ना॥

दोहा ॥पुरवासियों को संग ले । अंत्येष्टि पिता की कीन्ह॥
फिर सबको ले भरत जी । राम तरफ चल दीन्ह॥ ८०

चौ ॥चित्रकूट राम भरत का मिलना । ले पादुका भरत का लौटना॥
नंदी ग्राम बास कथा जयंता । अनुसुइया अत्रि मिले भगवंता॥
वध बिराध सरभंग देह तजना । सुतीक्षण प्रेम कुम्भज ऋषि मिलना॥
पावनता दण्डक बन गाई । गीध राज मैत्री बतलाई॥
पंचवटी में बास भगवाना । ऋषि मुनियों के भय का निदाना॥
लक्ष्मण को उपदेश सुनाना । सूपनखा को कुरूप बनाना॥
कथा खरदूषण बध की सुनायी । प्रभु अवतार रावण जान जाई॥
मारीच निकट रावण का जाना । वार्तालाप दोनों बीच बताना॥

दोहा ॥अग्नि बास कर जानकी । माया की सीय बनाय॥
हरण किया रावण इन्ही । रघुपति बिरह सुनाय॥ ८१

चौ ॥राम का गीध क्रियाकर्म करना । वर्णन कबंध शबरी मोक्ष मिलना॥
उसके बताये बढ़े रघुराया । पम्पा सरोवर निकट वे आया॥
उपदेश नारद को मिलन हनुमाना । सुग्रीव मित्रता बालि बध गाना॥
राजगद्दी सुग्रीव को दीन्हा । बास प्रबर्शन गिरि प्रभु कीन्हा॥
वर्षा विगत सर्दी ऋतु आयी । राम कोप कपि पति भय गाई॥
सुग्रीव सकल दिश दूत भिजावा । हर विधि सीता खोज करावा॥
भूमि बिबर कपि पहुँचे जाई । सागर तट सम्पाती मिलाई॥
उसके द्वारा सुना हनुमाना । मार छलाँग सिन्धु पार जाना॥

दोहा ॥किया लंका में प्रवेश वे । मुद्रिका सिय पे गिराय॥
उपवन का विध्वंस कर । लंक में आग लगाय॥ ८२

चौ ॥देकर धीर सिय सिन्धु लांघना । राम पे पहुँच कुशलता कहना॥
सैन संग प्रभु सिन्धु तट आना । विभीषण राम से यहाँ मिल जाना॥
सागर बाँधन युक्ति वह सुझाई । बाँध सेतु सेना पार आयी॥
राम दूत बन अंगद गयऊ । समझाया रावण नहि सुनेहू॥
वानर निसिचर युद्ध सुनाया । मेघनाद कुम्भकर्ण बध गाया॥
विविध भांति राक्षसों का मरना । फिर राम रावण युद्ध को कहना॥
रावण बध मय सुता विलापा । तिलक विभीषण मिटा संतापा॥
सीता मिली राम से आयी । स्तुति देवों ने थी गायी॥

दोहा ॥राम लखन सिय कपि सहित । पुष्पक चढ़े बतात॥
नगर अयोध्या को चले । देव पुष्प वर्षात॥ ८३

चौ ॥आये नगर में जिस भाँति रामा । काग भुशुण्डि बिस्तार से गाना॥
राम का राज्याभिषेक बताया । अवध की राजनीति को सुनाया॥
शिव कह कथा उमा मैंने जो गाई । कागभुशुण्डि वही गरुण सुनायी॥
सुनकर गरुण राम कथा पावन । बड़े उत्साह से रहे ये बतावन॥
राम चरित सुन मिटा संदेहा । आप कृपा बढ़ा राम से नेहा॥
रण में बंधे पड़े भगवाना । देखा मैं मन मोह उपजाना॥
सच्चिदानंद सर्वग्य श्री रामा । देते मुक्ति बंध कैसे जाना॥
देख प्रभु का मनुज ये चरिता । भ्रम मेरे हिय में था उपजता॥

दोहा ॥इस भ्रम ने उपकार कर । प्रभु का अनुग्रह होय॥
जो व्याकुल होय धूप से । जाने वृक्ष छाँव सोय॥ ८४

चौ ॥अगर मोह मेरे हिय न उपजता । तो किस भांति मैं आपसे मिलता॥
कैसे सुनता चरित ये सुहाई । तुमने जो विचित्र विधि गाई॥
वेद-पुराण सिद्ध मुनि कहही । नहि इसमें संदेह कुछ दिखही॥
सच्चे शुद्ध संत उसी को मिलही । जिस पर कृपा प्रभु राम जी करही॥

दर्शन आपके कृपा भगवाना । आपने सब भ्रम मेरे मिटाना॥
सुनके विनय प्रेम खगपति बानी । हर्षे काग लोचन बह पानी॥
श्रोता रसिक हरि कथा का होई । और सुशील शुचि सुमति हो जोई॥
तो उमा बकता रहस्य भी बताई । जिसे गोपनीय रख बह छिपाई॥

दोहा ॥कागभुशुण्डि अब फिर कहे । तुमसे अत्यधिक प्रीति॥
मेरे पूज्य पँछिराज तुम । राम कृपा के मीति॥ ८५

चौ ॥तुम्हें मोह माया भ्रम न सताया । आये मुझ पे करन यहाँ दाया॥
मोहित कर तुम्हें यहाँ भिजवाना । मुझे बढ़ाई राम जी दिलाना॥
खगपति कही निज मोह की बाता । नहि आश्चर्य कुछ इसमें दिखाता॥
नारद ब्रह्म सनकादि महेशा । ब्रह्मज्ञानी आतम उपदेशा॥
इन सबको भी मोह ने सताया । जग में काम से न कोई बच पाया॥
तृष्णा से जायें सभी बौराई । क्रोध ने सभी का हृदय जलाई॥
कवि विद्वान ज्ञानी व तपस्वी । शूर वीर हो अथवा यशस्वी॥
कोई नही इनमें संसारा । लोभ ने नहि जिसको हो मारा॥

दोहा ॥लक्ष्मी पाकर कौन अस । जो न चलत टेढ़ी चाल॥
बहरा होय प्रभुता मिले । युवती नयन से बिहाल॥ ८६

चौ ॥रज तम गुण सबको ही सताई । मद और मान से कौन बच पायी॥
सभी यौवन में जायें बहकाई । ममता से यश जाय नसाई॥
इर्ष्या कलंक किसे न लगाया । शोक में स्थिर कौन रह पाया॥
चिंता नागिन डसें सब काहू । माया से कोई नहि बच पाहू॥
लकड़ी बदन कीट सम इच्छाएँ । कौन धीर जो नहि घुन जायें॥
दौलत पुत्र और लोक प्रतिष्ठा । होते मलिन सब इन प्रति निष्ठा॥
माया जनित ये सब गुण होईं । अमित रूप इनके दिखें सोई॥
शिव बिरंच भी इनसे डिराही । साधारण की गिनती नाही॥

दोहा ॥माया की सेना बड़ी । सारे जग में दिखात॥
काम क्रोध लोभ सैनपति । छल दम्भ सैनिक अधिकात॥ ८७

चौ ॥यह माया प्रभु के आधीना । है मिथ्या जो समझ इसे लीना॥
इससे मुक्ति केवल प्रभु दाया । ठोक कहूँ अन्य नही उपाया॥
जो माया सारे जग को नचाई । और रहस्य कोई नहि जान पायी॥
हे खग राज वह नाचत दिखही । जब श्री राम की भ्रकुटि तनही॥
वही राम सच्चिदानंद स्वामी । जो सर्वज्ञ अखण्ड विज्ञानी॥
रूप सिन्धु अमोघ शक्तिवाना । वे हैं अजन्मा अनंत भगवाना॥
वे निर्गुण परे इंद्रिय बाणी । समदर्शी दोष रहित बतानी॥
ममता मोह हीन और निराकारा । माया रहित नित्य सुख आधारा॥

दोहा ॥प्रकृति पञ्च तत्वों परे । सबके हिय विश्राम॥
इच्छा विकारों से रहित । अबिनासी ब्रह्म राम॥ ८८

चौ ॥मोह न राम के पास भी आबा । क्या अन्धकार सूर्य ढक पावा॥
भक्तन हेतु प्रभु बनें नृप रामा । मनुज की भाति किये बहु कामा॥
जिम कोई नट धरता बहु रूपा । करत नृत्य भेष के अनुरूपा॥
हाव भाव उसी तरह वह दिखावा । पर नट स्वयं न वह बन जावा॥
गरुण राम की ये लीला सोई । निसिचर मोह भक्तन सुख होई॥
जो कुबुद्धि विषयों बस कामी । प्रभु मोहित भये वह यह बतानी॥
जिसके नयन पीतरोग हो जाई । चंद्रमा भी उसे पीला दिखाई॥
गरुण जिसे दिशा भ्रम हो जाता । पश्चिम सूर्य उसे उगता दिखाता॥

दोहा ॥वाहन पर चला जात जो । उसे जग चलता दिखात॥
मानत अचल वह स्वयं को । मोह की दिखे करामात॥ ८९

चौ ॥बालक घूमें चक्कर लगाई । घर सब आदि उसे घूमत दिखाई॥
भ्रम बस वह कह सभी घूमते । पर अन्य सभी कहें झूठ बोलते॥
वैसेहि मोह नहि प्रभु छू पावा । अज्ञान नही सपनेहु वहाँ आवा॥
पर कुबुद्धि कामी भाग्य हीना । हिय उनके पड़े पर्दा मलीना॥
मूर्ख ये संशय राम पर करही । निज अज्ञान उन्ही पे थोपही॥
काम क्रोध मद लोभ जो फँसही । और जग के दुःख कूप में पड़ही॥
किम समझे ये प्रभु गूढ़ माया । समझे वही इसे जो प्रभु भाया॥
निर्गुण रूप ब्रह्म सहज दिखाई । सगुण रूप बिरले जान पायी॥

दोहा ॥सगुण रूप प्रभु के चरित । सुगम व अगम अनेक॥
जिन्हें देख सुन मुनि भी । भ्रमित हो खोते विवेक॥ ९०

चौ ॥खगपति सुनो प्रभुता रघुरायी । कथा निज बुद्धि से तुमको सुनायी॥
मुझको भी मोह हुआ एक बारा । तुम्हें बताऊँ वह घटना अपारा॥
राम की कृपा पात्र तुम होई । हरि से प्रीति तुम्हें मुझे सुख जोई॥
इससे गुप्त कुछ तुमसे नाहीं । परम रहस्य यह तुमको बताहीं॥
सरल स्वभाव सुनो रघुनायी । वे निज भक्त हिय घमंड मिटायी॥
जग में जन्म मृत्यु हेतु अभिमाना । सभी दुखों का कारक माना॥
इससे प्रभु दूरी उससे बनाई । भक्त से प्रीति सदा वे जुड़ाई॥
जिम बालक के फोड़ा हो जाई । कर कठोर हिय मातु चिराई॥

दोहा ॥शिशु आरम्भ में रुदन कर । पीड़ा उसको सताय॥
उसपर मातु न ध्यान दे । व्याधि मिटे यह उपाय॥ ९१

चौ ॥उसी भाँति प्रभु हरें अभिमाना । इसी में भक्त का हित है दिखाना॥
अतः भ्रम तज भजो राम का नामा । रे जसकरन न मन भटकाना॥
हरि प्रभुता और मम षठताई । कहूँ गरुण सुनो ध्यान लगाई॥
जब जब धर प्रभु मनुज शरीरा । निज भक्तन हेतु करें बहु क्रीरा॥
तब तब उनकी जनम भूमि जाया । वहाँ शिशु चरित मैं देख हर्षाया॥
देखन गया जन्मोत्सव रामा । वहाँ रुका पांच वर्ष मुझे भाना॥
शिशु राम इष्ट देव मेरे होई । कोटि कामदेव शोभा जोई॥
उनका देख मुख हे खगराई । सफल नयन मेरे हो जाई॥

दोहा ॥छोटा रूप धर काग का । घूमत प्रभु के साथ॥
उनके फिरत पीछे पीछे । देखत चरित शिशु नाथ॥ ९३

चौ ॥यहाँ वहाँ आँगन फिरत दिखाई । उनके संग मैं भी था उडाई॥
जहां जहाँ जूँठन रहे वे गिराई । उसे उठाकर मैं रहा खाई॥
चरित एक बार किये विशेषा । सुमिर के पुलकित खुशी खगेशा॥
चरित राम के अति सुख दाई । देख के भक्त की भक्ति बढ़ जाई॥

दशरथ महल अति सुंदर होई । स्वर्ण रचित रत्न जटित थे सोई॥
आंगन शोभा बरन न जाई । नित खेलें वहाँ चारों भाई॥
खेलत आंगन में शिशु रामा । उससे मातु को सुख वे प्रदाना॥
मरकतमणि सम तन प्रभु श्यामा । अति सुंदर छवि काम लजाना॥

दोहा ॥चरण लाल मृदु कमल सम । सुंदर अँगुलियाँ दिखाय॥
नख सुंदर ज्योतिर्मयी । रहा चंद्रमा लजाय॥ ९४

चौ ॥शंख चक्र पद्म गदा चिन्ह तलबों । नूपुर ध्वनि चरणों की सुनवों॥
मणियों बनी करधनी सुहाई । कटि में बंधी स्वर सुंदर सुनायी॥
उदर में त्रि रेखाएँ दिखाई । नाभि सुन्दरता कही न जाई॥
बछ्स्थल चौडा है निराला । सोहें शिशु आभूषण माला॥
मन मोहतीं लाल लाल हथेलियाँ । दिखती सुंदर छोटीं अंगुलियाँ॥
आभूषण युक्त बाहु विशाला । लटकें पहुनियाँ शब्द हो निराला॥
कँधे सिंह बच्चे के समाना । गले में तीन रेखाएँ दिखाना॥
सुंदर छबीली ठोडी दिखाई । मुख सुन्दरता कही न जाई॥

दोहा ॥लाल लाल दोउ होठ प्रभु । बोलत में तुतलात॥
दोय-दोय दांत ऊपर नीचे । हँसते में दिखलात॥ ९५

चौ ॥सुंदर गाल नासिका छबीली । मुसकान चन्द्र किरणों सी रसीली॥
लोचन नील कमल सम रामा । जो जन्म मृत्यु बंधन से छुडाना॥
तिलक गोरोचन भाल दिखाई । सुंदर तेज चन्द्र जाय लजाई॥
भ्रकुटि भोंय कान एक समाना । घुँघराले केश शोभा बढ़ाना॥
पतला पीला झबला सोहत । किलकारी चितवन मन मोहत॥
रूप राशि प्रभु दशरथ अंगना । निज परछाईं निरख कर नचना॥
कहें काग क्रीडा मेरे संग करहीं । जिसे देख हमें लाज आबहीं॥
मुझे पकड़न को देत किलकारी । जब मैं दूर पुआ दिखा के पुकारी॥

दोहा ॥हँसते प्रभु जब मैं निकट । रोयें जब मैं चला जात॥
स्पर्श चरण हेतु जाऊँ मैं । भागत मुझ ओर चितात॥ ९६

चौ ॥चरित ये साधारण शिशु भाँती । मेरे मन शंका हो जाती॥
कैसे सच्चिदानंद प्रभु रामा । लीला यहाँ करते जो दिखाना॥
इतना ही मन मेरे आ पायी । मुझे प्रभु माया घेर खगराई॥
पर माया न वह मुझे दुःख देही । ना ही अन्य जीव सम जग लेही॥
यहाँ कारण कुछ अन्य दिखाया । सावधान हो सुनो खगराया॥
ज्ञान अखण्ड रूप सिर्फ रामा । अन्य सभी जीव माया फसाना॥
हों अन्य जीव यदि एकरस ज्ञानी । तो जीव ब्रह्म मध्य भेद नसानी॥
अभिमानी जीव माया बस होई । माया ब्रह्म के आधीन है जोई॥

दोहा ॥त्रिगुणी ये माया दिखत । सत रज तम गुण तीन॥
रज तम से सब त्रषित जग । नाचत उसी आधीन॥ ९७

चौ ॥जीव माया बंधन में दिखाना । पर स्वतंत्र सदा रहें भगवाना॥
अनादि अनंत एक श्री रामा । जीव अनेक जन्म मृत्यु फसाना॥
भेद असत्य माया ने बनाया । पर मिटता केवल प्रभु दाया॥
मोछ न मिलि बिनु भजे श्रीरामा । यही नाम जप पाये निर्बाना॥
कोई मनुष्य यदि इस बिनु चाही । तो बिनु सींग-पूँछ पशु वह कहाई॥
सोलह कलाओं से चन्द्र चमकाई । सभी तारा गण भी साथ आयी॥
तब भी न जब तक सूर्य उग जाई । रात्रि प्रस्थान न करती दिखाई॥
ऐसेहि भजत जब तक नहि रामा । जीवन कलेश न मिटत दिखाना॥

दोहा ॥जिस पर दया रघुनाथ की । अज्ञान न उस तक आत॥
आये ज्ञान उनकी कृपा । नहि माया उसको सतात॥ ९८

चौ ॥इसी से नहि हो सेवक नासा । भेद भक्ति बढ़ती बेहृतासा॥
भ्रम में फँसे मुझे देख रघुराई । सुनो वह चरित मैं तुमको सुनायी॥
प्रभु किया खेल कोई नहि जान पाया । अनुज मात पितु वहीं थे दिखाया॥
श्याम गात लाल तलबे हथेलियाँ । घुटुवन दौड़ प्रभु मुझे चाह गहियाँ॥
पँछिराज तब भगा मैं उडाई । पकड़न मुझे राम भुजा उठाई॥
मैं जिम जिम उड़ता चला जाई । प्रभु का हाथ मेरे पीछे ही आयी॥
ब्रह्म लोक तक मैं उड़ जावा । दोय आँगुल पीछे प्रभु हाथ आवा॥
सातों लोक मैंने भरी उड़ाना । पर भुजा राम पीछे ही दिखाना॥

दोहा ॥आँख मूँद भय भीत हो । पुनः खोल मैं नैन ॥
पाया स्वयं को अवध में । मैं हुआ अति बेचैन ॥ ९९

चौ ॥देख मेरी ओर राम मुसकाई । मिटी बेचैनी परम सुख पायी ॥
उनके उदर सुनो गरुण विवेका । दिये दिखाई ब्रह्माण्ड अनेका ॥
ब्रह्मान्डों में विचित्र बहु लोका । एक से बढ़ एक रचना न शोका ॥
बहु ब्रह्मा वहाँ बहु महादेवा । अगनित तारे चन्द्र सूर्य देवा ॥
असंख्य काल यम और लोकपाला । अनगिनत भूमि पर्बत विशाला ॥
बहु सागर बन नदी तालावा । बहुत प्रकार की श्रष्टि दिखावा ॥
नर नाग मुनि सिद्ध किन्नर देवा । सचराचर चारों भांति जीव सेवा ॥
जिसे न देखा न कभी सुन पाया । और न कभी जो सपने दिखाया ॥

दोहा ॥अद्भुत वह सब श्रष्टि दिख । जिसका वर्णन नहि होय ॥
देखत ही मैं रह गया । खगपति किम कहूं तोय ॥ १००

चौ ॥रहा मैं वर्ष सौ हर एक लोका । सभी ब्रह्माण्डाँ को मैं बिलोका ॥
विभिन्न लोक त्रिदेव भिन्न रहही । मनु दिगपाल मनुष्य आदि भिन्नही ॥
सभी में भूत बेताल गन्धर्वा । निसिचर खग पशु सर्प किन्नरवा ॥
दिखे देव दानव भिन्न जाती । और सभी जीव दुसरे भाँति ॥
पृथ्वी नदी गिरि सिन्धु तालावा । श्रष्टि वहाँ दूसरी दिखावा ॥
मैं हर लोक में निज रूप देखही । तथा अनुपम वस्तुएँ वहाँ मिलही ॥
सरयू अयोध्या हर एक भुबना । नर नारी भिन्न भिन्न रहे दिखना ॥
कौशल्या दशरथ भी दिखाई । रामानुजों के भिन्न रूप पायी ॥

दोहा ॥पाया प्रत्येक ब्रह्माण्ड में । राम चन्द्र अवतार ॥
देखत फिरा हर लोक में । प्रभु बाल लीला अपार ॥ १०१

चौ ॥सब कुछ भिन्न भिन्न था दिखाई । और वह सब विचित्र खगराई ॥
मैं अगनित लोकों घूम आवा । राम का पर एक ही रूप पावा ॥
वही शिशुपन वही शोभा रामा । वही रघुपति सब जगह दिखाना ॥
इस प्रकार मोह रूपी पवना । हमको घुमाया अगनित भुवना ॥

घूमत वहु लोकों इस भांति । एक सौ कल्प बीतते जाती॥
फिरत ऐसेहि निज आश्रम आवा । और कुछ काल मैं यहाँ बितावा॥
अवध में फिर सुन रामावतारा । चल दिया वहाँ उठ प्रेम अपारा॥
जन्मोत्सव वहाँ देखा जाई । जिसको पहलेहि मैं दिया गाई॥

दोहा ॥उस क्षण मैंने जगत बहु । देखे उदर श्री राम॥
वे देखत ही बनत थे । वर्णन नहि हो पान॥ १०२

चौ ॥वहां फिर जाय मैं देखेहु रामा । माया स्वामी कृपा निधाना॥
पुनि पुनि मन बिचार ये आवा । मोह कीचड़ मेरी बुद्धि थी सनाबावा॥
दो घड़ी में मुझे सब ये दिखाया । मोह के बस मैं भ्रमित हो जाया॥
भ्रम में फँसे हमें देख रघुराया । हे खगपति तब प्रभु मुसकाया॥
हँसे प्रभु मैं मुख बाहर आवा । वही पुराना दृश्य था दिखावा॥
लडकपने का चरित प्रभु करही । मेरे संग आंगन में फिरही॥
बहुत भांति मैं मन समझाई । मुझे परन्तु शान्ति नही आयी॥
यह चरित्र व उदर जो दिखाया । करके याद सुधि बुध बिसराया॥

दोहा ॥करी पुकार रक्षा करो । दीनों के रक्षक राम॥
और गिरा मैं भूमि पर । मुँह से बात नहि आन॥ १०३

चौ ॥देख प्रेम विह्वल मुझे रामा । निज माया प्रभाव वे हटाना॥
निज कर कमल धरेहु मेरे माथा । मेटे सब दुःख दारुण नाथा॥
राम सदा सेवक हितकारी । मोह हटा मुझे किया सुखारी॥
पुनि-पुनि सोच प्रभुता भगवाना । मन मेरा रहा अति हर्षाना॥
प्रभु की भक्त वत्सलता दिखाई । जिसने मेरे हिय प्रेम उपजाई॥
हो पुलकित नैन अश्रु बहाना । हाथ जोड़ बिनती किये जाना॥
सुन बिनती मेरी भगवाना । दास समझ मीठे वचन सुनाना॥
कागभुशुण्डि मैं अति खुश होई । माँगो वर इच्छा हो जोई॥

दोहा ॥अणिमा आदि अष्ट सिद्धियाँ । और रिद्धियाँ जोय॥
अथवा मोक्ष सुख खान जो । माँग तुम्हें दूँ सोय॥ १०४

चौ ॥ज्ञान बैराग्य विवेक तत्वज्ञाना । या दुर्लभ गुण मुनि जो न पाना॥
सब तुम्हें दूँ संशय नहि होई । माँग लो कुछ भी जो मन हो तोई॥
सुन प्रभु वचन मैं प्रेम डुबोई । मन अनुमान किया ये जोई॥
सब सुख देना हमें प्रभु चाही । पर देन भक्ति न बात चलाई॥
बिनु भक्ति कोई सुख न सुहाई । जिम बिनु नमक न व्यंजन भाई॥
भजन बिना हमें कुछ न रुचाई । ऐसा सोच मैं कहा खगराई॥
हे प्रभु यदि मुझ पर खुश होई । तो हम पर कृपा करो ये जोई॥
वर दो मुझे मेरी इच्छानुसारा । आप उदार हिय जाननहारा॥

दोहा ॥दीजे भक्ति वह प्रगाढ़ जो । हैं अनन्य निष्काम॥
योगी मुनि जिसे खोजते । गाई वेद पुरान॥ १०५

चौ ॥विरले वही योगी इसे पायी । जिस पर कृपा करते रघुराई॥
हे कृपाल भक्तन हित कारी । दीजे हमें वही भक्ति खरारी॥
रघुकुलमणि एवमस्तु कह दीन्हा । बोले वचन सुख दाय प्रवीणा॥
कागभुशुण्डि तुम अति बुद्धिमाना । भक्ति का वर इसलिए ही सुहाना॥
भक्ति सकल सुखों की खाना । वहि तुम माँग कौन तुम्हरे समाना॥
ऋषि मुनि कोटि यज्ञ है करहीं । जलें तप अग्नि न अस वर मिलही॥
पर मैं खुश तुम्हरी बुद्धिमाना । भक्ति माँग तुम मुझे रिझाना॥
हे खग तुमने कृपा मेरी पायी । सभी सद्गुण तुम में बस जाई॥

दोहा ॥जानोगे तुम मम कृपा । बैराग्य भक्ति तत्वज्ञान॥
रहस्य मेरी लीलाओं का । मर्म जाओगे जान॥ १०६

चौ ॥तुम्हें माया भ्रम अब न सताई । जिसकी बजह दुःख तुमने उठाई॥
मुझे अनादि अजन्मा समझना । प्रकृति के गुणहीन गुणखान देखना॥
सुनो काग मुझे भक्त प्रिय लगही । अतः मेरे चरण प्रेम सदा रखही॥
सत्य सरल अब सुनो मेरे बचना । अति निर्मल जिन्हें वेद हैं बरना॥
तुमको बखानूँ निज सिद्धांता । सदा मुझे भजना धर निज अंतः॥
माया मेरी ये जग उपजाई । जिसमें चराचर जीव बहु आयी॥
सब उपजाय मैं सभी प्रिय मेरे । पर ये मनुज प्रिय हमको घनेरे॥
इनमें भी हो जो विद्वाना । और उनमें रख जों वेद ज्ञाना॥

दोहा ॥करे अनुसरण जो वेद का । इनसे ज्यादा प्रिय मोय॥
उनमें भी हो विरक्त जो । मेरा भक्त प्रिय सोय॥ १०७

चौ ॥ज्ञानियों में भी तत्व ज्ञानी भाता । पर सबसे ज्यादा दास सुहाता॥
रहे मेरे ही भरोसे ये दासा । हमरे अलावा न किसी से आसा॥
मैं पुनि पुनि तुन्हें यही बताई । सेवक सम मुझे कोई न भाई॥
हो कोई ब्रह्म सम भक्तिहीना । उससे सामान्य प्रेम मैं कीन्हा॥
नीच व्यक्ति पर भक्त महाना । प्राण समान वह मैं प्रण ठाना॥
सुंदर सुशील शुचि दास बुद्धिमाना । वह सदा सबको प्रिय ही दिखाना॥
गाई यही नीति वेद पुराणा । सुनो काग वह हो सावधाना॥
भये सुत किसी पिता के अनेका । उनके प्रथक गुण स्वभाव विवेका॥

दोहा ॥उनमें तपसी ज्ञानि कोय । कोई दानी बली शूर॥
या धर्मग्य सर्वज्ञ कोई । सबें पितु प्रेम भरपूर॥ १०८

चौ ॥उनमें करत कोई पितु की सेवा । मन क्रम वचन धर्म यही लेवा॥
पिता को होय वह प्राणन प्यारा । भलेहि रहे वह मूर्ख गमारा॥
ईश्वर के भी लिए यही जानव । जीव चराचर असुर देव मानव॥
सारा जगत मैंने उपजाया । मैं सभी पर सदा दया दिखाया॥
पर उनमें जो तज मद माना । भजता मन क्रम बच निष्कामा॥
होवे नपुंसक नर या नारी । अथवा जीव चरा चर चारी॥
सर्व भाव भजे तज छल कोई । मुझको प्राण सम वह प्रिय होई॥
काग तुम्हें ये सत्य मैं बताई । निष्काम अनन्य भक्त मुझे भाई॥

दोहा ॥यही सोच मुझको भजो । तज पर आस भरोस॥
काल प्रभाव से बचोगे । भज तज काम मद रोस॥ १०९

चौ ॥नहि अघाय मैं सुन प्रभु बचना । तन पुलकित मन हर्षित दिखना॥
सिर्फ कान मन यह सुख जाना । जीभ से यह सम्भव न बताना॥
प्रभु सुन्दरता नयन जान पावा । उनके जीभ नहि कैसे बतावा॥
ऐसेहि प्रभु मुझे बहु समझाया । बालकों सम पुनः खेल दिखाया॥

होकर रूआँसे मुख कुछ बनाई । लग उन्हें भूख मातु जान जाई॥
देख ये मातु दौड़ उठ आयी । मधुर वचन कह हिय से लगाई॥
गोद लगा के कराय पय पाना । लगी प्रभु लीलाओं को सुनाना॥
यह सुख प्राप्ति को शिव भगवाना । आये अवध भेष अलग बनाना॥

दोहा ॥करें यह सुख नित प्राप्त सब । अयोध्याबासि नर नारि॥
वे न ब्रह्म सुख को गिनत । इस महा सुख के किनारि॥ ११०

चौ ॥मैं कुछ समय अयोध्या रहयू । प्रभु की बाल लीलाएँ दिखयू॥
प्रभु की कृपा मिल भक्ति वरदाना । चरण बंदि निज आश्रम आना॥
कृपा जब से प्रभु राम की पायी । उनकी माया न हमको सताई॥
मोह ने मुझको कैसे नचाया । गुप्त चरित मैं खगेश सुनाया॥
निज अनुभव मैं तुम्हें बतायी । बिना प्रभु भजन कलेश न जायी॥
जब प्रभु राम कृपा हो जाई । उनकी महिमा तभी जान पायी॥
नहि जानत तब लों न विश्वासा । बिना विश्वास न प्रेम और आशा॥
भक्ति बढ़त नहि बिना होय प्रेमा । जिम चिकनाई पे जल न ठहरना॥

दोहा ॥ज्ञान न पाय कोई बिन गुरु । बिनु बैराग्य न ज्ञान॥
सुख न मिले बिनु भक्ति के । यह कहें वेद पुरान॥ १११

चौ ॥संतोष स्वभाविक नही यदि आबा । तो शान्ति कैसे कोई पाबा॥
अगर नही जल नदी में होई । तो नाव कैसे चलायेगा कोई॥
कामना मिट नही बिनु संतोषा । बिना संतोष के सुख न विशेषा॥
राम की भक्ति किये बिनु प्राणी । कामना मिटती नही दिखानी॥
जिस प्रकार यदि जमी न होई । पेड़ लगा सकता नही कोई॥
समताभाव नहि बिना तत्वज्ञाना । आकाश बिना रिक्त जगह न पाना॥
धर्म आचरण नहि कर पायी । जब लग व्यक्ति श्रद्धा न जगाई॥
गंध आभाष तभी हो पावा । पृथ्वी तत्व जब किसी को दिखावा॥

दोहा ॥बिना तप के नहि तेज दिख । तप अग्नी का ही रूप॥
शील बिना सेबा नही । बिन तेज मिले न स्वरूप॥ ११२

चौ ॥जब तक परमानंद न पायी । मन में स्थिरता नहि आयी॥
स्पर्श ज्ञान वायु तत्व ही लाई । और विश्वास सिद्धि को दलाई॥
हरी भजन बिना भय नहि जाना । शास्त्रों का यह निचोड़ बताना॥
बिनु विश्वास न भक्ति मिलती । भक्ति बगैर राम कृपा न दिखती॥
जब लग राम कृपा नहि होई । सपनेहु शान्ति न पाबहि कोई॥
यही बिचार के सुन खगराया । भ्रम व कुतर्क देउ बिसराया॥
और भजो कृपासिंधु रघुराई । करुणा-निधान सब सुख वे दिलाई॥
निज मत से मैं गाय हे खगेशा । राम की महिमा चरित ये विशेषा॥

दोहा ॥इसमें नहि मैंने कहा । कुछ भी तथ्य निज ओर॥
जो मैं बखाना आप ढिंग । देखा नयन मैं बिभोर॥ ११३

चौ ॥राम की कथा रूप गुण नामा । अति अपार व अनंत दिखाना॥
गाबें मुनि निज मत अनुसारा । वेद शेष शिव पायें न पारा॥
खग तुम सम ओर मसक समाना । उडत बहुत पार नभ का न पाना॥
इसी तरह महिमा रघुराई । किसी ने थाह नही ले पायी॥
सुंदर राम कौटिक सम कामा । दुर्गा सहृश्र सम असुर मिटाना॥
अरबों इंद्र सम राम ऐश्वर्या । कोटिक नभ सम उनका दिनचर्या॥
कोटि पवन सम वे बलवाना । अरबों सूर्य सम तेज दिखाना॥
अमित चन्द्र सम शीतलताई । जग के वे सभी भयों को मिटाई॥

दोहा ॥काल करोड़ों सम प्रभु । दुस्तर दुर्गम व दुरंत॥
पुच्छल तारे कोटि एव । प्रवल हैं वे अत्यंत॥ ११४

चौ ॥कोटि पाताल सम प्रभु गहराई । शत यम सम वे कठोर दिखाई॥
वे पावन कोटि तीर्थ समाना । राम नाम से पाप मिट जाना॥
अचल हिमालय सम श्री रामा । गम्भीर अमित सागर सम माना॥
सहश्र कामधेनु सम भगवाना । सभी कामनायें पूर्ण कराना॥
कोटि सरस्वती सम बुद्धिमानी । अरबों बिरंचि एब श्रष्टि निरमानी॥
कौटिक विष्णु सम श्रष्टि पालक । और अमित शिब सम संघारक॥
कुबेर हजारों सम धनवाना । माया के बे खजानें दिखाना॥
अरबों शेष सम पृथ्वी उठाई । सीमा रहित श्री राम दिखाई॥

छंद॥उपमा रहित श्री राम हैं, उनके समां नहि कोई भी॥
श्री राम के सम राम केवल, बात ये वेदों कही॥
जैसे करोड़ों जुगनुओं मिलि, तुलना यदि रवि से करी॥
नहि कुछ बड़प्पन सूर्य का, लघुता ही उनकी दिख परी॥

छंद॥मुनि संत निज निज मती से, श्री राम जी को बखानते॥
पर वे तो भूखे भाव के, खुश होय कर स्वीकारते॥
करणा निधी रघुकुल मणी, नहि लघुता अपनी मानते॥
भक्तों के बस में रहते प्रभु, भाव उनका वे पहिचानते॥

दोहा ॥श्री राम गुण सिन्धु हैं । नहि कोई पावय थाह॥
संतों के मुँह जो सुना । तुमको दिया सुनाह॥ ११५

चौ ॥भाव के भूखे राम भगवाना । सुख सागर करुणा के निधाना॥
ममता मान मद दे बिसराई । भजन करे सदा सिय रघुराई॥
सुन भुशुण्डि के मीठे बचना । खगपति खुशी से फूले दिखना॥
हो हर्षित नीर नयन में आबा । राम प्रताप हृदय जग जाबा॥
मोह पिछला याद कर पछताई । आदि ब्रह्म मुझे मनुज दिखाई॥
गरुण ने काग को शीष नमाया । राम समझ प्रेम उनसे बढ़ाया॥
गुरु बिनु मोक्ष न कोई पाना । चाहे वह शिव ब्रह्म समाना॥
भ्रम रूपी सर्प ग्रसा था मोही । जिसके जहर से कुतर्की मैं होई॥

दोहा ॥काग आप सम वैद्य मोय । मिले यहाँ पर आय॥
जहर मेरा सब नास कर । जीवन नया दिलाय॥ ११६

चौ ॥आपकी कृपा से मोह मिट जाबा । राम का दिव्य रहस्य जान पाबा॥
बहुर काग की प्रशंसा कीन्ही । चरण में सिर हाथ जोड़ रख दीन्ही॥
मीठे वचन गरुण तब कहयू । अविवेक से मैं कुछ आपसे पूछयू॥
अपना दास मुझे अब जाना । पूछूँ जो सादर वह बताना॥
तुम सर्वज्ञ तत्व के ज्ञाता । माया परे सुबुद्धि विख्याता॥
ज्ञानी विज्ञानी सुशी आचारा । राम के प्रिय सदा उनका सहारा॥
कैसे आप काग तन पायी । तात मुझे सादर समझाई॥
कहाँ से पायी राम की गाथा । गगन गामी आप सबको ये ज्ञाता॥

दोहा ॥शिव मुख से मैं यह सुना । और शिव सत्य ही बोल॥
महा प्रलय दौरान भी । तन नहि आपका डोल॥ ११७

चौ ॥ईश्वर वचन सदा सत्य होई । मन भ्रम मेरे उपजा सोई॥
जीव चराचर जग के में जाना । काल के सभी आधीन दिखाना॥
सभी ब्रह्माण्ड काल आधीना । अटल नियम यह बिरंच प्रवीणा॥
काल क्रूर क्यों तुम्हें न सताबा । मुझे कृपा कर वह तात बताबा॥
जैसे ही मैं यहाँ पर आबा । मेरा भ्रम सारा भग जाबा॥
हमें इसका कारण समझाई । प्रेम सहित सब हमें बतलाई॥
सुनी गरुण की काग हर्षाई । मधुर वचन से वह ये बताई॥
हमें आपका प्रश्न ये भावा । इसने पुरानी याद दिलावा॥

दोहा ॥बड़े जप तप और यज्ञ से । प्रभु भक्ति मिल पात॥
उनके चरण में प्रेम ही । इस जग का सब सार॥ ११८

चौ ॥राम भक्ति यही तन हैं दीन्हा । मुझे इसी से प्रेम है प्रवीणा॥
जिस पर स्वारथ पड़त दिखाई । सबको वही वस्तु अति भाई॥
वही चीज है अति सुखदाई । जो प्रभु राम की भक्ति दिलाई॥
शुचि रुचि तन वही हैं कहलाता । जो प्रभु राम में प्रेम बढ़ाता॥
राम से प्रेम न जो तन करही । कवि न प्रसंश ब्रह्म सम रहही॥
जीवन मरण मेरी इच्छाधीना । पर इस तन से प्रेम मैं कीन्हा॥
बहुत बार मैं जनम है लीन्हा । पर यह तन मोहि अति सुख दीन्हा॥
मुझ पर शिव की कृपा सदा रहही । सभी जन्म याद मोह न पडही॥

दोहा ॥पिछले जन्म की बात मैं । कहता सुनो खगराज॥
उसे सुन प्रभु में प्रेम बढ़ । और दुःख जाएँ भाज॥ ११९

चौ ॥एक कल्प पहले दौराना । कलियुग का था समय दिखाना॥
नहि कोई चले धरम अनुकूला । सभी दिखें शास्त्रों प्रतिकूला॥
मैं कौशलपुर जन्म था लीन्हा । शूद्र हुआ मैं जाय वहाँ दीना॥
शिव सेवक मैं रहा महाना । दुसरे देवता मुझे न भाना॥

उग्र बुद्धि मैं बड़ा अभिमानी । अति बाचाल धन मत्त डुबानी॥
रघुपति रजधानी मैं रहहू । उनका मरम मैं कुछ नहि लहऊ॥
राम प्रभाव मैं अब जान पाबा । क्योंकि सास्त्र ऐसा हैं गावा॥
किसी भी जनम में अवध जो बसता । राम प्रभाव हैं उस पर दिखता॥

दोहा ॥श्री रघुनाथ प्रभाव कोई । तभी जान हैं पात॥
जब वह अपने हृदय में । धनुधारी राम बसात॥ १२०

चौ ॥कलियुग का प्रभाव अति भारी । पाप में डूबे सभी नर नारी॥
सभी धर्म ग्रन्थ गये लुकाई । ढोंगियों ने लिए पन्थ बनाई॥
भये सभी लोग मोह आधीना । लोभ ने शुभ कर्म मिटा थे दीना॥
कुछ कलियुग लक्षण मैं कहही । चारों वर्ण चारों आश्रम मिटही॥
वेद विरुद्ध दिखें सब लोगा । नृप प्रजा सब करें अनुचित भोगा॥
मार्ग श्रेष्ठ वही जिसे जो भावा । ज्ञानी वह जो मधुर स्वर गावा॥
वही मिथ्या आडम्बर रचही । उसी को सिद्ध पुरुष सब कहही॥
पर धन हड़पे रहे बुद्धिमानी । ज्ञानी वही जो दिखत अभिमानी॥

दोहा ॥बोले झूठ करे मसखरी । कलियुग में वही बुद्धिमान॥
जो चरित्र से हीन नर । इस युग में वे महान॥ १२१

चौ ॥जो लम्बी जटा लिए बढ़ाई । तपसी बैरागी वह कहाई॥
भेष कुभेश न अंतर जानी । कलियुग मछी माँस सब खानी॥
अहित दूसरों का जो करही । सम्मानित इस युग के रहही॥
बोले झूठ जो मन क्रम बचना । यह युग उन्हें श्रेष्ठ बक्ता कहना॥
सभी काम क्रोध लोभ बस होई । देव संत के विरोधी भी सोई॥
गुरु के गुण नहि शिष्य अपनाबा । और उसके उपदेश न भाबा॥
हरें शिष्य धन गुरु नर्क जाई । ऐसे ही गुरु इस युग पायी॥
मात पिता वही शिक्षा दिलाई । जिससे पुत्र का पेट भर जाई॥

दोहा ॥ब्रह्म ज्ञानी बहु दीखते । करें चर्चा तत्व ज्ञान॥
थोड़े धन के लोभ में । गुरु हत्या कर जान॥ १२२

चौ ॥पर स्त्री पर लगी निगाहें । ममता क्रोध मोह लिए लपटायें॥
ऐसे लोग ब्रह्म जीव समझाई । लच्छण ये कलियुग के बताई॥
स्वयं भये पतभ्रष्ट ये लोगा । सतमार्गी को भी देते डुबोगा॥
निन्दरहि बेद जो तर्क के द्वारा । दिखते कल्प लों वे नरक सम्हारा॥
जिनके बिचार नीच अति होई । स्त्री मरी सन्यासी सोई॥
विद्वानों से वे निज को पुजावहिं । दोनों लोक निज स्वयं मिटावहिं॥
लोभी लालची दिखें विद्वाना । स्त्री पतित को वे पत्नी बनाना॥
नीच पुरुष करें जप तप नियमा । सिंहासन बैठ के पुराण बाँचना॥

दोहा ॥मनमाना करें आचरण । कलियुग के नर नारि॥
अनीति दिखे सब जगह पर । कोई कोई निज को सम्हारि॥ १२३

चौ ॥वर्ण शंकर सब युग के प्रभावा । मर्यादाएँ सबने भुलावा॥
पाप लिप्त सभी लोग दिखाई । भय दुःख रोग सभी को सताई॥
प्रभु भक्ति मार्ग वेद बताया । तज उसे लोग बहु भाँति दुःख पाया॥

छंद॥बैराग्य नही सन्यासियों में, सजवायें निवास बहुत धन से॥
भये तपसी बहु सम्पत्ति युक्त, कलियुग प्रभाव फसे विषयों में॥
पत्नी कुलवान को तज करके, निकृष्टि नारि को घर लावें॥
आज्ञा पितु मातु की सुत तब लों, जब तक पत्नी हैं नहि आबे॥

छंद॥ससुराल प्रेम पितु मात रिपु, नृप धर्म त्याग पापों में लीन्ह॥
निर्दोष प्रजा को दंड वे दें, बदहाल हैं उनका इनने कीन्ह॥
धनवान कुलीन हैं कहे जाते, यद्यपि वे नीच काम करते॥
धारे जो जनेऊ उघारे फिर, उनको ही तपस्वी सब कहते॥

छंद॥जो वेद पुराणों बिरत रहें, कलिकाल में संत कहे जाते॥
कवियों के झुण्ड कोई उन्हें न सुनत, गुणबाण आलोचना हैं पाते॥
कहीं यज्ञ नहीं पड़ते अकाल, धरती नहि अन्न उपज देती॥
बिनु अन्न घूमते भूखे नर, बीमारियाँ तरह तरह दिखती॥

दोहा ॥पँछिराज कलि काल में । दम्भ द्वेष हठ छाय॥
काम क्रोध मद लोभ सब । पाखंड द्वेष दिखलाय॥ १२४

चौ ॥दान, यज्ञ, जप-तप करें लोगा । तामस भाव लिए मन में भोगा॥
जिससे देव बारिश नही करते । धरती पर नही अन्न उपजते॥

छंद॥स्त्री आभूषण हीन दिखें, अतृप्त दुखी और बहु ममता॥
चाहत सुख की पर धर्म त्याग, बुद्धिहीन न बच में कोमलता॥
पीड़ित सब जन बहु रोगों से, दम्भी व विरोध बिना कारण॥
जीवन हुआ बहुत थोड़े दिन का, कल्पांत जियें ये गर्व धारण॥

छंद॥हुए हाल बिहाल कलि काले, बहिनी बिटिया को नही मानत॥
संतोष विवेक सहिसता तज, भीख सभी जातियों के माँगत॥
ईर्ष्या कटु वचन व लालचता, फल फूलें ममता त्याग दीन्ह॥
नहि ध्यान देत चारों आश्रम, सभी लोग वियोग शोक में लीन्ह॥

दोहा ॥दया दान व विवेकता । पड़ते कहीं न दिखात॥
जड प्रपंचता दीखती । परनिंदक बहुतात॥ १२५

चौ ॥इंद्रियों दमन न करते दिखाई । अवगुण सभी जगह छा जाई॥
अगर एक भी गुण आ जाता । तो इस युग में किनारा पाता॥
करके यज्ञ योग पूजा कोई । सतयुग त्रेता द्वापर जोई॥
वही गति कलियुग के दौराना । मिले जप केवल राम के नामा॥
जो सब त्याग भजत श्री रामा । उसे जग में सब कुछ मिल जाना॥
यह कलियुग का पुनीति प्रभाबा । मनसा पुण्य मिले पाप न पाबा॥
दान जो इस युग में नर करही । सभी कल्याण का फल उसे मिलही॥
कलि का प्रभाव न उसको सतावा । रघुनायक से प्रीति जो लगावा॥

दोहा ॥कलि के सारे दोष गुण । प्रभु माया उपजाय॥
श्री राम के जपन से । भक्त को नही सताय॥ १२६

चौ ॥मैं बसा अवध में उस कलिकाला । गया बिदेश जब पड़ा अकाला॥
खग पति मैं उज्जैनी आया । दींन दरिद्र उदास दिखाया॥
अवधि बीत मैं सम्पत्ति पायी । श्री शिव भक्ति में ध्यान लगाई॥
ब्राम्हण वहाँ एक था दिखाई । करें शिव पूजा उन्ही गुण गाई॥
वह एक साधु परमार्थ का ज्ञाता । शिव सेवक हरि गुण भी गाता॥
करन लगा मैं सेवा उनकी । विप्र दयालु नीति बुद्धि इनकी॥
नम्र स्वभाव मेरा उन्हें दिखाया । पूत्र समान वे मुझे पढ़ाया॥
दीछा दीन्ह मुझे शिवमन्त्र द्वारा । दिया उपदेश वे बहुत प्रकारा॥

दोहा ॥जपता उनके मन्त्र को । मैं शिव मंदिर जाय॥
पर मेरे इस हृदय में । रहा अभिमान था छाय॥ १२७

चौ ॥नीच जाति मैं दुष्ट खल पापी । श्री विष्णु से द्रोह मन ब्यापी॥
मैं हरि भक्त व विप्र से जलता । देख ये मेरे गुरु हिय दुखता॥
मुझे हर भाँति गुरु समझाई । पर मुझे उनकी सीख नही भाई॥
गुरु एक बार मुझे बुलवाया । परमारथ नीति मुझे समझाया॥
कहा शिव सेवा फल ये सुहावा । राम चरण में प्रेम हो जावा॥
शिव ब्रह्मा भी राम को ध्यावा । मनुज की फिर कौन बात बतावा॥
विष्णु का सेवक शिव को कहही । सुन यह मेरा हृदय अति दहई॥
मैं अति अधम नीच जाति होई । कान पड़त ये आपा खोयी॥

दोहा ॥अभिमानी मैं कुटिल अति । गुरु से द्रोह कर लीन्ह॥
पर वे दया निधान थे । पुनि पुनि मुझे सीख दीन्ह॥ १२८

चौ ॥नीच पुरुष जिससे बढ़ जावा । सबसे प्रथम वह उसी को मिटावा॥
धुआँ अनल से प्रकट हो दिखावा । मेघ से मिलि वह उसी को बुझावा॥
इसी लिए हे सुनो खगेशा । दुष्ट से प्रीति न करे विशेषा॥
बैर प्रीति नहि खल से सुहाई । उदासीन भाव उनसे दिखाई॥
मैं एक बार शिव मंदिर जायी । शिव के नाम वहाँ धुनि मैं लगाई॥
जब मेरे गुरु वहाँ पर आवा । मैं अभिमानि उन्हें शीष न नावा॥
वे दयालु न कीन्ह परवाहा । पर अपमान गुरु शिव न सुहाहा॥
आकाश बाणी मंदिर में भयही । अरे अभिमानी मूर्ख तू रहही॥

दोहा ॥सम्यक चित्त तेरे गुरु । कोपि न उन्हें वे कृपालु॥
परमारथ का ज्ञान उन्हें । वे हैं बड़े दयालु॥ १२९

चौ ॥फिर भी तुझे मैं दूँगा शापा । तेरी अनीति से धैर्य मेरा कापा॥
यदि नहि तुझको दंड मैं देही । तो टूटे वेद मारग जेही॥
ईर्ष्या गुरु से करत जो लोगा । रौरव नरक पड़त उन्हें भोगा॥
बैठे रहे अजगर के समाना । जा मंद बुद्धि तू सर्प बन जाना॥
शिव का शाप ये गुरु सुन पाबा । हाय शब्द उनके मुँह आबा॥
किया गुरु ने शिव दंड प्रणामा । शाप भयंकर विनति सुनाना॥

छंद॥मोक्ष के दाता वेद स्वरूपा, आपको करूँ प्रणाम॥
कैलाश के वासी महाकाल, मैं बारंबार भजामि॥
हिम सम वे गौर तथा धैर्य वान, कौटिक कामों को लजात॥
सिर गंग धरे चन्दा शोभित, नागों से गला सजात॥

छंद॥कानन कुण्डल लोचन विशाल, नीलकंठ सिंह चर्म आसन पर॥
मुंडमाल गले व्याघ्र बसन धरे, शिवशंकर को हूँ नमन मैं कर॥
अजन्म अखण्ड रूद्र रूपा, कौटिक सूर्यों सम तेज दिखत॥
त्रि दुःख हरता कर में त्रिशूल, प्रेम भाव के बस में सदा रहत॥

छंद॥काल परे कल्याण रूप, सज्जनों के शिव आनन्द दाता॥
मां गौरी सहित तुम्हें जब लों न भज, नहि जीव कहीं शांती पाता॥
मैं न योग जान नहि पूजा कर्म, सदा आपके नाम को हूँ जपता॥
करो दूर रोग ताप सब मेरे, मैं आपके चरणों में नमता॥

दोहा ॥स्तुति शिव भगवान की । करे इन छंदों गाय॥
शिवजी उन पे प्रसन्न होय । काम बनाते आय॥ १३०

चौ ॥प्रेम पुकार सुन शिव भगवाना । नभ बाणी मंदिर में सुनाना॥
विप्र देव माँगो वरदाना । तुम पर अति खुश मैं हो जाना॥
ब्राम्हण कहा यदि खुश हे स्वामी । तो भक्ति मुझे अपनी प्रदानी॥

दूसर वर मुझे दें भगवाना । मोहबस जो क्रोध उन्हें न दिखाना॥
आप कृपालु इस पर कृपा कीजे । शाप मुक्ति कर शरण में लीजे॥
विप्र बात सुन पर कल्याना । ऐसा ही हो स्वर ये सुनाना॥
कहा शाप मेरा व्यर्थ न जायी । हजार वर्ष यह योनि बहु पायी॥
जन्म मरण के न दुःख इसे होई । हर एक जन्म की याद ये जोही॥

दोहा ॥जनम मिले इसे अवध में । मेरी पूजा ये कीन्ह॥
कुछ प्रभाव स्थान का । कुछ कृपा मैं कर दीन्ह॥ १३१

चौ ॥मेरी कृपा राम भक्ति पावे । हर जगह पहुँच की विद्या आवे॥
शिव की बात सुन गुरु खुश दिखना । आशिष मुझे दे वहाँ से चलना॥
इस घटना से बात मैं जाना । संत सेवा से खुश भगवाना॥
अब अपमान न करूँ किसी संता । संत को मानूँ सदा भगवंता॥
इंद्र बज्र और शिव का त्रिशूला । विष्णु चक्र भी नहि वह शूला॥
जैसा शूल रहे संत का क्रोधा । मैंने मन में यही अब शोधा॥
बीते काल मैं भयऊ था ब्याला । गया विंध्याचल गुफा कराला॥
समय बीत वह देह मैं त्यागी । जिसमें न मुझे कष्ट कोई लागी॥

दोहा ॥इसी भाँति चलता रहा । देह मैं धार और त्याग॥
महिमा वेद की भी बची । हमें भी कष्ट न लाग॥ १३२

चौ ॥इसी भांति बहु देह मैं धारी । पर पिछला न ज्ञान बिसरारी॥
पशु पँछी नर बहु देह पायी । पर हर जन्म हिय राम बसाई॥
पर एक दुःख मुझे सदा सताना । किया मैं सदगुरु का अपमाना॥
अंतिम देह ब्राम्हण मैं पाया । दुर्लभ जिसे वेदों ने बताया॥
खेलत फिरत मैं राम सुमिरता । उनकी विभिन्न लीलाएँ करता॥
पिता पढ़ाने कोशिश कीन्ही । पर मेरा मन सदा राम में लीन्ही॥
उम्र पाय जब पितु देह त्यागी । बन में जाय मैं राम अनुरागी॥
ऋषि मुनियों की आश्रम जावा । कहता राम गुन मुझे सुनावा॥

दोहा ॥सभी जगह मैं घूमता । था ये शिव वरदान॥
राम चरण किस विधि मिलें । लालसा यही रह जान॥ १३३

चौ ॥जिससे पूछूँ श्री रघुनायी । सभी कहें हर जगह वे दिखाई॥
निर्गुण मत यह मुझे न भाई । सगुण ब्रह्म मुझे सदा सुहाई॥
गुरु के वचन से राम हिय छाये । निज मन मंदिर उन्हीं को बैठाये॥
मेरु शिखर एक बटवृक्ष छायी । लोमस ऋषि तप रत वहाँ दिखाई॥
वहां जाय मैं चरण उन्हें नावा । मीठे वचन मैं उनको सुनावा॥
सुन मेरी कहा विप्र क्यों आयउ । मैं कहा आप सर्वज्ञ दिखायउ॥
मैं कहा सगुण भक्ति मुझे कहिये । उनने कहा मैं कहता सुनिए॥
रघुनायक कुछ गाथा वे गाई । फिर निर्गुण ब्रह्म लगे सुनायी॥

दोहा ॥कहा अद्वैत अजन्मा प्रभु । कण कण में करे बास॥
नाम रूप से रहित वह । हृदय में सदा एहसास॥ १३४

चौ ॥निर्विकार इंद्रिय परे होई । मनुज व उसमें भेद नहि जोही॥
यह निर्गुण अद्वैत सिद्धांता । पर मुझको यह कतई न भाता॥
मैं कहा सुनो हे कृपानिधाना । हमें कहो राम कैसे मिल पाना॥
प्रथम दरश मैं करूँ रघुनाथा । बाद में सुनु निरुगुण की गाथा॥
मुनि ने पुनः निरुगुन कथा गाई । खंडन कर मैं सगुण बताई॥
ऋषि ने सुना प्रतिउत्तर मेरा । दिखा उनके मुँह क्रोध घनेरा॥
अपमान देख ग्यानिहु क्रोध आयी । रगड से चंदन अग्नि प्रकटाई॥
कहा मुनि बात मेरी न सुहाई । अपनी बात पर अड़ा दिखाई॥

दोहा ॥नहि विश्वास हो सत्य पर । कौए भांति डर जाय॥
हठ करे अपनी बात पर । तुरत कौआ देह पाय॥ १३५

चौ ॥मुनि का शाप ये मैं सिर धारी । भय या दीनता नही उचारी॥
तुरत मैं काग रूप में आया । सुमिर राम वहाँ से उड़ जाया॥
ऋषि का दोष कुछ नही खगेशा । श्री राम प्रेरणा विशेषा॥
उनकी मति रघुनायक कीन्ही । प्रेम परीक्षा मेरी लीन्ही॥

मन क्रम वचन मोय प्रभु जाना । मुनि की मति फेर पुनः भगवाना॥
बिसमय हो मुनि रहे पछताई । हमको उनने लिए बुलाई॥
हर प्रकार संतुष्टि मुझे कीन्हा । राम मन्त्र दीक्षा हमें दीन्हा॥
राम का बाल रूप धरो ध्याना । मुनि नायक ये मुझे समझाना॥

दोहा ॥बाल रूप प्रभु राम का । मुझे प्रसन्न अति कीन्ह॥
जिसके विषय मैं प्रथम ही । तुमको सब कह दीन्ह॥ १३६

चौ ॥हमें कुछ समय राख मुनिराया । राम चरित वहाँ मुझे सुनाया॥
कहा यह चरित मैं शिव से पाया । गोपनीय जो तुम्हें बताया॥
जिनके हिय न प्रेम श्री रामा । इसे न उनको कभी सुनाना॥
बहुत तरह मुनि मुझे समझाई । प्रेम से मैं उनको सिर नाई॥
फिर निज हाथ मेरे शीष फिराया । और आशिष यह उनसे पाया॥
कहा भक्ति मिले अविरल रामा । तुम्हरे हृदय हो राम विश्रामा॥
हो गुण निधि तथा रहो अमाना । ज्ञान बैराग्य के भी बनो धामा॥
जिस आश्रम में बसों तुम जाई । माया चार कोस उसके न आयी॥

दोहा ॥काल कर्म गुण दोष के । दुःख नही तुम्हें सतायें॥
अनेको रहस्य श्री राम के । तुम्हरे हिय प्रकटायें॥ १३७

चौ ॥करो मन में तुम इच्छा जोई । राम कृपा वह पूरी होई॥
मुनि के वचन सुन हुई नभ बानी । एसा ही हो हे मुनि ज्ञानी॥
मन क्रम वचन ये भक्त हमारा । राम नाम करे ये बिस्तारा॥
पुनि मैंने मुनि बिनती कीन्ही । उनके चरण कमल रज लीन्ही॥
हो हर्षित इस आश्रम आया । दुर्लभ आशिष मुनि से पाया॥
सत्ताइस कल्प से मैं यहाँ रहही । हृदय में सदा रघुपति ध्यान धरही॥
जब जब अवध में जन्म लें रामा । शिशु लीला मैं देखन जाना॥
हिय में राम बाल रूप धारा । फिर मैं निज आश्रम को पधारा॥

दोहा ॥सकल कथा तुमसे कही । क्यों मैं काग रूप लीन्ह॥
तुम्हरे प्रश्न उत्तर दिया । प्रभु महिमा बड़ी चीन्ह॥ १३८

चौ ॥मुझे इस देह से प्रीति हो जाई । क्योंकि इसी से प्रभु दर्श पायी॥
गरुण कहा यह तुम्हरा प्रसादा । मिटा मेरा संशय व बिसादा॥
पँछिराज मोह तुम्हें न होई । यहाँ आकर कृपा मुझ पर जोई॥
राम कथा सुनना तुम चाही । मैं निज बुद्धि से तुमको सुनायी॥
शीष नमाय भुशुण्डि के चरणा । राम को हिय धर गरुण थे चलना॥
हे उमा सतसंगत फलदायी । बिनु हरि कृपा सो काहू न पायी॥
पावन राम चरित तुम्हें गायी । सुन इसे राम से प्रीति हो जाई॥
जप तप तीर्थ दान पुण्य कर्मा । राम भक्ति मिले इसी हेतु करना॥

दोहा ॥जग की व्याधि रोग सब । राम कथा हैं मिटात॥
सुनो उमा यह गोपनीय । भाग्यवान सुन पात॥ १३९

चौ ॥मुझे यह कथा सुनायी स्वामी । मैं कृतकृत्य स्वयं को जानी॥
धन्य वह देश जहाँ गंग बहती । काले हिंरण जहाँ भूमि शुभ रहती॥
तुलसी वृक्ष जहाँ पूजा जाता । धन्य धनी वह देश कहाता॥
राम नाम से जुहारें जो लोगा । वह समाज करे सब सुख भोगा॥
प्रीति बढ़ी मुझे राम के चरना । सकल कलेश मेरे हैं मिटना॥
भरद्वाज मुनि भी हर्षाई । यह कथा याग्यबलिग ने सुनायी॥
जग में जहाँ राम भक्त बसाई । पावन यह कथा सुन सुख पायी॥
इस कलिकाल में बहु देश रहना । राम चरित का जो मंचन करना॥

दोहा ॥लंका नेपाल इंडोनेशिया । कोरिया थायलेंड देश॥
बर्मा जाबा बोर्नियो । मिटाते राम से कलेश॥ १४०

चौ ॥किसी न किसी रूप सुमिरैं रामा । इन देशों ने प्रथाएं बनाना॥
मानव जाति कहीं पे दिखाई । राम चरित सुन दुःख वे मिटाई॥

छंद॥कल्याण नहि किसका हुआ, जिसने भजा श्री राम को॥
कितने ही नीच चरित्र के, भज राम पावन सिद्ध वो॥
चांडाल भील किरात खल, जिसने भी सुमिरा रघुपति॥
भव पार वह आराम तर, गति पायी जो पाबे यति॥

छंद॥छंद दोहा और चौपाएयाँ, श्री राम कथामृत जो पढ़े॥
अथवा सुनाये या सुने, कलिकाल दुःख उसके मिटें॥
लिखवाया यह ग्रन्थ उन्हीं ने, वे धाम हमको अपने लें॥
कृपा उनकी ही जसकरन पर, दिन रात डूबे प्रेम में॥

छंद॥दया दीनों पे करत, और देते सहारा अनाथों को॥
रघुकुल भूषण वे दयाधाम, मोक्ष दें सरनन में आये जो॥
मैं पापी था मति मंद अति, कृपा दृष्टि भई हम पर उनकी॥
दी सरण श्री हनुमत जी ने, राम दीक्षा मिलि श्री गुरुवर की॥

दोहा ॥काग भुशुण्डि जी की कृपा । हुई दीक्षा उपरान्त॥
राम नाम बसा हृदय में । चंचल मन हुआ शांत॥ १४१

दोहा ॥कुछ न मेरी औकात थी । पापी दीन नीच हीन॥
जसकरन भये यसकरन जब । राम कृपा कर दीन्ह॥ १४२

दोहा ॥राम रमापति राम जी । करो मेरे हिय विश्राम॥
आपकी छवि नैनों बसे । जपता रहूँ श्री राम॥ १४३

जय श्री राम

समाप्त

श्रीराम कथामृत की आरती

आरती श्री याम कथामृत की....

हिय इसको धरूँ सदा इसी में रमूँ,
दिखे इसमें सार सब ग्रंथन की॥आरती...

बाल्मीक जो दई तुलसी भी कही,
वही राम कथा सरिता यहाँ बही॥आरती....

गुरुवर से सुनी साधु संतों मिली,
ज्ञान भक्ति सभी यहाँ इसमें भरी॥आरती....

बड़ी सरल दिखत सभी जन समझत,
पढ़ें जो इसको हिय शुद्ध करी॥आरती....

कलियुग दिखता सबको कसता,
सब मानवता कष्टों से घिरी॥आरती....

बीमारी घेरि गृह कलेश प्रेरि,
कलुषित बिचार सबके मन बसयी॥आरती....

काम क्रोध बढ़े कलिकाल गढ़े,
इन सबसे मुक्ति यह ग्रन्थ करी॥आरती....

राम नाम अमिय इस ग्रन्थ भरिय,
इसे जो अपनी जिहवा पे धरी॥आरती....

काल दोष हटत रोग राग मिटत,
खुशियाँ यह भरती घर में सभी॥आरती....

www.ingramcontent.com/pod-product-compliance
Lightning Source LLC
LaVergne TN
LVHW040543051026
849519LV00004B/1215
* 9 7 8 9 3 8 6 6 1 9 8 0 8 *